Marnia Robinson

Das Gift an Amors Pfeil

Marnia Robinson

Das Gift an Amors Pfeil

Von der Gewohnheit zum Gleichgewicht
in sexuellen Beziehungen

Aus dem amerikanischen Englisch von Sabine Bends

arbor
Arbor Verlag
Freiburg im Breisgau

Dieses Buch widme ich in Liebe Gary Bruce Wilson,
dessen Mut, Einsicht und offenes Herz es ins Leben gerufen hat.

Die Originalausgabe erschien unter dem Titel:
Cupid's Poisoned Arrow: From Habit to Harmony in Sexual Relationships

3. Auflage 2020

Titelfoto: © 2010 andybahn / Quelle: photocase.com
© 2009 der Illustrationen: North Atlantic Books.

Lektorat: Lothar Scholl-Röse
Gestaltung: Anke Brodersen
Gestaltung Buchcover: Dirk Henn
Druck und Bindung: Kösel, Krugzell

Dieses Buch wurde auf 100 % Altpapier gedruckt und ist alterungsbeständig.
Weitere Informationen über unser Umweltengagement
finden Sie unter www.arbor-verlag.de/umwelt.

www.arbor-verlag.de

ISBN 978-3-86781-005-0

Inhalt

Ein paar einleitende Worte 13
Vorwort 17
„Wer ist hier der Boss?" 18
… und weiter geht's 21

1 Die Biologie hat Pläne für Ihr Liebesleben

Der Coolidge-Effekt 31
Und wie funktionierte es in der Praxis? 35
Paarung und Bindung, die zwei Pedale 38
Warum jetzt? 40
Warum gerade ich? 43

Alte Weisheiten: Der Taoismus 47

2 Elefanten im Wohnzimmer

„Sei vorsichtig, worum du bittest … Es könnte dir gewährt werden" 55
Doña Quijote macht sich auf den Weg 58
Ein subtiles Gefühl von Mangel 61
Objekte im Spiegel können uns näher sein, als es scheint 65
„Aber ich fühle mich großartig nach dem Orgasmus!" 70
Im gleichen löchrigen Boot sitzen 74

Verräterische Zeichen? 75
Die Fallen der Selbstgenügsamkeit 76

Alte Weisheiten: Das Christentum 81

3 Die Spitze des Eisbergs

„Aber was ist mit den ganzen glücklichen Ehen?“ 92
Das Bermudadreieck der Beziehungen 94
„Man muss einfach nur den Richtigen finden“ 97
Weitere heikle Fragen 98
Ein Weckruf 100
An der Angel 101
Jenseits des Grolls 104
Sich paaren oder sich verbinden 105
Teambildung 107
Eine harte Lehre 110
Wo hatten wir uns vertan? 112

Alte Weisheiten: Der Hinduismus 115

4 Im Herzen des Trennungsvirus

Abnutzung inbegriffen 124
Lernen Sie Ihr Säugetiergehirn kennen 126
Gnadenlose Eugenik – unser Paarungsprogramm 129
Weitere Herausforderungen der Monogamie 133
Treu, doch reizbar 135
Feste Beziehungen in Frage gestellt 137
Die Verbindung zwischen Körper und Gehirn 138
Bedürfnisse sind Signale 142

Ihr innerer Kompass 145
Dopamin – Der schärfste Pfeil in Amors Köcher 146
Auftritt Amor 147

Alte Weisheiten: Cortezia 153

5 Der Zyklus der Leidenschaft

Der Anti-Liebestrank 160
Was aufsteigt, muss auch wieder herunterkommen 165
Dopamin – Der Dreh- und Angelpunkt 168
Sucht – Auf der Suche nach noch mehr Elend 172
Balance und Bindung 173
Wissenschaftliche Beweise für dauerhafte Veränderungen nach dem Orgasmus 175
Prolaktin 176
Testosteron und Co 182
Und was ist mit den Männern? 185
Das Wahrnehmungsspiel 187
Wenn Liebe sich mit Angst vermischt 190

Alte Weisheiten: Zurückhaltung des Mannes 195

6 Die Straße zum Exzess

Gene von gestern 202
Erinnerungen, die es in sich haben 205
„Wo ist mein Stamm?“ 207
Die Qual des Exzesses 209
Vom Zuckern und Zittern 210
Die überraschende Lektion der Pornografie 214

„Zuviel des Guten. ist noch besser!“ 217
Die Toleranzschwelle für Suchtmittel 219
Das plastische Gehirn 222
In der Spur 224
Trügerische Auslöser 227
Dopamin und verzerrte Wahrnehmung 229
Das Dopamin in die Höhe treiben 231
Ein überlasteter Belohnungskreislauf 235
Gehirntraining 237
Wie fühlt es sich an, ein Versuchskaninchen zu sein? 244

Alte Weisheiten: Karezza 247

7 Steuern lernen

Die überraschenden Geschenke der Bindung 261
Das Schlupfloch in unserem genetischen Plan 262
Bindungssignale 264
Selbstlose Berührung kontra hungrige Berührung 265
Einen Gang zurückschalten, wenn nötig 267
Tränen in der Kinderstube 269
Partner können einander stärken 271
Die andere Art, sexuelle Spannung zu lösen 273
Gleichgewicht geht vor 275
Entspannung kontra Leistung 277
Die Geburt der ekstatischen Austauschübungen 282
Geschlechtsverkehr 285
Tango tanzen 286
Wiederholt sich die Geschichte? 290

Alte Weisheiten: Von Urbantschitsch, Reich 293

8 Bindendes Wissen

Die Neurochemie der Monogamie 299
Den Gewöhnungsblues abwehren 301
Wie schützt Partnerschaft unsere Gesundheit? 305
Alte Gehirne + Moderner Beziehungsstress = Schlechte Gesundheit 306
„Achtung – Amygdala aktiviert“ 309
Die Rettung – Oxytocin 312
„O“ wie Orgasmus und Oxytocin? 314
Oxytocin ist keine „Liebesdroge“ 318
Ist es Liebe, ist es Orgasmus oder ist es Geschlechtsverkehr? 320
Forschung in der Sackgasse 322
Was brauchen wir wirklich vom Sex? 323
Die Gesundheit der Prostata 326
Grenzenlose Bindung kontra grenzenlose Paarung 328

Alte Weisheiten: Der Buddhismus 333

9 Den Abgrund überbrücken

Der Säugetierschmerz im Gehirn – ein Fall für Karezza 341
Neuer Lebensstil, neue Zwänge 344
Von der Pfanne ins Feuer 345
Sucht und Zivilisation 349
Die ideale Stimmungsmedizin 351
Auftrag zur Paarbindung 354
Karezza und Monogamie 358
Was ist zu tun? 360
Seien Sie ehrlich 363
Erkenne dich selbst, befreit vom Zyklus der Leidenschaft 364
Erkenne dich selbst im Zyklus der Leidenschaft 367

„Was mache ich mit dem Überschuss?“ 371

Wertschätzen Sie Ihren Partner,
ermutigen Sie Ihre Freunde, urteilen Sie nicht so schnell 376

Schauen Sie hinter das Frosch-Kostüm 378

Weniger ist mehr 380

Innere Arbeit 381

Eine neue Beziehungsbedürftigkeit 382

Denken Sie groß 384

Alte Weisheiten: Die Tradition der Regenbogenschlange 385

10 Der Weg der Harmonie

Unschuldige Fehler 390

Kein Wunder, dass die Welt verrückt spielt 392

Karezza, nochmals aufgegriffen 395

Nehmen Sie es leicht 397

Subtile Harmonie 400

Höchste Freuden 403

Fliegen im Glas 405

Alte Weisheiten: Transorgastischer Sex 407

„Wie erkläre ich dieses Buch meinen Freunden?“

Paarung – Das „Gewöhnungspedal“ 411

Bindung – Das „Harmoniepedal“ 413

Die ekstatischen Austauschübungen

Struktur 418

Details 419

Orgasmen 420

Lernen ist Lernen, auf welche Art auch immer es geschieht 422

Vorschläge 423

In Dankbarkeit 483

Über die Autorin 485

Endnoten 486

Ein paar einleitende Worte

Dieses Buch, das Sie hier in den Händen halten, ist für mich sehr wertvoll. Im Grunde ist es das wertvollste Buch meines Lebens. Ich möchte Ihnen kurz schildern, warum.

Mein ganzes Leben lang hat mich eine Frage bewegt: Warum bleiben Liebespaare nicht zusammen? Ich wuchs in einem liebevollen Elternhaus auf, meine Eltern waren einander ganz offensichtlich sehr zugetan. Doch warum wurde die Harmonie immer wieder von unschönen Streiten unterbrochen? Und warum trennten sie sich nach vielen Jahren dann doch? Ich war schon als kleines Mädchen davon überzeugt: Ich mache es anders. Wenn ich jemanden liebe, dann für immer.

Und so ist es auch geblieben, all die Menschen, die ich einst liebte, liebe ich noch heute. Doch auch mir gelang es nicht, eine Liebesbeziehung länger als einige Jahre ungetrübt aufrechtzuerhalten. Und selbst, wenn wir zehn Jahre zusammenblieben: Spätestens nach vier Jahren kam die erste Krise. Warum verliebte ich mich alle Jubeljahre neu? Warum war ich nicht in der Lage, meinen größten Wunsch zu leben und eine stabile, liebevolle sexuelle Beziehung zu einem Mann ein Leben lang oder zumindest ein paar Jahrzehnte aufrechtzuerhalten? Nach der Trennung von meiner Jugendliebe und der Scheidung meiner darauffolgenden Ehe war mir eines klar: An dem jeweiligen Mann und seinen Charaktereigenschaften kann es nicht liegen. Mein Potential zu lieben endet nicht, weil jemand diese oder jene Eigenschaft hat oder nicht hat. Es endet im Grunde überhaupt nicht! Die Liebe zu den Männern, mit denen ich einst zusammen war, hat nie aufgehört. Doch warum verliebte ich mich dann neu? Warum gab es immer wieder diesen Schmerz der Entscheidung? Warum nur war das alles so schwierig?

Ich wähnte mich zu den glücklichen Menschen zu gehören, die frei von belastenden Hemmungen und unsinnigen Verboten aufgewachsen waren, auch und gerade im sexuellen Bereich. Für mich gehörten Liebe und Leidenschaft in einer Beziehung zusammen. Je leidenschaftlicher, so dachte ich, umso besser. Doch das Leben lehrte mich, dass ich da einem großen Irrtum unterlag! Je leidenschaftlicher die Beziehung begann, umso schmerzhafter verlief sie und umso schneller endete sie auch wieder.

Mit meinem wachsenden spirituellen Interesse lernte ich, der Leidenschaft kritischer gegenüberzustehen. War sexuelles Begehren am Ende gar ein Hindernis? War der Weg der Abstinenz, den viele spirituelle Lehrer empfehlen, der gesündere? Auch sexuell enthaltsame Phasen durchlief ich im Laufe der Zeit. Mein Leben war in dieser Zeit zwar ruhiger und konzentrierter, doch war ich damit glücklich? Nicht wirklich. Ich konnte einfach nicht glauben, dass etwas so Lebensbestimmendes wie unser sexueller Trieb einfach übergangen werden und möglicherweise ungenutzt verstreichen sollte. Und ich ahnte auch, dass etwas viel Tieferes darin verborgen lag, das nicht nur in sublimierter Form in Kunst, Kreativität, Sport, Spiritualität und anderen Aktivitäten seinen Ausdruck finden kann.

Ich war mittlerweile freiberufliche Übersetzerin und Astrologin und beriet Klientinnen und Klienten, auch in partnerschaftlichen und sexuellen Fragen. Doch hatte ich wirklich befriedigende Antworten für sie? War ich nicht genauso unwissend wie so viele andere auch oder sogar noch unwissender, weil ich ja so offensichtlich scheiterte? Ich spürte den Schmerz umso deutlicher, je mehr Menschen zu mir kamen, in deren Beziehungsleben Chaos statt Ordnung herrschte. Und der Prozentsatz dieser Menschen ist unglaublich groß. Wie konnte ich denen helfen, denen es so ging wie mir? Und was war mit den Paaren, die leidenschaftslos, bestenfalls freundschaftlich nebeneinanderher lebten, um ihr Haus und ihre Kinder zu behalten und zu versorgen? Wohin mit all ihrer Sehnsucht nach mehr? An einem bestimmten Punkt meines Lebens war es wie ein Schrei meiner Seele, endlich die Antwort auf die Frage zu finden, was unsere Partnerschaften zerstört und was sie erhält.

Und sie kam. In ungewöhnlicher und zutiefst intuitiver Form. Ich hatte von Marnias erstem Buch *Peace Between The Sheets* von einer meiner Astrologiekursteilnehmerinnen zwar schon gehört, doch das war noch nicht der entscheidende Moment. Dieser kam völlig unerwartet während eines Kongresses, den ich besuchte. Wie aus heiterem Himmel erschien Marnias Buch vor meinem inneren Auge und damit verbunden die dringliche Aufforderung: „Lies Marnias Buch. Es enthält die Antwort auf deine Frage."

Und das tat ich. Ich verschlang es. Und ich verstand es. Ich war tief berührt und höchst aufgewühlt. Mein erster Impuls war, Kontakt zu Marnia aufzunehmen und ihr Buch zu übersetzen. Diese Botschaft durfte ich nicht für mich allein behalten. Neben einer ausgesprochen weisen Autorin traf ich über meine E-Mails auf eine liebevolle, mitfühlende, spontane und dynamische Frau, die mich auf wunderbare Weise unterstützte, all meine Fragen beantwortete und mir gestattete, ihr Buch zu übersetzen.

Auf mein Privatleben hatte dies immense Auswirkungen. Zunächst machte ich noch einmal alles „falsch", was man nur falsch machen kann, wenn man sich Ruhe und Stabilität in Beziehungen wünscht. Ich fand es schwer, den von Marnia vorgeschlagenen Weg zu gehen, weil ich ihn einem Partner gegenüber noch nicht richtig vertreten konnte und mich immer wieder von meinem Ziel abbringen ließ. Es dauerte, bis ich selbst so gefestigt war, dass ich es auch entsprechend vermitteln konnte. Doch schon das veränderte Bewusstsein über mein Tun und Lassen machte mich zuversichtlich. Und langsam, ganz langsam, kehrte endlich Ruhe in mein Beziehungsleben ein, und jeder Druck, den ich vorher in Bezug auf Sexualität und Partnerschaft empfunden hatte, verschwand. Als hätte sich endlich ein Knoten gelöst.

Heute fühle ich mich frei. Frei, in liebevoller, sexueller Partnerschaft zu leben und meinen Idealen zu folgen, und sogar frei, sexuell enthaltsam zu leben, so paradox dies klingen mag. Auch andere mehr oder weniger „zwanghafte" Verhaltensmuster, wie wir alle sie kennen, verblassen mehr und mehr. Leichtigkeit und Entspannung nehmen stattdessen wachsenden Raum in meinem Leben ein. Ich habe außerdem gelernt, meiner Intuition mehr zu vertrauen. Vieles, was Marnia durch Erfahrung herausgefunden und wissenschaftlich sowie spirituell untermauert hat, wusste ich eigentlich früher schon, rein intuitiv. Doch ich ließ es zu, dass meine eigenen Rationalisierungen und die gängigen gesellschaftlichen Ansichten meine Intuition immer wieder überdeckten. Und ich bin sicher, so geht es vielen von uns.

Während ich gemeinsam mit der Kursteilnehmerin, die Marnias Buch entdeckt hatte, noch einen Verlag suchte, um die deutsche Übersetzung zu veröffentlichen, nahmen die Dinge bei Marnia in den USA ebenfalls eine rasante Entwicklung und sie legte ihr Buch ganz neu auf, wenn auch mit den gleichen Kernaussagen. Als der Arbor-Verlag mit der Frage an mich herantrat, ob ich das neue Buch von Marnia gern übersetzen würde, war der Kreis endlich geschlossen. Es bedarf immer des richtigen Zeitpunktes und der richtigen Beteiligten, um eine Neugeburt zu begleiten. Dies ist so eine wunderbare Geburt.

Ich wünsche Ihnen, dass dieses Buch Ihr Leben so zum Positiven verändert, wie es meines verändert hat. Und dass es Ihre drängenden Fragen so beantwortet, wie es meine beantwortet hat. Möge es ein Schlüssel für Sie sein, der Ihnen die Tür zum Glück aufschließt. Mein tief empfundener Dank geht an Marnia und ihren Mann Will, an Lienhard Valentin vom Arbor-Verlag und alle Beteiligten der Gegenwart und der Vergangenheit, die uns diesen Schlüssel in den Schoß gelegt haben.

Sabine Bends
Köln, August 2009

Vorwort

Meine Eltern und Großeltern blieben bis zu ihrem Lebensende verheiratet. Ich dagegen schaffte es nicht, meine Beziehungen mehr als ein paar Jahre aufrechtzuerhalten, und ich stand damit nicht alleine da. Die Ehen von allen drei Freundinnen, auf deren Hochzeit ich Brautjungfer gewesen war, endeten auch mit Scheidung. Warum? Die Soziologin Kelly Musick sagt, es läge an der finanziellen Unabhängigkeit der Frau. „Was die Menschen zusammenhält, ist ihre Liebe und ihr Engagement füreinander, und die sind zerbrechlich."[1]

Aber *warum* wurden Liebe und festes Engagement füreinander auf einmal so zerbrechlich? Wie konnte die Tatsache, dass ich meinen eigenen Lebensunterhalt verdiene, für Disharmonie sorgen? Es ergab für mich keinen Sinn. Ich war zu sehr Romantikerin, um die Möglichkeit in Erwägung zu ziehen, dass sexuelle Verbindungen vielleicht schon immer zerbrechlich waren, und dass die zunehmende finanzielle Unabhängigkeit der Frauen es den Partnern schlicht ermöglichte, sich leichter zu trennen.

Statt dessen probierte ich all die üblichen Empfehlungen aus, um die fehlende Harmonie in intimen Beziehungen herzustellen: bessere Kommunikation, einen „idealeren" Partner zu finden, mehr Leidenschaft, Liebe für mein inneres Kind, Verhandlungsgeschick usw. Doch all diese Rezepte halfen nicht, meine Beziehungen zu verbessern, wenn die Schwierigkeiten losgingen. Schließlich merkte ich, dass die Methoden sich zum Teil lediglich den *Symptomen* eines viel grundlegenderen Problems widmen. Das Problem liegt genau vor unserer Nase. Es war schon immer da, doch jetzt, wo wir unsere Ehen leichter auflösen können, ist es noch viel offenkundiger. Wenn wir das Problem einmal richtig anerkennen, wird die Lösung offensichtlich.

Die Schwierigkeiten fangen mit dem Sex an. Und zwar nicht mit langweiligem Sex im Vergleich zu aufregendem Sex oder zu wenig Sex im Vergleich zu zu viel, wie die meisten von uns schlussfolgern, sondern mit unserem Fortpflanzungsverhalten überhaupt. Denn schließlich funktionieren platonische Freundschaften zwischen Männern und Frauen ja ganz gut. Die Probleme fangen im Allgemeinen erst an, wenn wir ein Liebespaar werden. Und was fängt dann noch an? Für jeden? Die Suche danach, unsere sexuellen Bedürfnisse *so weit wie eben möglich* befriedigt zu bekommen.

Die Leidenschaft erscheint uns als unser bester Freund, häufig das einzig Gute an einer ansonsten dysfunktionalen Beziehung. Doch sexuelle Übersättigung – dieses „Ich bin fertig!"-Gefühl nach dem Sex – stellt sich im Laufe der Zeit als ein unbewusstes, überraschend überzeugungsstarkes Signal aus Säugetierzeiten heraus. Es bringt uns dazu, uns aneinander zu gewöhnen und die Nase voneinander voll zu bekommen. Weil wir uns dieses Signals nicht bewusst sind, schreiben wir die Reibung in unseren Beziehungen anderen Ursachen zu.

Je unzufriedener wir werden, umso weniger wahrscheinlich ist es, dass wir eine andere Art und Weise finden, unsere sexuelle Spannung zu lösen: durch entspannten, sanften Geschlechtsverkehr, der unsere sexuelle Frustration völlig auflöst.

„Wer ist hier der Boss?"

Es herrscht die allgemeine Überzeugung, dass wir nur das tun müssen, was unser Körper entsprechend seiner Entwicklung von uns verlangt, damit es uns gut geht und wir glücklich sind. Beispielsweise wären die meisten Menschen gesünder, wenn sie zu einer Ernährung wie in der Altsteinzeit aus ganzheitlicher Nahrung und Proteinen zurückkehren würden, ohne raffinierten Zucker und Stärke. Die gleiche Logik bedeutet: Wenn wir eben dazu geschaffen sind, sexuelle Sättigung zu verfolgen, wann immer sich die Gelegenheit dafür bietet, sollten wir dann nicht am glücklichsten sein, wenn wir unser Intimleben entsprechend einrichten?

Diese Logik setzt voraus, dass wir zu unserem eigenen Vorteil programmiert sind. Doch die Evolution hat uns nicht für unser individuelles

Wohlergehen ausgestattet, sondern für den Erfolg unserer Gene. Und was dient Ihren Genen? Zwei Dinge. Zum Ersten: viele Befruchtungsversuche. Das erleben Sie als den Drang, sich sexuell zu erschöpfen, wann immer Sie die Möglichkeit dazu haben. Zum Zweiten: unterschiedliche Eltern für Ihren Nachwuchs. Sie erleben dies als Desillusionierung vom Mythos der sexuellen Exklusivität.

Und was dient *Ihnen* selbst am meisten? Ein stabiles emotionales Band mit einem Partner, Harmonie, viel Zuneigung, großzügige Berührung und ein verlässlicher Weg, um sexuelle Frustration zu erleichtern. Eine Handvoll von glücklichen Paaren finden ihren Weg zu diesem Gleichgewicht auf natürliche Art und Weise, doch die meisten von uns sind aufgrund unserer genetischen Programmierung keine monogamen Schwäne.

Wie schaffen es unsere Gene, uns dazu zu bringen, unser sexuelles Begehren aneinander zu erschöpfen, anstatt für Harmonie zu sorgen? Neue Vorstöße in der Gehirnforschung (insbesondere in der Neuroendokrinologie) zeigen, dass die Desillusionierung zwischen Liebenden möglicherweise weniger mit Kommunikation oder Kompatibilität zu tun hat als wir dachten, und mehr mit einer primitiven Nervenbahn, die durch unser Säugetiergehirn (das limbische Gehirn) läuft und die wir unter dem Begriff *Belohnungskreislauf* kennen. Diese Gruppierung von Strukturen stellt sicher, dass wir große neurochemische „Belohnungen" erhalten, wenn wir einen neuen Partner suchen und uns mit heißem Sex befassen oder auch nur an das eine oder andere denken.

Der neurochemische Gewinn im Moment des Orgasmus fühlt sich an, als würde er die Bindung unterstützen. Doch diese Art von Bindung ist fragiler als wir gern zugeben. Beim Höhepunkt löst eine neurochemische Explosion für ungefähr zwei Wochen weitere Ereignisse aus. Diese Fluktuationen tief im Gehirn treiben uns zu sexueller Sättigung und subtilen Stimmungswechseln, die häufig für emotionale Spannung zwischen Liebenden sorgen (Amors Gift). Resultierende Unruhe lässt uns außerdem sehr anfällig für jedes Versprechen schneller Erleichterung werden – ein anderer potentieller Partner (real oder virtuell) ist eine der verlockendsten Varianten. Auf diese Art und Weise stellt sich der Orgasmus als etwas heraus, das wir mit der Zeugung von Kindern in Zusammenhang bringen, und damit, sie mit verschiedenen Partnern zu zeugen.

Kurz gesagt, unsere Ränke schmiedenden Gene haben den menschlichen Willen ihrem eigenen Ziel unterworfen. Wenn Sie jedoch einmal die Mittel verstehen, die unsere Gene dabei einsetzen, ihre unerwarteten Auswirkungen auf Sie selbst und Ihre Beziehungen und eine praktikable Alternative kennenlernen, um sexuelle Spannung aufzulösen und Zufriedenheit zu finden, dann werden Sie besser in der Lage sein, sich zu entscheiden, ob Sie unter ihrem Zauberbann bleiben möchten.

Wir Menschen sind insofern einzigartig unter den Säugetieren, als wir die Fähigkeit haben, unser unbewusstes Paarungsprogramm zu durchschauen und uns entscheiden zu können, es bewusst zu steuern. Dies ist ein Segen, weil es uns in harmonischen Beziehungen mit einem hohen Maß an Vertrauen besser geht als in einem sinnlosen Paarungstanz, der choreografiert wurde, um das Spermium zum Ei zu bekommen, uns lang genug miteinander zu verbinden, dass zwei Elternteile sich mit ihrem Nachwuchs verbinden, und uns dann zu einem neuen Partner treiben.

Die meisten von uns fühlen, dass der Gewinn aus dem Empfinden tiefer Fürsorge für einen anderen Menschen, dem wir vertrauen, sehr wertvoll ist. Als Säugetiere mit Paarbindung sind wir in der Tat dazu geschaffen, solche Verbindungen als sehr vorteilhaft zu empfinden. Vertraute Partnerschaft und liebevolle Berührung verändern nicht nur unseren Blick auf das Leben zum Positiven, sondern sie verbessern auch unsere physische Gesundheit und reduzieren Stress.

Sexuelle Intimität, die all dies kann, ist wirklich großartiger Sex. Und um dies dauerhaft zu erleben, ist alles, was wir tun müssen, verliebt zu bleiben. Wenn die Logik die Herrschaft hätte, wäre das auch so. Die Probleme entstehen, wenn unsere Gene die Herrschaft haben und die Nachwirkungen ihres Prämiensystems (ungezähmte Leidenschaft) Liebende trennt, weil sich ihre Begierde füreinander erschöpft. Wie mein Mann Will es ausdrückt: „Der Evolution ist es scheißegal, ob wir glücklich, treu und lebenslang zusammen sind." Aus diesem Grund erben wir eine ungute Spannung zwischen unserem *„Noch-ein-Partner"-Programm* und unserem *Paarbindungsprogramm.*

Um mit dieser Situation umgehen zu können, empfahlen unter anderen die chinesischen Taoisten, sich dem ruhigen Liebesspiel *ohne Orgasmus* zuzuwenden, es sei denn, eine Empfängnis ist erwünscht. Dieser ungewohnte Zugang löst nämlich nicht unsere unbewussten Paarungsprogramme mit dem „Noch-ein-Partner“-Untertitel aus. Das Geschenk dieses Zugangs besteht nicht allein darin, dass er es den Liebenden erlaubt, häufig Geschlechtsverkehr zu haben, ohne dass sich sexuelle Frustration aufbaut. Sondern er macht sich auch den Vorteil eines weiteren eingebauten Säugetierprogrammes zunutze: das Bindungsprogramm. Es hat sich entwickelt, um uns an unsere Kinder und Eltern zu binden, kann aber auch unsere romantischen Beziehungen stärken und schützen. Es in Gang zu halten, ist mühelos, wenn wir eine Reihe von einfachen Auslösern beherrschen bzw. eigentlich uns nur wieder daran erinnern. Die Ergebnisse davon sind mehr Harmonie und Wohlbefinden und, bemerkenswerterweise, weniger sexuelle Frustration.

... und weiter geht's

Der erste Teil dieses Buches erklärt, warum ich mich dazu entschlossen habe, eine andere Art des Liebesspiels zu wählen, und berichtet von den Entdeckungen, die auf diese Entscheidung folgten. Was als subjektive, persönliche Erkundung alten Wissens über den Umgang mit meinem Liebesleben begann, erweiterte sich unerwarteterweise in Richtung objektiver wissenschaftlicher Forschung, als mein Mann und ich begannen, zusammenzuarbeiten. Ich war erstaunt, wie exakt die jüngsten Gehirnforschungen mit den Beobachtungen und Behauptungen alter Weisheitslehrer übereinstimmen. Diese Übereinstimmung von vergangenem Wissen, persönlicher Erfahrung und jüngster Forschung hat mich dazu getrieben, diese Informationen mit anderen zu teilen.

Wenn Sie feststellen sollten, dass das Material in diesem Buch Widerstand und Skepsis in Ihnen auslöst, dann stehen Sie damit nicht allein da. Es könnte sogar sein, dass Sie das Gefühl haben, dazu gedrängt zu werden, etwas gegen Ihren Willen auszuprobieren. Ich kenne diese Gefühle selbst – und umso mehr während der zweiwöchigen Perioden nach einem Orgasmus. Denn schließlich konfrontieren uns die Aussagen dieses Buches mit einem der machtvollsten Programme in unserem Gehirn: dem Paarungsprogramm. Wer möchte sich schon für großzügige, entspannte Zuneigung im Schlafzimmer entscheiden, wenn unsere Gehirnchemie einzig und allein darauf programmiert ist, uns dafür zu „belohnen", uns in diesem Bereich so getrieben wie möglich zu fühlen?

Andererseits ist die Situation nicht ganz unähnlich derjenigen, in einem Auto mit zwei Pedalen zu sitzen. Wenn uns einmal bewusst wird, wie unsere Paarungs- und Bindungspedale funktionieren, liegt es an uns, zu entscheiden, wie wir sie benutzen – abhängig davon, was wir in unseren Beziehungen erreichen wollen. Falls Sie sich entscheiden sollten, die schrillenden Signalglocken Ihres Paarungsprogrammes für ein paar Wochen zum Schweigen zu bringen, um zu schauen, was es Ihnen bringt, dann bietet Ihnen dieses Buch einen Weg, das Experiment mit einem Minimum an innerem Konflikt zu wagen. Denn was haben Sie schließlich zu verlieren, außer ein paar Orgasmen auszulassen?

Ein weiteres Ziel dieses Buches ist es, eine breitere Diskussion über unsere unbewussten Paarungs- und Bindungsprogramme und ihre nicht erkannte Rolle in unserem Leben anzuregen. Mit einem tieferen Verständnis dafür ausgestattet, wie Sex in Wahrheit unsere Wahrnehmung und Prioritäten verzerrt, können wir den Prozess beginnen, bewusst dagegen zu steuern, um bessere Ergebnisse zu erzielen. Wie die Weisen der Vergangenheit, die das Thema Sexualität sorgfältig aus der Perspektive größerer Harmonie und verbesserter Gesundheit untersucht haben, können Liebende dann beginnen, ihre eigenen Untersuchungen mit größerer Bewusstheit zu machen. Sie können das berücksichtigen, was ihnen am besten dazu dient, sich im Laufe ihrer Verbindung auf befriedigende Art und Weise zu lieben. Und sie können das von Natur aus im Orgasmus liegende Potenzial, Zwänge zu entwickeln, angehen und lernen, wie man am besten damit umgeht.

Ein großer Teil des Textes besteht aus echten Beobachtungen von Menschen, von denen ich allerdings die Namen geändert habe. Ich konnte außerdem nicht der Versuchung widerstehen, die Seiten mit den Witzen anderer über die Geschlechtsunterschiede zwischen Mann und Frau aufzupeppen. Warum sollen wir nicht auch mal etwas zu lachen haben, wenn es um die Tricks geht, die unsere raffinierten Gene uns bislang gespielt haben? Anschließend können wir dann unsere Gene austricksen.

Immerhin finden wahrscheinlich neunundneunzig Prozent aller sexuellen Zusammenkünfte ohne die Absicht statt, ein Ei zu befruchten. Wenn wir darauf bestehen, uns mit sexuellem Verhalten abzugeben, das trotz seiner Nachteile befruchtungsorientiert ist, dann ist das so ähnlich wie hochkalorische Desserts zu futtern, weil ein Prozent der Bevölkerung gern zunehmen möchte.

Jetzt, da unser Planet vor ungeliebten, ungenährten menschlichen Wesen nur so wimmelt, könnte es höchste Zeit sein, diese alte Alternative zu erlernen und unserem Repertoire an Liebestechniken hinzuzufügen. Sex und intime Beziehungen sind zwei der wertvollsten Schätze unseres Lebens. Was immer Ihre wirtschaftlichen Sorgen sein mögen, ich hoffe, diese Informationen hier werden Ihnen dabei helfen, diese im großen Maße verfügbaren Reichtümer zu bewahren und mehr als je zuvor davon zu profitieren, während Sie Ihren idealen Lebensweg entwickeln. Zumindest werden Sie am Ende mehr darüber wissen, wie Amors seinen Pfeil vergiftet, während Sie darauf hinarbeiten, die intime Beziehung zu erschaffen, nach der sich Ihre Seele sehnt.

Es macht mir nichts, wenn Frauen mich verlassen, aber sie müssen einem immer auch noch sagen, warum.

Richard Pryor

Selig, wer in besonnener
Scheu mit Mäßigung deine Lust
Kostet, göttliche Kypris [Aphrodite]!
Ruhig fließt sein Leben dahin,
Nimmer getränkt von stürmender Wut.
Der goldlockige Liebesgott
Hält zwei Pfeile mit Wonne getränkt.
Einer bringt ein seliges Los,
Einer zertrümmert des Lebens Glück.
Diesen, reizende Kypria,
Halte fern von unserm Gemach!
Mir sei bescheidener Liebreiz
Gegönnt und heilige Lust,
Auch Aphrodites keuscher Genuß,
Doch unmäßigen haß ich.[2]

Euripides
(ca. 480–406 v.Chr.),
Iphigenie in Aulis

Kapitel 1

Die Biologie hat Pläne für Ihr Liebesleben

Sex bis zum Punkt absoluter Übersättigung zu haben (dieses Gefühl „Ich bin wirklich satt!") ist ein Zeichen in der Säugetierwelt, sich wieder der Partnersuche zu widmen, das Interesse am alten Partner zu verlieren und sich neuen attraktiven Partnern zuzuwenden.

Obschon Menschen Paare bilden, kann die Gewohnheit, der Leidenschaft bis zum Punkt der Lustbefriedigung nachzugeben, für unerwartete Stimmungsschwankungen sorgen, Ärger auf den Liebsten hervorrufen und die Anziehung unterminieren (Amors Gift).

Es gibt zwei grundsätzlich verschiedene Arten des Liebesspiels: eine zum Zwecke der Fortpflanzung und eine, um eine engere Bindung der Liebenden zu bewirken (*Karezza*).

Von Amors Pfeil getroffen! Was für ein erhebender, beneidenswerter Zustand. Wie jeder andere auch, so möchten auch Sie der Überzeugung bleiben, dass der Schlüssel zu dauernder romantischer Glückseligkeit darin liegt, mit einem Partner zusammen zu sein, für den Sie eine so intensive Leidenschaft fühlen, dass Sie meinen, diese ginge nie vorüber. Und doch:

Haben Sie sich jemals Hals über Kopf verliebt, wunderbaren Sex miteinander gehabt, sind sich ganz sicher gewesen, dass Sie beide für immer zusammenbleiben wollen – und haben dann regelmäßig wiederkehrende Spannungen zwischen sich und Ihrem Liebsten oder Ihrer Liebsten durchlebt? Wenn Sie verheiratet sein sollten, haben Sie den Eindruck, dass die Flitterwochen vorüber sind? Vielleicht wird einer von Ihnen beiden zuweilen klammernd und fordernd, während der andere sich aufgefressen fühlt und mehr „Raum für sich" braucht. Womöglich erleben Sie auch von Zeit zu Zeit subtile Verärgerung oder haben ein Gefühl der Stagnation, das Ihre frühere Freude aneinander langsam aber sicher erstickt. Oder Sie brechen ab und an in spektakuläre Streitereien miteinander aus, auf die dann leidenschaftliche Versöhnungen folgen.

Diese unbewusste Entfremdung – die Liebende so häufig erfahren, obwohl sie den Wunsch haben, verliebt zu bleiben – ist die Wirkung des unerwarteten Giftes an Amors Pfeil. Wenn wir uns verlieben, sorgt ein primitiver Teil unseres Gehirns für den Wunsch nach großer Leidenschaft (Amors Pfeil). Ein Orgasmus fühlt sich großartig an, und wenn das schon alles wäre, würden Liebende ihren Wünschen im Schlafzimmer einfach natürlich nachgehen und bis ans Ende ihres Lebens glücklich zusammenleben können. Das Problem ist jedoch, dass Sex kein isoliertes Geschehen ist – schon gar nicht die Art von Sex mit vielen Orgasmen, die zu dem Gefühl von „Jetzt bin ich wirklich satt!" (sexuelle Übersättigung) führt. Ein Orgasmus ist die Spitze von einem weitaus längeren *Zyklus* nachfolgender Veränderungen in den Tiefen des Gehirns. Diese Nachwirkungen und die unwillkommenen Gefühle, die sie hervorrufen, können unsere Beziehung vergiften, ohne dass wir dies bemerken. Interessanterweise können so unterschiedliche Symptome wie Selbstsucht, unerfüllte Bedürfnisse, Kommunikationsprobleme, Untreue und eine sexlose Ehe aus diesen versteckten Anweisungen resultieren.

In Einigen von uns wirkt das „Gift" so schnell, dass wir uns bereits nach dem ersten Stelldichein wieder trennen. Häufiger jedoch gibt es zunächst eine Phase, in der die Beziehung relativ glücklich und ein Zaubertrank der Liebe am Werk zu sein scheint. Diese Flitterwochen-Harmonie (bzw. Begierde) ermutigt uns, eine Zeit lang miteinander verbunden zu bleiben. Im Durchschnitt ist sie gerade lang genug, um ein Kind zu zeugen und eine Bindung zum Kind zu entwickeln, selbst wenn die Beziehung in der Realität gar nicht der Fortpflanzung dient. Doch eine aus Amors Gift wachsende Desillusionierung motiviert uns dann, unsere Gene mit einem aufregenden neuen Partner zu verbinden (auch wenn wir vielleicht die Zähne aufeinanderbeißen und der Versuchung widerstehen mögen). Warum? Unsere Gene sind auf ihre Unsterblichkeit programmiert und sie warten nicht höflich auf eine Gelegenheit dazu. Diese kleinen DNA-Fetzchen treiben uns zu so vielen Schwangerschaften wie möglich und einer ganzen Palette von Partnern. Je vielfältiger unser Nachwuchs ist, umso besser stehen die Chancen, dass ein Teil davon auch unter veränderten Bedingungen oder gar Epidemien überlebt und sich fortpflanzen kann. Unsere Bereitschaft, uns mit artfremden Genen einzulassen, hat früher einmal kleinere Bevölkerungsgruppen vor Inzucht bewahrt.

Darüber hinaus tun unsere Gene ihr Bestes, um uns in einem engen Zeitplan zu halten. Die Anthropologin Helen Fisher schätzt, dass wir dazu geschaffen sind, ungefähr vier Jahre zusammenzubleiben. In einer Untersuchung über achtundfünfzig Kulturkreise fand sie heraus, dass die Scheidungsraten zu dieser Zeit ihren Höhepunkt erreichen.[3] In moslemischen Ländern hingegen, wo eine Scheidung leichter zu arrangieren ist, endeten die Ehen tendenziell sogar früher.

Kurz gesagt, sowohl die süße als auch die bittere Phase unserer Romanzen lässt die Chance steigen, dass unsere Gene es bis in die nächste Generation schaffen – selbst wenn wir dabei zynisch werden oder mit gebrochenem Herzen zurückbleiben. Unsere genetische Partnerprogrammierung funktioniert großartig. Sie hat einfach nur nicht *unsere* besten Interessen im Sinn. Als Säugetiere, die eine feste Paarbindung eingehen, ziehen wir überraschend viele Vorteile aus einer Wegbegleitung durch einen vertrauten Partner, und wenn wir diese Vorteile unserem genetischen Erfolg opfern, dann tut uns das sehr weh.

Wenn Amors Gift unsere romantische Beziehung zerstört, ziehen wir daraus im Allgemeinen den Schluss, dass wir die falsche Partnerwahl getroffen haben oder dass Männer und Frauen schlichtweg hoffnungslos verschieden sind. Und doch sind es nicht unsere Unterschiede, die für den Stress sorgen, sondern das, was wir gemeinsam haben: unfreiwillige, biologische Reaktionen, die genau so unbewusst vonstattengehen wie unser Augenblinzeln. Wir sind auf diese schmerzliche Entwicklung genau so *programmiert* wie darauf, uns überhaupt Hals über Kopf zu verlieben.

Natürlich können Ärger und sonstige Probleme in intimen Beziehungen auch von anderen Faktoren herrühren, so wie unterschiedliche Ansichten über den Umgang mit Geld, Kindheitstraumata und persönliche Eigenheiten. Doch dieser versteckte biologische Faktor ist mit großer Wahrscheinlichkeit der Verursacher, wenn es sich um immer wiederkehrende Reibereien handelt. Und im besten Fall sorgt er einfach nur dafür, dass die anderen Herausforderungen schwieriger zu lösen sind.

> Die meisten von uns tragen geistige Augenbinden und erkennen meist nichts, solange wir keine Erklärung dafür haben … oder zumindest solange wir keine Erklärung erwarten. Glauben ist gleich Sehen.
>
> **Barah und Lipton,** *The Myth of Monogamy*

Ein Hinweis darauf, dass emotionale Distanzierung in unseren intimen Bindungen vorprogrammiert ist, ist, dass sich das Eheglück normalerweise im Laufe der Zeit verflüchtigt.[4] Mysteriöserweise sind jedoch Freundschaften oder enge Familienbeziehungen dieser vorprogrammierten Verschlechterung der Beziehung gegenüber *immun*.[5] Könnte es daran liegen, dass romantische Beziehungen uns in die Leidenschaft stürzen, bis wir „genug!“ haben, während dies in anderen Beziehungen nicht der Fall ist? Mag sich weit hergeholt anhören. Doch für die meisten Säugetiere *ist ekstatische Paarung bis zum Punkt des Desinteresses (Überdruss) das Zeichen, sich auf die Socken zu machen* und einen neuen Tanzpartner zu suchen. Hat unser Säugetiererbe uns vielleicht mit ganz ähnlichen unbewussten Reaktionen auf sexuelle Übersättigung ausgestattet, die auch uns unruhig werden lassen? Ist es vielleicht fest in uns verdrahtet, dass wir uns von einem vertraut gewordenen Partner entfernen – obwohl wir gleichfalls darauf programmiert sind, die Vorteile einer langfristigen Bindung zu suchen?

Und noch viel wichtiger: Was können wir tun, wenn wir unsere Beziehung vor Amors Gift schützen wollen? Wir können unsere sexuellen Begegnungen anders gestalten, so dass wir für den giftigen Pfeil weniger empfänglich sind und die Wahrscheinlichkeit größer wird, dass wir in der Liebe eine beständige Freude finden. Sowohl alte Weisheitslehren als auch moderne Forschungsergebnisse geben uns Hinweise darauf, wie wir dies erreichen können. Doch um aus diesen Informationen Nutzen zu ziehen, müssen wir ganz klar sehen, womit wir es genau zu tun haben.

Der Coolidge-Effekt

Stellen Sie sich einmal vor, was passiert, wenn Sie eine männliche Ratte in einen Käfig mit einer empfangsbereiten weiblichen Ratte stecken. Zunächst sehen Sie ekstatisches Kopulieren. (Mein Mann Will und ich haben uns gefragt, ob es nicht sehr einsam im Labor wird bei solchen Experimenten.) Nach einer Weile hört die Raserei dann auf. Herr Ratte zieht sich mit der Fernbedienung in den Fernsehsessel zurück. Als Ergebnis seiner veränderten Körperchemie sieht Frau Ratte jetzt völlig uninteressant für ihn aus.[6] Wenn jedoch Fräulein Ratti (ein neues Weibchen) auf der Bildfläche erscheint, verschwindet seine Erschöpfung auf wundersame Art und Weise lang genug, um auch hier galant seinen Befruchtungspflichten nachzukommen.

Die regenerierte Männlichkeit eines Nagers ist kein Zeichen für seine unersättliche Libido. Und sie erhöht auch keinesfalls sein Wohlergehen – auch wenn es so aussehen und sich für ihn auch kurzfristig so anfühlen mag. Sein Verhalten stimmt einfach nur mit einem Anstieg von Neurochemikalien in seinem kleinen Gehirn überein, die ihm die Anweisung geben, kein williges Weibchen unbefruchtet zu lassen.

Stillschweigend geduldete Gene können zu wahren Sklaventreibern werden. Die Männchen der Spezies der pelzigen kleinen Beuteltiere *(Antechinus stuartii)* sind so intensiv mit der Kopulation beschäftigt, dass sie ihr eigenes Immunsystem zerstören und am Ende der Paarungsperiode an verschiedensten Krankheiten sterben.[7] Wenn Wissenschaftler die Tiere hingegen mit einer Art künstlichen Willenskraft ausstatten, indem sie ihre männlichen Sexualhormone regulieren, sorgt das Immunsystem der Tiere wieder für einen gesunden Körper.

Für die Männchen der Gottesanbeterinnen endet die wahre Liebe noch ein bisschen abrupter, zumindest für die, die es in der Gefangenschaft überkommen hat. Das Weibchen bringt das Männchen dazu, sein Sperma abzugeben, indem sie ihm seinen Kopf abbeißt. (Warnung: Gehen Sie niemals mit einer weiblichen Gottesanbeterin essen.)

Tierarten, die weniger radikale Abschlüsse suchen, erkennen ehemalige Sexualpartner schlicht und einfach wieder und lehnen sie ab. Unter Wissenschaftlern kennt man diesen Reflex als den „Coolidge-Effekt". Er verdankt seinen Namen der Zeit, als der US-Präsident Coolidge und seine Gattin eine Farm besuchten. Während der Präsident gerade woanders war, zeigte der Farmer der First Lady stolz einen Hahn, der „den ganzen Tag mit Hennen kopulieren konnte, Tag für Tag."

Schüchtern bat Mrs. Coolidge ihn, diese beeindruckende Tatsache auch Mr. Coolidge mitzuteilen. Und das tat der Farmer auch.

Der Präsident dachte einen Augenblick nach und fragte dann: „Mit der gleichen Henne?"

„Nein, Sir", antwortete der Farmer.

„Sagen Sie das Mrs. Coolidge", erwiderte der Präsident.

Der Coolidge-Effekt wird in weiten Teilen der Tierwelt beobachtet, sogar bei Weibchen. Einige weibliche Nager flirten wesentlich mehr – indem sie sich einladend winden – mit ihnen nicht vertrauten Männchen als mit den Partnern, mit denen sie bereits kopuliert haben.[8]

Zeigt sich vielleicht eine Variante des Coolidge-Effekts im menschlichen Verhalten? Ich erinnere mich an eine Unterhaltung, die ich einmal mit einem Mann führte, der in Los Angeles aufgewachsen war. „Bei 350 Liebhaberinnen hab' ich aufgehört zu zählen", gestand er mir, „und ich fürchte, dass bei mir irgendwas total falsch läuft, weil ich jedes Mal so schnell das sexuelle Interesse verliere. Und einige der Frauen waren wirklich auch sehr hübsch." Zum Zeitpunkt unseres Gesprächs hatte ihn seine dritte Frau gerade wegen eines Franzosen verlassen, und er war regelrecht entmutigt. Diesmal hatte sie das Interesse an ihm verloren.

Von Frauen hört man zuweilen, dass ihr Männergeschmack und ihre Sichtweise auf Männer sich um den Zeitpunkt des Eisprungs herum verändern. Sie fühlen sich mehr zu Don Juans hingezogen und sehen den Mann weniger als Menschen. Die Wahrscheinlichkeit ist größer, dass sie ihn einfach nur als ein verführerisches Bündel heißer Gene betrachten.

> *„Unser biologisches Selbst ist kleinlich und ziemlich grausam und findet seltsamerweise nur allzu leicht Fehler, während es sich auf der anderen Seite wiederum mit erstaunlich niedrigen Standards zufriedengibt. Eine meiner kritischen Stimmen in meinem Kopf sagt über meinen Freund solchen Mist wie: ‚Er ist so weiß, ich brauche einen dunklen, exotischen und mysteriösen Mann! Sein Haar ist dünn; ich will nicht, dass meine*

Kinder dünnes Haar haben.' Die Stimme in mir be- und verurteilt meinen jeweiligen Partner aufgrund von selbstsüchtigen, oberflächlichen Vorstellungen, die entweder mit körperlichen Eigenschaften oder mit seinem Status zu tun haben."

Lisa

Streng genommen müssen wir Menschen den Coolidge-Effekt gar nicht unmittelbar wahrnehmen (es sei denn, wir sind gerade auf einer Orgie). Bei uns nimmt Gewohnheit häufiger die Form *abnehmenden sexuellen Interesses an unserem langjährigen Partner* an. Wir sind wahrscheinlich mehr wie Affen. Als männliche Affen sich wiederholt mit dem gleichen Weibchen paaren sollten (die dank täglicher Hormongaben *immer* in Stimmung waren), verringerten sich ihre sexuellen Aktivitäten einfach immer mehr und geschahen im Laufe von 3,5 Jahren außerdem mit abnehmendem Enthusiasmus. Diese Schlamperei gab sich jedoch sogleich wieder, wenn neue Weibchen auftauchten.[9]

Könnte unser Säugetiergehirn uns in unsere Fähigkeit, intime Partnerschaften aufrechtzuerhalten, hineinfunken? (Das Säugetiergehirn liegt unter dem rationalen Gehirn. Es herrscht über Sex und Liebe und hat bei *allen* Säugetieren eine erstaunliche Ähnlichkeit.) Die meisten Säugetierarten gehen nicht so feste Paarbindungen ein wie wir. Doch selbst unter unseren monogamen Säugetierverwandten gewährt keine Spezies *sexuelle Exklusivität.* Sie bauen ihre Nester zusammen und teilen sich die Elternschaft, doch sie werden häufig dazu getrieben, Gene von Fremden aufzulesen. Diese wagemutigen Gene halten den Gen-Pool schön frisch. Selbst unter den wenigen Säugetieren, die feste Paare bilden, dient die Gewöhnung an den Partner ganz offensichtlich dem Ziel der Evolution, neue Partner *verführerisch* aussehen zu lassen. Denken Sie mal so herum: Wenn sexuelle Treue eine Garantie für mehr und gesünderen Nachwuchs wäre, würde kein Säugetier fremdgehen.

Säugetiere haben im Allgemeinen klare Perioden der Empfänglichkeit, die von den Hormonen vorgeschrieben werden, während Menschen jederzeit Sex haben können, wenn der Drang danach aufkommt. Doch auch wir werden von unseren Hormonen reguliert.

Dummerweise sieht unsere Version der hormonellen Regelung jedoch eher so aus wie das ständige Anfahren und Abbremsen in einem Stau. Zwischen unseren leidenschaftlichen Ausbrüchen finden wir unseren Partner zunehmend anstrengend, eifersüchtig oder schwer zufriedenzustellen. Und unser Partner empfindet uns als selbstbezogen, wenig hilfsbereit oder nicht liebevoll – außer, wenn es um Sex geht.

> *„Zu Beginn unserer Ehe schliefen wir nackt miteinander. Kurz darauf begann sie, Unterwäsche zu tragen. Sie genoss es immer weniger, wenn ich meinen Arm um sie legte oder mich an sie kuschelte. Manchmal schlief sie aus geringstem Anlass oder völlig grundlos in einem anderen Zimmer, was auf mich gefühllos wirkte und mich einsam und frustriert fühlen ließ. Wir hatten immer weniger Sex, und schließlich zog sie ganz in ein anderes Zimmer. Ich war der Überzeugung, dass sie Sex einfach nur mehr genießen müsste, also zum Beispiel mehr Orgasmen brauchte, dann würden wir öfter Sex haben und meine Bedürfnisse würden besser erfüllt. Also hab ich immer versucht, es ihr richtig gut zu besorgen. Tja …"*
>
> Brent

Die Forschung bestätigt, dass mit der Dauer der Partnerschaft das sexuelle Interesse bei den Frauen abnimmt – während der Wunsch nach Zärtlichkeit bei den Männern abnimmt.[10] Diese miserable Programmierung kann dafür sorgen, dass wir ständig den Partner wechseln und so unsere Fortpflanzungsmöglichkeiten mehren – oder einfach nur frustriert, verwirrt und schlecht gelaunt sind. Und niemals kommt es uns in den Sinn, dass der Drang, unser sexuelles Begehren *ganz auszuschöpfen*, in diesem vertrauten Muster eine Rolle spielen könnte. Stattdessen sind wir davon überzeugt, dass sexuelle Übersättigung eine gute Strategie ist, um eine Partnerschaft zu festigen. Doch wie wir noch sehen werden, gibt es Grund zur Annahme, dass dieses Verhalten den Prozess der Gewöhnung beschleunigt und dabei auf subtile Art und Weise die Wahrnehmung der Partner voneinander zum Schlechten hin verschiebt.

Bemerkenswerterweise haben schon Weise verschiedenster Traditionen festgestellt, dass sexuelle Übersättigung Partner auseinanderbringt und Gefühle der Erschöpfung und Disharmonie erzeugt. Sie haben auch einen

Ausweg aus diesem Dilemma entdeckt. Sie erkannten, dass es *zwei* fundamental unterschiedliche Zugänge zum Liebesakt gibt, je nach seinem Sinn.

Vom Befruchtungsdrang angetriebener Sex dient der Fortpflanzung. Beim Höhepunkt wird das Spermium auf das Ei angesetzt. Im Gegensatz dazu geht es bei Sex, der der Verbindung der beiden Partner dient, in erster Linie um Harmonie und Wohlergehen. *Bei beiden Methoden spielt der Geschlechtsverkehr eine Rolle*, um sexuelle Spannung effektiv abzubauen. Sex mit dem Ziel der Befruchtung erreicht dieses Ziel mit einem neurochemischen Crash, nach dem es überraschend lange dauert, bis wieder eine Homöostase erreicht wird (der Zustand des Gleichgewichts, wie er vor dem Orgasmus herrschte). Sex mit dem Ziel, die Bindung zu stärken, erleichtert sexuelle Spannung durch sanften Geschlechtsverkehr, gemischt mit tiefer Entspannung und jeder Menge beruhigender Zuwendung, was zu einem erfrischenden Gefühl der Befriedigung und anhaltendem Gleichgewicht führt.

> *„Der sexuelle Akt ähnelt dem Aufblasen eines Ballons. Der Orgasmus ist die Nadel, die den Ballon zum Platzen bringt, doch wenn man den Sex ohne Orgasmus beendet, bleibt man selbst als Ballon zurück, der im Laufe der nächsten Tage langsam an Luft verliert. Man hat so viel länger etwas von dem schönen Gefühl des Aufgeblasenseins."*
>
> Rob

Und wie funktionierte es in der Praxis?

In der Theorie funktioniert das alles großartig, doch erst nach Jahren unbeständiger Forschung hatte ich das Glück, auf einen Partner zu treffen, der die Bereitschaft und die Offenheit hatte, mit diesem ungewohnten Zugang zum Geschlechtsverkehr zu experimentieren. Als mein Mann Will und ich uns vor acht Jahren trafen, begannen wir unsere Beziehung mit bindungsstärkendem Liebesspiel. Wir betonten die großzügige und liebevolle Zuwendung und waren nicht auf Orgasmen aus (obwohl es in seltenen Fällen immer mal zu einem Orgasmus kam). Diese Art des Liebesspiels ist eine alte Praxis, auf die in verschiedenen Traditionen immer wieder angespielt wird. Ich belege es heute mit dem Begriff *Karezza* (Italienisch für

Zärtlichkeit), ein Begriff, der vor ungefähr einem Jahrhundert von einem Quäker und Arzt geprägt wurde.

> *„Die Technik beruht nicht auf Kontrolle. Während des Geschlechtsverkehrs versucht man nicht, den Orgasmus zu vermeiden oder die Körperenergien zu steuern; man schließt einfach nur die Augen und fühlt, wie die Energien ins Herz strömen, in den Kopf, in die eigenen Genitalien und die des Liebespartners, und erlaubt der Energie zu zirkulieren … Man entspannt sich die ganze Zeit über und geht immer wieder ins Herz. Der Schlüssel ist müheloses Bewusstsein. Alle Energien werden nach oben gezogen und durch den ganzen Körper verteilt … Während dies geschieht, werden Anzeichen von Geilheit in Gefühle der Liebe verwandelt, und das Bedürfnis nach einem konventionellen Orgasmus nimmt ab.“* [11]

Als wir ein Jahr später zurückblickten, mussten wir zugeben, dass wir sehr erstaunt waren. Unser Leben war zwar nicht perfekt, doch es gab definitive, positive Veränderungen. Keine Pilz- oder Harnwegsinfektionen mehr bei mir, kein Alkoholmissbrauch oder chronische Depression (oder verschreibungspflichtige Antidepressiva) mehr bei Will. Unser Liebesspiel war weniger intensiv, doch es ließ uns zufriedener zurück. Selbst heute lieben wir es immer noch, einander zu berühren, und helfen uns gegenseitig sehr gerne. Das Beste jedoch ist, dass es eine sehr willkommene, unbeschwerte Verspieltheit in unserer Beziehung gibt, die es uns gestattet, die meisten Reibungspunkte mühelos aus dem Weg zu räumen und sogar darüber zu lachen.

Als Lehrer für Wissenschaften, der Freude daran hat, sich stundenlang mit medizinischen Abhandlungen zu befassen, war Will neugierig darauf, ob die Wissenschaft diese Verbesserungen in unserem Leben irgendwie erklären konnte. Er vertiefte sich daraufhin in Forschungen über Oxytocin, das sogenannte „Kuschelhormon“. Das von ihm studierte Material erklärte weitgehend, warum selbstlose, nicht zielorientierte Liebe unsere Gesundheit gestärkt haben könnte und sogar gegen Depression[12] und Sucht[13] hilfreich wirkte. HIV-positive Patienten leben beispielsweise länger, wenn sie in einer Beziehung leben.[14] Wunden heilen zweimal so schnell, wenn es eine Begleitung gibt, im Vergleich zu einem Menschen, der isoliert ist.[15] Bei Primaten lebt der Elternteil, männlich oder weiblich, länger, der sich um die Familie kümmert.[16] Oxytocin ist wahrscheinlich das hauptsächlich beteiligte Hormon hinter all diesen Vorteilen.

Mein Mann stellte außerdem fest, dass wir durch die leichte Art unseres Karezza-Liebesspiels und durch die Orgasmusvermeidung offensichtlich von dramatischen Fluktuationen in unserer Gehirnchemie verschont blieben. Das liegt daran, dass der Orgasmus im Gehirn erlebt wird. Er ist viel mehr eine komplexe Abfolge eines neurochemisch-hormonellen Geschehens als ein Ereignis in den Genitalien. Man kann beispielsweise eine Elektrode in das Gehirn oder das Rückenmark einführen und so das Empfinden von einem Orgasmus hervorrufen, ohne dabei die Genitalien zu berühren.

Anstelle einer Elektrode benutzt der Körper eine neurochemische Ladung, um das Gefühl eines Orgasmus' hervorzurufen. Was im Augenblick des Orgasmus' aufgewühlt wird, muss sich auch wieder setzen. Obwohl Wissenschaftler nicht generell zustimmen, dass es eine postorgastische Enttäuschung gibt, sind doch in der Forschung nach sexuellen Stimulationsmitteln Beweise dafür aufgetaucht. Diese unbewusste Kaskade von neurochemischen Abläufen, die scheinbar volle zwei Wochen brauchen, bevor wieder ein Gleichgewicht eintritt, steht hinter der Fähigkeit von Amors Gift, unsere Beziehungen zu verderben. Während dieser Erholungsphase können Liebende sich bedürftig, reizbar, ängstlich und erschöpft fühlen oder sich verzweifelt einen weiteren Orgasmus wünschen, um die damit verbundenen Symptome zu erleichtern. Sie bemerken nicht, dass sie zeitweilig einfach aus der Balance geraten sind. Dies ist ein wiederholter Auslöser für Disharmonie und zwanghaftes Verhalten, und er ist bereits in unsere romantischen Beziehungen mit eingebaut. Doch für sexuell aktive Erwachsene ist diese Erholungsphase quasi unsichtbar, weil wir zunächst typischerweise versuchen, das Unwohlsein durch einen *weiteren* Orgasmus zu vertreiben. Diese instinktive Reaktion treibt uns zu weiterer sexueller Übersättigung – und folgender emotionaler Distanz. Man muss es nur unseren Genen überlassen. Das ist die Garantie dafür, dass wir so viel fortpflanzungsmotivierten Sex wie möglich betreiben – bevor wir dann das Interesse an sexueller Exklusivität mit einem Partner verlieren.

Dank dieser eingebauten Programmierung entdecken wir nur selten das Wohlgefühl und die Zufriedenheit, die mit einem Schritt in Richtung Gleichgewicht verbunden sind, einfach dadurch, dass wir Karezza machen, also bindungsorientiertes Liebesspiel. Stattdessen geben wir einander lieber die Schuld an unseren veränderten Gefühlen. „Wenn er nur liebevoller wäre und mich mehr unterstützen würde!" „Wenn sie doch nur aufhören würde, sich in ihren Gefühlen zu aalen und einfach Sex mit mir hätte!"

Wie wir noch sehen werden, ist es nicht unwahrscheinlich, dass die postorgastische Erholungsphase hinter so unterschiedlichen Phänomenen wie einem One-Night-Stand, der sexlosen Ehe, Untreue und Pornografiesucht steht. Sie trägt zu der allgemeingültigen Erfahrung bei, dass die Flitterwochenstimmung selten länger als ein Jahr anhält. Aus dem Grunde gehen Freundschaften, die sich in Liebesaffären verwandeln, häufig kaputt.

Unter dem Strich kommt heraus, dass unser unbewusstes Paarungsprogramm hinter unserem spontanen sexuellen Appetit hervorragend für maximale Genfortpflanzung geeignet ist. Nur unser individuelles Wohlergehen scheint ihm nicht am Herzen zu liegen. Der niederländische Wissenschaftler Gert Holstege, der darüber berichtete, dass Gehirnscans von ejakulierenden Männern genau das gleiche Bild aufweisen wie Gehirnscans von Menschen, die sich einen Heroinschuss setzen,[17] ließ einmal die Bemerkung fallen, dass wir alle sexsüchtig sind.[18] Er meinte damit, dass unser impulsives Sexualverhalten *von Natur aus* in Richtung Übersättigung und – sofern wir die Gelegenheit haben – sogar in Richtung Zwang geht.

Paarung und Bindung, die zwei Pedale

Wenn wir tun, was wir immer schon getan haben, bekommen wir, was wir immer schon hatten. Wir sind so verdrahtet. Und doch verfügen wir nicht nur über ein Paarungsprogramm. Wir sind auch mit einem Bindungsprogramm ausgestattet. Es diente in seinen Anfängen als ein Mechanismus, der kleine Säugetiere an seine Versorger bindet, doch es ermutigt uns gleichfalls dazu, uns zu verlieben – zumindest für eine Weile (Paarbindung). Es funktioniert durch gegenseitigen Austausch von unbewussten Hinweisen, ein Verhalten, auf das wir in jedem Alter mit Freude reagieren. Wie wir noch sehen werden, können wir unsere angeborenen Neigungen verfeinern, indem wir dieses Bindungsverhalten nutzen, um unseren Enthusiasmus für dauernde Intimität unbegrenzt zu stärken – insbesondere, wenn wir dazu bereit sind, den Geschlechtsverkehr selbst in ein Bindungsverhalten zu verwandeln, wenn Fortpflanzung nicht erwünscht ist.

> *„Kuschelmangel führt unweigerlich zu einem nachlassenden Kuschelwunsch, ob dies nun aus Faulheit, Gewohnheit, Verärgerung oder Gleichgültigkeit geschieht. Kuscheln (mit allem, was dazugehört) erweckt den Wunsch nach mehr Kuscheln. Es ist eine wohlwollende Biofeedback-Maschine, genauso wie die Abwesenheit von Zuneigungsbezeugungen das Gegenteil erzeugt. Jeder kennt das von frisch Verliebten, die scheinbar nicht nah genug beieinander sein können. Nun, obwohl wir seit Ewigkeiten verheiratet sind, haben wir wiederholt das Gleiche erfahren, als Ergebnis davon, Kuscheln zunächst zu einem Punkt auf unserem Tagesprogramm zu machen – und wenn es nur eine Minute war. Wir konnten zusehen, wie unser Kuschelbedürfnis nach dem Schneeballprinzip zum Selbstläufer wurde."*
>
> Keith

Menschen, die einander in Liebe zur Seite stehen, fühlen sich ruhig und sicher und erfahren soziales Wohlergehen und emotionale Einheit.[19] In Anbetracht der starken psychologischen und gesundheitlichen Vorteile einer glücklichen Vereinigung ist das Karezza-Liebesspiel möglicherweise von überraschend hohem Wert für monogame soziale Lebewesen wie uns.

Ich sehe unser Paarungs- und Bindungsprogramm mittlerweile als zwei Pedale, die unsere intimen Beziehungen in Gang setzen. Das Paarungsprogramm (der Drang, uns sexuell so gründlich wie möglich zu erschöpfen) ist das „Gewohnheitspedal", weil es häufig bewirkt, dass Partner voneinander die Nase voll haben. Das Bindungsprogramm hingegen ist das „Harmoniepedal", weil es der Gemeinsamkeit eine tiefere Befriedigung verleiht. Mit diesem einfachen Wissen können wir die gewünschten Resultate ansteuern.

Während Will etwas über die versteckten endokrinen Zyklen von sexueller Übersättigung lernte, fuhr ich damit fort, in den esoterischen Hinterstübchen der einflussreichsten Religionen auf unserer Erde herumzustöbern. Es existieren unglaublich viele mythische Geschichten darüber, wie intime Beziehungen als Weg zu einer tieferen Vereinigung und klareren spirituellen Wahrnehmung genutzt werden können. Wir bekommen davon normalerweise nicht besonders viel mit, weil die bekannteren religiösen Unterweisungen sich fast ausschließlich auf soziale Konventionen beschränken oder darauf, mehr Anhänger zu bekommen.

In den uns vertrauten Lehren wird das Konzept der Enthaltsamkeit mit der sexuellen Abstinenz von Mönchen und Nonnen gleichgesetzt. Doch es scheint, als hätten einige unserer inspirierendsten spirituellen Lehrer die transzendentale Kraft der sexuellen Mäßigung während des Geschlechtsverkehrs gemeint. Ich werde einiges von dem, was ich gefunden habe, in den Weisheits-Abschnitten zwischen den einzelnen Kapiteln dieses Buches mit Ihnen teilen.

Warum jetzt?

Ganz offensichtlich ist die unbewusste Paarungsprogrammierung des Menschen keine neue Herausforderung, doch es gibt zwei Entwicklungen, die es notwendiger gemacht haben, dass wirkliche Harmonie zwischen Paaren vorherrscht. Zum einen hat sich unsere Kultur verändert. Bis vor Kurzem hielten auf vielen Teilen der Erde die Kirche und der Staat den sexuellen Ausdruck im Zaum. Ehen wurden vielfach arrangiert. Scheidung war zunächst unmöglich, später hatte sie unangenehme Folgen. Geburtenkontrolle war entweder nicht möglich oder verboten. Und nicht sanktionierte Beziehungen wurden streng bestraft. All diese Lebensbedingungen sorgten dafür, dass jedwede emotionale Trennung zwischen den Partnern teilweise durch die Tatsache verdeckt wurde, dass sie eben doch zusammenleben und ihre unvermeidlichen Kinder aufziehen mussten. Folgen dieser Umstände waren zudem, dass es nach den Flitterwochen (zumindest im Leben der meisten Paare) weniger Spielerei gab. Dadurch blieben die meisten Paarbeziehungen stabil und weniger unbeständig.

Heutzutage können soziale und zivile Sanktionen zumindest im Westen Paare nicht mehr künstlich zusammenhalten. Das bedeutet, dass unser unterschwelliges Säugetierpaarungsprogramm Familien und Paare mit wachsender Effektivität auseinanderreißt. Da wir nicht länger in Stämmen zusammenleben, die auf gegenseitiger Unterstützung beruhen, sind diese Auswirkungen für alle Beteiligten quälend.

Darüber hinaus wird es wahrscheinlich mit jeder neuen Generation weniger „Schwäne" geben (Paare, die der Gewöhnung entgehen). Als sich Forscher dem Thema Eheglück widmeten und dies generationsübergreifend untersuchten, entdeckten sie, dass ältere Paare mit höherer Wahrscheinlichkeit glücklich waren. Sie schrieben dies der Tatsache zu, dass ältere Paare noch geheiratet haben, als man bezüglich der Ehe noch pragmatischere Ansichten hatte, die Unterstützung für die Institution Ehe stärker war und Paare sich leichter der Norm einer lebenslangen Ehe unterzogen.[20]

Es könnte jedoch noch einen zweiten, sehr gewichtigen, wenn auch nicht anerkannten Faktor geben, der hier am Werke ist. Wir sind Versuchskaninchen in einem massiven internationalen Experiment. Der Dauerreiz durch die Medien ruft schon gewohnheitsmäßig eine übernormale sexuelle Stimulation unserer Gehirne hervor. Nehmen wir einfach mal folgende Titel von gängigen Frauen- und Männermagazinen: „Sex mit jemand Neuem – Jede Nacht" (über das Ausleben sexueller Phantasien) und „Wie Sie seinen G-Punkt finden." Oder nehmen wir Chiles frühreife Jugendliche, noch nicht einmal achtzehn Jahre alt, deren Enthusiasmus für Gelegenheitssex das ganze Land vor den Kopf stößt, wie schon lange nichts mehr.[21]

Dieser Fokus auf sexueller Befriedigung verstärkt die ungewollten Mechanismen unseres Paarungsprogrammes, indem er Liebende zu immer drängenderer sexueller Übersättigung treibt, mit darauffolgendem Desinteresse. Das Resultat sind häufig kürzere intime Verbindungen und ein wachsendes Misstrauen zwischen den Geschlechtern – was vielfach zu Verzweiflung führt, was das Thema Beziehung angeht, und parallel dazu zu ungesunder Isolation. Kurz gesagt, unser angeborenes Programm für genetischen Erfolg arbeitet so effektiv, dass es langsam

> Frage: Was ist der Unterschied zwischen einem neuen Ehepartner und einem neuen Hund?
>
> Antwort: Nach einem Jahr freut sich der Hund immer noch, einen zu sehen.

schon nach hinten loszugehen droht. Der Graben des Misstrauens und der Desillusionierung zwischen den Geschlechtern wird immer größer.

Je mehr mein Mann und ich lernen, umso mehr verstehen wir, dass letztlich jeder unschuldig ist. Wir, unsere Expartner, Sie und Ihre Expartner und all unsere Eltern haben nur das getan, wozu unsere Gene uns programmiert haben. Nämlich, uns zu langweilen, müde oder reizbar zu werden, voneinander enttäuscht zu sein, uns häufig anderweitig umzusehen, uns zu trennen – und alles wieder von vorne zu beginnen. Wir hatten ja keine Ahnung, dass ein Orgasmus kein reines Vergnügen oder reine Entspannung darstellt, sondern dass Übersättigung uns dazu bringt, unsere Partner abzuwerten oder uns von ihnen zu entfremden. Sex zu vermeiden, löst das Problem auch nicht, weil sich ohne eine Lösung sexuelle Frustration aufbaut. Auf der anderen Seite birgt die Jagd nach ständigen Orgasmen, um die Spannung zu lösen, ihre eigenen versteckten Risiken der Gewöhnung und des zwanghaften Verhaltens in sich. Ein bisschen sexuelle Spannung ist ganz natürlich. Sie besteht, damit wir uns überhaupt mit einem Partner verbinden. Doch insbesondere intensive, sexuelle Frustration kann – wie wir noch sehen werden – das Ergebnis eines dringenden Wunsches nach Erleichterung von Gefühlen der Ruhelosigkeit, Reizbarkeit oder Apathie sein – Gefühle, die die sexuelle Übersättigung selbst mit sich bringt. Diese dann mit noch *mehr* sexueller Stimulation zu lösen, treibt uns in eine Abwärtsspirale. Aus der können wir entkommen, indem wir uns auf ein lebendiges Gleichgewicht zubewegen, das den oben genannten Weg der Sexualität beschreitet und bindendes Verhalten bevorzugt.

Unterdessen können wir mit entrüsteten religiösen Fundamentalisten und über das aktuelle Chaos betrübten Feministinnen sympathisieren. Es suchen einfach zu viele Menschen nach Erleichterung für ihre durch Gelegenheitssex und Pornos entflammte Libido. Die gerechten Kritiker könnten jedoch feststellen, dass eine Meisterschaft in der bindungsbasierten Sexualität auch unser hartes Urteil über andere Menschen mindert. Menschen, mögen sie männlich oder weiblich sein, die in dem Zyklus der Leidenschaft gefangen sind, schuldig zu sprechen, hat jedenfalls nur den unbeabsichtigten Effekt, die Suche nach sexueller Befriedigung noch zwingender zu machen. Wenn wir die Macht von Karezza erkunden wollen, um die Stabilität und Harmonie in unseren intimen Beziehungen zu erhöhen, dann müssen wir unsere derzeitigen Gewohnheiten voller Mitgefühl und Kreativität betrachten – ohne Schuldzuweisungen. Denn diese Gewohnheiten sind nur das Ergebnis eines logischen Experiments: die entschlossene Jagd nach dem Orgasmus in der Überzeugung, dass dieser unsere psychologische Gesundheit und unser Wohlergehen erhöht. Unsere Aufgabe besteht jetzt darin, die Folgen so ehrlich wie möglich einzuschätzen und dann unsere Richtung bewusst zu wählen.

Die gute Nachricht lautet, dass eine Bewegung über den Impuls hinaus, in Richtung eines bewussten Gleichgewichts in unserem Sexualleben, uns mit einem Empfinden innerer Vollständigkeit ausstattet. Mein Mann und ich fühlen uns zum Beispiel weniger empfänglich für Manipulation beliebiger Art, sei es durch Werbung, Politiker oder andere Menschen. Auch Sie könnten herausfinden, dass Sie ohne die Gefühle von Mangel, Unruhe und Bedürftigkeit, die auf mysteriöse Art und Weise nach der Befriedigung sexueller Lust aufkommen, einfach nicht mehr so offen für Verführungen wie Fast Food oder übermäßigen Konsum sind und sich nicht mehr so leicht aufgrund Ihrer Ängste manipulieren lassen.

Warum gerade ich?

Um Karezza zu erkunden, musste ich das ganze Populärwissen der letzten sechs Jahrzehnte hinter mir lassen. Dort wird nämlich behauptet, dass der Orgasmus lediglich eine Quelle der Freude und ein wohltuendes Ventil sei, das man, wenn es sich nicht von selbst ergibt, sich mit allen zur Verfügung stehenden Mitteln, sei es natürlichen oder künstlichen, verschaffen sollte. Meine Forschungen standen in krassem Widerspruch zu diesem Denken und führten im Laufe der Zeit zu einem persönlichen Paradigmenwechsel. Für mich ist ein Orgasmus nicht mehr länger nur ein Geschehen im Genitalbereich, das mit dem Höhepunkt endet. Mich faszinieren im Gegenteil die anhaltenden neurochemischen Folgen und was sie für unsere Wahrnehmung voneinander, für die Qualität unserer Beziehungen und unsere physische und spirituelle Entwicklung bedeuten.

Viele verschiedene Disziplinen haben sich mit wesentlichen Teilen dieses neuen Paradigmas auseinandergesetzt. Evolutionsbiologen haben festgestellt, dass das primäre Ziel unserer Gene nicht darin besteht, für Harmonie zwischen Partnern zu sorgen, sondern dass es ihnen lediglich um ihren Erfolg geht. Neurowissenschaftler haben aufgedeckt, dass starke sexuelle Stimulierung das Gehirn in etwa so wie eine Droge beeinflusst. Psychiater und Psychologen haben beobachtet, dass Veränderungen in unseren unbewussten *Gefühlen* gegenüber anderen Individuen auch unsere *Wahrnehmung* von ihnen radikal verändert. Und Texte aus verschiedenen spirituellen Traditionen, die kaum jemandem bekannt sind, haben die enge Einheit von Mann und Frau enthüllt, die beide in Harmonie zueinander und zu ihren Nächsten bringt.

Doch der gehemmte Informationsfluss zwischen den Disziplinen verhindert zuweilen Einsichten, die verschiedene Sichtweisen miteinander verbinden. Die Biologen entwickeln ihre Schlussfolgerungen nicht gern aufgrund von faszinierenden Parallelen mit alten Texten weiter; Neurowissenschaftler studieren nicht die Auswirkungen der neurochemischen Schwankungen darauf, wie Liebende ihren Intimpartner im Verlauf ihrer Rückkehr zur Homöostase nach dem Orgasmus betrachten; und Psychologen und Psychiater lassen sich entmutigen, die Vorteile von orgasmuslosem Sex näher zu untersuchen, weil Freud, Kinsey und andere dies als eine Paraphilie (sexuelle Störung) betrachteten. Als Ergebnis davon setzen sie die Ausdrücke „sexualfreundlich" und „orgasmusfreundlich" miteinander gleich. Und zu guter Letzt neigen Theologen, die mit den von mir studierten Texten vertraut sind, häufig dazu, die heilsamen Möglichkeiten von Sex außerhalb der Fortpflanzung zu verneinen, weil sie annehmen, dass ihr Schöpfer sich nur für die unbeschränkte Fortpflanzung des Menschen interessiert.

Keiner dieser Disziplinen verpflichtet, sammle ich Hinweise von ihnen allen. Ich habe entdeckt, dass es viele Gründe dafür gibt, warum wir Menschen ein Interesse daran haben könnten, einen *anderen* Ansatz für den Geschlechtsverkehr kennenzulernen, wenn Empfängnis nicht unser Ziel ist.

Sie wundern sich vielleicht, was mich dazu motiviert hat, Geschlechtsverkehr ohne Orgasmus überhaupt ergründen zu wollen. Denn schließlich läuft unser Paarungsprogramm unterbewusst ab und begleitet uns schon seit den Zeiten, als wir noch nicht einmal Menschen waren. Wir sollen es gar nicht bemerken. Und tatsächlich ist niemand von uns wirklich in der Lage, die Herausforderung zu sehen, mit der wir es zu tun haben, wenn er sich nicht aus dem Paarungsprogramm ausklinkt und über längere Zeit mit einem anderen Weg experimentiert, der sexuelle Spannung löst, und dann erst wieder zu fortpflanzungsorientiertem Sex zurückkehrt, um den Unterschied zu erleben.

Wohl oder übel hatte ich ausreichend Gelegenheit, dieses Experiment zu machen. Als ich das erste Mal ein Buch über taoistisches Gedankengut zum Geschlechtsverkehr las, fühlte ich mich sehr dazu hingezogen, doch die Anweisungen, wie man vorzugehen hat, verwirrten mich sehr. Ich war damals noch davon überzeugt, dass Leidenschaft doch irgendwo in der Gleichung Platz haben müsste. Das Ergebnis war, dass mein Liebesleben dem Film „Und täglich grüßt das Murmeltier" glich, wo der Hauptdarsteller dazu verdammt scheint, die gleichen Ereignisse bis in alle Ewigkeit wieder und wieder erleben zu müssen.

Doch in Wirklichkeit lernte ich langsam aber sicher ein paar Grundlagen über unser unbewusstes Paarungsprogramm. Sie fügten sich nur nicht nahtlos in mein Verständnis von dem taoistischen Model, dem ich zu folgen versuchte. Doch sie passten erstaunlich gut zu dem Wissen, das mein Mann Jahre nach unserem Kennenlernen und dem Beginn unserer Versuche mit Karezza ausgrub.

Ich möchte mit Ihnen teilen, was ich gelernt habe, und fange mit meinem ersten Lehrer an: meiner eigenen Erfahrung. Es war ein ziemlicher Zickzackkurs, als ich auszog, um altes Gedankengut auszuprobieren, das mehr Tiefe und Harmonie in Beziehungen versprach. Und im Laufe meiner Reise stellte ich fest, dass ich nicht die Einzige war, die von zerbrechlichen Beziehungsstrukturen geplagt war; das Phänomen der Trennung schlich sich so ziemlich in jede Beziehung ein, gleichgültig, wie lang sie schon bestand. Andere unerwartete Einsichten folgten, und die nächsten zwei Kapitel beziehen sich sowohl auf einige dieser „Aha-Erlebnisse" als auch auf die Blessuren, die ich mir in meinen ersten frühen Bemühungen zuzog. Ich denke an diese Zeit als die „Yin-Phase" oder die rezeptive Phase meines Abenteuers zurück, weil ich mein Bestes tat, um offenzubleiben für die Einsichten, die zu mir kamen, auch wenn sie nicht wissenschaftlich fundiert waren und damals überhaupt nicht in mein Weltbild passten.

Als Will in mein Leben trat, vervollständigten die objektiven Informationen, die er beitrug, meine früheren subjektiven Beobachtungen auf unerwartete Art und Weise. Ich denke an diese Zeit zurück als die „Yang-Phase", weil Wills Beiträge (die auf dem heutigen Verständnis vieler inspirierter Wissenschaftler basieren) uns ein vollständigeres, abgerundeteres Verständnis dessen ermöglichten, was ich erfahren und beobachtet hatte. Seine Forschungen prägen Kapitel vier (Im Herzen des Trennungsvirus), fünf (Der Zyklus der Leidenschaft), sechs (Die Straße zum Exzess), und acht (Bindendes Wissen) und enthüllen die Funktionsweise unseres im Unbewussten verankerten Paarungs- und Bindungsprogramms aus wissenschaftlicher Sicht.

Selbst wenn Sie glauben, dass Sie Wissenschaftliches nicht mögen, werden Sie überrascht sein, wie sehr dieser Teil des Buches Sie möglicherweise fesseln wird. Wir werden uns damit befassen, wie unsere dominanten Gene uns manipulieren, um ihren Auftrag auf Kosten unserer Partnerschaften zu erfüllen. Wir werden uns den Orgasmuszyklus näher anschauen und erfahren, welche aktuellen Quellen uns mehr darüber erzählen, wie dieser Zyklus zuweilen als Ursache für zwanghaftes Verhalten dient. Wir werden außerdem untersuchen, welche Gründe es geben könnte, dass Karezza zu Heilung, Ausgewogenheit und stärkerer emotionaler Bindung beiträgt.

In Kapitel sieben geht es dann darum, wie wir die Balance zwischen unserem Paarungs- und Bindungsprogramm verschieben können. Kapitel neun (Den Abgrund überbrücken) erläutert, wie es dazu kam, dass wir den Orgasmus als „Stimmungsmedikament" benutzt haben, und warum diese Strategie für Säugetiere mit fester Paarbindung wie uns fatal sein kann. In dem Kapitel schlagen wir auch Vorgehensweisen vor, wie man andere Menschen mit dem Konzept von Karezza vertraut machen kann. Kapitel zehn (Der Weg der Harmonie) fasst die Praxis von Karezza selbst zusammen.

Seien Sie sich bewusst, dass die Kapitel mit praktischen Vorschlägen wahrscheinlich die am *wenigsten* wichtigen Teile dieses Buches sind. Wenn Sie einmal die Ursprünge und Mechanismen der Herausforderung, der sich die Menschheit gegenübersieht, verstanden haben, dann werden auch Sie Ihre eigenen Wege zu der Möglichkeit großherzigen, liebevollen Karezzas finden. Solange Sie diese Informationen nicht vollständig integriert haben, sind alle praktischen Vorschläge, die dazu dienen, Ihrem unbewussten Paarungsprogramm zu entgehen, nichts mehr als angenehme, doch irgendwie leere Übungen. Dann könnte es so sein, dass Sie in Ihrer ganz persönlichen „Und täglich grüßt das Murmeltier – Schleife" enden.

Der Taoismus

In diesen Weisheitssegmenten zwischen den Kapiteln schauen wir uns verschiedene Texte und Traditionen an, in denen Einsichten wiedergegeben werden, wie der Geschlechtsverkehr auf eine tiefere Vereinigung der Partner ausgerichtet werden kann, anstatt der Fortpflanzung zu dienen. Die Auszüge sind vor allem interessant, weil es sie überhaupt gibt – nicht weil sie irgendein Mainstream-Dogma verkünden. Wer hätte gedacht, dass es so viel überliefertes Wissen zum Potential gibt, das in intimen Beziehungen versteckt liegt?

Einer meiner liebsten Berichte zum Thema bindungsstärkender Sexualität ist in einer kaum bekannten Sammlung von Lehren enthalten, die von dem taoistischen Meister Laotse aus China mündlich weitergegeben worden sein sollen. Im *Hua-Hu Ching*[22] warnt Laotse:

> *„Obwohl die meisten Menschen ihr gesamtes Leben damit verbringen, ihrem biologischen Impuls zu folgen, ist dies nur ein winziger Teil unseres Wesens. Wenn wir von Samen und Eiern besessen bleiben, sind wir zwar mit dem fruchtbaren Tal der Fortpflanzung der Mysteriösen Mutter verbunden, doch nicht mit ihrem unermesslichen Herzen und allwissenden Geist.“*[23]

Und:

> *„Wenn wir uns mit ihrem Herzen und Geist vereinigen wollen, müssen wir Yin und Yang in uns selbst integrieren und ihr Feuer nach oben*

lenken. Dann haben wir die Macht, mit dem gesamten Wesen der Mysteriösen Mutter zu verschmelzen. Das bedeutet wahre Evolution.“ [24]

Er erläutert weiter:

„Die erste Integration von Yin und Yang ist die Verbindung des Samens mit dem Ei im Leib. Die zweite Integration von Yin und Yang ist die sexuelle Verbindung des reifen Mannes mit der reifen Frau. Beide haben mit Fleisch und Blut zu tun, und alles, was in diesem Reich empfangen wird, muss sich eines Tages wieder auflösen und vergehen.“ [25]

Bis dahin ist es uns noch vertraut, doch dann sagt Laotse, dass uns eine ganz andere Erfahrung durch Vereinigung offen steht.

„Erst die dritte Integration bringt etwas Unsterbliches hervor ... Das neue Leben, das von dieser letzten Integration erschaffen wird, ist sich seiner selbst bewusst, doch ohne Ego, es ist fähig, in einem Körper zu leben, doch ohne anzuhaften, und wird von Weisheit anstatt von Emotionen geleitet. Es ist vollständig und tugendhaft und kann niemals sterben.“ [26]

Laotse weist darauf hin, dass diese mystische Einheit zwischen Yin und Yang durch den Geschlechtsverkehr erlangt werden kann.

„Weil immer höhere Vereinigungen von Yin und Yang für die Empfängnis immer höheren Lebens notwendig sind, können einige Lernende in der Kunst der zweifachen Kultivierung unterwiesen werden, in der Yin und Yang unmittelbar in das Tai Chi [die disziplinierte Übung] des Geschlechtsverkehrs integriert werden ... Wenn wahre Tugend und wahre Meisterschaft zusammen kommen, ... kann die Übung zu einem tiefen Gleichgewicht der groben und feinen Energien des Lernenden führen [andernfalls kann sie eine destruktive Wirkung haben].“ [27]

Und in der Tat:

„Das Ergebnis davon ist eine verbesserte Gesundheit, ausgeglichene Emotionen, das Ende von drängenden Impulsen und starkem Verlangen und, auf der höchsten Ebene, die transzendente Integration des gesamten Energiekörpers.“[28]

Mein Mann und ich profitieren bereits von einigen der von Laotse genannten Vorteile, die das Ergebnis von häufigem, liebevollem Geschlechtsverkehr sind, ohne dass dabei die Überstimulierung durch sexuelle Übersättigung herbeigeführt wird. Wir haben definitive Verbesserungen in unserer Gesundheit, ein größeres emotionales Gleichgewicht und abnehmendes Verlangen in verschiedenen Bereichen festgestellt.

Hier sind noch zwei weitere Sektionen aus dem *Hua-Hu Ching*, die weitere Hinweise liefern.

Sektion 69

„Der Zugang eines Menschen zur Sexualität ist ein Zeichen für seine Entwicklungsebene. Wenig entwickelte Menschen praktizieren gewöhnlichen Geschlechtsverkehr. Sie überbetonen die Sexualorgane und vernachlässigen dabei die anderen Organe und Systeme des Körpers. Die gesamte angesammelte physische Energie wird auf einen Schlag entladen, und auch die subtilen Energien werden gleichermaßen vergeudet und zerstreut. Es ist ein großer Rückschritt.

Für diejenigen, die nach den höheren Regionen des Lebens streben, gibt es die engelsgleiche zweifache Kultivierung. Weil jeder Teil des Körpers, des Verstandes und des Geistes sich nach der Integration von Yin und Yang sehnt, wird der engelsgleiche Geschlechtsverkehr mehr von dem Geist und weniger von den Geschlechtsorganen gelenkt.

Während gewöhnlicher Geschlechtsverkehr anstrengend ist, ist engelsgleiche Kultivierung ruhig, entspannt und natürlich. Wo gewöhnlicher Geschlechtsverkehr nur die Geschlechtsorgane miteinander verbindet, verbindet engelsgleiche Kultivierung Geist mit Geist, Verstand mit Verstand und jede Zelle des einen Körpers mit jeder Zelle des anderen Körpers. Der Höhepunkt liegt nicht in der Auflösung, sondern in der Integration [„nicht in der Trennung, sondern in der Verschmelzung“?] und ist eine Gelegenheit für einen Mann und eine

Frau, einander zu transformieren und in das Reich von Glückseligkeit und Ganzheit zu erheben."

Sektion 70

„Die Fesseln der Leidenschaft und des Begehrens weben ein festes Netz um uns … Die Falle der Dualität ist hartnäckig. Gebunden, starr und gefangen kann man keine Befreiung erlangen.

Durch zweifache Kultivierung ist es möglich, das Netz zu entwirren, die Starrheit aufzuweichen und die Falle zu öffnen. Indem wir unsere Yin-Energie in der Quelle des universellen Lebens aufgehen lassen und aus der gleichen Quelle die Yang-Energie beziehen, lassen wir die Individualität hinter uns, und unser Leben wird rein und natürlich. Frei von Ego, leben wir natürlich, arbeiten rechtschaffen, werden von unerschöpflicher Vitalität erfüllt und sind für immer vom Zyklus der Geburt und des Todes befreit.

Wir müssen eines verstehen: Spirituelle Freiheit und Einheit mit dem Tao (Dao) sind keine zufälligen Geschenke, sondern der Lohn für die bewusste Wandlung und Entwicklung des Selbst."

Andere alte taoistische Sexhandbücher, wie z. B. *Secrets of the Jade Chamber* und *The Dangers and Benefits of Intercourse with Women* widmen sich auch dem Phänomen, dass Mann und Frau gemeinsam durch die Bewahrung ihrer sexuellen Energien Unsterblichkeit erlangen können. In *Dangers and Benefits* heißt es, dass dies durch eine Kombination von tiefem Eindringen, niedriger Erregung und Visualisierung der Energie, wie sie sich durch den Körper bewegt, geschieht.[29] In *True Transmission of the Golden Elixir* wird es als eine Parthenogenese beschrieben, „die den heiligen Fötus bildet", abhängig davon, wie gut man seine eigene Lebensenergie zu konservieren versteht. In *Exposition of Cultivating the True Essence* wird erklärt, dass diese sexuelle Alchemie nur möglich ist, wenn die instabile männliche Sexualenergie (1) erweckt wird, ohne „sich zu ergießen", (2) die stabilere Yin-Energie willkommen heißt und (3) sich mit ihr verbindet.[30]

Das hochgesteckte Ziel der spirituellen Vereinigung zwischen gleichwertigen Partnern wurde in späteren taoistischen Schriften unterwandert – zunächst durch Pläne, die Sexualenergie des gegengeschlechtlichen Partners zu „stehlen", und in jüngerer Zeit durch Techniken, wie Männer und Frauen sich selbst und dem Partner zu multiplen Orgasmen verhelfen können. Kurz gesagt, selbst die Taoisten konnten dem Drängen des unbewussten Paarungsprogramms im Menschen nicht immer widerstehen – vielleicht, weil sie die Geschenke des tiefen emotionalen Bandes zwischen den Partnern aus den Augen verloren. Und doch bin ich den Chinesen sehr dankbar dafür, dass sie einige der ältesten Schriften zum kontrollierten Geschlechtsverkehr bewahrt haben. Diese Schriften haben meine eigene Erfahrung auf überraschende Art und Weise bestätigt.

Der Wissenschaftler Douglas Wile, der zahlreiche frühe chinesische Texte über Sexualität übersetzt und analysiert hat, bemerkte, dass „für die Christen Sex zur Fortpflanzung dient; für die Chinesen hingegen der Orgasmus zur Fortpflanzung dient, der Sex jedoch dem Vergnügen, der Therapie und Erlösung."[31] Wie wir im nächsten Weisheitssegment sehen werden, ist es möglich, dass auch die frühen Christen lehrten, dass Sexualität der Erlösung dient.

Die chinesische Legende erzählt von einem goldenen Zeitalter, in dem alle Menschen in Harmonie mit der Natur lebten und ihren Samen so natürlich in etwas Höheres verwandelten, wie wir es zu atmen verstehen.

Mantak Chia,
taoistischer Lehrer

Kapitel 2

Elefanten im Wohnzimmer

Indem wir sexuelle Übersättigung vermeiden, können wir intime Beziehungen dazu benutzen, häufiger Gefühle von Optimismus und Fülle in uns zu wecken.

Ein Orgasmus kann Stimmungswechsel und Veränderungen unserer Wahrnehmung bewirken, die für ungefähr zwei Wochen anhalten.

Diese Veränderungen betreffen beide Geschlechter und sie werden auch durch Masturbation hervorgerufen.

Haben Sie sich jemals in jemanden verliebt, dem es genauso ging? Was für eine Erfahrung! Auf einmal ergibt die Welt einen Sinn. Wir stehen unter erhöhter Spannung und fließen über voll inspirierter Ideen. Das Leben nimmt einen rosigen Glanz an, und die Flügel und der Heiligenschein unseres Geliebten sind klar zu erkennen. Und doch, wenn alles seinen normalen Gang geht, werden wir bald schon auf diesen kurzen Intervall erhöhten Bewusstseins als die Flitterwochen zurückblicken und ihn als eine Prise Feenstaub betrachten, der uns eine kurze Romanze beschert hat.

In Wirklichkeit geschieht etwas sehr Reales, biologisch und vielleicht auch energetisch. Es belebt uns tatsächlich, weitet unsere Wahrnehmung und verändert unsere Körperchemie. Wenn wir verschiedenen spirituellen Traditionen rund um den Erdball Glauben schenken, dann ist die Verbindung zwischen Liebenden nichts Geringeres als ein möglicher Pfad zur Erleuchtung. Die meisten von uns kommen jedoch nicht einmal in die Nähe des Penthouses spiritueller Erkenntnis. Wir steigen stattdessen irgendwo im dritten Stock aus und begeben uns auf den gewohnten Abstieg ins vertraute Erdgeschoss, häufig gefolgt von einem Sturzflug in den Keller. Dies geschieht, weil der körperliche Teil unseres Seins von einem biologischen Autopiloten gesteuert wird und wir angenommen haben, sein Wille sei der unsere.

Mein Lernprozess über das heilende Potential in Beziehungen begann genau mit einem solchen Absturz. Jahre zuvor hatte mir meine Schwester, die es leid geworden war, die ständigen Katastrophen in meinem Liebesleben mit anzusehen, mir ein Buch geschenkt, das so ähnlich hieß wie „Wie heirate ich meinen Traummann?" Ich hatte schon jeden Rat, der uns zur Rettung von Beziehungen zur Verfügung steht, erfolglos ausprobiert und dachte demzufolge, warum nicht? Der Autor gab mir den dringenden Rat, eine Liste mit einer genauen Beschreibung meines Idealpartners zu erstellen. Und das tat ich.

Natürlich erschien er auch innerhalb des nächsten Jahres. Und nicht nur das. Einige Monate bevor Paul und ich uns trafen, war er auf einer Party gewesen, deren Gastgeber eine medial begabte Frau als Party-Gag engagiert hatte. Diese Frau sagte Paul, dass er mich zu einem bestimmten Zeitpunkt treffen würde, und nannte ihm mein Alter, meinen Beruf, das Element meines astrologischen Tierkreiszeichens und noch ein paar andere erstaunlich korrekte Dinge. Wir begegneten uns auf einer Konferenz in New York, zwei Tage vor dem genannten Datum. *Es fühlte sich an wie eine Fügung des Himmels.* Jedoch kurz nachdem konventioneller Sex ins Spiel kam, zerbrach die Beziehung. Und jedes Mal, wenn wir es wieder versuchten, geschah dasselbe.

Zu der Zeit stellte ich noch keine Verbindung her zwischen der Jagd nach dem Orgasmus und der immer wiederkehrenden Spannung zwischen uns. Es fühlte sich einfach nur an, als hätte ein Blitz aus heiterem Himmel gerade mal wieder eine meiner kostbaren Verbindungen in Schutt und Asche verwandelt. Es war qualvoll zu beobachten, wie eine Beziehung mit jemandem, mit dem ich eine so tiefe und scheinbar schicksalhafte Verbindung erfahren hatte, zerbrach, trotz aller Bemühungen sie zu retten.

„Sei vorsichtig, worum du bittest … Es könnte dir gewährt werden"

Obwohl ich eine rationale Frau aus der Geschäftswelt war, hatte ich kurz zuvor damit begonnen, mit dem Konzept zu experimentieren, dass inspirierte Erkenntnis jedem Menschen gewährt wird, wenn er darum bittet. Ich dachte mir, dass eine gute Art sei, mir zu beweisen, dass meine Idee Unsinn ist, wenn ich es einfach eine Weile ausprobierte. Außerdem waren die Ergebnisse, die ich mit Hilfe von rationalen Strategien in meinem Liebesleben erzielte, entmutigend. Also konzentrierte ich mich auf die Frage: „Warum zerbrechen meine Beziehungen?" Fast unmittelbar darauf kam die Antwort – auch wenn sie sich nur als ein Strang in einem größeren Geflecht herausstellte, aus dem sich zuletzt dieses Buch entwickelte.

Noch in der gleichen Woche lief mir mein erstes taoistisches Handbuch zur körperlichen Liebe über den Weg.[32]. Es empfahl eine andere Methode des Liebens. Anstatt auf den Höhepunkt zuzueilen, entscheiden sich die Liebenden für einen wellenartigen Zugang, mit der Betonung auf tiefer Entspannung zwischen Perioden zärtlicher Vereinigung. In dem Moment, in dem ich die Beschreibung las, wusste ich, was ich immer in intimen Beziehungen gesucht hatte:

> *„Es ist eine sehr machtvolle Erfahrung, die ich in jeder Zelle fühle, in jedem Teil meines Seins, als ein exquisites, ekstatisches Verschmelzen. Das Gefühl der Verbindung mit meinem Partner ist ungeheuer tief. Ich teile mein ganzes Sein mit ihm und er seins mit mir, als ein Fluss, der keine Grenzen kennt … Ich staune ehrfürchtig über die immense Kraft, die in Mann und Frau ruht … Da ist ein Gefühl, alle Zeit dieser Welt zu haben, in der Ewigkeit zu weilen und immer noch mehr Energie zur Verfügung zu haben."*[33]

Doch es gab ein *winziges* Hindernis. Um zu dieser Erfahrung zu gelangen, musste man den konventionellen Orgasmus hinter sich lassen. Leider ging Pauls wilde und verrückte Seite nicht über gelegentliche seltsame Begegnungen auf Partys hinaus, und er hatte definitiv kein Interesse daran, unkonventionellen Sex zu erkunden. Kurz darauf ging ich nach Europa. Schon wieder wurden meine Pläne durchkreuzt.

Das Buch zum Taoismus landete wieder im Regal, doch innerhalb der nächsten zwei Jahre nahm mein Leben eine radikale Wendung. Ich lehnte eine Beförderung zum Hauptsitz meiner Firma ab, um mich weiter meinen spirituellen Studien zu widmen. Das überraschte vor allem die, die mich gut kannten, denn ich war wohl kaum eine Kandidatin für einen asketischen Lebensstil. Außerdem war ich seit meinem zwölften Lebensjahr eine Erz-Atheistin – damals hatte ich etwas über Sklavenschiffe und Konzentrationslager gelernt und entschieden, dass kein Gott jemals erlauben könne, dass so etwas geschieht.

Ich hatte jedoch ein paar Jahre zuvor durch eine unerwartete Konstellation der Umstände ein Seminar besucht, den „Silva Mind Control-Kurs". Es war mein erster Kontakt mit der Vorstellung, dass unsere Gedanken, Überzeugungen und Erwartungen unsere Erfahrung prägen, ein Konzept, das ich sehr schnell als Quatsch abtat. Um es mir selbst zu beweisen, versuchte ich ziemlich halbherzig eine Technik der Entspannungsaffirmation, und war regelrecht verärgert, als es funktionierte. Der Stresskopfschmerz, der mich seit Jahren geplagt hatte, hörte einfach auf. Es ärgerte

---

In meiner nächsten Inkarnation möchte ich mein Leben rückwärts leben. Man beginnt mit dem Tod und hat das schon mal hinter sich. Dann erwacht man in einem Altersheim, und es geht einem von Tag zu Tag besser. Man wird schließlich dort rausgeworfen, weil man zu gesund ist, man bekommt seine Pension, und wenn man dann anfängt zu arbeiten, bekommt man eine goldene Armbanduhr geschenkt und direkt eine Party zur Begrüßung. Dann arbeitet man vierzig Jahre lang, bis man jung genug ist, sich zurückzuziehen. Man geht auf Partys, trinkt Alkohol und schläft sich durch diverse Betten, bis man reif für die höhere Schule ist. Danach besucht man die Grundschule, wird ein Kind und spielt. Man hat keine Verantwortung und wird zum Baby, bis man geboren wird. Die letzten neun Monate verbringt man dann, indem man unter luxuriösen, kurortsähnlichen Umständen in warmem Wasser liegt, mit Zentralheizung und Zimmerservice auf Knopfdruck, von Tag zu Tag mehr Platz hat und schließlich … Voilà! Endet man als Orgasmus! Noch Fragen?

Woody Allen

mich, doch ich kaufte trotzdem ein Buch über kreative Visualisierung – und meine Einstellung verschob sich allmählich von Zynismus zu Optimismus, so wie ich produktiver und glücklicher wurde. Meine Beziehungen wurden liebevoller, blieben jedoch gleichbleibend zerbrechlich. Es schien so, als hätte ich noch mehr innere Arbeit zu leisten.

Unterdessen stellte ich fest, dass ich in größeren Zusammenhängen zu denken begann, die schließlich weit genug wurden, *um sowohl die Evolution als auch eine Vorstellung des Göttlichen zu umfassen* (wodurch ich zu Richard Dawkins schlimmstem Albtraum wurde). Ich begann die Schöpfung als eine Art explodierenden Wolkenpilz nicht endender Kreativität zu sehen, mit einer unendlichen Anzahl von Existenzebenen, die alle einzigartig sind. Was wäre, wenn wir göttliche Funken innerhalb dieses großen, wohlgesonnenen und doch unpersönlichen Kaleidoskops die Freiheit hätten, jedes kollektive Experiment vorzunehmen, das wir uns aussuchen?

Besonders fasziniert hat mich die Theorie, dass wir Menschen auf einer unbewussten Ebene Aspekte unserer kollektiven Erfahrung mit unseren Überzeugungen prägen. Wenn ich mir die Ungerechtigkeiten auf unserem Planeten so anschaute oder auch unsere Gewohnheiten, nicht erneuerbare Energien zu verwenden, oder ständig über irgendetwas zu schimpfen, dann konnte ich nachvollziehen, dass wir wohl einige regelrecht selbstsabotierende Gedanken haben mussten, wenn die Theorie stimmt. Konnte es sein, dass unsere Gedanken Mangel erschufen, Abwehr, Gier, kurzsichtiges Denken sowie ein ungutes Verhältnis zwischen den Geschlechtern? Und wenn ja, wer dachte dann all diese kontraproduktiven Gedanken?

Gleichzeitig war ich fest entschlossen, zu überprüfen, ob die ganzen Versprechungen in meinen heiligen Texten irgendeinen Wert hatten. Konnten Partner durch die Vermeidung von sexueller Übersättigung ihre intimen Beziehungen wirklich dazu nutzen, um Gefühle der Fülle zu erzeugen, Vollständigkeit, Optimismus, stabile Zuneigung und ein erweitertes Bewusstsein? Könnte die Menschheit eine neue Erfahrung kreieren, wenn dies alles stimmte?

Es kam mir damals noch nicht in den Sinn, dass wir die ganze Abwehr, die Angst und den Mangel, die mich so irritieren, unbeabsichtigt überhaupt erst erzeugten, indem wir einander zur sexuellen Übersättigung und Fortpflanzung nutzen.

„[Laut den alten Chinesen] sollte man den Orgasmus nicht mit unserem normalen Zustand vergleichen, sondern eher mit unserem postkoitalen Zustand … Der Coitus Reservatus wird dann nicht als unerträglicher Drang oder Druck erfahren, sondern als Vollständigkeit und Kraft."[34]

Doña Quijote macht sich auf den Weg

Eine faszinierende Reise hatte begonnen. Sie war jedoch nicht ohne Hindernisse. Ich entdeckte schnell, dass es selbst mit den besten Absichten nicht so einfach ist, sexuelle Gewohnheiten hinter sich zu lassen. Meinen ersten Versuch, den Code zu knacken, unternahm ich mit Alex, den ich auf einem Workshop bei einer spirituellen Gemeinschaft in Schottland kennengelernt hatte. Er war ein zutiefst spiritueller Mann, der eine Auszeit von seiner psychologischen Praxis nahm, um von Kanada aus um die Welt zu reisen und verschiedene inspirierende Orte zu besuchen. Nach dem Seminar fuhren wir gemeinsam nach Belgien zu mir nach Hause.

Haben Sie niemals Angst, etwas Neues auszuprobieren. Denken Sie daran: Amateure haben die Arche Noah gebaut, Profis die Titanic.

Ich holte mein verstaubtes taoistisches Buch über Liebe und Sexualität aus dem Regal und wir versuchten uns daran, Geschlechtsverkehr ohne Ejakulation zu haben. Der Autor des Buches glaubte nämlich, dass Samenverlust, nicht der Orgasmus, der Hauptnachteil von konventionellem Sex sei. Ich vertraute entsprechend darauf, dass es ein Thema des *Mannes* war und der weibliche Orgasmus ungefährlich. Damals wusste ich es einfach nicht besser – noch nicht.

In dem Buch standen jede Menge Tipps, wie Männer ihren Drang zur Ejakulation überwinden können. Es empfahl, die Muskeln um die Prostata anzuspannen, die Zähne zusammenzubeißen, Atemzüge zu zählen und andere ziemlich heftige Techniken – die, wie ich später lernte, alle nicht annähernd so effektiv oder gesund sind wie ein langsamerer, entspannterer Zugang zum Geschlechtsverkehr.

Jedenfalls bestand Alex darauf, dass er keinerlei Anweisungen brauchte. Doch wenn wir uns liebten, war es wie immer. Sprich, er ejakulierte. Und über die nächsten Tage passierte genau das Gleiche, trotz seiner ehrlichen Absicht, den Orgasmus zu vermeiden.

Ich schlug immer wieder vor, dass er doch das Buch lesen solle, aber er wurde immer gereizter. Als ich darauf hinwies, dass laut dem Buch seine Gereiztheit das Resultat der Orgasmen sein könnte, rastete er total aus.

„Du bist verrückt, wenn du mir erzählen willst, dass die Ejakulation einen negativen Einfluss auf Männer hat!" bellte er mich an. „Ich bin Psychologe. Wenn das der Fall wäre, müsste ich es wissen. Wenn du weiter so ein Zeug redest, landest du in der Psychiatrie ... da kannst du es deinem Arzt erklären!"

Ich sah ein, dass weiteres Argumentieren die Sache nur noch verschlimmern würde, und ich dachte, wie schön es wäre, wenn er einfach gehen und in den nächsten Zug steigen würde! Ich übte mich in eisigem Schweigen. Schließlich explodierte er: „Ich sehe, dass du offenbar kein Wort mehr mit mir sprichst, bis ich dieses Buch gelesen habe!"

„Das stimmt, Alex", gab ich zu.

„Okay, was muss ich also lesen?"

Ich zeigte ihm die vier oder fünf Seiten, auf denen die oben erwähnten Techniken erklärt wurden, wie Männer den Orgasmus vermeiden können.

Er überflog die Erklärungen flüchtig und sagte dann: „Also gut, probieren wir 's."

An diesem Punkt war ich bereit, die ganze Idee einfach aufzugeben. Diese ziemlich unritterliche Einladung glich keiner meiner Vorstellungen einer heiligen sexuellen Begegnung. Doch ich sehnte mich danach, endlich herauszufinden, ob diese Ideen überhaupt einen Sinn ergaben.

Wir liebten uns wie im Buch erklärt. Er presste und drückte und zählte und beendete unser Beisammensein ohne Ejakulation. Dann überraschte er mich wirklich, als er sagte: „Ich kann es zwar kaum glauben, aber ich fühle mich nicht unerfüllt. Ich habe keine ... äh ... blauen Eier. *Danke, dass du mir das gezeigt hast!*" Doch so erstaunlich sein neu gewonnener Enthusiasmus bereits war, es folgte noch eine viel größere Überraschung. Während der nächsten 24 Stunden war er ein anderer Mann. Seine Wut verschwand, und sein Herz öffnete sich. Wo er mir vorher versichert hatte, er brauche keine Partnerin, weil er auf einem spirituellen Weg wäre, öffnete er sich jetzt und sprach darüber, wie sehr er sich doch eine

Partnerin wünschte und wie verwirrt er über seine Unfähigkeit sei, in einer Beziehung zu bleiben.

Die größte Veränderung jedoch war, dass er mich plötzlich in einem völlig anderen Licht sah. Er wollte mich nicht mehr in die Psychiatrie einliefern lassen, sondern sagte: „Du bist so spirituell und großzügig. Gott muss ganz schön stolz auf dich sein, dass du dich von so viel Widerstand nicht hast abschrecken lassen." Auch ich fühlte mich wie verwandelt. Mein Herz öffnete sich voller Dankbarkeit, und ich konnte ganz klar seine engelsgleichen Qualitäten sehen. Ich erinnere mich noch, wie ich dachte: „Lieber Gott, danke, dass du mir die wahre Schönheit dieses Mannes gezeigt hast."

Ich schwor, dass ich meine letzte sinnlose Verschmelzung mit einem Liebhaber hinter mir hatte. Ich konnte das Potential für gegenseitige Bewunderung und befriedigende Intimität in der neuen Herangehensweise fühlen und war noch entschlossener als vorher, diese unkonventionelle Annäherung an das Thema Sexualität zu meistern.

Es stellte sich heraus, dass weitere sinnlose Verschmelzungen vor mir lagen, weil einige der Hinweise, wie wir uns den Paarungszielen unserer Gene entziehen können, in den heiligen Texten, die ich damals las, fehlten. Trotz Durchbrüche waren meine Ergebnisse wechselhaft. Alex hatte mir das *Potential* gezeigt, das in dem Konzept steckte, doch wir hatten es noch nicht geschafft, die Vorteile aufrechtzuerhalten. Wechselhafte Gefühle (das Gefühl tiefer Liebe an einem Tag und eine Abwehrhaltung am nächsten) waren noch beängstigender als dauerhafte emotionale Distanz. Sie ließen Liebe als etwas Unzuverlässiges erscheinen. Diese scheinbar unerklärlichen Wechselzustände gilt es zu vermeiden, wenn man sich als Paar auf Dauer nah sein möchte. Nach und nach lernte ich, dass eine langsame Herangehensweise und langfristige Beständigkeit entscheidende Faktoren waren.

In der Zwischenzeit reichten meine guten Absichten und hohen Ziele keineswegs aus. Wann immer ich unabsichtlich in meine früheren Gewohnheiten von Vorspiel und Sex mit Ejakulation abglitt, brach in der Beziehung Disharmonie aus.

„Als wir nach dem Geschlechtsverkehr einschliefen, sah ich, dass mein Liebster immer noch eine starke Erektion hatte. Wir hatten gerade erst

damit begonnen, mit Orgasmusvermeidung zu experimentieren, deshalb fragte ich ihn: „Ist dir das nicht unangenehm?" In seiner Stimme schwang ein hörbares Lächeln mit, als er antwortete: „Nein, im Gegenteil!" Und als wir im Laufe der Nacht aufwachten, fand ich heraus, warum."

Kaiya

Ein subtiles Gefühl von Mangel

So schwer es auch für mich zu akzeptieren war: Der Orgasmus selbst schien das Problem zu sein. Wie selig das eigentliche Zusammensein auch immer gewesen sein mag, an den Tagen nach einem Orgasmus meines Partners zeigte sich eine seltsame und unschöne Entfremdung zwischen uns, die ungefähr zwei Wochen anhielt. Erinnern Sie sich noch an den Film *Harry und Sally?* Billy Crystal sagt dort, dass er dreißig Sekunden nach dem Sexualakt am liebsten aufstehen und gehen möchte. Als ich einen Mann danach fragte, antwortete er: „Ja. Ich nehme an, dass es den meisten Männern so geht. Bumm, das war's. Der Vorhang ist gefallen. Danke … und nichts wie weg hier."

Es tauchten immer mehr Bestätigungen für das auf, was ich in meinem Leben erlebte. Anfangs sah ich nur die postorgastischen Veränderungen *in Männern* und las deren Schriften. Hier ein weiteres Beispiel für den Drang eines Mannes, die Frau nach dem Sex zu verlassen, welches außerdem zeigt, dass wir in der modernen Zeit die Tendenz haben, *alles andere* für das postorgastische Unwohlsein verantwortlich zu machen, nur nicht die sexuelle Übersättigung:

„Gleichgültig, welche Frau es war, wenn wir Sex miteinander hatten, war ich schon so gut wie weg. In diesem Augenblick berührte ich immer ein Tabu – vielleicht meine Mutter, vielleicht meinen Schmerz – und ich wusste, ich würde wegfliegen müssen … Ich war die ganze Zeit unruhig und wartete nur auf den günstigsten Moment, um zu fliehen. Wenn ich es nicht tat, dann vertrieb ich sie. So oder so, ich wusste, ich kann nicht mit einer von ihnen zusammenbleiben."[35]

Es war für mich offensichtlich, dass der unbewusste Drang, von ihr wegzukommen, eine Frau nach dem Sex weniger anziehend aussehen lässt, selbst, wenn der Mann bei ihr bleibt. Ich begann, an diese Veränderung als „das Gift an Amors Pfeil" zu denken, eine Art Kater oder eine vorübergehende Phase von subtiler Unruhe, die auf das Gefühl „Ich bin satt!" folgt und unsere Wahrnehmung wochenlang negativ einfärbt.

Trugen postorgastische Veränderungen wie diese zu den absurden Vorstellungen der Menschen über Sexualität bei? Wenn ein Mann genug Angst nach dem Sex haben kann, um abzuhauen, könnte er sich nicht auch unwohl genug in seiner Haut fühlen, um daraus den Schluss zu ziehen, dass das andere Geschlecht betrügerisch oder widerwärtig ist, dass Beschneidung notwendig ist, um die sexuelle Begierde zu reduzieren, oder dass eine wütende Gottheit die Menschen bestraft, wenn sie sich auf Sex einlassen? Jahre später erfuhr ich, dass ein Theologe aus dem neunzehnten Jahrhundert zu der gleichen Schlussfolgerung gekommen war wie ich:

> *„Erschöpfung und Selbstvorwürfe verschlechtern den Blick sowohl auf das Instrument des Exzesses als auch auf die Person, die uns dazu verführt hat … Dies ist zweifelsohne die Philosophie hinter dem Ursprung der Scham nach dem Fall. Und auf das gleiche Prinzip können wir auch den Vorgang des „Abkühlens" zurückführen, der zwischen Liebenden nach der Eheschließung stattfindet und der häufig in Gleichgültigkeit und Abscheu endet. Im Gegensatz dazu können Liebende, die ihre sexuellen Organe allein als Diener ihres spirituellen Naturells benutzen, und [auf den Höhepunkt] verzichten, wenn es nicht um Nachwuchszeugung geht, die höchste Glückseligkeit aus sexueller Gemeinschaft für eine beliebig lange Zeit genießen, ohne Übersättigung oder Erschöpfung; und auf diese Art wird das Eheleben auf Dauer süßer als die Zeit der Umwerbung oder selbst als die Flitterwochen."*[36]

Selbst wenn jemand sich nach dem Sex nicht schuldig fühlt, könnte es nicht sein, dass seine Wahrnehmung von sich selbst und anderen sich zum Schlechten verschiebt? Folgendes sagte der Schauspieler Hugh Grant *über sich selbst*, kurz nachdem er 1995 mit Divine Brown erwischt worden war:

„Ich gebe einen Scheiß auf die Moral … Das war mir egal. Jeder ist ein Schwein."

Wenn wir alle nur „Schweine" sind, dann ist es leicht, die höheren Aspekte unseres Charakters zu übersehen und uns auf dem niedrigsten gemeinsamen Nenner unseres Sexualverhaltens zu bewegen. Vielleicht tragen die postorgastischen Wahrnehmungsveränderungen zu einem generellen Zynismus und einer Gleichgültigkeit gegenüber Sex bei. Viele geben der christlichen Religion und ihrer Verurteilung von Sexualität die Schuld an der heutigen ungesunden Einstellung gegenüber Sex (ein Standpunkt, an dem sicher etwas dran ist). Doch als ich nach weiteren Fingerzeigen grub, erfuhr ich, dass Amors Giftpfeil weit über den christlichen Einfluss hinaus datiert.

Beispielsweise gab der römische Dichter Ovid vor zweitausend Jahren den zynischen Rat, den Orgasmus bis zum Punkt des Desinteresses zu verfolgen, um sich „von der Liebe zu heilen":

Übersättige dich mit ihr

„… Bist du ein Gefangener der Liebe, aufgrund deiner zärtlichen Gefühle unfähig, zu entkommen? … Geh! Genieße dein Mädchen voller Hingabe, Tag und Nacht. Lass Abscheu deine Krankheit ersetzen. Selbst wenn du das Gefühl hast, genug zu haben, bleib bei ihr, bis du überwältigt bist und Überdruss die Liebe zerstört, so dass du keine Freude mehr an ihrer Gesellschaft hast." [37]

Oder wie wäre es mit diesen Zeilen aus der alten *Griechischen Anthologie?*

Einmal versprochen, kein Mann triebe es toll;
er bliebe bei der Liebsten, die er erkor,
wäre sie nur halb so verheißungsvoll
nach dem Akt wie zuvor. [38]

Zu guter Letzt akzeptierte ich, dass die veränderte Wahrnehmung meines Partners von meiner Person, die ich so häufig nach einem Feuerwerk im

Schlafzimmer gespürt hatte, nicht einfach nur ein Ergebnis meiner oder seiner Themen war. Es war eine reale Veränderung. Und sie war sowohl unfreiwillig als auch vermeidbar. Und das bedeutete, Paare konnten die Veränderung nur aufhalten, wenn sie sich der zugrunde liegenden Ursache widmeten: sexueller Übersättigung. Was für ein schrecklicher Gedanke!

Ich konsultierte erneut meine heiligen Texte. Da stand es schwarz auf weiß: Geschlechtsverkehr ist wohltuend, doch Orgasmen bringen einen Berg von Problemen mit sich. Symptome sind unter anderem ein Gefühl des Ausgelaugtseins, Reizbarkeit, energetisches Ungleichgewicht, gesundheitliche Probleme, und vor allem eine wachsende Abneigung gegenüber dem Sexualpartner.

> *„Schließlich kann ein Mann Gefühle der Gleichgültigkeit oder sogar des Hasses für seine Sexualpartnerin empfinden, weil er unterbewusst merkt, dass er bei ihrer Berührung die höheren Energien verliert, die ihn zu einem wahrhaft glücklichen Menschen machen können.“* [39]

Es handelt sich hierbei auch um ein weltweites Phänomen. Die Hulis zum Beispiel, Eingeborene von Neu Guinea, die wir auch als „Perückenmänner“ kennen, haben Frauen gegenüber ein traditionelles Misstrauen, denn sie glauben, dass Frauen ihnen ihre Kraft rauben. Die Folge davon ist, dass sie getrennt von ihren barbrüstigen Frauen leben und auch selbst für sich kochen. Sex wird auf eine kurze Begegnung reduziert – nicht ganz unähnlich vielen sexuellen Begegnungen heutiger westlicher Krieger. Nicht alle Perückenmänner tragen auch wirklich Perücken.

Natürlich projizieren Liebende ihr postorgastisches Unbehagen (bewusst oder unbewusst) nicht immer auf ihren Partner. Denken Sie mal darüber nach, was der Psychologe Herb Goldberg in seinem Buch *What Men Really Want* schreibt:

> *„Das defensive Naturell des Männlichen erzeugt in Männern eine zutiefst argwöhnische und negative Erfahrung der Welt, die sie als einen Ort betrachten, an dem es nie genug Macht, Kontrolle, Sicherheit oder Unabhängigkeit gibt.“* [40]

Da war es, das „Gefühl des Mangels“, das zu einer Abwehrhaltung und einer Mentalität „ich gegen alle“ führt, die mich so irritierte. Wie privat auch der Akt des Geschlechtsverkehrs sein mochte, seine Auswirkungen prägten möglicherweise auch unsere kollektive Erfahrung mit. Denn mit Sicherheit verfolgen in jedem Augenblick viele von uns heißen Sex und sexuelle Übersättigung, was das Zeug hält. Und viele andere von uns sehnen sich nach einem Liebsten – ein weiteres Empfinden von „Mangel“. Die Konsequenzen erschütterten mich ziemlich.

Und als meine Erleuchtung weiter voranschritt, hatte ich das Gefühl, einen Elefanten in meinem Wohnzimmer entdeckt zu haben, der dort die ganze Zeit über gewesen war, all meine Beziehungen kopflos zertrampelt und die Wahrnehmung meiner Liebhaber von mir vernebelt hatte. Sorgte er, zusammen mit den Elefanten all der anderen Menschen, auch für die Empfindungen von Mangel und Abwehr um den ganzen Erdball herum?

> Die Welt ist voll von Offensichtlichkeiten, die niemand jemals auch nur annähernd bemerkt.
>
> **Sir Arthur Conan Doyle**

Objekte im Spiegel können uns näher sein, als es scheint

Meine Freundin Anja hatte einen neuen Freund. Er war in einem Kulturkreis aufgewachsen, in dem künstliche Geburtenkontrolle quasi nicht existierte. Er hatte schon als Teenager gelernt, die Ejakulation beim Geschlechtsverkehr zu vermeiden, um die Chancen für eine Schwangerschaft zu verringern. Für ihn war es ganz natürlich, beim Sex mit ihr auch weiterhin darauf zu verzichten. Sie war begeistert. Ihr gemeinsames Liebesspiel war phantastisch, kosmisch, endlos (einmal als ich versuchte, sie zu erreichen, war der Telefonhörer vier Tage lang ausgehängt …) und ihre Fähigkeit, multiple Orgasmen zu erleben, kam vollends zur Blüte.

Und doch wurden Risse in ihrer Beziehung sichtbar. Ein paar Wochen, nachdem ihre Beziehung so vielversprechend begonnen hatte, rief sie mich an und fragte zögernd: „Meinst du vielleicht, dass es auch bei Frauen problematisch ist, wenn sie einen genitalen Orgasmus haben…?“ Ich hörte gut zu. Denn auch ich hatte in den vorangegangenen Monaten endlich einen Mann gefunden, der sich leicht selbst kontrollieren konnte, doch dem es offenbar Freude bereitete, dass ich so mühelos zum Höhepunkt kam. Und wir erlebten keineswegs die mystische Glückseligkeit und Einheit, von der ich in den Büchern über heiligen Sex gelesen hatte. Statt dessen bemerkte ich unschöne emotionale Reibungspunkte, die immer wieder zwischen uns aufflammten.

Autoaufkleber für Frauen:
Nächster Stimmungswechsel: in 6 Minuten

Völlig gestresst und keiner da zum Erwürgen.

Sie haben das Recht zu schweigen, also halten Sie die Klappe!

Achtung: von null auf „Zicke“ in 8 Sekunden

Fang gar nicht erst etwas mit mir an – Du kannst nicht gewinnen.

Die Auswirkungen des weiblichen Orgasmus bleiben meist unerkannt, denn die meisten – selbst esoterischen – Hinweise auf den Orgasmus der Frau gehen in die Richtung, dass er unproblematisch sei, weil Frauen keinen Samen verlieren. Jahrelang fiel ich fröhlich auf diese Annahme herein. Doch jetzt war es offenbar so weit, dass sich mir einige unliebsame Wahrheiten aufdrängten.

Von diesem Tag an verglichen Anja und ich unsere Aufzeichnungen wie Wissenschaftlerinnen in einem Labor. Unabhängig von anderen Variablen, die uns als Paare beeinflussten, kam es innerhalb von einer oder zwei Wochen nach einem Orgasmus (auch wenn nur die Frau einen hatte) zu Problemen. Anja neigte zum Jammern, wurde übersensibel, uneffektiv und entmutigt. Ich hingegen entwickelte eine scharfe Zunge, war ungeduldig, pessimistisch und konzentrierte mich nur noch auf die Analyse der offensichtlichen Unvereinbarkeiten zwischen mir und meinem Freund. Wir wurden von Stimmungsschwankungen heimgesucht, die wir früher auf den Postejakulationsblues unserer Partner geschoben hatten. Was war los?

> *„Meine letzte Beziehung war sehr kurz. Sie bat mich förmlich darum, mit ihr zu schlafen – und hatte auch einen Orgasmus und alles – doch danach wollte sie nur noch weg von mir. Ein paar Wochen später wurde sie wieder zugänglicher und wir gingen erneut ins Bett, und auch diesmal schien es ihr zu gefallen. Dann, nur ein paar Tage später, teilte sie*

mir mit, dass „ein Orgasmus ein armseliges Erlebnis sei" im Vergleich zu ihren spirituellen Erfahrungen. Doch sie hatte dennoch Angst, vom Sex abhängig werden zu können. (Ich erinnere mich noch, wie ich dachte: „Na, wie schrecklich!")

Und das war es dann auch mit unserer Beziehung. Sie teilte mir mit, ich sei weniger spirituell entwickelt als sie und brach den Kontakt ab. Da ich damals bereits vieles auf Ihrer Website gelesen hatte, versuchte ich ihr zu erklären, dass sie am Trennungskater litt. Doch das kaufte sie mir zu dem Zeitpunkt nicht ab – erst viel später, nach ein paar Monaten, gewann sie diese Einsicht. Ich bin davon überzeugt, dass der Orgasmus das Gegenteil von dem erreicht, was Frauen sich wünschen."

Ken

Die meisten Frauen sind davon überzeugt, dass es an der Zeit ist, sich auf den genitalen Orgasmus der Frau zu konzentrieren. Denn immerhin haben die schweren Stiefel des Patriarchats die weibliche Sexualität Jahrtausende lang zu Boden getrampelt. Frauen fiel die Rolle der Gebärmaschine zu, die dazu gezwungen war, Männern ihren Willen zu lassen, ohne die geringste Rücksichtnahme auf weibliche Wünsche.

Wie ein aufgeklärter Mann einmal sagte: „Frauen müssen Tausende von Jahren versäumter Orgasmen wiedergutmachen." Eine noble Aufgabe, an der er fleißig mitarbeitete. Es ist sicherlich wahr, dass viele Frauen es als Durchbruch erleben, zum Orgasmus zu kommen, da sie vorher das Gefühl hatten, etwas zu verpassen.

Jetzt jedoch wanden Anja und ich uns unbehaglich, als wir uns die gleichen harten Fragen stellten, die wir über die Auswirkungen der sexuellen Übersättigung bei Männern gestellt hatten. Was, wenn eine Veränderung der Wahrnehmung als Resultat eines Orgasmus auch bei uns ein Gefühl von Mangel hinterließe? Wie würde sich ein Kater nach dem Sex wohl bei Frauen manifestieren? Vielleicht in einer allumfassenden Zickigkeit? So, dass er immer unrecht hat? Oder durch einen Griff nach einem Antidepressivum? Vermeiden von Sex? Zuviel zu essen? In einem übermäßigen Gebrauch des Vibrators? In einem Gefühl der Unfähigkeit, mit dem Leben zurechtzukommen? In ungesunder Eifersucht? In der Jagd nach dem Glück? In einer Sucht nach romantischen Romanen? In zwanghaftem Konsum oder sogar Kleptomanie? In Tränen und emotionaler Erpressung? In neurotischen, bedürftigen, kontrollierenden Müttern – und verwundeten Kindern?

Nun, es sah aus wie eine Liste von Kritikpunkten an ihren Frauen aus dem Protokoll einer Männergruppe. Und vielleicht können wir Frauen gar nicht so viel dagegen tun, unsere bodenlose Bedürftigkeit und ihre destruktiven Überreaktionen zu vermeiden, wenn nicht auch wir der zugrunde liegenden Ursache unseres natürlichen, doch vermeidbaren Gefühls von Entzug auf den Grund gehen. Ein müder Veteran drückt es treffenderweise wie folgt aus:

> *„Sind Frauen verrückt oder bin ich es, der sie unwissentlich zu irrationalen und flatterhaften Wesen werden lässt, wenn sie sich eingelassen haben? Sie sind doch vorher nicht so, sondern erst, nachdem es ernst geworden ist.“*[41]

Als ich schließlich meine Elefantenjagdbrille aufsetzte und mein eigenes Verhalten objektiv beobachtete, musste ich zugeben, dass ich auch nach einem Orgasmus liebevoll bleiben konnte – maximal fünf Tage lang. Dann begann meine ganze Welt sich zu *verändern*, und das Einzige, dessen ich mir dann noch sicher war, war, dass mein Partner an meinem Elend Schuld hatte. Die Auswirkungen kamen und gingen immer wieder weg, ungefähr zwei Wochen lang. Am Ende dieser Phase ging es mir meist am schlechtesten.

Tragischerweise vermitteln die Medien heutzutage das Bild, dass das Glück einer Frau völlig davon abhängt, ob sie einen Orgasmus hat, bis zum Punkt des Überdrusses (anstatt von bindungsstärkendem Verhalten und vertrauter Partnerschaft). Wenn wir nicht glücklich sind, obwohl wir gelernt haben, einen Orgasmus zu bekommen, soll es daran liegen, dass wir keine multiplen Orgasmen haben. Und wenn wir dann immer noch nicht selig sind, dann muss es wohl daran liegen, dass uns die intensivere Erfahrung des Ejakulierens beim Orgasmus (ja, für Frauen) noch fehlt. Ihre Genitalien explodieren nicht auf Kommando im Bett? Kein Problem, Pharmazeutika zur sexuellen Potenzsteigerung mit hohen Preisen und unbekannten Nebenwirkungen sind schon unterwegs.

„Ich habe gelernt, meine Ejakulation zu kontrollieren, weil ich das Gefühl der Müdigkeit an den folgenden Tagen nicht mag. Doch häufig möchte ich auch meine Freundin nicht zum Orgasmus bringen, weil dann sofort Schluss ist (kein Scherz). Sie rollt sich auf die Seite und schläft ein. Ich bin dann völlig energetisiert und kann nicht einschlafen. Allerdings muss ich zugeben, dass es eine gute Erfahrung für mich war, auch mal die andere Seite der Medaille kennenzulernen."

David

Dieser Medienangriff, um Sehnsüchte zu entfachen, verkauft am Ende nicht nur Zeitschriften und die Dinge, für die darin geworben wird. Es leitet uns auch völlig fehl in unserer Suche nach Glück, Wohlbefinden und harmonischen Partnerschaften.

Es dämmerte mir allmählich, dass Frauen, die nicht so leicht einen Orgasmus bekommen, uns restlichen Frauen um einiges voraus sein könnten. Vorausgesetzt, sie sind sich klar darüber, dass es keinen Grund gibt, sich auf die unnötig frustrierende Jagd nach dem „Heiligen Gral" Orgasmus zu machen. Auf einer bestimmten Ebene bieten Frauen, die keinen Orgasmus verfolgen, genau das Bindungsverhalten an, das ihre Beziehungen vertiefen und beiden Partnern mehr Befriedigung schenken kann. Es kann sogar sein, dass zärtliches, großzügiges Liebesspiel ohne Leistungszwang und ohne Ziel der bestmögliche Weg für Frauen ist, ihre sexuelle Energie zu befreien, und dass erzwungene Orgasmen es ihnen nur schwerer machen, in die entspannte, offenherzige Vereinigung zu fallen.

Kurz nachdem Anja und ich uns mit den Fakten konfrontiert hatten, stieß ich auf einen Hinweis schwarz auf weiß, der das bestätigte, was wir beide auf die harte Tour hatten lernen müssen. Ein Tantralehrer schreibt:

„[Wenn eine Frau sich während des Sex nicht völlig in einen transzendentalen Zustand hinein entspannt,] dann hat sie einen nervösen Orgasmus, der kurzlebig ist und auf den Unzufriedenheit und Erschöpfung folgen. Das ist häufig der Grund für Hysterie und Depression bei Frauen."[42]

Nicht zu reden von den Depressionen der Männer.

Unsere Erfahrung lehrt, dass Frauen nicht den gleichen naiven Fehler begehen sollten wie Männer, nämlich zu glauben, dass sexuelle Übersättigung der Sinn von Sex ist. Als ich den Geschichten anderer Menschen zuhörte, erkannte ich, dass in der Tat eine Menge Elend vermieden werden könnte, wenn man auf eine andere Art und Weise Geschlechtsverkehr hätte. Szenarios wie das folgende brachten bei mir sowohl Mitgefühl als auch den Wunsch hervor, anderen mitzuteilen, was ich gelernt hatte:

> *„Diese Beziehung sollte anders sein. Wir waren geistig eng miteinander verbunden. Doch schon nach sechs Monaten waren wir in den Abgrund all dessen gestürzt, was unheilig zwischen Mann und Frau ist. Meine physische und emotionale Gesundheit war ernsthaft erschöpft. Depression war mein ständiger Begleiter. Unsere Beziehung war bruchstückhaft und regelrecht verwundet. Wie konnte ich göttliche Vereinigung empfunden haben und jetzt solch eine Kluft zwischen mir und meinem Mann fühlen? Wie sollte ich nur den Schmerz aushalten, nicht zu wissen, wie ich diese enorme Kluft überwinden kann? Was war während meiner Ehe passiert, das den Kommentar einer neuen Freundin rechtfertigte, ich sei die traurigste Frau, die sie je gesehen hatte? Vor meiner Ehe war ich Pädagogin gewesen, voller Lebenskraft. Und nach nur einem Jahre Ehe fühlte ich mich aller Lebensenergie beraubt. Es blieb mir kaum genug zum Überleben.“*[43]

Die Forschung über die vergangenen zwei Dekaden hat aufgezeigt, dass es einen substanziellen Zusammenhang zwischen Depression und Unzufriedenheit in der Ehe gibt.

Steven R. H. Beach

„Aber ich fühle mich großartig nach dem Orgasmus!“

Skepsis ist gesund. Machen Sie Ihre eigenen Forschungen. Schauen Sie als Erstes, in welcher Phase Ihrer Beziehung Sie sich befinden. Sind es die „Flitterwochen“? In den frühen Stadien einer romantischen Beziehung können nur wenige Menschen die Veränderung in der Wahrnehmung nach dem Orgasmus bemerken. In dieser Zeit schwirren drogenähnliche Romantik-Neurochemikalien durch unseren Körper. Dummerweise lässt die Wirkung dieser Superdroge jedoch innerhalb von zwei Jahren (wenn nicht wesentlich früher) nach, und sexuelle Übersättigung kann den Prozess sogar noch beschleunigen, wie wir sehen werden.

Als Zweites nehmen Sie sich einen Kalender und verfolgen Sie die Ereignisse selbst nach – sowohl Orgasmen als auch Stimmungsschwankungen über die folgenden zwei Wochen. Frauen (insbesondere) können sich manchmal auch für mehrere Tage nach dem Orgasmus in einer Hochstimmung befinden, möglicherweise, weil wir von Natur aus mehr Oxytocin produzieren (ein Hormon, das den Spitznamen „Kuschelhormon" trägt). Einige von uns erleben die stärksten Stimmungs- und Wahrnehmungsänderungen gegen Ende des zweiwöchigen Zyklus.

> *„Was ich aus eigenem Erleben festgestellt habe, ist, dass ein Orgasmus mit einem Partner oder auch allein definitiv sowohl Suchttendenzen als auch alte, neurotische emotionale Muster auslöst. Es gibt immer noch Themen, an denen ich arbeiten muss, und ich erschaffe mir auch immer noch Hindernisse, doch den Orgasmus zu vermeiden, verleiht mir eine solidere Basis, auf der ich arbeiten kann. Meine Intuition ist wacher, mein Intellekt schärfer, und ich fühle mich insgesamt einfach besser. Ich komme außerdem mit anderen Menschen besser zurecht und kann Stress viel leichter vertragen. Ich habe einen Zustand emotionaler Stabilität erreicht, den ich mein ganzes Leben noch nicht hatte. Ich reagiere viel angemessener auf die Hochs und Tiefs des Lebens, während ich früher regelrecht zusammenbrach."*
>
> Bette

Dieser Kater geschieht im Unterbewusstsein von Männern und Frauen, obwohl Männer ihn sich gewöhnlich leichter eingestehen, weil so viele von ihnen den Drang kennen, nach dem Sex abzuhauen. Wir Frauen hingegen fühlen uns zuweilen außergewöhnlich anhänglich, eifersüchtig oder fest entschlossen, unsere Männer umzukrempeln – Gefühle, die sicherlich nicht mit einem Wunsch nach Trennung vergleichbar sind. Doch ohne es zu bemerken, sind wir tief in *trennendem Verhalten* verstrickt, das einen Partner vertreiben kann. So oder so, die Macht unserer Gene gewinnt das Rennen – wenn einer es vermasselt. Die postorgastischen Empfindungen können die liebenswerten Gewohnheiten unseres Partners wie lästige Fehler aussehen lassen. Sie können das weibliche Urteilsvermögen auch in anderer Hinsicht beeinträchtigen. Eine Freundin teilte ihre Erfahrung mit mir:

„Ich war immer schon eine sehr sinnliche Frau. Ich konnte fünf und sogar bis zu neun Orgasmen in einer einzigen sexuellen Begegnung haben. Nach einem solchen Erlebnis hatte ich häufig eher das Gefühl, meinen Partner besiegt zu haben, anstatt mit ihm in einem romantischen, gegenseitigen, liebevollen Austausch gestanden zu haben. Ich fühlte mich dann meist emotional sehr distanziert von ihm; wenn ich das Gefühl hatte, ihm überlegen zu sein, dann spielte ich dumme Machtspielchen, Wortspiele, und machte ihn sprachlos. Wenn ich dachte, es liefe gut, ging ich Bummeln. Das war meine größte Schwäche. Ich gab ein Vermögen für teure Kleider und Schmuck aus und stellte mir unser wunderbares soziales Leben miteinander vor, wo ich mit all meinem Chic und zusammen mit diesem tollen Typen der Star bzw. das Zentrum der Aufmerksamkeit wäre.

Innerhalb weniger Tage wurde ich weinerlich, schwelgte in Erinnerungen über traurige Zeiten in meinem Leben und geriet in eine milde Depression. Wenn das in Anwesenheit des Mannes geschah, dann wollte ich, dass er das Richtige sagt und mir den Schmerz nimmt, dass er mein Beschützer ist. Die Männer scheinen allerdings nie das Richtige gesagt zu haben oder nicht genug davon, um meine tiefe Verzweiflung zu lindern. Zuweilen wurde ich dann regelrecht besitzergreifend und rief häufig an oder dachte mir etwas Cleveres aus, um ihn zu erreichen, weil ich bedürftig war und seine Aufmerksamkeit wollte, und zwar jetzt gleich und hier – egal, was sonst gerade in seinem oder meinem Leben los war.

Wenn der Mann es dann nicht brachte – wenn er zu schwach und zu müde oder unzuverlässig war oder zu seiner nächsten Eroberung geflohen war, um der Belastung durch eine besitzergreifende und anspruchsvolle Frau zu entgehen – dann stand ich da mit meinen teuren Einkäufen und konnte nicht einmal mehr meine Telefonrechnung bezahlen."

Wenn Sie sich selbst (oder Ihre Partnerin) beobachten, sehen auch Sie womöglich den Zusammenhang zwischen Ursache und Wirkung. Achten Sie auf unspezifische Krankheitssymptome, ein größeres Unwohlsein vor oder während der Menstruation, aufbrausendes Temperament, Weinerlichkeit, hartes Urteil, irrationalen Konsum und das ungute Gefühl, dass Sie einen Partner gewählt haben, der einfach nicht der Richtige für Sie ist. Achten Sie vor allem auf auftauchende Spannungen zwischen sich selbst und Ihrem oder Ihrer Liebsten innerhalb von zwei Wochen, nachdem einer von Ihnen einen Orgasmus hatte – was oder wer auch immer der Urheber der Spannung zu sein scheint.

Wenn Sie mit Ihrem Partner oder Ihrer Partnerin zusammenleben, dann ist die Wahrscheinlichkeit hoch, dass Sie Ihren Stress auf ihn oder sie projizieren (insbesondere, wenn die neurochemischen Flitterwochen vorbei sind). Bitten Sie um ehrliches Feedback. Wiegen die guten Gefühle während des Orgasmus seine Kosten auf, wenn Sie den ganzen Zyklus der sexuellen Übersättigung betrachten? Wie wir in Kürze sehen werden, ist das Paarungsprogramm unserer Gene sehr kurzlebig, auf fruchtbare Verbindungen folgt die Unruhe. Solange Sie dem Skript Ihrer Gene folgen, sind Sie nichts anderes als deren Marionette. Wenn Sie lernen, sie zu überlisten, werden Sie womöglich feststellen, dass die Themen, die Sie für die Ursache der Unstimmigkeiten zwischen sich und Ihrem Partner hielten, viel leichter zu lösen sind.

> *„Dieser neue Weg hat tiefe Auswirkungen auf unsere Ehe und auf andere Bereiche in unserem Leben. Wir sind einfach glücklicher. Wir streiten uns längst nicht mehr so häufig. Unsere Kinder sind viel entspannter und fühlen sich sicherer. Ich habe jetzt einen anderen Job, in dem ich nicht so viel verdiene, doch der Stress ist minimal, und meine Frau und ich haben sogar zusammen ein kleines Geschäft begonnen. Alles in allem habe ich den Eindruck, dass wir auf dem Weg in eine wesentlich erfüllendere Ehe und ein erfüllenderes Leben sind."*
>
> Lawrence

Im gleichen löchrigen Boot sitzen

Meine Suche nahm offensichtlich einige unerwartete Wendungen. Eines war allerdings klar: Für Männer und Frauen galt das Gleiche. Die Evolution hatte Männer so geformt, dass sie gern zeugen, doch sie hat auch die Frauen so geformt, dass sie die Spermien mit einem machtvollen Magnetismus zu ihrem Ziel hinziehen. Doch sowohl Männer als auch Frauen profitieren davon, Amors Giftpfeil zu entkommen, indem sie lernen, sich zu lieben, ohne an den Punkt zu kommen, wo es nur noch heißt: „Danke, es ist genug." Das bedeutete, dass Männer sexuelle Selbstdisziplin erlernen mussten, wenn sie „sichere Piloten" werden wollten, um die taoistische Terminologie zu benutzen. Und Frauen mussten ihre innere Verführerin an der Schlafzimmertür zurücklassen und andere befriedigende Wege finden, ihren Partner zu nähren. Beide Geschlechter würden über ihre automatischen Reaktionen hinauswachsen müssen, wenn sie mit dem Geheimnis von bindungsstärkendem Sex experimentieren wollten.

> *„Liebe bedeutet so viel mehr als Sex – es bedeutet, sich mit der ganzen weiten Palette von angenehmen, unangenehmen, sexy und weniger sexy Aspekten wohlzufühlen, die das Leben mit einem echten Menschen, Mann oder Frau, mit sich bringt. Wenn man diesen Punkt einmal erreicht hat, wo man einander nicht zum Objekt macht, dann ist es nahezu unmöglich, in konventionelles Rollenverhalten zu verfallen, ohne sich dabei nicht sofort schlecht zu fühlen."*
>
> Niki

Ich hatte soviel Mitgefühl für jeden von uns. Was für ein Pech, dass ein effektives Werkzeug für Harmonie und eine ausgewogenere Wahrnehmung von unserem zwingendsten Drang versteckt wird: dem Drang, unseren sexuellen Durst zu löschen. Wie traurig, dass genau die Versuche, einander zu lieben, diese Gefühle von Leere, Bedürftigkeit und Groll hervorrufen können – woraus wiederum Gedanken des Mangels und die Überzeugung, sich verteidigen zu müssen, entstehen.

Doch denken Sie andererseits einmal an das Potential! Wenn wir uns dies alles kollektiv selbst antun, *dann können wir es auch selbst ändern.* Wenn wir verstehen könnten, dass der Orgasmus nur die Spitze von einem länger andauernden Selbstverteidigungszyklus ist, dann könnten wir unsere Art, Liebe zu machen, dahin gehend ändern, dass sie stattdessen anhaltende Gefühle der Befriedigung und einen Überschuss an Energie erzeugt. Intimität würde dann von unserem Unterbewusstsein als eine Quelle anhaltenden Wohlbefindens gesehen und nicht mehr als ein Opfer, das uns erschöpft und zu Groll und Abneigung führt.

Verräterische Zeichen?

In seinem Buch *Sex, Time and Power* weist Leonhard Shlain darauf hin, dass Menschen im Vergleich zu anderen Gattungen einige überraschende Charakteristika an den Tag legen. Männer masturbieren viel häufiger und intensiver als andere Gattungen.[44] Frauen werden durch ihre Monatsblutungen viel mehr erschöpft als andere Gattungen. Und Menschen finden sich auch häufiger in ausschließlich gleichgeschlechtlichen Beziehungen wieder als irgendeine andere Spezies.

Stehen diese Verhaltensweisen im Zusammenhang zu der Tatsache, dass wir Sex zu jeder Zeit haben können, anders als Spezies mit klaren Paarungsperioden? Wie wir noch sehen werden, haben unsere Gene scheinbar einen *anderen Weg* gewählt, um sicherzugehen, dass emotionale zwischenmenschliche Bindungen ihr Potential für größeren Erfolg nicht in Gefahr bringen: wiederkehrende Gefühle des Ausgelaugtseins, der Unruhe und der Verärgerung. Diese machen uns wiederum anfällig für grundlose Irritation, eine Hypersensibilität für sexuelle Anspielungen, Entmutigung und eine schwächer werdende emotionale Bindung. Könnte es sein, dass unsere postorgastischen Gefühle sich in unserem Leben auch als Erschöpfungszustände widerspiegeln, so wie Menstruationsprobleme und zwanghaftes Masturbieren?

Weise chinesische Taoisten lehrten, dass beide Geschlechter die Macht haben, sich selbst immer wieder neu mit Energie zu versorgen, indem sie ihre sexuelle Energie kultivieren und so einen Vitalitätsverlust vermeiden. Um ihren Standpunkt etwas dramatischer darzustellen, verglichen sie den Verlust von einem Tropfen Samen mit dem Verlust von 100 Tropfen Blut.[45] Männern wurde „sexuelles Kung-Fu“ beigebracht, damit sie die im Sperma vorhandene sexuelle Energie verfeinern konnten, anstatt zu ejakulieren. Frauen wurde empfohlen, ihre Periode mit einer ähnlichen Übung zu lindern, die als „das Erlegen des roten Drachen“ bekannt ist. Heutzutage legen viele von uns ein sexuelles Verhalten an den Tag, das das genaue Gegenteil zu solch umsichtiger Kultivierung ist.

Die alten Taoisten, die behaupteten, dass der Verlust von Samen oder Blut der Grund für die Erschöpfung sei, hatten möglicherweise Unrecht. Denn es hat sich herausgestellt, dass neurochemisch induzierte *Gefühle von Erschöpfung* die Hauptschuld bei beiden Geschlechtern tragen, wie wir in Kapitel fünf noch sehen werden. Die taoistische Methode der Vermeidung dieser selbstsabotierenden Gefühle war hingegen sehr weise.

Die Fallen der Selbstgenügsamkeit

Inzwischen hatte ich eine noch dringendere Frage auf dem Herzen. Was passiert, wenn man ohne Partner ist? Denn sexuelle Energie ist einfach zu dynamisch, als dass man sie unendlich lange aushalten könnte, und ich hatte nicht gerade den Wunsch, eine leidenschaftslose leere Hülle zu werden. Ich fühlte, dass es meine Bestimmung war, zu lernen, lebendiger zu werden, nicht weniger lebendig.

In den Texten, die ich las, hieß es, die sexuelle Energie könne vorsichtig verfeinert und auf ein erhöhtes spirituelles Bewusstsein gelenkt werden, auch ohne einen Partner. Die Weisen waren der Ansicht, dass der Orgasmus die Sexualenergie erschöpft, noch bevor sie zu diesem höheren Zweck genutzt werden kann.

> *„Meiner Erfahrung nach gibt es zwei Wege, zölibatär zu leben, während wir auf den richtigen Partner warten, und ich kenne beide. Der eine besteht darin, die Sexualenergie zu unterdrücken. Wenn wir unsere sexuelle Energie aus Angst unterdrücken, kann dies physische und emotionale Komplikationen zur Folge haben, sexuelle Phantasien und sogar Perversion (wie wir es aus den Medien im Zusammenhang mit katholischen Priestern und Kindesmissbrauch kennen). Der andere Weg besteht darin, die Sexualenergie zu transformieren. Dieser Weg tut mir sehr gut. Es ist*

am Anfang nicht leicht, beide Wege voneinander zu unterscheiden, und ich glaube, dass die meisten Menschen, die versuchen, das Masturbieren aufzugeben, zumindest anfänglich mit Unbehagen konfrontiert werden. Sexuelle Energie zu transformieren bedeutet im Grunde, sie für höhere Zwecke zu nutzen, wie z. B. das persönliche Wachstum, spirituelle Praxis, Dienst am Nächsten usw. In meinem Fall war es so, dass ich noch mal zur Schule ging und mich selbst mit meiner akademischen Leistung überraschte. Ich kann ehrlich sagen, dass meine physische und emotionale Gesundheit wesentlich besser ist als zu den Zeiten, in denen ich häufig masturbierte, und ich habe immer noch einen gesunden sexuellen Drang, so wie ich das sehe! Doch ich lernte, dass ich nicht einfach aufhören konnte, zu masturbieren und gleichzeitig mit allem anderen einfach so weitermachen wie früher, wie z. B. mich abzuschotten oder mich mit Fernsehen wegzubeamen. Ich musste die Energie für ein höheres Ziel nutzen. Es kommt mir so vor, als würde der Partner ganz von allein kommen. Ich fange jetzt erst gerade wieder an, mich zu verabreden, nach zwei Jahren. Puh!"

Caitlin

Natürlich nahm ich den Rat der Weisen nicht einfach so als bare Münze. Ich machte meine eigenen Experimente. Sie zeigten mir, dass Masturbation jedes Mal Stimmungsschwankungen in den darauffolgenden zwei Wochen mit sich brachte. Ich zog den Schluss, dass wenige Sekunden intensiven Vergnügens ein hoher Preis für zwei Wochen waren, die mit unberechenbaren Perspektivwechseln durchsetzt waren. Ich stellte außerdem fest, dass mein Gefühl von Verbundensein und Klarheit während meiner spirituellen Praxis in diesen Phasen immer mal wegging oder insgesamt schwächer wurde. Ich fing langsam an zu verstehen, warum die tibetischen Buddhisten den Orgasmus als „das Töten des inneren Buddha" bezeichneten.[46] Als ich das beruhigende Gefühl, „im Fluss zu sein", mehr und mehr genießen konnte, hörte ich allmählich auf, mich selbst zu befriedigen. Und das ohne jeden inneren Konflikt.

„In den Monaten meiner Fernbeziehung habe ich sehr eindeutig feststellen können, wie meine Zuneigung und Liebe zu meiner Freundin wächst, wenn ich nicht masturbiere. Ich sehe das an der Art, wie ich ihr schreibe,

genauso wie an einem schönen, überfließenden Gefühl der Liebe, spürbar in der Herzgegend. Nach dem Masturbieren verändert es sich. Das Gefühl der Liebe (die zwar immer noch da ist) wird weniger und die Art, wie ich ihr schreibe, verändert sich auch. Ich werde irgendwie distanzierter, und das spiegelt sich auch in meinen Worten. Wenn ich nicht mehr masturbiere, wird es nach ungefähr zwei Wochen wieder so wie vorher."

Jeremy

Energiezirkulation

Möchten Sie eine schnelle Energiezirkulationsübung ausprobieren? Schließen Sie Ihre Augen, spannen Sie die Beckenbodenmuskeln an und ziehen Sie die Energie an der Wirbelsäule entlang bis zum Scheitel Ihres Kopfes. Dann stellen Sie sich vor, wie Sie die Energie an der Vorderseite Ihres Körpers nach unten ziehen und sie in Ihrem Bauchnabel lagern.

Aber wohin mit meiner sexuellen Energie? Einige esoterische Sexhandbücher empfahlen Energieübungen, die man allein machen kann und die die sexuelle Energie nach oben ziehen und sie durch den Körper zirkulieren lassen. Diese Techniken brachten einige Erleichterung, genauso wie Meditation, doch es wurde mir klar, dass ein Partner wesentlich dafür war, meine sexuelle Energie langfristig zu stabilisieren, jetzt, wo der Orgasmus von der Speisekarte gestrichen war. Einerseits fand ich den Gedanken an ein gemeinsames Bemühen sehr schön, doch es war andererseits auch ganz schön beängstigend, mich damit zu konfrontieren, dass ich die Illusion der Selbstgenügsamkeit wohl aufgeben musste.

Während ich die überraschenden Vorteile davon entdeckte, meine Sexualenergie zu konservieren und neu auszurichten, galoppierte der größte Teil der Frauen im Westen genau in die entgegengesetzte Richtung.

Masturbation war in! Von den Frauenmagazinen in jedem Supermarktregal blinkten einem Zeilen entgegen wie: *The Clitoral Truth: The Secret World at Your Fingertips, Sex for One: The Joy of Selfloving* usw. (Die Wahrheit der Klitoris: Die geheime Welt unter Ihren Fingerkuppen und Sex für Singles: Die Freuden der Selbstliebe) Der gute alte Do-it-yourself-Sex schien die offensichtliche Lösung in vielen Situationen zu sein – eine saubere Sache, die auch noch Spaß macht.

Es versteht sich, dass Masturbation etwas ganz Natürliches ist. Es ist gut, ein positives Verhältnis zu den eigenen Genitalien und deren Funktionen zu haben. Bei sexuell aktiven jungen Männern dient Masturbation genetisch gesehen außerdem dazu, dafür zu sorgen, dass jederzeit hochgradig motile – also frische und fruchtbare – Spermien zur Verfügung stehen. Was jedoch *unnatürlich* ist (in dem Sinne, dass es dies bei unseren Vorfahren so nicht gab), ist die Menge und Intensität der heutigen sexuellen Stimulierung.

Wie wir in Kapitel sechs noch sehen werden, hat eine intensive sexuelle Stimulation bis zu dem Punkt (vorübergehender) sexueller Erschöpfung, auf welche Wege dies auch geschieht, unerwartete Auswirkungen auf unser Gehirn. Kurz gefasst, die auf die Übersättigung folgende Zeit kann unangenehm sein – und ein weiterer Orgasmus sorgt dafür, dass man sich augenblicklich besser fühlt, oder lässt einen zumindest gut einschlafen. Doch auf diese Entspannung folgt eine weitere Phase der Unruhe. Und ohne sich dessen bewusst zu werden, kann es passieren, dass man nur noch masturbiert, um das wiederkehrende Unbehagen loszuwerden, und dabei insgesamt an Wohlbefinden verliert. Und viel schlimmer noch, wenn man dann seine Begierden auch noch für echte Libidoenergie hält, kann man sich gar nicht mehr zurückhalten.

> *„Ich habe mit dem Do-it-yourself-Sex quasi aufgehört. Fühlt sich besser an. Denn stellen Sie sich einmal vor: Masturbation macht die Frustration nur noch schlimmer."*
>
> Kevin

Wir Menschen haben uns in Stämmen entwickelt. Unser Gefühl von echtem Wohlergehen hängt auch von physischem Kontakt und gegenseitiger Unterstützung ab. Wir sind also nicht wirklich gut geeignet für unseren isolierten modernen Lebensstil. Wen wundert es da, dass viele von uns sich auf jede nur erdenkliche Art selbst behelfen und sich mit zweidimensionalen Partnern und Herzklopfen in Romanform begnügen. Doch zum Glück leben Milliarden von dreidimensionalen Lösungen zu unserem grundlegenden Problem direkt in unserer unmittelbaren Nähe.

„Ich bin sehr klar erwacht, als hätte ich mich in einem Traum befunden. Pornos sind nur noch eine Versuchung und nicht mehr der überwältigende Zwang, der sie mal waren. Gestern habe ich eine tolle Frau kennengelernt. Wenn ich jeden Tag in ihre klaren und liebevollen Augen blicken könnte, würde ich keinen Porno mehr anschauen müssen … denn die Schönheit tatsächlicher Anziehung, die gemeinsam mit einem anderen Menschen empfunden wird, geht so unendlich weit über alles hinaus, was einem ein Orgasmus vor dem PC geben kann. Ich fühle mich, als würde ich mein Leben zurückgewinnen.“

Kurt

Es ist traurig, dass der heutige Trend zur Hypersexualität uns so schnell wieder voneinander entfernt. Ich war gerade dabei, dies herauszufinden, und war doch ziemlich entsetzt über das, was ich da erfuhr.

Das Christentum

Stellen Sie sich bitte einen Moment lang vor, dass Jesus tatsächlich eine heilige Form des Geschlechtsverkehrs gelehrt hat, die den Trennungsimpuls zwischen Intimpartnern heilt und den Blick mehr darauf richtet, spirituell zu erwachen als Kinder in die Welt zu setzen. Könnte es *irgendeinen* Beweis geben, der diesen Gedankengang stützt? Überraschenderweise ja, auch wenn Sie davon im Mainstream-Christentum nicht einen Ton zu hören bekommen.

„Am Anfang wurde das Universum geschaffen. Dies war für viele Menschen ein Anlass zur Wut und wurde generell als ein schlechter Schachzug betrachtet."

Douglas Adams, Autor

Schauen wir uns zunächst ein wenig Kontext zu diesem radikalen Gedanken an. Vom Jahre 312 an unterstützten Konstantin und seine Nachfolger mit ihrer Macht des römischen Imperiums eine einzige christliche Sekte. Der Gelehrten Elaine Pagels zufolge umfasste diese Gruppe nur die Hälfte der Christen der Welt.[47] Von dieser Zeit an bestimmten diese „Gewinner" die christliche Doktrin und unterdrückten und verunglimpften andere und sogar *frühere* Berichte von Jesus' Lehren. Bis vor sechzig Jahren wusste die Welt nur sehr wenig von den „Verlierern", einer mystischeren, weniger formalen Sekte des frühen Christentums.

Dann tauchten in einer Höhle in Oberägypten einige alte Texte auf. Sie sind unter dem Begriff Nag-Hammadi-Schriften bekannt. Diese Texte bieten ein verblüffend anderes Bild von frühen christlichen Überzeugungen. In ihnen steht, dass die Fehlerhaftigkeit dieser Welt ihre Ursache darin hat, dass die Welt das Produkt eines gefallenen Engels oder Demiurgs ist.

Diese Texte betonen zugleich die androgyne Natur des Göttlichen und berichten, dass Adam unsterblich und ganz war – bis er sich von Eva trennte, indem er „Bestien in die Welt setzte" (physische Kinder), anstatt sich in heiliger Einheit zu bewegen. Es heißt darin, dass Jesus zurückkehrte, um die Trennung zwischen den Geschlechtern durch ein Mysterium zu heilen, das den Namen des Sakraments der heiligen Hochzeit trug. Hier sind ein paar Passagen aus den Philippusevangelien:

„Die Umarmung, die die versteckte Einheit ins Leben ruft, [ist] keine fleischliche Realität, denn in dieser Umarmung liegt Stille. Sie entsteht nicht aus einem Impuls oder einer Begierde; sie ist ein Akt des Willens.[48]
… Suche die Erfahrung der reinen Umarmung; sie hat große Macht.[49]
Die Einheit in dieser Welt ist Mann und Frau, der Ort der Macht und der Schwäche.[50] *… Es wachsen zwei Bäume im Paradies. Der eine bringt Tiere hervor, der andere Menschen. Adam aß von dem Baum der Tiere. Er wurde zum Tier und brachte Tiere hervor.*[51]
Alle werden in Licht gekleidet sein, wenn sie in das Mysterium der heiligen Umarmung eintreten. Wenn die Frau nicht vom Mann getrennt worden wäre [durch unkorrekte Vereinigung], würde sie nicht mit dem Mann sterben. Ihre Trennung war der Ursprung des Todes. Christus kommt zurück, um diese Wunde zu heilen, die verlorene Einheit wiederherzustellen, die neu zu beleben, die sich in Trennung töten, und sie wieder in Einheit zu erwecken.[52]
Das Heiligtum der Heiligtümer ist die heilige Hochzeit oder die Kommunion.[53] *… Mann und Frau vereinigen sich in der heiligen Hochzeit, und die, die diese heilige Umarmung kennen, werden niemals getrennt werden. Eva trennte sich von Adam, weil sie sich nicht mit ihm im Brautgemach vereinigte.*[54]
[Wir] werden von Christus immer zu zweit wiedergeboren. In seinem Atem erfahren wir eine neue Umarmung; wir befinden uns nicht länger in der Dualität, sondern in der Einheit.[55] *Was ist die heilige Hochzeit, wenn nicht der Ort des Vertrauens und des Bewusstseins in der Umarmung? Es ist eine Ikone der Einheit, jenseits aller Formen des Besitzes; hier wird der Schleier von oben bis unten zerrissen; hier erstehen einige auf und erwachen.*[56]
Sie sind über Anziehung und Abstoßung hinausgewachsen."[57]

Eine weitere Nag-Hammadi-Schrift, die Erzählung über die Seele, ist eine Allegorie über die Rückkehr der Seele zum Vater, doch könnte sie nicht *auch* Hinweise auf die Mysterien begierdefreier Einheit enthalten? Lesen Sie einmal diese Beschreibung des Sakramentes der heiligen Hochzeit:

> „Denn diese Hochzeit ist nicht wie die fleischliche Hochzeit, [wo] die, die sich miteinander vereinigen, von dieser Vereinigung befriedigt sind. Und als wäre es eine Last, lassen sie den Plagegeist der physischen Begierde hinter sich und wenden sich voneinander ab. Doch wenn sie sich einmal vereinigt haben, werden sie ein einziges Leben … Weswegen der Prophet sagt (Genesis 2:24), was den ersten Mann und die erste Frau angeht: „Sie werden zu einem einzigen Fleisch werden." Denn sie waren ursprünglich miteinander verbunden, als sie beim Vater waren … Diese Hochzeit hat sie wieder zueinander gebracht." [58]

Das letztendliche Ziel, wie verschiedene Nag-Hammadi-Texte klarstellen, ist die Erfahrung der Ganzheit, die die Gnosis (das Wissen) um unsere göttlichen androgynen Wurzeln wieder erweckt. In den Philippusevangelien steht, dass dies der Weg ist, auf dem Christus in der Menschheit wiedergeboren wird. Wie wir bereits gesehen haben, steht auch in den alten chinesischen taoistischen Texten, dass die Praxis von kontrollierter Vereinigung einem nichtphysischen „heiligen Fötus" das Leben schenken könne.[59] Ich nehme an, dass diese Vorstellung davon, dass der Christus von zwei Menschen erweckt wird, hinter solchen gnostischen Begriffen wie unvergänglicher Samen, göttliche Empfängnis, Wiedergeburt, unzerstörbarer Körper usw. steht. Könnte das vielleicht auch die ursprüngliche Bedeutung der unbefleckten Empfängnis gewesen sein?

Obwohl die meisten fundamentalistischen und katholischen Christen es nur ungern zugeben, empfahl Jesus keine Fortpflanzung. Sein Ziel war es, der Menschheit zu helfen, spirituelle Transzendenz zu erlangen. Sein Mangel an Aufmerksamkeit für die Reproduktion wird selbst in den kanonischen Evangelien im Neuen Testament sichtbar. In den Thomasevangelien in den Nag-Hammadi-Schriften wird Jesus wesentlich ausdrücklicher:

[Jesus] sagte zu [ihr]: „Glücklich sind jene, die das Wort des Vaters gehört und es wahrhaftig gehalten haben. Denn es wird der Tag kommen, da du sagen wirst: Glücklich sind der Leib, der nicht empfangen hat, und die Brüste, die keine Milch gegeben haben.“[60]

Fortpflanzung hatten die frühen Christen definitiv *nicht* im Sinn, die die Bereitschaft mitbrachten, ihre Familien ganz zurückzulassen, um die gute Nachricht zu verbreiten.

Es gehört zum Mainstream-Christentum zu glauben, dass Jesus zölibatär lebte. Doch das Sakrament der heiligen Hochzeit ist eindeutig kein Mysterium für einen Alleingang. In den Philippusevangelien liest man, dass Jesus eine Gefährtin in Maria Magdalena hatte, die er häufig auf den [Mund] zu küssen pflegte.[61]

Die Gelehrten akzeptieren nur sehr langsam, dass diese ungewohnten Konzepte einstmals womöglich den Kern des Christentums gebildet haben. Der Religionswissenschaftler Dennis R. MacDonald jedoch bestätigt, dass es kurze Zeit nach Jesus, spätestens zu dem Zeitpunkt, als der Heilige Paulus seine Texte in Galatien verfasste, eine weitverbreitete mündliche Tradition gab – für die Beweise über Ägypten, Syrien und Griechenland ans Licht kamen – derzufolge Jesus gelehrt hatte, dass „wir das Königreich des Himmels erlangen, wenn Mann und Frau eins werden.“[62] Übrigens hat Helmut Koester von der Harvard-Universität die Vermutung geäußert, dass einige Traditionen in den Thomasevangelien den Evangelien des Neuen Testaments möglicherweise *vorausgehen*.[63] Elaine Pagels von Princeton ist davon überzeugt, dass die Johannesevangelien der Bibel geschrieben wurden, um dem weitverbreiteten Einfluss von Thomas entgegenzuwirken, der die Gläubigen ermutigt, Gott direkt zu suchen, anstatt nur an Jesus zu glauben.[64]

Dem Gelehrten Michael A. Williams zufolge waren die frühen Gläubigen, die nach diesen Prinzipien lebten, offenbar hingebungsvolle Christen, die vielerorts für ihre Integrität bewundert wurden. Seiner Ansicht nach verbreiteten die Kirchenväter auf der Suche der Kirche nach Herrschaft ihre Standardpolemik und Skandale über sie. Als Folge davon wurden diese frühen Gläubigen von Religionswissenschaftlern später getrennt behandelt und zu einer Randgruppe gemacht, die man mit dem Etikett

„Gnostiker" versah. Williams stellt außerdem fest, dass es bis ins zweite Jahrhundert hinein eine christliche Bewegung im Rhônetal gab, die einen Ritus namens „heiliger Hochzeit" praktizierte, von der er annimmt, dass sie wahrscheinlich eine Version der „unbefleckten Eheschließung" ist, die im Philippusevangelium beschrieben wird und in der auf Lust verzichtet wird und die die Transformation des Paares zum Ziel hat.[65]

In *Just Love: A Framework for Christian Sexual Ethics*[66] erinnert uns die Gelehrte Margaret Farley daran, dass die ersten Christen Sex nicht notwendigerweise ablehnten, obwohl sie Sorge hatten, dass die Macht ungezügelten sexuellen Verlangens mit ihrer spirituellen Klarheit im Konflikt stünde und die spirituelle Liebe zwischen Mann und Frau gefährden würde. Der Gelehrte Peter Brown belegt, dass das Zölibat nicht die einzige Lösung war, die vorgeschlagen wurde. Die spirituelle Hochzeit *(Syneisaktismus)* war eine andere Lösung.[67]

Es war in den ersten Jahrhunderten nach Christus wohl weitverbreitet, dass ein frommes Paar in wilder Ehe miteinander lebte und dabei streng enthaltsam blieb. Nach Angaben der Gelehrten Elizabeth A. Clark ist der Ursprung dieser Praxis unbekannt, doch könnte es nicht eine verwässerte Version des mysteriösen Sakramentes der heiligen Hochzeit sein, das in den Nag-Hammadi-Schriften beschrieben wird?

Fast 400 Jahre nach Christus äußerte sich der Erzbischof Chrysostomos mit den folgenden Worten missbilligend über diese populäre Praxis, sich eine spirituelle Braut zu nehmen:

> *„Die Vorstellung, dass dieses Vergnügen und diese Liebe stärker als die Freuden des Zusammenlebens in einer legalen Ehe sein können, erstaunt Sie möglicherweise, [doch im Fall einer spirituellen Braut] gibt es weder Geschlechtsverkehr, der den Wahnsinn der Natur zügeln und entspannen könnte, noch trocknet der Schmerz des Gebärens und die Aufzucht der Kinder das Fleisch der Frau aus; im Gegenteil, diese Jungfrauen bleiben lange in ihrer Blüte, da sie unberührt bleiben … Diese Frauen behalten ihre Schönheit bis zum Alter von vierzig Jahren … Und so werden die Männer, die mit ihnen zusammenleben, von einer doppelten Begierde gequält; sie dürfen ihre Leidenschaft nicht durch*

sexuellen Verkehr stillen, doch der Auslöser ihres Verlangens behält seine intensive Wirkung für eine lange Zeit.“[68]

Wie der Theologe Charles Williams bemerkte, führte die strenge Unterdrückung dieses Phänomens durch die Kirche dazu, dass wir leider nichts über die Fälle wissen, in denen die Macht eines keuschen Zusammenlebens es schaffte, die Nachteile der Leidenschaftlichkeit zu überwinden. In der Synode von Elvira (305) und dem Konzil von Nicäa (325) wurde es aus Angst vor einem Skandal völlig verboten.

> *„Das große Experiment musste aufgegeben werden. … Es war einer der frühesten Triumphe der „schwächeren Brüder“, dieser unschuldigen Schafe, die durch das bloße Ausmaß ihrer Dummheit über so viele zarte und attraktive Blumen des Christentums getrampelt sind. … Die Kirche gab diese Methode zugunsten der Eheschließung auf, die [Paul] missbilligt hatte, und verlor schließlich jede wirklich aktive Tradition der Ehe selbst als Weg der Seele. Diese gilt es wiederzuentdecken.“*[69]

Heute sehen wir diese frühen Christen mit ihren hohen Idealen in Bezug auf intime Beziehungen und ihre heiligen Texte, die auf eine ungewöhnliche Form der Enthaltsamkeit hinweisen, durch eine zweitausend Jahre alte Brille, die unsere Kirchenväter und ihre Nachfolger gefärbt haben. Diese wohlmeinenden Nachzügler formulierten die Familienregeln neu und entwickelten sich dabei von den ehrgeizigen, spirituellen Zielen ihrer Vorgänger weg, hin zur Fortpflanzung und sozialen Stabilität, die auf dem imperialistischen, römischen Modell der *Pater familias* beruhten.[70]

Könnte es sein, dass die „Gewinner“ einen Teil der ursprünglichen Botschaft missinterpretiert haben, als sie „das Zölibat als einen spirituellen Weg bezeichneten, und für geringere Seelen das Sakrament der Ehe allein für die Fortpflanzung befürworteten“? Diese Doktrin lässt die Biologie triumphieren und lässt die Macht der Liebe zwischen Liebenden als Weg zu spirituellem Wachstum unberücksichtigt. Wenn wir in Betracht ziehen, wie sexuelle Übersättigung unser Denken verändert, wäre es durchaus möglich, dass sowohl der heilige Verkehr, auf den es Hinweise in den Nag-Hammadi-Schriften gibt, als auch die „heilige Hochzeit“, so wie sie von damaligen Christen praktiziert wurde, für mehr Harmonie zwischen den Geschlechtern und mehr inneren Frieden sorgen könnten, von tieferen Mysterien einmal ganz abgesehen.

Kapitel 3

Die Spitze des Eisbergs

Die effektivste Art und Weise, die Vorteile von Karezza zu erkennen, ist, es für mindestens drei Wochen auszuprobieren und dann zu konventionellem Sex zurückzukehren.

Bei konventionellem Sex ist eine Verschlechterung der Zufriedenheit mit der Ehe in den ersten zwei Ehejahren Standard.

Ein Übermaß an Libidoenergie kann das Ergebnis von sexueller Übersättigung sein.

Nach einigen Jahren des Experimentierens hatte ich das Gefühl, dass sich langsam ein umfassenderes Bild herauskristallisierte, das ich jedoch noch nicht vollständig erkennen konnte. Ich hatte eine Menge gelernt, doch ich hatte auch mehr Fragen denn je. Es war offensichtlich, dass die Vorgänge nach dem Orgasmus sowohl für Männer als auch für Frauen zu einer vernebelten Wahrnehmung führten. Es war außerdem klar, dass daraus häufig Unruhe und Ängste resultierten – insbesondere zwischen Partnern. Die gute Nachricht war, dass sexuelle Liebe ohne sexuelle Übersättigung zu einer erfrischenden Leichtigkeit führte, die umso stärker wurde, je konsequenter man dabei blieb. Die wenigen Menschen, die sich auf dieses

Experiment einließen und von denen ich wusste, fühlten sich besser und hatten den Eindruck, ihr Leben mehr im Griff zu haben, wenn Sie weniger Orgasmen hatten, selbst wenn sie allein lebten.

Und dennoch war es *definitiv schwierig*, dies jemandem zu erklären, der die Vorteile noch nicht kannte – ganz zu schweigen von einem neuen Liebespartner. Wie ein Freund schrieb:

> *„Ich habe gerade erst eine neue Beziehung begonnen, doch ich glaube nicht, dass ich schon so weit bin, dieses Gedankengut mit ihr zu teilen. Ich mag es wirklich, nicht mehr das ganze Auf und Ab zu haben wie mit Orgasmen. Doch ich fühle mich selbst noch nicht sicher genug und noch nicht ausreichend in meinen Überzeugungen verankert, was diesen Zugang angeht, als dass ich es jemand anderem gegenüber schon vertreten könnte. Insofern denke ich, dass wir wahrscheinlich mit konventionellem Sex beginnen werden. Und um ganz ehrlich zu sein, ich glaube, wir würden ohnehin dort landen! Natürlich setze ich mir den Orgasmus nicht mehr zum Ziel. Es wird also am Ende wahrscheinlich darauf hinauslaufen, dass ich keinen Orgasmus habe und wir darüber reden. Ich fürchte, anders kann ich es nicht angehen – noch nicht."*

Ein halbes Jahr später nahm er einen Job in einem anderen amerikanischen Bundesstaat an, nachdem er sich fünfmal von ihr getrennt hatte. Und dennoch verstand ich seinen Standpunkt völlig. Selbst für jemanden mit einem sehr offenen Geist und viel Mut besteht immer noch ein großer Unterschied dazwischen, das Konzept zu verstehen und es mit einem anderen Menschen zu leben. Nehmen wir einmal an, Sie wären sich über den Zusammenhang zwischen Orgasmus und Disharmonie nicht sicher, aber würden das Konzept mit einem Partner ausprobieren und auch die Vorteile davon sehen. Würden Sie sich nicht trotzdem immer fragen, ob Ihre Beziehung nicht genauso harmonisch – oder sogar noch besser – wäre, wenn es auch noch großartige Orgasmen gäbe? Es ist ganz natürlich, dass wir alles hinterfragen, was uns von fortpflanzungsorientiertem Sex wegführt.

Aus meiner eigenen unregelmäßigen Lernkurve ging hervor, dass man Karezza einige Wochen ausprobieren und dann zu Orgasmen wechseln muss – und zwar mit dem gleichen Partner –, um wirklich einen sinnvollen Vergleich anstellen zu können. Theoretisch könnte man auch mit herkömmlichem Sex anfangen und dann auf Karezza umsteigen. Doch ich habe erst wirkliche Fortschritte mit Karezza gemacht, als ich eine Beziehung auf diese Art anfing.

Neue Beziehungen sind faszinierend. Die Biologie treibt uns mit einem Feuerwerk zueinander. Es kommt uns nie wie eine gute Idee vor, gerade am Anfang einen ruhigeren Zugang auszuprobieren, um die sexuelle Spannung zu erleichtern. „Was? Und den ganzen Kitzel dieser aufregenden Flitterwochen-Neurochemie verpassen? Bist du *verrückt*?“

Doch immer, wenn ich eine Beziehung begann und gleichzeitig meinem Paarungsprogramm nachgab, bekam ich Probleme. Eines davon war, dass Orgasmus scheinbar eine Suchtqualität hat. Wenn die Leidenschaft nämlich einmal entflammt war, dann brannte sie solange, bis nichts mehr zum Verbrennen da war. Wenn die Flammen erloschen, setzten wir beide Leidenschaft instinktiv dazu ein, um die Intensität unserer Verbindung wiederherzustellen. Und das hatte zur Folge, dass das natürliche Abflachen unseres sexuellen Interesses aneinander sich nur noch verstärkte.

> *„Wenn das Vergnügungszentrum des Gehirns angesprochen wird, bringt dies nicht nur Freude im Moment des sexuellen Geschehens mit sich, sondern auch die Lust auf noch mehr Sex. …Je mehr Sex wir haben, umso mehr Sex wollen wir auch. Es ist die ultimative Sucht.“*
>
> Joann Ellison Rodgers, SEX: A Natural History

Bis mein Liebster und ich den vertrauten toten Punkt erreicht hatten, kurz nach dem Gipfelpunkt dieser „ultimativen Sucht“, hatte unsere Wahrnehmung voneinander bereits ziemlich gelitten. Die Zeit danach erwies sich nicht gerade als guter Startpunkt für einen Zugang zu Sex ohne heißes Vorspiel und ohne Orgasmus. Insbesondere während der ersten zwei Wochen nach konventionellem Sex kam uns Sex ohne Orgasmus wie eine richtig *blödsinnige* Idee vor. Paradoxerweise war unser Bedürfnis nach Orgasmen häufig noch drängender als in unserer Anbahnungsphase, wo wir ja überhaupt keine hatten. (Warum das so ist, werden wir später noch sehen.) Und selbst wenn ich mal einen Partner dazu überredete, während der Erholungsphase mit der Alternative zu experimentieren, waren unsere Bemühungen rein mechanisch und von Phasen emotionaler Reibung durchsetzt. Die Vorteile schienen so flüchtig zu sein wie Seifenblasen, und wir gaben dann meist auch schnell wieder auf, kehrten zum Skript unserer Gene zurück und trennten uns schließlich.

Und dennoch verfiel ich in einen freudigen Optimismus, was intime Beziehungen anging, da ich kurze Augenblicke der Harmonie hatte erleben dürfen. Was für eine Erleichterung, zu wissen, was meine Beziehungen so unterwandert hatte, und – zumindest theoretisch – wie ich es umgehen konnte!

„Aber was ist mit den ganzen glücklichen Ehen?“

Natürlich konnte ich nicht umhin, mich zu fragen, was denn eigentlich mit den seit langen Jahren glücklich verheirateten Paaren in meinem Freundeskreis war. Was war *ihr* Trick, Amors Giftpfeil zu entgehen? Ich fing einfach an, einige der Frauen, die ich gut kannte, zu fragen, ob sie jemals nach dem Sex das Gefühl einer unschönen emotionalen Distanz von ihren Partnern empfunden hatten.

„Ich muss auf Sex mit meinem Mann völlig verzichten.“ gestand eine englische Freundin, die einer kleinen Lerngruppe angehörte, zu der ich ging, als ich in Belgien lebte. „Danach folgten immer Tage unerklärlicher Depression.“ Durch ihr Geständnis ermutigt, stimmte auch eine deutsche Freundin mit ein: „Nach dem Sex bin ich immer ins Bad gegangen, hab mich auf den Badewannenrand gesetzt und geweint. Ich hatte keine Ahnung, was mit mir nicht stimmte. Ich hatte einen netten Mann, zwei wunderbare Kinder und soviel Geld, wie wir brauchten.“ Eine Dritte, eine Dänin, hatte sich von ihrem Ehemann sexuell völlig entfremdet und fand es *einigermaßen* beruhigend zu erfahren, dass die anderen Paare auch alle in getrennten Zimmern schliefen. Alle waren attraktiv, mit passenden Partnern verheiratet, hatten keine Probleme mit Intimität, ließen sich gern massieren oder wurden gern massiert und scheuten sich nicht, sich mit ihren Problemen zu befassen.

Und doch entschieden sich alle dafür, ihre schlafenden Ehemänner nicht zu wecken, anstatt ihnen einen neuen Zugang zur Sexualität vorzuschlagen. Hilde machte allerdings zuerst ein kleines Experiment. Sie fragte ihren Mann, ob er Sex ohne Orgasmus mit ihr haben würde. Nachdem er monatelang sein unfreiwilliges Zölibat gegen diese „verrückte Idee" abwog, stimmte er ihrer Bitte schließlich zu. Sie probierten es einmal aus, wenn auch ohne den stufenweisen Austausch von Energie in den folgenden Wochen, der für gute Ergebnisse nötig war, wie ich gerade lernte. „Am nächsten Tag", so berichtete sie, „waren wir wie verliebte Teenager. Wir gingen im Wald spazieren und er hob mich sogar über einen Zaun, der uns unerwartet unseren Weg versperrte. Wir haben den ganzen Rückweg zum Hotel nur gekichert."

Die Resultate waren zwar ermutigend, doch nur kurzlebig. Als sie das nächste Mal Liebe machten, bat er sie, ejakulieren zu dürfen, weil es sein Geburtstag war. Sie willigte ein. „Innerhalb von Tagen danach schien er um zehn Jahre zu altern. Ich mag nicht einmal daran denken, ihn anzufassen," vertraute sie mir an. Selbst Jahre später ist die ungelöste emotionale und sexuelle Distanz für beide noch eine bittere Pille.

Später fand ich heraus, dass mangelndes sexuelles Interesse das häufigste Problem ist, das Klienten zu Sexualtherapeuten führt. Ich sprach einmal mit einem Paar, das so gut miteinander harmonierte, dass ihr Freundeskreis sie seit Jahren darum beneidete. Dann schockierten sie alle, indem sie sich scheiden ließen. Sie vertraten die Theorie, dass mit ihnen irgendetwas nicht stimmt, weil sie überhaupt keinen Sex miteinander hatten, auch wenn sie noch gern miteinander kuschelten. Ihre Erfahrung ist sicherlich nicht einzigartig. Oprahs Schützling Dr. Phil machte einmal die Bemerkung, dass die sexlose Ehe „eine nicht wegzudiskutierende Epidemie" sei.[71]

> *„Herkömmliche sexuelle Ratschläge kamen mir immer schon sinnlos vor. Als Single soll ich meinen sexuellen Frust loslassen. Und wenn ich dann endlich einen Partner habe, dann muss ich mich hauptsächlich darum kümmern, wie ich mein sexuelles Feuer am Leben erhalte. Wie kann man von einer Frau erwarten, dass sie ihr Leben in zwei so komplett gegensätzliche Verhaltensweisen einteilt, je nach Beziehungsstatus?"*
>
> Anne

Das Phänomen der abnehmenden sexuellen Lust ist kein Exklusivgeschehen bei Frauen. „Ich hatte mit meinem Freund schon eine Weile zusammengelebt, bevor wir dann während des Studiums heirateten," vertraute mir eine Freundin an.

> *„Wir waren verrückt nacheinander und sexuell sehr aktiv. Doch kurz nach unserer Heirat zog er sich sexuell von mir zurück. Er konnte mir nicht erklären, warum, und ich konnte den Schmerz nicht ertragen, dass irgendetwas zwischen mir und meinem engsten Gefährten nicht stimmte und ich keine Möglichkeit hatte, es zu verstehen oder zu lösen. Ich fing eine Affäre mit einem Kommilitonen an. Das war zwar Balsam auf die Wunde meines Egos, doch es fühlte sich schrecklich an. Ich war immer stolz darauf gewesen, ehrlich und direkt zu sein, und doch waren meine Handlungen jetzt das genaue Gegenteil. Doch scheinbar ließ mich der Verlust des Gefühls der Nähe mit meinem Mann so verzweifelt sein, dass ich kaum eine andere Wahl hatte."*

Da sexuellem Verkehr in der Beziehung zu einer Ehefrau nichts im Wege steht, dient dieser dazu, die Leidenschaft zu stillen und führt einen Mann häufig zur Übersättigung, was seine Lust um einiges reduziert.

Johannes Chrysostomos,
viertes Jahrhundert

Kurz gesagt, je näher ich mir erfolgreiche Ehen anschaute, umso mehr Makel fand ich an ihnen. Sicherlich, in den glücklichsten Ehen waren die Partner einigermaßen zufrieden mit den Kompromissen, die sie eingegangen waren. Doch nach sorgfältiger Untersuchung konnte man auch hier die Trennung zwischen den Partnern erkennen. Die meisten Ehen schienen ganz und gar nicht immun gegen Amors Gift zu sein. Im Gegenteil, es wirkte stärker als ich anfangs gedacht hatte.

Das Bermudadreieck der Beziehungen

Letztendlich fand ich heraus, dass die Suche nach den unterschiedlichsten Gründen, aus denen Paare sich trennen, oder der Versuch, herauszufinden, wer welchen Fehler macht, kein Licht auf das größere Bild warf. Wenn konventioneller Sex mit im Spiel war, dann konnte das Paar vielleicht eine Spannungsquelle lösen, doch es tauchte gleich darauf die nächste auf. Am besten betrachtete man die jeweilige Herausforderung einfach als einen Trennungsmechanismus, der sich in unterschiedlicher Art und Weise manifestierte.

Als ich erst einmal feststellte, dass Trennung *immer* mit im Spiel war, entwickelte ich eine einfache Methode, um festzulegen, worin genau die Trennung in einer Beziehung bestand (inklusive all meiner vergangenen Beziehungen). Ich gab ihr den Namen Bermudadreieck der Beziehungen, weil Trennung sich in feste Beziehungen auf eine der folgenden drei Arten einschleicht: (1) Die sexuelle Anziehung zwischen den Partnern verschwindet. (2) Sie stehen einander sexuell seltener zur Verfügung, obwohl es noch eine Anziehung zwischen ihnen gibt. Oder (3): Sie führen keine monogame Beziehung mehr. Wenn man einen dieser drei Ecksteine wegnimmt, ist die Beziehung normalerweise ziemlich verkrüppelt, selbst wenn sie überlebt. Als ich mich umschaute, bemerkte ich, dass selbst die besten Paarbeziehungen allzu häufig in diesem verwirrenden Bermudadreieck landeten, auch wenn sie sich noch so viel Mühe gaben, ihren Kurs zu halten.

Die subtilste Art der Trennung bestand darin, einander sexuell in weiten Teilen nicht mehr zur Verfügung zu stehen, trotz des offensichtlichen Funkens zwischen den Partnern. Die Gründe für die Trennung gaben häufig den Anschein, jenseits ihres Einflusses zu sein: inkompatible Schlafgewohnheiten, getrennte Wohnorte aus beruflichen Gründen, Schnarchen, die Bedürfnisse der Kinder, Krankheit, unerklärliche Müdigkeit, sexuelle Dysfunktion usw.

„Vor Kurzem entschloss ich mich, meinen Mann zu überraschen. Ich schickte die Kinder über Nacht zu meiner Mutter. Dann zog ich einen Lederbody an, Stilettos und setzte eine Maske auf. Mein Mann kam von der Arbeit, griff sich die Fernbedienung und ein Bier und fragte: „Hej, Batman, was gibt's zu essen?"

Viele Paare gaben einer ständigen Müdigkeit die Schuld an ihrem Libidomangel, doch wenn sie sich dann scheiden ließen, stellte ich fest, dass sie unglaublich viel Zeit für leidenschaftliche Romanzen fanden. Daher mein Verdacht, dass Erschöpfung auch nur ein weiterer Weg des Unbewussten ist, die schwierige Phase nach der sexuellen Übersättigung zu umgehen. In ihrem Buch *For Women Only* beschreiben die Autorinnen Jennifer und Laura Berman verschiedenste Techniken, die ihre Patientinnen benutzen, um

Sex auszuweichen. Von der uralten Strategie, Schlaf vorzutäuschen bis hin zu modernen Praktiken wie mitten in der Nacht den Haushalt zu managen.[72] Und Frauen stehen damit nicht allein da. Doch leider enthalten diese Taktiken den Partnern auch die so dringend benötigte nichtsexuelle Zuwendung vor.

Ich sah, dass Missbrauch bestimmter Substanzen ein weiterer gängiger Weg war, wie Paare sich sexuell voneinander entfernt hielten. Mit ein paar Gläsern Wein zu viel oder gewohnheitsmäßigem Marihuanakonsum konnten viele ihr postorgastisches Unwohlsein kaschieren und jahrelang in einer Wolke der Pseudo-Intimität verschwinden. Von außen betrachtet sahen ihre Beziehungen oft ganz in Ordnung aus.

Der offensichtlichste Weg, auf dem Paare sich trennten, war, indem sie ihr Treueversprechen aufgaben. Die Partnerschaft fiel entweder auseinander oder die Partner entschieden sich für eine offene Ehe. Dank des „Drüben-ist-das-Gras-grüner-Syndroms" führte dies im Allgemeinen zu emotionaler Trennung, selbst wenn die Partner noch zusammenlebten.

Ein Gefühl, dass man irgendwie den Falschen geheiratet hat, erschwert durchgehende Treue. Häufig entscheidet sich ein Ehepartner für das nobel klingende Ideal, mehr persönlichen Freiraum zu brauchen, oder beide entscheiden, dass sie sich in unterschiedliche Richtungen entwickeln, und trennen sich. Ist dies ein weitverbreitetes Problem? 2002 prognostizierte die U.S. Volkszählungsbehörde, dass die Hälfte aller kürzlich geschlossenen Ehen in Scheidung enden würden.[73] Seitdem sind die Scheidungsraten leicht gefallen, doch mehr Paare als je zuvor *heiraten einfach nie*. Und ihre Trennungen werden in keiner Scheidungsstatistik gezählt. Als ich all die Lieblingsgeschichten über Traumehen gegen mein Bermuda-Dreiecksmodell aufwog, stellte ich fest, dass ich die Spitze eines Eisbergs gesichtet hatte. Trennung betraf die Mehrheit aller Paare in irgendeiner Form. Selbst Jahre danach bin ich immer noch erstaunt, wie wenig Ausnahmen es gibt. Wenn mein Mann und ich Vorträge über Amors Giftpfeil halten, sind wir immer wieder überrascht, wenn einige der liebevollsten Paare aus dem Auditorium – die Paare, die aussehen, als könnten sie dem Rest von uns den Schlüssel für eine glückliche Ehe zeigen – anschließend zu uns kommen und sagen: „Wir wissen genau, worüber Sie sprechen und wir möchten gern mehr darüber erfahren. Wir möchten, dass unsere Liebe weiterlebt."

„Man muss einfach nur den Richtigen finden“

Der Eheberater und Autor Willard F. Harley Jr. spricht den Ursprung des Problems in seinem Buch *Love Busters* ganz praktisch an:

> *„Ich möchte betonen, dass [die ausgesprochene Selbstbezogenheit, die so häufig für die Trennung von Paaren sorgt] etwas ganz Normales in der Ehe ist. Sie denken vielleicht, dass Sie mit einem Verrückten oder einer Verrückten verheiratet sind, oder dass Sie selbst verrückt sind ... Ich bin absolut davon überzeugt, dass es die Ehe selbst ist, oder genauer gesagt, eine romantische Beziehung, die die Kommunikation so schwierig macht. Es sind nicht die Unterschiede zwischen Männern und Frauen. ... [Diejenigen, die ich berate,] haben wenig Schwierigkeiten, Konflikte zu lösen, wenn es nicht eine romantische Beziehung betrifft.“* [74]

Was ich da lernte, schien mir sagen zu wollen, dass dem unbarmherzigen Ziehen und Zerren des Bermudadreiecks nicht einfach mit guter Kommunikation, hoher Kompatibilität, dem Vermeiden von Sex vor der Ehe usw. beizukommen war. Warum? Weil es irgendwie mit sexueller Intimität verknüpft ist, die ganz offensichtlich ein integraler Bestandteil jeder gesunden Ehe ist. Ich stelle mir diesen schleichenden Trennungsmechanismus manchmal als einen „Virus“ vor, weil er ein gesundes Element der Vereinigung – Intimität – unterwandert und es in etwas verwandelt, was die Beziehung seines Wirtes zerstört. Sich zu verlieben, ist wunderbar; die Anziehung sterben zu sehen, ist schrecklich.

Ich wollte nicht einfach so akzeptieren, dass fortpflanzungsmotivierter Sex der einzige Faktor in der Verschlechterung des Liebeslebens zwischen Paaren war, und doch gab es eine entmutigende Ähnlichkeit in den Auswirkungen bei den meisten Paaren. Ich begann, mich zu fragen, ob die Herausforderung in intimen Beziehungen nicht die war, *wen* wir heiraten, sondern *wie* wir miteinander Sex haben. Mein Verdacht erhärtete sich, als ich auf die „Honeymoon study“ stieß. Dr. Kiecolt-Glaser hatte es sich zur Aufgabe gesetzt, herauszufinden, ob der Ausstoß von Stresshormonen während ehelicher Konflikte ansteigt. Um kurzfristigen Stress isolieren zu können, wählte sie neunzig frischverheiratete Paare aus der kolossalen

Anzahl von 2.200 Paaren aus, die sie und ihre Kollegen interviewten. Nur die glücklichsten, gesündesten, wohlhabendsten und stabilsten Paare wurden ausgesucht.

> „Beziehungen scheitern, trotz Ehetherapie und aller Bemühungen, sie aufrecht zu erhalten."
>
> **Savulescu und Sandberg,** Ethiker

Kiecolt-Glaser entdeckte, dass Konflikte in der Tat den Ausstoß an Stresshormonen erhöhen (mit dem möglichen Risiko einer geringeren Immunität gegenüber Krankheiten). In Folgegesprächen mit den entsprechenden Paaren entdeckte sie jedoch *auch*, dass sie im Durchschnitt über eine schwindende Zufriedenheit in ihren Ehen ab dem zweiten Ehejahr berichteten. Wie Kiecolt-Glaser es ausdrückt, „scheint die abnehmende Zufriedenheit in der Ehe eine gleichbleibende Reaktion nach dem ersten oder zweiten Jahr der Ehe zu sein." So drücken Wissenschaftler aus, dass „das Gift an Amors Pfeil seine Wirkung zeigt." Als die Studie veröffentlicht wurde, hatte sich ein Fünftel ihrer glücklichen, ideal füreinander geeigneten Paare schon wieder scheiden lassen.[75]

Kein Wunder, dass Eheberatung Paarbeziehungen so selten rettet. Hier war etwas Größeres und Unpersönliches am Werk, und ein paar Jahre später sollte ich mehr über die Biologie dahinter erfahren.

Weitere heikle Fragen

Von den unerwarteten Makeln im Liebesleben meiner Freunde zu erfahren, war nicht die einzige Entdeckung auf meiner Erkundungsreise. In jedem taoistischen Buch über Sexualität oder sogar Tantra (die Hindu-Tradition, die auch heilige Sexualität umfasst), wurde die mächtige Synergie betont, die einzig und allein durch die sorgfältige Kultivierung der Einheit von Yin (weiblicher Energie) und Yang (männlicher Energie) entstehen soll. Was hatte das für meine homosexuellen Freunde zu bedeuten? Für meine Freunde mit körperlichen Gebrechen, die ihre Sexualität beeinträchtigen? Oder für die Menschen, die noch nicht zum Geschlechtsverkehr bereit waren?

Ich grub tief in verschiedensten alten Texten auf der Suche nach Antworten. Die Taoisten waren alles andere als zimperlich oder moralistisch, was die sexuelle Orientierung angeht. Sex zwischen Frauen wurde als neutrale Praxis angesehen und mit dem Begriff „den Spiegel polieren" bezeichnet (obgleich ein Orgasmus für Frauen wie auch für Männer als auslaugend betrachtet wurde).[76] Doch die Taoisten wiesen darauf hin, dass leichtfertiger Sex zwischen Männern, das „Drachen-Yang-Syndrom", aufgrund von Überstimulierung (und sexueller Erschöpfung) zu auslaugend und daher eine potentielle Quelle für Gesundheitsprobleme sei.

Jedem Menschen ohne Partner des anderen Geschlechts wurde empfohlen, seine sexuelle Energie zu verfeinern oder der sexuellen Aktivität mit dem gleichen Geschlecht noch Übungen hinzuzufügen, die man allein durchführen kann und die ich mittlerweile gelernt hatte, und darüber hinaus weitere Quellen für Yin- oder Yang-Energie für sich zu suchen.

> *„Männliche Energie kann ich solchen Quellen wie der Sonne oder den Bergen gefunden werden, weibliche Energie in Quellen wie der Erde, dem Mond und den Seen."*[77]

Die Taoisten warnten vor häufiger Masturbation und Orgasmus, unabhängig von der sexuellen Orientierung. Sie stellten fest, dass ein Höhepunkt die sexuelle Begierde ansteigen lässt und zugleich erschöpfend ist. [78] Dies kam mir paradox vor, bis ich eine Weile darüber nachdachte. Ich merkte, dass auch bei mir sexuelle Übersättigung im Anschluss das Verlangen nach heißem Sex steigern konnte – vielleicht, um der Schwermut emotionaler Spannung oder Distanz in der Zeit des „Katers" zu entkom men. Sich einen Orgasmus zu wünschen, wenn man eigentlich sexuell schon satt ist, kam mir so vor, wie zu essen, wenn man innerlich unruhig ist und eigentlich gar keinen Hunger hat. Auf diesen Punkt kommen wir in Kapitel sechs noch mal zurück, wenn wir uns anschauen, wie Orgasmus zum Zwang werden kann.

Die Taoisten betrachteten Hypersexualität oder „uneingeschränkte Verausgabung" als die vorhersehbare Auswirkung, wenn man sexuelle Übersättigung verfolgt, ohne zuvor das eigene innere Gleichgewicht hergestellt zu haben – und nicht als ein Merkmal wirklicher Libido. Aus ihrer Sicht waren vorzeitige Ejakulation, ein Unwohlsein nach dem Orgasmus, feuchte Träume und „lüsterne Gedanken" häufig ein Anzeichen für Erschöpfung und nicht für einen Überschuss an sexueller Energie. Ihre Lösung? Den Raubbau grundsätzlich zu vermeiden.

> *„Ich werde aufmerksam für meine Gefühle nach dem Orgasmus. Sofort verschwindet jeglicher Drang völlig. Ich denke „Warum war mir das so unglaublich wichtig?! Was hat mich da getrieben? Warum war das unbedingt notwendig?!" Es fühlt sich so an, als würde irgendetwas die Kontrolle über mich übernehmen, und es ist ganz schwierig zu beschreiben. Zum anderen fühle ich mich nach dem Orgasmus … neutralisiert. Als wäre all meine männliche Essenz verschwunden, wie ein Weichling fühle ich mich: schwach, schüchtern und introvertiert. Es ist richtiggehend beunruhigend. Vorher fühlte ich mich viel mehr als Mann."*
>
> Dennis

Waren möglicherweise viele von uns in einem Hamsterrad hyperaktiver sexueller Gewohnheiten gefangen, die unser Unbehagen nur immer weiter verstärkten? Während ich über meine sexuelle Energie mit einem neu gewonnenen Respekt nachdachte, spielte sich in meinem Leben ein Drama ab, das meine Motivation steigerte, mein bisheriges Wissen mit anderen zu teilen.

Ein Weckruf

Eines Tages brachte ein Freund einen sympathischen jungen Mann mit zu einer Party bei mir zu Hause. Lars war ein begabter Grafikdesigner, sensibel, ehrlich, liebenswürdig und ein bisschen schüchtern. Er kam in Begleitung einer sehr höflichen und viel älteren Frau. Mir war zunächst nicht klar, dass die beiden ein Paar waren.

Ein paar Wochen später besuchte mich der Freund, der die beiden mitgebracht hatte, wieder. Er war am Boden zerstört; Lars war tot.

Scheinbar war er erst ein paar Monate mit der Frau zusammen gewesen. Und während dieser Zeit hatte er für ihn völlig uncharakteristische Phasen von gewalttätigem Verhalten durchlebt. Beispielsweise hatte er sich in Bars in Kämpfe verwickelt, so dass ihm sogar einmal eine Verhaftung drohte. Mein Freund, der Lars' ganze Familie schon seit Jahren kannte, sprach nach seinem Tod auch mit seiner Geliebten. Sie erzählte ihm, dass Lars sexuell aggressiv geworden war. In der Nacht seines Todes hatte sie nicht mit ihm schlafen wollen. Sie ging in ein anderes Zimmer und legte sich hin. Er kam später nach, setzte sich auf sie und verlangte von ihr, Sex mit ihm zu haben. Sie verweigerte sich. Er zog einen Revolver hinter seinem Rücken hervor und schoss sich selbst in den Kopf.

Es ist natürlich möglich, dass keinerlei Zusammenhang zwischen der Verschlechterung seiner Gefühlslage und seinem Verhalten einerseits und seinem Sexualleben andererseits bestand. Doch für mich war es klar, dass ein wie auch immer geartetes schwerwiegendes Ungleichgewicht mit der Zeit ihrer intimen Beziehung korrespondierte. Tief berührt von dieser Tragödie, schwor ich feierlich, meine Verführungskünste niemals dazu einzusetzen, einen Liebhaber in Gefahr zu bringen. Ich fing an, den sorgsamen Umgang mit Sexualenergie mit jedem zu besprechen, der auch nur das geringste Interesse zeigte.

An der Angel

Während ich kurz in Manhattan wohnte, arbeitete ich für einen Freund, dem ein Nachtklub für Schwule gehörte. Als Managerin für den Veranstaltungssaal entwarf ich Poster für Drag Queens, fand viele neue schwule Freunde und führte lebhafte Diskussionen über den Graben zwischen den Geschlechtern. Anfangs war ich erstaunt, wie offen meine homosexuellen Freunde für meine Gedanken waren. Dann wurde mir langsam klar, dass Menschen, die sich zu gleichgeschlechtlichen Beziehungen hingezogen fühlen, sich wahrscheinlich mehr Gedanken über die Entfremdung der Geschlechter machen als irgendjemand sonst außer mir. Sie fühlten sich in keiner Weise von meinen Ideen bedroht, im Gegenteil, viele konnten sofort etwas damit anfangen.

Einige kannten den postorgastischen Kater bereits. Ein Freund erzählte mir seine Geschichte:

„Nach einem sechsmonatigen Zölibat während einer Fortbildung war eines meiner ersten Ziele ein Schwulenstrand, wo ich auch Sex hatte. Ich war erstaunt, in was für eine tiefe Depression ich an den Tagen darauf fiel. Ich erinnerte mich an die Zeiten, in denen ich solche Strände in Holland regelmäßig aufgesucht hatte. Ich war immer krank. Vielleicht trifft das auf einige Menschen überhaupt nicht zu, doch so, wie ich Sex benutzt habe, entstand daraus immer ein Kater."

Einer meiner engsten Freunde in New York war ein Mann, den ich schon seit Jahren aus Brüssel kannte, wo wir beide gewohnt hatten. Ich liebte ihn wie einen jüngeren Bruder, doch unsere Freundschaft war eine Herausforderung für mich. Mark hatte mir anvertraut, dass er nur relativ selten masturbierte, im Vergleich zu einem anderen schwulen Freund, der sein Zweitschlafzimmer in einen Pornoaltar verwandelt hatte (das war noch vor den Internet-Zeiten). Doch jedes Mal, wenn er es tat, folgte darauf ein niederschmetternder Verlust an Selbstvertrauen. Irgendein Ereignis legte ihn dann jedes Mal total lahm, wie zum Beispiel eine Diskussion mit seiner Familie, die nicht gerade begeistert waren, dass er nur herumlungerte, ohne eine Karriere zu verfolgen. Dann schlug er sich regelmäßig in die Büsche, fühlte sich wertlos und suchte nach einer aufregenden Dosis vorübergehenden Vergessens.

Es dauerte eine Weile, bis er sein Muster erkannt hatte, doch schließlich hörte er mit dem Masturbieren auf. Die Büsche im Park waren fortan tabu, und innerhalb weniger Monate war er mit einem seiner früheren Liebhaber zusammen, den er zehn Jahre zuvor aus den Augen verloren hatte. Es war seine erste richtige Beziehung. Trotz meiner Predigten über Orgasmen ejakulierten beide hin und wieder, und ihre Beziehung war sehr unbeständig. Zu guter Letzt, als Eric ein paar Wochen nicht in der Stadt war, entschloss Mark sich, mit der Herumlungerei aufzuhören, sich einen Job zu suchen und sich von Eric zu trennen.

Er fing einen Job in einem brandneuen Buchladen von Barnes & Noble an, die eine clevere Strategie verfolgten, was die Auswahl ihres Managements anging. Sie warfen alle 450 Angestellten als einander gleichgestellt in ein vierstöckiges Gebäude. Es mussten Kisten abgeladen, durch die Gegend geschoben und ausgepackt werden, und so bildeten sich spontan

Teams und Anführer. Ich ging oft kurz dort vorbei und war verblüfft, wie Marks natürliche Führungsqualitäten voll erblühten: Er war charismatisch, fleißig, lustig, zuverlässig und einfach genial, wenn es darum ging, Müßiggänger zum Mitmachen zu animieren (wer wusste schließlich mehr darüber, wie man sich vor Arbeit drückt, als er?).

Er knisterte nur so vor magnetischer, durch und durch maskuliner Elektrizität, von der ich zuvor selten etwas gesehen hatte, doch die er jetzt so natürlich verstrahlte wie jeder Teamleiter. Er flirtete mit allen auf eine unbeschwerte Art, und jeder, Mann oder Frau, wollte für ihn arbeiten. Es erstaunte mich daher nicht, dass er in den ersten zwei Wochen gleich zweimal befördert wurde.

Am letzten Tag vor Erics Rückkehr sagt er mir, dass er sich hin und her gerissen fühlte. Es war ihm absolut bewusst, dass vor ihm das offene Tor zu einem völlig neuen Lebensstil lag, und auch er war voller Freude über seine eigene Veränderung. Doch es machte ihm auch Angst. An dem Abend erfasste ihn Panik. Er besuchte ein Pornokino am Times Square und hatte einen Erguss. Seine alte Persönlichkeit kam schnell wieder zum Vorschein. Er entschloss sich, mit Mr. Wunderbar (sein Spitzname für Eric) zusammenzubleiben, „weil sein Appartement so schön ist.“ Er stieß Leute auf der Arbeit vor den Kopf, weil er auf eine manipulative Art klatschte und tratschte, und so dauerte es nicht lange, dass er seinen Job im Buchladen wieder verlor. Wie er es erklärte: „Eric braucht mich, um *Stoffmuster* auszusuchen, und ich *liebe* Stoffe einfach!“

> „In der Bibel stehen sechs Ratschläge für Homosexuelle und 362 für Heterosexuelle. Das heißt nicht, dass Gott Heterosexuelle nicht liebt. Sie brauchen einfach nur mehr Anleitung.“
>
> Lynn Lavner

Es häuften sich die Beweise dafür, dass ein Orgasmus die Macht hatte, unsere Selbstwahrnehmung und unser Selbstbild zu verändern. Bestimmte diese harmlose kleine Gewohnheit gar über unsere Entscheidungen, ohne dass wir es wussten?

Jenseits des Grolls

Ein paar Jahre später stellte eine Freundin (von der ich nicht wusste, dass sie bisexuell war) mir Kate vor, die gerade in der Stadt war. Meine Freundin, die das Drama liebt, hatte „vergessen", mir zu erzählen, dass Kate homosexuell war, und war der Meinung, dass sie das, was ich gerade lernte, hochinteressant finden würde. Okay. „Auf einer Lesben-Skala von 1 bis 10 bin ich ungefähr eine 15," offenbarte mir Kate später. Ich habe noch nie mit einem Mann geschlafen. Allein den Gedanken ertrage ich kaum. Doch ich liebe Frauen." Am ersten Abend übersah ich die Signale: den diskreten Regenbogen-Ohrring, die schwarze Lederjacke und den trotzigen Blick. Ich sah nur eine brillante Ingenieurin mit einer bemerkenswerten Konzentrationsfähigkeit, einem breit gefächerten spirituellen Hintergrund und einem starken Willen, die ein paar der besten Fragen stellte, die ich bislang gehört hatte. Und so begann ein lebendiger Austausch über einige Distanz hinweg zwischen zwei sehr entschlossenen Frauen. Und es gibt ihn heute noch.

Wir studierten beide voller Feuereifer die gleichen spirituellen Texte und empfahlen einander begeistert dieses und jenes Buch. Als das Thema Vergebung zur Sprache kam, sagte ich ihr, dass es mir so vorkam, als würde sie Frauen *alles* vergeben, jedoch völlig erbost reagieren, wenn ein Mann irgendetwas tat, was ihr nicht gefiel.

Kate wurde sehr still. „Ich werde dran arbeiten," sagte sie mit der grimmigen Entschlossenheit einer wahren spirituellen Kriegerin. Eine Woche später bekam ich eine E-Mail von einer fürchterlich geschockten Lesbe! Nachdem sie sehr tief spirituell daran gearbeitet hatte, ihre Vorbehalte gegen Männer aufzulösen, hatte ein männlicher Kollege sie gefragt, ob sie mit ihm ausgehen wolle – zum allerersten Mal.

Am Tag ihrer Verabredung hatte sie zwar eine fürchterliche Migräne, doch der Abend verlief überraschend gut. Sie erzählte ihm alles über sich selbst. Verdutzt wollte ihr Kollege nur von ihr wissen, ob eine gemeinsame Zukunft denkbar wäre. Dem war wohl eher nicht so, da sie gerade ein Jobangebot in einem anderen Bundesland annahm.

Ein paar Monate später hatte sich definitiv etwas verändert. Männer, die sie früher als begriffsstutzige Hemmschuhe betrachtet hatte, stolperten förmlich übereinander in dem Wunsch, ihr Türen aufzuhalten, sie anzulächeln, ihr Hilfe, Möbel und Informationen anzubieten. „Und wenn ich einen Rock trage, sagen sie ‚Guten Morgen' zu meinen Beinen," lachte sie. „Natürlich, ich mag ja selber Frauenbeine."

Als ich sie das nächste Mal sah, strahlte sie förmlich. Alle Spuren ihrer Abwehrhaltung waren verschwunden. Sie hatte zwar immer noch ein starkes Bedürfnis, in Lesbenbars rumzuhängen und sich auf lesbischen Websites zu tummeln, doch zu meiner Überraschung gab sie ihre sexuelle Orientierung an ihrem neuen Arbeitsplatz nicht bekannt, sondern verhielt sich neutral. Da sie dort quasi keine weiblichen Kolleginnen und kaum Freizeit hatte, fühlte sie sich im Laufe der Zeit zu einigen ihrer männlichen Kollegen hingezogen und fing an, sich mit ihnen zu verabreden. Mit einem von ihnen lebt sie nun seit neun Jahren zusammen.

Heute ist sie Managerin und leitende Ingenieurin in einer ansonsten rein männlichen Ingenieursfirma, in der ein hoher Leistungsdruck herrscht, und ist die Vorgesetzte von zahlreichen dieser Männer. Diese bewundern sie und lassen alles stehen und liegen, wenn sie bei einem Projekt kurzfristig Hilfe benötigt. „Die Leute sagen so tolle Sachen über mich, dass es mir schon peinlich ist," vertraute sie mir unlängst an.

Ich hatte gelernt, dass Vergebung, genauso wie ein Orgasmus, die Macht hat, unsere Wahrnehmung zu verändern. Oder, um es anders auszudrücken, Groll ist ein erstaunlich effektives Hindernis zwischen den Geschlechtern – doch wir haben die Wahl.

Sich paaren oder sich verbinden

Als Heterosexuelle fand ich den fließenden Wechsel bei meinen homosexuellen Freunden zunächst verwirrend. Ich hatte fälschlicherweise den Eindruck, dass *Homosexualität* das Gleiche ist wie *Heterosexualität*, nur eben mit umgekehrtem Magnetismus. Heutzutage bewegt sich jedoch scheinbar jeder im gleichen Spektrum, und das mit ausgesprochen fließenden Übergängen. In dem Institut, wo ich meinen Mann kennenlernte, bezeichneten sich alle Frauen einer gerade neu zusammengekommenen Gruppe auf die öffentlich gestellte Frage eines jungen Mannes, der offenbar auf der Suche nach einer Liebsten war und mit eventuellen Vorannahmen niemandem zu nahe treten wollte, als „bisexuell" oder „pansexuell". Ich weiß nicht, ob er daraus schloss, dass das Glas halb voll oder halb leer war.

Erst kürzlich habe ich herausgefunden, dass die Psychologin Lisa Diamond, Autorin des Buches *Sexual Fluidity*,[79] bestätigt, dass fließende sexuelle Grenzen (insbesondere, wenn auch nicht ausschließlich, bei Frauen) die *Norm* sind. Sie verfolgte das Leben von achtzig nicht-heterosexuellen Frauen über zehn Jahre und entdeckte etwas ganz Unerwartetes. Einige der Frauen berichteten, dass sie sich in einzelne Männer verliebt hatten, für die sie auch sexuelles Begehren empfanden. Zuerst nahm Diamond an, dass sie sich in ihren Gefühlen vielleicht getäuscht hätten oder sich unklar über ihre sexuelle Orientierung waren. Doch sie hörte sich weiterhin Lebensgeschichten an und forschte.

Alle zwei Jahre wechselten ungefähr ein Drittel der Frauen die Kategorie von solchen Bezeichnungen wie „lesbisch", „bisexuell", „heterosexuell" oder „unbestimmt". Eine fließende sexuelle Orientierung war scheinbar ganz typisch. Obwohl Lisa Diamond angibt, dass die sexuelle Orientierung von Frauen fließender vonstattengeht als die bei Männern, weist sie darauf hin, dass „jedes Individuum in der Lage sein sollte, sexuelle Begierden zu verspüren, die seiner oder ihrer generellen sexuellen Orientierung widersprechen."[*80]

Schließlich entwickelte sie ein Modell, um die von ihr beobachteten Fakten zu beschreiben: Während es das Ziel sexuellen Begehrens ist, sexuelle Einheit für den Zweck der Fortpflanzung zu schaffen, wird romantische Liebe von dem System der Zugehörigkeit oder Paarbindung bestimmt, dessen Ziel es ist, ein dauerhaftes Band zwischen zwei Individuen aufrechtzuerhalten.[81]

---

* Diamond weist vorsorglich darauf hin, dass niemand Flexibilität (die Fähigkeit, dass sich die sexuelle Orientierung ändern kann) mit der freien Wahl (der Fähigkeit, dies willentlich zu tun) verwechselt. Auf jeden Fall jedoch ist die Tatsache, dass die persönliche sexuelle Identität möglicherweise eher etwas Fließendes als etwas Festes ist, also mehr wie eine Religion ist als wie eine Rassenzugehörigkeit, in der Diskussion von gleichen Rechten für sexuelle Minderheiten irrelevant.

Herzensliebe (Bindung) hat daher mehr mit Fürsorge und emotionaler Zugehörigkeit zu tun als der Wunsch, sich zu paaren. Bindung greift auf die gleiche Funktion im Gehirn zurück, wie die, die Kinder an ihre erwachsenen Bezugspersonen bindet. Diese lieben ihre Kinder gleichermaßen, ob Junge oder Mädchen, daher hat diese Art der Bindung weder etwas mit dem Geschlecht zu tun, noch ist sie unmittelbar an sexuelles Begehren geknüpft.

Im Gegensatz zur Herzensliebe haben erotische Gefühle (Paarung) sehr viel mit der Sucht nach Alkohol oder Drogen zu tun. Intensive neurochemische Nachrichten stellen sicher, dass wir bei unserem Partner „an der Angel hängen", zumindest für eine Weile. (Mehr über die Wirkungsweisen dieses Prozesses folgt in den nächsten drei Kapiteln.)

Teambildung

An diesem Punkt auf meiner Reise nahm ich weitere Vorteile wahr, Liebe ohne Orgasmus zu machen. Bis ich anfing, damit zu experimentieren, musste ich fast jedes Mal, wenn ich mit einem Mann schlief, Antibiotika nehmen, nur um eine Infektion des Urinaltraktes zu vermeiden. Ich habe sie niemals wieder gebraucht. Auch meine Hefepilzinfektionen hörten einfach auf. (Eine Freundin von mir, die einen Genitalherpes hat und auch mit Karezza experimentiert hat, stellte übrigens fest, dass der Herpes nur ausbrach, wenn sie wieder in die Leidenschaft verfiel.)

Mittlerweile hatten meine Reisen mich bis nach Kalifornien gebracht, wo ich an einem Institut arbeitete, an dem chinesische Medizin und Massage unterrichtet wurden. Ich bat Will, den Anatomie- und Physiologielehrer, die Unterlagen zu lesen, die ich auf meiner Website veröffentlichen wollte. Ich dachte mir, Will könnte sich als guter Kritiker erweisen.

Wie sich herausstellte, hatte er eine Menge mehr zu bieten. Wir sind seit sechs Jahren verheiratet und seit acht Jahren zusammen. Er ist ein wunderbarer Mitforscher mit einem bemerkenswerten Willen, sich außerhalb gewöhnlicher Denkstrukturen zu bewegen. Wir fingen unsere Beziehung mit Karezza an (obwohl ich den Ausdruck damals noch nicht kannte) und vermieden Orgasmen so gut es ging.

Ich hatte auf dem harten Weg lernen müssen, dass es praktisch unmöglich ist, von konventionellem Verkehr über Nacht auf Karezza umzusteigen. Der Versuch, sich wie gewohnt zu lieben, doch auf den Orgasmus zu verzichten, „schneidet dem Sex die Eier ab," wie ein Freund von mir sagte. Um Karezza auszuprobieren, brauchen Paare ein klares Ziel und eine Übergangszeit mit viel liebevollem Kontakt.

Um diese Phase zu erleichtern, habe ich eine dreiwöchige Serie spielerischer Aktivitäten zusammengestellt, die ich die ekstatischen Austauschübungen genannt habe und die Sie am Ende des Buches finden. Das Ziel der Austauschübungen ist es, Paaren viele Möglichkeiten des liebevollen Umgangs miteinander zu offerieren, ohne unbewusst wieder in die gewohnten Routinen des Vorspiels zu verfallen oder einander allzu heiß zu machen. Die Austauschübungen fordern dazu auf, in den ersten zwei Wochen auf Verkehr völlig zu verzichten, so dass die Übenden zunächst den Kater ihres letzten Orgasmus überwinden können. Sie tragen daher zunächst auch Kleidung in der Nacht. In der dritten Woche ist dann langsamer, entspannter Verkehr in jeder dritten Nacht an der Reihe.

Hier ist Wills Bericht über seine frühen Erfahrungen, die er nach ungefähr zehn Monaten aufschrieb:

> *„Als ich zustimmte, die Austauschübungen zu machen, hatte ich noch Vorbehalte. Zum einen hatte ich nie die ganze Nacht ruhig schlafen können, auch nicht mit meiner Ex. Zum Zweiten war ich nicht begeistert davon, Liebe nach Rezept zu machen, das mir vorschreibt, wann ich Geschlechtsverkehr haben darf und wann nicht. Zum Dritten kannte ich Marnia in dieser Hinsicht gar nicht, und es fühlte sich komisch an, mit einem Programm anzufangen, wo Geschlechtsverkehr erst in drei Wochen auf der Tagesordnung stand. Und zum Vierten masturbierte ich gern (ungefähr drei oder vier Mal die Woche), und ich wusste, dass ich auf Ejakulation während der Austauschphase verzichten musste.*
>
> *Allerdings hatte ich ihre Unterlagen gelesen, und die beschrieben die Achterbahn meiner vorherigen Beziehungen ziemlich genau. Ich hatte endlich verstanden, warum ich mich immer zurückziehen musste, um Raum für mich zu haben, oder mich in sinnlosen Streitereien mit meinen Freundinnen verloren hatte. Ich war nicht davon überzeugt, dass*

die Auswirkungen von einem Orgasmus tatsächlich so langfristig waren, wie Marnia sagte, doch ich hatte noch nie lange genug auf einen Orgasmus verzichtet, um es wirklich herauszufinden. Jedenfalls spürte ich, dass dieser Zugang zum Sex eine Verbesserung sein könnte. Ein paar Monate zuvor hatte ich mich gerade mal wieder von der Mutter meines Sohnes getrennt, mit der ich eine schmerzhafte „An-Aus-An-Aus-Beziehung" geführt hatte. Ich hatte zu trinken begonnen, als wir zum ersten Mal zusammen kamen. Das war damals fünfzehn Jahre her.

Als ich mit den Austauschübungen anfing, war ich finanziell ruiniert und mein Trinken hatte so zugenommen, dass ich Alkoholiker war – wobei ich meine Sucht verbarg, indem ich den Campus verließ, um zu saufen, wann immer es ging. Ich befand mich in einer Abwärtsspirale und wusste nicht, wie ich da wieder herauskommen würde. Ich fasste also den Entschluss, dass es einen Versuch wert war.

Einige der Wirkungen der Austauschübungen wurden extrem schnell sichtbar. Nach nur drei Tagen fühlte ich mich wohler und entspannter in meinem Körper. Küssen fühlte sich wie eine ganz neue Erfahrung an – wie meine ersten Küsse vor vielen, vielen Jahren. Das ganze Zielgerichtete am Sex fiel weg. Und mein Fokus bewegte sich weg von meinen Genitalien, hin zu einem Fokus, etwas miteinander zu teilen.

Weitere Veränderungen folgten. Mein Muster, nicht mit jemandem in einem Bett schlafen zu können, löste sich auf, auch wenn die ersten Nächte wahrlich herausfordernd waren. Jetzt liebe ich es, sie anzufassen, wenn ich nachts aufwache, bevor wir wieder einschlafen.

Die Sucht brauchte etwas länger, um sich zu verändern – teilweise, weil ich versuchte, es zu verstecken und ganz allein damit aufzuhören, immer wieder und ohne Erfolg. Als es herauskam, war ich mir sicher, dass sie mich verlassen würde, doch das tat sie nicht. Stattdessen wurden wir durch diese gemeinsame Aufgabe noch engere Partner. Es ist jetzt sechs Monate her, dass ich zum letzten Mal Alkohol getrunken habe und ich hatte keine Sucht- oder Entzugserscheinungen. Ab und an habe ich ans Trinken gedacht, und das war immer, nachdem sie oder ich zu leidenschaftlich geworden waren. Ich hatte früher den Alkohol dazu benutzt, dem Beziehungsschmerz zu entkommen. Doch mit diesem Zugang wurde die Beziehung zu einer Quelle der Inspiration und Stärke.

Ich habe nicht ein Mal während der letzten zehn Monate, seit Beginn unserer Beziehung, ejakuliert. Und das Bedürfnis nach einem Orgasmus habe ich auch nicht wirklich – obwohl ich sicher bin, dass ich einen haben könnte, wenn ich wollte. Der Verzicht auf Ejakulation hatte keine negativen Auswirkungen. Ich hatte nur ein einziges Erlebnis, wo ich mich körperlich unwohl fühlte, und das war, als sie mich mit klassischem Vorspiel zu sehr überreizt hat.

Der größte Unterschied zwischen dieser Beziehung und meinen anderen ist, dass wir uns wie Teenager fühlen, obwohl wir in unseren Vierzigern sind. Wir verbringen jeden Tag Zeit damit, uns zu küssen, und lieben uns oft. Die Energie war von Anfang an so zwischen uns – abgesehen von ein paar Verirrungen in die „Beziehungshölle", in die wir durch zu viel Leidenschaft geraten sind, was zur Folge hatte, dass sie einen Orgasmus hatte. Diese Umwege haben mich davon überzeugt, dass wir mit konventionellem Sex eine genauso schlechte Beziehung hätten wie alle Beziehungen meiner Vergangenheit.

Ich sehe auch in anderen Bereichen meines Lebens große Veränderungen. Meine Finanzprobleme lösen sich und mein Berufsleben entwickelt sich in Richtungen, die ich mir immer gewünscht habe, die ich jedoch bislang nie einschlagen konnte. Die Gelegenheiten bieten sich mir einfach mühelos an, und alles entwickelt sich wunderbar. Ich habe viel mehr Vertrauen in mich selbst. Ich bin ruhig und konzentriert. Und ich fühle mich jetzt viel wohler damit, in einer Partnerschaft zu sein, anstatt mich als ein separates Wesen zu sehen, das zufällig zur gleichen Zeit auch mit jemand anderem zusammen ist. Ich habe eine viel optimistischere Einstellung zu Beziehungen gewonnen."

Eine harte Lehre

Leider reicht es für dauerhafte Harmonie nicht aus, einfach nur Orgasmen zu vermeiden. Will und ich lernten das auf die harte Tour. Von Selbstzufriedenheit eingelullt, weil die Harmonie zwischen uns so leicht aufrechtzuerhalten war, finden wir damit an, uns zu lieben, wann immer wir Lust dazu hatten. Bis zu dem Punkt hatten wir darauf geachtet, zumindest jede zweite Nacht mit jeder Menge nicht zielorientiertem Kuscheln zu verbringen.

Risse tauchten auf, doch wir taten unser Bestes, sie zu ignorieren. Ohne es zu bemerken, kamen wir weg von dem achtsamen Austausch von Berührungen und bewegten uns mehr auf das Standard-Vorspiel zu. Dann drifteten unsere Schlafrhythmen auseinander. Will wachte immer früher auf. Wenn er aufstand und ins Büro fuhr, entstand eine emotionale Kluft zwischen uns, und wenn er blieb, war er so unruhig, dass ich mich genötigt sah, ihn zu beruhigen. Am Abend waren wir beide dann immer völlig erschöpft.

Meine Libido nahm erschreckend ab, doch ich tat mein Bestes, um sexuell offenzubleiben, immer in der Hoffnung, dass alles wieder mehr ins Gleichgewicht käme, wenn Will sich mehr genährt fühlen würde. Doch stattdessen wurde er immer hungriger. Wir schliefen manchmal miteinander, wenn ich nicht wirklich dazu bereit war, in einem fehlgeleiteten Versuch, die Nähe zueinander wiederherzustellen, die im Verschwinden begriffen war. Für mich fühlte es sich so an, als würde ich ein immer fordernderes Kind ernähren müssen, und ich war erstaunt darüber, wie sehr es mich auslaugte – und wie ärgerlich es mich machte. Er war verwirrt und frustriert. Wie er ganz logisch sagte: „Ich berühre dich so, wie ich es immer getan habe, und wenn du es jetzt nicht mehr magst, dann liebst du mich eben doch nicht."

Als ich vorschlug, dass wir den Rückwärtsgang einlegen und wieder mit den Austauschübungen anfangen sollten, wurde es ganz offensichtlich, wie weit wir uns von unserem ursprünglichen Kurs entfernt hatten. „Wenn ich das machen würde, was du vorschlägst, käme ich mir vor wie ein Neutrum!" schrie er mich an. „Du versuchst, mir all mein sexuelles Vergnügen zu rauben!" Oje. Das hörte sich nicht nach Will an. Schließlich war er in der Zeit, als wir die Austauschübungen gemacht hatten, und noch Monate danach, erstaunt gewesen, wie befriedigt er sich fühlte, egal, ob es eine Nacht war, in der wir Sex hatten oder nur kuschelten. Warum hingen sein Glück und seine Männlichkeit jetzt davon ab, ob wir den Impulsen folgten, die wir früher vermieden hatten, und zwar mit so guten Ergebnissen?

Wo hatten wir uns vertan?

Wie sich herausstellte, hatten wir zwei Fehler begangen – auch wenn uns der zweite damals noch gar nicht richtig bewusst war. Zunächst hatten wir unsere Kontrolle unabsichtlich wieder an unsere Biologie abgegeben, als wir aufhörten, Sex nach Plan zu haben. Will, ein typischer heißblütiger Mann, ist darauf programmiert, alle sich bietenden sexuellen Möglichkeiten zu nutzen. Ohne unsere regelmäßigen Nächte ohne Geschlechtsverkehr war es seine biologische Pflicht, den Motor auf Touren zu bringen – für alle Fälle. Er war wie ein Automotor, der die ganze Zeit überhitzt wurde. Dieses Problem wurde während der Austauschübungen vermieden, weil wir da immer wussten, wann wir Geschlechtsverkehr haben würden und wann nicht. Die Struktur war also sehr beruhigend.

Außerdem hatten wir uns davon wegentwickelt, einander so viel nicht zielorientierte Zuwendung wie möglich zu schenken. Deswegen bekam unser Nervensystem keine wirkliche Chance, sich in die heilsame Energie hinein zu entspannen, wie wir sie anfangs miteinander geteilt hatten. Wie wir viel später feststellten, bedeutete das auch, dass wir nicht ständig die Signale miteinander austauschten, die in unserem Säugetiergehirn mit Verbindung und Zugehörigkeit assoziiert werden.

Für solche unschuldigen Fehler haben wir eine ganz schön lange Zeit gebraucht, um den Schaden wieder zu reparieren. Wir hatten nicht nur begonnen, unsere gemeinsame Zukunft in Zweifel zu ziehen, sondern es fehlte auch die Anziehung zwischen uns, die früher so absolut zuverlässig da gewesen war, um uns wieder zueinander zu bringen. Autsch.

Zunächst versuchten wir, einfach wieder Geschlechtsverkehr nach Plan zu haben. Doch das funktionierte nicht. Es floss keine Elektrizität zwischen uns, unsere Herzen blieben zurückhaltend, Wills Berührung war immer noch hungrig, und ich hatte einen Orgasmus im Traum, was bedeutete, dass wir mit weiteren zwei Wochen unausgewogener Energie umzugehen hatten. Krisen auf der Arbeit laugten uns aus. Unser Leben schien sich auf jeder Ebene in einer seltsamen Abwärtsspirale zu befinden.

Wir fanden heraus, dass wir unser Nervensystem komplett neu ausrichten mussten, wenn das stimmte, was wir gelernt hatten. Wir mussten uns wieder auf das Geben einstimmen anstatt auf das Nehmen, auch wenn es bedeutete, durch eine weitere unangenehme Phase des Rückzugs hindurchgehen zu müssen. Wir hatten beide ziemliche Angst. Wie Will sagte: „Ich glaube, ich schaff das nicht. Ich weiß einfach nicht, wie ich dich anfassen soll."

Schweren Herzens zogen wir uns wieder etwas an, wenn wir abends ins Bett gingen, und fingen wieder von vorne mit den Austauschübungen an. Konnte es wirklich sein, dass sie zweimal wirken würden, insbesondere in unserem Gemütszustand? *Hatten sie überhaupt jemals gewirkt?* Alles, was wir im vergangenen Jahr an Positivem genossen hatten, wurde in Frage gestellt. Vielleicht hatten wir uns etwas vorgemacht. Vielleicht war unsere Harmonie lediglich das Ergebnis einer vorübergehenden Flitterwochen-Neurochemie gewesen. Vielleicht waren Wills Sucht und seine Depression aus anderen Gründen zurückgekehrt, die gar nichts damit zu tun hatten. Vielleicht gab es gar keinen Ausweg aus der biologischen Bestimmung. Ich fühlte mich dazu verdammt, eine „alte Hexe" zu werden. Ich war sicher, dass die Ringe unter meinen Augen, die in den vergangenen Wochen aufgetaucht waren, hießen, dass es keinen Ausweg gab. Selbst mein Teint hatte eine neue Blässe angenommen.

Am Anfang stand die Zeit still. Obwohl wir beide versuchten, so fürsorglich und liebevoll wie möglich zu sein, fühlten sich die Übungen staubtrocken an. Will strengte sich total an, um seinen Schalter nicht auf sexuellen Hunger umzustellen. Er beschrieb es so, dass er meinen ganzen Körper so berührte, als sei keines meiner Körperteile wichtiger als ein anderer Teil, anstatt sich wie vorher auf seine Lieblingsstellen zu konzentrieren. Er entschloss sich dazu, sich auf meine Reaktionen auf seine Berührungen einzustimmen, anstatt sich auf seine eigenen Empfindungen zu konzentrieren.

Ich gab mir alle Mühe, liebevoll zu sein und seine Zuwendung zu erwidern, selbst wenn ich müde war. Nach ein paar Tagen lichtete sich die Stimmung bei uns, doch anfangs fühlte es sich wirklich an wie die Kameradschaft zwischen dem Tode geweihten Gefangenen, die ihre letzte Mahlzeit miteinander teilen. Doch wir schliefen definitiv wieder zunehmend besser, und vor allem im gleichen Rhythmus.

Nach sechs oder sieben Tagen kamen wir an einen Wendepunkt. Will meinte, dass er sich wesentlich ruhiger und entspannter fühlte. In unseren „Ich liebe dich" schwang neue Begeisterung mit, und wir lachten wieder viel mehr miteinander. Sowohl die „Geschlechtsverkehr-Nächte“ als auch die „Kuschel-Nächte“ nahmen wieder ihre ursprüngliche Zärtlichkeit und Zufriedenheit an. Wir fühlen uns wieder optimistisch. Unser Berufsleben bekam Aufschwung und *wir sahen wieder besser aus.* Das Letzte, was sich erholte, war meine Libido. Mein Unterbewusstes hatte offenbar das Gefühl, „verschlungen“ zu werden, als ein unangenehmes Erlebnis abgespeichert, obwohl Will niemals aggressiv oder auch nur fordernd gewesen wäre.

Noch Jahre nach dieser Erfahrung kehrten wir immer wieder zu den Austauschübungen zurück, wenn wir merkten, dass wir auf einen zielorientierten Kurs abdrifteten. Und schon sehr bald reichten eine oder zwei Nächte bewusster und großzügiger Zuwendung, um uns wieder auf den richtigen Kurs zu bringen.

Überzeugt, dass wir da etwas sehr Wertvolles und Wiederholbares entdeckt hatten, überraschte mich Will eines Tages, als er sagte: „Ich werde mal schauen, ob es hilfreiches, wissenschaftliches Material dazu gibt.“ Er war sich sicher, dass sich hinter dem, was wir erfuhren, eine physiologische Realität verstecken musste. Das, was er bei seinen Forschungen entdeckte, ist so faszinierend, dass ich es mit seiner Hilfe in den weiteren Verlauf des Buches einweben werde.

Der Hinduismus

Eine Sammlung von Geschichten über das Konzept des Liebemachens ohne sexuelle Übersättigung wäre nicht vollständig, würde die Erwähnung des Tantra fehlen. Und doch sind nur wenige Themen verwirrender als das Konzept der wohltuenden Synergie zwischen einem Paar im Hinduismus. Auf der einen Seite gibt es die Überzeugung, dass die Schöpfung selbst aus der göttlichen sexuellen Vereinigung des Männlichen und des Weiblichen entstand.[82] Und es gibt auch die Legende von Parvati, einer primären Personifizierung des weiblichen Göttlichen. Sie wählte freiwillig das zermürbende spirituelle Asketentum, um ihren göttlichen Gefährten Shiva zu gewinnen, sich mit ihm zu vereinigen und so die Liebe in eine verlorene Welt zurückzubringen. (Shiva hatte die Welt verlassen, um als Asket ein Einsiedlerdasein zu führen, nachdem Parvati in einer früheren Inkarnation gestorben war.)

Und auf der anderen Seite kann der Begriff *Tantra* mehr Verwirrung stiften als Klarheit mit sich bringen. Tantra umfasst nämlich sowohl eine zölibatäre Tradition, die als „der Pfad des rechten Weges" bekannt ist, als auch eine sexuelle Tradition, die als „der Pfad des linken Weges" bekannt ist. Außerdem gibt es neben dem klassischen hinduistischen Tantra noch das Tantra des tibetischen Buddhismus (worüber wir später sprechen werden). Und zu guter Letzt teilen sich selbst im klassischen Tantra die Strömungen und haben sich im Laufe der Zeit immer wieder verändert. Obwohl es heutzutage so viele verschiedene Rezepte für sexuelles Tantra gibt wie Katzenrassen, ging es im hinduistischen sexuellen Tantra ursprünglich nicht um gegenseitige Erleuchtung oder tiefere Verbindung. Trotz der bühnenreifen Darstellungen der Verehrung des männlichen Gottes oder der weiblichen Göttin in einem gemeinsamen Ritual zur Erweckung der Kundalini-Energie (der verfeinerten Lebensenergie) entwickelte sich das *Maithuana-Ritual* (oder „Zwillings-Ritual") zur Anwendung für einen einzelnen spirituellen Sucher, und nicht als gegenseitige oder weiterführende Kultivierung sexueller Energie für spirituelle Zwecke.

Der Autor James Powell verfolgt die Wurzeln des Tantra bis zu einer sexuell sehr freien, *matriarchalen* Gesellschaft in Indien zurück. Eine beliebte Gottheit dieser frühen Gottesverehrer war der lüsterne Krishna – ein dunkelblauer Geselle, der eine Art sexueller Rattenfänger von Hameln war, der wohlerzogene verheiratete Frauen dazu verlockte, aus ihren Betten zu schlüpfen, um an Orgien in der Wildnis teilzunehmen.

> *„Einige von Krishnas Verehrern bildeten Paare. Sie regten einander zu intensiven, zuweilen auch gewalttätigen, erotischen Emotionen an, indem sie einander die amourösen Abenteuer ihres Gottes vorlasen und vorsangen. Dann übten sie sexuellen Yoga aus, in dem der Mann den Part von Krishna übernahm, und seine Partnerin die Rolle einer seiner Mädchen aus der Kuhherde [aus dem Mythos über Krishna]. In großen Zirkeln wurden Liebesrituale ausgeführt. Man empfand eine intensivere erotische Regung, wenn die Frauen in den Ritualen die Gattinnen anderer Männer waren.*"[83]

Später, unter den Brahmanen, entwickelte sich Tantra definitiv in eine mehr patriarchale Richtung. Die Zurückhaltung des Samens wurde mit Licht und Spiritualität gleichgesetzt. Frauen wurden zunehmend misstrauisch beäugt, weil sie Männer dazu verführen konnten, ihren Samen zu vergeuden. Als Folge davon glaubten die Männer, dass ihre Gesundheit und spirituelle Kraft mehr davon abhing, ihren Samen beizubehalten, als von einer synergetischen Vereinigung. Daraus entstand eine starke Betonung auf einer zölibatären spirituellen Praxis. Selbst unter spirituell gesonnenen Haushältern (Männern mit Familie) scheint es das Ziel gewesen zu sein, Ejakulation möglichst zu vermeiden, indem der Geschlechtsverkehr auf Sex zum Zwecke der Fortpflanzung begrenzt wurde. In der *Autobiografie eines Yogi*[84] berichtet der mittlerweile verstorbene Paramahansa Yogananda beispielsweise, dass seine Eltern nur einmal im Jahr miteinander Sex hatten, um sich fortzupflanzen. Entsprechend erzählte mir auch ein Anhänger des verstorbenen Baba Muktananda, dass Familienväter sich selbst als zölibatär betrachten dürfen, wenn sie nur einmal im Monat Sex haben.

Einige Yogis suchten nach einem Weg, Sex für spirituelle Zwecke zu ritualisieren (der linke Pfad). Allerdings ging es dem Yogi nicht um gegenseitige Erleuchtung von zwei Partnern, sondern um die Erweckung seines eigenen inneren, weiblichen Prinzips – welches in Form von Kundalini-Energie spiralförmig an der Basis seines Rückgrats ruht. Die Erweckung dieser Energie manifestiert sich als psychologische Androgynität. Die mächtigste Methode der Erweckung der Kundalini soll die sexuelle Umarmung gewesen sein – möglichst mit einer jugendlichen Jungfrau. Jungfrauen wurden als Quellen spiritueller Kraft gesehen, die fähig sind, den Partner in den Fluss dieser subtilen Energien zu initialisieren. (Die gleichen Überzeugungen waren um diese Zeit auch in China populär, und die Chinesen handelten am Ende sogar mit vorpubertären Mädchen, um deren Yin-Energie kurz vor ihrer ersten Periode zu ernten, zu welcher Zeit sie am stärksten sein sollte.) Für Yogis hatte diese rituelle Form der Sexualität nichts mit romantischer Liebe zu tun. Die Frau wurde nicht als Frau, sondern als „die Göttin" betrachtet – und es spielte keine Rolle, dass sie eine völlig Fremde war.

Es überrascht uns nicht, dass der linke Pfad des sexuellen Tantra in seinem Ursprungsland in Verruf geriet und sich nur noch im Untergrund hielt. Aus Sicht des Yoga-Gelehrten Georg Feuerstein hatte ein großer Teil des sexuellen Tantra Ähnlichkeiten mit Schwarzer Magie (oder Sexualmagie) angenommen. Es geht dabei um die Ausübung von Macht über andere, ohne Rücksicht auf deren Wohlergehen, auf der Suche nach persönlicher Befriedigung. Der selbstsüchtige Fokus vieler tantrischer Praktiken, so Feuerstein, wird ersichtlich durch die Verfolgung des Orgasmus, den man zu erreichen sucht, zuweilen, nachdem die Partner einander erregt haben, um einen erhöhten Bewusstseinszustand zu erlangen.[85] Feuerstein sagt, dass wirkliches Tantra (des rechten oder des linken Pfades) ein Mysterium ist, das das illusorische Selbst (Ego) zu transzendieren sucht, indem das erotische Potential des Körpers erweckt wird, während man die Energie hält. Das Ziel ist Glückseligkeit, ein Zustand der Kommunion mit dem

Göttlichen, jenseits des Körpers, nicht ein erhöhter Zustand von sinnlichem Vergnügen. Klassisches Tantra empfiehlt Techniken zur Transformierung der Leidenschaft, Techniken, um darüber hinauszugehen. Im Gegensatz dazu adaptieren westliche Tantralehrer die Methoden häufig, um die Intensität der Leidenschaft noch zu steigern und damit die Begierden des Ego zu befriedigen.

Wie Feuerstein erklärt, geht die kreative Spannung, die als Brücke zur Ekstase dienen könnte, beim Orgasmus verloren. Der ganze Sinn, den Orgasmus zu vermeiden, liegt darin, die subtile Kraft oder Nervenenergie, Ojas genannt, zu sammeln, die in dem Moment vergeudet wird, wenn das Nervensystem während der sexuellen Stimulierung sein Feuerwerk entfacht.

> *„[Es ist nicht der Samenverlust, der problematisch ist,] sondern das Abfeuern des Nervensystems während der sexuellen Stimulierung. Das gilt sowohl für Männer als auch für Frauen."*
>
> Georg Feuerstein

In seinem Buch Sacred Sexuality schreibt Feuerstein, dass offenherzige Liebende, ob Tantriker oder nicht, spontan über das Erlebnis der Kommunion stolpern:

> *„[Nach einer Liebesnacht] fühlte ich mich, als sei ich auf einer höheren Ebene konstant wach bzw. bewusst. Ich erinnere mich, mich den ganzen Tag völlig entspannt gefühlt zu haben. In dieser völligen Entspannung befand ich mich außerhalb der Zeit. Zu sagen, dass es keinen Anfang oder Ende der Zeit gab, wäre irrelevant gewesen. Es gab schlicht keine Zeit. … [Ich war mir bewusst, dass alles Materielle] ganz spontan und spielerisch aus einer einzigen großen Quelle entstand. …Ich war auf eine Art zur Unendlichkeit mit Augen geworden. Ich fühlte mich, als wäre ich in eben diesem Moment geboren worden, oder, als hätte ich mein Leben lang geschlafen und wäre gerade erst erwacht. Ich entsinne mich außerdem, dass ich wusste, dass dies der wahre Zustand von jedem ist und dass jeder dies wissen könnte. … Ich blieb ungefähr drei Wochen in diesem Zustand der Unschärfe, und das Leben war um ein*

Vielfaches intensiver. …Ich habe während dieser Zeit fast nichts gegessen. …Ich erinnere mich daran, meiner Freundin gesagt zu haben, dass es sich anfühlte, als sei mein Rückgrat an die „universelle Steckdose" angeschlossen, und dass es eine Quelle unerschöpflicher Energie war. … Während dieser Phase war ich kreativer als jemals zuvor (oder jemals danach), sowohl während der Arbeit als auch außerhalb meiner Arbeit. …Ich wurde hellsichtig, konnte in die Zukunft sehen und dann später die Szenen durchleben, die ich bis ins kleinste Detail vorhergesehen hatte. …Ich liebte jeden, inklusive meiner Freundin, auf die gleiche Art, unendlich. Eigentlich gab es niemanden getrennt von mir, den ich hätte lieben können."[86]

Kapitel 4

Im Herzen des Trennungsvirus

Keine Säugetierspezies ist sexuell monogam, inklusive uns Menschen. Verschiedene Sexualpartner verbessern die Chancen unserer Gene, es bis in die Zukunft zu schaffen.

Mit jedem Drang, jedem Antrieb, jeder Emotion und jeder Stimmung geht eine neurochemische Veränderung in dem Teil unseres Gehirns einher, den alle Säugetiere haben.

Dopamin, die Neurochemikalie des „Verlangens", stimuliert den Gehirnkreislauf primitiver Befriedigung. Es bringt uns dazu, uns neue Partner und sexuelle Sättigung zu suchen.

Kriminalisten suchen die Ursache im Geld, doch jeder, der die Disharmonie im Privatleben von Menschen besser verstehen möchte, täte gut daran, die Ursache bei den Genen zu suchen. Der unpersönliche Auswahlprozess der Evolution behält immer genau die Verhaltensweisen bei, die funktionieren – also Verhaltensweisen, die dazu führen, dass am meisten Gene in Form von Nachwuchs in die Zukunft fließen. Impulsive Begierde („Ich bin heiß auf dich, Baby!") und Romantik dienen ganz offensichtlich diesem Zweck, von daher ergibt die berauschende Neurochemie der Flitterwochen absoluten Sinn. Aber auch ein weniger offensichtliches Verhalten ergibt in diesem Licht Sinn: Kinder mit verschiedenen Partnern zu zeugen.

Könnte es sein, dass wir dazu geschaffen sind, von unseren Partnern nach einer Weile die Nase voll zu haben bzw. ihnen gegenüber abzustumpfen, und sie sogar als nervtötend, unattraktiv oder völlig unzumutbar anzusehen? Könnte es sein, dass dieses Grundmuster auch hinter dem Verhalten steckt, den Partner dazu zu bringen, uns zu verlassen, indem wir reizbar und unerträglich werden?

Das sind beunruhigende Gedanken, doch wenn diese Verhaltensformen die Chance unserer Gene auf Vermehrung erhöhen, dann ist es recht wahrscheinlich, dass wir darauf programmiert sind. Unruhe und Disharmonie könnten also genau so ein Teil unseres Paarungsprogrammes sein wie die anfängliche Faszination und das Zusammenkommen als Paar.

„Gene schlafen nie. Anstatt mit dem glückseligen Satz „und sie heirateten und lebten glücklich bis an ihr Lebensende", enden Genmärchen mit Kindern und noch mehr Kindern – wann immer die Gene dazu Gelegenheit bekommen. So sicher, wie die Gene Paare am Anfang dazu bringen, zum Altar zu schreiten, so sicher treiben sie uns dazu, unseren Partner zu betrügen, wenn Untreue in ihrem Interesse ist."

Burnham und Phelan, die Autoren von *Mean Genes: From Sex to Money to Food: Taming Our Primal Instincts*

Falls Ihnen diese vorprogrammierte Disharmonie nicht plausibel erscheint, denken Sie mal darüber nach, dass ein weiblicher Elefant und der Bulle einer Herde jugendliche Männchen vertreiben – selbst wenn es die eigenen Söhne sind -, wenn die Zeit dafür gekommen ist. Sie sind sich nicht darüber bewusst, dass sie damit ihren Genen dienen, indem sie Inzucht vermeiden und ihren Nachwuchs in andere Herden vertreiben. Sie wissen einfach nur, dass sie diese Jungs nicht in der Herde haben wollen, selbst wenn die Verbannung hart ist und viele männliche Jungtiere nicht überleben.

Ihren Genen geht es nicht um Ihr dauerhaftes Glück. Sie betrachten Sie einfach als einen weiteren Bus auf einer langen, komplexen Reise zum ausgewählten Zielort: mehr Nachkommen. Und die Gene haben Sie entsprechend programmiert.[87] Ihnen ist es egal, ob Sie die Decke der Sixtinischen Kapelle bemalen, viele Freunde im Internet haben, den Sinn des Lebens entdecken oder Ihre Steuern nicht zahlen können. Ihren Genen geht es lediglich darum, sich selbst in Form von Babys zu vervielfältigen – die selbst wiederum Babys in die Welt setzen werden.

Hatte Michelangelo Kinder? Wenn nicht, dann ist sein Genie aus biologischer Perspektive irrelevant. Küchenschaben hingegen sind regelrechte Champions.

Dauerhafte Zufriedenheit ist schlecht für unsere Gene. Wenn Sie Kinder von unterschiedlichen Partnern haben, aufgrund Ihrer Unfähigkeit, einem Partner treu zu bleiben, werden sich die Immunsysteme und andere Eigenschaften Ihrer Kinder stärker voneinander unterscheiden. Wenn nun also beispielsweise ein tödlicher, neuer Organismus auftaucht, dann sind die Chancen höher, dass eines Ihrer Kinder diesen Angreifer abwehren kann. Das ist ein Grund, warum die Gene uns dazu bringen, Affären zu haben, uns scheiden zu lassen, neu zu heiraten und Inzest zu vermeiden.

Die Taktik unserer Gene unterstützte also einst kleine Bevölkerungseinheiten. Heute sorgt sie eher für unerwünschte Schwangerschaften, die Verbreitung von sexuell übertragbaren Krankheiten, Herzschmerz und Überbevölkerung. Die Gene mögen ja unser rationales Gehirn geprägt haben, doch das Wohlergehen des Planeten gehört offenbar nicht zu ihren vorprogrammierten Prioritäten. Wenn unser rationales Gehirn uns beherrschen würde, würde die Weltbevölkerung nicht exponentiell wachsen. Wenn es um die Paarung geht, hat unser rationales Gehirn nicht die Oberhand.

Unsere Reaktion der Anziehung auf sinnliche Kurven bzw. Charakteristika eines Alpha-Mannes ist instinktiv – und mächtig. Ein Ergebnis davon ist, dass uns romantische Liebe anfangs in einen intensiveren Rauschzustand versetzt – und letztlich viel fragiler ist als Freundschaft oder Familienbande.

> *„Diese Stadt ist voll von so wunderschönen Frauen, und ich erwische mich oft dabei, dass ich denke, meine Lebensgefährtin würde mir als reine Freundin genügen, wenn das hieße, dass ich verschiedenste Affären ohne Bedeutung mit anderen Frauen haben könnte. Ich weiß, dass ich dann emotional unerfüllt wäre, und ich könnte im Grunde auch nie einen anderen Menschen als ein Objekt behandeln. Und doch ist es klar, dass mein Gehirn möchte, dass ich meine Freundin als Mutter meiner Kinder auswähle – und mir dann irgendeine hübsche Exotin als Geliebte nehme oder was auch immer. Zur Hölle mit dieser verdammten Evolution."*
>
> Jordan

Abnutzung inbegriffen

Aus der Perspektive Ihrer Gene ist Monogamie so risikoreich wie im Spiel alles auf eine Karte zu setzen. Das ist leicht zu verstehen, denn es gibt nur ein paar Dutzend Säugetiere von insgesamt ungefähr 4.000 Arten, die Paare fürs Leben bilden. Und DNA-Tests haben ergeben, dass selbst bei diesen monogamen Arten immer mal wieder ein Fehltritt stattfindet. (Das Gleiche gilt für Wellensittiche, die als unzertrennlich gelten. Sie sind zwar technisch gesehen lebenslange Gefährten und leben sozial monogam, doch nicht völlig treu.) Wie Will sagt: „Im Pokerspiel des Lebens bedeutet es, zu verlieren, wenn man die Monogamie-Karte behält." Der instinktive Drang, verbesserte und vielfältige Gene zu sammeln, ist im Säugetiergehirn fest verankert – und Sie sind ein Säugetier. Dieser Drang liegt im Herzen des Trennungsvirus. Er ist es, der Amors romantische Pfeile am Ende giftig werden lässt.

> „Die einzige Spezies, die ich kenne, in der es hundertprozentige Monogamie zu geben scheint, ist die eines Plattwurms, der in den Kiemen von Süßwasserfischen lebt. Die Männchen und die Weibchen treffen einander als Heranwachsende und ihre Körper verschmelzen förmlich miteinander, so dass sie einander treu bis in den Tod bleiben."
>
> **David P. Barash,** Mitautor von *The Myth of Monogamy*

Für die meisten Spezies ist die Neigung, weitere Partner zu haben, völlig undramatisch. Wenn ein Bulle eine Kuh befruchtet hat, sorgen Pheromonsignale (über die Luft transportierte Chemikalien, die im Gehirn Schalter ein- und ausschalten) dafür, dass er in dieser Paarungssaison nicht mehr zu ihr zurückkehrt – auch wenn ein zweiter Samenspender sie vielleicht immer noch süß genug für ein Techtelmechtel im Heu findet, wenn die Konkurrenz gerade nicht hinschaut. Dieses Arrangement scheint für alle Beteiligten in Ordnung zu sein.

Doch nicht alle Spezies haben so viel Glück. Spezies wie wir – für die Fortpflanzungserfolg am besten gewährleistet ist, wenn beide Eltern für den Nachwuchs da sind – haben damit innerlich zu kämpfen. Wir sind darauf programmiert, uns extrem gerne zu verlieben. Doch wir tragen immer noch diese veraltete Säugetierprogrammierung in uns, *neue* Partner besonders verführerisch zu finden – wann immer sich die Gelegenheit ergibt. Das erzeugt eine unangenehme

Spannung, die wir selbst so weit hinab in der Nahrungskette wie bei der Präriewühlmaus verfolgen können. „Monogame“ weibliche Präriewühlmäuse wurden dabei beobachtet, wie sie streunenden männlichen Exemplaren zu Hause ein Schäferstündchen bereiteten – und sie dann kurzerhand wieder eiskalt verjagten, nachdem die neuen Gene des Besuchers sicher eingefahren waren.

Nicht jeder Mensch ist gleich gut für Monogamie geeignet. Wir haben unterschiedliche Paarungsstrategien – wie z. B. der gute Liebhaber, der gute Versorger, der gute Kamerad oder das gut aussehende Exemplar – die sich zweifellos in einer großen Vielfalt von Eigenschaften, Genen und Genausdruck (der Prozess, in dem Gene an- oder ausgeschaltet werden) niederschlagen. Einige Frauen sind zum Beispiel eher geneigt, augenscheinliche genetische Fitness eines Mannes in Form von Symmetrie, einer starken Kieferlinie und Muskelmasse gegen seine Bereitschaft, in seinen Nachwuchs zu investieren und sich um ihn zu kümmern, einzutauschen. Und doch sind wir scheinbar alle auf einen gewissen Grad an Spannung zwischen den Vorteilen emotionaler Bindung mit einem Partner und den Vorteilen von Sex mit einem neuen Partner programmiert. Wir sind in unterschiedlichem Maße dazu vorherbestimmt, genetischen Erfolg herbeizuführen – und Ermüdungserscheinungen in unseren Beziehungen.

> „Wenn ein Mann seine Geliebte heiratet, dann hinterlässt sie eine Lücke.“
>
> Sacha Guitry

Wie wir noch sehen werden, bedeutet das nicht, dass jede intime Beziehung dazu verdammt ist, auseinanderzugehen, oder dass jeder Partner untreu werden muss. Es bedeutet, dass wir *als eine Spezies* darauf programmiert sind, unserer Partner müde zu werden – oder uns sexuell von anderen Menschen angezogen zu fühlen. Falls Sie etwas anderes wollen, dann können Sie entweder darauf hoffen, dass Ihre Verbindung eine der wenigen Ausnahmen zur Regel ist und sich einzig und allein auf Ihren stählernen Charakter (und den Ihres Partners oder Ihrer Partnerin) verlassen, oder lernen, wie man den genetischen Autopiloten abstellen kann. Das Letztere ist wesentlich einfacher, wenn man einmal versteht, wo die unbewussten Paarungs- und Bindungsbefehle Ihres Autopiloten entstehen, wie er Ihnen diese Signale übermittelt und welches Verhalten es Ihnen gestattet, die Lautstärke dieser Signale zu verändern.

Lernen Sie Ihr Säugetiergehirn kennen

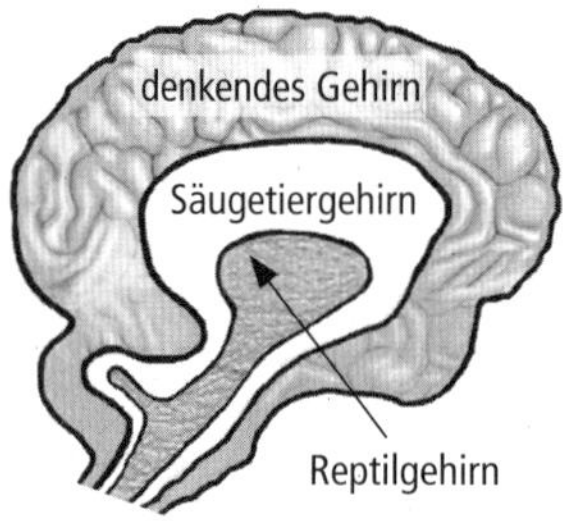

Wo verlieben und wo entlieben wir uns? Um diese Frage beantworten zu können, stellen Sie sich einmal vor, eine archäologische Ausgrabung zu machen – und zwar in Ihrem Schädel. Wenn Sie am vorderen oberen Teil Ihres Gehirns anfangen und dann tiefer graben, stoßen Sie irgendwann auf die Teile Ihres Gehirns, die sich vor Millionen von Jahren entwickelt haben. Ein effektiver, wenn auch sehr einfacher, Weg, dies zu verstehen, ist, sich Ihr Gehirn in drei Schichten vorzustellen. Dieses Modell, von dem Neurologen Paul MacLean vorgestellt, teilt das Gehirn in verschiedene Regionen, die der Entwicklungsgeschichte des Menschen entsprechen. Der Teil im Kern herrscht über unser rein körperliches Verhalten (Reptilgehirn) und die beiden jüngeren Teile sind zuständig für unser emotionales Verhalten (Säugetiergehirn) und unser rationales Verhalten (denkendes Gehirn). Alle drei Teile sind durch ein weitreichendes Nervensystem miteinander verbunden. Sie interagieren ständig und entwickeln sich gemeinsam weiter.

Unser sogenanntes Reptilgehirn ist zuständig für Selbsterhaltung, Aggression und die grundlegendsten Überlebensprozesse, wie zum Beispiel die Atmung, unseren Kreislauf, den Schlaf und die Muskelkoordination. Es ist instinktiv orientiert und wiederholt bekanntes Verhalten immer wieder. Die nächste Region können wir unser Säugetiergehirn nennen. Es wird häufig auch limbisches System genannt oder fühlendes Gehirn. Wie auch das Reptilgehirn besteht es seit mindestens 150 Millionen Jahren. Die emotionalen Bande zwischen Eltern und ihren Nachkommen wurden stärker, als sich das Säugetiergehirn weiter entwickelte. („Warm und verschmust“ eignet sich als Beschreibung für die Beziehung zwischen einem Leguanweibchen und ihrer Brut nicht wirklich.) Die Mechanismen in diesem Teil des Gehirns funktionieren bei uns Menschen genau so wie bei allen anderen Säugetieren, wie zum Beispiel bei Hunden, Kaninchen oder Ratten.

Die im Säugetiergehirn ausgestoßenen Neurochemikalien färben ein, wie wir die Welt an einem bestimmten Tag sehen – und, ob wir uns jemandem oder etwas nähern oder es vermeiden. Es ist der Ort, an dem Gedanken Auswirkungen auf Körperfunktionen haben. Es herrscht über Gefühle wie Angst, Freude und Wut. Es ist der Sitz der meisten unserer Antriebe und Wünsche, inklusive Hunger, der Wahl eines Partner und des Sexualtriebs.

Dieser Teil des Gehirns ist bei allen Säugetieren wesentlich daran beteiligt, im richtigen Augenblick das richtige Spermium zum richtigen Ei zu führen. Das erleben wir als Orgasmus. Es hat auch damit zu tun, Säugetiere zu ihrem nächsten Partner zu führen, oder, bei den wenigen Spezies, wo sich feste Paare bilden, um Kinder zu zeugen, das Paar zu motivieren, sich einerseits zu verbinden und sich andererseits mit anderen Partnern außerhalb der festen Paarung einzulassen (fremdzugehen). Und genau an dieser Stelle verlieben und entlieben wir uns.

Mann: „Hi Schatz, wie magst du deine Eier am Morgen?"
Frau: „Unbefruchtet."

Unser denkendes Gehirn hat bei all diesen Phänomenen erstaunlich wenig mitzureden. Frauen finden Männer beispielsweise teilweise aufgrund ihres Körpergeruchs attraktiv. Der Duft, der ihnen gefällt, bedeutet allerdings eher genetische Vorteile für potentiellen Nachwuchs als langfristige emotionale oder geistige Kompatibilität. Eine Frau wird ganz besonders von einem Partner angezogen, dessen Aroma ihr anzeigt, dass seine Immunität sich von ihrer eigenen unterscheidet – und somit in Babys resultieren würde, die gegen eine größere Palette von ansteckenden Mikroben bestehen können.[88] Dafür hat das Säugetiergehirn sogar schon den Spitznamen „Riechhirn" bekommen.

Es hilft uns dabei, zu lernen, Angenehmes zu wiederholen und Unangenehmes zu vermeiden. (Schokolade - *gut.* Heiße Herdplatte - *schlecht.*) Es ist die primäre Sammelstelle für emotional geladene Erinnerungen, sowohl positive als auch negative. Auf dieser Grundlage entscheidet Ihr Säugetiergehirn, ob Ihr denkendes Gehirn eine gute Idee hat oder nicht – das heißt, ob es sich *wahr* und *richtig* anfühlt. Es hat daher einen großen Anteil an Ihrem inneren Kompass und meldet sich besonders zu Wort, wenn Sie gestresst oder von Amor aufgespießt worden sind.

Das denkende Gehirn oder Neocortex (Zerebrum) ist noch jünger. Es ist in praktisch allen Säugetieren zu finden, jedoch wesentlich weiter entwickelt bei Delfinen und Menschen (und anderen Primaten). Es erlaubt uns, Dinge zu erfinden und abstrakt zu denken.[89] Wir Menschen könnten uns am Ende als Eintagsfliege erweisen, während Tiere anderer Entwicklungslinien den herausfordernden Bedingungen viel besser gewachsen sind, die wir mit Hilfe *unserer* Gehirne erzeugen.

Bei Menschen macht der Neocortex zwei Drittel der gesamten Gehirnmasse aus. So beeindruckend das auch sein mag, kommt es doch im Wesentlichen auf das Säugetiergehirn an, wenn wir eine Auswahl treffen. Das rationale Gehirn verbringt eigentlich die meiste Zeit damit, für die Wünsche des Säugetiergehirns zu planen und diese auszuführen. Es mag zwar auf dem Säugetiergehirn sitzen, doch ganz bestimmt dominiert es dieses nicht. Im Gegenteil, das Säugetiergehirn kann normalerweise immer die Kontrolle über das rationale Gehirn übernehmen, wenn es ein Bedürfnis wahrnimmt.

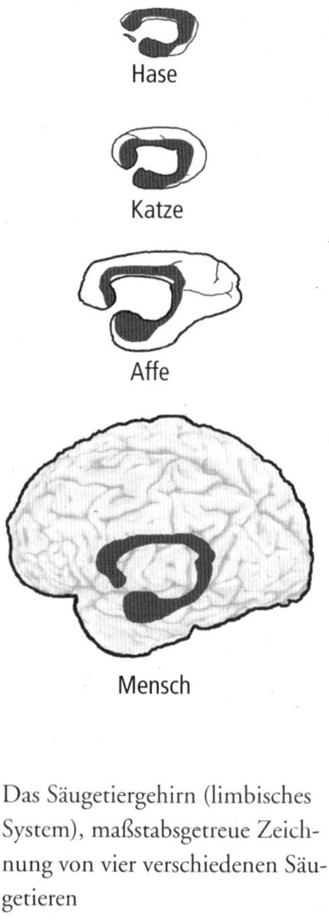

Das Säugetiergehirn (limbisches System), maßstabsgetreue Zeichnung von vier verschiedenen Säugetieren

Die Evolution bewahrt funktionierende Strukturen und Strategien. („Wenn es funktioniert, repariere nicht daran herum.“) Das Säugetiergehirn treibt unser Verhalten voran, das Gene mit solcher Effizienz weitergibt, dass es sich offensichtlich in den letzten hundert Millionen Jahren nicht weiterentwickelt hat – wie Sie auf dieser Abbildung sehen können (ebenfalls von MacLean).

Es hat in allen Säugetieren ähnliche Teile, Verbindungen und Funktionen, und die gleichen Neurochemikalien schalten seine Funktionen an und aus, gleichgültig, um welches Verhalten es sich dabei handelt, ob Bemutterung oder Paarfindung – oder Weiterziehen. Wissenschaftler studieren Gehirne von Ratten nicht, um herauszufinden, wie sie ihnen bei ihren Süchten oder Erektionen helfen können. Sie studieren sie, weil alle Säugetiergehirne so viel gemeinsam haben. Ratten können von den gleichen Drogen abhängig werden wie wir, und sexualfördernde Mittel, die das Paarungsverhalten von Ratten ändern, ändern aller Wahrscheinlichkeit nach auch unser Paarungsverhalten.

Im nächsten Kapitel werden wir sehen, was Neurowissenschaftler auf der Suche nach Mitteln, unser Paarungsverhalten zu manipulieren, um damit Geld zu verdienen, gefunden haben. Doch zunächst wollen wir uns einige der Tricks anschauen, die unser Säugetiergehirn drauf hat, wenn es um unser Liebesleben geht – damit wir lernen können, in diesem Gewässer besser zu manövrieren.

Gnadenlose Eugenik – unser Paarungsprogramm

Ihre Gene können nicht einfach höflich darum bitten, dass Sie mehr Babys machen. Sie haben Sie stattdessen so beeinflusst, dass Sie sich gern so verhalten wollen, dass im Durchschnitt mehr Babys dabei herauskommen. Einige von diesen Verhaltensweisen sind einfach nur toll und haben möglicherweise sogar zu der raschen Entwicklung unseres rationalen Gehirns beigetragen. Geoffrey Miller vertritt die These, dass Intelligenz, musikalisches Talent, Sinn für Humor, Empathie und Kreativität sich entwickelten, weil diese Eigenschaften potentielle Partner in die Stimmung bringen, sich zu verlieben.[90]

Natürlich liegt es Ihrem denkenden Gehirn aller Wahrscheinlichkeit nach völlig fern, beim Sex daran zu denken, dass Sie ein Baby machen wollen. Doch Ihre cleveren Gene erreichen ihr Ziel dennoch sehr häufig, weil weder Ihr Drang nach sexueller Befriedigung noch Ihr suchender Blick sich verändern, nur weil Ihre finanzielle Situation gerade wackelig ist, Sie sich darüber bewusst sind, dass die Weltbevölkerung immens ansteigt oder Sie die Voraussicht besitzen, eine unerwünschte Schwangerschaft zu vermeiden.

Wie sieht unser grundlegendes Paarungsprogramm aus? Es ist dem anderer sozial monogamer Säugetiere sehr ähnlich. Ein Blick auf die letzten Jäger- und Sammlervölker dieser Welt erweist sich dabei als sehr lehrreich. Diese Menschen sind beispielhaft für das Verhalten unserer gemeinsamen Vorfahren, während der vielen Tausende von Jahren, in denen unser Gehirn ohne moderne Gewohnheiten funktionierte. Was fanden also die Anthropologen, als sie die !Kung der Kalahari und die Mehinaku von Südamerika studierten?

Jede Menge impulsives sexuelles Verhalten und sexuelle Romanzen, beständigen Trubel in intimen Beziehungen und viel dazugehörigen Herzschmerz. (Wie wir später noch sehen werden, zeichneten frühere Anthropologen auch zahlreiche Tabus auf, verschiedenste Umstände, unter denen zu sexueller Abstinenz aufgefordert wurde, häufig, um mehr Wohlstand oder Vitalität zu erlangen.)

Es gab ein paar Überraschungen. Denn schließlich investieren Frauen eine Menge Zeit und Ressourcen in jedes Kind. Die Theorie lautete, dass sie bei ihren Partnern entsprechend wählerischer sein würden. Männer hingegen können die meisten Gene weitergeben, wenn sie so viele Blumen wie möglich bestäuben. Doch es stellte sich heraus, dass bei den Jägern und Sammlern Frauen genau so untreu sind wie die Männer. Es ist ohne Zweifel zum Vorteil der männlichen Gene, sich weit zu verstreuen. Doch der Vorteil der weiblichen Gene liegt darin, sich einen Partner zu wählen, der so aussieht, als hätte er gute Gene – und der ein guter Versorger ist, der viel in seinen Nachwuchs investieren kann. Wer sagt, dass diese Eigenschaften sich in einem einzigen Mann verbinden müssen?

Anders als bei den Primaten jedoch, die unsere nächststehenden genetischen Spiegel sind, entwickeln sich Menschen am besten, wenn sich die Männer stark für ihren Nachwuchs einsetzen. Menschliche Babys mit ihren großen Schädeln müssen den Weg durch den Geburtskanal finden, lange bevor sie so voll entwickelt sind wie andere Säugetiere bei der Geburt. Sie sind daher länger hilflos (und ahnungslos), was einer der Gründe ist, warum es so schwierig ist, eine alleinerziehende Mutter zu sein. Die Mütter bei Jägern und Sammlern bekommen ihre Unterstützung gewöhnlich daher, dass sie mit vielen Männern schlafen (und mit anderen Frauen zusammenarbeiten). Auf diese Art überzeugen sie verschiedene Männer davon, dass ihr Kind seines sein könnte. (Es ist auch gut möglich, dass sie Zweifel über die Vaterschaft säen, um ihre Kinder zu schützen. Denn selbst heute erfahren Stiefkinder immer noch überdurchschnittlich viel physische Gewalt und werden häufiger umgebracht.[91]) Diese Taktik garantiert der Mama mehr Ressourcen, mehr Schutz und mehr Hilfe dabei, ihr Kind aufs Erwachsenwerden vorzubereiten. Eine !Kung San-Jägerin und Sammlerin erzählte einem Anthropologen Folgendes:

> *„Ein Mann kann dir nur sehr wenig geben. Ein Mann gibt dir nur eine Sorte Essen. Doch wenn du Liebhaber hast, bringt dir der eine etwas, der andere etwas anderes. Der eine kommt am Abend mit Fleisch vorbei, ein anderer mit Geld, wieder ein anderer mit Perlen. Und dein Mann macht auch verschiedene Dinge und schenkt sie dir.“*[92]

Vergessen Sie nicht, unsere Vorfahren lebten in Stämmen. Die Kinder waren nicht allein von einem einzigen Paar abhängig, sie wurden regelrecht von einem ganzen Dorf großgezogen. Monogamie war nicht so ein wichtiger Faktor wie in unserem isolierten modernen Leben. Es ist sogar gut möglich, dass der Teil unseres Paarungsprogrammes, der uns emotional für eine gewisse Zeit an unseren Liebsten bzw. unsere Liebste bindet, evolutionär gesehen eine Art nachträglicher Gedanke ist, eine Adaptierung des ursprünglichen Eltern-Kind-Bandes bei den Säugetieren.

> „Meine Mama hat gesagt, der einzige Grund, warum Männer am Leben sind, ist, um den Rasen zu mähen und das Auto instand zu halten."
>
> Tim Allen

Wie dem auch sei, jedenfalls bietet uns die Fähigkeit, romantische Paarbindungen einzugehen, einen Weg der Harmonie. Denn wie wir später noch sehen werden, können wir unser denkendes Gehirn dazu benutzen, um unser Bindungsprogramm zu aktivieren und lebendig zu halten und ihm unser Paarungsprogramm unterzuordnen.

In den heutigen isolierten Familien mögen uns monogame Männer vielleicht als eine gute Versicherung vorkommen, die Gene einer Frau sicher in die Zukunft zu bringen. Unser Säugetiergehirn ist allerdings noch nicht auf dem Stand dieser Veränderung. Eine Frau zum Beispiel, die das Gefühl hat, dass „ihre Bedürfnisse" von ihrem Partner „nicht erfüllt werden", könnte unbewusst die Entscheidung treffen, bei ihrem nächsten Eisprung ein wenig Gen-Shopping zu machen. Wussten Sie, dass Frauen während der fruchtbaren Tage ihres Menstruationszyklus eher untreu werden?[93]

> *„Als Frau, die sehr sensibel auf ihren Zyklus reagiert, kann ich bestätigen, dass ich persönlich während meiner fruchtbaren Tage sehr ansprechbar für ‚gute DNA-Lieferanten' (also gut aussehende Männer) bin. An allen anderen Tagen des Monates ist das überhaupt nicht so. Wenn die biologischen Vorgänge in meinem Körper weniger wichtig sind, dann suche ich eher Kontakt auf einer intellektuellen oder kulturellen Ebene. Es ist total bizarr."*
>
> Jasmine

Im gesamten Tierreich gibt es den Drang der Weibchen, nach guten Genen Ausschau zu halten, und den entsprechenden männlichen Impuls, herausragende Eigenschaften zur Schau zu stellen. Wenn Frauen ihren Partner per genetischen Autopiloten auswählen, dann schauen sie, genau wie viele andere Weibchen, wesentlich mehr auf Eigenschaften, die aus ihrem männlichen Nachwuchs effektive Genübermittler machen. Pfauenweibchen wählen den Pfau mit dem größten Schwanzfächer, auch wenn diese schicke Federschleppe es viel schwieriger macht, im Notfall abzuhauen. Weibliche Seehunde suchen sich den Bullen mit dem meisten Speck aus, auch wenn er sich an Land kaum bewegen kann. Und eine Frau findet ein Abenteuer mit einem Don Juan mit kantigen und symmetrischen Gesichtszügen attraktiv, *weil* er sie (und alle anderen) leicht verführen kann – selbst wenn sie unter keinen Umständen wollen würde, dass sich ihre Tochter mit so einem Mann verlobt.

All diese aufmerksamen Frauen rechnen unwissentlich damit, dass ihr männlicher Nachwuchs den gleichen Schwanz, Speck oder die gleiche Anziehungskraft erbt – und so attraktiver auf die Weibchen der nächsten Generation wirkt. Auf diese Art und Weise leben die Gene von unseren Heldinnen weiter, auch wenn ihr Liebesleben nur kurz oder emotional sehr schmerzhaft sein mag.[94]

Weitere Herausforderungen der Monogamie

Sie brauchen noch mehr Beweise dafür, dass Frauen darauf gepolt sind, ein Abenteuer am Rande zu suchen? Dann nehmen Sie doch mal die Tatsache, dass das Säugetiergehirn des Mannes darauf programmiert ist, seinen Partnerinnen Untreue zu unterstellen und seinen Spermaausstoß entsprechend zu regulieren. Je mehr Zeit ein Paar zwischen zwei Ejakulationen miteinander verbringt, umso weniger Spermien gibt der Mann während des Verkehrs an seine Partnerin ab. Männer erwarten also offenbar Spermakonkurrenz bei Partnerinnen, die außer Sichtweite waren. Gleichgültig, wie sexuell aktiv der Mann in der Abwesenheit seiner Partnerin war, er wird bis zu viermal so viele Spermien ejakulieren, wenn sie wieder zurückkommt. Das verbessert nämlich seine Chancen, Nachwuchs zu zeugen, was immer sie getrieben haben mag. Niemand weiß, wie dieser Mechanismus funktioniert, doch die Biologie kann unser Verhalten eindeutig ohne unsere bewusste Mitwirkung manipulieren.[95] Und dieses Charakteristikum entstand, eben *weil* Frauen während ihrer Abwesenheit gern mal ein Abenteuer hatten.

Männer spüren scheinbar unbewusst auch, wann Frauen ihren Eisprung haben – ganz ähnlich wie andere männliche Säugetiere, die sich den Weibchen instinktiv nähern, wenn diese in der Brunft sind. In einer kürzlich durchgeführten Studie bekamen Stripperinnen während ihrer Eisprungphase durchschnittlich 50 Euro Trinkgeld pro Stunde, während diejenigen, die gerade menstruierten, nur 25 Euro verdienten, und die, die weder ihren Eisprung, noch ihre Menstruation hatten, 35 Euro Trinkgeld einstrichen.[96] Frauen berichten außerdem, dass ihre Partner während des Eisprungs liebevoller und aufmerksam zu ihnen sind und entsprechend auch eifersüchtiger auf andere Männer reagieren. „Die Männer reagieren auf etwas im Verhalten ihrer Partnerin, das ihnen sagt, dass sie jetzt besser auf sie aufpassen müssen," erläutert die Forscherin Martie Haselton.[97]

Auch Männer sind darauf programmiert, nach genetischen Gelegenheiten Ausschau zu halten. Wie Leo Tolstoi, ein (scheinbar) treuer Ehemann und Vater von dreizehn Kindern, es ausgedrückt hat:

„Im Leben dauert diese Präferenz für eine einzige [Geliebte] unter Ausschluss aller anderen in seltenen Fällen einige Jahre, häufiger mehrere Monate oder sogar nur Wochen, Tage, Stunden. … Jeder Mann fühlt das, was wir Liebe nennen, für jede hübsche Frau, die er sieht, und empfindet wenig davon für seine Frau. … [Und] selbst wenn es so war, dass Menelaus Helena sein Leben lang gewollt hat, hätte Helena doch lieber Paris genommen."[98]

Ein neuer potentieller Sexualpartner fühlt sich an wie das beste „Heilmittel" gegen den postorgastischen Blues. Er stimuliert sofort unsere Aufmerksamkeit und Motivation. Doch dieser Gemütszustand ist im Grunde ein leicht veränderter Zustand. Er beeinträchtigt unser Urteilsvermögen, und zwar bei beiden Geschlechtern.[99]

Die unbewusste, neurochemisch herbeigeführte Verlockung eines neuen Partners hat enorme Kraft. Es geht das Gerücht, dass Gandhi daraus einen strategischen Vorteil zog. Während er fastete, um gegen den Kolonialismus der Briten zu protestieren, belebte er sich, indem er zwischen zwei Jungfrauen schlief (verlockende, wenn auch noch ungenutzte Befruchtungsgelegenheiten). Seine unbewusste Reaktion auf ihre Anwesenheit scheint ihm die dringend benötigte Motivation gegeben zu haben, die er sorgsam dazu nutzte, um mit dem Stress seines Fastens fertig zu werden. Er hatte Sex mit seiner Frau selbstverständlich schon lange aufgegeben und lebte in spirituellem Zölibat. Die Geschichtsschreibung berichtet nichts darüber, ob Frau Gandhi ein ähnliches Experiment durchführte, um in der Abwesenheit der Aufmerksamkeit ihres Mannes ihre Stimmung zu heben.

Ein Mann mag seine Partnerin und seine Kinder zwar lieben. Wenn er jedoch seinem Standardsäugetierprogramm folgt, wird er, wie eine Frau auch, aller Wahrscheinlichkeit nach dann und wann ausbrechen und Sex außerhalb der Beziehung haben, selbst wenn er seiner Familie verbunden bleibt. Wie die Psychologin Lisa Diamond anmerkt, ist unsere Programmierung für sexuelle Impulse nicht die gleiche wie unser Programm für Bindung. Ich werde darüber später noch eine Menge zu sagen haben.

Insofern werden wir es unterdessen hinnehmen müssen, dass wir nur deshalb Lust empfinden, wenn wir den überaus männlichen Politiker sehen oder das tolle junge Starlet, das noch so viele fruchtbare Jahre vor sich hat, weil unser Säugetiergehirn auf der Stirn vom heiß begehrten Objekt der Begierde die unsichtbaren Worte *„wunderbare genetische Gelegenheit"* liest. Und doch spüren die meisten von uns einen großen Widerstand gegen den Gedanken, dass wir uns nur deshalb *scheiden lassen*, weil wir einem unbewussten Paarungsprogramm folgen. Das liegt daran, weil wir unsere Paarfindungsentscheidungen rational erklären. Immerhin hat so der große neue Teil unseres Gehirns etwas zu tun.

Treu, doch reizbar

Konservative Autoritäten wollen uns schon seit Langem davon überzeugen, dass der Schlüssel zum Glück darin liegt, zu heiraten, verheiratet zu bleiben und Kinder zu zeugen. Doch dieser Rat lässt häufig den unnachgiebigen Druck außer Acht, der uns dazu drängt, die besten Genmaschinen zu werden, die möglich sind. Vielen von uns gelingt es auch, verheiratet und sogar treu zu bleiben, doch nur wenige schaffen es, den Paarungsdrang, der von unserem Säugetiergehirn ausgeht, stillzulegen. Diese Signale, die unsere Jäger-und-Sammler-Vorfahren erfolgreich dazu bringen konnten, sich neue Partner zu nehmen, machen uns heutzutage unzufrieden und ärgerlich. Wir fragen uns dann womöglich, wie es wohl mit so-und-so wäre, fühlen uns mit unserem Liebesleben gelangweilt, mögen nicht, wie unser Partner oder unsere Partnerin uns berührt, schauen Pornos usw.

Es überrascht uns wohl kaum, dass diese Disharmonie dort zum Ausdruck kommt, wo unsere eindeutig interessierten Gene wollen, dass wir in Aktion treten – in unserem Sexualleben. Dr. Domeena Renshow, Leiterin der Universitätsklinik für sexuelle Dysfunktion in Loyola berichtet, dass achtzig Prozent der Scheidungen im Westen auf Spannungen im Sexualleben der Paare zurückzuführen sind, und dass fünfzig Prozent der Paare, die verheiratet bleiben, auf diesem Gebiet höchstwahrscheinlich auch Probleme haben.[100] Italienische Forscher haben herausgefunden, dass ein Teil dieser Spannung aus einem unterschiedlichen Testosteronspiegel resultieren kann – der vom Säugetiergehirn reguliert wird. Testosteron ist ein Faktor für sexuelles Begehren bei *beiden* Geschlechtern. Bei frisch Verliebten ist der Testosteronspiegel der Frau höher als normal und der des

Mannes niedriger als normal, was ihnen hilft, ihren sexuellen Antrieb zu synchronisieren. Später gehen die Testosteronspiegel bei beiden auseinander. Zwei Jahre später sind sie wieder auf dem gleichen Stand wie dem, bevor sie sich verliebt haben,[101] und es kann schnell der Wunsch entstehen, „ein Baby“ mit jemand anderem „zu machen“.

> „[Leidenschaftliche neue] Partner verspüren eine Art von angespannter, nervöser Unruhe, doch im Grunde sind sie erschöpft. ... Der Kater nach sexuellen Exzessen richtet häufig mehr Schaden an als ein Kater nach zu viel Alkohol. [Die physiologischen Veränderungen] verursachen den Verlust von Energie, Kraft, Glück und letztlich auch von Liebe.“
>
> **Rudolf von Urban, MD,** Autor von *Sex Perfection and Marital Happiness*

Eine andere Veränderung, mit der die Partner sich abfinden müssen, ist, dass ihre Flitterwochen-Neurochemie, die sie in einen „anderen Zustand“ versetzt hatte, sich normalisiert. Die italienischen Forscher bemerkten, dass frisch Verliebte und Patienten mit Zwangsstörungen etwas gemeinsam haben: einen niedrigen Serotoninspiegel im Gehirn.[102] Im Laufe der Zeit normalisiert sich der Serotoninspiegel wieder, was eine Erleichterung darstellen kann. Und doch bedeutet es auch, dass die Liebenden nicht mehr länger so verrückt nacheinander sind ... und sie mit größerer Wahrscheinlichkeit auch andere potentielle Partner wahrnehmen. Intensive romantische Liebe geht außerdem mit einem hohen Level einer anderen Gehirnchemikalie einher, dem Nervenwachstumsfaktor, der die Stimmung erhöhen kann. Nach zwölf bis vierundzwanzig Monaten unterscheidet sich der Spiegel des Nervenwachstumsfaktors allerdings nicht mehr von den Kontrollpersonen, die allein leben oder sich schon in ihrer langfristigen Beziehung langweilen.[103] Die romantische Liebe verpufft – sie ist von Natur aus instabil.

Die Forschung ergibt, dass offene Konflikte am stärksten zwischen Paaren in ihren Zwanzigern und Dreißigern sind (wenn die sexuelle Aktivität am größten ist). Doch selbst wenn die Partner versöhnlicher werden, weil die Gewöhnung einsetzt, finden sie einander doch umso nervender und fordernder, je länger sie zusammen sind.[104] Wie wir noch sehen werden, könnte das daran liegen, dass sie die Vorteile von enger Berührung und Kameradschaft verlieren (Bindungsverhalten). Entsprechend empfanden Teilnehmer an einer Studie es nicht so, dass die Beziehung mit ihren Kindern oder Freunden im Laufe der Zeit lästiger oder schwieriger wurde.

All diese Forschung lässt den Schluss zu, dass Partner nicht nur darauf programmiert sind, Lust, Anziehung und Zugehörigkeit zueinander zu empfinden, sondern dass auch die Entzauberung vorprogrammiert ist. Selbst wenn Sie es schaffen, mit Ihrer einen wahren Liebe verheiratet zu bleiben, kann dieses eingebaute Trennungsprogramm Frust, unschöne Reaktionen, ein Gefühl von Stagnation und Süchte hervorrufen.

Auf die eine oder andere Art kann eine verbindliche Beziehung die Partner noch verschrobener machen als Paare ohne formelle Verpflichtung, weil es stressig ist, den Aufbau unangenehmer Gefühle zu empfinden, ohne einen leichten Ausweg daraus zu sehen. Wie jemand witzelte, indem er Dr. Samuel Johnson zitierte, ist ein goldenes Hochzeitsjubiläum so etwas wie ein Hund, der auf zwei Beinen läuft. Das Wunder besteht darin, dass es überhaupt geht, wenn auch nur so gerade eben. Kurz gesagt, die Entzauberung ist natürlich, fühlen Sie sich also nicht als Opfer, wenn es Ihnen passiert. Andererseits ist es nicht unvermeidbar; Sie können Amors Giftpfeil entkommen.

> „Achtzig Prozent der verheirateten Männer betrügen in Amerika. Der Rest betrügt in Europa."
>
> Jackie Mason

Feste Beziehungen in Frage gestellt

Es wundert daher nicht, dass so viele Menschen den Wert von fester Verpflichtung in Beziehungen hinterfragen.

> *„In den ersten zehn Jahren des 21. Jahrhunderts ist der Anteil von Amerikanern, die niemals verheiratet waren, in jeder rassischen und ethnischen Gruppe zweistellig gestiegen. ...Die ehemals steigenden Scheidungsraten bleiben eher gleich, da sind sich die Experten einig, doch einer der Gründe könnte sein, dass die Auflösung von informellen festen Beziehungen nicht berücksichtigt wird."* [105]

Es ist natürlich logisch, sich zu fragen – insbesondere, wenn man in einer festen Beziehung steckt – ob es einem nicht am besten ginge, wenn man einfach seiner Biologie nachgäbe und das sexuelle Begehren mit verschiedenen Partnern stillen würde, so wie es unsere Vorfahren taten. Wenn „natürlich“ in einer gesunden Ernährung funktioniert, dann funktioniert es vielleicht auch beim Sex.

Doch aus der Perspektive eines Gens gibt es einen wichtigen Unterschied zwischen Essen und Sex. Klar, wir sind dafür geschaffen, Nahrung zu uns zu nehmen, und wenn auch nur, damit wir weiter an dem Nachwuchsspiel teilnehmen können. Doch wenn es um Sex geht, ist unser Wohlergehen ziemlich unerheblich. Schauen Sie beispielsweise nur, wie wir Menschen jede Vorsicht in den Wind schlagen, um eine genetische Gelegenheit zu verfolgen, selbst, wenn es unser persönliches Überleben gefährdet. Denken Sie mal an eine Frau, die darauf besteht, schwanger zu werden, obwohl sie von medizinischer Seite gewarnt wurde, dass sie damit ihr Leben aufs Spiel setzt. Denken Sie an junge Saudis, die strenge Strafen und sogar den Tod riskieren, wenn sie vor der Hochzeit Zeit miteinander verbringen. Denken Sie an Romeo und Julia.

Natürlich, im Sinne von „instinktiv“, ist leider kein verlässlicher Kompass für unser Wohlergehen oder unsere Erfüllung im Liebesleben. Im Gegenteil, sexuelle Impulsivität kann uns ganz *natürlich* von einer der besten Formen, für unser Wohlergehen zu sorgen, entfernen: enge, vertrauensvolle Partnerschaft. Warum also springen wir auf diese hochriskanten, teuer zu bezahlenden Gelegenheiten mit solcher Begeisterung an?

Professor: „Warum verlieben wir uns so heftig?“

Student: „Damit wir aus einer Beziehung raus- und in die nächste reinkommen?“

Die Verbindung zwischen Körper und Gehirn

Vielleicht hatten Sie diese Erfahrung schon mal. Sie schlendern fröhlich durch die Gegend, als Sie plötzlich … zack! … von einem Pfeil getroffen werden – oder war es ein Bus, der Sie gestreift hat? Oh, mein Gott! Hat sich jemals jemand so gefühlt wie Sie gerade jetzt? Bei dieser leidenschaftlichen Intensität können Sie und Ihr neues Herzblatt doch sicherlich alle Schwierigkeiten überwinden und zusammen glücklich sein bis an Ihr Lebensende, oder? Nicht unbedingt. Diese Intensität ist nicht der Klebstoff, sondern nur die Motivation.

Wie stellt unser Freund Amor es an? Nun, er dippt seinen Pfeil in eine Mischung von vielen Neurochemikalien, die ein kraftvolles „Das muss ich haben!“-Signal in unserem Säugetiergehirn freisetzen. Lassen Sie uns dieses Motivationssystem einmal in vereinfachter Form anschauen, damit wir später verstehen können, warum sexuelle Übersättigung es so effektiv dämpfen kann.

Wussten Sie, dass winzige Mengen von Signal gebenden Substanzen ständig durch Ihren Körper und Ihr Gehirn fließen, die alles regulieren, was Sie tun und denken – vom Augenzwinkern und Atmen bis zum Kampf gegen eine Infektion und die Erinnerung an den letzten Silvesterabend? Die beiden gängigsten Ausdrücke für diese chemischen Botschafter lauten *Hormone* und *Neurotransmitter*. Per definitionem sind Hormone chemische Botenstoffe, die von den Drüsen abgegeben werden, wie zum Beispiel Testosteron und Östrogen, die im Blut zirkulieren. Neurotransmitter übermitteln Informationen von einer Nervenzelle zu einer anderen oder zu einem Organ. Beispiele hierfür wären Serotonin und Dopamin. Wissenschaftler haben früher zwischen Hormonen und Neurotransmittern unterschieden, doch im Laufe der Zeit, als sie mehr darüber herausfanden, wurde klar, dass viele Hormone auch Nervenzellen im Gehirn erreichen, und dass viele Neurotransmitter über den ganzen Körper verteilt wirken. Deswegen benutzen wir einfach den Begriff „Neurochemikalien“ für beide.

Es gibt wahrscheinlich Hunderte von verschiedenen Neurochemikalien, jede mit ihrer eigenen Botschaft. Jede Stimmung, jeder Wunsch, Drang und jedes Gefühl von Liebe oder Angst korrespondiert mit einer Schwankung der Neurochemikalien. Wenn Sie etwas mehr darüber wissen, wie sie funktionieren, werden Sie verstehen, warum bestimmte Verhaltensweisen die Unterwanderung der Beziehung beschleunigen oder dagegen steuern können. Wir werden uns in diesem Buch auf die wichtigsten Neurochemikalien konzentrieren.

Das Säugetiergehirn ist das Kontrollzentrum für alle Neurochemikalien, die uns an unsere Partner binden oder auch zu Herzschmerz und Trennung führen. Die gleiche Neurochemikalie kann den Körper und den Geist *auf unterschiedliche Art und Weise* beeinflussen. Eine wichtige Neurochemikalie, die sowohl Auswirkungen auf den Körper als auch auf den Geist hat, ist Oxytocin. Bei der Geburt schickt das Gehirn Oxytocin in das Blut der Mutter, um die Wehen zu erzeugen, die ihr Kind zur Welt bringen. Wenn die Mutter dann ihren kleinen Schatz sieht, setzt das Säugetiergehirn wiederum Oxytocin frei, diesmal zurück ins Gehirn, so dass die Mutter sich Hals über Kopf verliebt. Im Idealfall verbindet sie sich mit ihrem Kind und beschützt es bedingungslos.

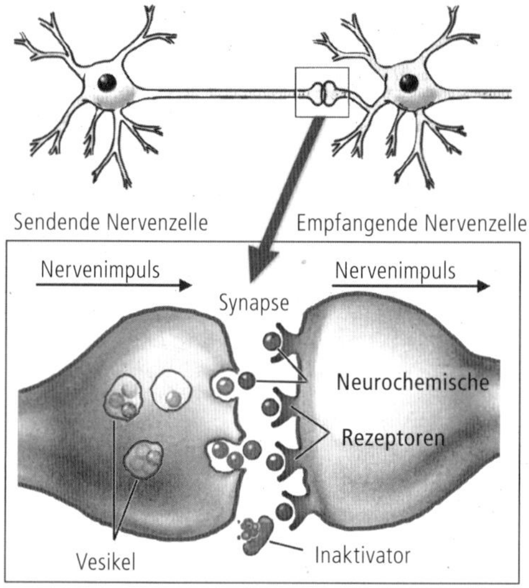

Zwei Nervenzellen (Neuronen genannt),
die mit Hilfe von Neurochemikalien kommunizieren

Oxytocin ist im Grunde die Substanz, die es uns *allen* erlaubt, uns zu verlieben.

Was passiert da mit dem Säugetiergehirn von Mama? Um sie zu verstehen, und noch viel wichtiger, um Amor zu verstehen, müssen wir ein bisschen mehr darüber erfahren, wie Nervenzellen miteinander kommunizieren. Die Abbildung zeigt zwei von den 100 Milliarden Nervenzellen, aus denen das menschliche Gehirn besteht. Wenn eine Nervenzelle über einen Gedanken oder eine Erinnerung angeregt wird, dann ist dies ein elektrischer Reiz. Wie eine brennende Zündschnur beginnt eine Welle von Elektrizität am einen Ende der Zelle und bewegt sich bis zum anderen Ende. Der elektrische Strom am Ende der Zelle ruft die Freisetzung von Neurochemikalien in die Synapse (die kleine Lücke zwischen den Zellen) hervor. Die Neurochemikalien agieren als kleine Schlüssel, die die verschlossenen Nachbarzellen aufschließen. Die Verschlussmechanismen sind *Rezeptoren*, und wenn diese „aufgeschlossen“ werden, dann empfangen auch die Nachbarzellen den elektrischen Impuls. All unsere Erfahrungen, Stimmungen, Verhaltensweisen und Erinnerungen korrespondieren mit bestimmten Kombinationen von aktivierten Nervenzellen.

Mama sieht, berührt und riecht also nun ihr Baby. Mit jeder Erfahrung werden mehr Nervengruppen mit einbezogen, während Oxytocin durch bestimmte Synapsen fließt. Ganze Netze von verbundenen Nerven werden auf einen Schlag elektrisiert, wie Dominosteine, die nacheinander umfallen. Wenn bestimmte Nervengänge angeknipst werden, aktiviert Mama ein wichtiges genetisches Programm. Elektrische Impulse fließen nun frei an den verbundenen Nervenzellen entlang, wie schnell brennende Zündschnüre, die ihr mitteilen, dass diese Erfahrung *sehr* angenehm ist. Neurochemische Stoffe sind wie die Streichhölzer, die diese Zündschnur zum Brennen bringen. Für jeden Nervengang gibt es entsprechend eine Neurochemikalie, die ihn an- oder abschaltet und die Intensität hoch oder runter fährt.

Um Gedanken, Gefühle und Erinnerungen zu erzeugen, feuern sogar verschiedene Neuronen in Folge ihre Impulse ab. Diese Gruppen von verbundenen Nervenzellen nennt man Nervengänge oder Nervenbahn. Die Neurochemikalien, die an der Synapse zwischen den Zellen freigesetzt werden, bestimmen, welche Neuronen abfeuern und welche ruhig bleiben. Für einige lautet die Botschaft „Feuer“; für andere „Stopp“. So reguliert sich unser Gehirn selbst und verhindert Chaos. Es schaltet einige Nervengänge ein und zur gleichen Zeit andere ab. Die Nervengänge für Liebe und Verbindung werden bei Mama hochgedreht, die für Angst und Schmerz werden runtergedreht. Eine ähnliche Kombination von Ereignissen erlaubt es uns, uns zu verlieben.

Wir haben unzählige Nervenbahnen im Gehirn. Einige sind angeboren, wie z. B. die, die für unsere Atmung, das Schlucken oder Gähnen zuständig sind. Diese Bahnen warten einfach nur auf den richtigen Reizauslöser, um in Aktion zu treten. Andere Nervenbahnen entstehen im

Laufe unseres Lebens, wenn wir uns z. B. Erinnerungen schaffen, unsere Kusstechnik perfektionieren oder lernen, wie man auf einem Snowboard stehen bleibt.

Die Mutter-Kind-Bindung ist angeboren. Sie liegt da wie eine brandneu gebaute Autobahn, die darauf wartet, befahren zu werden. Sie muss nur ausgelöst werden, auch wenn bestimmte Ereignisse damit interferieren können. Mütter mit Drogenabhängigkeiten oder schweren Depressionen können zum Beispiel unfähig sein, sich mit ihrem Kind zu verbinden und es zu nähren, weil ein neurochemisches Ungleichgewicht verhindert, dass diese starke Bindung zwischen den entscheidenden Nervenzellen entsteht.

Wissenschaftler glauben, dass die enge Bindung an unsere Kinder und sich in einen Partner zu verlieben, bereits bestehende Nervenbahnen sind, die ebenfalls nur darauf warten, an- oder abgeschaltet zu werden. Der „Schalter" ist dabei die richtige Neurochemikalie in den richtigen Synapsen. Wie wir noch sehen werden, kann ein bestimmtes Verhalten diesen Schalter dazu bewegen, an- oder auszugehen.

Bedürfnisse sind Signale

Die neue Verdrahtung von Mamas Gehirn hängt von zwei gleichermaßen wichtigen Ereignissen ab: der Produktion von mehr Oxytocin, und der Tatsache, dass ihr Säugetiergehirn sensibler auf das Oxytocin aus ihrer Produktion reagiert. Nervenzellen können mehr oder weniger sensibel auf Neurochemikalien reagieren, je nachdem, was benötigt wird.

Wie wir gleich sehen werden, *haben beide Ereignisse etwas mit dem Hoch und Tief in sexuellen Beziehungen zu tun.* Zellen passen sich an, indem sie mehr Rezeptoren ausbilden (um sensibler zu werden), oder indem sie weniger Rezeptoren ausbilden (um weniger sensibel zu werden). Stellen Sie sich einfach kleine Hände vor, die sich nach den Neurochemikalien ausstrecken. Je mehr Hände man hat, umso mehr kann man fassen; je weniger Hände man hat, umso weniger kann man fassen.

Sucht ist sehr genau erforscht worden und man hat sie mit einer Veränderung in der Menge der Rezeptoren in Verbindung gebracht.

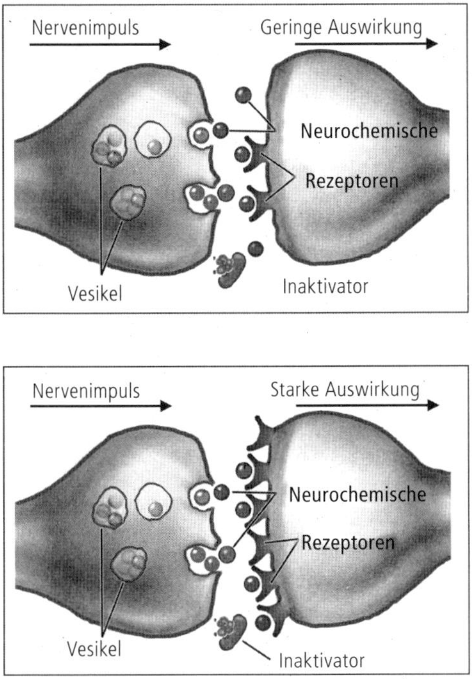

Oben: Eine Nervenzelle mit wenigen Rezeptoren – sie wird weniger sensibel. Dies verursacht einen dramatischen Abfall in der Anzahl der elektrischen Impulse bei empfangenden Neuronen. Unten: Eine Nervenzelle, die weitere Rezeptoren ausbildet – sie wird sensibler. Dies resultiert in mehr elektrischen Impulsen bei einem empfangenden Neuron.

Nehmen wir einmal eine Kokainsucht als Beispiel. Kokain erzeugt einen massiven Anstieg von Dopamin und verhindert, dass sich das Dopamin wieder aus den Synapsen entfernt. (Dopamin ist eine Neurochemikalie, die mit Gefühlen der Belohnung und Sucht in Zusammenhang steht – sowie mit sexueller Lust). Die Synapse wird überflutet, und das erzeugt einen verlängerten Zustand positiver Erregung. Das ist jedoch zu viel des Guten. Die empfangende Nervenzelle sagt: „Genug ist genug!“ Wenn jemand Sie anschreit, halten Sie sich die Ohren zu. Nervenzellen machen das, indem sie einfach die Dopaminrezeptoren loswerden. Und wie wir im nächsten Kapitel sehen werden, verringern sich auch nach dem Orgasmus die Rezeptoren an Schlüsselnervenzellen. Bei wiederholter Einnahme von Kokain nehmen die Dopaminrezeptoren immer weiter ab, und die Zellen reagieren weniger sensibel auf Dopamin. Für den Kokainkonsumenten bedeutet das, gleichgültig, wie viel Dopamin sein Gehirn auch produziert, es wird nicht ausreichen, um die Nervenbahnen, die ihm das gute Gefühl verschaffen, vollständig zu aktivieren. Einfach ausgedrückt, es fließt einfach zu wenig Elektrizität durch diesen Kreislauf. (Stellen Sie sich einfach einen Kamerablitz vor, wenn die Batterien schwächeln.) Dies ist einer der Hauptgründe, warum Süchtige solches Verlangen haben. Sie möchten sich einfach wieder normal fühlen. Sie wollen im Grunde, dass die Anzahl ihrer Dopaminrezeptoren sich wieder normalisiert, damit genug Elektrizität durch ihre „Wohlfühlbatterien" fließt. Solange das Gehirn jedoch nicht den ganzen Kreislauf des Entzugs durchgemacht hat und die Dopaminrezeptivität wieder reguliert ist, werden die Süchtigen jedoch kein normales Maß an Vergnügen aus Alltäglichem ziehen können, wie zum Beispiel aus einem Schokoladeneis, dem Vorspiel oder dem Anschauen der Lieblingssendung im Fernsehen.

Diese Veränderungen geschehen im Zentralbereich des Säugetiergehirns, in einer alten Nervenbahn, die als *Belohnungskreislauf* bekannt ist. Sie hat sich entwickelt, um unsere Vorfahren dazu zu bringen, Verhalten zu wiederholen, das ihr Überleben sicherstellte – und auch die Weitergabe ihrer Gene. Unser Belohnungskreislauf ist klein, aber mächtig. Er bringt uns dazu, uns mit anderen zu verbinden, zu essen, zu trinken, Risiken einzugehen, Romanzen zu verfolgen und vor allem, Babys zu machen. Ohne diesen Mechanismus würden wir kein Vergnügen empfinden und könnten uns nicht verlieben. Die Nervenbahn beginnt in unserem Reptilgehirn, führt durch Schlüsselzentren unseres Säugetiergehirns und endet an der Vorderseite unseres rationalen Gehirns.

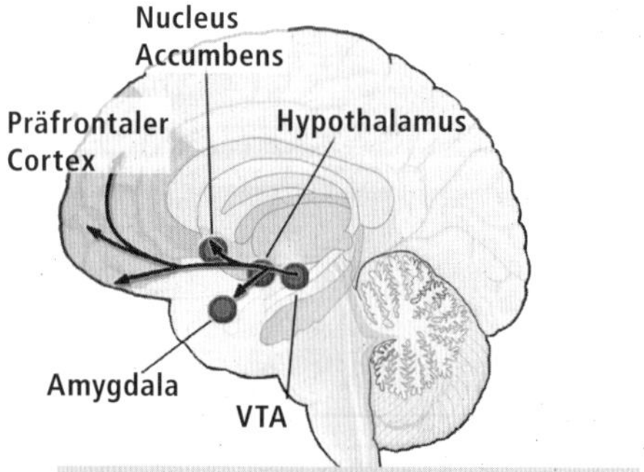

Belohnungskreislauf (vereinfacht)

Ihr innerer Kompass

Sie können es versuchen, soviel Sie wollen, Sie werden niemals eine Entscheidung treffen, ohne ihren Belohnungskreislauf konsultiert zu haben. Und es ist gut, dass Sie dies tun – die meiste Zeit jedenfalls.[106] Es hilft Ihnen dabei, instinktiv zu wissen, welche Aktionsrichtung aller Wahrscheinlichkeit nach die lohnenswerteste für Sie ist. Es hilft Ihnen auch dabei, andere Menschen einzuschätzen, damit sie wissen, wem sie vertrauen und wen sie lieben können. Ohne Mr. Spocks Talente schmälern zu wollen: Menschen mit einem Schaden an diesem Teil des Gehirns, die sich allein auf die logischen Fähigkeiten ihres rationalen Gehirns verlassen müssen, um Entscheidungen zu treffen, können keine gesunden Entscheidungen fällen.

Unser Belohnungskreislauf hat neben seiner enormen Effizienz allerdings auch ein paar entscheidende Schwächen. Zum einen hat die Evolution ihn über Millionen von Jahren geprägt. Das bedeutet, dass er nicht besonders gut an die Aspekte des modernen Lebens angepasst ist, die sich seit kurzer Zeit sehr stark verändert haben. Zucker zum Beispiel war etwas Seltenes in der Umgebung unserer Vorfahren, doch heute kommt er in der Ernährung jedes westlichen Menschen vor. Und so sind wir leider darauf programmiert, nach hochkalorischer Nahrung zu greifen, ohne darüber nachzudenken.

Zum Zweiten dient der Belohnungskreislauf zuerst Ihren Genen, und dann erst Ihnen persönlich. Sie mögen sich vielleicht ein langes, gesundes Leben mit einer harmonischen, intimen Beziehung wünschen. Ihr Belohnungskreislauf ist jedoch darauf programmiert, Sie zuweilen zu impulsivem Verhalten zu drängen, so dass sie sich so verhalten, dass Ihre Gene leichter an verschiedene Partner weitergegeben werden können. Das Ergebnis? Sie erfahren aller Wahrscheinlichkeit nach lautstarke Impulse aus dem Bauch, aus diesem vertrauten, doch etwas trügerischen Teil Ihres Gehirns. Das kann Ihre Werte völlig umdrehen, ohne dass Sie sich dessen bewusst sind.

„Ich kann allem widerstehen, nur nicht der Versuchung."

Oscar Wilde

Dopamin – Der schärfste Pfeil in Amors Köcher

Dopamin ist der Hauptverantwortliche, der ihren Belohnungskreislauf in Gang setzt, was wir mit erwartungsvoller Vorfreude gleichsetzen. Ein bisschen Dopamin, das die richtigen Nervenzellen aktiviert, und das Leben fühlt sich gleich lebenswert genug an, um morgens dafür aufzustehen. Zu viel davon, und Sie springen herum wie Popkorn; zu wenig, und Sie versinken womöglich in Apathie.

Dopamin selbst ist es, was Sie motiviert. Sie wollen nicht wirklich das Eis oder den Sex mit dem Filmstar. Sie wollen noch nicht einmal im Lotto gewinnen oder Bungee-Jumping machen. Sie suchen eigentlich nach mehr Stimulierung Ihres Belohnungskreislaufs. Je größer die Dopaminwelle ist, mit der Sie auf eine Aktivität (oder Person) reagieren, umso stärker wird Ihre Wahrnehmung sein, dass Ihnen dies gut tut. Schokoladenkuchen löst mehr Dopamin aus als gekochter Rosenkohl.

Unsere gesamte Wirtschaft macht sich unsere evolutionären Antriebsmechanismen zunutze. Wenn Sie in ein Kino gehen und das Popkorn riechen, steigt Ihr Dopaminspiegel an und stimuliert Ihren Belohnungskreislauf. Sie wollen dann unbedingt so einen Topf buttriges Korn haben. Genauso signalisiert das Supermodel neben dem neuen BMW Ihrem Säugetiergehirn, dass Sex, Geld und Status in greifbarer Nähe liegen, und dass Sie nur Ihre Kreditkarte brauchen, um sie zu bekommen. Was für ein Geschäft.

Wenn wir Dingen in unserem Leben hinterher jagen, sind es nicht eigentlich die *Dinge*, die wir haben wollen, sondern die *Gefühle*, die mit dem hohen Dopaminspiegel einhergehen. Hedgefonds-Mogule brauchten nicht wirklich mehr Geld, doch ihr Dopaminspiegel stieg mit dem Ausblick darauf, andere durch diese trügerischen Credit Default Swaps … zu überlisten. Als Folge davon kam ihnen Deregulierung als eine großartige Idee vor. Das gleiche hoch motivierende Dopamingefühl steht hinter dem Drang, die Nummer eins zu sein. Sowohl das Alphatier in einer Schimpansengruppe als auch ein Magnat wie Bill Gates erhöhen ihr Dopamin, indem sie über andere herrschen. Der fertige Boxchampion, der immer wieder in den Ring steigt, vermisst auch seinen Dopaminschub, den er bekommt, wenn er auf einen großen Sieg hofft.

Auch Süchte werden von dem Belohnungskreislauf beherrscht. Junkfood, Spielsucht (im Kasino oder am Börsenmarkt), Masturbation und Pornografie, Alkohol und Shopping können alle den Dopaminspiegel erhöhen, wenn die jeweilige Aktivität Ihnen Spaß macht. Und das ist der Grund, warum es zu einer Sucht werden kann, wie wir noch sehen werden.

Auftritt Amor

Unser Belohnungskreislauf ist auch der Punkt, an dem wir uns ver- oder entlieben. Entweder sehen wir jemanden als Lust bringend – das heißt, unser Dopamin steigt beim Gedanken daran, mit ihm oder ihr zusammen zu sein, an – oder wir sehen ihn nicht so (kein Anstieg). Erinnern Sie sich an den Coolidge-Effekt? Wenn der Bulle sich der Kuh nähert, die er in dieser Saison bereits bedient hat, steigt das Dopamin nicht an. Eine Kuh, der er seine Dienste noch nicht erweisen konnte? Großer Anstieg.

Dieser Mechanismus funktioniert unbewusst; das rationale Gehirn hat hier nichts zu melden. *Wir können uns nicht dazu zwingen, uns zu verlieben oder verliebt zu bleiben*, genauso wenig, wie wir uns willentlich befehlen können, eine Mahlzeit zu verdauen oder einzuschlafen. Wenn wir nichts unternehmen, um in unserem zugrunde liegenden Paarungsprogramm das Steuer zu übernehmen, ver- und entlieben wir uns auf Amors Befehl – trotz bester Absichten und ehrlich gemeinter Schwüre.

Dopamin steigt nicht nur an, wenn wir erregt sind, es steigt auch, wenn es etwas Neues gibt oder wir ein Risiko eingehen. Stellen Sie sich einfach vor, Ihr Belohnungskreislauf reagiert nicht mehr positiv auf Ihren Partner oder Ihre Partnerin. Die Chance, Sex ohne Kondom mit Ihrem Kollegen oder Ihrer Kollegen bei einem gewagten Rendezvous zu haben, mag Ihnen dann als eine großartige Idee vorkommen – gleichgültig, wie die Realität ist.

> „Anstatt noch mal zu heiraten, suche ich mir einfach eine Frau, die ich nicht mag, und schenke ihr ein Haus."
>
> Lewis Grizzard

„Als der Sex aus unserem Ehebett verschwand", so ein Freund, „dachte ich, dass es Leidenschaft sei, die uns gefehlt hatte." Fortsetzung:

„Ich betete also dafür, dass die Leidenschaft in mein Leben zurückkehren möge. Das geschah auch, und zwar in Form einer rothaarigen Skorpionfrau, die einfach klasse in Hotpants aussah. Irgendwann während der darauffolgenden stürmischen Zeit stieß ich im Wörterbuch auf die Definition von Leidenschaft. „Jede intensive Emotion“, *stand da,* „wie auch zum Beispiel das Leiden Jesu am Kreuz.“ *Keine Frage, ich hatte tatsächlich Leidenschaft gefunden. Mir erschien die Kreuzigung wie ein Spaziergang gegen diese Beziehung, so kurz sie auch war. Außerdem hatte sie die Geburt von Zwillingen zur Folge.“*

Dopamin wird als Reaktion auf *Erwartungen* freigesetzt – nicht unbedingt beim Erleben der Freude selbst. Etwas, das noch besser als das erwartete Ergebnis ist, ruft einen noch größeren Dopaminausstoß hervor. Stellen Sie sich vor, Sie würden den Jackpot im Lotto knacken. Ihr Belohnungskreislauf lernt schnell, gewohnte Quellen des Vergnügens zu vergessen und sie gegen die einzutauschen, die anfangs als „unerwartet verlockend“ wahrgenommen wurden, gleichgültig, ob sie Ihnen immer noch das gleiche Vergnügen bereiten oder vielleicht sogar zu unangenehmen Erfahrungen geworden sind. Das ist der Grund, warum das Anklicken von Pornoseiten im Internet einen so tiefen Eindruck hinterlassen kann. Und das ist auch der Grund, warum Sex mit dem gleichen Partner zur Routine werden kann – wenn wir unseren Dopaminlevel nicht mit Karezza und Bindungsverhalten beeinflussen.

Eine Dopaminwelle ist wie der Ansporn durch die Sporen, die der Cowboy gibt. Sie bringt Sie dazu, sich unendlich anzustrengen, das Beste zu wollen, wonach Sie am fernen Horizont streben können, und sogar noch nach neuen Horizonten zu suchen. Das ist super, wenn wir es auf unser Sportprogramm richten oder darauf, einen Bildungsabschluss zu machen. Doch wenn wir dabei nicht unser rationales Gehirn einsetzen, um uns beim Steuern zu helfen, dann kann uns dieser primitive Mechanismus auf eine bedeutungslose Suche nach der anderen schicken, immer mit dem Wunsch, kurzfristig freudige Erwartung zu empfinden – und niemals andauernde Erfüllung. Das ist der Grund dafür, warum die

Buddhas Zweite Edle Wahrheit: Leiden wird von Verlangen und Abneigung hervorgerufen.

Jagd nach Dopaminwellen durch Junkfood oder sexuelle Stimulation ohne Liebe aller Wahrscheinlichkeit nach zu wiederkehrender Unzufriedenheit führt, und nicht zum Glück.

Stellen Sie sich mal vor, was passiert, wenn sadistische Wissenschaftler eine hungernde Ratte auf eine Seite eines Rostes setzen, durch den ein elektrischer Strom läuft, und Futter auf die andere Seite. Die Ratte übertritt die Schmerz auslösende Grenze nicht. Setzen Sie jedoch eine Ratte dorthin, der eine Elektrode in ihrem Belohnungskreislauf angebracht wurde, sowie einen Hebel, von dem sie weiß, dass er ihren Belohnungskreislauf aktiviert, auf die andere Seite, dann flitzt die Ratte über den Elektrorost, um den Hebel nonstop zu bedienen.

Die Stimulation Ihres Belohnungskreislaufs wird zu ihrer höchsten Priorität, weil dies ihrem inneren Kompass signalisiert, dass eine große Belohnung direkt um die Ecke auf sie wartet. Sie ignoriert Essen, selbst wenn sie hungert, oder vernachlässigt ihren noch abhängigen Nachwuchs, nur um immer wieder diesen Hebel zu bedienen, bis sie umfällt. Wenn es ein Männchen ist, dann ignoriert es ein empfangsbereites Weibchen, um ebenfalls immer wieder den Hebel umzulegen, bis es umfällt.[107] Menschen, die mit ähnlichen Elektroden ausgestattet wurden (vor Jahrzehnten) erfuhren den ständigen Drang, ihren Hebel umzulegen, sowie eine intensive sexuelle Erregung – doch kein Vergnügen oder einen Orgasmus selbst. Sie berichteten auch von einer unterschwelligen ängstlichen Unruhe.[108]

Eine intensive Stimulierung des Belohnungskreislaufs (das einige auch das Lustzentrum nennen) ist so übermächtig verlockend, dass die erwartete Belohnung sogar die Angst vor Schmerz vertreibt. Wie wir gesehen haben, benutzt unser Körper Dopaminwellen anstelle von einer Elektrode, um unseren Belohnungskreislauf zu aktivieren.

„Die Leidenschaft, die Sie wahr werden lassen, ist die Leidenschaft, die Sie vernichten. Das wunderbarste, höchste Gefühl, das die Menschheit kennt … wird zu nicht mehr als einem narkotischen Hochgefühl, einem vorübergehenden Zustand der Manie."

Neely Tucker, Journalist

Wenn Sie jemals einen Orgasmus hatten, wird es Sie nicht überraschen, zu erfahren, dass der Dopaminlevel während der Erregungsphase ansteigt und beim Höhepunkt ebenfalls seinen

Höhepunkt erreicht.[109] Er steigt auch an, wenn Sie Interesse an einem neuen Partner entwickeln – und umso mehr, wenn er oder sie Ihnen die Eroberung nicht zu leicht macht. Dies sind die mächtigsten Dopaminwellen, die Ihnen zur Verfügung stehen (außer der Einnahme von Drogen). Sie können sogar zu einem veränderten Zustand führen, wenn sie ausreichend intensiv sind. Sie können unglaublich ‚high' von ihren eigenen chemischen Botschaftern werden – und nicht unbedingt auf eine gute Art und Weise. (Wir werden später darüber berichten, wie man einen ausgewogeneren, doch ebenfalls sehr angenehmen neurochemischen Zustand erreichen kann).

Orgasmen und potentielle neue Partner sind vor allem wegen des Dopamins, das im Belohnungskreislauf freigesetzt wird, so verlockend. Die Anthropologin Helen Fisher fand mit Hilfe von Magnetresonanztomografie heraus, dass bei allen frisch Verliebten ihr Belohnungskreislauf aktiviert ist.[110] Das heißt, romantische Liebe ist kein Gefühl, sondern ein *Antrieb*, der durch unsere Reaktion auf diesen besonderen Menschen aktiviert wird. Ob die Betroffenen sich dabei euphorisch oder besorgt wegen ihrer Romanzen fühlten, sie waren gleichermaßen durch Dopamin motiviert, *mit dem geliebten Menschen zusammen zu sein.* Und wenn sie von ihrem Liebsten getrennt waren, litten sie immens.

„Denken Sie mal drüber nach. Wenn Sie eine Spezies entwerfen und wollen, dass sie alles tut, was fürs Überleben wichtig ist – so wie Essen und Fortpflanzung – dann erschaffen Sie ein System, in dem das alles Spaß macht, damit man diese Dinge wiederholen will. Und dann sorgen Sie mit Dopamin dafür, dass diese Verhaltensweisen ein Automatismus werden. Es ist einfach genial."

Nora Volkow,
Direktorin des US-Instituts für Drogenmissbrauch

Wenn wir uns verlieben, werden die Teile des Gehirns, die uns dabei helfen, einen Charakter einzuschätzen und in die Zukunft zu schauen, sowie die Teile, die uns vor Schaden schützen, abgeschaltet. Wenn wir uns in diesem veränderten Zustand befinden, sind wir blind für Fehler und werden von den belohnungsauslösenden Neurochemikalien überflutet. Aus diesem Grund weiß jede Mutter, dass ihr Neugeborenes das schönste Baby auf der ganzen Welt ist. Verliebtheit knipst die gleichen Gebiete im Gehirn an wie Drogenabhängigkeit; und eine Trennung vom Geliebten kann sich anfühlen wie ein Drogenentzug.[111]

Vielleicht verstehen Sie mittlerweile, warum Liebende selbst damals Ehebruch begingen, als darauf noch die Verbrennung auf dem Scheiterhaufen als Strafe stand. Durch diesen effektiven, wohlverborgenen Mechanismus, tief in unserem Säugetiergehirn, überreden uns unsere ehrgeizigen Gene häufig dazu, jedes Opfer für die Verfolgung unserer Leidenschaft zu bringen (und das Risiko einer Schwangerschaft einzugehen).

Cortezia

Dem verstorbenen Schweizer Gelehrten Denis de Rougemont zufolge verband sich die berauschende Kombination aus waghalsiger Leidenschaft und Ehebruch, die Bestandteil des *frühen* hinduistischen Tantra war, zu dem Zeitpunkt, als sie im Mittelalter nach Westeuropa gelangte, mit einer anderen Denkrichtung – und das Ergebnis war zündend.

Tantrische Konzepte kamen in den Westen, anscheinend durch die leidenschaftliche Poesie der moslemischen Welt, unter dem Deckmantel göttlicher Leidenschaft oder auch *fana* (das „Wegfallen des Selbst"). Fana war das Thema mystischer Sufi Liebeslyrik und von Liebesliedern. (Einige Moslems betrachteten die Sufis als Ketzer, so wie der Hauptstrom der Christen die mystisch ausgerichteten Christen häufig als Ketzer verurteilten.)

Nach einer gewissen Zeit inspirierte Fana auch das spanische Hoch land. Hier ist beispielsweise eine Passage aus *Bezels (Seals) of Wisdom* von dem Sufi-Mystiker und Philosophen Ibn al `Arabi, der 1165 in Spanien geboren wurde:

> *„Die Kontemplation der Realität ohne Unterstützung durch die Form ist nicht möglich. ... Da also eine Art der Unterstützung notwendig ist, besteht die beste und perfekteste Art darin, Gott in der Frau zu kontemplieren. Die größte Vereinigung ist die zwischen Mann und Frau."*

Fana verbreitete sich dann über die Pyrenäen in den Refrains wandernder Sänger und Dichter in das heutige Südfrankreich. Dort traf es auf eine

Version des Christentums, die scheinbar aus Bulgarien, oder noch weiter östlich, in den Westen migriert war, mit einer Gruppe von frommen Gläubigen, die als die Katharer bekannt wurden. (In Bulgarien kannte man Christen mit ähnlichem Glauben unter dem Namen Bogomilen. „Bogomil" bedeutet „Geliebter Gottes".)

Die Katharer waren eine sehr keusche Gruppe von Christen, die viel von den sogenannten gnostischen Ideen der primitiven (präpäpstlichen) Christenheit bewahrt hatten.[112] Sie zogen es vor, Fortpflanzung zu vermeiden, und konzentrierten ihre Aufmerksamkeit statt dessen auf die Vorbereitung der Wiedervereinigung mit dem Göttlichen. Sie glaubten nicht, dass der „Gute Gott" der Schöpfer der korrupten Welt war, und verehrten den weiblichen Aspekt des wahren Gottes voller Leidenschaft. Die Katharer glaubten auch, dass die Liebe von Mann und Frau so rein sein sollte wie die spirituelle Liebe für den weiblichen Aspekt Gottes, obwohl man ansonsten wenig über ihre tatsächlichen Praktiken weiß.

Das Wort *kathar* bedeutet „rein" auf Griechisch, und so behielt man die Katharer auch in Erinnerung. Der Einfluss katharischer Reinheit trieb die Kirche dazu, viele laxe Praktiken stärker zu regulieren, wie z. B., dass Priester sich offen eine Geliebte hielten – eine Praxis, die so gebräuchlich war, dass es sogar Gesetze gab, die es Priestern erlaubten, ihren Besitz an ihre Nachkommen zu vererben. Die leidenschaftliche Reinheit der Katharer inspirierte indirekt auch die protestantische Reformation die Quäkerbewegung.

Die weitverbreitete Bewunderung für die Katharer – inmitten der zügellosen Korruption der Kirche – ließ die Reihen der Katharer anschwellen. Die Kirche brandmarkte die Katharer entsprechend als Ketzer. (Ein „Ketzer" war jeder, der glaubte, er könne eine Beziehung zu Gott *ohne* die Autorität der katholischen Kirche haben.) Das Ergebnis war ein schrecklicher Kreuzzug über das ganze Languedoc in Frankreich (dort wurde in jenen Tagen noch eine Sprache gesprochen, die dem Lateinischen ähnlicher war als Französisch selbst).

Die Kirche verbrannte eine ganze Million Mitchristen – als Katharer Verdächtigte – bei lebendigem Leibe oder brachte sie anderweitig um, inklusive der Ausradierung ganzer Dörfer. Von Guillaume Belibaste, dem letzten Katharer, von dem bekannt ist, dass er 1321 auf dem Scheiterhaufen verbrannt wurde, heißt es, dass er prophezeite, dass „siebenhundert Jahre später der Lorbeer wieder ergrünen würde,“[113] was so viel bedeutet wie, dass die Prinzipien „der wahren Christenheit“ in das Zentrum der Aufmerksamkeit der Welt zurückkehren würden.

Die Verfolgung verbannte die Bewegung in den Untergrund und sorgte für ihren Niedergang. Die Troubadoure der Provence verbreiteten die Elemente der keuschen Romanzen und die Idealisierung der Frauen jedoch weiter durch Europa, unter dem Deckmantel der *Cortezia*, der höfischen Liebestradition. Auf diese Art verwandelte es sich aus einer religiösen Untergrundbewegung in einen Verhaltenskodex für die Oberklasse, den wir auch unter dem Begriff der Ritterlichkeit kennen. Einstmals eine radikale Veränderung der Sitten gibt es noch Überbleibsel des Kodex der Ritterlichkeit in solchen Gebräuchen wie denen, dass Männer Frauen die Tür aufhalten oder aufstehen, wenn eine Frau den Raum betritt.

De Rougemont verfolgt auch den unrealistischen Wunsch der Menschen im Westen nach einer alles konsumierenden, unsterblichen leidenschaftlichen Vereinigung bis zum galanten Rittertum zurück. De Rougemont weist da auf einen wichtigen Punkt hin: Das leidenschaftliche Feuer der Flitterwochen-Neurochemie kann nicht aufrechterhalten werden. Dauerhafte Romantik legt ihren Schwerpunkt auf Neurochemie der Bindung, wie wir in späteren Kapiteln sehen werden. Doch, wie der Franzose Jean Markale erläutert hat, war die höfische Liebe niemals zur Ehe und Familiengründung gedacht. Es war ein Versuch, die paradiesische Bedingung am Anfang aller Zeit wiederherzustellen, indem man die trennende Kraft von fortpflanzungsbasiertem Sex überwindet. (Das Wort *Sex* entwickelte sich aus dem lateinischen Wort *secare*, „trennen.“) Höfische Liebe war eine sexuelle Initiation, die auf der Reinheit des Motivs basierte (Liebe über Lust zu stellen) und auf einem Band zwischen den Liebenden, das so vollständig und selbstlos war, dass eine dritte, spirituelle Einheit daraus erschaffen wurde.[114]

Höfische Liebe trug definitiv Elemente[115] sexueller Selbstdisziplin für einen höheren Zweck in sich. Einige behaupten, dass Praktiken, in denen es um Zurückhaltung geht, ursprünglich der Vorbereitung auf die profunde Reinheit dienten, die ein katharischer Perfect oder eine Perfecta (heiliger Mann oder heilige Frau) besitzen musste, zu dem man später im Leben werden konnte.[116] „Umarmung, Küssen, häufig auch zärtliches Streicheln sind die fleischlichen Berührungen, die die höfische Liebe den Liebenden erlaubt. *Le jazer*, ins Bett zu gehen, konnte ein Beweis der Keuschheit sein."[117]

Cortezia-Ritter schworen einer unerreichbaren Liebsten ihre Treue – verheirateten Damen, mit denen sie (zumindest theoretisch) niemals Sex zur Fortpflanzung haben würden. Indem sie ihre unerwiderte Leidenschaft sublimierten, nutzten diese Verehrer ihre Energie für die spirituelle und physische Suche. Sie wurden dafür mit kleinen Gefälligkeiten von ihren Damen entlohnt, die von einem Lächeln, kleinen Geschenken und Küssen bis zum gemeinsamen Schlafen, wobei beide nackt waren, und sogar bis zum Geschlechtsverkehr ohne Ejakulation („vollständig werden") reichten.[118] Das Ideal war eine gegenseitige und treue Liebe, eine moralisch erhebende Liebe, ein Wunsch nach mehr spirituellem Licht.

Die mächtigste Praxis in dieser Tradition war der *penetrierende Blick:*

> *„Wenn zwei reine und ehrliche Liebende einander als zwei Gleichgestellte in die Augen schauen, dann fühlen sie … eine solche Freude in ihrem Herzen, dass das zärtliche Gefühl, das dort geboren wird, sie mit neuer Kraft erfüllt und ihr ganzes Herz nährt. Und die Augen, durch die diese Zärtlichkeit hin und her gegeben wird, sind so loyal, dass keiner der beiden Liebenden etwas zu seinem alleinigen Wohl zurückhalten kann."* [119]

Selbstlosigkeit war der Schlüsselbegriff der höfischen Liebe: „Fliehe vor dem Geiz, als wäre er eine gefährliche Plage, und sei statt dessen großzügig." Ein anderer Schlüssel war die Vermeidung von exzessiver Lust: „Der, dessen Lust zu groß ist, liebt nicht wirklich."[120] Die Hauptlehre des galanten Rittertums lag im *E d'amor mou castitaz* (Aus der Liebe entsteht Keuschheit).

Man glaubt übrigens, dass einige der Troubadoure der höfischen Liebestradition, die ihren Damen Balladen vorsangen, in Wirklichkeit über die katharische Version des Christentums sangen, mit ihrer feurigen Bewunderung für den weiblichen Aspekt Gottes. Vielleicht ist es auch diesem weitverbreiteten Fieber der Bewunderung zu verdanken, dass zu dieser Zeit viele Städte große Kathedralen zu Ehren von Jesu Mutter, Maria, bauten, inklusive Notre Dame in Paris.

Um diese Zeit tauchten auch die mystischen jüdischen Kabbalah-Texte in Spanien auf, die wir in ihrer Gesamtheit als *Zohar* kennen.

Laut dem Gelehrten Moshe Idel stellten die Kabbalisten die mystische Vereinigung jedoch in den Dienst der Fortpflanzung, was den Traditionen widersprach, die den nichtfortpflanzungsorientierten Geschlechtsverkehr in den Dienst mystischen Bewusstseins stellten.[121]

Andernorts in Europa tauchten im Untergrund auch Traditionen auf, die magische sexuelle Rituale propagierten – die häufig nur wenig Ähnlichkeit mit der ritterlichen Zurückhaltung der Cortezia hatten. In den folgenden Jahrhunderten entstanden bunte Mischungen aus kabbalistischen, tantrischen und asiatischen Praktiken, die die Rosenkreuzer und die Freimaurer beeinflussten, so wie die Schriften von Emanuel Swedenborg und William Blake.[122]

Vielleicht als rebellischen Akt gegen die Unterdrückung der Kirche ritualisierten (und ritualisieren) einige der Schulen sexueller Magie den Orgasmus und den Sex auf ziemlich extreme und riskante Art und Weise. Solche Riten erzeugen eine intensive Stimulierung, die Ausübende in eine neurochemische Achterbahn werfen kann, die wir uns in den nächsten beiden Kapiteln näher anschauen werden.

„Für die Kabbalisten ist der sexuelle Akt das ultimative Sakrament, sorgfältig organisiert und gepflegt als die perfekteste mystische Trance.“

Kenneth Rexroth,
Autor des Buches
The Hasidism of Martin Buber

Kapitel 5

Der Zyklus der Leidenschaft

Der Orgasmus setzt eine Kaskade von vorprogrammierten neurochemischen Ereignissen in Gang, die für ungefähr zwei Wochen anhalten. Sie verändern, wie wir uns fühlen und wie wir die Welt um uns herum wahrnehmen, insbesondere einen Partner. Sie können den Gewöhnungseffekt beschleunigen.

Die veränderten Gefühle sind womöglich subtil und nehmen viele Formen an, wie z.B. Reizbarkeit, Verlangen nach einem Orgasmus, vernebeltes Denken, emotionale Bedürftigkeit, Überreaktionen und Müdigkeit.

Während das Säugetiergehirn einen Gewöhnungseffekt auslöst, erzeugt das rationale Gehirn Argumente, die dafür sprechen, dass Ihr Partner nicht zu Ihnen passt.

Der Zyklus der Leidenschaft kann eine Stressreaktion der Amygdala hervorrufen, was dazu führt, dass wir unseren Partner verzerrt und als Bedrohung wahrnehmen.

Ein Besucher meiner Website schrieb:

> *„Ich glaube, die Kraft der Gewöhnung ist der wirkliche Killer von Beziehungen. Ich schaute mir kürzlich ein altes Video von meiner Frau und mir an, wie wir mit unseren Kindern meine Eltern besuchten. Ich war total fasziniert von meiner Frau – sie sah großartig aus, Ehrfurcht gebietend, so begehrenswert, dass es wehtat!*
>
> *Doch was mir wirklich das Herz zerriss, war der Eindruck, den ich von mir hatte. Ich (im Video) hatte mich so daran gewöhnt, in der Nähe von diesem entzückenden Wesen zu sein, dass ich sie als etwas völlig Selbstverständliches betrachtete. Ich verbrachte möglicherweise sogar mehr Zeit damit, mich innerlich über verschiedenste Dinge zu beschweren, die sie tat oder nicht tat und die nicht ganz meinen Erwartungen entsprachen. Ich meine, warum liebte ich sie nicht einfach?! Die Erkenntnis, dass ich, genau jetzt, Gefahr laufe, meine Frau nicht voll und ganz wertzuschätzen, traf mich wie ein Blitz. Ich stellte mir mich selbst vor, im Alter von achtzig, wie ich mir heutige Videos von uns anschauen würde, die mich genauso unfähig zeigen würden, von meiner Frau berauscht zu sein, und wie ich geifernd ihre Bilder von heute betrachten würde.“*
>
> Stefan

Wie schleicht sich dieser Gewöhnungseffekt (das Gefühl von Langeweile, oder „immer das gleiche Altbekannte“) in unsere Beziehungen ein? Lassen Sie uns einen Blick auf einen Faktor werfen, den wenige von uns jemals betrachten – oder betrachten wollen.

Der Anti-Liebestrank

Während Sie Ihre unsterbliche Liebe beteuern, in dem Moment, wo der Orgasmus naht, bereitet sich Ihr Körper darauf vor, Ihnen einen bösen Trick zu spielen. Denn genau diese Intensität Ihres glorreichen Höhepunktes wird eine Kaskade von neurochemischen Ereignissen auslösen, die die Macht besitzen, Ihre Wahrnehmung zu verändern, ohne dass Sie es merken. Diese neurochemikalischen Veränderungen können Ihr Urteilsvermögen beeinträchtigen und die Art und Weise, wie Sie die Welt erfahren. Vor allem können sie sehr leicht die Art, wie Sie Ihren Liebsten oder Ihre Liebste sehen, eintrüben, und eine emotionale Distanz zwischen Ihnen erzeugen. Männlein oder Weiblein, es dauert aller Wahrscheinlichkeit nach *zwei Wochen*, bis Sie wieder ganz frei von diesen Auswirkungen sind.

Dies ist der zweiwöchige Zyklus der Leidenschaft bzw. Orgasmuszyklus. Er ist möglicherweise der höchste Preis, den wir für fortpflanzungsgetriebenen Sex zahlen – und der Hauptgrund dafür, einen anderen Weg der körperlichen Liebe kennenzulernen, wenn keine Empfängnis gewünscht wird. (Kinder sind teuer. Und zwei Haushalte zu führen, wenn die Verbindung auseinanderbricht, ist noch teurer.)

Die Erfahrungen von jedem Einzelnen mit dem Zyklus der Leidenschaft sind individuell. Bei den meisten Menschen bleiben die Auswirkungen des Zyklus unbewusst. Zum Beispiel sahen weder mein Mann noch ich eine Beziehung zwischen Orgasmus und darauffolgendem körperlichen Unwohlsein, wie wir es früher in unserem Sexualleben immer erfuhren – und das, obwohl wir von beidem jede Menge bekamen. Erst als wir Karezza erkundeten (körperliche Liebe ohne Orgasmus), wurden wir uns unserer ständig wachsenden Unbeschwertheit und Harmonie bewusst.

Und wir haben nicht nur Verbesserungen festgestellt; uns ist auch aufgefallen, dass wir bei jedem (unabsichtlichen) Orgasmus im Laufe der nächsten Tage eine *unwillkommene* Veränderung unserer Energie und unserer Perspektive durchmachen. Anstatt es liebenswert zu finden, wenn er den Küchenschrank offenstehen lässt, fange ich an zu grummeln. Er findet meine wahnsinnig hilfreichen Vorschläge irritierend. Seine Berührung fühlt sich eher grapschig anstatt beruhigend. Ungefähr zwei Wochen lang kommen und gehen diese unangenehmen Gefühle, wie unkontrollierbare Wellen. Sie sind im Allgemeinen subtil, können jedoch auch recht intensiv werden, wenn sie über uns hereinbrechen. Ich erlebe die beunruhigendsten Auswirkungen zuweilen erst gegen *Ende* des Zyklus.

Durch Gespräche mit anderen haben wir erfahren, dass dieser Zyklus viele verschiedene Formen annehmen kann. Eine vollständige Liste von allen Nachwirkungen, die erwähnt wurden, würde eine ganze Seite füllen. Meist wird von Unruhe, Reizbarkeit, Unzufriedenheit, Wunsch nach weniger Kontakt mit anderen, Weinerlichkeit, Ängstlichkeit, Müdigkeit, Feindseligkeit, benebeltem Denken, Gefühlen der Unsicherheit, emotionaler Bedürftigkeit, zwanghafter Selbstanalyse oder Analyse der/des Liebsten, Eifersucht, einem brennenden Verlangen zu fliehen, zu vergessen oder Erleichterung zu finden, Gelüsten nach Substanzen oder Aktivitäten, die den Dopaminspiegel anheben und – die Lieblingslösung unserer Gene – der Anziehung zu anderen potentiellen Partnern berichtet. In seiner extremen Form (Kopfschmerzen, schwächende Vernebelung des Gehirns, Erschöpfung, Muskelschmerzen, ernsthafte Sozialängste) wird der Zyklus als *postorgastisches Krankheitssyndrom* [123] bezeichnet. In der Vergangenheit wurden ernst zu nehmende Symptome auch schon als *postkoitale Depression, orgastische Impotenz* und *Spermatorrhoe* bezeichnet. Die übliche „Heilung", weitere Orgasmen zu erleben, bietet zwar zunächst Erleichterung, intensiviert jedoch den nächsten Zyklus der Leidenschaft, wie wir sehen werden.

„Warum ist Luft ganz ähnlich wie Sex?
Weil du sie solange für selbstverständlich hältst, bis du nicht mehr genug davon bekommst."

Die meisten Menschen stellen den Zusammenhang zwischen sexueller Übersättigung und darauffolgendem Unwohlsein oder emotionaler Spannung gar nicht her. So zieht zum Beispiel jemand, der nur sehr selten Sex hat, die Möglichkeit, dass sexuelle Übersättigung überhaupt eintreten kann, gar nicht in Erwägung, geschweige denn, dass er darin ein Problem sähe. Um die Wahrheit zu erkennen, muss man im Allgemeinen in einer Beziehung sein und einander körperlich zugetan bleiben, doch den Orgasmus für eine Weile vermeiden – und dann wieder zum Orgasmus zurückkommen. Und selbst dann ist es leicht, die Hinweise zu übersehen. Wie eine Frau sagte:

> *„Ich habe das Gefühl, dass die Menschen mit postorgastischem Krankheitssyndrom Ausnahmen sind, weil sie ihre Symptome tatsächlich mit dem Orgasmus in Verbindung bringen. Ich war nicht in der Lage, diese Verbindung herzustellen, bis man mich auf ein mögliches Vorhandensein davon aufmerksam machte. Es gab einfach zu viele Einflüsse, die genau das Gegenteil behaupteten – je mehr Orgasmen, umso besser*

> *würde es mir gehen! Ich habe Tausende von Dollars dafür ausgegeben, um an meinen vermuteten unbewussten Themen zu arbeiten, nur um in der nächsten Beziehung wieder das Gleiche zu erleben … wie bei einem Uhrwerk."*

Anstatt nach innen zu schauen, wenn wir ohne ersichtlichen Grund irritiert oder unruhig sind, projizieren die meisten von uns das Unwohlsein nach *außen.* Das heißt, wir suchen außerhalb von uns selbst – und häufig in Richtung unseres Partners – nach einer Erklärung für unseren Zustand. „Er war früher immer so lustig; was ist mit ihm passiert?" „Warum schaut sie mich so an, mit diesem leeren Blick?" „Warum tut er seine Wäsche nicht in den Wäschekorb?" „Noch mehr neue Kleider? Und in einem Monat darf ich sie dann wieder in die Altkleidersammlung geben, wenn sie die Nase davon voll hat." „Ich habe ihn schon drei Mal gebeten, den Müll rauszubringen. Ist er taub?" „Früher hat sie mich immer umarmt." „Er wäre eigentlich viel lieber mit seinen Freunden zusammen als mit mir." „Ständig telefoniert sie." „Es klappt einfach nicht." Das sind *nicht* die Texte von Liebesliedern.

Aus diesen kleinen unbedeutenden Hügelchen werden leider Berge von Misstrauen, wenn sie sich zu Kämpfen entwickeln. Und selbst wenn Sie nicht der Typ Kämpfer sind, können solche Gefühle (und Gedanken) Ihren Partner bzw. Ihre Partnerin dennoch schnell nach Fast Food aussehen lassen anstatt nach Ihrer Lieblingsspeise. Diese Gefühle machen es außerdem weniger wahrscheinlich, dass sie liebevollen, großzügigen Kontakt suchen – so wie ein Überraschungskuss oder eine spontane Fußmassage. Wie wir in Kapitel sieben noch sehen werden, übermittelt diese Abnahme von selbstlosem, liebevollem Kontakt eine unerwartete und unbewusste Botschaft: *Das emotionale Band zwischen Ihnen wird schwächer.*

Zuweilen projizieren Sie Ihre veränderten Gefühle nicht auf Ihren Partner, sondern auf Ihren Vorgesetzten, Ihre Kinder oder irgendeinen anderen Aspekt Ihres Lebens. Dann scheint *dieser* Aspekt Ihres Lebens der Grund für Ihr Unwohlsein zu sein. Früher oder später wird jedoch aller Wahrscheinlichkeit nach auch Ihr Partner die verheerenden Auswirkungen Ihrer Wahrnehmungsveränderung zu spüren bekommen. Wenn Sie nach bestimmten Emotionen suchen, finden Sie diese vielleicht nicht mehr. Beobachten Sie einfach die wachsende Distanz zwischen einander.

„Ich hatte eine wunderbare Begegnung mit einer wunderschönen Göttin, die ich schon seit einiger Zeit kannte. Ich entschied mich, bei ihr zu übernachten, als sie mich dazu einlud. Ich krabbelte mit ihr ins Bett, hatte ein paar Kleidungsstücke an, und wir verbrachten die Nacht ganz aneinandergekuschelt. Als ich aufwachte, fühlte ich mich so erfrischt. Es war vitalisierend. Als wir einander wieder trafen, floss unser Gespräch leicht und mühelos. Diesmal schenkten wir einander eine Ganzkörpermassage, die mit Geschlechtsverkehr und Ejakulation endete.

Wir haben diese körperliche Erfahrung nicht mehr wiederholt. Aus einer ganzen Reihe von Gründen ist es nicht für uns vorgesehen, zusammen zu sein. Doch das ist in Ordnung, und wir wissen, dass wir dennoch gute Freunde sein können. Einen Kater? Ich glaube nicht, dass ich einen hatte. Weil unser sexuelles Beisammensein ein Miteinanderteilen und sehr auf Verbindung ausgerichtet war, und nicht einfach eine Jagd nach dem Orgasmus. Ich glaube, mein Körper hat sich eher entspannt, als dass er explodiert ist. Dennoch war der Unterschied nach den beiden Begegnungen sehr markant. Nach dem Kuscheln war ich wach, frisch und lebendig. Ich lief tagelang mit einem Lächeln herum! Nach unserer letzten körperlichen Begegnung war ich hingegen eher unruhig."

Was passiert? Der Orgasmus fühlt sich großartig an. Wenn die Geschichte da enden würde, wäre die Standardsichtweise, dass „es gar nicht zu viele Orgasmen geben kann" völlig richtig. Wir würden nur die guten Gefühle beim Sex mit unserem Liebsten bzw. unserer Liebsten assoziieren – und ewig verliebt bleiben.

Um zu verstehen, wie der Orgasmus unser Gefühl gegenüber dem geliebten Menschen verändern kann, ist es hilfreich, die physikalische Realität hinter unserem Säugetierpaarungsprogramm zu kennen. Dieses Programm wird in unserem Gehirn abgespult, auch wenn es sich so anfühlt, als würde es in unseren Genitalien passieren. Es tarnt sich selbst extrem gut – nämlich als völlig logische Gründe, warum unser Partner ein Idiot ist, eine Hexe, letztlich einfach unpassend oder uninteressant im Vergleich zu einem aufregenden neuen Menschen.

Was aufsteigt, muss auch wieder herunterkommen

Sie haben sicherlich schon einmal den Begriff Homöostase gehört. Es ist das Prinzip, dass im Körper ideale Mengen von Sauerstoff und Blutzucker aufrechterhalten werden, eine ideale Temperatur usw. Wenn Ihnen kalt wird, dann zittern Ihre Muskeln, und die Blutgefäße ziehen sich zusammen, um Sie wieder aufzuwärmen; wenn Ihnen heiß wird, dann schwitzen Sie, und Ihre Blutgefäße weiten sich, um Sie wieder abzukühlen. Behalten Sie dieses vereinfachte Konzept einmal im Kopf, dass Ihr Körper immer nach optimalen Bedingungen strebt, und lassen Sie uns einen Blick auf das Gehirn und die Neurochemikalien werfen.

Erinnern Sie sich noch an die Kokainabhängigen, deren Dopaminrezeptoren (die winzigen Händchen, die nach den Neurochemikalien greifen) nach wiederholter Drogeneinnahme abnehmen? Kokain gibt dem Belohnungskreislauf einen solchen Schub, dass er Unmengen an aufregendem Dopamin herauspumpt. Daraus entsteht das High. Dann passieren genau zwei Dinge gleichzeitig. Zuerst wird das High schwächer, während das Gehirn das überschüssige Dopamin loswird.

Und zum Zweiten schützen sich die Zellen vor zu viel überschüssigem Dopamin, das die Zellen beschädigen oder ihren Tod bedeuten kann, indem sie die Anzahl von Dopaminrezeptoren (die kleinen „Händchen") auf ihrer Oberfläche verringern. Wenn ein Sturm heraufzieht, dann schließen Sie ja auch Ihre Fenster und warten, bis er vorüber ist. Das Gleiche tun auch die Zellen, abgesehen davon, dass sie davon ausgehen, dass ein weiterer Sturm heraufzieht, und deswegen ihre Fenster für eine Weile geschlossen halten. Die Süchtige hat somit ihre Sensibilität für Dopamin reduziert – die Substanz, die für das Hoch zuständig war.

Jetzt fühlt sich unsere Süchtige schlecht. Sie hat nun zwei Möglichkeiten: entweder mehr Kokain zu nehmen, um ihre Stimmung künstlich aufzuheitern, indem sie die verbleibenden Dopaminrezeptoren übersättigt, oder unter Entzugserscheinungen zu leiden. Entzugserscheinungen entstehen, wenn der Belohnungskreislauf nach Dopamin hungert. Ob wir nun zu wenige Rezeptoren für das Dopamin haben oder ob zu wenig Dopamin um die Nervenzellen zirkuliert, das Ergebnis ist das gleiche. Unsere Belohnungskreislaufbatterien sind schwach und hinterlassen in uns das dringende Bedürfnis, uns wieder normal zu fühlen. In diesem Zustand ruft all das ein intensives Verlangen hervor, das uns eine rasche Erleichterung verspricht. Ironischerweise ist dieses Verlangen ein Ergebnis eines Dopamin*hochs.* Wirkliche Erleichterung würde nur die Rückkehr zu einem *ausgeglichenen* Dopaminspiegel bringen – doch das braucht Zeit und Willenskraft.

> *„Ich bin männlich, 33 Jahre alt und frage mich, warum ich mich nach Sex meist depressiv fühle. Es kann der großartigste Sex aller Zeiten sein, und doch bin ich anschließend deprimiert und kann es kaum erwarten, von ihr wegzukommen."*
>
> Don

Das Absinken des Dopaminspiegels passiert auch ohne Drogen, wenn auch in einem geringeren Maße. Wenn Sie zum Beispiel ein großes Weihnachtsessen genießen, fühlen Sie sich hinterher aller Wahrscheinlichkeit nach kaputt. Dopamin steigt an, wenn Sie Hunger haben, und fällt, wenn Sie gegessen haben – Auftrag erledigt. Das ist der Zeitpunkt, wenn die Gäste herkömmlicherweise zum Kaffee greifen, zu mehr Alkohol, zu einem weiteren Nachtisch, einer Zigarette – alles, um ihr Dopamin wieder ansteigen zu lassen und wach zu bleiben, damit sie Konversation machen können.

Sowohl Kokain als auch das Festmahl erzeugen anfangs einen angenehmen Effekt, auf den ein weniger angenehmer Kater folgt. Je größer der Dopaminschub in Verbindung mit dem Erstereignis ist, umso unangenehmer sind die Nachwirkungen. Nachdem Sie zu viel gegessen haben, sitzen Sie herum und sind für ein paar Stunden einfach nur faul. Eine Dosis Methamphetamin, und Sie bleiben stundenlang wach, später schlafen Sie dann vier Tage am Stück.

Dopamin entspricht der Erwartung und der *Vorfreude*, nicht der Erfüllung des Wunsches selbst. Es ist das Versprechen auf das saftige geröstete Schwein am Ende der langen Jagd oder der Kuss am Ende der ersten Verabredung. Mit Dopamin aufgeladen können wir Stunden in Kaufhäusern verschwenden (was finden wir um die nächste Ecke?), Videospiele spielen, uns unseren Phantasien über jemanden hingeben, das nächste Pornobild anklicken (vielleicht ist es noch heißer) oder zocken (vielleicht kommt jetzt der große Gewinn), selbst wenn am Ende rein gar nichts dabei herumkommt. Dopaminvorfreude ist gleichzusetzen mit „das Gras ist woanders immer grüner."

Die ultimative Belohnung, wenn überhaupt, scheint mit Neurochemikalien namens Opioiden zusammenzuhängen, wie z. B. Endorphinen (das natürliche Morphin des Körpers). Doch wohin auch immer die Reise geht, Dopamin fährt den Belohnungsbus. Es steigt in erwartungsvoller Freude auf alles an, was unser Gehirn als möglichen Weg zu diesen flüchtigen Wohlfühlempfindungen betrachtet.

Ein großer Teil des aufregenden Zueilens auf den Orgasmus ist ein rascher Anstieg des Dopaminspiegels im Gehirn. Denn das Verfolgen des Orgasmus ist der größte legale Dopaminschub, den wir willentlich hervorrufen können. Schließlich hat sich unser Belohnungskreislauf nicht entwickelt, damit wir von Kokain abhängig werden oder unser Geld verspielen; er ist da, damit es uns (unter anderem) nach Partnern und Orgasmen verlangt. Es überrascht uns daher nicht, dass die Gehirnscans von ejakulierenden Männern, die der niederländische Forscher Gert Holstege durchführte, denen von Menschen ähnelt, die Heroin spritzen.[124] Falls Sie sich fragen sollten, wie das geht: Die Männer hatten fünfzig Sekunden, um mit Hilfe ihrer Partnerin zum Höhepunkt zu kommen, und mussten ihren Kopf völlig stillhalten, während sie in einem Magnetresonanztomografen, einer engen Röhre lagen. Die Forscher berichteten, dass das Experiment viel vorherige Übung zu Hause verlangt. Der Dopaminlevel steigt während der sexuellen Erregungsphase an. Interessanterweise steigert die weibliche Ratte ihren Dopaminspiegel, indem sie einen auf „schwer zu erobern" macht, also vor einem potentiellen Partner einige Male wegläuft, bevor sie dann mit ihm kopuliert. Ihr Dopamin steigt weiter an, wenn es mit der von ihr bevorzugten Kopulationsrate erfolgt (kräftig).[125]

Offensichtlich löst ihre erhöhte Erwartung andere neurochemikalische Veränderungen aus, die sie auf eine Schwangerschaft vorbereiten. Gibt es im Gehirn von Frauen vielleicht Ähnlichkeiten, die die häufige Bitte um ein längeres Vorspiel erklären würden? Wie wir bereits gesehen haben, bestehen zwischen Säugetieren erstaunliche Ähnlichkeiten in ihren zugrunde liegenden Paarungsprogrammen.

Bei beiden Geschlechtern kommt irgendwann ein Punkt, wo das Momentum des ansteigenden Dopamins die betreffende Person über die Klippe des Höhepunktes stößt. Peng! Der Dopaminspiegel sinkt.[126] Andere Neurochemikalien steigen nun an, und Veränderungen der Rezeptoren werden eingeleitet. Diese Anpassungen sorgen dafür, dass der Dopaminspiegel unberechenbarer wird, und verhindern, dass er sich sofort wieder auf seinem idealen Grundpegel einpendelt. Dieser fluktuierende Dopaminspiegel hat viel mit Veränderungen der Libido, der Wahrnehmung und des Verhaltens zu tun. (Es ist außerdem möglich, dass die Sensibilität für Dopamin während dieser Zeit im Gehirn ansteigt und wieder abfällt.) Sexuell aktive Erwachsene erleben typischerweise einen ständigen Wechsel von Dopaminhochs und –tiefs, natürlich ohne zu merken, dass ihre Wahrnehmung, ihr Wunsch nach engerem Kontakt und ihre Stimmungen sich entsprechend ändern.

Dopamin – Der Dreh- und Angelpunkt

Idealerweise ist der Dopaminlevel so eingestellt, dass wir Gefühle des Wohlergehens erfahren und gesunde Entscheidungen treffen. Wir fühlen uns optimistisch und offen, so wie Kinder vor der Pubertät, die sich noch nicht auf die Dopaminachterbahn begeben haben, und erfreuen uns an allem, vom Käferchen bis zur Barbiepuppe.

Warum kümmert es uns, wenn unser Dopamin fluktuiert? In den drei untenstehenden Listen finden Sie Bedingungen, die Forscher mit einem entsprechenden Dopaminlevel im Gehirn in Verbindung bringen. (Es können auch andere Neurochemikalien am Werk sein. Doch die Forschung zeigt, dass Veränderungen einer einzigen Neurochemikalie unser Verhalten tief gehend verändern kann.) In der linken Spalte sind einige der Auswirkungen eines Dopaminüberschusses aufgelistet, in der rechten das, was passiert, wenn Dopaminmangel herrscht. In der mittleren Spalte stehen die Geisteszustände und Verhaltensweisen, die mit ausgeglichenem Dopaminspiegel assoziiert werden.

Sowohl ein ungewöhnlich hoher als auch ein ungewöhnlich niedriger Dopaminspiegel können uns verrückt machen – oder zumindest unsere

Überschuss	Gesund	Mangel
Gleichgültigkeit	Gesundes Bindungsverhalten	Unfähigkeit zu lieben
Sexuelle Fetische und Zwänge	Gesunde Libido	Niedrige Libido
Sucht	Gefühl von Wohlergehen	Erektile Dysfunktion
Angst	Freude am Erledigen von Aufgaben	Sucht
Impulsives Suchen nach Sensationen	Energie und Vitalität	Depression
Eingehen ungesunder Risiken	Motivation	Anhedonie – kein Vergnügen
Glücksspiel	Gesunde Risikobereitschaft	Mangel an Ehrgeiz
Aggression	Vernünftige Entscheidungen	Rückzug
Wahnvorstellungen	Realistische Erwartungen	Niedriger Energielevel
Schizophrenie	Gute Gefühle anderen gegenüber	Soziale Phobien
		Keine Reue

Wahrnehmung verzerren. Auf hohem Niveau gibt uns Dopamin das Signal „Ich muss das haben, egal, welche Auswirkungen das hat", was den Belohnungskreislauf im Gehirn in Gang setzt. Wir können dann so besessen davon sein wie jemand, der sich an sein Wettlos beim Pferderennen klammert.

Wissenschaftler wissen, dass ein Dopaminhoch unser Verhalten drastisch verändern kann, wegen der unerwarteten Auswirkungen, die es erzeugte, als es als Medikament Patienten mit dem Syndrom der unruhigen Beine und Parkinsonsymptomen verabreicht wurde. Forscher der Mayo Klinik berichteten, dass eine ganze Reihe von Patienten, die Dopaminagonisten (Medikamente, die wie Dopamin wirken) einnahmen, uncharakteristische Zwänge entwickelten, darunter z. B. den Zwang zum Glücksspiel, zwanghafte Esssucht, erhöhten Alkoholkonsum und Hypersexualität.

„Als unsere Neurologen das Medikament bei den Patienten wieder absetzten, berichteten einige darüber, dass sich ihr Problem urplötzlich wieder auflöste," so ein Sprecher der Mayo Klinik. „Ein Patient sagte, es sei, als wäre ein Lichtschalter ausgeknipst worden."[127] Seit dieser Effekt publiziert wurde, haben Hunderte von erstaunten Patienten ihre unkontrollierbaren Süchte zugegeben, die über sie kamen, nachdem sie die ihnen verschriebenen Medikamente eingenommen hatten.[128]

Im Gegenteil dazu haben wir bei einem sehr niedrigen Dopaminspiegel keinen Antrieb und keinen Wunsch nach Interaktion. Die Forschung hat kürzlich bestätigt, dass ein niedriger Dopaminspiegel eng mit sozialen Phobien verbunden ist (dem Drang, gesunde Kontakt zu anderen zu vermeiden).[129] Das Leben erscheint dann freud- und sinnlos. Wir können uns dabei miserabel fühlen, so als stimmte irgendetwas einfach nicht. Lesen Sie dazu den Bericht über die Erfahrung eines gesunden jungen Medizinstudenten, dessen Dopaminspiegel künstlich durch Drogenkonsum herabgesetzt wurde:

„Nach 7 Stunden fühlte Herr A. eine größere Distanz zwischen sich selbst und seiner Umgebung. Stimulanzien hatten geringere Auswirkungen, visuelle und auditive Stimuli waren weniger klar. Er erlebte einen Verlust der Motivation und Müdigkeit. Nach 18 Stunden hatte er Schwierigkeiten aufzuwachen und empfand erhöhte Müdigkeit; die Stimulation durch seine Umgebung war für ihn dumpf. Er konnte nicht mehr so flüssig sprechen. Nach 20 Stunden fühlte er sich verwirrt. Er war vor seinem Termin sehr angespannt und verspürte den Zwang, ständig auf die Uhr zu schauen.

Nach 24 Stunden verspürte Herr A. eine innere Unruhe, Gedankenanflüge; seine Gedanken schienen sich ihm aufzudrängen und er konnte sich nicht an sie erinnern. Er fühlte, wie er die Kontrolle über seine Gedanken verlor. Nach 28 Stunden war er voller Schamgefühl, Angst, Panik und Depression. Er fürchtete, dass dies immer so weiterginge. Zu diesem Zeitpunkt wurden bei ihm Blepharospasmen (Zuckungen des Augenlids), starre Gesichtszüge und ein Tremor festgestellt. Nach 30 Stunden war er müde und schlief 11 Stunden. Nach 42 Stunden hatte er nur noch eine schwache Konzentration. In den darauffolgenden Stunden normalisierte sich sein Zustand."[130]

Vergleichen Sie dies mit der Erfahrung eines Websitebesuchers, der nach dem Orgasmus jedes Mal ein dramatisches Tief erlebt. Denken Sie dabei daran, dass postorgastische Symptome, ob schwach oder stark, nur ein Teil eines längeren Zyklus sind, und dass Dopamin nur einer der Mitwirkenden ist (mehr dazu gleich).

> *„Nach der Ejakulation ist mein Gehirn vernebelt, meine Energie niedrig und ich bringe kein Wort heraus. Ich fühle mich mental und physisch eine Woche lang erschöpft. Im letzten Frühjahr fing ich an zu experimentieren. Nach zwei Wochen ohne Masturbation verspürte ich einen unglaublichen Drang, Dinge zu erledigen, konnte klar denken und mich ganz leicht mit anderen unterhalten. Ich fühlte mich einfach normal. Ich kann das mit ein oder zwei Masturbationen wieder zerstören."*
>
> Rolf

Es wird Sie mittlerweile kaum noch überraschen, zu erfahren, dass nahezu alle Stimmungsschwankungen etwas mit dem Belohnungszyklus und damit verbundenen Mechanismen zu tun haben. Psychopharmaka gegen bipolare Störung und gegen Schizophrenie beispielsweise betreffen den Dopaminlevel bzw. den Belohnungskreislauf. Auch gewöhnliche Antidepressiva machen den Belohnungskreislauf scheinbar sensibler für Dopamin.[131] Als versucht wurde, Süchte durch eine Unterdrückung des Belohnungskreislaufs zu behandeln, riefen die eingesetzten Medikamente leider extrem schwere Depressionen und sogar einige Selbstmorde hervor.[132]

> *„Ich leide seit dem Alter von zwölf Jahren bis heute (vierundzwanzig Jahre alt) an Depressionen. Meine Depression war Teil einer bipolaren Störung. Sie ist völlig zurückgegangen, seit ich aufgehört habe, zu masturbieren. Ich nehme auch ein paar Kräuter, doch der Verzicht auf den Orgasmus hilft mir am meisten bei meinen Stimmungen."*
>
> Andrea

Sucht – Auf der Suche nach noch mehr Elend

Sie haben sicher gesehen, dass Sucht sowohl bei hohem als auch bei niedrigem Dopaminspiegel auftaucht. Wie kann das sein? Wenn Ihr Dopamin bereits hoch ist, dann treibt es Sie auf ein Ziel zu – komme, was wolle. Dann öffnen Sie noch eine Flasche Wein, schließen die Wette ab, die Sie sich eigentlich nicht leisten können, oder jagen dem Orgasmus bis zur völligen Erschöpfung hinterher. Wenn Ihr Dopamin niedrig ist, dann fallen Sie leicht einer Aktivität zur Beute, die den Pegel ansteigen lässt, so wie sich mit Junkfood vollzustopfen oder auf einer Pornoseite im Internet herumzuklicken. Eine im Jahr 2006 durchgeführte Studie zeigt, dass ein niedriger Dopaminspiegel zu schlechten, rein emotional getroffenen Entscheidungen führt, die von Kurzsichtigkeit charakterisiert sind. Probanden mit niedrigerem Dopaminspiegel hatten Schwierigkeiten damit, kurzfristigen Belohnungen zu widerstehen, auch wenn dies auf lange Sicht negative Konsequenzen für sie hatte.[133]

> „Ah, komm schon. Wer zum @#$% soll das schon herausfinden?"
>
> Bill Clinton, 1999

Der Punkt? Ein ausgeglichener Dopaminhaushalt kann Sie davor bewahren, Dummheiten zu begehen.

Es ist wichtig, zu wissen, dass ein idealer Dopaminlevel (nicht zu hoch und nicht zu niedrig) absolut notwendig für ein gesundes Bindungsverhalten ist. Wenn Ihr Zusammensein mit Ihrem Partner nicht genügend Dopamin erzeugt (und genügend Oxytocin, aber mehr dazu später), dann verlieren Sie das Gefühl der Liebe. Beide Arten von Süchtigen, die, deren intensives Verlangen mit hohen Dopaminwellen zusammenhängt, und die klinisch Depressiven, deren emotionale Flachheit – und dadurch Bereitschaft, nach rascher Erleichterung zu suchen – mit einem niedrigen Dopaminlevel zusammenhängt, neigen zu extrem selbst zentriertem Verhalten. Keine von beiden Gruppen hat eine gute geistige Voraussetzung für eine gesunde romantische Beziehung.

Menschen, die unter extremem Dopaminspiegel leider, haben häufig eine starke Motivation, sich selbst zu behandeln oder andere dazu zu benutzen, um ihre unangenehmen Stimmungen zu verändern. Häufig suchen Sie rasche Erleichterung und nehmen dabei in Kauf, einen weiteren unangenehmen Zyklus in Gang zu setzen – in Form von kleineren oder größeren Rückzugsperioden. Diejenigen mit hohem Dopamin fühlen sich vielleicht nervös und ängstlich und suchen nach etwas, das es ihnen leichter macht. Gesunde Alternativen sind z. B. liebevolle Berührung, Meditation oder Yoga. Weniger gesunde Alternativen wären Alkohol, Valium oder Marihuana.

Was sind die beiden mächtigsten Schnelllösungen, wenn das Unwohlsein uns auf der Dopaminachterbahn überkommt? Die Vorfreude auf einen potentiellen neuen Partner oder ein weiterer Orgasmus. Könnte das die Erklärung für den wirtschaftlichen Erfolg von Liebesromanen, Pornografie und rassigen Zeitschriften sein, die uns Verführung lehren und besseren Sex versprechen? Ihr Belohnungszyklus – darauf eingestellt, auf alle sexuellen Dinge mit einem großen Feuerwerk zu reagieren – hat Schwierigkeiten damit, eine virtuelle Paarungsmöglichkeit von einer realen zu unterscheiden. Selbst wenn Sie Ihre Erleichterung bei Ihrem Partner oder Ihrer Partnerin suchen, könnte es sein, dass Sie ihn oder sie mehr als eine Ansammlung von Körperteilen betrachten, die Ihnen Erleichterung verschaffen – und nicht als den Menschen, den Sie lieben.

Balance und Bindung

Der Dopaminlevel ist also nicht gleichgültig. Er beeinflusst uns, ohne dass wir uns dessen bewusst sind. Es ist wohl offensichtlich, dass die immerwährende Suche nach sexueller Sättigung den Liebenden ständige Schwankungen zwischen Dopaminüberschuss und Dopaminmangel beschert. Wenn unser Dopaminspiegel steigt, sehen wir „Herrn Superman oder Frau Superwoman" oder zumindest jemanden, der sehr begehrlich auf uns wirkt. Wenn der Dopaminspiegel fällt, fühlen wir uns emotional platt, apathisch, unzufrieden, müde oder reizbar (und ganz besonders anfällig für Substanzen und Aktivitäten, die schnelle Erleichterung versprechen). Dopaminfluktuationen können Stimmungsschwankungen und Wahrnehmungsveränderungen hervorrufen. Selbst wenn das ganz subtil vonstattengeht, wird Intimität dann möglicherweise zu etwas Verwirrendem. Wir schauen einander dann vielleicht an dem einen Tag durch eine rosarote Brille an und am nächsten Tag durch einen langen, dunklen Tunnel.

Unserer Erfahrung nach beeinflusst die Art, wie wir einander körperlich lieben, unsere Stimmungen und unsere Wahrnehmung voneinander. Das hatte ich schon vor Jahren herausgefunden, wie beschrieben. Jetzt war Will an der Reihe. Als wir uns kennenlernten, trank er heimlich, nahm Antidepressiva gegen chronische Depressionen und hatte ungefähr viermal in der Woche einen Höhepunkt. Depression und Alkoholismus waren Teil seiner Familiengeschichte - seine Mutter, die Therapeutin war, hatte unter beidem gelitten. Sein Vater war Lehrer für Sexualkunde, und was Will anging, so war er sicher, dass der Orgasmus keinerlei Probleme hervorruft, doch er war bereit, Sex im Karezzastil auszuprobieren.

> „Auf eine Periode intensiver [sexueller] Liebe folgte eine lange Periode der Wut; eine Periode milder Liebe zog eine milde Irritation nach sich. Wir verstanden nicht, dass diese Liebe und dieser Hass die zwei entgegengesetzten Gesichter des gleichen animalischen Gefühls waren."
>
> **Leo Tolstoi,** *Die Kreutzersonate*

In unserer Experimentierphase sagte Will wiederholt, dass er sich normal fühle – und zwar zum ersten Mal, solange er sich entsinnen konnte. Innerhalb von Monaten hatte er mit dem Trinken aufgehört. Ein Jahr später konnte er seine Medikamente gegen die Depression absetzen und es ging ihm besser als je zuvor. Diese Veränderungen kamen allmählich, doch sie machten sein Leben um ein Wesentliches freudvoller.

Es lohnt die Wiederholung, zu sagen, dass ein Hauptthema dieses Buches darin besteht, deutlich zu machen, dass die intensive Verfolgung von einem Orgasmus den Dopaminspiegel im Allgemeinen stark ansteigen lässt. Eine Studie mit normalen Probanden hat gezeigt, dass die Gehirnaktivität, die wir bei sexueller Erregung erleben, genauso aussieht wie die beim Drogenkonsum.[134]

Ein hoher Dopaminspiegel macht es dann dringend notwendig, durch den Höhepunkt Beruhigung zu finden (oder unter schwerem Frust zu leiden). Die übliche Erleichterung – der Orgasmus – ruft Dopaminfluktuationen im Laufe der nächsten zwei Wochen hervor. Wann immer das Dopamin während dieser Zeit unter seinen Normallevel fällt, nehmen wir dies unter Umständen als einen noch größeren Drang wahr, unserem Elend zu entkommen. Eine überhitzte Libido ist daher eine Abfolge von Ereignissen im Gehirn und nicht in den Genitalien – ein Thema, auf das wir im nächsten Kapitel zurückkommen.

Wie bereits beschrieben, haben die Taoisten (unter anderen) dieses Phänomen schon vor langer Zeit beobachtet. Sie entdeckten, dass der Weg zum Gleichgewicht nicht mehr Orgasmen sind – oder Abstinenz – sondern ein ganz anderer Zugang zum Sex. Dessen Ziel ist es, sexuelle Frustration aufzulösen (das heißt, überschüssiges Dopamin herunterzufahren) und ganz natürlich im Gleichgewicht zu bleiben, indem man sehr zärtlich Liebe macht. (Wir werden noch sehen, warum vorsichtige, liebevolle körperliche Liebe zu *weniger* Frustration und nicht *mehr* führt, wenn wir uns eine andere Neurochemikalie anschauen, nämlich Oxytocin.)

Auf diese Art und Weise entkommen Liebende der ungemütlichen Schaukel von Hochs und Tiefs, die in ihrem Paarungsprogramm eingebaut ist. Indem sie ihr Verhalten änderten, änderten die Taoisten ihre Neurochemie. Eine größere innere Balance erwies sich als der beste Weg, den Aufbau von sexuellem Frust von vornherein zu vermeiden. Mit anderen Worten, bindungsbasierte körperliche Liebe bietet Liebenden eine Strategie, größere Gefühle des Wohlbefindens anzuzapfen und sich in der obenstehenden Liste immer in der mittleren Spalte zu bewegen.

Auch wenn sich der Moment nach dem Orgasmus wie eine Rückkehr in ein Gleichgewicht *anfühlt*, ist dem nicht so. Der Körper kehrt zu seiner eigenen Zeit in die Homöostase zurück – und zwar am Ende eines längeren, komplizierten neurochemischen Zyklus, den wir uns als Nächstes anschauen.

Wissenschaftliche Beweise für dauerhafte Veränderungen nach dem Orgasmus

Der vollständige Zyklus der Leidenschaft ist komplexer als die einfachen Hochs und Tiefs des Dopaminspiegels. Es ist nicht leicht für Wissenschaftler, ein vollständiges Bild zu erhalten, weil sie schließlich nicht die Gehirne von Liebenden aufschneiden und in den Wochen nach einem Orgasmus untersuchen können. Außerdem haben die Wissenschaftler sich für diesen Zyklus noch überhaupt nicht interessiert, weil der Glaube vorherrscht, dass ein Orgasmus etwas durch und durch Wohltuendes ist.

Das Wenige, was bekannt ist, ist noch ganz neu. Es kommt aus der Magnetresonanztomografie (Gehirnscanning) und Blutuntersuchungen von Menschen sowie aus Experimenten mit den Gehirnen von Ratten – mit einem hauptsächlichen Fokus auf der Entwicklung neuer sexualfördernder Pharmazeutika. Trotz der offensichtlichen Unterschiede zwischen Ratten und Menschen haben Ratten eine führende Rolle beim Verständnisprozess der neurochemischen und genetischen Geheimnisse der primitiveren Bereiche des menschlichen Gehirns.[135]

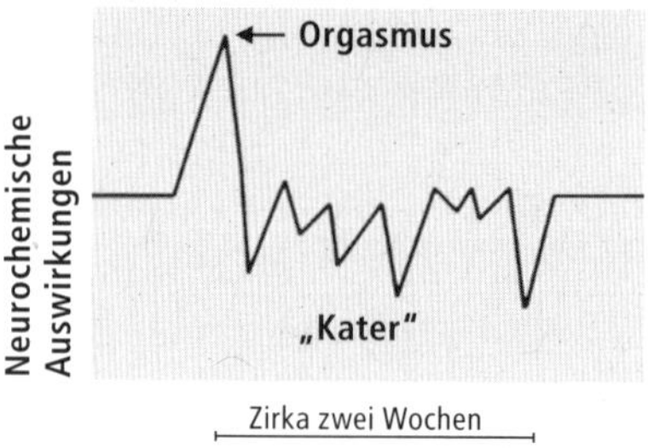

Basierend auf diesen kürzlichen Entdeckungen nehmen wir an, dass eine vereinfachte Grafik zur Rückkehr in die Homöostase nach sexueller Übersättigung ungefähr so wie dieses fraktale Muster aussehen würde. Keine zwei Erholungsphasen hätten natürlich identische Hochs und Tiefs oder gar die gleiche Länge, doch alle würden einem erkennbaren Zyklus folgen.

Im Moment ignorieren wir andere Faktoren, von denen wir annehmen, dass sie den Ablauf beeinflussen, so wie das Maß an sexuellem Überdruss, ob ein Partner und liebevolle Zuneigung vorhanden ist, die Art der sexuellen Aktivität (Geschlechtsverkehr oder nicht) sowie die individuelle Sensibilität für die jeweiligen Neurochemikalien. Wir stellen hier nur einige der bekannten neurochemischen Ereignisse im Säugetiergehirn heraus, die während der Phase im Anschluss an sexuelle Übersättigung ablaufen, und sprechen über ihre theoretische Bedeutung in unserem unbewussten Paarungsprogramm. (Das tatsächliche Gesamtbild ist noch komplexer. Es gibt noch viel darüber zu lernen.)

Prolaktin

Exakt zum Zeitpunkt des Orgasmus fällt nicht nur der Dopaminspiegel, sondern eine andere Neurochemikalie steigt stark an, sowohl bei Männern als auch bei Frauen: Prolaktin. Wenn Dopamin die „Fuß-auf-dem-Gas-Neurochemikalie“ ist, dann ist Prolaktin die „Fuß-auf-der-Bremse-Neurochemikalie“, die als ein Signal für sexuelle Übersättigung dient.[136] Männer erleben diesen Dopaminabfall und Prolaktinanstieg häufig als das „Ich falle jetzt ins Koma – gute Nacht“-Phänomen. Interessanterweise steigt das Prolaktin viermal so stark nach einer Ejakulation während des Geschlechtsverkehrs an, verglichen mit einer Ejakulation während des Masturbierens.[137] Unsere Gene wissen genau, wann ein Mann seine Fortpflanzungspflichten erfüllt hat.

Natürlich reagiert nicht jeder Mensch immer gleich auf jeden Orgasmus. Frauen berichten häufig, dass der erste Orgasmus nur dafür sorgt, dass sie sich für einen weiteren bereit fühlen. Ist es ein Überbleibsel der Programmierung unserer Säugetiervorfahren, Spermien von so vielen Spendern wie möglich zu sammeln – während die übersättigten Spermaspender in Ruhe schlafen? Im Spermawettbewerb gilt: „Wer einschläft, hat verloren.“ Wäre das ein möglicher Grund dafür, warum Männern häufiger k.o. nach dem Sex sind als Frauen? Unter unseren Verwandten, den Schimpansen, hat ein Weibchen Sex mit so vielen Männchen, wie sie schaffen kann. Das heißt, dass sie sich von ihrem ersten Partner noch nicht befriedigt fühlt (oder auch nicht von irgendeinem anderen Partner). Wir müssen immer daran denken, dass es den Genen egal ist, ob Frau Anna Schimpanse jemals gesättigt ist, solange ihr Verhalten genetisch erfolgreichen Nachwuchs hervorbringt.

> „Orgasmen können Veränderungen im Hypothalamus hervorrufen, die den Prolaktinstopp außer Kraft setzen [und es so zulassen, dass Prolaktin dramatisch ansteigt] ... Prolaktin ist ein wichtiges Sexualhormon mit potentiell weitreichenden Auswirkungen im Alltag. Es spielt eine fundamentale Rolle bei sexueller Aktivität und ist wohl der erste Kandidat für ein zirkulierendes Molekül mit der Fähigkeit, sexuelle Gefühle und sexuelle Bereitschaft zu regulieren.“
>
> **Jeremy Heaton**, Urologe

Aus der Perspektive ihrer Gene ist die postkopulative Unruhe ein perfekter Mechanismus, eine Versicherung dafür, dass ihr kostbares Ei nicht an einen Kerl verschwendet wird, der nur mit Leerpatronen schießt.[138] Die Arbeit der Frau ist vielleicht nie vorbei, doch scheinbar darf sich der Herr eine wohlverdiente Pause nach der Kopulation gönnen – wenn ihn nicht eine neue Partnerin aktiviert, wie wir im nächsten Kapitel erfahren werden. Auf jeden Fall reagieren männliche Schimpansen auf diese Eigenart des Weibchens mit einer vergrößerten Genproduktionsmaschinerie (größeren Hoden). Weniger promiskuitive Primaten haben kleinere Hoden. Im Verhältnis zur menschlichen Größe haben die Hoden von Menschen eine mittlere Größe.[139] Es scheint, dass wir in beide Richtungen gehen können.

Menschen, die viele Orgasmen haben können, besitzen diese Fähigkeit, weil ihr Prolaktinlevel nach ihrem ersten Orgasmus nicht ansteigt.[140] Aufgrund von unserer Erfahrung und der von anderen Menschen, die mit Karezza experimentiert haben, nehmen wir an, dass ein Erleichtern der sexuellen Spannung ohne Orgasmus den postorgastischen Prolaktindämpfer umgeht, so dass sich die Liebenden unbeschwerter und erfrischter nach dem Sex fühlen, und nicht so kaputt oder unruhig.

> *„Nach der Ejakulation war jedes Mal mein Denken vernebelt, ich hatte kein Interesse mehr an Dingen, die ich eigentlich mag (inklusive Menschen), ich war müde, hatte Schlafprobleme und konnte meine Aufmerksamkeit immer nur für kurze Zeit aufrechterhalten. Die Symptome verschwanden nach einer Woche langsam wieder. Auf der Suche nach Erleichterung nahm ich Bockshornklee [ein Kraut, das die Produktion von Prolaktin entweder fördert oder sie imitiert]. Meine Symptome verschwanden, doch mein Orgasmus war nicht mehr so wahnsinnig intensiv wie sonst. Vielleicht erleben Menschen mit stärkeren Orgasmen auch stärkere Symptome. Wenn dem so ist, könnte man den Orgasmus mit Drogen oder Alkohol vergleichen. Je intensiver der Rausch / das High / der Orgasmus, umso schlimmer ist die Erholungsphase / das Tief. Schließlich habe ich es geschafft, elf Monate keinen Orgasmus zu haben. Ich habe mich großartig gefühlt!“*
>
> Duncan

Im Normalfall sagt uns die Prolaktinwelle nach dem Orgasmus, dass wir genug haben – zumindest für den Moment. Dies geschieht durch die Unterdrückung von Dopamin. Merken Sie sich am besten, dass Dopamin immer dann niedrig ist, wenn Prolaktin hoch ist. Das bedeutet, dass Veränderungen im Prolaktinspiegel umgekehrte Veränderungen im Dopaminspiegel bewirken. Werfen Sie noch mal einen Blick auf die vorstehende dreispaltige Dopaminliste, um sich klarzumachen, warum Veränderungen im Dopaminspiegel relevant sind.

Es scheint, als hätte Prolaktin einen größeren Einfluss auf die postorgastische Wahrnehmungsveränderung bei Frauen als bei Männern. Eine kräftige Kopulation ruft bei einer weiblichen Ratte beispielsweise einen Prolaktinanstieg zweimal pro Tag für eine Dauer von zwei Wochen hervor, selbst wenn sie nicht schwanger geworden ist. Diese Prolaktinwellen sind scheinbar so etwas wie ein automatischer Mechanismus, um die Ratte nach intensiver sexueller Aktivität auf eine mögliche Schwangerschaft vorzubereiten.[141] (Prolaktin hat, wie die meisten Neurochemikalien, viele Aufgaben im Körper, je nachdem welche Zellen es gerade stimuliert. Es ist also nicht nur ein sexuelles Sättigungshormon, sondern auch ein wichtiges Schwangerschaftshormon.)

Die Forschungsergebnisse legen nahe, dass ein kraftvoller Sexualakt einen Dominoeffekt erzeugen kann, der Dopamin immer dann fallen lässt, wenn Prolaktin ansteigt. Könnte es sein, dass ein Überbleibsel von eben dieser Säugetierprogrammierung Frauen in den Wochen nach sexueller Übersättigung ebenfalls beeinträchtigt? Vielleicht war ja der Prolaktinanstieg der Grund für die beunruhigenden Stimmungsschwankungen und Wahrnehmungsveränderungen, die sowohl Anja als auch ich nach dem Orgasmus bemerkten. Bei mir sind die Auswirkungen in der zweiten Woche nach dem Orgasmus stärker, und sie scheinen kurz vor meiner Rückkehr ins Gleichgewicht immer am schlimmsten zu sein. Selbst vorgewarnt, wie er war, hat es Will überrascht, als er diesen neurochemischen Zyklus aus zweiter Hand und mit offenen Augen erleben musste. Ich verwandelte mich von seiner Liebsten in die furchterregende „Frau Und-hier-nun-was-ich-denke“ und wieder zurück in seine liebevolle, unterstützende Partnerin – alles im Laufe von zwei Wochen, und das möglicherweise mehr als einmal.

Über die Effekte von Prolaktin:

Russ kommt von einem Arztbesuch nach Hause, bei dem er erfahren hat, dass er nur noch vierundzwanzig Stunden zu leben hat. Er wischt seiner Frau die Tränen aus dem Gesicht und bittet sie darum, mit ihm zu schlafen. Natürlich stimmt sie zu. Sechs Stunden darauf geht Russ wieder zu ihr und sagt: „Vielleicht sollten wir uns noch einmal lieben?“ Und so geschieht es. Später, als Russ ins Bett geht, sagt er: „Schatz? Bitte! Nur noch einmal, bevor ich sterbe.“ Sie stimmt zu. Nach vier Stunden tippt er ihr an die Schulter. „Schatz, können wir noch mal...?“ Sie setzt sich abrupt auf, dreht sich zu ihm um und sagt: „Nun hör mal, Russ, ich muss morgen früh aufstehen. Du nicht.“

> *[Aus dem Online-Forum] Mann: „Meine Frau verwandelt sich am Morgen nach einer Nacht mit richtig gutem Sex in ein echtes Biest. Ich spreche hier über multiple Orgasmen und ein Zusammensein von zwei bis drei Stunden. Am nächsten Morgen bin ich der Antichrist!"*
> *Frau: „Das passiert mir auch! Ich wache am Morgen nach einer tollen Nacht mit meinem lieben Mann auf und fühle mich dann manchmal wie eine Furie … total reizbar und schlecht gelaunt. Normalerweise bin ich ein ziemlich ausgeglichenes Mädel. Es fühlt sich besser an, wenn die Orgasmen weiter auseinander liegen. Ich persönlich habe festgestellt, dass sowohl meine Attraktivität als auch mein warmes, liebevolles Gefühl für meinen Mann nachlassen, wenn ich regelmäßig einen „O" habe."*

Kürzlich führte ein Psychologe eine Studie mit Frauen durch, die sich in verschiedenen Arten von sexueller Aktivität betätigten. Am Ende von dreißig Tagen führte er einen Test durch, um zu sehen, wie attraktiv und freundlich Bilder von (ihnen unbekannten) Männern auf sie wirkten. Er versuchte zu beweisen, dass Frauen, die Geschlechtsverkehr haben (Kontakt von Penis und Vagina), die Bilder von fremden Männern weniger attraktiv finden würden als andere Frauen, weil sie stärker an ihren Partner gebunden wären.

Zu seiner Überraschung war das, was er herausfand, eine Bestätigung für unsere Theorie, dass sexuelle Übersättigung die Wahrnehmung von Frauen verzerrt. Je mehr Orgasmen die Teilnehmerinnen an der Studie hatten (mit allen Methoden), desto unattraktiver und aggressiver stuften sie die Männer auf den Bildern ein. Sorry, Jungs – all die harte Arbeit ganz umsonst, seht ihr, was ihr dafür bekommt?

Die Frauen, die während dieser Zeit nur masturbierten, bewerteten die Männer am schlechtesten. Den Frauen, die oralen Sex mit ihren männlichen Partnern hatten, gefielen die Bilder auch nicht sonderlich. Die Frauen, die Geschlechtsverkehr gehabt hatten, bewerteten die Männer am freundlichsten und fanden sie am attraktivsten, was bedeuten könnte, dass Geschlechtsverkehr (eine tiefe Verbindung mit einem Partner) Frauen noch am stärksten vor dem postorgastischen Wahrnehmungstief schützt.[142] Mehr war jedenfalls nicht besser: Je weniger Orgasmen die Frauen hatten, umso freundlicher wirkten die Männer auf sie.

„Es erübrigt sich wohl zu sagen, das ich mal wieder den ganzen liebevollen Austausch übersprungen habe, orgastischen, heißen Sex hatte (mit ein paar erfolgreichen Runden Sex ohne Orgasmus). Ich fühle mich in keiner Weise mehr zu ihm hingezogen. Er ist desorientiert und verwirrt. Es sieht für mich so aus, als sei er besessen von Autorität, Prestige und der Frage nach seiner Potenz als Mann. Vergebende, unterstützende Yin-Energie? Ich glaube nicht, dass ich so etwas in mir habe."

Shana

Eine weitere Untermauerung des Gedankens, dass der Orgasmus in Frauen für mehr Unruhe sorgt, ist eine frühere Studie, die Masturbation mit stärkeren Depressionen und Unzufriedenheit in der Beziehung in Verbindung bringt – sowie mit geringerem körperlichen Vergnügen.[143]

Steckt Prolaktin hinter solchen Veränderungen? Es ist noch zu früh, um das genau sagen zu können. Interessanterweise berichten jedoch Patienten, die (aus unterschiedlichen Gründen) einen erhöhten Prolaktinspiegel haben, von einer Reihe ganz ähnlicher Symptome wie Liebende, deren Flitterwochenmodus endet. Männer mit hohem Prolaktinlevel berichten z. B. über eine niedrige Libido, Kopfschmerzen, erektile Dysfunktion und Angstzustände. Frauen berichten von ähnlichen Symptomen. In einer Studie litten dreiviertel der Frauen mit unerklärlich hohem Prolaktinspiegel an Depressionen, Angstzuständen und feindseligen Empfindungen.[144] Welchen subtilen, oder vielleicht auch nicht so subtilen, Effekt hat ein plötzlicher zweimaliger Anstieg von Prolaktin pro Tag in einem Schlüsselbereich des Gehirns auf den Gemütszustand einer Frau? Und hält der gewöhnliche Versuch, diese Symptome mit weiteren Orgasmen zu erleichtern, Frauen letztlich nur in der anstrengenden Achterbahn der Gefühle gefangen?

„Seit dem Tod meines Mannes ist ein Jahr vergangen, und ich entschloss mich dazu, auszuprobieren, ob ich immer noch einen Orgasmus haben kann. (Mein Mann war einige Jahre lang, bevor er starb, sehr krank, daher ist es eine Weile her.) Am nächsten Morgen wachte ich mit einer leichten Depression auf. Ich masturbierte weiter jeden Abend und versuchte, die Zeit bis zum Orgasmus zu verkürzen. Jeden Morgen wachte ich ein bisschen depressiver auf. Nach ein paar Wochen stellte ich diesen Zusam-

menhang her und hörte auf damit. Die Depression ist völlig verschwunden, doch ich bin immer noch geil von dem ganzen Masturbieren. (Bevor ich damit anfing, war ich überhaupt nicht geil.)"

Lorene

Prolaktin hat viele Aufgaben. Ein hoher Prolaktinspiegel scheint auch Teil des Säugetierrepertoires an Stressreaktionen zu sein. Es wird eher mit Langzeitängsten und Verzweiflung assoziiert als mit dem Kampf- oder Fluchtmechanismus – der am meisten mit dem Herzrasen verursachenden Adrenalin zu tun hat.[145] Vielleicht ist es eine seiner Aufgaben, Partner im Laufe der Zeit davon zu überzeugen, dass ihre Beziehung einfach nicht funktionieren kann, damit sie sich neue Partner suchen.

Wenn Ihnen diese Gemütsschwankungen extrem vorkommen, denken Sie bitte daran, dass die Auswirkungen des Orgasmuszyklus bei frisch Verliebten häufig stark gedämpft sind. Denn die stehen noch unter dem vorübergehenden Einfluss von hochgradig stimulierenden und zugleich auch wahrnehmungsschützenden Flitterwochenneurochemikalien.

„Meine Beziehung läuft so super, und ich weiß, dass viel mit diesem Zugang zu Partnerschaft zu tun hat. Ich fühle mich großartig. Ich bin verliebt und nicht länger verwirrt oder diejenige, die die Männer vertreibt."

Nora

Testosteron und Co

Auch in der männlichen Säugetierwelt gibt es Anzeichen für einen zweiwöchigen Orgasmuszyklus. Männliche Ratten kopulieren üblicherweise acht Mal, bevor sie ihr Interesse an einem Weibchen verlieren – also bevor sie sexuell übersättigt sind. (Wessen Aufgabe ist es, so etwas zu zählen?) Überraschenderweise braucht eine männliche Ratte *bis zu fünfzehn Tagen*, um nach dem Erreichen einer solchen sexuellen Pause wieder auf *ein normales Niveau* an sexuellem Reaktionsvermögen zurückzukommen.[146] Einer der Mechanismen, der die Libido unterdrückt, hängt auch mit Veränderungen der Testosteronrezeptoren (ein Androgen) im Gehirn zusammen.

Einer der Gründe, warum Männer normalerweise so verlässliche sexuelle Gelüste haben, ist der, dass sie weitaus mehr Testosteron als Frauen produzieren. Testosteron lässt den Dopaminspiegel im Belohnungskreislauf ansteigen.[147] (Aha! Noch ein Einflussfaktor auf den Dopaminlevel.[148]) Das Ergebnis? Ein Mann kann normalerweise Sex haben, sobald er seine Hose ausgezogen hat. Frauen produzieren auch Testosteron und dies trägt ebenfalls zu ihrem sexuellen Begehren bei. Ein pharmazeutisches Unternehmen hat es auch schon erfolglos versucht, die Zustimmung der US-amerikanischen Behörde für Arzneimittelsicherheit für ein Testosteronpflaster zu erhalten, das die Libido bei Frauen erhöhen soll. Unter anderen Nebenwirkungen kann der Frau ein Bart wachsen, Akne auftreten und eine Gewichtszunahme erfolgen.[149] In Europa ist das Pflaster zugelassen, obwohl es Frauen nur eine zusätzliche sexuell aktive Phase pro Monat beschert, im Vergleich zu einem Placebo.

Nach der Kopulation nehmen die Testosteronrezeptoren einer männlichen Ratte in einem Teil ihres Belohnungskreislaufs ab, den wir als Hypothalamus kennen. Das bedeutet, dass das Männchen in diesem zentralen Teil seines Gehirns weniger sensibel auf Testosteron reagiert. Wenn es weiter kopuliert bis zum Punkt sexueller Übersättigung, dann erfährt es dort einen *drastischen* Rückgang der Testosteronrezeptoren.[150] Der Hypothalamus schreit sozusagen „es reicht!" Das bedeutet, je größer das Gefühl sexueller Sättigung ist, umso mehr leidet das Säugetier in den folgenden zwei Wochen an unangenehmen Schwankungen in seinem Belohnungskreislauf. (Erinnerung: Sie sind ein Säugetier.)

Der Testosteronlevel im Blut der Ratte ist zwar nicht gefallen, doch sie ist sexuell uninteressiert. (Testosteron hat auch noch andere Aufgaben im Körper.) Doch aller Wahrscheinlichkeit nach *fühlt* es sich für die männliche Ratte so an, als wäre weniger Testosteron im Körper, da sein Belohnungskreislauf nicht vollständig darauf reagieren kann. Seine sexuelle Lust auf seine weibliche Käfiggenossin schwindet. Das Männchen kann bis zu sieben Tage lang überhaupt nicht mehr mit ihr kopulieren. Seine Testosteronrezeptoren erholen sich allerdings schon vorher. Das ist ein Hinweis darauf, dass parallel dazu noch andere, bislang unbekannte neurochemische Vorgänge ihren Lauf nehmen, die die vollständige Erholung des Männchens noch fünfzehn Tage lang verzögert.

> *„Wir hatten Sex, und er ließ mich sofort im Anschluss wissen, dass ich gehen müsse (Sekunden nach dem Koitus). Er war vierzehn Tage lang kalt und desinteressiert an mir … und wandelte sich dann in den nächsten vierzehn Tagen langsam wieder und machte mir wieder den Hof bis … Das ging jahrelang so. Er ist normalerweise ein sehr netter Mann, und das Ganze ergab nie wirklich Sinn. Ich zeichnete das Muster eine Zeit lang auf und konnte mir seinen Rhythmus einfach nicht erklären."*
>
> Mia
> (die im Übrigen eine deutsche Ärztin ist)

Verschiedene andere Neurochemikalien veränderten sich ebenfalls in den Phasen sexueller Erschöpfung bei Ratten. Opioide unterdrücken sexuelle Lust. Eine Studie mit Ratten verglich den Anstieg im Opioidlevel nach einer einzigen Kopulation mit dem Anstieg nach sexueller Übersättigung. In beiden Fällen hatte sich der Spiegel nach achtundvierzig Stunden noch nicht wieder normalisiert.[151] Mit anderen Worten, die Ejakulation setzt einen neurochemischen Zyklus in Gang, selbst wenn das Säugetier sich sexuell nicht *völlig erschöpft*. Weibchen produzieren außerdem Opioide nach energetischem Sex, was weitere sexuelle Aktivität zu unterbinden scheint und über mehrere Tage hinweg Prolaktinwellen hervorruft.[152]

Serotonin ist ein weiteres Glied in der postsexuellen Sättigungskette neurochemischer Ereignisse. Es wird direkt nach dem Orgasmus freigesetzt. Wie Prolaktin verhindert es die Wirkung von Dopamin (auch hier wird wieder diese Schlüsselneurochemikalie beeinflusst). Die meisten von uns denken bei Serotonin an eine Neurochemikalie, die gute Laune verursacht, doch seine Effekte hängen davon ab, welche Nervenzellen das Signal erhalten. Forscher wissen, dass Serotonin die sexuelle Lust dämpfen kann, weil Patienten, die Antidepressiva nehmen, die den Serotoninspiegel im Gehirn erhöhen, häufig von einer schwächeren Libido berichten. Ein Arzt hat sogar mit selektiven Serotonin-Wiederaufnahmehemmern (Antidepressiva) experimentiert, um die postkoitale Depression zu erleichtern,[153] doch wäre es nicht sinnvoller, beruhigendes Bindungsverhalten zu betonen, anstatt die sexuelle Erregbarkeit herabzusetzen?

Und was ist mit den Männern?

Bei uns Menschen ist es natürlich unmöglich, postorgastische Veränderungen der Neurochemie und der Rezeptoren tief im Säugetiergehirn wirklich festzustellen. Dennoch haben Wissenschaftler bereits unmissverständliche Beweise dafür gefunden, dass der menschliche Orgasmuszyklus bei Männern mindestens sieben Tage andauert. Wenn sie den Level von Testosteron im Blut der Männer an den Tagen nach dem Orgasmus testen, sehen sie eine vorhersagbare Spitze am Ende der sieben Tage.

> *„Das Ergebnis zeigte, dass sich die durch die Ejakulation hervorgerufenen Veränderungen durch einen Höhepunkt am siebten Tag der Abstinenz charakterisierten, und dass die effektive Zeitdauer von einer Ejakulation mindestens sieben Tage beträgt.“* [154]

Kurz gesagt, der Orgasmus eines Mannes tritt ein Reproduktionsprogramm los, das dem Reproduktionsprogramm des Eisprungs bei Frauen nicht unähnlich ist. Menstruationszyklen variieren, doch selten sind die Abweichungen groß, und auch hier finden wir ausgeprägte Hormonspitzen (von Progesteron und Östrogen). Vorhersagbare neurochemische Wellen sind nicht sinnlos. So signalisiert eine Spitze von Testosteron in der Jugend den Knochen zum Beispiel den *Wachstumsstopp*.

Was bedeutet nun der Testosteronanstieg eines Mannes am siebten Tag? Testosteron lässt Dopamin ansteigen. Macht das den Mann noch ansprechbarer für neue Partnerinnen – so dass er seine vorherige, möglicherweise schwangere Partnerin in Ruhe lässt? Ist es nur ein Dominosteinchen in einem längeren neurochemischen Programm? Oder weder noch? Oder beides? Niemand weiß das bislang. Nur eines ist sicher: Während ihrer Reise durch diesen Zyklus bringen männliche Ratten es nur für neue Weibchen auf die Reihe. Vergangene Verlockungen lassen ihr Dopamin nicht ansteigen. Das ist der Coolidge-Effekt – eine Form der Gewöhnung, in der Säugetiere auf bereits bestehende Partnerinnen mit einem niedrigen Dopaminlevel reagieren und auf neue Partnerinnen mit einem anregenden Dopaminanstieg. Die Neurochemie, die uns zu weiteren Partnern treibt, ist die geheime Waffe unserer Gene – das Gift an Amors Pfeil.

Im Übrigen weiß niemand, was mit dem Testosteronlevel von Männern passiert, die Karezza praktizieren (Geschlechtsverkehr ohne Orgasmus). Insgesamt wirken jedoch sexuelle Abstinenz und Zurückhaltung von sexueller Aktivität (Orgasmus) auf den Testosteronlevel von Männern mit einer *Erhöhung* des Gesamtlevels, verglichen mit Männern, die sexuell aktiver sind.[155]

> *„Nach drei Wochen Abstinenz vom Orgasmus fühle ich die Testosteronwellen. Mein Selbstbild, das ohnehin selten niedrig ist, kommt an die Grenze zur Selbstverliebtheit. Mein Körper wird härter, meine Bauchmuskeln kommen wieder zum Vorschein, und zwar ohne Training, und das, obwohl ich seit Weihnachten von Leckereien lebe. Während der Drang nach einem Orgasmus ein eher schwacher Drang war, der mich dazu brachte, allein sein zu wollen, ist der Testosterondrang sehr stark und treibt mich nach draußen, um dort echte Frauen zu treffen. Ich habe gelesen, dass der Testosteronlevel von Männern 1940 zweimal so hoch war wie unserer heute; ist das ein kurzzeitiges Hoch gewesen oder reden wir hier von dauerhaften Veränderungen?“*
>
> Stephen

Ich liebe sie, und das letzte Mal, als wir miteinander geschlafen haben, hatte sie vier Orgasmen. Warum verlässt sie mich?

Phil

Wenn das Bild auch noch rudimentär ist, die Neurochemie unseres Paarungsverhaltens wird uns wahrscheinlich eines Tages enthüllen, warum Liebende einander während der Wochen nach sexueller Übersättigung zuwei-

Säugetiergehirn unter dem Einfluss eines postkoitalen „Katers"

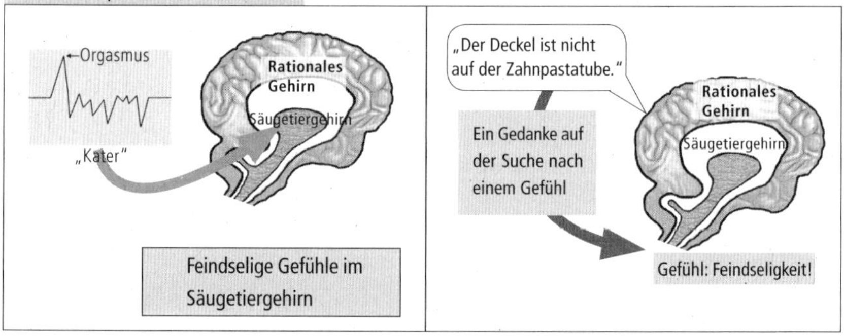

len mit anderen Augen betrachten als zuvor. An einem Tag sieht er aus wie Dr. Jekyll und am nächsten Tag wie Mr. Hyde. An einem Tag sieht sie aus wie Aphrodite, am nächsten wie Medusa mit lebendigen Schlangen als Haar. In Anbetracht der Tatsache, dass die Forscher noch nicht nach Beweisen für einen postorgastischen Zyklus der Leidenschaft suchen (ein ausgedehnter Erholungszyklus), ist es faszinierend, dass es bereits so viele Fakten gibt, die dafür sprechen, dass es ihn gibt.

Das Wahrnehmungsspiel

Jetzt, da wir einige mögliche Pfeiler unseres Paarungsprogramms kennengelernt haben, lassen Sie uns wieder zu der Frage zurückkehren, wie die von diesem Programm hervorgerufenen Gefühle mit unserem Liebesleben interferieren könnten. Stellen Sie sich vor, dass Sie die Flitterwochenphase in Ihrer Beziehung hinter sich gelassen haben, und dass Sie sich außerdem in der zweiwöchigen Rückkehr zur Homöostase befinden, die auf den Orgasmus folgt. Aufgrund des unvermeidbaren neurochemischen Geschehens passieren zwei Dinge: Zum einen ist Ihr Dopaminspiegel niedrig – zumindest in Beziehung zu *Ihrem* Liebsten oder *Ihrer* Liebsten. Aus Ihrer Sicht ist der Glanz in den Augen Ihres Partners verloren gegangen. Zum Zweiten steht Ihr inneres Alarmsystem wahrscheinlich auf Rot und Sie halten nach Ärger Ausschau.

> Die Frau eines anderen ist ein weißer Schwan, die eigene ein bitteres Kraut.
>
> **Russisches Sprichwort**

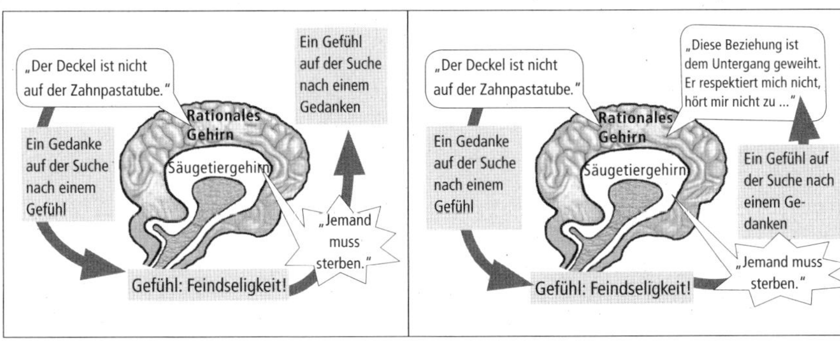

Sie fühlen sich vielleicht nicht so wie ein Hahn, der nach seiner nächsten Henne Ausschau hält, oder wie eine Schimpansin, die ihren nächsten Spermaspender sucht. Doch Sie hören ein neurochemisches Flüstern aus Ihrem Säugetiergehirn. Es könnte sein, dass Sie sich unruhig und reizbar fühlen – vielleicht auch den Wunsch nach energetischem Sex haben, doch keine Lust auf liebevolles Vorspiel, oder auch umgekehrt. Ohne Ihr bewusstes Wissen hat Ihr rationales Gehirn bereits damit begonnen, nach Gründen für ihre realen, doch ansonsten eher grundlosen Gefühle zu suchen. Und es findet immer welche.

Ihr rationales Gehirn und Ihr Säugetiergehirn spielen nämlich eine Form von Pingpong – und Ihr Säugetiergehirn hat den wesentlich härteren Aufschlag. Das liegt daran, weil die Nervenbahnen im Gehirn, über die das Säugetiergehirn mit dem rationalen Gehirn kommuniziert, ähnlich wie mehrspurige Autobahnen sind, während die Nervenbahnen, über die das rationale Gehirn mit dem Säugetiergehirn spricht, eher Trampelpfaden in der Wildnis ähneln. Die Kommunikation geht dort nur langsam und spärlich vonstatten.

Wenn das rationale Gehirn auf eine Beobachtung aufmerksam wird, dann verbindet es diese mit den Gefühlen im Säugetiergehirn und analysiert dann weiter. Durch diesen Prozess rationalisieren wir unser Gefühle. Die Serie von Bildern im Folgenden zeigt, wie ein Gefühl der Feindseligkeit – ein völlig normales Geschehen während der Niedrigphasen des Zyklus der Leidenschaft – Chaos verursachen kann. Das Säugetiergehirn färbt die Sichtweise ein, wie wir unseren Liebsten während des Zyklus sehen, und die Farbe steht ihm möglicherweise gar nicht.

Nehmen Sie einmal an, dass Sie nach dem Höhepunkt einen niedrigen Dopaminspiegel (oder geringere Sensibilität auf Dopamin) als eine Phase geringer Energie oder geistiger Abwesenheit wahrnehmen. Wie werden Sie Ihre Liebste oder Ihren Liebsten zu solchen Zeiten sehen? Entweder als fordernd oder als kontrollierend. Selbst die vernünftigste, diplomatischste Bitte wird sich für Sie wie Nörgeln anhören. Wenn ein Orgasmus bei Ihnen jedoch nachfolgend Wellen der Unsicherheit auslöst, wie werden Sie dann Ihren Liebsten oder Ihre Liebste sehen? Als selbstsüchtig, unsensibel, mit anderen flirtend. Gleichgültig, was Ihr Partner oder Ihre Partnerin dann tut (oder *nicht* tut), es wird nicht ausreichen, um Sie seiner zu versichern.

Kein Partner, wie tolerant oder aufmerksam er auch sein mag, kann unser Unbehagen dauernd beruhigen oder ein „Loch" in uns füllen, welches wir empfinden, weil unser Verhalten – auch wenn es ganz natürlich ist – unsere neurochemische Balance zerstört hat. Ob es uns gefällt oder nicht – Sex, den wir bis zum Punkt der Übersättigung verfolgen, besitzt das Potential, unsere Wahrnehmung voneinander zu filtern, insbesondere nachdem die neurochemischen Flitterwochen vorbei sind.

Wenn wir unter dem Einfluss postorgastischer Stimmungsschwankungen stehen, neigen wir dazu, unseren Partner als völlig unzureichend wahrzunehmen. Er oder sie mag besonders viel Aufmerksamkeit bedürfen, ganz von sich selbst eingenommen sein, unpassend oder nervend sein, unfähig oder unwillens, unsere Bedürfnisse zu erfüllen, er mag uns faul, kritisch, langweilig, fordernd, bedrohlich, selbstsüchtig, gierig, irrational oder eifersüchtig vorkommen – oder auch alles zusammen. Es ist schwierig, einen geliebten Menschen zu bewundern, wenn wir uns defensiv oder enttäuscht fühlen. Stattdessen neigen wir dann zu unbewussten Gedankenmustern und Verhaltensweisen, die wir bei den Gelegenheiten eingeübt haben, wenn uns geliebte Menschen als Kind enttäuscht haben. Zu den Zeiten kann die Romantik verblühen wie eine Rose unter dem gebündelten Licht der Sonne. Und wir kommen niemals auf die Idee, dass die selbst erzeugten Stimmungsschwankungen ein großer Faktor in der Veränderung unserer Wahrnehmung sind.

Veränderungen wie diese unterschätzen den brutalen Zusammenstoß unseres evolutionären Bindungsprogrammes mit dem evolutionären „Wir frönen dem Sex, bis wir uns gezwungen fühlen, einen neuen Partner zu suchen"-Programm. Die daraus entstehende Zerstörung garantiert so ziemlich, dass wir Liebe und Angst in unserem Unbewussten vermischen, insbesondere in Bezug auf intime Beziehungen.

> Sie haben zwei Wahlmöglichkeiten im Leben. Sie können allein bleiben und unglücklich sein oder heiraten… und wünschen, Sie würden sterben.
>
> W.W. Renwick

Versuche, den Symptomen dieses eingebauten Trennungsmechanismus mit Therapie, Kommunikationsfähigkeiten, Verhandlungsgeschick oder künstlich hervorgerufener Leidenschaft beizukommen, bringen zwar häufig Ergebnisse, doch geht es niemals dem biologischen Ursprung an den Kragen. Es entstehen neue Rationalisierungen, warum Distanz gut wäre. Wir Menschen werden so lange im Durchschnitt immer nur die gleichen Ergebnisse erzielen, wie wir unseren gerissenen Genen die Führung überlassen. Die Resultate sind dann viele Babys und viele kaputte oder verkrüppelte Beziehungen. Wir sind im genetisch inspirierten Tanz gefangen, Verbindung haben zu wollen – und gleichzeitig auch das, was die Verbindung wieder zerstört. Und aus der Perspektive unserer Gene ist diese Spannung eine Stärke, keine Schwäche.

Wir müssen uns an unseren Partner nicht auf diese Art und Weise gewöhnen. Indem wir unser Verhalten verändern, können wir unsere Sensibilität für unseren Partner steigern und ihn oder sie weiterhin als lohnenswert betrachten. Und zwar bis in die Unendlichkeit.

Wenn Liebe sich mit Angst vermischt

Wenn Sie Ihre derzeitigen Gewohnheiten beibehalten, werden Sie auf Dauer feststellen, dass der eingebaute Zyklus der Anziehung und Abstoßung unbewusst für Unruhe zwischen Ihnen und *jedem* neuen Liebhaber oder jeder neuen Liebhaberin sorgen kann. Vielleicht ist das das Werk der Amygdala – des Teils in Ihrem Belohnungskreislauf (hier nochmals abgebildet), der die emotionalen Erinnerungen aufzeichnet. Eine ihrer Hauptaufgaben besteht darin, Sie davor zu beschützen, schmerzvolle Erfahrungen zu wiederholen, indem sie Sie dazu ermutigt, Dinge zu vermeiden, die Sie in der Vergangenheit verletzt haben. Wenn die Amygdala beginnt, Intimität mit Kämpfen, bösen Kommentaren, Gefühlen der Erschöpfung, dem Wunsch zu fliehen und wiederkehrenden Ängsten zu assoziieren, dann reagiert sie auf Intimität wie auf eine Schlange oder auf einen Jäger, dessen Beute sie ist.

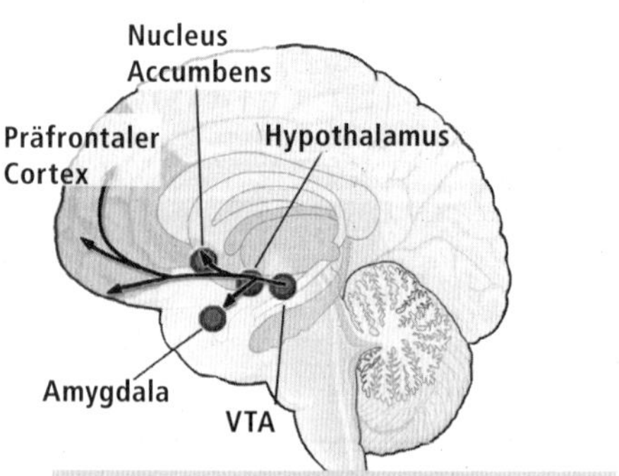

Belohnungskreislauf (vereinfacht)

In der Tat kann sich die Amygdala schließen wie eine rostige, doch noch völlig intakte Bärenfalle. Sie gibt ihre Warnungen chemisch ab, und das so schnell, dass dies die Verteidigungsreaktionen Ihres Körpers aktivieren kann, bevor Ihr rationales Gehirn auch nur die Chance hat, die Situation einzuschätzen.[156] An diesem Punkt ist es leicht, auf eine der drei Stressreaktionen reinzufallen: kämpfen, fliehen oder sich tot stellen.

Die Amygdala bemerkt nicht, dass die Folgeerscheinungen von sexueller Übersättigung die Hauptquelle Ihres Stresses ist. Denn schließlich fühlt sich ein Orgasmus ja großartig an – insbesondere mit einem neuen Partner. Stattdessen könnte sie die *Beziehung* als Problem registrieren, weil das die Stelle ist, wo sich die Spannung normalerweise in den Wochen nach orgastischem Sex bemerkbar macht. Das Motto der Amygdala wird dann: Orgasmus ist gut, Beziehung ist gefährlich. Sie kennen Menschen, die nach diesem Motto leben? Falls dem so ist, dann sind diese Menschen genau da, wo ihre Gene sie haben wollen. Doch wie wir in den späteren Kapiteln noch sehen werden, ist diese Maxime in der Tat eine schlechte Führung – wenn es nicht allein unsere Absicht ist, als Genmaschine zu funktionieren.

> Die Tatsache, dass es dir gestattet ist, zusätzlich zu deiner Ehefrau noch eine weitere Frau zu heiraten, lässt dich bezweifeln, ob du wirklich eine Affäre mit einer anderen Frau willst.
>
> **Muhammed Sha'alan,**
> Moslem

> *„[Während der Tage unserer leidenschaftlichen Liebe in einer relativ jungen Beziehung] dachte ich noch, dass diese Beziehung gut für mich wäre, gut für uns, doch … jetzt geht es nicht mehr. Ich kann einfach nicht mehr. Etwas in mir sagt: Werde diese Frau los. Sie hört dir nicht zu. Sie hat zu viel am Hals. Sie kritisiert zu sehr, wie ich Auto fahre. Sie denkt, dass ich Dinge zu langsam mache."*
>
> Eric

Bei einigen Menschen entstehen diese Botschaften unmittelbar nach dem ersten Zusammensein mit einem neuen Partner. Schließlich kann sich dieser Schutzmechanismus sogar direkt beim Kennenlernen eines Menschen einschalten, mit dem man eine reale Beziehung eingehen könnte. Während Ihre Amygdala Sie vor dauerhafter Intimität „rettet", wirken stabile, großzügige Partner gar nicht anziehend auf Sie. Und Sie werden sich nicht einmal die Mühe machen, Ihr Urteil in Frage zu stellen. „Oh, da ist kein Funke zwischen uns übergesprungen." Mysteriöserweise jedoch werden Sie Partner, die nicht verfügbar oder inkompatibel sind (die mit dem blinkenden „Fluchtweg"-Schild hinter ihrem Kopf), so unglaublich anziehend finden. Und auch hier gilt, selbst wenn Sie entschlossen an Ihrer Ehe und Treue festhalten, können diese Warnsignale bewirken, dass Sie sich mit engem Kontakt zueinander unwohl fühlen, noch lange, nachdem der Zyklus der Leidenschaft eigentlich vorbei ist.

Es wird möglicherweise offensichtlich, dass es keine Harmonie geben kann, es sei denn, der Verteidigungsmechanismus der Amygdala ist deaktiviert. Die Amygdala ist unser Wachhund, unser Sicherheitswächter. Wenn wir uns verbinden wollen, müssen wir sie gleichzeitig mit der Aktivierung unseres Belohnungskreislaufs zum Schweigen bringen. Sonst gelangt unser Partner in unserem Säugetiergehirn schnell in die Kategorie „unangenehm – muss vermieden werden". (Leidenschaftlicher Sex schaltet die Amygdala kurzfristig aus, was einer der Gründe ist, warum Paare in das Muster von Feindseligkeit, die sich mit heißem Sex abwechselt, fallen können – zumindest für eine Weile.)

Tolstoi zog einmal die Schlussfolgerung, dass in der Ehe „Liebe durch die Befriedigung der Sinnlichkeit ausgelöscht wird." Eigentlich ist es genau anders herum. Die Unruhe während der Tage nach sexueller Übersättigung überdeckt kurzzeitig die Gefühle der Liebe mit Stress, und das rationale Gehirn kann anfangen, dauerhafte Überzeugungen zu formulieren, dass Liebe eine Täuschung ist.

> *„Die Art, wie ich Liebe mache, wirkt sich sofort auf die emotionale Gesamtatmosphäre zwischen uns aus. Wenn ich einen „normalen" Orgasmus habe, erlebe ich den Verlust meiner Fähigkeit, die Schönheit wahrzunehmen, den Verlust des Sinnes für den Zauber des Lebens und einen Mangel an subtiler Zärtlichkeit und Vollständigkeit. Nach der Ejakulation fühle ich mich nicht nur hormonell erschöpft, sondern auch emotional und spirituell. Um mich teilweise zu erholen, brauche ich mindestens drei oder vier Tage. Um mich komplett davon zu erholen, brauche ich ungefähr zwei Wochen. Ich bin erstaunt, meine eigene Beobachtung in Ihrem*

Material bestätigt zu sehen. Während dieser Zeit wird meine Partnerin nur noch zu einer bloßen Wiederspiegelung meines eigenen inneren Zustands. Es ist schrecklich!"

Serge

Wenn Sie Ihre Liebste oder Ihren Liebsten nicht als einen sicheren Hafen und eine verlässliche Quelle wohltuender Gefühle wahrnehmen, können Sie skeptisch werden. Es ist sogar gut möglich, dass Ihr Nervensystem gar nicht mehr in der Lage ist, zu fühlen, wie es sich anfühlte, als Sie noch in Ihren Partner verliebt waren – bis Sie Ihre Warnglocken ausschalten. Sie können Ihren Wachtposten zur Ruhe schicken (und jede Form der Gewöhnung rückgängig machen), indem sie Ihr Ihnen angeborenes Bindungsprogramm verstärken. Doch lassen Sie uns zunächst schauen, wie der Dopaminmechanismus hinter dem Orgasmuszyklus uns anfällig für Exzesse macht.

Zurückhaltung des Mannes

In der Mitte des neunzehnten Jahrhunderts entdeckten eine Reihe von amerikanischen Sozialpionieren die Prinzipien der Liebe ohne Orgasmus und deren Macht, Beziehungen glücklicher zu gestalten, neu. Man könnte annehmen, dass sie von der damaligen Sichtweise des Sex als Sünde hypnotisiert waren. Doch die drei, deren Erkenntnisse wir uns in diesem und den nächsten beiden Weisheitsabschnitten anschauen werden, waren eindeutig positiv gegenüber Sex eingestellt. Ihre offene Diskussion des Orgasmus und der Masturbation steht der der heutigen Sexualtherapeuten in nichts nach, auch wenn das, was sie zu sagen hatten, unserem heutigen Denken widerspricht.

Ungefähr um 1850 stieß ein geistreicher Absolvent der Yale Divinity School namens John Humphrey Noyes (1811–1886) aufgrund von Ereignissen in seiner eigenen Ehe zufällig auf das Konzept von Sex ohne Orgasmus. Am Ende verstieß er gegen die fundmentalen Prinzipien seiner eigenen Entdeckung, machte sich zum Narren und wurde in die Annalen der komischen Figuren der Geschichte verbannt. Doch seine anfängliche Entdeckung war sehr erkenntnisreich, und was er herausfand, erlaubte späteren Forschern, die wichtigen Lücken zu füllen, die er nicht berücksichtigt hatte.

Noyes machte seine Entdeckung, weil er den noblen Entschluss fasste, das Wohlbefinden seiner Frau über sein eigenes sexuelles Begehren zu stellen. Nachdem er beobachtet hatte, wie sie fünf Schwangerschaften durchlitt, aus denen nur ein lebendes Kind hervorging, schwor er sich, ihr niemals wieder solche Qualen zu bereiten und gelobte sich Abstinenz. Doch er vermisste die Intimität des Geschlechtsverkehrs, und da er ein wissenschaftlich gesonnener Zeitgenosse war, dämmerte es ihm, dass Sex zwei voneinander unabhängige Funktionen hatte, die er die „amative" (spirituelle, liebende) und die „prokreative" (fortpflanzungsorientierte) nannte. Er experimentierte damit, den Geschlechtsverkehr sehr ruhig auszuführen, ohne die „Vermehrungskrise", und fand heraus:

> *„... die Selbstbeherrschung, die es verlangt, ist nicht schwierig; auch dass meine Freude daran größer war; und auch die Erfahrung meiner Frau war sehr zufriedenstellend, so wie nie zuvor; außerdem waren wir dem Horror und der Angst ungewollter Fortpflanzung entgangen. Es war eine großartige Befreiung. Und machte aus uns einen glücklichen Haushalt. Ich erzählte einem Freund von meiner Entdeckung. Seine Erfahrung und die seines Haushaltes waren die gleiche."*[157]

Zwei Jahre später gründeten Noyes und andere eine kommunale Organisation, die auf 300 Menschen anwuchs. Sie lebten am Ende in einer eleganten Villa im Hinterland von New York und ernährten sich durch Landwirtschaft und die Anfertigung von Fallen. Die Mitglieder praktizierten die „Zurückhaltung des Mannes", wie Noyes seine Entdeckung nannte. Inspiriert von Noyes einzigartiger Auslegung des Christentums betrachteten sie die Ehe am Ende als abgöttisch und entwickelten die „komplexe Ehe", ein Arrangement, durch das alle erwachsenen Männer mit allen erwachsenen Frauen verheiratet waren.

Liebende vereinbarten Zeit für sich in gegenseitigem Einverständnis in extra zu diesem Zweck ausgestatteten Räumen. Junge Männer perfektionierten ihre Fähigkeit der Zurückhaltung mit Frauen jenseits der Menopause. Da die Ressourcen am Anfang begrenzt waren, benutzte die Gemeinschaft die Zurückhaltung der Männer über viele Jahre als eine sehr wirkungsvolle Form der Geburtenkontrolle. (Versuchen Sie dies nicht selbst!) Später änderte die prosperierende Gemeinschaft ihre Politik und beschloss, dem internen Bedarf nach mehr Kindern nachzukommen. Aufgrund seiner wissenschaftlichen Ader versuchte Noyes, überlegenen Nachwuchs zu planen. Ab diesem Punkt ging die Hölle los.

Wie jedes Alphamännchen beschloss auch Noyes, dass sein Sperma das Beste war, das es gab. Er wollte außerdem frühere Voraussagen von Medizinern widerlegen, die besagten, dass die Zurückhaltung des Mannes seine gesunde Fähigkeit zur Fortpflanzung gefährden würde – ein Ziel, das er definitiv erreichte. Doch, wie vorherzusehen war, verzerrte die Ausübung von orgastischem Sex sein Denken, ohne dass er sich dessen bewusst wurde. Er gestand sich trotz seines vorangeschrittenen Alters immer noch diese Vormachtstellung zu, und es scheint, dass eine ganze Reihe von Jungfrauen auf seiner wissenschaftlich vorbereiteten Liste idealer potentieller Mütter standen. Er wurde unter Schimpf und Schande aus der Gemeinschaft ausgeschlossen und sie brach dann auch kurz darauf zusammen.

1872, bevor alles auseinanderfiel, veröffentlichte Noyes seine Schrift *Zurückhaltung des Mannes*, in der er die Prinzipien des Sex ohne Ejakulation mit großem Gespür befürwortete und herausstellte, dass diese Form des Sexes die Macht habe, „eine wahre Vereinigung der Geschlechter herzustellen". Hier ein paar Passagen:

> *„Es gibt den Einwand, dass diese Methode unnatürlich sei und es kein Beispiel in der Tierwelt dafür gäbe. Darauf könnte ich antworten, dass Kochen, das Tragen von Kleidern, das Leben in Häusern und so ziemlich alles, was der zivilisierte Mensch tut, im gleichen Sinne unnatürlich ist, und dass eine enge Anlehnung an das Beispiel der Tiere von uns verlangen würde, auf Sprache zu verzichten und auf allen Vieren zu laufen! ….*
>
> *Unter normalen Bedienungen sind Männer völlig dazu in der Lage, im sexuellen Geschlechtsverkehr zu entscheiden, ob sie an irgendeinem Punkt im freiwilligen Stadium innehalten wollen, und so einen Akt der Verbindung daraus machen, oder, ob sie durch das unfreiwillige Stadium gehen wollen und somit einen Akt der Fortpflanzung daraus machen.*
>
> *Die Situation kann mit einem Strom in den drei Zuständen eines Wasserfalles, eines Laufs von Stromschnellen über dem Wasserfall und dem ruhigen Wasser über den Stromschnellen verglichen werden. Der geschickte Bootsmann kann entscheiden, ob er im ruhigen Wasser bleiben möchte, sich mehr oder weniger auf das Abenteuer der Stromschnellen einlassen will oder mit seinem Boot den Wasserfall herunterfahren möchte. Doch es gibt einen Punkt an der Schwelle zum Wasserfall, ab dem er keine Kontrolle mehr über sein Boot hat; und etwas weiter darüber*

ist ein Punkt, an dem er mit dem Strom auf eine Art kämpfen muss, die seine Nerven ernsthaft auf die Probe stellt, auch wenn er dem Fall noch entkommen kann. Wenn er willens ist, zu lernen, wird ihn die Erfahrung die Weisheit lehren, seine Exkursionen auf den Bereich des leichten Ruderns zu beschränken, es sei denn, er hat ein Ziel im Sinn, dass es den Preis wert ist, über den Wasserfall zu fahren …

Viele glauben ernsthaft, dass die Natur eine periodische und häufige Entladung des Samens verlangt, und dass dessen Zurückhaltung aller Wahrscheinlichkeit nach schädlich ist. Selbst wenn dies stimmen würde, wäre es kein Argument gegen die Zurückhaltung des Mannes, sondern eher ein Argument für die Masturbation; denn ganz offensichtlich haben Männer vor der Ehe keine gesetzmäßig anerkannte Möglichkeit, den Samen zu entleeren als über die Masturbation; und nach der Ehe ist es dumm und grausam, den Samen der Frau zukommen zu lassen, nur um ihn loszuwerden; das wäre so, als würde man ein Gewehr auf seinen besten Freund abfeuern, nur um es zu entladen … Doch es stimmt nicht, dass der Samen ein Exkrement wie der Urin ist, der periodische und häufige Entleerung brauchte. Die Natur hat andere Wege bereitgestellt, ihn loszuwerden. Er ist sogar … in bester Funktionsfähigkeit, wenn er aufgespart wird … Die Gemeinschaft hatte keine Probleme damit, den Samen zurückzuhalten, doch hat sie auf der anderen Seite durch den rückwirkenden Einfluss der Zurückhaltung die Masturbation nahezu ausgerottet …

Eine andere von Medizinern geäußerte Sorge lautete, dass die Vermeidung der Krise im Geschlechtsverkehr die Erregung derart steigern und verlängern würde, dass daraus Exzesse entstünden, die zu verschiedenen nervösen Krankheiten führen würden … Die generelle Erfahrung der Gemeinschaft hat dies nicht bestätigt … [und] es wurde durch sorgfältige Vergleiche von unseren Statistiken mit denen des statistischen Bundesamtes der USA und anderen öffentlichen Dokumenten gezeigt, dass die Rate von nervösen Störungen in der Gemeinschaft beträchtlich unter dem Durchschnitt der normalen Gesellschaft liegt.“

Noyes gab zu, dass es ein paar Fälle von nervösen Störungen in der Gemeinschaft gab, die er dem Missbrauch der Zurückhaltung des Mannes zuschrieb. Wie er sagte, kann Übererregung sowohl ein Problem für Frauen als auch für Männer sein. Es ist vielleicht bedeutungsvoll, dass die Frauen in der Gemeinschaft nicht dazu angehalten wurden, Orgasmen zu vermeiden. Es ist möglich, dass er zu der Zeit, als er das Buch *Male Continence* schrieb, über genau dieses Thema neu nachdachte.

> *„Selbstbeherrschung in Bezug auf den Samenausstoß zu kultivieren, sie jedoch in anderen sexuellen Genüssen zu vernachlässigen, ist ganz offensichtlich Zurückhaltung in einer zweifelhaften und gefährlichen Form."*

Kapitel 6

Die Straße zum Exzess

Unsere Umgebung hat sich dramatisch verändert, doch der Belohnungskreislauf und das Säugetiergehirn hängen hinterher. Die Fähigkeit, Essen und Sex exzessiv zu genießen, entwickelte sich, als Zucker und sexuelle Gelegenheiten selten waren.

Nun sehen wir uns einem Angebot an Superstimuli gegenüber, die sich in unseren Belohnungskreislauf einmischen, was zu Entzugserscheinungen, Verlangen nach mehr Stimulation und zuweilen zu dauerhaften Gehirnveränderungen führt.

Hinter den Entzugssymptomen steht ein niedriger Dopaminspiegel, der jedoch steil ansteigt, wenn wir einen Reiz wahrnehmen, den wir mit Erleichterung assoziieren. Daraus können intensives Verlangen und häufig sogar Zwänge entstehen. Diese machen die Rückkehr in ein Gleichgewicht zu einer wahren Herausforderung.

Wir haben viele der Vorteile enger Partnerschaft verloren, derer sich unsere Vorfahren noch erfreuten, was uns anfälliger für Maßlosigkeit, Süchte und Zwänge macht.

Im letzten Kapitel haben wir uns den normalen, häufig subtilen zweiwöchigen Zyklus der Leidenschaft angeschaut, der auf Masturbation oder Geschlechtsverkehr folgt. Nun bewegen wir uns von diesen gewöhnlichen Hochs und Tiefs zu der sexuellen Entsprechung einer gigantischen Achterbahn – mit schwindelerregenden Höhen und nervenaufreibenden Stürzen in die Tiefe. Extreme erotische Stimulation bringt ein ganz spezielles Risiko mit sich: Zwanghaftigkeit. Wenn wir einmal damit anfangen, in so einem Geisterwagen herumzusausen, dann brauchen wir wahrscheinlich länger als zwei Wochen, um unser Gleichgewicht wiederherzustellen.

Die Unterschiede zwischen den sexuellen Achterbahnen sind völlig subjektiv. Der Eine mag den Hauch des Verbotenen aufregender finden, ein anderer ein Tête-à-tête zu dritt. Wichtig ist, wie intensiv *Sie* etwas anturnt, ob es nun schöne Schuhe sind, oder das Betrachten erotischer Kombinationen, die Sie menschlich nicht für möglich gehalten hätten, oder Sex mit einer Prostituierten. Die einzige Konstante ist das ansteigende und wieder abfallende Dopamin im Säugetiergehirn.

Gene von gestern

Wie wir gesehen haben, sind Säugetiere so programmiert, dass sie sich wie verrückt paaren, wenn das Dopamin ansteigt, und wenn es wieder fällt, anderen Aktivitäten nachgehen, bis sich ihre Libido von selbst erholt.

Männliche Säugetiere sind jedoch mit der Möglichkeit ausgestattet, diesen natürlichen Zyklus automatisch zu umgehen, und zwar unter den folgenden Umständen: wenn sie ein neues Weibchen finden.[158] Setzen Sie einer sexuell gesättigten männlichen Ratte ein empfangsbereites Weibchen vor die Nase, und das Männchen wird die Gelegenheit beim Schopfe packen. (Weibliche Säugetiere scheinen auch aufzuleben, wenn neue Samenspender auftauchen.) Das ist der Coolidge-Effekt, doch wir können ihn auch den „Sooty-Effekt" nennen:

> **Männliches Meerschweinchen sorgt für Babyboom:**
> In Südwales kam ein Meerschweinchen namens Sooty in den Genuss einer leidenschaftlichen Nacht mit vierundzwanzig Weibchen,

> nachdem er sich in deren Käfig geschlichen hatte. Er machte allen Damen den Hof, einer nach der anderen, und ist nun der stolze Vater von zweiundvierzig Baby-Meerschweinchen.... „Er war völlig fertig. Wir haben ihn in seinen Käfig zurückgebracht, wo er zwei Tage lang durchschlief."[159]

Denken Sie, ein Überbleibsel von diesem Programm könnte sich auch noch im *menschlichen* Gehirn befinden? Was ist mit den polyamourösen Jäger-und-Sammler-Männern und -Frauen, den Sultanen mit ihren Harems, den Pornokonsumenten auf der Suche nach dem nächsten neuen Bild und den ständig wechselnden Ehepartnern heutzutage?

Wo treibt uns dieses Programm derzeit hin? Nicht nur dorthin, wo unsere Gene uns haben wollen – zur Ausnutzung der Gelegenheit, viele Partner zu befruchten –, sondern häufig noch darüber hinaus, in leere Zwänge. Und das alles nur, weil die Zeiten sich verändert haben.

Das Säugetiergehirn ist dazu gemacht, einen Vorteil aus kurzfristigen Gelegenheiten ziehen zu können. Das ist der Grund für unsere zweifelhafte Fähigkeit, uns vollfressen zu können, wenn uns hochkalorisches Essen kredenzt wird – und es als Ersatzreifen und Reiterhosen für schlechte Zeiten bei uns anzulagern. In den Tagen vor der Erfindung des Kühlschranks und verlässlicher Essensversorgung war es sinnvoll, der Fülle zu frönen und überschüssiges Essen in Extrakörperfett zum einfachen Transport umzuwandeln.

Wenn Sie sich, wie Sooty, in einem Kloster der einsamen Herzen befinden, könnten Sie sich (theoretisch natürlich) mit Ihrem eigenen Können überraschen. Oder, wenn Sie weiblich sind, mit Ihrer Fähigkeit, Sperma zu sammeln. Denken Sie an die Paarungssaison.

Wenn wir schon davon sprechen, etwas zu bekommen, solange wir können: Sowohl das Fettspeicherprogramm als auch der Mechanismus, der die sexuelle Übersättigung außer Kraft setzt, entwickelten sich, als hochkalorisches Essen und potentielle neue Partner seltene Gelegenheiten waren, und nicht alltägliches Geschehen. Im Belohnungskreislauf unserer Vorfahren ging damals das Flutlicht an, und unsere genetischen Programmierungen sind das Ergebnis. Ein Grund dafür, dass intensive „Nimm' s dir!"-Signale im Fall von hochkalorischer Nahrung und sexuellen Gelegenheiten früher so zum Vorteil der Menschheit waren, ist, dass eine karge Umgebung uns damals zum Ausgleich regulierte.

> *„Chantek ist ein intelligenter, liebenswerter Orang-Utan, der im Zoo von Atlanta lebt. Er beherrscht die Zeichensprache und verfügt über ein Vokabular von mehr als 150 Worten. Außerdem gilt er als guter Künstler …*
>
> *Da er in einer von Menschen geschaffenen Umgebung aufwuchs, wurde Chantek richtig dick, wog über fünfhundert Pfund, ca. das Dreifache seines Idealgewichts. Da man Sorge hatte, dass das massive Gewicht einen Lungenkollaps auslösen könnte, setzten ihn Wissenschaftler auf eine strenge Diät. Aus seinen ehemals fünfhundert Pfund wurden vierhundert Pfund voller Wut. Während seiner Diät wurde sein Lieblingswort aus der Zeichensprache das Symbol für ‚Süßigkeiten'. Er weigerte sich, weiter zu zeichnen und aß statt dessen die Stifte, die man ihm zum Malen gegeben hatte.*
>
> *Als er auf Diät war, gelang es ihm sogar, auszubüchsen. … Man fand ihn schließlich neben einem umgekehrten Futterfass, wie er mit allen Vieren Affenfutter in sich hineinstopfte.*
>
> *Chantek ist einzigartig, nicht nur wegen seines Kontaktes mit Menschen und seiner sprachlichen und künstlerischen Fähigkeiten, sondern auch wegen seines Gewichts. Denn außerhalb von Zoos und Forschungszentren gibt es keine fetten Orang-Utans. Wilde Orang-Utans, die auch Chanteks genetische Begeisterung für ein gutes Mahl teilen, wiegen mehr oder weniger leichte 160 Pfund, weil Essen im Dschungel von Borneo relativ selten und schwer zu bekommen ist.“* [160]

Wie Terry Burnham und Jay Pleban in ihrem Buch *Mean Genes: From Sex to Money to Food, Taming Our Primal Instincts* erklären, hat sich die Umgebung verändert, was unseren Belohnungskreislauf ziemlich verletzlich macht. Wie Chantek, *sind wir dazu geschaffen, mit Umständen umzugehen, die während der Millionen von Jahren Entwicklungszeit unseres Gehirns vorherrschend waren.* Honig und reife Früchte waren die seltenen Quellen konzentrierten Zuckers, und die Höhlenmädels waren zweifelsohne sehr süß, doch die Bilder, auf denen sie erotisch posierten, waren keine perfekten Hochglanzfotos, die einem auf allen verfügbaren Oberflächen entgegensprangen. Es gab weniger Gelegenheit dazu, aufregende neue Partner abzuschleppen, die man kaum kannte. Keine Singlebars, keine Tantrawochenenden und keine Schulen mit Hunderten von süßen Fremden des anderen Geschlechts.

Das sind die Gefahren unserer modernen Lebensumstände: Wenn sich das Gehirn eines Säugers nicht an die Intensität und Quantität eines Reizes angepasst hat, wird dieser Reiz als *Superreiz* wahrgenommen. Die Beispiele am Ende des folgenden Absatzes können als Superreize auf das Gehirn eines Jägers und Sammlers wirken. Internetpornos sind ein *extremer* Superreiz. Es steht sieben Tage die Woche vierundzwanzig Stunden lang zur Verfügung, ist völlig frei von sozialen Barrieren und immer neu.

Wenn man supranormaler, d. h. überdurchschnittlicher Stimulation ausgesetzt ist, ruft dies *ganz besonders starke „Das ist großartig; aufgepasst!"-Signale* im Gehirn hervor, dank des Anstiegs von Dopamin. Unter solchen Umständen sind wir dazu geschaffen, unseren Sättigungsmechanismus zu übergehen, damit wir, wie Sooty, das Meerschweinchen, auf keinen Fall eine günstige Gelegenheit verpassen. Allerdings ist auch ein kräftiger „Alle Aufmerksamkeit hierhin!"-Befehl keine Garantie dafür, dass die Aktivität oder Substanz unsere übertriebene Aufmerksamkeit (und demzufolge *fehlende Aufmerksamkeit* auf andere Dinge oder Menschen unseres Lebens) auch wirklich lohnt.

Erinnerungen, die es in sich haben

Intensiv stimulierende Aktivitäten und Substanzen sind leicht zu verkaufen. Darum steckt hier das große Geschäft. Sie geben unserem Belohnungskreislauf einen Schub, und wir sagen ganz schnell „ja!" zu ihnen, ohne überhaupt unser rationales Gehirn einzuschalten, um ihren langfristigen Wert für uns abzuschätzen (falls es den überhaupt gibt). Unser Gehirn ist viel besser auf *Wollen* eingestellt als auf *Mögen*. Der Forscher Kent Berridge hat es wie folgt zusammengefasst: „Wir sind im Grunde alle dafür anfällig, mehr zu wollen als uns wirklich gut tut, zumindest in bestimmten Situationen."[161] Dopamin ist das „Wollen" bzw. Verlangen. Es ist der

Grund, warum wir immer noch einen Nachtisch essen können, auch wenn wir schon satt sind, und selbst dann über andere Partner phantasieren, wenn wir glücklich verheiratet sind.

> „Die Gelegenheit klopft vielleicht nur einmal an die Tür, doch die Versuchung lehnt sich an die Türklingel."
>
> Anonym

Unser Gehirn ist also dazu geschaffen, sich an alles, was es mit intensiver Stimulation verbindet, zu erinnern – und darauf zu reagieren. Wissenschaftler nennen solche Assoziationen *Auslöserreize*. Oder glauben Sie, Sooty, der Don Juan unter den Meerschweinchen, wird den Ort des Käfigs mit den vielen Damen jemals vergessen? Wie er dort eingebrochen ist oder ihr freudiges Willkommensgequietsche? Glauben Sie, seine Gene *wollen*, dass er jemals irgendwelche der auslösenden Reize vergisst, die mit einem derartigen Abenteuer verbunden sind? Sicher nicht. Er speichert diese Art der Information, indem er es mit Dopaminwellen in seinem Belohnungskreislauf in Verbindung bringt. Wenn die neue Paarungssaison heranrollt, wird Sooty herausfinden, dass jeder der Reize, die mit seiner großen Nacht in Verbindung stehen, in seinem Gehirn eingebrannt ist.

Das Säugetiergehirn reagiert stark auf Reize, die mit vergangenen Belohnungen assoziiert werden. So erinnern sich Eichhörnchen daran, wo sie ihre Eicheln vergraben haben, und Bären daran, in welchen Flüssen es Lachse gibt. So erinnerten sich unsere nomadischen Vorfahren daran, wo sie Nahrung und Ressourcen gefunden haben. Heute sind die goldgelben Bögen von Macdonalds ein Auslöserreiz für eine Belohnung in Form eines schnellen, leckeren Snacks – und das Bild einer nackten Fremden in hochhackigen Schuhen ist der Auslöser für aufregenden Sex mit jemand Neuem.

Natürlich lassen wir nicht immer alles stehen und liegen, was wir gerade tun, nur um dem Reiz zu folgen. Doch manchmal sind wir *sehr* anfällig dafür, selbst wenn wir wissen, dass es nicht in unserem besten Interesse liegt. Warum? Ein Tipp: Selbst wenn eine Alkoholikerin ihren Autoschlüssel oder ihr Geld nicht mehr finden kann, sie erinnert sich immer daran, wo sie ihre Flasche versteckt hat.

„Wo ist mein Stamm?"

Je intensiver die Stimulation, umso größer ist auch das darauffolgende Unbehagen. Die meisten von uns lernen dies relativ früh, wenn wir nämlich zu viel Alkohol trinken. Warum also greifen wir immer wieder nach leeren Versuchungen, die uns nur einen Kater bescheren? Normalerweise, weil wir nicht genug andere Dinge bekommen, die unser Gehirn lohnenswert findet. Schauen wir mal, was uns eigentlich fehlt.

Wir können zwar nicht genau wissen, wie der Alltag unserer Jäger-und-Sammler-Vorfahren aussah, doch wir haben ein paar Vorstellungen, die auf Berichten von Anthropologen beruhen. Typischerweise hätten wir damals unser Leben in einer oder zwei relativ kleinen Gruppen von Menschen verbracht, die wir gut kennen. Auch wenn Flirt und Sex zwei der intensivsten Vergnügungen unseres Lebens gewesen wären, so hätten wir uns doch auch an anderen lohnenswerten Aktivitäten erfreut: an der Aufregung und Befriedigung einer erfolgreichen Jagd, am Essen von einfacher Nahrung ohne raffinierten Zucker, an der Interaktion mit anderen in Zeremonien und Alltagstätigkeiten und natürlich an der Verbindung zu unseren Eltern, Nachkommen und unserer erweiterten Familie. Als Kinder hätten uns unsere Freunde und Verwandte in allem Nötigen unterrichtet.

Es gab aller Wahrscheinlichkeit nach auch einen guten Teil Freizeit. Die Buschleute Afrikas jagen und sammeln beispielsweise nur für ein paar Stunden am Tag. Sie verbringen den Rest ihrer Zeit damit, einfach zusammen zu sein.[162] Wie wir in späteren Kapiteln noch sehen werden, ist soziale Interaktion mit Menschen, denen wir vertrauen, eine der besten Formen der Gesundheitsvorsorge.

Vergleichen Sie diesen Lebensstil – für den unser Gehirn gut ausgestattet ist – mit dem heutigen. Wir werden an jeder Ecke mit intensiver Stimulation konfrontiert. Es gibt Millionen von unterschiedlichen Websites, Tausende von Geschäften und Hunderte von Fernsehsendern, die um unsere Aufmerksamkeit heischen. Wir werden ständig in Versuchung geführt, von leeren Kalorien, überaus zuckerhaltigen Snacks, Gelegenheiten zum Risiko, actionreichen Videospielen, sexuell stimulierenden Bildern, und häufig auch Gelegenheiten, jemanden abzuschleppen, um an einen Orgasmus zu kommen, ohne uns emotional zu binden. All das verspricht einen aufregenden Dopaminanstieg, was bedeutet, dass viele von uns häufig an mehr oder weniger starken Entzugserscheinungen leiden.

Ist es da ein Wunder, dass der Zugriff auf Pornos exponentiell ansteigt? Oder dass Dickleibigkeit in den USA bis zu einem Punkt angestiegen ist, dass die Lebenserwartung einer Generation zum ersten Mal kürzer ist als die ihrer Eltern?

Sexuelle Stimulation um ihrer selbst willen klingt gut, und der Drang, danach zu greifen, wenn sie angeboten wird, ist sicherlich natürlich. Doch einer der Gründe, warum es heutzutage *so* verlockend ist, ist, dass viele der *anderen* lohnenswerten Vergnügungen des Lebens so selten geworden sind. Diese uralten Belohnungen, mit lebenslangen Begleitern zu spielen, zu arbeiten, zu lernen und Herausforderungen zu meistern, sind sowohl beruhigend als auch gesund.

„Essen hat den Platz von Sex in meinem Leben eingenommen. Jetzt passe ich nicht mal mehr in meine Hosen."

Im Gegensatz dazu haben die Eltern von heute oft nur wenig Zeit für soziale Belohnungen. Die Mütter gehen kurz nach der Geburt des Kindes schon wieder arbeiten. Viele leben nicht in der Nähe von ihrer weiteren Familie, so dass die Kinder von ihrem Clan getrennt werden und erst in den Kindergarten, dann in die Schule gegeben werden, wo sie in der Obhut von Fremden sind. Da sind sie dann dem Stress ausgesetzt, den ganzen Tag sitzen zu müssen, Tests zu bestehen, sich um Noten sorgen zu müssen, um tyrannische Mitschüler, Cliquen, soziale Zurückweisung und sogar Gewalt – und all das ohne ihre natürlichen Bezugspersonen und ihren natürlichen Lebensstil. Die Forschung hat beispielsweise kürzlich ergeben, dass ADHS kein pathologischer Zustand ist – für einen Jäger und Sammler zumindest nicht. Er *muss* impulsiv, energetisch und leicht zu langweilen sein.[163]

Als Erwachsene kleben wir an Computern, während wir in kleinen Kabinen oder an Fabrikationsplätzen sitzen, und haben nur selten die Freude, von Angesicht zu Angesicht mit jemandem zu arbeiten und gemeinsam Herausforderungen anzugehen. Zeremonien gibt es selten, und da ist dann oft nur wenig Zeit, um mit Freunden zu quatschen oder einander bei den Aufgaben des Lebens zu helfen. Aufgaben, die früher in die Rubrik „erfreulich" fielen, wie die Vorbereitung unserer Kinder auf das Erwachsenendasein, gelten jetzt als anstrengend. Zur gleichen Zeit kommt unsere angeborene Neigung, neue Partner unwiderstehlich zu finden, wieder an die Oberfläche – aufgrund vermehrter Gelegenheiten und häufig kürzeren und weniger wohltuenden Beziehungen.

Wie gut sind wir an diesen Lebensstil von viel Stress im Gegenzug zu so wenig verlässlicher liebevoller Interaktion angepasst? Unser Säugetiergehirn ist dazu geschaffen, nach Dingen zu suchen, die Freude machen, und das zu vermeiden, was (schädlich) stresserzeugend ist.

Welche Vergnügungen kann es finden? Nicht mehr viele der einst vertrauten, lebensstärkenden, beruhigenden Verbindungen mit anderen. Stattdessen glauben wir oft, dass wir Vergnügen unter den eher selbstsüchtigen, häufig einsamen Aktivitäten suchen müssen, wie dem Kitzel eines hochkalorischen Snacks, der Jagd nach dem Orgasmus und der Chance, Geld zu gewinnen. Außerdem muss Gemeinschaft gepflegt werden, während hingegen viele einsame Genüsse scheinbar so leicht zu haben sind – bis wir sie übertreiben und dann wieder von der Achterbahn herunter wollen.

Kein Wunder, dass viele von uns mit solcher Entschlossenheit nach verfügbarem Vergnügen greifen. Doch es gibt ein verstecktes Risiko. Die Forschung besagt nämlich, dass der Mangel an zwischenmenschlicher Interaktion uns *noch anfälliger* für Süchte macht.[164] In diesem Kapitel werden wir uns dieses Phänomen aus verschiedenen Perspektiven anschauen.

„Wie entdeckte Pinocchio, dass er aus Holz war? Seine Hand ging in Flammen auf."

Die Qual des Exzesses

Stellen Sie sich einmal ein „Stimulationsmessgerät" vor, das so ähnlich wie ein Drehzahlmesser aussieht (das Instrument im Auto, das die Umdrehungen pro Minute anzeigt). Nachdem das Dopamin während der Phase intensiver Stimulation bis in den „roten Bereich" angestiegen ist, sinkt es danach tiefer als normal. Es fluktuiert dann während der Rückkehr zur Homöostase noch eine ganze Weile – so wie der Drehzahlmesser, wenn Sie den Gang wechseln.

Jeder Abfall des Dopaminspiegels kann in Ihnen ein schmerzhaftes Bedürfnis nach Erleichterung zurücklassen – und Ihre Bereitschaft erhöhen, bei jeder verheißungsvollen Aktivität oder Substanz zuzugreifen. Wann läuft Ihnen am ehesten das Wasser im Munde zusammen, wenn Sie etwas Appetitliches riechen? Nach einem großen Essen? Nein, da wird sich Ihr Dopaminmesser keinen Deut weiterbewegen. Wenn Ihnen jemand noch mehr anbietet, dann sagen Sie aller Wahrscheinlichkeit nach zu sich selbst „auf gar keinen Fall!" Doch wenn Sie lange gearbeitet haben, das Mittagessen ausgefallen ist und Sie dann einen gegrillten Burger riechen? Ihr Körper lässt Sie (durch den Dopaminanstieg) wissen, dass Sie Essen zu Ihrer *obersten Priorität* machen sollten.[165]

Je unwohler Sie sich fühlen, desto dringender sucht Ihr Säugetiergehirn nach etwas, das Sie aus Ihrem Elend erlösen kann. Wenn es dann auf einen Reiz trifft, den es mit Erleichterung verbindet, sendet es Ihre Dopaminnadel in den roten Bereich Ihres inneren Messgeräts. Sie erleben dann ein intensives Verlangen. Ein Schokoriegel mag Ihrem Belohnungskreislauf dann so lebenswichtig erscheinen, dass Ihr rationales Gehirn kurzzeitig Ihre dicker werdende Taille außer Acht lässt. Dieser Mechanismus funktionierte bei Ihren entfernten Vorfahren ganz prima. Alle Möglichkeiten, die sich Ihnen zur Erleichterung anboten, waren auch halbwegs gesund, und ihre frugale Umgebung machte Exzesse zu einer eher seltenen Gelegenheit.

Im Gegensatz dazu schützt unser Lebensstil uns nicht vor übermäßigem Genuss. Zu viel Stimulation, gefolgt von häufigen Tiefs, bedeutet, dass wir von ungewöhnlich intensivem Verlangen nach Erleichterung verwirrt werden. *Superstimuli halten uns fern vom Gleichgewicht* und machen aus uns zwar bessere Konsumenten, doch insgesamt weniger befriedigte Menschen. Unser immer wiederkehrendes, dringliches Mangelgefühl beeinflusst die Wahl, die wir treffen – ohne unsere bewusste Wahrnehmung.

Vom Zuckern und Zittern

Stellen Sie sich einmal folgendes Experiment vor: Forscher enthielten Ratten zwölf Stunden lang Essen vor und gaben ihnen dann ernährungsphysiologisch ausgewogenes Futter sowie eine gute Dosis Zuckerwasser (Glukose). Dies war der Start eines Zyklus des Exzesses. Als die Forscher das Zuckerwasser nach nur zehn Tagen wieder aus dem Ernährungsplan strichen, zeigten die Ratten die üblichen Anzeichen für Drogenentzug, wie z. B. Angstzustände, Zähneklappern und Zittern sowie starkes Verlangen und Rückfälle (Hinweise auf langfristige Auswirkungen auf das Gehirn).[166]

Dann maßen die Wissenschaftler den Dopaminlevel der Ratten. Sie fanden heraus, dass der Dopaminspiegel „qualitativ gesehen dem beim Morphium- oder Nikotinentzug ähnelte", was darauf hinweist, dass die Ratten tatsächlich vom Zucker abhängig geworden waren.[167]

Was sagt uns das? Dass wir uns kleinen weißen Ratten gegenüber ganz schön übel verhalten. Doch es sagt uns auch, dass Säugetiere abhängig werden und unter Entzugserscheinungen (Kater) von *natürlichen* Substanzen und Erfahrungen leiden können – wenn sie diesen in einer Art und Weise frönen, die ihren Dopaminlevel aus der Bahn wirft. Im Gegensatz zu Alkohol oder Nikotin ist Glukose (Zucker) keine Droge. Der Körper hält den Blutzuckerspiegel in einem recht engen Rahmen, gleichgültig, wie viel Zucker wir zu uns nehmen oder nicht zu uns nehmen. Mit anderen Worten, unser „Zuckerhoch" (und Tief) kommt von einem Anstieg des Dopamins, wenn wir etwas intensiv Süßes schmecken (oder es uns später danach verlangt). Es kommt nicht direkt von dem Zucker, der ins Blut geht und auf unser Gehirn wirkt. Glukose selbst kann keinen Zuckerjunkie aus uns machen; doch die Hochs und Tiefs des Dopamins können das. Eine intensive Stimulation (Süße) ist dabei der entscheidende Faktor. Wir wissen das, weil Wissenschaftler das gleiche Experiment mit dem künstlichen Süßstoff Saccharin durchführten, und raten Sie mal, was dabei herauskam! Die Ratten wurden saccharinsüchtig (igitt).[168] Es ist also die Superstimulierung von Exzessen, die das Potential einer Sucht in Gang setzt, weil unser Belohnungskreislauf überaktiviert wird. Im Fall von Saccharin führt eine künstliche Substanz ohne jeglichen Nährwert, deren Einnahme unsere Überlebenschancen in keiner Weise erhöht, unseren Belohnungskreislauf an der Nase herum – was uns Abhängigkeit und das Elend des Entzugs beschert. Ganz offensichtlich assoziiert unser Säugetiergehirn süß mit „reif". Es musste sich bislang nie mit Saccharin zufriedengeben. Schließlich findet der Körper jedoch heraus, dass Saccharin nicht so befriedigend wie Zucker ist, und es ist möglich, dass Sie dann sogar *mehr als üblich* essen, wenn sie künstliche Süßstoffe benutzen.[169] Doch der Kreislauf, der zu Entzugssymptomen führt, wird von der Süße ausgelöst, nicht vom Zucker.

Lassen Sie uns einmal schauen. Wie kann unser Belohnungskreislauf sonst noch hochgradig aktiviert werden, ohne dass wir oder unsere Gene etwas davon haben?

> *Eine neue Studie ergab, dass männliche Affen ihren süßen Saft, den sie bekommen, stehen lassen, um die Bilder der Hinterteile von weiblichen Affen anzuschauen. Bei der Art und Weise, wie das Experiment durchgeführt wurde, so die Wissenschaftler, entspricht dies der Variante, für die Bilder zu zahlen.*[170]

Pornografie!** Und welcher Drang ist stärker: der, eine reife Frucht zu essen, oder der Drang danach, eine neue Partnerin zu befruchten? Wenn wir unsere angeborene sexuelle Lust mit Bildern, Videos und Aktivitäten aufblasen, die *wir* intensiv erregend finden, können wir in einem sexuellen Exzess landen. Pornos sind genauso leer wie Saccharin, weil sie keinen wirklichen Wert haben. Da ist niemand, der schwanger werden kann und keine lohnenswerte, angenehme Interaktion mit einem menschlichen Wesen.

> „Ein Großteil der Sucht ist das Ergebnis von Erfahrung … wiederholte hochemotionale, hochfrequente Erfahrung."
>
> **Howard Shaffer,** Psychologe

Nachdem Ihr Dopaminspiegel als Reaktion auf einen Superstimulus richtig hoch angestiegen ist, fällt er unnatürlich tief. Häufige Orgasmen (selbst ohne Pornos) können auch zu chronischen Phasen von niedrigem Dopamin führen, weil wir die Erholungsphase des Zyklus der Leidenschaft nicht abwarten. (Erinnern Sie sich, wie fertig Sooty nach seiner leidenschaftlichen Nacht war?) Entzugserscheinungen, wie z. B. Unruhe, Reizbarkeit, Frustration, der Wunsch nach Isolation und Apathie sind Signale dafür, dass Ihre volle Vitalität noch nicht wieder erreicht ist.

Warum also diese massive Libido? Während der Erholungsphase sind Sie sehr anfällig für Auslöserreize, die schnelle Erleichterung für Ihr Unwohl-

** Ein Großteil dieses Kapitels trifft auf jede Gewohnheit zu, die nach intensiver sexueller Stimulierung sucht und die ohne den Ausgleich durch eine vertraute Beziehung geschieht.

sein versprechen. Wenn Sie so etwas entdecken, fängt Ihr Belohnungskreislauf an zu kläffen und herumzuspringen wie ein verrückt gewordener Jack Russell Terrier. Es ist unheimlich schwer, das zu ignorieren, also wollen Sie ihn „füttern", nur damit er Ruhe gibt. Doch wenn Sie jetzt einen Höhepunkt haben, geraten Sie leicht in einen immer schneller werdenden Orbit des Zyklus der Leidenschaft und müssen sich jedes Mal mit einem Orgasmus helfen, wenn es Ihnen besonders schlecht geht.

> *„Innerhalb von zehn Minuten nach einem Orgasmus bin ich geistig benebelt, wirr im Kopf, desorientiert und innerlich angespannt, auch wenn die Dauer und Intensität dieser verschiedenen Symptome im Laufe der Jahre immer etwas anders war. Der Orgasmus war nicht nur die Ursache für diese Probleme, sondern erschien mir auch immer als das Heilmittel dagegen. Ich hatte also jedes Mal einen Orgasmus, wenn ich mich schlecht fühlte. Manchmal sogar zweimal hintereinander, wenn der erste mir nicht direkt geholfen hat. Doch nach einer Weile fand ich heraus, dass ich immer öfter einen Orgasmus brauchte, um Erleichterung von den Symptomen zu finden. Am Ende war ich bei fünfmal pro Tag. Das hat mich total erschöpft, und das Ganze herunterzufahren hat mir starke Entzugserscheinungen beschert."*
>
> Dustin

Wenn wir in dieser Achterbahn der Höhen und Tiefen angeschnallt sitzen, können wir völlig vergessen, wie sich inneres Gleichgewicht anfühlt. (Und wenn die Umstände es so wollten, dass Sie früh genug mit dem Masturbieren begonnen haben, dann gehören ernsthafte Stimmungsschwankungen vielleicht schon längst zu Ihrem Selbstbild.) Gleichgültig, auf welche Art es Sie aus der Bahn geworfen hat, Sie müssen leider den ganzen Zyklus der Leidenschaft durchlaufen, um wieder ins Gleichgewicht zu kommen. Es gibt keine Abkürzung, und wenn Sie ernsthaft am Angelhaken hängen, dann kann es auch noch länger dauern (mehr dazu gleich). Wenn Sie Ihr Gleichgewicht wiedererlangt haben, können Sie wieder an Sex denken, ohne sich dabei schrecklich bedürftig oder verrückt zu fühlen. Doch, wie alle anderen auch, sind Sie dann auch nicht gegen den postorgastischen Zyklus in geringerer Form immun.

„Als ich aufwuchs, galt der Playboy zwar noch als Pornografie, doch das „neue Denken“ über Masturbation war schon groß in Mode. Dadurch kam mir meine eskalierende Pornografie- und Masturbationssucht einige Jahre lang als „ganz normal“ vor. Ich kann mir kaum vorstellen, welche Langzeitauswirkungen dies auf die Gesellschaft in den Generationen nach mir haben wird. Was wäre wohl gewesen, wenn Internetpornografie schon zur Verfügung gestanden hätte, als ich noch vierzehn war? Es gruselt mich, an die Konsequenzen zu denken, die es haben kann, wenn man solchen Dingen ausgesetzt ist, während sich die eigene Sexualität noch entwickelt. Igitt. Ich habe mich in meiner Zeit als Teenager immerhin noch verliebt und die gesunde Erfahrung von Romanzen gemacht. Ich glaube nicht, dass ich diese Erfahrungen gemacht hätte, wenn ich damals Zugang zu Internetpornografie gehabt hätte. Ich habe erst vor ein paar Monaten mit dem Masturbieren aufgehört und komme langsam erst wieder mit den romantischen Gefühlen in Kontakt, die ich damals als junger Mann hatte. Doch was, wenn ich die nie gehabt hätte? Das macht mir wirklich Sorgen, wenn ich an jüngere Menschen denke, die sich diesem Problem gegenübersehen.“

Glen

Die überraschende Lektion der Pornografie

Ein reiner Orgasmus kann schon einen sehr unangenehmen Zyklus in Gang setzen, daher sollte es uns nicht überraschen, dass exzessive Beschäftigung mit Pornografie, mit einem grenzenlosen supranormalen Stimulans, intensive Entzugserscheinungen hervorrufen kann. Doch das habe ich ganz zufällig gelernt. Ich war immer völlig dafür, dass jeder tun und lassen soll, wie es ihm behagt, ganz nach seinem Geschmack. Ich hatte eine Website eingerichtet, wo die Hochs und Tiefs der sexuellen Übersättigung im Hinblick auf die Hochs und Tiefs des typischen Suchtkreislaufs und die Parallelen zu den Texten alter Weisheitslehren diskutiert werden.

Zu meiner Überraschung (und auch sicherlich zu ihrer eigenen) tauchten aus aller Herren Länder Männer in meinem Website-Forum auf, die sich über ihre Abhängigkeit von Pornografie und Masturbation beklagten und auf der Suche danach waren, ihren freien Willen wiederzubekommen. Sie steckten im Dopaminaufzug fest, kamen immer nach oben unters Dach oder ganz nach unten in den Keller, doch hatten nie die Gelegenheit, die Etagen dazwischen zu betreten. Informationen über die mögliche Zwanghaftigkeit von Orgasmen schienen eine solche Rarität zu sein, dass selbst eine Website über den Umgang mit Sex, die auf den alten Weisheitslehren beruht, diese Lücke füllte. (Ein Dank an Google!)

Anfänglich war es schmerzlich für mich, ihre Geschichten zu lesen. Die Jungs waren permanent überhitzt – aufgrund der vielen virtuellen Partnerinnen, die ihr Säugetiergehirn als genetische Gelegenheit wahrnahm. So wie Sooty konnten sie einfach nicht aufhören. Ihre Befruchtungspflichten waren nie erfüllt. Einen Klick weiter gab es immer noch ein weiteres verführerisches Bild, und ihr Säugetiergehirn war fest dazu entschlossen, kein Bild unbefruchtet zu lassen. Ihr Thema lautete nicht Scham; es lautete Abhängigkeit. Immer wenn sie versuchten, davon loszukommen, sahen sie sich intensiven Entzugserscheinungen ausgesetzt, die in ihrer Intensität über Wochen schwankten.

> **Erster Mann:** *„Heute habe ich den ganzen Tag über gezittert, es war so ähnlich wie damals, als ich mit dem Rauchen aufgehört habe. Mein Körper wurde von ungewöhnlich intensiver Energie erschüttert, insbesondere im Rückgrat. Ich fühle mich eine Zeit lang angespannt und steif, und dann, als würden meine Wirbelknochen aufgehen, große Erleichterung und dann wieder Spannung und wieder Erleichterung. Es kam wie ein Blitz aus heiterem Himmel und verschwand dann langsam wieder."*

> **Zweiter Mann:** *„Hier die Entzugserscheinungen, die ich erlebt habe: Intensive Wutanfälle, die zu Schwierigkeiten mit anderen führten, aggressives Auftreten, fühle mich ganz schnell gestresst (ich bin es nicht gewohnt, mit der Welt ohne diese Suppe von postorgastischen Chemikalien umzugehen, die mich immer ruhig gehalten haben), Selbstmordgedanken, schwere Depressionen, gewalttätige Träume während des Schlafs (die haben mir eigentlich gut gefallen, für andere wären es*

wahrscheinlich Albträume), Schlaflosigkeit, Halluzinationen (ich bin schreiend aus dem Bett gesprungen, weil ich eine „Anwesenheit" fühlte), ein Gefühl, als würden Insekten über meinen ganzen Körper krabbeln, wenn ich ins Bett gehe, Zittern, Manie (viel zu viel Energie, die ich gar nicht konstruktiv zu nutzen weiß) und Unfähigkeit, mich zu konzentrieren."

Dritter Mann: „Gelangweilt? *Masturbiert.* Wütend? *Masturbiert.* Traurig? *Masturbiert.* Gestresst? *Masturbiert. Ich war mal der Beste in meiner Klasse und habe mich bis ganz nach unten gearbeitet, bis ich dann ganz ausgestiegen bin. Es endete damit, dass ich für das Internet arbeitete, viel Geld verdiente und meine Pornos immer nur einen Klick weit weg hatte. Das war mein Leben, und mir war nicht klar, dass ich süchtig war, bis ich operiert wurde und Masturbieren fünfzehn Tage lang nicht in Frage kam. Am dritten Tag zitterte ich am ganzen Körper und fing langsam an zu kapieren, was los war. Meine anderen Symptome sind: Reizbarkeit, Unfähigkeit, mich zu konzentrieren (das „Löcher in die Wand starren"-Syndrom), Stimmungsschwankungen, Kopfschmerzen (manchmal sehr heftige), Druckgefühl in meinen Genitalien, Bilder von Filmen/Starlets, die mir plötzlich in den Sinn kommen, Paranoia, selbstzerstörerische Gedanken, Depression, ein Gefühl der Hoffnungslosigkeit („Ich habe so viele Jahre meines Lebens verloren." Ein Beispiel: Ich habe mit viel Mühe 250 DVDs angelegt, auf denen jeweils ungefähr zwanzig bis dreißig Pornoszenen sind, die ich fein säuberlich katalogisiert hatte … und jetzt zerstört habe.), Angst, dass ich niemals wieder Sex haben kann, weil ich überhaupt keine sozialen Fähigkeiten erworben habe, da ich vor acht Jahren als Teenager bereits in die Pornolandschaft eingetaucht bin."*

Mein Mann Will und ich dachten, wir wären die Einzigen, die die Verbindung zwischen Erfahrungen wie dieser und dem Suchtzyklus des niedrigen Dopamins herstellen. Dann fanden wir die folgenden Worte von Princetons Langzeit-Belohnungskreislaufforscher Bartley Hoebel:

„Sehr starke sexuelle Stimuli [und Junkfood] sind die einzigen Stimuli, die in der Lage sind, das Dopaminsystem auf eine Art und Weise zu aktivieren, die der Macht von süchtig machenden Drogen nahekommt.“ [171]

„Zuviel des Guten ... ist noch besser!“

Sagte die geistreiche Mae West. Doch zu intensive Stimulation des Belohnungskreislaufs ist nicht besser. Es ist schlechter. Wie wir gesehen haben, besteht die Gefahr nicht darin, dass wir Haare auf den Händen bekommen oder blind werden. Die Gefahr besteht darin, in einer Hochgeschwindigkeitstretmühle zu landen, in der wir versuchen, den schmerzhaften Entzugssymptomen immer einen Schritt voraus zu sein. Doch letztlich hat zu häufige Ejakulation auch physische Auswirkungen jenseits der Veränderungen im Belohnungskreislauf. Als Männer sich an einem „Zehn-Tages-Entleerungs-Experiment“ beteiligten, wo sie im Schnitt 2,4 Mal pro Tag ejakulierten, blieb ihr Output an Sperma anschließend für mehr als fünf Monate unter dem Niveau, das es vor dem Experiment hatte.[172] Was für andere subtile Veränderungen mag es außer dieser messbaren noch geben – insbesondere im Gehirn, wo die Erfahrung des Orgasmus ja stattfindet und wo die Kontrollmechanismen für die Testosteron- und Spermaproduktion liegen?

Ein unwillkommener Nebeneffekt von häufiger übernormaler Stimulierung ist, dass normale Vergnügungen – die einfachen Dinge, die unsere Vorfahren erfreut hätten – langsam aber sicher ihre Fähigkeit verlieren, uns zu beglücken. Wie der Biologe Robert Sapolsky bemerkte:

„Unnatürlich starke Explosionen von synthetischen Erfahrungen, Empfindungen und Vergnügungen rufen auch eine unnatürlich starke Gewöhnung hervor. Das hat zwei Konsequenzen. Zum einen bemerken wir schon bald das flüchtige Wispern des Vergnügens nicht mehr, das die Blätter im Herbst uns bringen, oder der auf uns verweilende Blick des richtigen Menschen oder das Versprechen der Belohnung, die nach einer langen, schwierigen Aufgabe kommt, die es wert war. Zum anderen gewöhnen wir uns nach einer Weile sogar an diese künstlichen

Intensivberieselungen ... Das Tragische daran ist, dass wir immer hungriger werden. Mehr und schneller und stärker. „Jetzt" ist nicht mehr so gut, wie es mal war, und reicht schon morgen nicht mehr aus."[173]

Ehemalige Kokainabhängige berichten, dass es eine Weile dauert, bis sie wieder Vergnügen an irgendetwas empfinden konnten.[174] Pornografieabhängige berichten Ähnliches:

„Der Spaß mit Pornografie war so leicht zu haben. Ich hatte keinen Kontakt zu anderen Menschen, weil es mir einfach zu viel Arbeit war, ich musste zu viel denken und die Interaktion war „langweilig". Ich hatte ein Gefühl der Taubheit und meine Sinne waren abgestumpft. Und ich hatte Angst, dass es so bleiben würde, auch wenn ich mit der Pornografie aufhöre.

Ich gehe zurzeit mit einer Frau aus, zum ersten Mal, seit ich mit der Pornografie aufgehört habe. Und es ist der Wahnsinn! Ich finde sie so attraktiv, genau so, wie sie ist. Sie ist in ihren Dreißigern, hat zwei Kinder und einen durchschnittlichen Körper. Sie ist nicht so biegsam und „keck" wie die Mädchen in den Videos, doch ich fühle mich von ihrem echten Körper viel mehr anzogen, als ich mich jemals von Pornos angezogen gefühlt habe. Ich habe mir nie vorstellen können, dass das passieren würde, und es ist so aufregend. Ich musste aufhören, Orgasmen zu haben, und ich musste mich eine längere Zeit von Pornos fernhalten. Das wurde immer einfacher. Und irgendwann schaute ich mich um und sah, dass mein Leben wieder Farbe hatte!"

Andere Pornografiekonsumenten beklagen sich aber auch darüber, dass Sex mit einem Partner nicht mehr so aufregend ist, wie er einmal war (vielleicht ist das zum Teil der Grund für die derzeitige Beliebtheit von Viagra). Was ist da los? Die Situation kann mit der von Kokainkonsumenten verglichen werden, die in ihren Reaktionen auf sexuelle Stimulation messbar weniger Gehirnaktivität aufweisen als Vergleichsprobanden.

Obwohl wir dazu geschaffen sind, Beziehungen als lohnenswert zu empfinden, erzeugen die subtileren, gesünderen Vorteile einer Beziehung nicht die supranormale Stimulation eines Nachmittags lebhafter erotischer Bilder – insbesondere dann nicht, wenn unsere Sinne abgestumpft sind. Das Verfolgen supranormaler Stimulation kann unsere Wahrnehmung verändern. Eine kürzlich durchgeführte Studie zeigte, dass allein schon die Tatsache, Bildern von sexy Frauen ausgesetzt zu sein, bei einem Mann bewirken kann, dass er seine echte Partnerin abwertet. Er schätzte sie daraufhin geringer ein, nicht nur, was ihre Attraktivität angeht, sondern auch, was ihre Wärme und Intelligenz angeht.[175] Andere Experimente zeigen, dass Pornos Männer dazu verleiten, eheliche Treue geringer zu schätzen, und sie leichter glauben macht, Frauen würden harten Sex mögen.[176] Diese Veränderungen setzen eine Abwärtsspirale in Gang, die es unwahrscheinlicher werden lässt, dass die Partner einander großzügig Zuwendung schenken, die sie tatsächlich verbindet und aneinander Freude empfinden lässt.

Die Toleranzschwelle für Suchtmittel

Eine andere Gefahr der supranormalen Stimulation liegt darin, was Wissenschaftler eine *herabgesetzte Toleranzschwelle für andere Suchtmittel* nennen. Das bedeutet, dass irgendeine Art von intensiver Stimulation (oder deren Nachwirkungen) dafür sorgen kann, dass wir mit größerer Wahrscheinlichkeit nach *anderen* machtvollen Stimuli suchen, wie z. B. Drogen zur Entspannung, Alkohol, Glücksspiel, Junkfood oder sinnloses Shopping. Stimulation bringt den Belohnungskreislauf also in Gang. Und starke sexuelle Stimulation, Glücksspiel und Kokain können einem Süchtigen kurzfristig Erleichterung bringen, weil sie die Dopaminproduktion anregen.

> *„Es fühlt sich an, als hätte das Suchtverhalten eine eigene Masse, wie ein Ballon, und wenn ich ihn an irgendeiner Stelle eindrücke, indem ich z. B. weniger Pornos gucke, wird er irgendwo anders dicker, beim Trinken z. B. oder bei meinem Drogenkonsum."*
>
> Matt

Da eine Sucht die Schwelle herabsetzt, eine weitere zu entwickeln, haben Sexabhängige aller Wahrscheinlichkeit nach auch mehr Probleme mit anderem Suchtverhalten (Alkohol, Glücksspiel usw.).[177] Interessanterweise nehmen Teenager, die sexuell aktiv sind, auch mehr Drogen zu sich als Teenager, die nicht sexuell aktiv sind.[178] Man könnte argumentieren, dass Teenager diese Entscheidungen aufgrund ihrer Persönlichkeit, ihrer Herkunft oder anderer Faktoren treffen – und das kann natürlich sein. Doch Wissenschaftler haben auch herausgefunden, dass *Hamster*, die sich gerade gepaart haben, mit höherer Wahrscheinlichkeit Amphetamine zu sich nehmen als jungfräuliche Hamster. Etwas an der sexuellen Aktivität machte die kleinen Nager anfälliger dafür, Drogen zu nehmen, ohne jeglichen Druck von Gleichgesinnten oder ein schlechtes Elternhaus.[179] Sexuelle Erfahrung ruft genauso wie wiederholter Drogenkonsum langfristige Veränderungen in ihrem Gehirn hervor [180] und sensibilisiert die Nervenbahnen für Dopamin. Je mehr sexuelle Begegnungen sie hatten, umso stärker war ihr Dopaminanstieg während des Sex.[181] Zucker kann übrigens die gleiche Wirkung auf das Gehirn haben und die Toleranzschwelle zum Drogenmissbrauch sinken lassen.[182]

Wenn man Ratten wochenlang Unmengen von Süßigkeiten zu fressen gibt, werden sie sensibler für andere Psychostimulanzien, wie z. B. Alkohol, Amphetamine oder Morphium, als Ratten, die normale Rattenkost fressen. Veränderungen der Dopamin- (und Opioid-) Rezeptoren stehen im Verdacht, hier die Schuldigen zu sein. Ähnliche Veränderungen sind in den Gehirnen von kokain- und heroinabhängigen Ratten zu beobachten.[183]

> „Unsere Arbeit stellt die Verbindung zwischen den traditionell definierten Störungen durch Substanzmissbrauch, so wie Drogenabhängigkeit, und der Entwicklung von unnatürlichem Verlangen nach natürlichen [Stimulanzien] her."
>
> **Bart Hoebel,**
> Neurowissenschaftler

Wie auch immer der genaue Mechanismus funktioniert, ein überschüssiges Belohnungsstimulans macht unser Gehirn bereit für das zweite Erlebnis oder die zweite Substanz. Unser Belohnungskreislauf bewegt sich auf dieser neurochemischen Achterbahn, sucht Befriedigung, doch ist zu kurzsichtig, um zu bemerken, dass noch mehr Stimulation uns schon bald zutiefst *unbefriedigt* zurücklässt. Im Gegensatz dazu macht liebevolle soziale Interaktion, die auch den Belohnungskreislauf stimuliert – was soviel heißt wie, auch das fühlt sich gut an, – genau das Gegenteil. Sie wirkt beruhigend genug, um uns zu helfen, uns vor dem Drang nach weiteren Stimulanzien zu *schützen*. Herzliche zwischenmenschliche Kontakte führen daher zu größerer Befriedigung. Wir schauen uns in den späteren Kapiteln noch genauer an, wie das vonstattengeht.

Unglücklicherweise wird ein niedriger Dopaminspiegel mit Unwohlsein im zwischenmenschlichen Kontakt in Verbindung gebracht, wie wir in Kapitel fünf erfahren haben. Häufiges Masturbieren kann Sie also regelrecht davon abhalten, eine gesunde Sehnsucht nach dem guten Gefühl zwischenmenschlichen Austauschs zu entwickeln. Die größere Intensität des Orgasmus scheint Ihrem Säugetiergehirn wertvoller, weil es so eindeutig auf supranormale Stimulation reagiert.

> *„Interessant ist die geistige Veränderung, die in mir vorgeht, seit ich das Masturbieren drastisch reduziert habe. Ich bin jetzt bei alle drei bis vier Wochen. Ich spüre, dass ich mit einer „neuen Neurochemie" funktioniere, mit der ich mit anderen Menschen auf einer ganz neuen Ebene interagiere, weil ich es brauche. Ich brauche das unbedingt. Bewegung, eine bewusste, gesunde Ernährung (kein hormonverseuchtes Fleisch z. B.) und Meditation haben mir geholfen, den Übergang zu meistern, doch das wahre „Heilmittel" ist zwischenmenschlicher Kontakt, Liebe zu zeigen und sie erwidert zu bekommen. Ich gestehe, dass ich mich während der Erholungsphase zuweilen fühlte wie: „Okay, jetzt muss ich entweder ejakulieren oder der Samen kommt mir aus den Ohren raus oder ich werde verrückt." Doch manchmal konnte ich widerstehen, und die Verrücktheit und Depression der ersten Wochen verwandelten sich in einen ruhigen, heiteren Geisteszustand. Der Drang hat nachgelassen, und meine Befriedigung aus dem zwischenmenschlichen Austausch ist viel größer geworden."*
>
> Max

Könnte eine Ausgewogenheit in unserem Sexualleben möglicherweise besonders hilfreich dabei sein, Verlangen jeder Art zu besänftigen? Hatte Freud doch damit recht, dass die Abhängigkeit von der Masturbation der Schlüssel zu allen Abhängigkeiten ist?[184]

Das plastische Gehirn

Wir werden uns gleich die Erfahrungen von Männern näher anschauen, die ihren zwanghaften Pornografiekonsum hinter sich gelassen haben, doch lassen Sie uns zunächst einmal schauen, warum es so schwierig ist, die Richtung zu wechseln.

Ihr Gehirn ist keine Maschine oder gar ein Computer. Es ist formbar wie Wachs, nicht nur in jungen Jahren, sondern auch dann noch, wenn unser Haar längst grau geworden ist. Wir erschaffen ständig neue Gehirnkreisläufe. Das ist eine gute und eine schlechte Nachricht zugleich. Es ist eine schlechte Nachricht, weil Sie ungesundes Verhalten so lange verstärken können, bis es zu einer schlechten Gewohnheit oder sogar zu einem Zwang wird. Es ist eine gute Nachricht, weil sie diese Gewohnheiten hinter sich lassen und bewusst auf das Verhalten zusteuern können, das Sie sich wünschen. Jede Erinnerung, Erfahrung und Einsicht führt zu einer entsprechenden Veränderung in der Struktur und der Funktionsweise Ihres Gehirns.

„Die gleiche Dopaminwelle, die uns begeistert, verfestigt auch die neuronalen Verbindungen, die für das Verhalten verantwortlich sind … [Internet-Pornografiekomsumenten bekommen] eine Unmenge von Übung, diese Bilder mit dem Vergnügungszentrum ihres Gehirns zu verdrahten, mit der begeisterten Aufmerksamkeit, die für eine plastische Veränderung nötig ist.“

Norman Doidge,
The Brain that Changes Itself

Wie Sie sich erinnern werden, besteht eine Nervenbahn oder ein Kreislauf im Gehirn aus einer Gruppe von miteinander verbundenen Nervenzellen. Einige Bahnen sind fest verdrahtet, wie z. B. der Belohnungskreislauf und die Reflexe. Geben Sie etwas Honig auf eine menschliche Zunge und der Belohnungskreislauf leuchtet auf. Lassen Sie einen Lichtstrahl in ein Auge fallen und die Pupille wird sich zusammenziehen. Diese Nervenbahnen sind bei uns allen ungefähr gleich.

Doch wir formen weitere neue Bahnen, wenn wir lernen und Erinnerungen erzeugen. Wenn wir das erste Mal auf ein Fahrrad steigen, werden im ganzen Gehirn die Nervenzellen, die für Bewegung und Gleichgewicht zuständig sind, mit elektrischen Impulsen bombardiert. Diese kicken wiederum Neurochemikalien in die Synapsen mit der Botschaft: „Lasst uns eine starke

Nervenbahn bilden!“ Die betreffenden Nervenzellen weiten sich dann astförmig zueinander aus und erschaffen so eine effiziente Kommunikation an ihren Synapsen. Je länger Sie daran arbeiten, auf den zwei Rädern zu balancieren, umso stärker wird die Verbindung zwischen den ineinandergreifenden rankenden Nervenzellen. Noch Jahre später können Sie einfach auf ein Fahrrad springen, diesen Gehirnkreislauf wieder aktivieren und die Straße entlang düsen, ohne dabei denken zu müssen. Nervenzellen, die zusammenarbeiten, wachsen auch zusammen.

Lernen und Erinnern sind also Bahnen aus verbundenen Nervenzellen – ob diese nun aus ein paar wenigen verbundenen Nervenzellen bestehen oder aus Millionen. Wenn genügend Neurochemikalien in die Synapsen zwischen den Zellen gelangen, kann die Kommunikation zwischen den Zellen zu einem Schrei werden: „Macht die Verbindung hier stabil. Wir müssen uns daran erinnern. Es ist wichtig!“

> „Gewohnheiten sind zunächst nur Spinnweben, später Kabel.“
>
> Spanisches Sprichwort

Gewisse Lernaktivitäten brauchen noch nicht einmal Wiederholung. Wenn ein Ereignis eine besondere Bedeutung oder emotionale Auswirkung auf uns hat, formt sich unmittelbar ein Kreislauf. Wenn ein Mädchen sich z. B. die Hand an der heißen Herdplatte verbrennt, dann sind die Synapsen davon so überwältigt, dass dieses Erlebnis in ihr Gehirn eingemeißelt wird. Einmal reicht. Andere Beispiele dafür sind z. B. eine Geburt, ein Autounfall oder sexueller Missbrauch.

Fur unsere Zwecke können wir uns die Kreisläufe im Gehirn jedoch als Fußwege vorstellen. Wenn wir uns entscheiden, eine Abkürzung zum Kino über ein Feld mit hohem Gras zu nehmen, mögen wir den Weg anfangs noch als beschwerlich empfinden. Doch wenn wir das Gras immer weiter heruntertrampeln, wird es mit jedem Mal leichter, dort langzugehen. Am Ende ist dort nur noch Erde oder sogar eine Spur im Boden (wenn Sie zu viele Filme gucken). Diese Pfade sind die Erinnerungen, Fähigkeiten und Gewohnheiten, die wir kultivieren.

In der Spur

Die Bedeutung der Formbarkeit unseres Gehirns ist, dass wir bewusst oder unbewusst immer Verhaltensweisen lernen, die neuronale Verbindungen stärken und unser Gehirn formen. Es spielt also eine Rolle, wo wir in der Gegenwart Stimulation suchen, weil diese Dinge automatisch unsere *zukünftige* Aufmerksamkeit lenken. Lernen ist großartig, wenn wir es konstruktiv benutzen, um eine Fähigkeit zu erwerben, die wir haben möchten, wie z. B. ein Instrument zu spielen oder eine Sprache zu sprechen. Wir können jedoch den gleichen Prozess auch dazu nutzen, uns schädliche Nervenbahnen anzulegen, so wie an den Fingernägeln zu kauen, wenn wir nervös sind, uns selbst mit einem Messer zu ritzen, wenn wir angespannt sind (das setzt Endorphine frei, eine opiatähnliche Substanz), oder nach jedem Essen eine Zigarette zu rauchen.

Nervenbahnen können auch zu anderen Nervenbahnen führen. Wenn ich mit einer Freundin spazieren gehe und wir einem hechelnden Dobermann begegnen, dann könnte es sein, dass ich bewegungsunfähig und blass werde und mein Herz anfängt zu rasen, während sie auf den Hund zuläuft und ihn streichelt. Meine „Dobermann-Bahn" führt zu meiner angeborenen *Kampf-oder-Flucht-Bahn*, weil ich ein schlimmes Erlebnis mit einem Dobermann hatte. Bei ihr war ein Dobermann das geliebte Haustier ihrer Kindheit, so dass ihre „Dobermann-Bahn" zu ihrem *Belohnungskreislauf* führt. Unsere individuellen „Spuren in der Landschaft" können so als Auslöser für die Schalter fundamentaler Antriebsmechanismen fungieren.

Die Aufgabe des Säugetiergehirns ist es einerseits, herauszufinden, was vergnüglich ist, und es mit einer Belohnungsreaktion zu verbinden, sowie andererseits, das zu vermeiden, was potentiell schädlich für uns ist, indem es mit einer Verteidigungsreaktion verbunden wird. Es geht also immer um die grundlegende Frage: „Ist es angenehm oder unangenehm?" Das rationale Gehirn hilft uns dabei, die Antwort auf diese Frage zu finden, indem es unsere Umstände analysiert. Durch das Einkaufszentrum zu bummeln, ist vielleicht nicht mit dem Belohnungskreislauf meines Mannes verbunden (außer dem Halt an dem Wäscheladen). Doch für andere Einkäufer aktiviert allein der Gedanke an einen Einkaufsbummel eine Kette von Neuronen, die direkt in den Belohnungskreislauf abfeuern.

Im Wesentlichen ist Abhängigkeit nichts anderes als Lernen. (Und das Gleiche gilt für die Erholung davon!) Das Phänomen der Abhängigkeit ist zwar komplex, doch Dopamin und der Belohnungskreislauf sind zentrale Elemente, um es zu verstehen. Einige Dinge, wie beispielsweise Kokain, Methamphetamine oder eine Elektrode wirken direkt auf Nervenzellen im Belohnungskreislauf. Andere Erfahrungen und Verhaltensweisen aktivieren Kreisläufe, die wiederum starke Verbindungen zum Belohnungskreislauf gebildet haben (und diesen aktivieren). Jeder „Strom" fließt in seinen speziellen Fluss. Besonders verstärkte Nervenbahnen – und die sinnlichen Auslöser, die sie in Gang setzen, wie das Geräusch eines Spielautomaten für Spieler oder der Anblick eines Bildes für Pornografieabhängige – sorgen für ein intensives Verlangen über den Belohnungskreislauf.

Wie wir gesehen haben, kann eine Überstimulierung einen andauernden oder wiederkehrenden Abfall des Dopaminlevels, eine Verminderung der Rezeptoren oder beides zur Folge haben. Der Belohnungskreislauf des Abhängigen steckt fest, wenn er eigentlich in Gang kommen müsste, damit der oder die Betreffende sich normal fühlt. Es fließt dann nur sehr wenig Elektrizität durch diesen entscheidenden Kreislauf.

Wie ist der abhängige Mensch bis an diesen Punkt gekommen? Sein Gehirn hat ein Verhalten ursprünglich als sehr lohnenswert registriert und eine Nervenbahn geschaffen, um sich das Verhalten zu merken, das dorthin führt. Je verlockender oder aufregender (extrem oder schockierend) das Ziel ist, umso größer ist die Motivation des Gehirns, das Gestrüpp auf dem Weg loszuwerden, einen Pfad freizulegen und diesen in eine feste Spur zu verwandeln. Deswegen geht er dort so oft entlang wie möglich. Ab einem bestimmten Punkt wird diese Spur der Weg des geringsten Widerstandes für den Abhängigen. Sein Säugetiergehirn hat ihn zwar gelehrt, dass der Weg zu einer Dopamininfusion führt, konnte jedoch nicht den ganzen Preis dieser kurzfristigen Befriedigung berücksichtigen (das Elend des Entzugs). Das kann nur sein rationales Gehirn, und das konnte er vor

„Wenn das Gehirn erst einmal weniger sensibel auf Dopamin reagiert, wird es auch weniger sensibel für natürliche Verstärker, wie beispielsweise das Vergnügen, einen Freund zu sehen, einen Film zu schauen oder die Neugier, die hinter unserem Entdeckungsdrang steht."

Nora Volkow,
Direktorin des Nationalen US Instituts für Drogenmissbrauch

lauter „Lärm“ gar nicht mehr hören. Insbesondere dann, wenn er besonders müde oder gestresst war oder unter Entzugssymptomen litt, schubste ihn sein Säugetiergehirn automatisch wieder auf die Achterbahn.

Bahnen, die früher zu anderen lohnenswerten Aspekten seines Lebens führten – wie Zeit mit der Familie oder mit Freunden zu verbringen, Ball zu spielen oder auch entspanntes Vorspiel – wurden alle nicht mehr benutzt, weil sein innerer Kompass zunehmend Schwierigkeiten damit hatte, der allzeit bereiten Erleichterung durch sein Suchtverhalten zu widerstehen. Die anderen Bahnen wurden allmählich von Gras und Unkraut überwuchert. Die Verbindungen zwischen den relevanten Nervenzellen wurden schwächer. *Seine Prioritäten haben sich ohne sein bewusstes Dazutun geändert.*

Abhängigkeit resultiert aus den beständigen Veränderungen in der Gehirnstruktur und den Gehirnfunktionen. Sowohl Drogen als auch bestimmte Verhaltensweisen können diese Spuren eingraben. Es kommt nicht auf die *Art des Stimulans* an, sondern nur auf die *Stärke der Nervenbahn.* Deswegen können Glücksspiel und Pornografiekonsum genauso süchtig machen wie der Missbrauch von Substanzen, wenn die Nervenbahnen nur stark genug sind.[185] Welches Stimulans auch immer eingesetzt wird, Abhängigkeit ist eine Krankheit des Gehirns, die sich als zwanghaftes Verhalten bemerkbar macht.[186] Auch hier gilt, wenn Ihr „Tiergehirn“ etwas als wertvoll registriert, dann legt es den rationalen Teil Ihres Gehirns lahm, um Ihre Aufmerksamkeit mit den assoziierten Auslösern zu fesseln. Wenn die meisten von uns eine Straße entlanggehen, dann nehmen wir Menschen wahr, an denen wir vorbeikommen, die Hunde oder die rote Corvette. Wenn eine Alkoholikerin die Straße entlang geht, nimmt sie die Kneipe wahr. Wenn sie vertraute Geräusche (Auslöserreize) hört, während sie sich nähert, wird die Nervenbahn zu ihrem Belohnungskreislauf aktiviert und sie denkt vielleicht: „Na, ein einziger Drink wird schon nicht schaden.“ Sie befindet sich in einem leicht veränderten, Hochdopamin-Zustand, während stark verfestigte Nervenbahnen aufflackern.

„Ich muss mir keine Pornos anschauen; sie sind alle fest in meinem Gehirn verankert. Obwohl ich seit Wochen keine Pornografie mehr angefasst habe, sehe ich immer noch lebhafte Bilder, wenn ich meine Augen schließe, und das macht den Verzicht auf Masturbation sehr schwierig. Ich habe auch immer noch feuchte Träume."

Victor

Die Forschung hat ergeben, dass einige von uns ganz besonders sensibel auf Dopaminsignale reagieren, die Exzesse fördern. Eine höhere Impulsivität, eine geringe Anzahl an Dopaminrezeptoren (möglicherweise genetisch bedingt) und Stress in der Kindheit werden alle mit Anfälligkeit für Abhängigkeiten oder Dysregulation des Dopaminsystems in Zusammenhang gebracht.[187] („Dysregulation" ist ein wissenschaftlicher Begriff für „aus dem Gleichgewicht geraten".) Als Forscher Positronenemissionstomografie einsetzten, um Dopaminrezeptoren bei gesunden Menschen anzuschauen, fanden sie heraus, dass die Menschen, die eher nach Neuem auf der Suche waren, eine geringere Verfügbarkeit von Dopaminrezeptoren hatten, dafür aber eine stärkere Dopaminreaktion auf Stimulation. Es ging aus der Presseveröffentlichung leider nicht hervor, ob der Rückgang an Rezeptoren genetisch bedingt war oder eine Anpassung an das nach Neuem Ausschau haltende Verhalten des Probanden.[188]

Trügerische Auslöser

Je häufiger wir also supranormaler Stimulation nachgehen, umso schwieriger ist es, den Kurs zu verändern. Denn schließlich verdrahtet sich unser Gehirn regelrecht neu, um immer mehr unserer zukünftigen Aufmerksamkeit darauf zu richten.

Die wirkliche Gefahr von Auslösern liegt jedoch nicht in ihrer Macht, unsere Aufmerksamkeit zu erlangen, sondern in ihrer Macht, uns die Steuerung mit einem Dopaminhoch in unserem Belohnungskreislauf zu entziehen. Ein Dopaminhoch kann uns in eine Art veränderten Zustand starker Motivation, doch getrübter Urteilskraft versetzen. (Mehr darüber gleich.) Auslöser sind besonders machtvoll, wenn Ihr Dopamin sich im

Zyklus der Leidenschaft gerade in einer Tiefphase befindet. Wenn Sie sich schlecht fühlen und Wind von einem Weg bekommen, auf dem es Ihnen wieder schnell gut gehen wird, dann steigt Ihr Dopaminspiegel noch höher als bei der Stimulation, die Sie ursprünglich gepackt hat.[189] Und das ergibt auch Sinn. Als Sie das erste Mal mit Ihrem Superstimulus geflirtet haben, waren Sie einfach nur auf der Suche nach Vergnügen, richtig? Jetzt geht es Ihnen noch dazu richtiggehend schlecht und Ihr Gehirn sucht ernsthaft nach Erleichterung.

„Sensibilisierung [Veränderungen im Gehirn des Abhängigen] sorgt dafür, dass das dopaminbezügliche Gehirnsystem in der Folge auf Auslöserreize überreagiert, und das kann jahrelang so bleiben."

Kent Berridge,
Biopsychologe

Wenn Sie sich jetzt also fühlen, als hätten Sie am liebsten eine orgastische Orgie, dann glauben Sie nicht etwa, dass eine Erhöhung Ihrer Libido der Grund dafür ist. Es ist viel wahrscheinlicher, dass Ihr Säugetiergehirn einfach nur nach einer „Arznei" ruft (welche zwar die kurzfristigen Symptome erleichtert, jedoch einen weiteren Zyklus in Gang setzt). Kurz gesagt, Ihre Sucht eskaliert gerade. Es ist schwer zu glauben, doch Sie werden sich erst wieder daran erinnern, wie sich Gleichgewicht eigentlich anfühlt, wenn Sie einmal für längere Zeit aus der Orgasmusachterbahn aussteigen.

Der niedrige Teil des Zyklus der Leidenschaft ist das größte Hindernis, sich vom zwanghaften Orgasmus zu lösen und Karezza zu erlernen. Verwirrende Stimmungsschwankungen gehören zur Tagesordnung, und jeder Auslöser (eine Spitze im Dopaminspiegel) wird Sie davon überzeugen, dass Sie unerträglich geil sind. Es braucht eine enorme Willenskraft, diese dringenden Botschaften zu ignorieren und darauf zu warten, dass Ihr Körper wieder zu seinem natürlichen Gleichgewicht zurückfindet.

„Brennende Lenden. Jetzt geht es ernsthaft in den Kampf. ‚Dauerheimkino' in meinem Kopf. Der Entzug ist richtig intensiv. Ich bin jetzt körperlich krank. Ich habe im Schnitt vielleicht vier Stunden Schlaf pro Nacht bekommen oder weniger, seit ich angefangen habe, mit dieser Gewohnheit Schluss zu machen."

Gavin

Auslöserreize sind der Grund, warum Abhängige, die versuchen, ihre Ausrichtung zu ändern, alles vermeiden müssen, was sie an ihre frühere Gewohnheit erinnert. Was geschah mit den Pavlovschen Hunden, wenn sie die Klingel hörten? Ihnen lief das Wasser im Mund zusammen – ob es Futter gab oder nicht. Jeder, der entschlossen ist, eine Pornografie- bzw. Masturbationssucht zu überwinden, wird mehr Fortschritte machen, wenn er eine Zeit lang sowohl auf den Orgasmus als auch auf die Pornografie verzichtet. Beides ist ein Auslöserreiz für das andere. Oder fiele es einem Alkoholiker auf Entzug etwa leichter, Alkohol zu vermeiden, wenn er auf offene Flaschen starrt oder in Kneipen herumhängt? Soviel zu weißer gespannter Haut über den Knöcheln und schwitzigen Handflächen.

Dopamin und verzerrte Wahrnehmung

Ein Verhältnis zu Monica Lewinsky kam Bill Clintons Säugetiergehirn zweifellos als eine hervorragende Idee vor. Sein rationales Gehirn hatte aller Wahrscheinlichkeit nach einen anderen Standpunkt dazu – genauso wie das rationale Gehirn einer Pensionärin, die in einem veränderten Zustand intensiver Vorfreude ihre geringen Mittel in einen Spielautomaten steckt.

Die dramatische Kraft von Dopamin, sich in unseren freien Willen einzumischen und

Hängen Sie am Haken?

Eine der am weitesten verbreiteten Messmethoden von Abhängigkeit ist bekannt als der DSM-IV-Kriterienkatalog, der von der amerikanischen psychiatrischen Vereinigung entwickelt wurde. Um als süchtig machend zu gelten, muss eine Substanz [in diesem Fall eine Aktivität] zumindest drei der nachfolgenden Kriterien erfüllen:

- In größeren Mengen oder über eine längere Zeitspanne als beabsichtigt [gebraucht] eingenommen werden
- Beständiges Verlangen danach oder nicht erfolgreiche Versuche, den Konsum einzuschränken oder zu kontrollieren
- Einen Großteil der Zeit damit zu verbringen, die Substanz [Aktivität] zu suchen, sie zu gebrauchen oder sich von ihren Auswirkungen zu erholen
- Der Verzicht auf wichtige soziale Aktivitäten, Freizeitaktivitäten oder die Beschäftigung oder deren Einschränkung wegen des Substanzgebrauchs
- Fortgesetzter Gebrauch, trotz des Wissens um schädliche Folgen
- Eine steigende Toleranzgrenze infolge des Gebrauchs [es wird mehr Stimulation im Laufe der Zeit benötigt]
- Entzugssymptome

sexuelle (und andere) Zwänge hervorzurufen, wurde klar, als Patienten Medikamente einnahmen, die Dopamin imitieren. Ein Franzose beispielsweise, der ein solches Medikament einnahm, um die Symptome von Parkinson zu lindern, bekam eine große Entschädigung von dem herstellenden Pharmazieunternehmen, nachdem das Medikament ihn vorübergehend zwanghaftem homosexuellem Verlangen aussetzte. (Er war ohne die Medikamente heterosexuell.)[190] Ein anderer Parkinsonpatient fand sich unter der Medikamentierung plötzlich in den Kleidern seiner Frau vor, und das nach siebzig Jahren unspektakulärer Heterosexualität. Als die Ärzte die Dosierung seines dopaminähnlichen Medikaments herabsetzten, verflog der Drang, die Kleider seiner verschiedenen Frau anzuziehen, völlig.

Die Forscher entwickelten die Hypothese, dass überschüssiges Dopamin oder eine hohe Sensibilität darauf sowohl hinter Paraphilie (u. a. Fetischismus) als auch hinter Hypersexualität (inklusive einem abrupten Verlangen nach analem Sex) stehen könnte.[191] Die Wissenschafter fanden auch heraus, dass Fruchtfliegen versuchen, sich mit anderen Männchen zu paaren, wenn ihr Dopaminspiegel erhöht ist.[192] Ja, selbst die einfache Fruchtfliege erfährt Veränderungen in ihrer sexuellen Orientierung, wenn ihr Dopamin hochgepuscht ist.

Vielleicht sind Männer wie der U.S. Senator Larry Craig, der darauf besteht, nicht schwul zu sein, jedoch homosexuellen Sex hat, einfach nur abhängig von riskanten Begegnungen, die mit einem Dopaminhoch verbunden sind. (Um den ultimativen Kick zu bekommen, müsste Craig das wahrscheinlich beim Fallschirmspringen versuchen!) Wie ein Mann einmal erklärte, gehe es beim Sex auf der Toilette nicht wirklich um die sexuelle Orientierung:

> *„Die Grenzüberschreitung und die Angst davor, entdeckt zu werden, geben der Erfahrung den besonderen Reiz … und die sexuelle Orientierung spielt in den Toiletten nicht wirklich eine Rolle – da geht es nur um das Eine … Ein geheimes Leben, vielleicht sogar ein Doppelleben zu haben, gibt einem ein Gefühl von Bedeutung, vom Leben als Drama, ein Gefühl, das man wahrscheinlich genießt, wenn man gerade zum Gouverneur von New Jersey gewählt wurde. Sex fühlt sich an wie aus einer anderen Welt,*

verboten und beängstigend, als wäre man zu tief in den Kleiderschrank gegangen und gerade in Narnia angekommen.“[193]

> „Übermäßiges Verlangen ergreift von den Sinneskräften des Körpers Besitz. Es ist eine Gewohnheit, die sich ausformt.“
>
> **Edgar Cayce,**
> Heiler

Obwohl wir das Verhalten selbst *wählen* können, das uns dazu bringt, hypersensibel auf Auslöser zu reagieren, sind wir Gefangene unserer eigenen Wahl, wenn wir diese einmal getroffen haben. Wenn wir Sex als ein Superstimulans erleben, geben wir unserem Säugetiergehirn damit die Macht, unseren freien Willen außer Kraft zu setzen und unsere Prioritäten auf eine Art und Weise zu setzen, die uns wahrscheinlich selbst schockt. In New York City, sind die HIV-Fälle unter schwulen Männern unter dreißig seit 2001 um dreiunddreißig Prozent gestiegen.[194] Der Grund dafür ist weitverbreiteter ungeschützter Sex. Der Belohnungskreislauf dieser Männer hat sie gelehrt, risikoreichen Sex höher wertzuschätzen als Sicherheit, zumindest während die Dopaminflamme auflodert. Traurigerweise hatten viele Menschen – hetero- oder homosexuell – Hilfe dabei, hochsensibel für intensive erotische Auslöserreize zu werden.

Das Dopamin in die Höhe treiben

Wie wir gesehen haben, ist es möglich, den Dopaminspiegel ganz unbeabsichtigt in die Höhe zu treiben – einfach, indem man ein Superstimulans so weit verfolgt, bis die Auslöserreize dafür die Herrschaft über uns übernehmen (insbesondere, wenn wir uns schlecht fühlen). Doch viele von uns hatten *Hilfe* dabei, uns darauf zu trainieren, übersensibel auf sexuelle Reize zu reagieren. Solcherart „Hilfe“ kommt in Form von Pornos „mit Schuss“, Lehren über die „Sünde“ sexueller Stimulation und sexuellem Missbrauch in jungen Jahren. Jungs lieben es, Mädchen anzuschauen, und ich fand es sehr liebenswert, als ein Freund einmal zu mir sagte: „Als ich das erste Bild einer nackten Frau sah, dachte ich, ‚das ist einfach nur wunderbar‘!“ Doch die heutige Pornografie ist anders. So wie Zigarettenhersteller ihren Produkten zuweilen noch Nikotin hinzufügen, um deren Suchtfaktor zu erhöhen, motzen auch Pornohersteller ihre Produkte auf, um deren drogenähnliche Wirkung zu verstärken. Sie wissen, was das Säugetiergehirn überstimuliert und steuern genau die Bilder an, die die Dopaminflammen hochschlagen lassen. Die heutigen Pornos liefern nicht nur einen Harem auf Knopfdruck, sie liefern einen Harem, der darauf trainiert ist, schnelle sexuelle Übersättigung zu verursachen, indem die schockierendsten Bilder benutzt werden, an die die Pornoproduzenten herankommen können.

Diese Kombination macht ein Stimulans aus, das es so in der Umgebung der Jäger und Sammler nicht gab, was so viel bedeutet wie, dass wir nicht die Stärke dazu geerbt haben, diesem Stimulans einfach zu widerstehen, wenn wir ihm ausgesetzt werden. Und wenn wir uns ihm hingeben, lässt uns das noch widerstandsloser werden.

Ihr Säugetiergehirn erhöht jetzt nicht mehr nur Ihren Dopaminspiegel, wenn Sie auf etwas Neues oder Erotisches stoßen, sondern sie bekommen noch mal den gleichen Dopaminstoß für „schockierend", „schmerzhaft" und „riskant". Dominierungsthemen rufen auch das Säugetiergehirn auf den Plan, wahrscheinlich wegen ihrer Auswirkungen auf das Testosteron (was wiederum das Dopamin erhöht). Solche Bilder erregen das Gehirn auf eine Art und Weise, wie es kuschelige Zuneigung nicht tut. Aus eben diesem Grunde drehen sich so viele Fernsehfilme und –shows um Sex und Gewalt.[195] Solche Bilder versetzen Sie in einen veränderten Zustand, der Sie anfälliger macht (für Werbung im Fall des Fernsehens oder für Zwanghaftigkeit im Falle der Pornografie). Sie rufen starkes Verlangen hervor, weil sie den Dopaminspiegel erhöhen.

> *„Ich bin fünfundzwanzig und habe angefangen, Pornofilme zu schauen, als ich elf war. Dabei habe ich bis zu fünf Mal pro Tag masturbiert. Während der ganzen Zeit war ich schnell erregt und hatte immer Lust auf Sex mit Frauen. Langsam aber sicher eskalierte mein Pornogeschmack jedoch in Richtung extremer Fetische. Manchmal hatte ich das Gefühl, dass ich mich sogar zwingen musste, mir Pornos anzugucken, weil ich einen neuen „Kick" für meine Pornogewohnheit brauchte. Ich hatte auch nicht wirklich ein Problem mit diesen neuen Vorlieben, bis ich schließlich das Interesse an echten Frauen verlor. Das hat mein Selbstvertrauen und mein Identitätsgefühl zerstört, da ich immer dachte, ich würde mal heiraten."*
>
> Bruce

Das bedeutet, Pornoseiten sorgen nicht nur für Menschen mit allen Geschmacksrichtungen, sondern, wie die Werbung auch, sie erzeugen diese Geschmacksrichtungen überhaupt erst. Sie nutzen außerdem die angeborene Neigung des Konsumenten aus, sich von einem neuen Bild zum nächsten zu bewegen, um noch mehr Stimulation für das Gehirn zu bekommen. Das Gehirn erzeugt dann als Reaktion auf das Neue mehr Dopamin und stärkere Nervenbahnen.[196] (Denken Sie an den Spielautomaten.)

Es gibt noch einen zweiten Weg, um die Bilder als noch ungeheuerlicher abzuspeichern (und so die Spitzen auf der Achterbahn noch mehr in die Höhe zu treiben). Paradoxerweise steckt dahinter eine gute Absicht. Religiöse Autoritäten versuchen häufig, ihre Anhänger vor leichtfertigem sexuellem Verhalten zu schützen, indem sie Schuld und Schamgefühle induzieren oder das Moralempfinden ansprechen. Damit machen sie die Herausforderung für viele jedoch unabsichtlich nur *noch größer.*

> *„Man kann jemandem erzählen, dass man ein Alkoholiker oder drogenabhängig ist, und die Leute haben dann vielleicht Mitgefühl mit einem oder wollen sogar helfen – doch wenn du öffentlich zugibst, pornografieabhängig zu sein, dann zücken sie ihr Messer. Da muss man ja schon abartig sein, ein Perverser und vielleicht sogar andere sexuell nötigen oder Kinder belästigen! Es ist leichter, einem Pornoabhängigen aus dem Weg zu gehen als ihn zu unterstützen.*
> *Es kommt noch hinzu, dass Menschen, bevor sie sich von ihrer Sucht wirklich erholen können, zugeben müssen, dass sie süchtig sind, dass sie ihrer Abhängigkeit machtlos gegenüberstehen und ihre Sucht an eine höhere Macht abgeben müssen, mit deren Hilfe sie es schaffen können. Dieser Prozess wird von großer Scham, großem Ekel und Selbsthass begleitet. „Wie konnte mir das passieren? Ich bin normal (?). Ich kann damit allein fertig werden! Niemand muss das wissen. Ich muss jetzt damit aufhören! Wie widerlich bin ich denn? Wie erbärmlich muss ich sein, dass ich nicht einfach meinen Computer ausschalten kann?“ Usw. Es ist schlicht einfacher, nachzugeben.“*
>
> Wilt

Wenige Dinge können sexuelle Stimuli risikoreicher und aufregender (und somit effektiver auf einem neurochemischen Level) machen als die Überzeugung, dass es „verboten“ oder „sündig“ ist oder zu ewiger Verdammnis führt. Jemand, der dazu gebracht wird, zu glauben, dass mächtige sexuelle Stimulanzien ein Weg zur Hölle sind, findet sie möglicherweise noch brisanter (und aufregender) als Analsex ohne Kondom. „Erotisch + riskant“ erhöht sowohl unser Dopamin als auch unser Adrenalin (*Angst*). Adrenalin ist ein machtvoller Erinnerungsverstärker (es erschafft Nervenbahnen). Ein gefährliches, furchterregendes Ereignis verbrennt das Gehirn regelrecht. Das könnte der Grund sein, warum der schäkernde Kirchenführer Ted Haggard seinen Dopaminspiegel mit Methamphetaminen *und* Sex mit männlichen Prostituierten erhöhte – wenn er nicht gerade von der Kanzel aus gegen Homosexualität wetterte.

Menschen, die auf dem geraden und direkten Weg bleiben wollen, können dies viel leichter, wenn sie verstehen, wie supranormale Stimulation an ihren Fäden ziehen kann, und welche Aktivitäten besser dazu geeignet sind, auf Dauer für gute Gefühle zu sorgen (mehr dazu in den nächsten zwei Kapiteln). Wenn man sich dafür entscheidet, aus der Achterbahn auszusteigen, um wieder festen Boden unter den Füßen zu haben, ist es effektiver, eine unwillkommene Gewohnheit als eine Nervenbahn im Gehirn zu betrachten, die bald wieder zugewachsen sein wird, und sich an die Umerziehung des Gehirns zu begeben, als die Angewohnheit als „Sünde“ zu betrachten.

Ein dritter Weg, eine Hypersensibilität für sexuelle Auslöser zu entwickeln, ist durch intensive Stimulation in jungen Jahren. In dieser kritischen Phase entwickeln wir viel leichter sexuelle Neigungen. Sie werden fest in unserem Gehirn verdrahtet und haben damit unser restliches Leben lang eine große Auswirkung auf uns. Das junge Gehirn ist noch besonders formbar. Kinder haben nicht viel sexuelle Erfahrung bzw. kein so weit entwickeltes rationales Gehirn, um ein Ereignis in den richtigen Kontext zu setzen oder die Nachteile von einem Übermaß einschätzen zu können.[197]

> *„Mein älterer Bruder schaute sich regelmäßig die Pornohefte von unserem Vater an, kam dann in mein Zimmer und legte sich auf mich. Ich war fünf oder sechs Jahre alt. Als ich ihm schließlich sagte, dass ich homosexuell sei, nannte er mich eine ‚Schwuchtel‘.“*
>
> Jerome

Ungewöhnlich intensive sexuelle Stimulation kann natürlich auch ganz unschuldig herbeigeführt werden (wie z. B. wenn man über einen Stapel Pornohefte von Erwachsenen stolpert oder von älteren Geschwistern eingeführt wird, die es nicht abwarten können, ihre Kunst zu zeigen). Andererseits berichten einundachtzig Prozent aller Sexsüchtigen, die Hilfe suchen, dass sie sexuell missbraucht wurden.[198] Es ist möglich, dass zu all dem anderen Schaden, den der sexuelle Missbrauch von Kindern anrichtet, es die Opfer auch besonders für bestimmte Auslöser sensibilisieren kann, wie z. B. riskanten, abnormen oder verbotenen Sex. Das Training des Gehirns formt dann zukünftige Entscheidungen in unerwarteter Art und Weise mit und macht die Suche nach Superstimulation in der Zukunft wahrscheinlicher.

Durchschnittliche Masturbation oder gewöhnlicher Geschlechtsverkehr, die völlig normal sind und nur kurzfristige Auswirkungen haben, nehmen ein Eigenleben mit langfristigen Auswirkungen an, wenn supranormale Stimulation mit dazu kommt. Wie auch immer das geschieht, eine Nervenbahn, die uns unseren freien Willen nimmt oder unser Urteilsvermögen trübt, verändert das Bild. Die entscheidende Frage ist: „Absorbiert diese Aktivität oder Substanz – in der Art und Weise, wie ich sie verwende – meine Aufmerksamkeit derart, dass sie mir meine freie Wahl nimmt?“

> Der Psychiater Wilhelm Reich erzählte, dass er beobachtete, wie die Hausangestellte der Familie Geschlechtsverkehr mit ihrem Freund hatte, und sie später fragte, ob er die Rolle ihres Liebhabers „spielen“ dürfe. Er sagte, dass es im Alter von vier Jahren für ihn nichts Geheimnisvolles am Sex mehr gab.
>
> **Myron Sharaf,**
> *Fury on Earth: A Biography of Wilhelm Reich*

Ein überlasteter Belohnungskreislauf

Wilde Orgasmen bis zum Punkt sexueller Übersättigung (auf die eine vollständige Erholung folgt) – das ist normal in dem Sinne, dass Sootys einmalige Eskapade, die Gelegenheit seines Lebens, normal war, oder wie Völlerei auf einem Fest normal ist. Wir haben die Fähigkeit zum Exzess, doch Exzess als eine ständige Ernährungsform ist mehr als nur ein Spaß. Heute kann ein Internetuser oder der Stammgast eines Ladens für Erwachsene in wenigen Minuten mehr virtuelle sexy Frauen (oder was immer ihn anmacht) finden, als ein Jäger und Sammler in seinem ganzen Leben getroffen hätte. Wir hören heutzutage eine Menge darüber, dass das menschliche Gehirn nicht dafür ausgestattet ist, Informationsüberlastungen zu verarbeiten. Die erotischen Stimulanzien von heute stellen häufig eine Überlastung des Belohnungskreislaufs dar. Unser Nervensystem ist möglicherweise einfach nicht dazu gemacht, mit diesem Überangebot fertig zu werden – jede Debatte über das Recht auf freie Meinungsäußerung einmal außen vor gelassen.

Natürlich sind nicht alle Individuen gleich anfällig für Abhängigkeiten, doch die Fakten bleiben bestehen, dass bei der Art, wie unser Gehirn lernt, die Risiken supranormaler Stimulation sehr real sind – und größtenteils unerkannt. Wie der Psychiater Norman Doidge in dem Buch *The Brain that Changes Itself* berichtet, haben Erwachsene keine Ahnung von dem Ausmaß, in dem Pornografie ihr Gehirn umformt. Seine Patienten berichten von zunehmenden Schwierigkeiten, sich von ihrer tatsächlichen Sexualpartnerin, Ehepartnerin oder Freundin angetörnt zu fühlen, obwohl sie diese immer noch objektiv als attraktiv empfinden. Sie versuchen, ihre Partnerinnen dazu zu überreden, sich wie Pornodarstellerinnen zu verhalten, und haben immer mehr Interesse am „Ficken" statt am Liebesspiel.

„Pornografie verspricht gesundes Vergnügen und Erleichterung von sexueller Spannung, doch was sie häufig liefert, ist Abhängigkeit, Toleranz [das Bedürfnis nach mehr und extremerer Stimulation] und daraus resultierend geringere Freude. Paradoxerweise hatten die männlichen Patienten, mit denen ich gearbeitet habe, häufig ein starkes Verlangen nach Pornografie, obwohl sie diese gar nicht mögen."

Norman Doidge,
Psychiater

Die Menschheit hat ein massives, unkontrolliertes Experiment am Laufen, und wir kennen die Ergebnisse noch nicht. Es gibt jedoch zunehmend Beweise dafür, dass der Preis nicht gerade gering ist. Eine länger andauernde Erhöhung des Dopaminlevels richtet nicht nur unsere Wünsche neu aus, sondern scheint auch Depression und Angstzustände zu fördern (niedriges Dopamin). Mäuse, die einem über längere Zeit erhöhten Dopaminspiegel ausgesetzt waren, verhielten sich anschließend gegenüber Stress, als seien sie depressiv und wurden einigen Substanzen gegenüber desensibilisiert.[199] Ganz ähnlich zeigen Ratten, die mit Zucker überfüttert wurden, Anzeichen von Angstzuständen und Gehirnveränderungen (zu wenig Dopamin).[200] Einer unserer Websitebesucher nannte einen weiteren möglichen langfristigen Effekt von chronischer Überstimulation:

> *„Ich glaube, dass es einen Zusammenhang zwischen dem Anschauen von Pornofilmen und erektiler Dysfunktion gibt. Ich bin sicher, wenn eine Studie mit ehrlichen Männern durchgeführt würde, bekämen wir signifikante Resultate. Doch das sind Themen, über die die Leute nicht reden. Ich glaube, die Pornoindustrie schlägt ihren Vorteil aus der uninformierten Öffentlichkeit und macht damit Milliarden. Dann verkaufen uns die Pharmazieunternehmen teure Medikamente zur Stärkung der Sexualität, um die Nebeneffekte zu behandeln und machen damit noch mal Milliarden."*

Die pharmazeutischen Unternehmen verkaufen uns nicht nur Medikamente zur sexuellen Stärkung, sie gehen sogar so weit, Medikamente auf den Markt zu bringen, mit denen wir versuchen sollen, die Pornoabhängigkeit selbst zu behandeln.[201] (Vielleicht törnt es einen dann nur an, wenn der Computer aus ist.) Doch warum sollten wir ein Medikament kaufen, das aller Wahrscheinlichkeit nach auch unbeabsichtigte Nebeneffekte hat, anstatt zu lernen, wie wir den Belohnungskreislauf des Gehirns ganz natürlich handhaben können? Wir können unser Gehirn nämlich unterziehen, damit es sich wieder an den weniger extremen Formen des Genusses erfreuen kann.

Gehirntraining

Unser Belohnungskreislauf ist ein primitiver, unbewusster Apparat. Er kann seine Begrenzungen nicht als einen inneren Kompass sehen. Er weiß nur, wie er uns dazu drängen kann, Vergnügen zu suchen oder Schmerz zu vermeiden. Wenn wir einmal in einem Suchtzyklus stecken, geht diese einfache Formel nach hinten los. Wir können unseren Schmerz nicht loswerden, ohne gleichzeitig mehr Schmerz zu erzeugen.

Die Männer, die auf unsere Website kamen, fanden das selbst für sich heraus. Ihnen wurde klar, dass sie *sowohl* den Orgasmus *als auch* die Pornografie lange genug völlig aufgeben mussten, um ihr Gleichgewicht wiederzufinden, sonst würden sie weiterhin nach jedem Orgasmus an starken Entzugserscheinungen leiden. Sie wussten bereits, dass der Entzug die Hölle war, und durch die wollten sie nur noch *ein einziges Mal* gehen müssen.

> *„Ich hatte meinen letzten Orgasmus vor ungefähr sechs Wochen, und der Entzug stellte sich als härter heraus als der von Kokain, Opiaten, Schnaps oder Nikotin. Ich habe eine Woche lang jede Nacht geheult, wenn ich von der Universität zurückkam, wo ich lehre. Ich konnte nicht schlafen und ich hatte null Appetit. Der Gedanke daran, mich mit einer Frau zu verabreden, rief in mir den Wunsch hervor, mich eng zusammenzukuscheln und allem ein Ende zu setzen. Doch hier bin ich. Ich fühle mich frei. [Sechs Monate später:] Ich habe mich in diesem Monat verliebt. Wir gehen das alles langsamer an, als jemals zuvor in meinem Leben, was mir auf allen Ebenen meines Seins unglaublich gut tut!"*
>
> Andy

Die meisten der Männer mussten mehrere Versuche unternehmen und einige haben es noch nicht geschafft. Für diejenigen, die durchgehalten haben, war das Schlimmste jedoch nach vier bis acht Wochen konsequenter Abstinenz von Pornos und Masturbation vorbei. Interessanterweise hat ein Suchtforscher herausgefunden, dass ein Protein namens Δ-FosB für die Dauer von einem bis zwei Monaten im Belohnungskreislauf bleibt, nachdem man sich wiederholt einem Stimulans ausgesetzt hat. Es verursacht Gehirnveränderungen, die auch bestehen bleiben, wenn der Betreffende damit aufhört, und macht es bei Säugetieren wahrscheinlicher, dass sie abhängig werden, weil es sie sensibler für entsprechende Auslöserreize macht. Wenn dieses Protein injiziert wird, kann dies einen Rückfall hervorrufen.[202] Δ-FosB scheint auch in Fällen von zwanghaftem Verhalten (Abhängigkeit, die nicht auf Drogen basiert)[203] eine Rolle zu spielen, was eine Erklärung dafür sein könnte, warum Pornoabhängige so lange brauchen, um zu gesunden, und warum sie für die Auslöserreize so lange anfällig bleiben.

Für die meisten waren die ersten Wochen die Hölle, doch es gab auch freudvolle Augenblicke.

> *„Die Entzugserscheinungen sind unglaublich; es ist unglaublich, wie real das ist, es MUSS einfach eine Abhängigkeit sein, wenn das die Symptome sind. Gestern (Tag zwölf) habe ich am ganzen Körper gezittert, war unruhig und kribbelig wie ein Crackabhängiger. Ich hab mich auf mein Bett gelegt und aus Frust mit der Bettdecke gerungen, meinen Kopf in die Kissen vergraben und unverständliches Zeug gebrabbelt, während ich dabei immer vor- und zurückgeschaukelt habe. Eine Stunde später fühlte ich mich besser. Die meiste Zeit über fühlt sich mein Leben jedoch ganz anders an. Ich bin ganz anders zu den Menschen. Auf zwischenmenschlicher Ebene ist jetzt alles VIEL, VIEL, VIEL besser für mich. Es ist leichter, an der Arbeit mit anderen zu scherzen. Ich werde regelrecht beliebt – so anders fühlen sich die Dinge für mich auf einmal an! Ich bin DEN GANZEN TAG ÜBER glücklich und nicht nur ein paar Minuten am Tag."*
>
> Jed

Zur Erleichterung der Männer bekamen sie ihr einst so vertrautes Empfinden davon, „mit beiden Beinen auf der Erde zu stehen", wieder zurück. Als sie ihr Gleichgewicht und ihre wahres (ruhigeres) Libidoniveau wiedererlangten, waren die Jungs sichtbar

---

Erste Hilfe

Eine Maßnahme, die dabei helfen kann, wenn ein Zwang zuschlägt, ist es, sich zu sagen, dass man dem Drang für mindestens fünf bis zehn Minuten nicht nachgibt. Nehmen Sie ein paar tiefe, lange Atemzüge. Wenden Sie dann Ihre ungeteilte Aufmerksamkeit einer vorher ausgewählten Aktivität zu. Wählen Sie etwas Konstruktives, wie z. B. eine Atemübung, Stretching, Gartenarbeit, Training mit Ihrem Haustier, das Einüben einer Fertigkeit, starke körperliche Bewegung oder das Aufschreiben Ihrer Gedanken in ein Tagebuch. Sie können es nicht? Dann stellen Sie sich einfach nur bildlich vor, wie Sie sich einer solchen Aktivität widmen, und malen Sie sich dabei die Details möglichst lebendig aus. Stellen Sie sich außerdem vor, wie es sich anfühlt, Ihren Willen auszuüben, und wie es wohl wäre, wenn ein ganzes Team von Leuten, denen Ihre Bewunderung gilt, Ihnen zu Ihrem Erfolg gratuliert. Wenn Sie Ihre Aufmerksamkeit bewusst neu ausrichten, machen Sie es sich leichter, dies in Zukunft wieder zu tun. Sie verdrahten Ihr Gehirn neu – Sie stärken neue Nervenbahnen und schwächen Ihre ehemaligen Zwänge.[204] Bereiten Sie sich geistig darauf vor, damit Sie im Falle einer weiteren Krise dagegen gewappnet sind.

Mary Sharpe, *Sharpe Thinking*

glücklicher. Und ab diesem Punkt warf sie auch im Allgemeinen ein gelegentlicher Orgasmus nicht in die Zwanghaftigkeit zurück – selbst, wenn sie die Auswirkungen des Zyklus der Leidenschaft zu spüren bekommen. Wenn sie sich wieder dem Liebesspiel widmeten, konnten sie das im Sinne der beidseitigen Suche nach Vergnügen tun – und nicht einfach nur im Wunsch nach Erleichterung auf schnellstem Wege. Sie fühlten sich beruhigt zu wissen, dass sie all diese Orgasmen gar nicht brauchten, auch wenn das einstmals das Zentrum ihrer Welt gewesen war.

> *„Jedes Mal, wenn sich pornografische Gedanken bei mir einschlichen, ersetzte ich diese blitzschnell durch einen neutralen Film, in dem ich mich selbst bei der Figuration eines Computermodems sah. Ich konzentrierte mich vollständig darauf, stellte mir regelrecht vor, wie meine Hände die Kabel berühren, wie ich auf der Tastatur tippe usw. Innerhalb von zehn Sekunden verlor ich die Erektion und das Bild war weg. Ich musste dazu keine „Willenskraft" aufwenden. Ich habe einfach mit den natürlichen Prozessen meines Gehirns gearbeitet, anstatt dagegen. Und das hatte immer Erfolg."*
>
> Takahiro

Sich an andere zu wenden und dort Ermutigung zu bekommen, half denjenigen, die sich im Genesungsprozess befanden, sehr. Fürsorglicher Kontakt wurde als lohnenswert wahrgenommen – und daher beruhigend. (Wir haben sogar ein Begleitprogramm für Interessierte auf unserer Website eingerichtet, um anonyme Brieffreunde für sie zu gewinnen.) Sie haben sich selbst beigebracht, den Kontakt zu anderen mehr zu schätzen als den Einsatz von Superstimulierung, um ihre unangenehmen Gefühle loszuwerden. Im Prozess ihrer Gesundung wurden sie zu stärkeren, weiseren und besseren Partnern. Vielen fanden, dass Bewegung, kreative Projekte und Meditation gleichfalls hilfreich waren.

So wie Gras über ihre nicht mehr verwendeten Zwangsnervenbahnen wuchs, kamen frühere Vergnügungen wieder zu Ehren. Der Lebensfunke und Optimismus dieser Menschen kam zurück. Einige waren voller Freude.

„Ich hatte immer einfach akzeptiert, dass ich im zwischenmenschlichen Kontakt unterdurchschnittlich begabt war. Das war auch gar kein Thema mehr, doch jetzt, nach zwei Wochen ohne Orgasmus, stellt sich heraus, dass meine Stimme viel voller geworden ist. Ich lache viel und mache fast die ganze Zeit Witze. Mit anderen zu reden ist so leicht geworden. Jetzt bin ich die Schwatzbacke. Daran muss ich mich erst mal gewöhnen."

Sören

Diese Besucher der Website haben uns neben ihrem Humor, ihrer Ehrlichkeit und ihrem Mut viele weitere Geschenke mitgebracht. Sie haben uns bestätigt, dass der Zyklus der Leidenschaft die Wahrnehmung tief greifend beeinflussen und eine gesunde Disziplin extrem erschweren kann.

„Das Zählen der Tage wurde auf einmal wieder einfacher, weil ich wieder bei ‚Tag eins' bin. Fragst du dich, ob ich eine Zeitmaschine erfunden habe? Nein, ich habe nur die höheren Funktionen meines Gehirns deaktiviert und mir von meinem Säugetiergehirn zeigen lassen, wie es funktioniert. So eindrucksvoll es sein mag, es ist nicht gut geeignet, um den Samen zurückzuhalten. Jetzt im Nachhinein weiß ich erst wertzuschätzen, wie viel Unterschied die letzten sechs Tage [der Abstinenz] ausgemacht haben. Mein Drang zu masturbieren ist jetzt intensiver als vor dem Ausrutscher und meine Apathie hat sich verschlimmert. Ich habe keine Lust, mein Tai Chi zu machen; ich will einfach nur einen Drecksporno finden und weitermachen. Alle Gefühle und Gedanken weisen in die falsche Richtung."

Al

Die Besucher meiner Website haben uns auch gelehrt, dass sexuelle Zwänge kein Charakterfehler sind. Natürlich sind sie auch nicht gesund. Diese Monsterachterbahn ist einfach nur ein Ziel auf der Dopaminautobahn. Alles, was Sie tun müssen, um dort zu landen, ist, Ihrem Säugetiergehirn zu gestatten, die Prioritäten festzulegen. Wie sähe die Welt aus, wenn alle Menschen, die derzeit von Pornos abhängig sind, wieder ihren freien Willen zurückhätten?

„Es gibt jede Menge Menschen, die in Maßen masturbieren können. Ich gehöre einfach nicht dazu, daher habe ich die Entscheidung gefasst, ganz damit aufzuhören. Nach sechs Monaten könnte ich ein Buch darüber schreiben, wie viel besser mein Leben jetzt ist. Die Menge an Zeit, die ich jede Woche damit vergeudet habe, war enorm – nicht nur mit Onanieren, sondern damit, völlig fertig auf die Glotze zu starren. Jetzt mache ich all die Sachen, an die ich immer nur gedacht habe, und es ist der Hammer. Hobbys, Lesen, soziale Kontakte pflegen. Ich habe sogar einen Hund. Von dem Geld, das ich gespart habe, habe ich mir gerade einen neuen iPod als „Belohnung" gekauft. Doch die beste Veränderung ist mein enorm gestiegenes Selbstbewusstsein und besseres Selbstbild. Alle Leute fragen mich, was ich verändert habe, weil ich so viel extravertierter bin als früher. Ich war noch nie, noch nie zuversichtlicher oder motivierter im Kontakt mit echten Frauen. (Und jetzt habe ich auch endlich echten Sex!) Der große Leistungsdruck, den ich beim Sex hatte, als ich noch Pornos konsumiert und onaniert habe, ist weg. Hier die Schritte, die ich unternommen habe:

- *Ich habe meine „Porno"-Kreditkarte gekündigt.*
- *Ich habe meinen Computer mit einem Adware Removal Programm gesäubert.*
- *Alle Links gelöscht*
- *Einen umfassenden Pornoblocker gekauft und installiert*
- *Die ersten drei Monate lang Tagebuch geführt und einfach nur meine Gefühle aufgeschrieben und die Verbesserungen notiert*
- *Jeden Abend Freunde und Familienmitglieder angerufen, selbst ganz alte Freunde. Ich habe mich viel mit Leuten getroffen. Bin zu einem Café um die Ecke gegangen. Ich habe aufgehört, fernzusehen oder auf meinen Nägeln rumzukauen und statt dessen etwas getan!*

Nach ein paar Tagen hatte ich mehr Energie, meine Aufmerksamkeit war besser und mein Selbstbewusstsein ebenfalls. Nach einem Monat – obwohl ich mehrere Anläufe brauchte, um dort hinzukommen – waren die Verbesserungen himmelhoch. Und bevor der zweite Monat um war, hatte ich seit Ewigkeiten einmal wieder echten Sex. Die Pornos, die ich konsumiert habe, sind nur noch eine neblige Erinnerung. Es ist schön, von kleinen Dingen erregt zu werden, wie eine leicht offene Bluse oder einfach nur das fließende, glänzende Haar von einer Frau oder ihr Duft. All das macht meine völlige Abstinenz vom Wichsen so wertvoll.“

Jed

Wie William Blake es so treffend ausgedrückt hat: „Die Straße zum Exzess führt zum Palast der Weisheit … denn wir wissen nie, wie viel genug ist, bis wir wissen, was mehr als genug ist.“ Männer, die die Pornografie freiwillig hinter sich lassen, sind durch das Erziehungslager (A. d. Ü.: amerikanische Alternative zum Gefängnis für Straffällige) durch, und wenn sie sich dazu entschließen, auch noch Karezza in ihr Repertoire mit aufzunehmen, wird ihnen das ein Leichtes sein. (Und wenn sie feststellen sollten, dass die ausgiebige Überstimulation nicht mehr zu löschende Gehirnveränderungen erzeugt hat,[205] was orgastischen Sex zu einem Auslöser von ungewollten Rückfällen und Begierden macht, dann stellt Karezza eine Alternative dar, um ein befriedigendes und harmonisches Liebesleben zu führen.)

Unterdessen sollte niemand Schuldgefühle haben, weil er oder sie sich dann und wann nach einem Orgasmus sehnt – genauso wenig wie man Schuldgefühle haben sollte, weil man etwas Süßes essen möchte oder seinen Hund streicheln will. Das sind alles vorhersehbare, reizvolle Wünsche, so wie sich unser Gehirn in den letzten Millionen Jahren entwickelt hat. Doch Superstimulanzien wie raffinierter Zucker und intensive sexuelle Stimulation haben aufgrund unseres primitiven Belohnungskreislaufs das Potential, zu ungesunden Abhängigkeiten zu werden. Wir neigen dann sehr schnell dazu, gesundes Essen und lebendige Partner weniger zu schätzen. Kurz gesagt, supranormale Stimulation ist nicht notwendigerweise harmlos, nur weil sie natürlich ist.

Pornos zu konsumieren und sich risikoreichem oder abnormalem Sex hinzugeben, ist wie Fahrrad fahren auf einem Rad ohne Bremse. Vielleicht können Sie anhalten, vielleicht nicht. Eins ist jedenfalls sicher: Je länger Sie Ihr Gehirn darauf trimmen, Erleichterung durch intensive sexuelle Stimulation zu suchen, umso schwieriger wird es sein, damit aufzuhören. Ihr Gehirn befindet sich immer im Training.

„Ein paar Worte darüber, wie das Leben nach fast einem Monat ohne Orgasmus ist. Ich bin total erstaunt! Ich fühle mich zuversichtlicher denn je, insbesondere bei der Arbeit, mit ihren vielen Anforderungen und dem ganzen Stress. Ich habe es geschafft, klar und cool zu bleiben, trotz extrem hoher Arbeitsbelastung und ziemlichem Druck in letzter Zeit. Ich schaffe es, mühelos Kontakte zu pflegen, was normalerweise unglaublich anstrengend für mich ist. Insgesamt fühlt sich die Welt als ein schönerer Ort an; meine Mitmenschen reagieren positiv auf mich und haben gern mit mir zu tun."

Stan

Wie fühlt es sich an, ein Versuchskaninchen zu sein?

Der Evolutionsbiologe Richard Dawkins aus Oxford sagt, dass der Inhalt unseres Genoms (Erbguts) aus Informationen besteht, wie unsere *Vorfahren* überlebt und sich fortgepflanzt haben. Genetischer Erfolg in der Vergangenheit ist jedoch kein Garant dafür, dass unsere vorprogrammierten Instinkte *unserem* Wohlbefinden dienen.

> *„In dem Maße, in dem die heutigen Umstände von denen unserer Vorfahren abweichen, ist der genetische Rat aus der Vorzeit falsch für uns."*[206]

Die Umstände haben sich verändert. Auf unsere entfernten Vorfahren hämmerten nicht an allen Ecken und Enden abnormal stimulierende Auslöser ein, die sie dazu brachten, ständig dem Essen oder dem Sex zu frönen und so ihre unbewussten Entscheidungskreisläufe aus dem Gleichgewicht warfen. Natürlich mochten auch sie Orgasmen und hochkalorische Leckereien so gern wie wir, doch ihr um vieles weniger reichhaltiger Lebensstil diktierte ein Maß an Zurückhaltung, das wir heute nicht mehr haben, um damit unsere Neurochemie zu regulieren.

> Wenn Liebe blind macht, warum ist schöne Unterwäsche dann so beliebt?"
>
> **George Carlin**

In einem Radiointerview sagte der niederländische Wissenschaftler Gert Holstege: „Wir sind süchtig nach Sex, wie Sie wissen, – jeder von uns." Er wies darauf hin, dass Menschen, die verletzt sind, so dass ihr rationales Gehirn nicht mehr richtig funktioniert, nonstop nach Orgasmen streben.[207] Ohne die Kargheit, die unsere Vorfahren beschützt hat, steht außer unserem rationalen Gehirn nur sehr wenig zwischen den Impulsen unseres Säugetiergehirns und unserem Handeln. Jahrzehntelang hat unsere Kultur nun dafür gesorgt, dass unser rationales Gehirn sich so wenig wie möglich in unsere Jagd nach sexueller Übersättigung einmischt. Viele von uns sind in der Sackgasse mit der Achterbahn der Superstimulanzien gelandet. Erinnern Sie sich noch an die Ratten, die vom Zucker abhängig waren? Die Wissenschaftler sagten, dass es keine Entzugssymptome und Abfälle des Dopaminlevels gibt, wenn die Mahlzeiten mäßig sind und regelmäßig eingenommen werden – dann gibt es keine Zucker-Dopaminschübe.[208] Das könnte bedeuten, dass regelmäßiger sanfter Geschlechtsverkehr, ohne Orgasmus-Dopaminschübe, uns helfen könnte, unser Gleichgewicht wiederzufinden. Im nächsten Kapitel werden wir uns anschauen, wie das geschehen kann, ohne dass sich sexuelle Frustration dabei aufbaut.

Karezza

„Karezza“ ist ein von Alice Bunker Stockham geprägter Begriff, den sie der Praxis des *sanften Geschlechtsverkehrs ohne Orgasmus gab.*

Alice Bunker Stockham war eine praktizierende Quäkerin, die 1833 an der damaligen Westgrenze der USA geboren wurde. Sie war eine der ersten Frauen, der die Ausübung der Medizin in den Vereinigten Staaten gestattet wurde. Sie war mit einem Arzt verheiratet und hatte zwei Kinder, war sowohl eine aktive Ärztin als auch eine hoch angesehene Autorin. Einige Jahre, bevor sie ihr Buch über Sex veröffentlichte, schrieb sie einen populären Text mit dem Titel *Tokology* (griechisch für Geburtskunde). Er wurde ins Französische, Finnische, Deutsche und Russische übersetzt (mit einem Vorwort von Leo Tolstoi).

Das Buch *Tokology*[209] war seiner Zeit weit voraus und für Laien geschrieben. Dort empfahl Dr. Stockham die natürliche Geburt, eine ballaststoffreiche Ernährung, Bewegungen während der Schwangerschaft, um eine schmerzfreie Geburt zu ermöglichen, und die Abschaffung des Korsetts. Viele von Stockhams Patientinnen waren erschöpft von zu vielen Schwangerschaften und nicht mehr in der Lage, ihren Kindern adäquate Aufmerksamkeit zukommen zu lassen. Sie war eine mutige Befürworterin von Noyes' Entdeckung (sexuelle Zurückhaltung) während der Schwangerschaft und riet auch von Schwangerschaften ab, was sie in Konflikt mit dem Gesetz brachte, das die Befürwortung von Geburtenkontrolle verbot. Stockham entgegnete darauf, dass die weitverbreitete Überzeugung, dass Frauen per Gesetz dazu gezwungen werden sollten, sich an Sex mit Ejakulation zu beteiligen – aus der Furcht heraus, dass sie alles tun würden, um die Plackerei der Geburt zu vermeiden – Unsinn sei.

1896 brachte sie selbst die erste Auflage ihres Buches *Karezza: Ethics of Marriage*[210] heraus, in dem sie erklärte, dass das Liebesspiel ohne Orgasmus stärkend sowohl für den Mann als auch für die Frau sei. Stockhams Gedankengut über Sex war frei und ohne Schuldgefühle. Sie bestand darauf, dass der sexuelle Drang nicht nur rein sei, sondern vom Geist ausginge. Sie betrachtete sexuelles Begehren als ein Zeichen, dass eine höhere Macht uns für eine größere Aufgabe mit Energie speist. Sexuelle Energie, so schrieb sie, ist kreative Energie. Wenn sie bei uns behalten wird, kann sie dafür genutzt werden, den Körper zu regenerieren, Heilungsgaben verstärken und großartige Erfindungen, Kunstwerke oder humanitäre Projekte ins Leben rufen – welche sie als nichtphysischen Nachwuchs betrachtete. Anders als Noyes empfahl Stockham eindeutig *beiden* Partnern, ihre sexuelle Energie bei sich zu behalten, und erklärte, dass dies die Harmonie verstärke.

> *„Karezza vollendet die Ehe insofern, als es durch die Willenskraft und liebevolle Gedanken nicht zur Krise kommt, sondern während der gesamten Beziehung die vollständige Kontrolle durch Mann und Frau aufrechterhalten wird … Übersättigung spielt keine Rolle, und die Eheleute sind niemals weniger als Liebende; jeder Tag hält neue Freuden für sie bereit … Der gewöhnliche Alltagssarkasmus zwischen Eheleuten hat ein Ende, die ungebührlichen Streitereien fangen gar nicht erst an und die Scheidungsgerichte werden arbeitslos.“*[211]

Stockham untersuchte tantrische Konzepte. Sie berichtete von einem Besuch in Indien, wo sie an der Malabarküste mit einer matrilinearen Kaste von Kriegerinnen vermeintlich brahmanischer Herkunft ihre Zeit verbrachte. Bekannt als die „freien Frauen von Indien“ wählten die Nayar-Frauen ihren Ehemann selbst aus, waren gebildet, und jeder Besitz wurde über ihre Linie vererbt – bis die Briten diesen Gepflogenheiten ein Ende setzten.

Stockham gebrauchte das Wort *Karezza* für die Praktik des kontrollierten Geschlechtsverkehrs. Sie betrachtete ihn als eine Form spiritueller Partnerschaft. Sie glaubte, dass unsere reproduktiven Fähigkeiten einen tieferen Sinn hätten, als allgemein angenommen wurde:

„In der physischen Einheit von Mann und Frau kann es eine Kommunion der Seelen geben, die nicht nur zu höchster Glückseligkeit, sondern auch zu Seelenwachstum und -entwicklung [führt].“[212]

Sie empfahl sorgsame Vorbereitung für Karezza durch die Lektüre von Texten, die den Geist erheben „und einen an die Macht und die Quelle des Lebens erinnern.“ Sie empfahl außerdem Meditation, um den eigenen Willen und vorgefasste Meinungen aufzugeben, um der kosmischen Intelligenz zu erlauben, den Prozess zu führen.

Hier eine Kostprobe ihrer Arbeit:

„Die gewöhnliche hastige und verkrampfte Methode der geschlechtlichen Zusammenkunft, für die es keine vorherige Vorbereitung gab und in der die Frau passiv bleibt, ist sowohl für Mann und Frau gleichermaßen unbefriedigend. Sie ist sowohl physisch als auch spirituell gesehen schädlich. Sie hat keine Beständigkeit als eine Zuneigungsbezeugung und sorgt sogar häufig für Entfremdung und Trennung …[213]

Während einer längeren Zeit perfekter Kontrolle verschmilzt das ganze Wesen mit dem des anderen, und es wird ein Zustand exquisiter Erhebung erfahren. Dies kann von ruhiger Bewegung begleitet werden, die ganz dem Willen untergeordnet ist, so dass die leidenschaftliche Erregung für beide nicht über einen angenehmen Austausch hinausgeht.

Wenn keine Zeugung gewünscht wird, sollte der finale fortpflanzungsorientierte Orgasmus völlig vermieden werden. Mit viel Zeit und gegenseitiger Erwiderung wird der Austausch in sich vollständig und befriedigend ohne den Erguss und die Krise. Im Laufe einer Stunde verschwindet die physische Anspannung, die spirituelle Erhebung steigt, und nicht selten werden ungewöhnliche Visionen eines transzendenten Lebens gesehen und wird ein Bewusstsein neuer Kräfte erfahren …[214]

Männer, die unter der Last ihrer Sorgen leiden, weil ihre Frauen nervös, schwach und reizbar sind, haben es in ihrer Macht, ihrer Liebsten durch Karezza wieder zu einer strahlend gesunden Gesichtsfarbe zu verhelfen, zu einem starken und elastischen Schritt und harmonischer Bewegung in jedem Teil ihres Körpers. Durch den Ausdruck von Zärt-

lichkeit und Liebkosung kann der Mann in seiner Frau eine Reaktion über ihre Liebesnatur hervorrufen, die jede Faser in Aktion versetzt und wie ein Tonikum für jeden Nerv wirkt ...[215]

Seien Sie geduldig und entschlossen; die Belohnung wird Ihnen gewiss sein als ein glückliches gemeinsames Leben, in dem Sie das Königreich des Himmels in Ihrem eigenen Herzen finden."[216]

Stockham verstarb 1912, doch Karezza wurde schon bald von einem anderen amerikanischen Arzt vertreten, J. William Lloyd (1857–1940). Er war bekannt als «der Arzt ohne Medikamente». Neben *The Karezza Method, or Magnetation: The Art of Connubial Love* war er Autor von verschiedenen unveröffentlichten Schriften zum Thema der idealen Beziehung.[217]

The Karezza Method ist ein wunderbares, praktisches kleines Buch. Darin befasst sich Lloyd, Doktor der Medizin, mit solchen Fragen wie dem Abbau des Samens:

„Dass der Samen absorbiert werden kann und tatsächlich wird [wenn keine Ejakulation erfolgt] ist meiner Ansicht nach ausreichend bewiesen durch die vielen Fälle, wo Männer aufgrund eines Unfalls, einer Krankheit oder absichtlichen Operation so sterilisiert wurden, dass die Hoden unverletzt blieben, doch der Samen von seinem natürlichen Abfluss abgeschnitten wurde. Wenn er einmal gebildet wurde, kann es nur zwei Möglichkeiten geben – entweder muss er absorbiert werden oder es bildet sich eine Schwellung. Es formt sich keine Schwellung; darum wird er mit Sicherheit absorbiert."[218]

Lloyd stellte öffentlich den Trend in Frage, den Orgasmus als ausnahmslos vorteilhaft zu betrachten:

„Es ist eine Schule von Ärzten entstanden, die behaupten, dass der Orgasmus eine überaus wichtige Funktion habe, nur von Vorteil sein und billigerweise mit künstlichen Methoden zu erlangen sei, was mit ausdrücklicher Zustimmung auch die Masturbation und den Gebrauch mechanischer und chemischer Verhütungsmittel einschließt [um sorglosen Sex zu ermöglichen].

[Diese Lehre hinterlässt] beim wenig erfahrenen Leser den Eindruck, dass Orgasmus praktisch harmlos sei, dass ein Übermaß unwahrscheinlich ist und dass, falls keine unmittelbaren schlechten Folgen festgestellt werden, man der Praktik bis zu der Grenze des Verlangens nachgehen könne.

Dass Orgasmen [jedoch] schwächend wirken, ist leicht beweisbar. ... Um Faktenwissen über den Orgasmus zu erhalten, gehen Sie einfach zu einem Viehzüchter. Im Geschäftsbereich gibt es darüber keine vorgefertigten Meinungen oder Vorbehalte. Jeder Viehzüchter wird Ihnen sagen, dass ein Bulle oder Hengst an Vitalität verliert, wenn es ihm gestattet wird, zu viele Stuten oder Kühe zu decken oder es zu häufig zu tun."[219]

Lloyd bemerkte, dass Karezza gesundheitliche Vorteile hatte. So sagte er beispielsweise, dass er wüsste, dass es eine „an Magie grenzende Wirkung bei schmerzhafter Menstruation" habe, und ein bemerkenswertes Nervenberuhigungsmittel sei, das selbst nervöse Kopfschmerzen heilen könne. Er befand es auch als eines der besten Mittel „zum Lindern und zum Heilen von normalen sexuellen Schwächen und Krankheiten, inklusive Urethritis [Harnröhrenentzündung] und Prostatitis [Entzündung der Prostata]."

„In gelungenem Karezza werden die Sexualorgane genauso ruhig, befriedigt und entmagnetisiert wie beim Orgasmus, während der Rest des Körpers beider Partner mit einer wunderbaren Kraft und einer bewussten Freude erstrahlt ... das ganze Wesen erstrahlt mit romantischer Liebe; und immer ein Nachgefühl von Gesundheit, Reinheit und Wohlbefinden. Wir sind so glücklich und so guter Laune wie nach einem kompletten Mahl."[220]

Er machte jedoch „das Zugeständnis, wenn der Geschlechtsverkehr eine Stauung verursacht, die nicht sublimiert werden kann, oder anderweitig ein sexueller Stau entsteht, der nicht sublimiert und auch nicht durch Karezza gelöst werden kann, dann mag der Orgasmus angebracht sein."

Seinerzeit wandten einige Zeitgenossen von Lloyd ein, dass Karezza zu übermäßigen sexuellen Beziehungen verleiten würde. Darauf entgegnete er:

„Diejenigen, die Karezza nicht einsetzen, sind viel anfälliger für ein Übermaß, das gewöhnlich von zu häufigen und intensiven Orgasmen herrührt, zu häufigen Schwangerschaften oder einer zu groben, zynischen und invasiven Einstellung. Wo es lediglich darum geht, eine körperliche Lust oder ein Verlangen zu befriedigen, ohne gegenseitige Zärtlichkeit oder Freundlichkeit, oder womöglich sogar gegen den Wunsch oder Protest von einer der beteiligten Parteien, ist Sex immer übertrieben.“[221]

Lloyd gab viele praktische, inspirierende Tipps für erfolgreiches Karezza, inklusive der Tatsache, dass die Liebenden einander *geben* müssen, um von dem kontrollierten Geschlechtsverkehr zu profitieren. „Versuchen Sie, sich als magnetische Batterie zu fühlen,“ lautete sein Rat.

„Wenn Sie die Gewohnheit annehmen, Ihre sexuelle Elektrizität als Geschenk an ihre Partnerin weiterzugeben, von Ihren Sexualorganen, Händen, Lippen, Augen und Ihrer Stimme, dann werden Sie die Macht erlangen, sich selbst und sie ohne einen Orgasmus zu befriedigen. Schon bald müssen Sie dann über Selbstkontrolle gar nicht mehr nachdenken, weil weder Sie noch Ihre Partnerin ein Verlangen nach einem Orgasmus mehr haben.“[222]

Karezza, so Lloyd, sei das beste Schönheitsmittel, weil es für stetig wachsende, anhaltende Herzensliebe sorge. Er gab folgenden Rat, wie man die sexuelle Kontrolle erhöhen könne: „Geben Sie dem Spirituellen immer oberste Priorität – Liebe und Einssein der beiden Seelen sind die wichtigsten Dinge …, das wahre Ziel.“ „Sex ist sehr nah an der Seele … [Er befriedigt nur], wenn er die Seelen verbindet, und nicht nur Körper um der Erregung willen kopulieren lässt.“

In einem Kapitel mit der Überschrift „Braucht die Frau den Orgasmus?“ war er sogar so mutig, zu erklären, warum sie keinen braucht. (Bewundernswerter Mann.)

„Die gewöhnliche Umarmung zwischen Mann und Frau ist rein sexuell und basiert auf seiner Forderung, ein Zuviel loszuwerden. Es wird wenig oder gar kein Gedanke daran verschwendet, es ansprechend oder

liebevoll zu gestalten – es ist rein animalisch. Wenn der Ehemann lange genug in ihr bleibt und seine Frau genügend erregt, dass sie einen Orgasmus hat, dann erlebt sie einen Erguss von Flüssigkeiten, der sie von dem Stau erleichtert, den er ihr erst durch seine Annäherung beschert hat, und zumindest auf der physischen Ebene ist sie genauso befriedigt wie er …

Doch was geschieht bei Karezza? Wenn die Frau Ihren Partner wirklich liebt, dann ist ihr ganzes Naturell auf seines in köstlicher Fügsamkeit, Erwartung und Übereinstimmung eingestimmt. Jeder Nerv vibriert dann voll süßer Dankbarkeit und Reaktion auf seine Berührung. Dann gibt es eine phantastische süße Mischung und Abstimmung des Sinnlich-Erotischen und des Spirituellen, was ihren Körper und ihre Seele gleichermaßen befriedigt … [Wenn] sein Magnetismus durch jede Faser ihres Körpers fließt und beide vereinigt, erfasst sie solch eine himmlische Ekstase von Frieden, Liebe und Glück, dass sie „dahinschmilzt" (es gibt kein anderes Wort dafür), ihr ganzes Wesen wünscht, sich mit seinem zu vereinen, und obgleich es keinen Orgasmus im gewöhnlichen Sinne gibt, fließen doch ihre Säfte in der gleichen Art, und jeglicher Stau wird vollständig aufgelöst."[223]

Im Herzen ein Mystiker, nahm Lloyd an, dass das Einheitserlebnis von Liebenden die Wiedererschaffung der göttlichen Androgynität repräsentiert, das den Kern von so vielen esoterischen Gedankensystemen bildet. Er schrieb, dass die vollständige magnetische Übereinstimmung mit Karezza geschieht, wenn:

„Zwei Seelen und Körper wie einer erscheinen, getragen von einem göttlichen Strom im Paradies, auf dem sie dahinfließen … Das ist das wahre Ziel von Karezza. Sie werden letztlich eine solche Einheit erfahren, dass Sie in Ihrer vollständigen Umarmung kaum noch sagen können, wer wer ist, und einander die Gedanken lesen können. Sie werden eine körperliche Einheit fühlen, als flösse ihr Blut in Ihren Adern, als sei ihr Fleisch das Ihre. Denn dies ist die Umarmung und Vermischung der Seelen."[224]

Eine Auswirkung von Arbeiten wie denen von Stockham und Lloyd war es, dass der Vatikan das gesamte Konzept von Karezza verurteilte, das in Europa als amplexus reservatus, als „zurückhaltende Umarmung" bekannt war. Papst Pius XII entschied, dass es kein „wirklicher ehelicher Akt" sei, bzw., wenn es doch in einem unabsichtlichen Orgasmus münden würde, sei es gefährlich aufgrund seines Potentials, Hedonismus Vorschub zu leisten. Zur gleichen Zeit priesen es Katholiken in Frankreich und Belgien als ein legitimes Mittel zur Empfängnisverhütung und auch als einen Weg, eine perfektere, spirituellere Art der ehelichen Liebe zu kultivieren.

1952 gab die Heilige Kongregation des Heiligen Offiziums ein Monitum heraus, eine „ernste Warnung", die in den *Acta Apostolicae Sedis* veröffentlicht wurde. Es verbot Priestern und spirituellen Leitern, jemals anzudeuten, dass es im Licht des Gesetz Christi nichts gegen „eine zurückhaltende Umarmung" einzuwenden gäbe.

Kapitel 7

Steuern lernen

Wir könnten uns nicht verlieben, ohne Veränderungen in einem spezifischen Teil des Belohnungskreislaufs unseres Säugetiergehirns.

Dieser Belohnungsmechanismus ist nicht geschlechtsspezifisch; er hat sich entwickelt, um uns an unsere Eltern und Kinder zu binden. Er funktioniert nicht über Worte oder Logik, sondern über spezifisches, wiederholtes Verhalten.

Wir können diese Verhaltensweisen in jedem Alter dazu nutzen, um emotionale Bande zu stärken und stark zu halten. Wenn wir uns von diesem Verhalten entfernen, werden die Bande schwächer.

Karezza ist entspannter, sanfter Sex. Es ist ein einfacher Zugang, wenn Paare sich langsam darauf zu bewegen, mit viel großzügig gewährtem Bindungsverhalten.

Als Säugetiere, die eine Paarbindung eingehen, sind wir sowohl auf den Fortpflanzungsdrang programmiert (Paarung) als auch auf den Wunsch nach körperlicher und emotionaler Nähe (Bindung).

„Ich erinnere mich noch daran, als ich ein Teenager war und verrückt danach war, endlich ein Mädchen zu haben. Hätte ich damals gewusst, was ich heute weiß, wäre mir klar gewesen, dass Sex nicht (alles) war, was ich wollte. Es war Berührung, jemanden in meinen Armen zu haben.

Dylan

Aus der Perspektive unserer Gene ist Bindung schön und gut – in einem gewissen Maße. Bei unserer Spezies trägt Bindung zum Ziel unserer Gene bei, mehr von sich selbst in die Zukunft zu befördern, weil Kinder mit zwei Elternteilen eine größere Chance darauf haben, zu überleben und sich fortzupflanzen.

Doch selbst, wenn wir uns häufig verlieben, bevor wir Sex miteinander haben, spielt Bindung in unseren sexuellen Beziehungen eine sekundäre Rolle. Diese Bande müssen (im Durchschnitt) nur so lange halten, dass die Eltern eine Bindung zu ihrem *Nachwuchs* aufbauen können. Aus Sicht unserer Gene darf Bindung nicht mit dem genetischen Ziel interferieren, das zur Untreue ermutigt. Die Lösung der Evolution? Unser Säugetierpaarungsprogramm führt zu wiederkehrender sexueller Übersättigung. Wenn wir uns an einen Liebhaber gewöhnen, sehen wir ihn oder sie als weniger lohnenswert an (weniger Dopamin). Im Laufe der Zeit werden die emotionalen Bande schwächer und wir werden frei, uns anderweitig umzuschauen (oder geben einfach nur unnötiger Verärgerung und Entmutigung ständig neue Nahrung).

Wir sind für diese Spannung programmiert. Eltern, die sich lieben, sind am besten für ihre Kinder. Wenn dauernde Liebe auch am besten für unsere Gene wäre, dann hätten wir kein Problem damit. (Und wenn Promiskuität am besten für unsere Gene wäre, wären wir so promiskuitiv wie Ratten.) Stattdessen sind wir für ein Tauziehen zwischen Paarung und Bindung programmiert. Doch selbst wenn dem so ist, können wir über die Gewöhnung Harmonie ansteuern, wenn wir einmal wissen, wie beide Programme zu regulieren sind.

Unsere Fähigkeit, uns mit unseren Partnern, Freunden und Tieren emotional zu verbinden, entsteht aus dem gleichen Mechanismus im Gehirn, der es Kindern erlaubt, sich mit ihren Eltern zu verbinden. Reptilien legen im Allgemeinen einfach nur Eier und ziehen weiter; Baby-Säugetiere hingegeben brauchen engere emotionale Bindung, um zu überleben. Die Evolution arbeitet mit dem, was vorhanden ist und modifiziert bestehende Mechanismen, um auf diese Art leicht veränderte Funktionen auszuführen. Die Bindung zwischen Partnern (Paarbindung) ist als *Exaptation* bekannt, weil sie sich einen Mechanismus zunutze macht, der sich ursprünglich zu einem anderen Zweck entwickelt hat (Eltern-Kind-Bindung), und diesen ein bisschen erweitert.

Und doch kann dieses Stiefkind der Evolution als Basis für eine harmonische, dauerhafte Verbindung dienen, wenn wir uns dazu entscheiden, es auch dafür zu benutzen. Woher wissen wir das? Ein Hinweis darauf ist, dass Eltern ihre Kinder selbst dann noch lieben können,[225] wenn diese zum Mörder werden. Anders gesagt, wir haben die Voraussetzungen dazu, einen anderen Menschen unbegrenzt liebenswert zu finden – wenn wir diesen Bindungsmechanismus aktivieren, ihn aktiv halten und ihn mit einem Liebesspiel verbinden, das unseren Paarungshunger stillt, ohne für sexuelle Übersättigung zu sorgen. Unser Säugetierbindungsprogramm funktioniert nicht über Worte oder Logik; *es funktioniert über einen gegenseitigen Austausch von bestimmten Verhaltensweisen.* Es kann jedoch nur gelingen – selbst zwischen Kindern und ihren Versorgern – wenn beide Beteiligten es aktivieren und es am Laufen halten, indem sie diese Verhaltensweisen (auch *Auslöserreize* genannt) einsetzen.[226]

Das bedeutet, dass Sie das emotionale Band zwischen Ihrem Partner und sich aufrecht erhalten und vertiefen können, indem Sie ständig die richtigen Signale austauschen. Typische Bindungsauslöser sind z. B. Augenkontakt, Umarmungen, Hautkontakt. Eine umfangreichere Liste finden Sie weiter unten. Wie bereits in Kapitel drei berichtet, haben mein Mann und ich einiges davon zufällig herausgefunden. Wir stellten fest, dass wir immer, wenn wir zu sehr in selbst zentrierte, hungrige Berührung abdrifteten, innehalten und uns einige Nächte lang wieder mit bewusster, großzügig gezeigter Zuneigung einstimmen mussten. Ohne es damals bewusst zu wissen, signalisierten wir damit unserem Säugetiergehirn, die Bande zwischen uns zu erneuern.

Ehefrau: „Warum sagst du mir nie, dass du mich liebst?“

Ehemann: „Ich habe dir vor dreißig Jahren gesagt, dass ich dich liebe, als wir geheiratet haben. Wenn ich meine Meinung ändere, lasse ich es dich wissen.“

Nur wenige Tage später fanden wir einander wieder hinreißend (außer an den Tiefpunkten in unbeabsichtigten Zyklen der Leidenschaft). Jetzt tauschen wir diese Auslöser täglich miteinander aus, selbst wenn es nur ein paar Augenblicke sind.

Das rationale Gehirn kann sich nicht verlieben, wie gern es das auch immer tun würde. Bindungssignale hingegen wirken wie die Auslöserreize für Süchte, die wir uns im letzten Kapitel angeschaut haben, direkt auf das Säugetiergehirn. Es ist also möglich, dass die wenigen Paare, die es irgendwie schaffen, der Gewöhnung zu entgehen, diese Signale unbewusst ständig verwenden, um einander zu helfen, den Kater der sexuellen Übersättigung auszugleichen.[227]

> *„Meine Eltern haben gerade ihren fünfundachtzigsten Hochzeitstag gefeiert. Ich merke jetzt erst, wie viel liebevolle Berührung sie einander zukommen lassen. Wenn sie nebeneinanderstehen, haben sie meist die Arme umeinander gelegt. Es ist eine Gewohnheit bei ihnen. Sie umarmen und küssen einander auch oft. Sie gehen auch immer gemeinsam ins Bett und schlafen schon immer und immer noch im gleichen Bett. Als ich ihn danach fragte, sagte mein Vater: ‚Ich kenne diese postorgastischen Gefühle, auch wenn wir uns nicht getrennt haben. Jetzt, wo wir beide körperlich alt sind, binden uns die Zärtlichkeiten noch stärker aneinander als früher.'"*
>
> Lorenzo

Die Strategie, diese Signale bewusst auszutauschen, mag sich anfänglich ein bisschen künstlich anfühlen, doch es wird sehr schnell zum Automatismus. Und es wird zunehmend vergnüglich, aus zwei Gründen: Zum einen, ob Mann oder Frau, diese Verhaltensweisen sind fest in unserem Gehirn als lohnenswert verdrahtet. Ihr frühes Überleben und das Überleben Ihrer Kinder hingen von dieser eingebauten angenehmen Reaktion ab.

> *„Obwohl es schon nach 23 Uhr war, kuschelten wir noch miteinander. Ungefähr zwei Stunden lang. Ekstatisches Kuscheln. Zwei Stunden. Ekstatisch. Stunden. Ich hatte gestern Nacht Erlebnisse, für die ich keine Worte parat habe. Reichhaltig, tief, voll. Subtil. Kraftvoll. Berührend. Bedeutungsvoll. Ein Weg zu einer größeren Verbindung mit dem ganzen Leben.*

Wir waren in Verbindung. In derselben Welle, wie sie es ausdrückte, wie ein Vogelschwarm, der über den Himmel fliegt, als sei er aus einem Guss.“

Brian

Zum anderen erwecken diese Verhaltensweisen in Ihnen einen neurochemischen Verbündeten: Oxytocin. Das „Kuschelhormon“ hat spezielle Eigenschaften, die es von Dopamin unterscheidet. Wie wir gesehen haben, induziert Dopamin eine Erregung, die bei Ihnen einen hohen Gang einlegt. Wenn Sie mit zu viel Dopamin stimuliert werden, bauen Ihre Nervenzellen ihre Sensibilität gegenüber Dopamin einfach ab. Was aufsteigt, muss auch wieder herunterkommen. Ihre Stimmung verändert sich. Im Allgemeinen fühlen Sie sich dann weniger lebendig – und anfälliger für alles, was das Dopamin wieder aufflammen lässt.

Oxytocin ist insofern ungewöhnlich, als es den umgekehrten Effekt haben kann. Es führt nicht nur zu einer ruhigen, warmen Stimmung, die zärtliche Gefühle und Offenheit fördert, sondern die Nervenzellen werden auch umso sensibler für Oxytocin, je mehr davon produziert wird (weil sie zusätzliche Oxytocinrezeptoren bei sich selbst aktivieren).[228] Was aufsteigt, bleibt auch oben oder steigt sogar noch ein bisschen höher – und damit auch Ihr Gefühl von Befriedigung.

Aus diesem Grund kann tägliches Bindungsverhalten im Laufe der Zeit zunehmend für das Wohlbefinden sorgen – anstatt für Langeweile (Gewöhnung). Oxytocin kann uns außerdem helfen, all die Punkte auf unserer Liste für einen Idealpartner zu „verlernen“ – sowie auch unsere Anhaftung an vorhergehende Partner zu lockern. Indem es die Formbarkeit unseres Gehirns steigert, richtet Oxytocin sogar unseren Sinn für Ästhetik neu aus.[229] Wenn Sie wollen, dass Ihr Partner immer hinreißend (für Sie) aussieht, kuscheln Sie weiter!

Wenn es sich komisch für Sie anfühlt, Signale der Eltern-Kind-Bindung in einer Beziehung zwischen Erwachsenen anzuwenden, machen Sie sich klar, dass Sie das ohnehin schon tun. Die Brust einer Frau zu streicheln, ist ganz offensichtlich eine Adaptierung des Mutter-Kind-Verhaltens, und das Küssen hat sich scheinbar aus der Art und Weise entwickelt, wie Primaten ihren Kindern feste Nahrung zu essen geben. Dieses Verhalten fühlt sich gut an, weil Ihr Belohnungskreislauf immer noch der gleiche ist, wie der, mit dem Sie zur Welt gekommen sind. Das warme Gefühl, das Sie beim Küssen durchfließt, kann nur von einem einzigen Ort kommen: ihrem Säugetiergehirn. Sie können sich nicht befehlen, sich zu verlieben und verliebt zu bleiben, doch Sie können Ihr rationales Gehirn dazu benutzen, Ihrem Säugetiergehirn die Signale zukommen zu lassen, die dieses Ergebnis ermöglichen – oder auch nicht.

> *„Meine Frau und ich hatten drei Wochen lang Besuch. Der Nachteil davon, so beschäftigt und höflich zu sein, war, dass Küssen, Kuscheln, einander Komplimente machen und uns körperlich zu lieben in den Hintergrund geraten sind. Jetzt, wo wir wieder allein sind, stellt es sich als etwas zäh heraus, den Funken wieder überspringen zu lassen. Wir haben uns zum Teil wirklich voneinander entfremdet. Doch wir wissen aus der Erfahrung, dass selbst so wenig wie eine Minute pro Tag unsere Anziehung wieder entfacht."*
>
> Wes

Die verstorbene Ashley Montagu, Autorin von *Touching: The Human Significance of the Skin*, schreibt, dass wir Erwachsene dazu neigen, diese Signale ausschließlich einzusetzen, wenn es um die Entspannung geht, die wir in Form des Orgasmus anstreben. Wenn wir sie jedoch bewusster als zärtliche Formen der Kommunikation einsetzen würden, könnten sie viel effektiver helfen, stressfrei zu leben. (Mehr dazu, *warum* das so ist, im nächsten Kapitel.) Montagu zitiert Forschungsexperimente, in denen Ratten, die häufig sanfte Zuwendung durch Streicheln bekommen hatten, Stresserzeuger aushalten konnten, die für Ratten ohne diese Zuwendung schnell tödlich wirkten. Die gestreichelten Ratten waren außerdem überraschend ruhig und freundlich, im Gegensatz zu ihren wilden Cousins.[230] Selbstlose Berührung ist eine mächtige Quelle für inneren Frieden und Wohlbefinden – also los, streicheln Sie Ihre Ratte!

Die überraschenden Geschenke der Bindung

Ein starkes emotionales Band, das auf dem häufigen Austausch von diesem einfachen Bindungsverhalten beruht, hat vorteilhafte Auswirkungen auf das ganze Leben. Kinder beispielsweise, die die Gelegenheit haben, von dieser Bindung zu profitieren, sind lösungsorientierter und belastbarer, wenn sie mit Stress und traumatischen Erfahrungen umgehen müssen. Sie haben außerdem weniger Schwierigkeiten dabei, mit ihren Impulsen und Emotionen klarzukommen. Sie zeigen mehr Vertrauen, mögen Gegenseitigkeit, haben mehr Mitgefühl und mehr Empathie. Sie können selbst objektiver sein und sind souveräner.[231] Wie ich bereits schrieb, als mein Mann und ich damit begannen, den liebevollen Austausch mit Karezza auszuprobieren, stellte er ähnliche Veränderungen an sich fest (er überwand seine Abhängigkeit und seine Depression). Auch hier wies der taoistische Meister Laotse schon vor langer Zeit darauf hin, dass das Liebesspiel ohne Orgasmus das „Ende der Begierden und Impulse" bedeutet.

> *„Reine Berührung, ohne Erwartung, dass sie erwidert oder abgelehnt wird, hat für unser beider Wohlbefinden einen enormen Unterschied ausgemacht. Meine Frau öffnet sich einer neuen und höheren Ebene des Wohlbefindens in ihrer eigenen Sinnlichkeit. Ich fühle mich entspannter und mehr im Frieden in der Beziehung, als ich es für möglich gehalten habe. Es ist immer ein Schwirren sexueller Energie mit dabei, was sich für mich anfühlt, als hätte ich einen doppelten Espresso getrunken – nicht schlecht oder unangenehm, einfach nur anders. Ich gehe mit einer Art ruhiger Klarheit durch das Leben."*
>
> Ryan

Jeder von uns kann sich in jedem Alter diesen Bindungsmechanismus zunutze machen – nicht nur, um unsere Beziehungen gesünder und liebevoller zu gestalten, sondern auch, um unser Selbstvertrauen, unsere Belastbarkeit und Empathie zu erhöhen. Ich möchte Ihnen hier das Beispiel von Daniel Solomon vorstellen, einem Dreizehnjährigen, der an einer reaktiven Bindungsstörung litt (impulsive Wutausbrüche, die aus dem Fehlen einer frühen Elternbindung resultierten).

Als Waise verbrachte Daniel sieben Jahre in einem Gitterbettchen, das er mit anderen teilte, in einem rumänischen Waisenhaus. Seine Adoptiveltern tolerierten seine plötzlichen, explosiven Wutanfälle, seine körperliche Gewalttätigkeit, die Tausende von Löchern, die er in die Wand seines Zimmers schlug, jahrelang. In ihrer Verzweiflung experimentierten sie am Ende mit Bindungsreizen. Sie hielten Daniels ausgewachsenen Körper zwanzig Minuten pro Tag auf ihrem Schoß, auf der Couch, während sie in seine Augen schauten und ihn mit Eis fütterten und ihm zuhörten, was er zu sagen hatte.

> „Es ist nie zu spät, eine glückliche Kindheit zu haben."
>
> **Berke Breathed**

Am Anfang widersetzte er sich dem Prozess (daher das Eis als Bestechung). Doch nach drei Wochen verbesserte sich sein Verhalten und er begann zu registrieren, dass seine Eltern ihn lieben. Ein sicheres Band zu ihnen befreite ihn endlich, um ein normales Leben führen zu können. Er schloss allmählich Freundschaften mit Menschen seines Alters und bekam sogar eine Auszeichnung von der Synagoge, aus der er vorher wegen seines untragbaren Verhaltens ausgeschlossen worden war. Seine Rede bei der Annahme der Auszeichnung, in der er seinen Eltern für ihre Entschlossenheit, sich mit ihm zu verbinden, dankte, ist ein Beispiel für die Macht von angewandten Bindungssignalen.[232]

Das Schlupfloch in unserem genetischen Plan

Einer der Gründe, warum wir alle Freude an dem Gedanken haben, uns eng mit einem Partner zu verbinden (abgesehen von der ganzen feurigen Flitterwochen-Neurochemie), ist, dass es ein gutes Gefühl ist, sich mit einem anderen Menschen tief zu verbinden. Unser Paarbindungs-Mechanismus (genauso wie unser Paarungsprogramm) hat nämlich die Macht, unseren Belohnungskreislauf zum Leuchten zu bringen.[233] (Jedes dopaminmotivierte Verlangen, wie essen, Wasser trinken und sich mit anderen zu verbinden, ist für unser Überleben notwendig.) Einer der Gründe, warum Süchtige überhaupt erst abhängig werden, besteht darin, dass sie die neurochemischen Belohnungen suchen, die sie nicht durch vertrauensvolle emotionale Bindung gefunden haben.[234] Das ist ein wichtiger Punkt, auf den wir noch nochmals zurückkommen werden.

Erinnern Sie sich noch an das glückliche Lächeln, die Küsse und Umarmungen, die langen Blicke Ihrer ersten Romanzen? Frisch Verliebte, wie auch Eltern und Kinder, tauschen diese Bindungssignale unbewusst und instinktiv miteinander aus. Dieser Austausch fühlt sich so gut an, dass wir ewig damit weitermachen würden – wenn da nicht die Nachwirkungen sexueller Übersättigung wären. Der Orgasmus kann unsere neurochemische Sensibilität dämpfen und unsere Wahrnehmung für ca. zwei Wochen verzerren. Für einige von uns fühlt sich dann jede Aktivität, inklusive Zuneigungsbekundungen, sinnlos an, wenn sie sich nicht auf eine intensive Stimulation zubewegt. Damit werden beide Partner um ihr Glück betrogen, denn nicht-zielorientiertes Bindungsverhalten ist wahrscheinlich der effektivste Weg zur Wiederherstellung des Gleichgewichts und daher zur Sensibilität für die subtileren Vergnügungen des Lebens.

Wenn Sie in der Zwischenzeit Ihren Instinkten vertrauen, während Sie die unbewussten Auswirkungen des Zyklus der Leidenschaft erfahren, können diese Sie glauben machen, dass Sie nicht mehr lieben – oder dass Ihr Wunsch danach, sich dem stärkeren Verlangen nach intensiver Stimulation an anderer Stelle hinzugeben, gerechtfertigt ist. Die Aussicht auf eine Affäre kann sich wie das neurochemische Medikament anfühlen, dass Sie jetzt brauchen, wenn Sie es Ihrem Paarungsprogramm gestattet haben, Ihre Reaktionsfähigkeit auf Ihren Partner zu dämpfen. Es kann sein, dass Sie hypersensibel für jede vielversprechende Aussicht sind, die Ihnen vorgaukelt, Sie wieder „lebendig" zu machen.

> „Nichts klärt den Kopf so gut wie eine neue Muschi."
>
> Chris Rock, Komödiant

Selbst die gesündesten Beziehungen hängen davon ab, ob die Liebenden einander auf einer unbewussten Ebene bereichernd finden. Wenn Sie Ihre cleveren Gene überlisten und den Glanz in Ihrer Beziehung bewahren wollen: (1) Lernen Sie, Ihre sexuelle Spannung zu erleichtern, ohne auf den Orgasmus zurückgreifen zu müssen, soweit das möglich ist (mehr dazu gleich), und (2) tauschen Sie häufig Bindungssignale miteinander aus. Dies sind die zwei Pedale, die es Ihnen erlauben, um die großen und tief verankerten Partnerschaftshindernisse herumzunavigieren, die Ihre Gene dort aufgebaut haben.

„Wir haben vor kurzem festgestellt – hej – wir hatten seit einem Jahr keinen lautstarken Streit mehr! Wir werden glücklich! Und mehr als das – es ist etwas viel Tieferes, das man nicht wirklich in Worte fassen kann. Überall kommen die Vorteile des oxytocinzentrierten Lebens zum Vorschein und übernehmen das Ruder. Mein gesamtes Wohlbefinden ist größer, mein emotionaler Zustand ganz allgemein, meine Fähigkeit, mit Stress umzugehen, mein Selbstwertgefühl, mein innerer Frieden und meine Gesundheit – alles hat sich verbessert. Ich kann mich nicht erinnern, mich jemals so lebendig gefühlt so haben, so zentriert oder so dankbar wie in diesem Jahr."

Carrie

Bindungssignale

Das Schöne an Bindungssignalen ist, dass die meisten von Ihnen überhaupt keiner Worte bedürfen, und viele sind so mühelos, dass man sie selbst am Ende eines langen Tages noch tun kann. Und doch sind es machtvolle Signale für eine zufriedene Nähe. Hier eine Liste, abgeleitet aus der Eltern-Kind-Bindung. Sie können selbstverständlich selbst noch einige hinzufügen.

- Sich anlächeln, mit Augenkontakt
- Hautkontakt
- Dem anderen einen Gefallen tun, ohne darum gebeten zu werden
- Unverlangt Zustimmung geben, über Lächeln oder Komplimente
- Einander für einige Momente in die Augen schauen
- Aufmerksam zuhören und das wiedergeben, was man hört
- Einen Fehler oder eine gedankenlose Bemerkung vergeben, übersehen oder überhören, entweder aus der Vergangenheit oder aus der Gegenwart
- Dem Partner etwas zu Essen zubereiten
- Gemeinsam essen oder spazieren gehen, wobei man die Aufmerksamkeit aufeinander richtet
- Synchronisierte Atmung
- Lippen- und Zungenküsse

- Den Kopf und Oberkörper des Partners sanft wiegen oder schaukeln (geht gut auf der Couch oder mit ganz vielen Kissen)
- Einander in Stille halten oder Löffelchen liegen, mindestens zwanzig Minuten bis eine halbe Stunde lang
- Wortlose Geräusche der Zufriedenheit und des Vergnügens
- Beruhigendes Streicheln
- Beruhigende Massage, insbesondere der Füße, der Schultern und des Kopfes
- Eine beruhigende Umarmung
- Mit dem Ohr auf dem Herzen des Partners liegen und einige Momente seinem oder ihrem Herzschlag zuhören
- Berührung und Saugen der Brust oder Brustwarzen
- Die Hand sanft über die Genitalien des Liebsten oder der Liebsten legen, mit der Absicht sie zu beruhigen
- Die gemeinsame Zeit im Bett zu einer Priorität zu machen (selbst wenn einer der Partner danach nochmals aufstehen und weiterarbeiten muss)

Die Lust auf und die Freude an diesen Verhaltensweisen sind seit Millionen von Jahren der Evolution tief in uns verankert. Genießen Sie es!

> *„Wie komisch, dass wir das nicht die ganze Zeit tun. So wenig Aufwand und keine Kosten! Mein Lieblingssignal ist „wortlose Geräusche der Zufriedenheit und des Vergnügens.“ Wir machen das jetzt beide; aber ich hab' Lust, es noch viel öfter zu tun. Ich glaube, ich dachte immer, es sei etwas Infantiles, was man daher nicht übermäßig tun sollte.“*
>
> Colin

Selbstlose Berührung kontra hungrige Berührung

All die oben aufgeführten Bindungsverhaltensweisen sind kraftvoll, doch Berührung kann auch eine Herausforderung sein, bis das Gleichgewicht wiederhergestellt ist. Auf der einen Seite ist Kommunikation über Berührung der machtvollste Weg, eine zwischenmenschliche Bindung herzustellen,[235] ein Geschenk, das das Leben bereichert. Auf der anderen Seite ist nicht jede Berührung fürsorglich, wie jedes Opfer von Kindesmissbrauch nur zu gut weiß. Berührung trägt immer eine „Ladung“ in sich. Wie ein Freund von mir es einmal ausdrückte: „Hungrige Berührung bedeutet nicht, *jemanden* zu wollen, sondern *etwas* zu wollen. Es ist unvereinbar mit gegenseitigem Geben.“

Hungrige Berührung (die während des Zyklus der Leidenschaft ganz normal ist), kann uns erschöpfen und von uns als übergriffig empfunden werden – was ganz leicht die „Bärenfallen-Reaktion“ der Amygdala auf den Plan rufen kann (wie wir in Kapitel fünf gesehen haben). Gierige Berührung ist nur dann willkommen, wenn *beide* Liebenden eine große sexuelle Spannung fühlen und einander für ein Säugetier-Paarungsfeuerwerk benutzen wollen. Wir kommen gleich darauf zu sprechen, wie Liebende Entspannung von sexueller Anspannung finden können, ohne ihr kostbares emotionales Band zu riskieren.

Das Ziel bindungsbasierter Berührung ist es, ineinander das unbewusste Bindungsprogramm zu stimulieren, *ohne* die Amygdala zu aktivieren (unseren inneren Wachtposten). Sie können dies sehr einfach erreichen, indem Sie Ihre Berührung völlig *selbstlos* werden lassen. Einer hat mal zu mir gesagt, dass er, um in die richtige Stimmung dazu zu kommen, sich die liebevollen Gefühle vorstellt, die er hat, wenn er mit seiner Liebsten beieinanderliegt, nackt und entspannt. Dann erinnert er sich an diese Gefühle, wenn er seine Partnerin berührt, und seine Berührung wird zu einem Geschenk. Jemand anderes erzählte mir, dass sie ihren Partner mit der gleichen fürsorglichen, bedingungslos liebenden Energie berührt, die sie einsetzt, wenn sie ein Familienmitglied tröstet.

> *„Das Bedürfnis nach zärtlicher, liebevoller Berührung geht niemals weg und hat einen großen Anteil an der sexuellen Liebkosung für mich. Es ist das Bedürfnis nach Geborgenheit und Sicherheit in den Armen eines geliebten Menschen.“*
>
> Graham

Sie können auch Wills Technik ausprobieren, einander am ganzen Körper zu berühren, als sei kein Körperteil wichtiger oder erregender als ein anderer. Hat sich Ihr Partner darüber beklagt, dass ihm irgendetwas wehtut oder er sich müde fühlt? Dann senden Sie heilende, beruhigende Aufmerksamkeit in diese Körperregion. Versuchen Sie, die Reaktion Ihres Partners auf Ihre Berührung zu fühlen, anstatt sich auf Ihre eigenen Empfindungen zu konzentrieren. Manchmal hilft es, sich vorzustellen, dass Energie aus Ihren Händen in Ihren Partner fließt, während Sie ihn berühren.

Vertrauen Sie Ihrer Intuition. Immer wenn Sie fühlen, dass die großzügige Energie Ihres Partners zu Ihnen fließt, zeigen Sie Ihr Vergnügen durch Laute der Zufriedenheit. Und seien Sie auch geduldig. Es dauert manchmal eine Weile, bis man herausfindet, ob die eigene Berührung auf *Geben* oder *Nehmen* basiert. Denn schließlich besteht das traditionelle Vorspiel gewöhnlich in hungriger Berührung und könnte zu einer Gewohnheit geworden sein. Die gute Nachricht dabei ist, dass durch dieses Bindungsverhalten mehr Oxytocin zu fließen beginnt, und dies einen besonders großzügigen Geisteszustand bewirkt. Das kann es Ihnen ermöglichen, Assoziationen der Vergangenheit loszulassen und alte Gewohnheiten mit unerwarteter Leichtigkeit neu zu gestalten.[236]

Einen Gang zurückschalten, wenn nötig

Wenn der postorgastische Kater Partner aus der Synchronisation wirft, kann Berührung viel Verwirrung und verletzte Gefühle hervorrufen. Wenn Sie sich nämlich fühlen, als brauchten Sie „viel Raum für sich", könnten Sie glauben, dass Ihr Partner – der auf einmal eine seltsame Ähnlichkeit mit einem hungrigen Riesenkraken zu haben scheint – Ihre Signale des Desinteresses absichtlich ignoriert. Eine hungrige Berührung zur falschen Zeit kann überraschend starke Gefühle der Abneigung und des Unmuts verursachen. Denken Sie einfach an ein Säugetier, das sich einem anderen aus sexuellen Gründen *außerhalb* der Paarungssaison nähert, und Sie verstehen, warum es sich zeitweise so anfühlt, als würden Sie einen Tritt in den Magen bekommen, wenn Sie Sex vorschlagen.

Auf der anderen Seite, wenn Sie an unangenehmer sexueller Spannung leiden, und Orgasmus die einzige Option zu sein scheint, die Sie zur Erleichterung sehen, erscheint Ihnen Ihre hungrige Berührung, die das Ziel hat, Ihren Partner anzumachen, als der einzig mögliche Weg zur Entspannung (der plötzliche Dopaminabfall nach dem Orgasmus). Sie neigen außerdem in einer solchen Phase schneller dazu, zu denken, dass Ihr Partner – oder *jeder* potentielle Partner – es gar nicht abwarten kann, Ihnen die Kleider vom Leib zu reißen.

In welche Rolle Sie gerade auch immer geraten sein mögen, Unmut und eine Abwehrhaltung sind normal – und extrem starke Antiliebestränke. Je weniger der eine Partner reagiert, umso reizbarer und gieriger oder manipulativer wird dann der andere schnell.

Nehmen wir einmal an, Sie haben den Schalter an der Amygdala Ihres Liebsten oder Ihrer Liebsten versehentlich umgelegt, und Sie werden jetzt von ihm oder ihr durch eine Brille betrachtet, die Ihnen eher Ähnlichkeit mit einer Cobra verleiht als mit einem Kuschelhasen. Eine Lösung ist es jetzt, einen Gang zurückzuschalten und Ihr gegenseitiges unbewusstes Verlangen nach Verbindung zu reaktivieren. Benutzen Sie *weniger intime Auslöser* (vermeiden Sie die Berührung der Brüste und Genitalien), die sich so sicher und nährend anfühlen, dass sie keine Abwehr hervorrufen.

> *„Ich bin den Empfehlungen gefolgt. Ich kann aus meiner persönlichen Erfahrung sagen, dass sie funktionieren. Ich bin von der Einfachheit und natürlichen Herzlichkeit beeindruckt. Ich finde, dass sie das Herz öffnen und auch den energetischen Austausch zwischen uns beiden über den Tag beleben. Die zusätzliche Ruhe und Aufmerksamkeit, die wir empfinden, fließt ganz natürlich auf die Kinder über.“*
>
> Thomas

Den oder die Liebste zu berühren, mit der Absicht, ihn oder sie zu beruhigen, bewirkt zwei Dinge. Erstes erschafft es einen Raum der Gemütlichkeit und Sicherheit, der es dem anderen erlaubt, sich Ihnen im Laufe der Zeit wieder zu öffnen. Zweitens erleichtert es auch Ihre sexuelle Spannung. Dies ist das Paradoxon, das im Herzen von Karezza verborgen liegt, und das wahrscheinlich mit der einzigartigen Kraft des Oxytocins zu tun hat, uns zu beruhigen und jede Art von Verlangen zu reduzieren. (Mehr dazu im nächsten Kapitel.)

Wenn Sie und Ihr Partner wieder auf normalem Stand angekommen sind, könnten Sie versuchen, einander abwechselnd um Ihre liebste intime Aktivität zu bitten. Der eine wählt vielleicht einen Spaziergang, Händchenhalten oder den Austausch von Massage. Der andere wählt womöglich eine Runde Kuscheln auf dem Sofa oder Geschlechtsverkehr. Jeden zweiten Tag dürfen Sie sich auf eine Aktivität freuen, die Sie besonders mögen – ohne darüber verhandeln zu müssen. Es ist gut möglich, dass Sie merken, dass dieser einfache Zugang Ihre Wertschätzung für und Ihren Appetit auf *sowohl* sexuelle *als auch* nicht sexuelle Intimität steigert.

Diese Strategie verhindert auch, dass sich Schmerz aufbaut, der dann entsteht, wenn die Wahl zwischen „Sex mit Orgasmus oder gar nichts“ besteht. In diesem vertrauten Szenario neigen nämlich beide Parteien dazu, *jeglichen* liebevollen Austausch als Vorspiel für orgastischen Sex zu betrachten – mit dem Ergebnis, dass der eine es vermeidet, während der andere immer hungriger wird. Das betrügt beide Partner um das Bindungsverhalten, das sie brauchen, um in der Beziehung zu gedeihen und ihre Verbindung als lohnenswert zu betrachten.

Bevor wir uns von dem Thema Berührung abwenden, lassen Sie uns noch einen Rückblick darauf werfen, wie die westliche Kultur die hohe Bedeutsamkeit beruhigender Berührung und ihrer Macht zu nähren und zu verbinden aus dem Blickfeld verloren hat. Wir können das verlorene Terrain leichter zurückgewinnen, wenn wir wissen, an welcher Stelle wir uns geirrt haben.

Tränen in der Kinderstube

Wussten Sie, dass in der ersten Hälfte des zwanzigsten Jahrhunderts Psychologen und andere Berufsgruppen, die sich mit geistiger Gesundheit befassen, vehement *dagegen* argumentierten, Babys zu knuddeln, wenn sie schreien, aus der irrtümlichen Angst heraus, dass sie dies zu fordernden, bedürftigen Kindern machen würde? Die meisten Ärzte stellten sich auf die gleiche Seite, um „die Verbreitung von Keimen zu vermeiden", und die Neugeborenen wurden hinter Schutzvorhängen getrennt liegen gelassen. Diese vernachlässigten Kinder könnten sich immer noch in Ihrem Familienstammbaum herumtreiben.

Von Regierungsseite veröffentlichte Pamphlete warnten damals Mütter vor dem Charakterschaden, den sie ihren Kindern antun könnten, wenn sie sie umarmen, küssen oder einfach nur halten. Der Leiter der Vereinigung amerikanischer Psychologen, John Watson, sagte damals: „Auf das überküsste Kind warten schwere Steine auf seinem Weg." Selbst wenn Kinder in Waisenhäusern eingingen und aufgrund von Mangel an Körperkontakt starben, blieben die Experten bei ihren Vorurteilen. Wie die Autorin Deborah Blum erklärte, herrschte die Einstellung „Zuneigung ist falsch; Liebe ist irreal, und ‚vertrauen Sie uns; wir sind Wissenschaftler'."[237]

Es musste erst der abtrünnige Forscher Harry Harlow daherkommen, um uns darauf hinzuweisen, dass das Wohlbefinden bei Primaten davon abhängt, dass sie viel beruhigenden Kontakt mit einem Elternteil haben. In seinem Labor erschuf er zwei Mütter für seine Babyaffen. Eine war ganz aus Draht, doch in der war Milch. Die andere war aus Frottee und enthielt keine Milch. Die Logik der Zeitgenossen von Harlow schrieb vor, dass die Babys die Milch gebende Mutter bevorzugen würden. Doch die Babyaffen verbanden sich mit der Figur, die sie als tröstlicher empfanden, und verbrachten bis zu neunzehn Stunden pro Tag damit, die Frotteefigur zu umarmen und ihr Fell zu pflegen. Solange „sie" mit im Käfig war, waren sie merkbar aufgeschlossener, abenteuerlustiger und aktiver.

> *„Ich habe selten sexuelle Phantasien, doch ein konstantes Sehnen nach der mütterlichen, weichen, tiefen Akzeptanz, die ich von meiner Mutter nie erfahren habe."*
>
> Ted

Harlow demonstrierte vor erst einem halben Jahrhundert, dass Berührung und Verbindung höhere Priorität für Primaten haben als Essen (auch überlebensnotwendig). Schließlich ließen sich Psychiater und andere Berufsgruppen von der Bedeutung tröstlicher Berührung und Verbindung überzeugen (zumindest für Kleinkinder). Wie wir im nächsten Kapitel sehen werden, hat die Wissenschaft erst kürzlich begonnen, auch die Vorteile von wohlmeinender Berührung und Verbindung *zwischen Partnern* aufzuzeigen. Wir fangen also gerade erst an, anzuerkennen, dass wir in der Tat paarbindungsorientierte Säugetiere sind.

Auf dem Weg dahin wurde allerdings über Generationen ein großer Schaden angerichtet. Kinder, die nie die fundmentale Bindung entwickeln, die sie brauchen, um sich zu entfalten, sind häufig auch unfähig, sich mit ihren eigenen Kindern fest zu verbinden. Ein Weg, den Zyklus zu durchbrechen, ist, im Rahmen sicherer Beziehungen viel Bindungsverhalten einzuüben – nicht nur mit unseren Kindern, sondern auch mit unseren Partnern. Wir sind alle darauf ausgerichtet, Bindung wieder lernen und davon profitieren zu können. Wir müssen uns nur bewusst die Mühe geben, Bindungssignale miteinander auszutauschen.

> *„Meine Frau und ich haben gelernt, dass es wirklich wichtig ist, unsere Fähigkeiten der Sinnlichkeit über liebevolle Berührung zu verstärken, wie zum Beispiel durch den Austausch von Massage oder Kuscheln, wenn wir den Orgasmus vermeiden. Es ist so, als hätten wir unser erstes Rendezvous und es würde Wochen dauern. Ich erlebe gerade den Anfang von so etwas wie Glückseligkeit. Ich ziehe zunehmend sinnliche Freude daraus, einfach nur am Leben zu sein. Es wird so klar, dass das einzige Mittel, das ich habe, um wirklich tiefe Zufriedenheit zu empfinden, das Herz ist.“*
>
> Scott

Partner können einander stärken

Bindungssignale, wie wir sie weiter oben aufgeführt haben, erschaffen ein solides Gefühl von Vollständigkeit und fördern keine Co-Abhängigkeit oder gar Hilflosigkeit. Sie erleichtern ganz natürlich das nagende Gefühl, dass etwas fehlt, was wir heutzutage so häufig erleben. Da wir beide auch andere Beziehungen hatten, in denen wir kein Karezza praktiziert haben, sind Will und ich davon überzeugt, dass die ungesunde Dynamik, die sich so oft in Beziehungen einschleicht, teilweise aus dem unbewussten Gefühl des Raubbaus, der Reizbarkeit, Bedürftigkeit und Unsicherheit heraus entsteht.

Sexuelle Übersättigung verstärkt solche Gefühle von Natur aus, was dann wieder alte Erinnerungen an Gefühle, nicht genügend geliebt worden zu sein, sowie alte Reaktionen hervorruft. Wenn Liebende dann ihre ängstlichen Gefühle aufeinander projizieren, beginnt eine Überreaktion. So können Partner während des Zyklus der Leidenschaft ungewöhnlich besitzergreifend, eifersüchtig, kritisch, bedürftig oder fordernd werden. Und solche Gefühle können auch zu ungesunder Co-Abhängigkeit beitragen.

Im Gegensatz dazu ist bindungsbasierte Intimität *nicht* auf sexuelle Sättigung ausgerichtet und fördert somit auch keine Co-Abhängigkeit, weil sie Gefühle der Vollständigkeit und Zentrierung fördert. Sie scheint die Gehirnchemie von den Extremen und Sehnsüchten weg, hin zum Gleichgewicht zu verlagern. Es ist ein Austausch von Geschenken, kein „Reparaturmechanismus".

Will und ich haben ein stärkeres Selbstvertrauen und eine höhere Produktivität bei uns festgestellt – sowie eine erhöhte Sensibilität füreinander, mehr Bereitschaft, einander entgegenzukommen, ohne sich ärgerlich zu fühlen, ein größeres Vertrauen in die grundsätzlich gute Absicht in der Motivation des anderen, eine Flirtenergie, die wir auch aus dem Schlafzimmer mit hinausnehmen, lebendigere Interaktion, mehr Spaß, eine Bereitschaft, einander bei unseren Projekten zu helfen und immer wieder beiläufige Akte der Großzügigkeit und Freundlichkeit füreinander. Wir können einander sogar einen Rat geben, ohne dadurch Verärgerung beim anderen auszulösen.

Wir genießen es außerdem sehr, dass wir einander süßer denn je finden, und das, obwohl keiner von uns beiden aus dem Stoff von Filmstars gemacht ist. Und es ist so eine Erleichterung, einander foppen und frei über alles sprechen zu können, ohne das Gefühl zu haben, sich auf Samtpfoten bewegen oder ständig alles aushandeln zu müssen.

Unsere Beziehung ist keineswegs „klammernd", und wenn wir uns aus beruflichen oder familiären Gründen zeitweise trennen müssen, kommen wir beide auch wunderbar ohne einander aus.

Die andere Art, sexuelle Spannung zu lösen

Jetzt, wo Sie die Bedeutung von Bindungsverhalten verstehen, und wie leicht es ist, es einzusetzen – solange Sie vor allem das *Geben* und die *Häufigkeit* im Auge behalten – lassen Sie uns zu der Frage zurückkehren, wie Liebende ihr Bedürfnis nach sexueller Entspannung befriedigen können. Viele Menschen betrachten das als ein Problem, das eher Männer haben, und das aus gutem Grund. Im Schnitt produzieren Männer zehn bis zwanzig Mal so viel von dem hochoktanigen Testosteron wie Frauen. Testosteron erhöht das Dopamin, die Neurochemikalie der Begierde. Ein Resultat davon ist, dass Männer tendenziell einen Großteil ihrer Zeit *prozeptiv* sind (bereit, Sex einzuleiten). Frauen sind vor allem um ihren Eisprung herum prozeptiv, dank ihrer eigenen Sexualhormone.[238]

Welches Geschlecht Sie auch haben, Sie erfahren sexuelle Frustration aller Wahrscheinlichkeit nach als die stärkste Waffe im Waffenarsenal Ihrer Gene. Wenn Sie Ihre sexuelle Spannung nicht in einer Beziehung lösen können, sind Sie hochmotiviert, noch einen Liebhaber oder eine Liebhaberin dazuzunehmen (real oder zweidimensional) oder sich in eine Beziehung zu begeben, wo sie die Spannung lösen *können* – zumindest vorübergehend. Wie wir jedoch gesehen haben, ist es traurigerweise so, dass Sie umso mehr von der sexuellen Übersättigung, die die Partner auseinandertreibt, hervorrufen, je mehr Sie versuchen, Ihren Frust durch bessere oder häufigere Orgasmen mit *irgendeinem* Partner zu lösen. Sie sind darauf programmiert, *unfähig* zu sein, auf diese Art mit einem Partner dauernde sexuelle Befriedigung zu finden, weil die Evolution es so will, dass Sie Ihren Sexualpartner im Laufe der Zeit als immer weniger bereichernd empfinden.

Wenn Sie also gemerkt haben, dass es Sie nur auf Ihr biologisches Skript zurückwirft, wenn Sie die Dinge anheizen, und dass Sie frustriert sind, wenn Sie Sex vermeiden oder in der Stagnation einer sexlosen Beziehung verweilen, dann ist es vielleicht so weit, dass Sie Karezza versuchen wollen, also bindungsbasiertes Liebesspiel. Sie heben damit sexuelle Spannung völlig auf (inklusive Geschlechtsverkehr), ohne auf den Orgasmus zurückzugreifen. Es ist einfach, aber ganz anders.

Eine Art, zu entscheiden, ob Sie Karezza in Ihr sexuelles Repertoire mit aufnehmen möchten, ist, es eine Zeit lang auszuprobieren – und dann wieder zu fortpflanzungsorientiertem Sex zurückzukehren. Mein Mann und ich stellen sogar häufig fest, dass wir von unseren unbeabsichtigten Orgasmen am meisten über Karezza lernen. Während der zwei auf den Orgasmus folgenden Wochen stellen wir fest, dass unsere guten Gefühle vorübergehend verblassen, und wir freuen uns immer sehr, wenn – man kann die Uhr danach stellen – wir am Ende des Zyklus wieder in Übereinstimmung miteinander kommen.

Als ich bindungsbasiertes Liebesspiel gerade erst kennenlernte, waren meine sexuellen Gewohnheiten so eingefahren, dass sie mir immer wieder im Weg standen, ohne dass ich es merkte. Es ist nicht so leicht, all diese vertrauten Stationen des Vorspiels zurückzulassen, die auf den Orgasmus abzielen. Ich erinnere mich noch, wie ich gedacht habe, dass es kein Wunder ist, dass die Menschheit diesen sanften, liebevollen Zugang so leicht vergisst, trotz aller Vorteile, die er hat. Am Anfang fühlt sich *alles einfach nur falsch* an. Außerdem konnte ich einfach nicht glauben, wie mühelos Karezza im Grunde war.

„Ich übe schon seit Langem taoistisch orientierten Sex mit meiner Frau aus, und wir haben auch gute Ergebnisse dabei. Wir machen bestimmte Übungen, wenden bestimmte Techniken und Energievisualisierungen an. Dann habe ich mich jedoch dazu entschlossen, dies vorübergehend beiseite zu lassen und mehr über Karezza zu lernen. Das Erste, was ich feststellte, war, dass wir mit Karezza das Gleiche erzielten wie mit meinen alten taoistischen Praktiken. Doch für Karezza war keine spezielle Energiearbeit notwendig. Alles, was ich tat, war, fast bewegungslos zu bleiben, während wir verbunden waren, und langsam und tief zu atmen. Sonst tat ich nichts. Jeder kann Karezza machen.
Mir fiel dann bald ein anderes Gefühl auf, das ich nicht kannte – ein tiefes Gefühl der Befriedigung. Ich glaube, es war das Oxytocin, das Kuschelhormon. Es fühlt sich wie Frieden und Liebe an, miteinander vermischt – ein Gefühl, in das Leben verliebt zu sein.“

Larry

Schließlich stellte ich fest, dass Karezza eigentlich einfach und mühelos ist (auch wenn es anfänglich nicht *leicht* ist). Die wirkliche Herausforderung besteht darin, dass es keine schnellen, offensichtlichen Resultate bringt (wie dies beispielsweise eine neue Technik des Vorspiels tun würde). Die Effekte von Karezza sind kumulativ. Ich brauchte einige Wochen angenehmer, aber geduldiger Beständigkeit, um zu erkennen, warum ich die Mühe unternommen hatte, es auszuprobieren. Während dieser Zeit erfuhr ich ein wachsendes Gefühl von Ermächtigung, Optimismus und Verbundenheit mit anderen. Ich fühlte mich, als sei ich „im Fluss". Doch diese Veränderungen waren so *natürlich* (und wohlverdient), dass es leicht war, den Zusammenhang zwischen Ursache und Wirkung zu übersehen.

Wenn ich hier von meinen Erfahrungen berichte, werde ich nicht allein aus meiner Zeit mit Will erzählen, sondern auch von früheren Bemühungen – die um einiges stürmischer waren. Letztlich ergab ich mich jedoch in die Macht der unbewussten Bindungssignale, auch wenn ich zunächst nicht wusste, was ich da eigentlich entdeckt hatte oder warum es funktionierte.

> „Seien Sie wie eine Briefmarke. Bleiben Sie an einer Sache dran, bis Sie angekommen sind."
>
> **Josh Billings**

Gleichgewicht geht vor

Die Auswirkungen von Karezza zeigen sich zunächst als eine Rückkehr ins Gleichgewicht. Wenn Sie eine Weile nicht in diesem ausgeglichenen Zustand waren, finden Sie es vielleicht komisch. Eine Freundin von mir probierte beispielsweise sanften Geschlechtsverkehr ohne Orgasmus mit ihrem beruflich sehr aktiven Herzblatt aus, während sie beide ein Wochenende zusammen verreist waren. Anfangs hatte das zur Folge, dass er wesentlich mehr schlief als vorher. Er fühlte sich großartig, als das Wochenende vorbei war. Doch sein uncharakteristisches Verhalten irritierte ihn. Er fragte sie, ob sie ihm eine Schlaftablette gegeben hätte!

Im Gegensatz dazu erleben die Menschen, die sich eher lustlos fühlen, eine Veränderung zu einer neuen Lebenslust. Eine Freundin aus England, die mit Bindungsverhalten experimentiert hatte, stellte fest, dass sie schon bald begeistert Sex mit ihrem Ehemann initiierte, was er sehr genoss. Denn sie hatte den Geschlechtsverkehr, der für sie schmerzhaft war, jahrelang mit zusammengebissenen Zähnen ertragen, nur, um ihre Ehe zu retten. „Und," so vertraute sie mir in ihrem Londoner Dialekt an, *„er steht auf seine Fußmassage.* In unseren fünfundzwanzig Ehejahren hatte ich seine Füße nicht einmal *gesehen*!"

Sich *während* des Zyklus der Leidenschaft in Richtung von Karezza zu bewegen (nach einem Orgasmus) kann sich ein bisschen so anfühlen, wie wenn man darauf wartet, dass die Farbe endlich trocknet – aber immerhin mit dem Vorteil eines Begleiters und einem wachsenden Gefühl von Wohlbefinden. Das galt insbesondere dann, wenn ich mit Flitterwochenneurochemikalien vollgepumpt war und mich sehr leidenschaftlich fühlte. Ich dachte übrigens zuerst, es wäre die Aufgabe von Karezza, die neurochemische Illusion der Flitterwochen endlos auszudehnen. Doch das ist es nicht. Die Flitterwochenneurochemie ist wie ein Fressanfall – aufregend, auslaugend und auf maximalen genetischen Erfolg ausgerichtet.

> „Unsere Körper sind einfach nicht dafür ausgestattet, die physiologische Erregung, die wir mit leidenschaftlicher Liebe, Lust und anderen intensiven emotionalen Erfahrungen verbinden, über lange Zeit auszuhalten."
>
> **Pamela C. Regan,** Psychologin

Die den Geisteszustand verändernde Begeisterung neuer Liebe kann nicht aufrechterhalten werden, ohne kontinuierliche künstliche Unterstützung. Wenn wir uns primär auf Dopamin verlassen, um unseren Kick zu bekommen, dann ist im Allgemeinen immer mehr Stimulation nötig (oder eine längere Pause zwischen den Stelldicheins), um die gleiche orgastische Intensität zu erlangen. Nach einer Weile kann die Suche nach dem G-Punkt oder nach Neuem, wie Sex auf dem Küchentisch oder einander zu fesseln, sich wie Arbeit anfühlen. Es wird dann viel effektiver, sich einfach einen neuen Partner zu nehmen, mit dem die Leidenschaft mühelos gelingt – eine Zeit lang.

Karezza holte mich runter von dem Karussell, doch es dauerte eine Weile, sich daran zu gewöhnen. Es machte den Flitterwocheneffekt nicht platt, sondern verlagerte meine Stimmung von „gereizt" zu „heiter". Im Vergleich fühlte sich Karezza an wie eine süße Genesung.

Anfangs fragte ich mich, ob ich meinen Partner ohne diese aufregende „Liebeskrankheit", von der ich so abhängig war, noch anziehend finden würde. Ich war erleichtert, als ich feststellte, dass unsere gegenseitige Anziehungskraft erhalten blieb. Es war einfach nur keine verzweifelte „Reiß-dir-die-Kleider-vom-Leib"-Qualität mehr in der Anziehung enthalten. Mit oder ohne Kleider fühlte es sich eher an wie zwei Delfine, die miteinander herumtollen. Wir lachten viel, fanden immer die richtige Zeit, um uns zu lieben und einander zu anderen Zeiten zu umarmen oder zu berühren. Unsere Anziehung war verlässlich. Sie kam und ging nicht mehr, wie früher, als mein Liebesleben nach dem Zyklus der Leidenschaft verlief. Wenn Probleme aufkamen, waren wir besser dafür gerüstet, sie anzugehen, weil unser Innenleben nicht mehr so stürmisch war.

Ich fing an, Liebe und Leidenschaft auf eine ganz neue Art und Weise zu betrachten. Solange die Biologie mein Liebesleben choreografiert hatte, war Leidenschaft in großem Maße real gewesen, während Liebe etwas deprimierend Vergängliches zu haben schien. Jetzt war die Situation genau umgekehrt. Ich erfuhr die Liebe als zunehmend solide und verlässlich. Die Leidenschaft jedoch fluktuierte in überraschend vorhersagbarer Art und Weise. Wie hatte ich darauf so viele Jahre verzichten können?

> *„Jetzt, wo ich in dieser super Phase meines Lebens bin, in der all meine Vergnügungen so unschuldig sind, frage ich mich, wie ich jemals wieder zu dem Psychodrama, den Themen des Verlassenswerdens und der Eifersucht zurückkehren kann?"*
>
> Ellie

Entspannung kontra Leistung

Es ist möglicherweise klar geworden, dass Karezza von dem bereichernden Gefühl abhängt, das aus entspannter gegenseitiger Bewunderung und großzügiger Berührung erwächst (Bindungsverhalten). Wie wir im nächsten Kapitel sehen werden, scheint Karezza mit einem neurochemischen Cocktail in Verbindung gebracht zu werden, der viel mehr von dem „Kuschelhormon" (Oxytocin) enthält als von den leidenschaftlichen

Dopaminwellen. Karezza verlässt sich definitiv *nicht* auf die Belohnung, die aus der Verfolgung des eigenen Orgasmus oder dem des Partners besteht. Das unterscheidet diese Methode radikal von den meisten tantrischen oder sexualmagischen Zugängen, in denen beide Partner darauf hinarbeiten, einander auf Touren zu bringen, um eine hochgradige Intensität zu erzielen.

Beide Zugänge können Vergnügen bereiten, doch sie liegen in ganz anderen Zonen des Spektrums sexueller Freuden. Sexuelle Techniken, die darauf beruhen, zum Orgasmus emporzusteigen, setzen Leistung und die Erregung sexueller Spannung ein. Im Gegensatz dazu ist Karezza völlig mühelos. Als ich es Will zum ersten Mal erklärte, traute er seinen Ohren kaum: „Eine Frau, die mich bittet, *weniger* zu tun?"

Manchmal ist Karezza einfach nur angenehmer, sanfter Geschlechtsverkehr, der uns erfrischt und ausgeglichen zurücklässt; manchmal ist es eine erstaunliche, herzöffnende Erfahrung, für die wir kaum Worte finden. Das Ergebnis unterliegt nicht unserer Kontrolle. Alles, was wir tun können, ist, unsere biologisch angetriebenen Gewohnheiten aus dem Weg zu räumen, und das zu genießen, was hochkommt.

> *„Meine Partnerin und ich haben gerade mehr als zweieinhalb Wochen hinter uns, in denen wir die Austauschübungen praktiziert haben, und haben die letzten beiden Tage damit verbracht, von Mund zu Mund verbunden zu sein und einander tief in die Augen zu schauen, wie, als wir uns kennengelernt haben. Die Tiefe der Verbindung überrascht uns immer noch, es ist so schön."*
>
> Mark

Die Taoisten unterscheiden zwei fundamental unterschiedliche Zugänge zum Sex mit den Begriffen „Talorgasmus" und „Höhepunktorgasmus", doch diese Terminologie verwirrte mich fürchterlich. In meinem Kopf klang „Orgasmus" wie ein klares Ziel, etwas, worauf man hinwirkt, eine klare Linie, die übertreten wird. Da ich keine spannungslösende Reaktion erlebte, die einem konventionellen Orgasmus glich, als ich Karezza machte, dachte ich zunächst, dass ich etwas falsch mache. Ich hatte die Vorstellung, dass der Talorgasmus irgendwo in der Nähe des Höhepunktorgasmus liegt. Doch das tut er nicht. Wir fließen in das Tal, wenn wir uns entspannt, sicher und voller Liebe fühlen. Sobald wir uns um etwas bemühen, haben wir schon wieder die Wanderschuhe an und sind auf dem Weg zum Gipfel unterwegs. Anstrengung ist also kontraproduktiv.

Ich verstand den Unterschied besser, als Will mir einmal erklärte, dass das menschliche Nervensystem nicht dazu geschaffen ist, sich um etwas zu bemühen und gleichzeitig zu entspannen.

Karezza aktiviert offenbar die Entspannungsreaktionen des Körpers stärker als orgastischer Sex das tut. Vielleicht haben Sie ja auch in der Schule gelernt, dass unser Nervensystem zwei verschiedene Reaktionsweisen auf Stimulanz kennt: parasympathisch und sympathisch. Beruhigende Stimulanzien aktivieren die parasympathischen Nerven, was es unserem System erlaubt, sich auf Regenerierung, Verdauung, Heilung, sexuelle Erregung und allgemeine Funktionen der Körperordnung zu konzentrieren.[239] Karezza, mit seiner Betonung auf großzügiger, nicht zielorientierter Zuwendung, scheint diese Nerven sehr stark zu aktivieren.

> *„Reiki und Quantum Touch nutzen stille Berührung von mindestens einer halbstündigen Dauer mit sehr guten Ergebnissen. In meiner Erfahrung sind die ausgiebigen Umarmungen in der stillen Periode von Karezza auf die gleiche Art heilsam wie diese Therapien."*
>
> Warren

Obwohl sexuelle *Erregung* eine Aktivität des Parasympathikus ist (Entspannung), regt der Antrieb zum Orgasmus die sympathischen Nerven des Körpers an (die auch den Kampf-oder-Flucht-Mechanismus ermöglichen). Heißer Sex ist eine sportliche Übung. Ihre Herzfrequenz erhöht sich; Sie schwitzen. Er ist wie jede andere zielorientierte Aktivität, insbesondere, wenn es ums Überleben geht. Und tatsächlich ist biologisch getriebener Sex genau das. Sie sind im Leistungsmodus und tun, was getan werden muss, um zu überleben (indem Sie Ihre Gene weitergeben).

Der Körper interpretiert Bindungsverhalten als ein Signal, sich sicher fühlen und näherkommen zu können. Es ist möglich, dass er leistungsorientiertes Liebesspiel *nicht* als ein Bindungssignal interpretiert, sondern als etwas, das dem Kampf-oder-Flucht-Mechanismus ähnlicher ist. Dieser mächtige Antrieb mag zwar einen Orgasmus hervorbringen, doch nicht die tiefen Gefühle der Sicherheit oder das Bedürfnis nach fortgesetzter enger Nähe. Das würde erklären, warum bestimmte Arten von heiligen Sexualpraktiken, die ein sehr kraftvolles Liebesspiel verlangen, so wenig dazu beitragen, Partner langfristig aneinander zu binden.

Paradoxerweise kann heißer Sex uns umso verlockender erscheinen, je anstrengender unser Alltag ist. Er kitzelt den aufregenden Kampf-oder-Flucht-Mechanismus wach, sorgt dafür, dass wir uns lebendig und vital fühlen, und ist dann auch noch zeitweilig ein Ventil für den Stress, wenn das Dopamin plötzlich abfällt. Es ist ein Mechanismus, mit dem Stress umzugehen, doch es bedeutet, dass wir uns entspannen, indem wir einander auf eine Art und Weise benutzen, die als Folge Gefühle der Erschöpfung und Gleichgültigkeit gegenüber unserem Partner haben kann. Im Gegensatz dazu ist Karezza sehr erfüllend und beruhigend, weil beide sich energetisiert genug fühlen, um einander nährende Aufmerksamkeit zu gewähren.

„Als ich achtzehn war, hatte ich eine Freundin, mit der ich Geschlechtsverkehr ohne Orgasmus praktizierte, ohne irgendetwas über Techniken zu wissen, einfach nur ganz intuitiv. Ohne es zu merken, wurden unsere Körper und unser Geist auf eine tiefe Art und Weise geheilt. Später experimentierten wir mit Büchern, die etwas Ähnliches vermittelten wie das, was wir machten, außer, dass es dort auch um Orgasmus ohne Ejakulation ging, was mehr körperliches Vergnügen bereiten sollte. Wir trennten uns bald darauf, und die Dinge änderten sich sehr für uns beide – zum Schlechteren.

Ein Erlebnis, das ich immer heranziehe, um die glückliche Zeit damals mit der Gegenwart zu vergleichen, ist, dass meine Schwester und ich uns immer versteckten und dann aus unserem Versteck sprangen, um einander zu erschrecken. In den Tagen damals war mein Geist so klar, so fokussiert und auf das Jetzt gerichtet, dass sie mich niemals erschrecken konnte. Und heute kann jedes Hundegebell mich dazu bringen, zusammenzuschrecken, und ich leide an Schlaflosigkeit. Was ich daraus gelernt habe? „Schmeiß deine Tantrabücher weg, sende einfach nur die Energie in dein Herz.“ Das ist einfach genug. Tu es einfach und denke nicht darüber nach, bevor du es nicht wirklich erfahren hast.“

Miguel

Mit Karezza bleiben Sie der Schwelle zum Orgasmus im Idealfall fern. Wenn Sie jedoch fühlen, wie Sie beim Liebesspiel wieder in den Leistungsmodus geraten, können Sie sich selbst in den Parasympathikus zurückholen, indem Sie tiefere und längere Atemzüge machen. Der Aufbau zum Orgasmus geschieht zeitgleich mit einem Anstieg der Muskelspannung und dem Drang, die Atemzüge zu verkürzen. Darum, wenn Sie zu Ihrer Entspannungsreaktion wechseln möchten, gönnen Sie Ihren Bauchmuskeln Ruhe und verlangsamen Sie Ihre Atmung. Wenden Sie Ihre liebevolle Aufmerksamkeit Ihrem Partner zu.

Das erklärte Ziel von Karezza ist es, zwar in dem Entspannungsmodus zu bleiben, doch gleichzeitig in einen erhöhten Zustand dynamischer Stille einzutreten. Es ist kein Zustand von extrem hoher Wachsamkeit, sondern mehr ein Gefühl von „Flow“, von dem Künstler und Athleten berichten. Die ungewohnte Betonung auf Entspannung ist wahrscheinlich der Grund, warum sich Karezza anfänglich so fremd anfühlt.

Ein Vorteil ist, dass es absolut keinen Leistungsdruck gibt – es sei denn, man macht ihn sich selbst (wie ich es anfänglich tat), weil man denkt, dass es einfach so etwas wie Ursache und Wirkung geben *müsse*, welche dann zu einem vorhersehbaren, wiederholbaren Ergebnis führen.

Als ich mehr über meine Neurochemie lernte, stellte ich fest, dass „sich anstrengen“ mit „verlangen“ gleichgesetzt werden kann, was einen hohen Dopaminspiegel zur Folge hat – und selbstsüchtiges Verhalten. So langsam, wie ich lernte, begriff ich schließlich, dass ich niemals das volle Potential von Karezza erfahren würde, während ich mich um irgendeine Art von Erfahrung besonders bemühte.

> *„Ich persönlich glaube nicht, dass in dem, was wir bindungsbasierten Sex nennen, so etwas, wie sexuelle Spannung enthalten ist. Wenn dem so ist, dann ist es fortpflanzungsorientierter Sex. Ich verbinde sexuelle Spannung mit Leidenschaft, Lust, Feuer, Geilheit – wie ein Vulkan, der sich nur durch einen Lavastrom (Klimax oder Orgasmus) beruhigen kann. Bindungsbasierter Sex ist eine Verbindung auf einer tiefen Ebene. Es ist die Verbindung miteinander in Harmonie, mit dem Ziel, eins zu werden. Es gibt keine sexuelle Frustration, nur eine subtile, machtvolle sexuelle Energie.“*
>
> Katrina

Die Geburt der ekstatischen Austauschübungen

Selbst als ich aufhörte, mich anzustrengen, einen irgendwie gearteten Talorgasmus zu bekommen, war ich immer noch ein bisschen verwirrt. Ich wusste ja schon, dass es zu der Art von Liebesspiel, die ich zu lernen versuchte, gehörte, keinen Orgasmus zu haben. Doch der Versuch, einen Orgasmus zu *verhindern*, war auch nicht viel entspannender, als sich um einen zu bemühen. Also, wie gewohnt Liebe zu machen, einfach nur ohne Orgasmus, war so wie auf Messers Schneide spazieren zu gehen. Es klappte niemals lange und führte außerdem zuweilen zu Frust und Reizbarkeit – vielleicht wegen des hohen Dopaminspiegels.

An diesem Punkt meiner Lernkurve bemerkte ich auch, dass die Auswirkungen eines Orgasmus ungefähr zwei Wochen lang anhalten – und dass es schwerer war, sich während der Erholungsphase dem Orgasmus fernzuhalten. Wenn mein Partner und ich jedoch den Geschlechtsverkehr aufschoben, bis wir beide nach dem Zyklus der Leidenschaft wieder unser inneres Gleichgewicht zurückhatten, war das definitiv weniger frustrierend und wesentlich befriedigender.

Doch was sollten wir nun miteinander anfangen, während wir die Auswirkungen von konventionellem Sex aussitzen mussten und uns auf die beruhigenden Folgen von Karezza freuen durften? Wie Scheherazade in den *Geschichten aus Tausendundeiner Nacht* wurde mir klar, dass ich mir ein paar unterhaltsame Aktivitäten einfallen lassen müsste, die uns für unsere starke sexuelle Anziehung etwas zu tun geben würden. Ich stellte außerdem fest, dass gewöhnliches Vorspiel dafür nicht in Frage kam. Antörnendes Vorspiel, wie z. B. oraler Sex, der dann doch nicht im Orgasmus kulminiert, war ein Rezept zum Verrücktwerden. Um dieses Dilemma zu lösen, ließ ich mir Wege einfallen, wie wir einander verwöhnen können, und die uns befriedigt zurücklassen.

So wurden die ekstatischen Austauschübungen geboren – ein dreiwöchiges Programm von sinnlichen, spielerischen Aktivitäten für Erwachsene, die Sie am Ende dieses Buches finden. Warum drei Wochen? Ich hatte irgendwo gehört, dass es ungefähr drei Wochen dauert, bis man eine neue Gewohnheit gefestigt hat. Später erfuhr ich dann, dass die Neuroimmunologin Monika Fleshner sagt, dass unser Gehirn mit stärkerer Vorfreude auf eine neue Disziplin reagiert (also anfängt, ein gesundes Maß an Dopamin als Reaktion darauf zu produzieren), wenn wir uns dazu zwingen, unser Verhalten mindestens zwei Wochen lang zu ändern.[240]

Unterdessen muss man natürlich die alten Gewohnheiten meiden. Je radikaler und gründlicher man sein Verhalten ändert, während man eine neue Nervenbahn im Gehirn anlegt, umso leichter ist es, diese erfolgreich anzulegen.[241] Aber machen Sie sich keine Sorgen. Ihre Nervenbahn für fortpflanzungsorientierten Sex wird nie ganz mit Unkraut überwuchern; das ist bei uns allen so festgelegt. Die können Sie jederzeit ganz leicht reaktivieren, wenn Sie die Ergebnisse von Karezza mit konventionellem Sex vergleichen möchten.

In meinem Bemühen, es Scheherazade gleich zu tun, entwarf ich die Aktivitäten der ersten zwei Wochen völlig *ohne* Geschlechtsverkehr. (Wir reden hier über ein radikal verändertes Verhalten!) Ich hatte nämlich entdeckt, dass es sinnlos war, nicht zielorientierten Geschlechtsverkehr zu versuchen, während man es mit den züngelnden Flammen sexueller Frustration während des Zyklus der Leidenschaft zu tun hat. Immer wenn ich das versucht hatte, gingen meine verschlagenen Gene daraus als Sieger hervor.

Ich hatte außerdem (auf die harte Tour) herausgefunden, dass Nacktheit ein lautes Signal für das Säugetiergehirn ist, dass hier eine Befruchtungsgelegenheit gegeben ist, die dringender Aufmerksamkeit bedarf. Das Tragen von Unterwäsche und T-Shirt (bei Frauen) dämpft dieses Signal zumindest ein bisschen. In langjährigen Beziehungen hilft selbst dieses bisschen Kleidung dabei, für zwei Wochen eine kurze Phase des Liebeswerbens herzustellen. Es erschafft einen frischen, fast jungfräulichen geistigen Rahmen, in dem es leichter ist, vergangenen Ärger zu vergessen und emotional neu durchzustarten.

All das hatte ich im Hinterkopf, als ich eine Serie spielerischer, liebevoller Aktivitäten entwarf – die aus all meinen *anderen* Lieblingsbeschäftigungen im Rahmen sexueller Intimität bestehen. Die Liste wurde länger, als ich es anfangs für möglich hielt: Kopfmassagen, Rückenkraulen, sanftes Streicheln, einander in die Augen schauen, Hand- und Fußmassagen, Rückenmassagen und so weiter – alles gefolgt von Kuscheln, Küssen und Schlafen.

Mein Partner und ich waren erstaunt darüber, wie sehr wir diese zwei Wochen gegenseitigen Verwöhnens genossen. Am Ende dieser Zeit sahen wir aneinander mühelos die Flügelchen und den Heiligenschein. Es stimmt, wenn sehr viel Flitterwochenneurochemie in der Luft lag, verbrachten wir die ersten Nächte häufig mehr mit Wachen als mit Schlafen. Doch innerhalb von drei Tagen ließ das feurige Gefühl mehr und mehr nach, wir fühlten uns beide erfrischt, schliefen besser und hatten immer noch große Lust, Zeit miteinander zu verbringen. Auf diese Art konnten mein Liebster und ich den Übergang von normalem Liebesspiel zu Karezza überstehen – und dabei auch noch jeden Moment genießen.

> *„Wir betrachten voller Ehrfurcht, was mit uns passiert. Wir sind an der Stelle der Austauschübungen, kurz bevor die tatsächliche Verbindung kommt. Ich lag irgendwann heute Morgen auf dem Bett und konnte nach einer langen, langen Phase von Pranayama-ähnlichem Atmen nichts anderes tun, als eine ganze Zeit lang laut zu lachen. Ich fühlte mich so high und gleichzeitig so geerdet!“*
>
> Lance

Im Laufe der Zeit lernte ich, dass diese zweiwöchige Phase mit viel Zuneigung und absolut keinem Gedanken an Geschlechtsverkehr ein ausgezeichneter Balsam für zwei ganz unterschiedliche Leiden war. Bei einem neuen Liebhaber half es dabei, die feurige Flitterwochenneurochemie davon abzuhalten, mit uns durchzugehen. Auf der anderen Seite, wenn der Zyklus der Leidenschaft uns in emotionale Distanz zueinander gebracht hatte, erlaubte uns dieses zweiwöchige Refugium, wieder in Harmonie miteinander zu kommen und einander in einem sicheren Rahmen zu nähren. Es brachte uns weg vom Gewöhnungsblues und ermöglichte uns einen ganz frischen Start. In beiden Fällen erhöhte es die Wahrscheinlichkeit, dass wir in der dritten Woche, wenn der Geschlechtsverkehr hinzukam, das Liebesspiel nach Karezzamanier tief befriedigend fanden.

Ein weiteres Geschenk der ersten zwei Wochen der Austauschübungen ist, dass Paare, die nicht bereit für den Geschlechtsverkehr oder unfähig dazu sind, dennoch die Erfahrung machen können, wie erfüllend Bindungsverhalten allein sein kann.

Geschlechtsverkehr

Es wird nach einer Weile offensichtlich, dass die tieferen Karezzaerfahrungen in keiner Weise vom Geschlechtsverkehr abhängen; zwei Querschnittsgelähmte mit offenem Herzen und dem Wunsch, miteinander zu verschmelzen, könnten sie genauso genießen. Das heißt, dass der Geschlechtsverkehr – so erfreulich und so tief nährend er als Bindungsverhalten sein mag – in gewisser Weise ein zusätzlicher Luxus ist, wenn bindungsbasierte Intimität geübt wird. Viel von dem, was uns aus dem Geschlechtsverkehr gut tut, tut uns auch während der intimen Zeit ohne Geschlechtsverkehr gut.

Wohlgemerkt, ich bin ein absoluter Fan vom Geschlechtsverkehr, deswegen empfehle ich ihn sehr. Doch ich weiß jetzt, dass er nicht das Ziel von Karezza ist. Geschlechtsverkehr ist einfach nur ein weiterer Weg, auf dem mein Partner und ich einander nähren können und wie wir uns auf ein Gefühl von Ganzheit und Vollständigkeit zubewegen. Großzügigkeit gegenüber dem anderen und der Wunsch, einander näher zu kommen, sind wichtiger als genitale Reibung.

Die meisten Liebenden fangen mit den ekstatischen Austauschübungen nicht gerade mit offenem Herzen an, und das ist auch okay. Der Prozess selbst bewegt das Paar von allein in die gewünschte Richtung – aufgrund der Macht der unbewussten Bindungssignale, die ich unwissentlich in die Austauschübungen mit eingewoben hatte. Manchmal entdecken Liebespaare, dass sie in einen zeitlosen, freudig entrückten Zustand miteinander gefallen sind, ohne irgendetwas dafür getan zu haben.

> *„Nach ungefähr einer halben Stunde von relativem Nichtstun erfuhr ich einen außerordentlichen Moment des Verschmelzens, wo ich die Grenzen zwischen mir und meiner Frau nicht länger wahrnehmen konnte. Ich fühlte mich überaus friedvoll und hätte ewig so bleiben können."*
>
> Roger

Die dritte Woche der Austauschübungen schließt dann auch den Geschlechtsverkehr mit ein – für uns Sexteufelchen. Auch die Kleider werden endlich ausgezogen – puh! Doch ich habe gelernt, dass wir den Geschlechtsverkehr in einer Position beginnen mussten, die uns nicht allzu viel Bewegung gestattete, sonst endeten wir unweigerlich wieder im Spurt auf die Ziellinie. (Mögliche Positionen werden in den Austauschübungen bebildert.)

An diesem Punkt war es extrem leicht, das Ganze in zielorientierten Sex eskalieren zu lassen. Eine Strategie, die Will und ich anwandten, als wir einmal ihre Effektivität erkannt hatten, war, dass wir immer „Kuschelnächte" zwischen „Geschlechtsverkehrnächte" einbauten. Kuschelnächte sind ein hilfreicher Erfrischungskurs für das Nervensystem. Selbst ein bisschen Kuscheln gibt uns eine kleine Geschmacksprobe von entspannter Befriedigung ohne jegliches Ziel. Das nächste Mal, wenn wir dann Geschlechtsverkehr haben, ist es einfacher, in diesem ruhigen Geisteszustand zu bleiben. Wenn wir uns jemals frustriert fühlen nach dem Geschlechtsverkehr, anstatt befriedigt zu sein, dann ziehen wir einfach wieder unsere Unterwäsche an (oder unsere „geistige Unterwäsche") und richten uns ein paar Tage lang mit einfachem Bindungsverhalten wieder neu aus. Wir fühlen scheinbar beide immer recht gut, wann wir wieder eingestimmt sind.

> *„Als ich eine Frau, die ich online kennengelernt hatte, für einen Tag an Ihrem Wohnort besuchte, fühlte ich die ganze Zeit eine überwältigende sexuelle Spannung. Doch als wir uns am Ende unserer Verabredung umarmten, um einander auf Wiedersehen zu sagen, löste sich die ganze Spannung in ihrer sanften, freundlichen Zärtlichkeit auf. Und das hielt sogar eine Weile an … Ich glaube, wir Männer brauchen diese Intimität und die Berührung. Wahrscheinlich müssen wir beide diese Art von Liebe, die Anspannung löst, geben und bekommen. Für Männer gilt es umso mehr, da wir unter einem größeren Drang leiden."*
>
> Salim

Tango tanzen

Was den tatsächlichen Geschlechtsverkehr angeht, so bewegen wir uns dabei *wesentlich langsamer* als beim herkömmlichen Sex. Eine Lehrerin heiliger Sexualität machte mal eine einfache Übung mit ihren Schülern, die ihnen zu verstehen half, wie sie mehr Vergnügen aus langsamem Geschlechtsverkehr ziehen können als aus kraftvollem.

„Lassen Sie Ihren Daumen und Zeigefinger leicht und langsam über den Zeigefinger der anderen Hand gleiten. Fühlen Sie das Prickeln? Nehmen Sie jetzt Ihren Daumen und Zeigefinger und umfassen den gleichen Zeigefinger wie eben und reiben Sie ihn eine Weile schnell und kräftig. Merken Sie, wie er langsam ein wenig taub wird?"

Wir *fühlen* nicht nur mehr, wenn wir uns langsam lieben, es ist scheinbar auch so, dass sanfter Geschlechtsverkehr Stimmungsschwankungen bei mir vorbeugt. Erinnern Sie sich an die weiblichen Ratten in Kapitel fünf, bei denen starke Kopulation zwei Wochen andauernde Hormonwellen in Gang setzte, um sie auf eine mögliche Schwangerschaft vorzubereiten?

Zusätzlich dazu, aus der Einsicht weniger-ist-mehr, das Beste zu machen, lassen wir uns häufig in *absolute Stille* sinken, wenn wir uns lieben. Einige der schönsten und tiefsten Erlebnisse haben wir, wenn wir uns *nicht* bewegen. Das Ergebnis ist, dass unser Liebesspiel in Wellen vor sich geht, ein bisschen wie Atmen. Auch die Erektionen kommen und gehen – und entstehen neu, wenn wir nach einer Pause wieder anfangen, uns zu küssen.

„Ich glaube, wir sind uns in den zehn Jahren unserer Partnerschaft niemals so nahe gewesen. Ich habe immer noch meine Zweifel, was den völligen Verzicht auf den Orgasmus angeht, doch bislang waren die letzten sechs Wochen die beste, durchweg liebevollste Zeit unserer Beziehung. Falls irgendjemand Zweifel hat, es auszuprobieren, lassen Sie die weg. Statt vor Anspannung, die man nicht los wird, verrückt zu werden, sind wir endlich heil geworden, glaube ich."

Leo

Wir küssen einander häufig und schauen uns oft in die Augen. Wir lassen einander auch durch wortlose Geräusche des Vergnügens und andächtige oder spielerische Berührungen wissen, wie geliebt wir uns fühlen – das kommt ganz auf unsere Stimmung an. Manchmal unternehmen wir den bewussten Versuch, unsere Sexualenergie aus unseren Genitalien über den Körper zu verteilen, indem wir die Beckenbodenmuskeln anspannen und die Energie aufwärts atmen. Manchmal, wenn wir unsere Augen schließen, bemerken wir aufleuchtende Lichter in der Region des dritten Auges auf der Stirn.

Wir lieben einander in sehr bequemen Stellungen, wo unser Gewicht durch ein Minimum an Spannung gehalten wird. Auf der Seite liegend, mit meinen Beinen um die von Will geschlungen, ist eine Lieblingsstellung von uns. Wir schlafen manchmal sogar verbunden ein, was das Aufwachen besonders versüßt. Da wir nie „fertig" werden, stellen wir fest, dass wir unsere Flirtenergie auch mit aus dem Schlafzimmer nehmen. Das hilft uns dabei, die Gewöhnung fernzuhalten. In der Tat sagt mein Mann, dass er sich wie ein menschlicher „Pepé Le Pew" fühlt, das liebeskranke Cartoon-Stinktier, dessen Liebe immer unerfüllt bleibt – und niemals stirbt.

Was die Dynamik zwischen uns beim Sex angeht, so folgen wir dem taoistischen Sprichwort, dass „der Mann der Steuermann ist und die Frau das Boot." Wenn wir Vorträge vor Gruppen halten, machen wir auch immer eine Übung, wo die Männer die Frauen an ihren Schultern von hinten durch den Raum führen, während die Frauen ihre Augen schließen. Frauen genießen dieses Erlebnis häufig, sich in diesen Raum des Vertrauens fallen zu lassen – im Wissen, dass sie einen aufmerksamen Steuermann haben, der ihnen Sicherheit gibt. Die Männer finden es gleichfalls befriedigend, dass man ihnen so komplett vertraut. Wie politisch unkorrekt es auch immer sein mag, diese Dynamik bringt scheinbar die noble Seite der Männer und die entspannte Empfänglichkeit der Frauen zum Vorschein.

Ein etwas paradoxes Ergebnis von der Boot- und Steuermann-Rollenverteilung im Schlafzimmer ist, dass wir beide außerhalb des Schlafzimmers flexibler geworden sind. Will und ich merken, dass wir in unserem Alltag fließend zwischen typischen Geschlechterstärken hin- und herwechseln – wie z. B. Intuition und Sensibilität auf der einen Seite und Effizienz und der Fähigkeit, Dinge in Gang zu setzen, auf der anderen Seite. Und gleichzeitig haben wir mehr Wertschätzung dafür, wie unsere Stärken einander ergänzen.

Im Alltagsleben bin ich ein bisschen wie ein Schnellboot; ich steuere mich überall hin. Doch im Schlafzimmer finde ich die reine Bootrolle völlig natürlich. Will ist außerdem ein instinktiver Steuermann – sowohl entspannt als auch irgendwie mich umwerbend. Wir nehmen an, dass das Gleichgewicht, das wir durch Karezza erreichen, uns aufmerksamer und entspannter macht.

„Wir bleiben bei unserem nichtorgastischen Liebesspiel und sind glücklich damit. Wir finden diesen neuen Weg sehr einfach für uns. Viel einfacher als ich dachte. Er ist ein Naturtalent, und aus dem Grund habe ich auch gar kein Bedürfnis mehr nach normalem Sex. Es ist erstaunlich."

Marta

Als ich die Boot-Steuermann-Dynamik einem Freund beschrieb, bat er Will und mich, an seiner Tangostunde teilzunehmen. „Das ist genau das, was du beschreibst, außer, dass wir tanzen," sagte er aufgeregt. Er hatte recht. Im Tango führt auch ein Partner mit großer Sensibilität und der Aufmerksamkeit eines Gentlemans, und der andere folgt. Und trotzdem gibt es eine belebende Spiegeldynamik zwischen den Tanzenden, mit viel Augenkontakt – und unübersehbarer elektrischer Spannung. Die Frau ist nicht so sehr passiv als vielmehr *magnetisch.* Sie wird zumindest nicht in der Gegend herumgeschoben wie ein Pappkarton auf Rädern.

Mein Freund sagte, dass Tango eine Form von Karezza ist – obwohl ich vermute, dass er eher glaubt, dass Karezza eine Form von Tango ist. So oder so, wie Karezza, so ruft auch der Tango einen glückseligen, veränderten Zustand der Einheit hervor, in der die Musik die Tänzer tanzt. Selbst wenn mein Freund ohne Freundin ist, sagt er, dass der nährende Strom auf der Tanzfläche seine sexuelle Frustration auflöst.

Will und ich haben beide bemerkt, dass die historischen Beschreibungen von und Rezepte für Karezza sehr vage klingen. Der Grund dafür ist, dass die Technik quasi substanzlos ist. Die Anwendung hat mit *Nichtstun* zu tun, damit, unser Paarungsprogramm lange genug aus dem Weg zu räumen, um in einen entspannten Zustand der Einheit fallen zu können. Es ist mehr eine *Erfahrung* als eine *Praktik.* Es verändert den Blickwinkel, während man es erlebt – im Laufe der Zeit. Wenn Sie jedoch Fragen zu Ihren spezifischen Umständen haben, schauen Sie mal in Kapitel neun und besuchen Sie das Forum *Habit to Harmony* (von der Gewohnheit zur Harmonie) auf www.reuniting.info. In Kapitel zehn, der Weg der Harmonie, wird die Praktik auch kurz zusammengefasst.

Wiederholt sich die Geschichte?

Heute sehen wir uns ähnlichen Herausforderungen gegenüber, wie Harlow sie erlebte. Die Experten seiner Zeit bestanden darauf, dass Kleinkinder keine Berührung brauchen und dass es andere Gründe haben müsse, dass sie sich schlecht entwickelten. Harlows Forschungen dienten schließlich als Augenöffner. Beruhigende Berührung, die zu einer festen Bindung führt, stellte sich als die wichtigste Zutat für das Wohlergehen heraus – mit Auswirkungen bis weit ins Erwachsenendasein.

Heutzutage haben wir einen ähnlichen blinden Fleck. Unsere Experten versichern uns, dass sexuelle Befriedigung immens wichtig ist, selbst wenn wir dafür libidostärkende Medikamente, Vibratoren oder Pornos brauchen. Man sagt uns auch, dass der Orgasmus ein wesentlicher Bestandteil für Harmonie in Beziehungen sei – *wichtiger* gar als nicht zielorientierte Zuneigung.

Nach wenigen Jahrzehnten dieses Denkens erscheinen schon die ersten Risse im Denkgebäude – Risse, die einen der alten taoistischen Weisen dazu gebracht haben würden, wissend zu nicken (basierend auf seiner Selbstüberprüfung und seinem Studium von Hunderten von Jahren sorgfältig aufgezeichneter Beobachtungen). Wie ich es in meinem eigenen Liebesleben entdeckte, ist es sehr schwierig, den Schwerpunkt auf orgastische Intensität und Häufigkeit zu legen *und* gleichzeitig ein befriedigendes, harmonisches Miteinander aufrechtzuerhalten. Wie sich herausstellte, waren meine Beziehungen so zerbrechlich, weil ich meinen Fuß zu hart auf das Gaspedal gedrückt hatte und praktisch kein Bewusstsein für die hohe Bedeutsamkeit von wirklichem Bindungsverhalten hatte. Der Glaube, dass allein Leidenschaft eine Ehe zusammenhält, kann uns alle in eine ungemütliche Tretmühle befördern. Man bedenke nur beispielsweise, dass Rabbi Boteach in seinem Buch *Kosher Adultery: Seduce and Sin*

„Viele Jungen [auf dem Universitätskampus] sprachen offen darüber, dass sie zumindest einmal pro Tag masturbieren, als sei dies eine Art von Vorsichtsmaßnahme Ihres psychosexuellen Systems.“ … Die Gefahr liegt darin, dass [ihre Sucht nach wachsender Stimulation] sich bis in ihre Partnerschaften ausdehnen wird, so wie es bei meinen Patienten auch der Fall war, was dann zu Potenzproblemen und neuen, zuweilen unwillkommenen Vorlieben führt.

Norman Doidge,
Psychiater
(der Tom Wolfe zitiert)

with Your Spouse Paaren rät, herzzerreißende Ängste und rasende Eifersucht zu fördern, nur um ihre Ehe zusammenzuhalten.[242]

Da die Ziele von intensiver Leidenschaft und dauerhafter Einheit schwer zu vereinbaren sind, suchen wir häufig unser Glück im Orgasmus allein. Doch ohne die beruhigenden Eigenschaften enger Nähe geht es vielen von uns paarbindungsorientierten Wesen nicht sonderlich gut – selbst wenn wir Orgasmen haben. Denn anders als die wenigen anderen „monogamen“ Spezies mit sowohl Paarbindungs- als auch Paarungsprogrammen können wir Menschen bewusst auf das eine oder das andere zusteuern. Selbst wenn einige von uns neurochemisch mehr der Monogamie zugeneigt sind als andere, wir alle tragen beide Programme in uns. In dem Ausmaß, in dem wir den Schwerpunkt auf Paarung oder Bindung legen, gestalten sich unsere Beziehungen herausfordernder – oder bereichernder. Schauen wir doch mal, warum.

Von Urbantschitsch, Reich

In diesem Abschnitt schauen wir uns zwei Schüler von Freud an, die beide erkenntnisreiche Beobachtungen zur Sexualität hinterlassen haben.

Rudolf Urban von Urbantschitschs Ehetherapie

Dr. med. Rudolf Urban von Urbantschitsch (1889–1964) war ein der Sexualität gegenüber positiv eingestellter österreichischer Psychiater, der nach Kalifornien emigrierte. Wie sein Mentor Freud verabscheute auch er die Unterdrückung der Sexualität – und selbst einen Termin für einen freimütigen Vortrag an einer Universität zum Thema Masturbation festzulegen, behagte ihm nicht. Er war ein Verfechter der Sexualerziehung für ganz junge Menschen. Seiner Ansicht nach birgt Masturbation, wenn sie auch völlig natürlich (und sogar unvermeidlich) ist, das Potential in sich, das Gegenteil des Gewünschten zu bewirken, weil sie sexuelle Frustration im Allgemeinen nur noch verschlimmert. Er lehrte, dass gut informierte Kinder ihre eigenen Erfahrungen machen und für sich selbst herausfinden würden, was am besten für sie ist.

Zur gleichen Zeit überzeugte ihn seine Erfahrung bei der Unterstützung von Ehepartnern, die sich voneinander entfremdet hatten und wieder zueinanderfanden, davon, dass der Orgasmus für sexuelles Glück in der Ehe nicht nötig ist. Seiner Ansicht nach ist der selbstlose Austausch subtiler Energien zwischen den Partnern wichtiger. So schrieb er beispielsweise:

„[...] daß das Aufhören der körperlichen Spannung [durch Energieaustausch zwischen Liebenden] eine solche Seligkeit in uns erzeugt, daß keine anderen Freuden auf Erden damit verglichen werden können. Das bedeutet: Wenn die Spannung in unserem Körper aufhört, erreichen wir einen Zustand von solch absoluter Gelöstheit, daß es ist, als wären wir körperlos.“[243]

Von Urbantschitsch entwarf außerdem „Sechs Gebote im Geschlechtsverkehr“ für Paare und in seinem Buch *Sexuelle Perfektion, Vollkommenes Geschlechtsleben und glückliche Ehe* finden sich auch Fallstudien, in denen er die erzielten Ergebnisse beschreibt. Seine Regeln unterstreichen die Vorteile von entspannter Vereinigung und von Zurückhaltung. Wie er jemandem entgegnete, der seinen Rat kritisierte, beschränkt auch die Entscheidung, auf nur einer Straßenseite zu fahren, unsere Freiheit, bringt uns jedoch so viele Vorteile, dass wir diese Konvention gern einhalten.

Als die Essenz seiner Gebote betrachtete er:

Langandauernden sexuellen Kontakt mit voller Konzentration auf den Sexualakt. Von Urbantschitsch empfahl, sich in der „Scherenposition“ zu vereinigen (Abbildung bei den Austauschübungen am Ende des Buches), um so die Selbstbeherrschung zu verstärken. Er schlug vor, die sexuelle Erregung spontan geschehen zu lassen. Er lehrte darüber hinaus, dass genitaler Kontakt allein (ohne sexuelle Leistung) schon ausreichend wohltuend für Paare ist, und empfahl, für mindestens eine halbe Stunde ununterbrochen Kontakt zu halten, selbst wenn es zu einem Orgasmus gekommen ist.

Mit engem Körperkontakt in einem Doppelbett zu schlafen. Von Urbantschitsch erkannte den Wert von entspannter Berührung, auch wenn er darüber mit dem Begriff eines Austauschs „hypothetischer bio-elektrischer Ströme“ sprach. Er beobachtete Folgendes:

„Fälle, in denen beide Partner erklärt hatten, daß sie zwei Betten brauchen, weil sie einander stören, die sich aber dann überreden ließen, ein Doppelbett zu verwenden, zeigten – schon nach wenigen Nächten – einen merkbaren Fortschritt in ihren sexuellen Beziehungen. Sie harmonisierten besser miteinander, zeigten mehr Nachsicht für die beiderseitigen

Schwächen, und oft erwachte zwischen ihnen eine scheinbar tote Liebe wieder zum Leben.“[244]

Von Urbantschitsch beobachtete, dass Krankheiten seiner Patienten, wie Angststörungen, hoher Blutdruck, Geschwüre und einige Hautkrankheiten verschwanden, wenn sie seine Methode anwandten.

Reichs vergessenes Wissen

Wilhelm Reich (1897–1957) ist am bekanntesten für seine Behauptung, dass das höchste Ziel des Sex darin besteht, eine orgastische Potenz aufzubauen und die Fähigkeit zu entwickeln, die Menge an sexueller Energie zu entladen, die der entspricht, die man akkumuliert hat – wenn man keine Neurose riskieren will. Auch er emigrierte in die USA, kam jedoch am Ende ins Gefängnis, weil er Orgon-Akkumulatoren (Akkumulatoren nichtsichtbarer Energie) verkaufte, und verstarb dort.

Nur wenige erinnern sich heute noch daran, dass auch Reich bestätigte, dass der Orgasmus nicht die einzige Art ist, sexuelle Spannung zu erleichtern. Er erklärte, dass man auch in einer Vorstufe der sexuellen Erregung verweilen könne und sich am Ende des Geschlechtsverkehrs einfach entspannt, anstatt zum Höhepunkt zu kommen. Er nennt dies „willkürliche Beherrschung der Luststeigerung“:

1. *„Die Erektion ist nicht schmerzhaft, sondern an sich lustvoll. ...Das Genitale der Frau wird blutreich und... feucht.*
2. *Mann und Frau sind ohne widersprechende Regungen zärtlich...*
3. *Die Lust, die sich während der Vorlustakte auf ungefähr gleichem Niveau gehalten hat, steigert sich bei Mann und Frau in gleicher Weise plötzlich bei der Einführung des Gliedes.*
4. *Die Erregung konzentriert sich durch die beiderseitige, langsame, spontane und nicht angestrengte Friktion auf die Penisoberfläche und Glans beziehungsweise die hinteren Teile der Scheidenschleimhaut. Die charakteristische Empfindung, die das Vordringen des Samens ankündigt und dann begleitet, fehlt noch vollkommen ... Das Bewusstsein ist völlig auf die Aufnahme der strömenden Lustempfindungen eingestellt. Nach*

übereinstimmenden Mitteilungen potenter Männer und Frauen sind die Lustempfindungen um so stärker, je langsamer und linder die Friktionen und je besser sie aufeinander abgestimmt sind. Das setzt auch ein hohes Maß an Fähigkeit voraus, sich mit dem Partner zu identifizieren. Ein pathologisches Gegenstück dazu ist der Drang zu heftigen Friktionen …

5. *In dieser Phase ist die Unterbrechung der Friktion an sich lustvoll wegen der besonderen Lustempfindungen, die sich in der Ruhe einstellen, und ohne seelischen Aufwand durchzuführen; dadurch wird der Akt verlängert. In der Ruhe sinkt die Erregung wieder ein wenig ab … Das Unterbrechen des Geschlechtsaktes durch Zurückziehen des Gliedes ist nicht unlustbetont, sofern es nach einer Ruhepause geschieht.*"[245]

Reichs Beschreibung der „willkürlichen Phase" hat große Ähnlichkeiten mit Beschreibungen von Karezza. Im Gegensatz dazu gibt es in seiner Beschreibung der „Phase der unwillkürlichen Muskelkontraktionen" (Höhepunkt) keine Erwähnung von Zärtlichkeit, Harmonisierung oder Einstimmung auf den Liebespartner. Das Ziel ist „eine ‚gesättigte' zärtliche Beziehung zum Partner …, der sich das Gefühl der Dankbarkeit hinzugesellt."[246] Reich schätzte das Gefühl, „fertig und satt zu sein", das der sexuellen Befriedigung folgt, sehr. So schreibt er: „Die Intensität der Lust im Orgasmus ist … um so intensiver, je größer und steiler das ‚Gefälle' der Erregung ist."[247]

Doch auch Reich bekannte, dass das Bewusstsein nach dem Orgasmus getrübt ist. Er bestätigte auch, dass einige Liebende postorgastische Gefühle wie „bleierne Müdigkeit, Ekel, Abscheu, Überdruß oder Gleichgültigkeit und gelegentlich Haß gegen den Partner"[248] empfinden.

Einige zitieren Reichs Arbeit als Befürwortung für leichtfertigen Sex, um durch häufigen Orgasmus vom Orgon zu profitieren. In seinen späteren Schriften betonte Reich jedoch, wie wichtig es ist, dass Sexualität im Kontext einer liebevollen Beziehung stattfindet. Als er zum dritten Mal verheiratet war, schätzte er vor allem die psychologischen Vorteile einer tiefen, liebevollen Verbindung.

Kapitel 8

Bindendes Wissen

Oxytocin ist die primäre Neurochemikalie, die uns befähigt, uns mit anderen zu verbinden.

Emotionale Bande verlangen sowohl Oxytocin als auch Dopamin, um stark zu bleiben. Der Orgasmus verursacht eine Dopaminfluktuation im Belohnungskreislauf, die diese Bande schwächen kann.

Bindungsverhalten ist gesundheitsfördernd, weil es den Auswirkungen von Stress entgegenwirkt.

Heftige Auseinandersetzungen mit einem geliebten Menschen können die Amygdala, unseren „inneren Wachtposten", in Alarm versetzen, was die Bindung untergräbt. Bindungsverhalten (Oxytocin) beruhigt die Amygdala.

Stolze Eltern sind förmlich verrückt nach ihrem Baby und machen Hunderte von Fotos von dem wunderbarsten Wesen, das jemals auf diesem Planeten weilte. Ein Teenager verbringt Stunden damit, eine E-Mail an seine neue Liebe zu verfassen. Eine ältere Dame zieht ihrem Chihuahua einen

Pullover an, während sie ihn auf die Nase küsst und ihm ein Leckerchen gibt. Was haben all diese Menschen gemeinsam? Ihr Belohnungskreislauf ist heftig am Rotieren.

Wie wir gesehen haben, können wir uns nur verlieben, wenn Dopamin unseren Belohnungskreislauf aktiviert. Unsere Fähigkeit, uns zu verlieben, uns miteinander zu verbinden, unterscheidet uns von Reptilien. Der Belohnungskreislauf eines Reptils kommt in Bewegung, wenn es um Sex, Essen und Trinken geht, doch für eine Liebste oder ein Haustier hat es keine Verwendung – dafür verspeist es gern mal ein paar kleinere Modelle seiner selbst. Während wir Menschen also die Freisetzung von Dopamin und die Aktivierung unseres Belohnungskreislaufs brauchen, um uns zu verlieben, verlieben wir uns dennoch eindeutig nicht jedes Mal, wenn unser Belohnungskreislauf aktiviert wird. Wir verbinden uns beispielsweise nicht emotional mit einem Schokotrüffel. Wenn die Aufregung vorbei ist, stellen wir den Computer aus oder verlassen das Kasino, so wie die meisten Tiere sich paaren und dann weiterziehen. Dopamin kann also nicht die ganze Wahrheit sein. Es geht noch etwas anderes vor, wenn wir uns emotional binden, und dieses Etwas ist Oxytocin.

Oxytocin und Dopamin arbeiten Hand in Hand. Stellen Sie es sich so vor: Dopamin lässt die sexuelle *Aktivität* als lohnenswert erscheinen. Der Zusatz von Oxytocin lässt diese bestimmte *Person* lohnenswert erscheinen. Bei einem Säugetier mit Paarbindungsmechanismus erzeugt es dieses herzerwärmende Gefühl von „Ich würde alles für dich tun."

> *„Vor sechs Wochen hätte ich es noch nicht für möglich gehalten, die Ejakulation zu vermeiden, doch selbst wenn es zuweilen frustrierend ist, ist es mir dennoch möglich und fühlt sich die meiste Zeit über auch gut an. Und, man glaubt es kaum, ich habe in der vergangenen Woche sogar eine Frau kennengelernt und war mit ihr intim, ohne zu ejakulieren! Es hat sich so gut angefühlt, sie in den vergangenen zwei Nächten im Arm zu halten. Ich fühle mich großartig."*
>
> Dietrich

Die Neurochemie der Monogamie

Vor ein paar Jahren konnten Wissenschaftler einen längeren Blick auf den komplizierten Tanz zwischen den Säugetierprogrammierungen von Paarung und Bindung werfen, und zwar dank der Wühlmaus – einem kleinen Nager, den es in zwei Geschmacksrichtungen gibt: monogam und promiskuitiv. Nach der Paarung huscht die promiskuitive Bergwühlmaus davon und murmelt: „Ich ruf' dich an," während die monogamen Präriewühlmäuse so verzaubert voneinander sind, dass sie mit ihrem Partner ein Leben lang zusammenbleiben (mit nur wenigen Seitensprüngen).

> „Diese Frau spricht achtzehn Sprachen und kann in keiner von ihnen ‚nein' sagen."
> **Dorothy Parker**

Präriewühlmäuse sind also sozial monogam. Das heißt, sie ziehen ihre Jungen gemeinsam auf und teilen ihr Lager, während die Cousins Bergwühlmäuse eine Strichliste über ihre Eroberungen führen und es nur Singlemütter gibt, die die Jungen großziehen. Doch selbst unter den Präriemäusen finden einige Männchen niemals eine dauerhafte Partnerin – und bleiben auf der Jagd. Sie machen es zu ihrer Mission, weibliche Wühlmäuse, die mit anderen Männchen zusammenleben, dazu zu überreden, sich auf ein kleines Abenteuer mit ihnen einzulassen. Hört sich das nicht bekannt an?

Die Wissenschaftler fragten sich, was der Grund für einen solch auffälligen Unterschied zwischen zwei ansonsten identischen Spezies ist. Sie entdeckten, dass alles auf einen Unterschied in ihrem Belohnungskreislauf hinausläuft. Wie bei allen Säugetieren steigt das Dopamin im Belohnungskreislauf der Wühlmäuse an, wenn sie eine Gelegenheit finden, sich zu paaren. Das macht Sex lohnenswert – da geht es einfach nur um „die pure Lust".

Präriewühlmäuse werden hingegen stark von Oxytocin beeinflusst. Ein Schuss der „Kuschelchemikalie" in ihrem Belohnungskreislauf löst „die reine Liebe" aus. Als Ergebnis davon betrachten Präriewühlmäuse einander als lohnenswerte Partner, mit dem man gern Zeit verbringt.[249] Wie Menschen, so können auch sie sich über physische Hindernisse hinweg verlieben, ohne sich miteinander zu paaren.[250]

Warum stürzen sich die meisten Säugetiere aufeinander, um sich dann wieder zu trennen und nach Hause zu traben, während Präriewühlmäuse kuschelnd beieinandersitzen, während sie auf die Ankunft ihrer süßen Kleinen warten? Um es kurz zu machen, diese monogamen Mäuschen haben mehr Nervenzellenrezeptoren für Oxytocin, oder, falls es Männchen sind, für Vasopressin. Diese zusätzlichen Rezeptoren lassen Präriewühlmäuse viel sensibler auf die Auswirkungen von Oxytocin und/oder Vasopressin reagieren.[251] Voilà! Sie gehen eine Paarbindung ein.

Vasopressin ist ein neurochemischer Verwandter des Oxytocins. Er ist so ähnlich, dass er die gleichen Nervenzellenrezeptoren verbinden kann. Es versorgt Männchen außerdem mit einer Extradosis von „Bleib bloß aus meinem Bau raus, Kollege!" Das heißt, die Männchen neigen dazu, ihre Partnerinnen vor den eben erwähnten allzu eifrigen männlichen Besuchern zu beschützen. Bei den Müttern spielt Oxytocin eine doppelte Rolle. Es steht auch hinter dem „Fass meine Kinder an, und ich beiß dir die Pfote ab!"-Reflex.[252] Stecken Sie Ihre Finger besser nicht in den Eingang eines Wühlmausbaus!

Dieser seltene und unperfekte Monogamiemechanismus bei Säugetieren überlebte offenbar Millionen von Jahren der Evolution und findet sich auch bei einigen Primaten wieder. Forschungen an den monogamen Titi-Affen in Südamerika zeigen paarungsbezogene Aktivitäten in den gleichen Regionen des Gehirns wie bei den Präriewühlmäusen.[253] Bei uns Menschen scheinen die Gehirnregionen, die aktiviert werden, wenn wir geliebte Menschen sehen, auch solche Regionen zu sein, die Oxytocin-, Vasopressin- und Dopaminrezeptoren haben.[254]

> „Die Biochemie [der Bindung] ist möglicherweise bei Menschen und [sozial monogamen] Tieren ganz ähnlich, weil es eine recht grundlegende Funktion ist."
>
> **Sue Carter,** Neuroendokrinologin

Wie Präriewühlmäuse und Titi-Affen werden auch Menschen als sozial monogam betrachtet – das heißt, wir mögen es, Paare zu bilden, auch wenn wir davon zuweilen abweichen. Ganz offensichtlich kuscheln die meisten von uns nicht mehr mit ihrer ersten Liebe, das heißt, es ist klar, dass unsere Gehirne nicht genauso organisiert sind wie die von Präriewühlmäusen und Titi-Affen. (Oder, trotz Ähnlichkeiten tun wir häufig etwas, was unser Potential für lebenslange Bindung aushebelt.)

Dennoch ist Oxytocin für unsere soziale Interaktion lebenswichtig, und auch für die von allen Säugetieren, ob es sich dabei nun um die Fellpflege der Affen handelt oder darum, mit dem Rudel herumzuhängen. Mäuse, die genetisch so manipuliert wurden, dass sie nur wenig oder kein Oxytocin produzieren, erkannten keine Maus wieder, die sie früher einmal getroffen hatten. Es ist gut möglich, dass auch wir bei verhindertem oder nur geringem Oxytocinausstoß Schwierigkeiten haben, uns daran zu erinnern, wie wichtig uns jemand ist – oder wir haben zumindest Schwierigkeiten damit, uns den Jahrestag unseres Kennenlernens zu merken. Frühere Forschungen zeigen, dass Oxytocin eine große Rolle bei sozialen Bindungen von Menschen, bei unserem Verhalten und dabei, wie wir uns und unsere Welt wahrnehmen, spielt. So wird beispielsweise eine ungewöhnlich hohe oder niedrige Aktivität im Oxytocinsystem mit Autismus, mit sozialen Phobien, Depressionen, Angststörungen, Zwangsstörungen, Essstörungen, Abhängigkeiten, Schizophrenie und posttraumatischen Stressstörungen in Verbindung gebracht.[255] Einige behaupten sogar, dass ein Ungleichgewicht im Oxytocinhaushalt eine Rolle spielt, wenn wir uns zwanghaft mit dem Verlust eines Partners beschäftigen. Wir vermuten, dass auch niedriges Dopamin ein solches Verlangen weiter nährt.

Den Gewöhnungsblues abwehren

Mit den Bindungseigenschaften von Oxytocin im Hinterkopf wollen wir kurz auf den Zyklus der Leidenschaft zurückkommen, über den wir in Kapitel fünf gesprochen haben. Sowohl Oxytocin als auch Dopamin sind – auf idealem Level – notwendig, um eine emotionale Verbindung als lohnenswert erachten zu können. Als Forscher entweder Dopamin *oder* Oxytocin im Belohnungskreislauf der monogamen Wühlmäuse (und bei Nagermüttern) blockierten, geschah das Gleiche – bzw. geschah nicht. Die Präriewühlmäuse blieben frank und frei und die Mütter verbanden sich nicht mit ihren Jungen.

Nehmen wir nun einmal an, dass Sie und ihr Liebster oder Ihre Liebste, wie die meisten Menschen, häufige Orgasmen miteinander haben. Das macht es schwer, das ideale Gleichgewicht von Oxytocin und Dopamin aufrechtzuerhalten, insbesondere in der Beziehung zueinander. Dopamin fluktuiert dann zeitweilig (bzw. die Sensibilität darauf verändert sich), und zwar während jedes einzelnen Zyklus der Leidenschaft. Und wenn Sie Ihre Zuteilung an „Flitterwochenhochgefühl" (die extra Hilfe von „Besessenheits"-Neurochemikalien, die kurzfristig für neue Beziehungen zur Verfügung gestellt werden) aufgezehrt haben, dann leidet Ihre Beziehung aller Wahrscheinlichkeit nach darunter, sobald der Dopaminlevel sich sprunghaft verändert. Sich dann sexuell zu betätigen, wird wahrscheinlich anfänglich Erleichterung bringen, doch Sie auch noch schneller in Richtung der Gewöhnung an Ihren Partner treiben. Sie fangen dann an, sich gereizt, sauer, bedürftig oder müde zu fühlen. Selbst wenn Sie nichts von all dem fühlen, stellen Sie vielleicht fest, dass sie sich so verhalten, dass Sie den anderen verärgern (oder sich von ihm fernhalten) oder einfach finden, dass Ihr Partner auf mysteriöse Art und Weise unerträglich geworden ist.

Stellen Sie sich Oxytocin und Dopamin als das Yin und Yang der Bindung und Liebe vor. Es gibt sogar Beweise dafür, dass diese beiden Neurochemikalien gegenseitig die Freisetzung der jeweils anderen Substanz stimulieren, wenn eine also ein niedriges Niveau hat, dann betrifft das auch den Level der anderen.[256] Das heißt, dass die neurochemischen Veränderungen nach dem Orgasmus, die den Dopaminlevel dazu bringen, eine Weile zu fluktuieren, auch die oxytocinbasierenden Gefühle der Liebe beeinflussen können. Autsch.

Wie auch immer die Mechanismen sich kombinieren, Gewöhnung ist in der Tat ein Risiko dabei. Ein Partner (im Gegensatz zu einem potentiellen *neuen* Partner) kann anfangen wie ein Film auf uns zu wirken, den wir zu oft gesehen haben, oder ein Nahrungs-

---

Adam ging im Garten Eden spazieren und fühlte sich sehr einsam, also fragte Gott ihn: „Was ist los mit dir?" Adam antwortete, dass er niemanden hätte, mit dem er sich unterhalten könne. Gott versprach, ihm eine Gefährtin zu schenken … eine Frau. „Dieser Mensch wird für dich kochen und deine Wäsche waschen. Sie wird dir bei jeder Entscheidung, die du triffst, zustimmen. Sie wird deine Kinder für dich austragen und dich niemals darum bitten, mitten in der Nacht aufzustehen, damit du dich um sie kümmerst. Sie wird nicht an dir herumnörgeln und wird immer die Erste sein, die zugibt, dass sie Unrecht hatte, wenn ihr euch gestritten habt. Sie wird niemals Kopfschmerzen haben und wird dir jedes Mal gern ihre Liebe und Leidenschaft schenken, wenn du es brauchst."

Adam fragte Gott daraufhin: „Was wird mich eine solche Frau kosten?" „Einen Arm und ein Bein," lautete Gottes Antwort.

„Hm," antwortete Adam zögernd, „was bekäme ich denn für eine Rippe?"

mittel, an dem wir uns übergegessen haben, oder wie einer von diesen Hits aus den „Top 40", den wir nicht mehr hören können – selbst wenn wir Filme, Essen und Musik eigentlich mögen.

Obwohl Sie und Ihre Liebste oder Ihr Liebster ein starkes emotionales Band in der Vergangenheit miteinander hatten, kann es sein, dass Sie Ihre Interaktionen miteinander nicht gerade prickelnd finden, während Ihr Dopaminlevel ganz unten ist. Ihr Schatz, dem Ihr Gehirn vor dem ganzen Rumgeknutsche eine „9" auf der Dopaminskala gegeben hat, bekommt jetzt nur noch eine „4". Eine „9" war den ganzen Aufwand großzügiger Zuneigung wert. Eine „4"? Nicht wirklich. Sie haben aller Wahrscheinlichkeit nach weniger Lust, miteinander zu schmusen und all die Oxytocin produzierenden Bindungssignale einzusetzen, die im letzten Kapitel aufgeführt worden sind. Sie verwandeln sich möglicherweise sogar von einer vernarrten Präriewühlmaus in eine desinteressierte Bergwühlmaus. Es könnte so aussehen, als hätten Sie und Ihr Partner unterschiedliche Ebenen von Engagement für die Beziehung.

Und das ganze Elend ist normal. Ein ähnliches neurochemisches Phänomen geschieht in Bezug auf Essen. Sowohl Tiere als auch Menschen wenden sich lieber einem neuen Nahrungsmittel zu, als das zu essen, womit sie sich bereits einmal den Bauch vollgeschlagen haben. Aus dem Grund passt auch immer noch ein Eis rein, selbst wenn Sie keinen Bissen mehr von Omas berühmtem Boeuf Stroganoff herunterbringen.[257] So wie unsere Gene auf Abwechslung beim Essen stehen, so stehen sie auch auf Abwechslung in unserem Sexualleben.

> *„Ich nehme seine postorgasmischen Verhaltensänderungen sehr deutlich wahr: Erschöpfung, Verlangen nach Essen und Tabak etc. In den ersten Tagen nach unserem Wiedersehen war die Verbindung so schön. Jetzt, nach drei Wochen, wenn ich ihn frage, ob er gern ins Herz atmen würde, um sich tiefer mit mir zu verbinden, sagt er zwar „ja", doch er schließt seine Augen (sagt, er sei müde), und ich kann ihn gar nicht mehr fühlen."*
>
> Mira

Haben Sie schon einmal bemerkt, dass das erste Stück Pizza immer besser schmeckt als das vierte? Sie produzieren in der Reaktion auf das letzte

Stück weniger Dopamin. Das Gleiche gilt für den Partner, mit dem Sie sich wiederholt sexuell übersättigt haben. Sie können sich nicht überschwänglich fühlen, während Sie einen geringen Dopaminlevel als Reaktion auf die Anwesenheit einer Person erleben. Neurochemisch kommt das nicht in Frage.

Ideale Level von Oxytocin und Dopamin bewirken, dass die Partner einander gegenüber toleranter sind und sich lieber einen Gefallen tun. In der Flitterwochenphase z. B. stören uns Dinge definitiv nicht, die uns normalerweise stören würden, und Liebende finden es schwieriger, unglücklich zu sein.[258] Indem wir die Gewöhnung vermeiden, erleben mein Mann und ich dauerhaft ein untypisch hohes Niveau von Toleranz und Zufriedenheit. Wir nehmen an, dass dabei sowohl (ausgeglichenes) Dopamin als auch Oxytocin am Werk sind.

Eine stärkere Verbindung, eine höhere Flexibilität und größeres Glück sind gute Gründe, die Kunst des Liebesspiels zu erlernen, welches sie zwar zufrieden, doch nicht *fertig* (satt) zurücklässt. Stellen Sie sich Karezza als die Entsprechung dazu vor, zwei oder drei Stücke Pizza zu essen. Danach haben Sie zwar keinen Hunger mehr, doch Sie sind auch nicht vollgestopft. Wenn Sie den Schwerpunkt auf die Bindungssignale aus dem letzten Kapitel legen, werden Sie einander dauernd köstlich finden, und vielleicht ständig ein bisschen aneinander knabbern. Doch sie umgehen die Gefahr Ihres eingebauten „Zu viel Pizza"-Programms.

„Es ist der Wein der Sexualität, der der Liebe ihren Zauber und ihre göttlichen Träume verleiht. Das wird leicht dadurch bewiesen, indem man Liebenden die uneingeschränkte Erlaubnis erteilt, ihrem Entzücken füreinander Ausdruck zu verleihen. Sobald sie den Wein der Sexualität durch leichtfertige Umarmungen vergeudet haben – häufig entmagnetisiert bereits ein einziger Orgasmus den Mann vorübergehend – mögen sie einander zwar immer noch genauso lieben wie zuvor, wie sie entschieden behaupten werden – doch die unwiderstehliche Anziehung und Ausstrahlung und magnetische Kraft ist verschwunden, und es gibt einen seltsamen Absturz in kühle, kritische Intellektualität oder Gleichgültigkeit, wenn nicht sogar Abneigung … Sich in häufigen orgastischen Umarmungen zu ergehen, wie es die meisten verheirateten

Liebenden tun, bedeutet, den Weinstand im Krug der Sexualität immer niedrig zu halten, indem man ihn ständig verschüttet, und so all die Romantik und Freude zu töten, und am Ende die Liebe selbst verdursten und sterben zu lassen.“

J. William Lloyd [259]

Wie schützt Partnerschaft unsere Gesundheit?

Die Vorteile, die aus einer tiefen Verbindung entstehen, sind sehr real und werden häufig unterschätzt. Doch vielleicht fragen Sie sich, *wie* Zuneigung und enge Beziehungen denn eigentlich für unser Wohlbefinden sorgen. Physiologisch gesprochen scheint Oxytocin einen großen Teil der kurz gefassten Antwort auf diese Frage zu bilden. Doch es ist es durchaus wert, sich auch die längere Version der Antwort einmal anzuschauen, um zu verstehen, was für ein Geschenk eine harmonische Partnerschaft ist und wie wichtig Sie für Ihre Gesundheit und Ihre Perspektive ist.

Disharmonie wirkt sich sehr schwierig für uns aus. Das „Feuer der Lust“ auf die übliche Art zu löschen ist den hohen Preis unnötiger emotionaler Reibung und zerbrechlicher Beziehungen möglicherweise nicht wert. Wie wir gleich sehen werden, kann es sein, dass diese populären Artikel à la „Sex ist gut für Sie“, die zu sagen scheinen, dass die Vorteile des Sex aus dem *Orgasmus* entstehen, sich vielleicht vertun, und die Vorteile des Sex (des Geschlechtsverkehrs) für Vorteile aus dem Orgasmus halten. Sex ist ein Ereignis, bei dem man nicht über die Ziellinie laufen muss, um den Pokal zu bekommen.

Wie kann nun das Oxytocin, das uns *verbindet,* auch gleichzeitig *guttun*? Der genaue Mechanismus ist nicht klar, doch ein Schlüssel scheint die Fähigkeit von Oxytocin zu sein, den negativen Auswirkungen von Stress entgegenzuwirken. Das hat weitreichende Folgen, für deren Verständnis Sie etwas mehr Hintergrundwissen brauchen. Sie müssen außerdem ein wenig mehr über einen wirklich wichtigen Teil Ihres Belohnungskreislaufs verstehen: Ihren inneren Wachtposten, die Amygdala. Die Amygdala ist der Kern Ihres emotionalen Gehirns. Sie leitet die Aktivität Ihres Gehirns an zwei Nervenbahnen entlang: *Liebe* oder *Angst.* Mit diesem Wissen ausgerüstet, werden Sie sehen, warum Beziehungen eine gute Medizin sind, und wie einfach es zugleich ist, bei jemandem, den man liebt, überzureagieren. So wie wir, entscheiden auch Sie sich vielleicht dafür, Ihre Beziehung vor unnötiger emotionaler Spannung zu schützen – was auch immer das mit sich bringt.

Alte Gehirne + Moderner Beziehungsstress = Schlechte Gesundheit

Das Säugetiergehirn bewertet Dinge nach angenehm oder unangenehm, und das geschieht sehr schnell, dank der mächtigen Amygdala. Beruhigende oder besänftigende Stimuli (eine Massage zu bekommen oder einen sanften Kuss) werden mit einem neurochemischen Mix in Verbindung gebracht, der auch Oxytocin enthält, während als bedrohlich wahrgenommene Stimuli (ein knurrender Hund oder ein Streit mit Ihrem Partner) einen Anstieg der Stresshormone bewirken. Informationen über Ihre Umgebung gelangen sowohl ins Säugetiergehirn als auch ins rationale Gehirn. Sie kommen jedoch zuerst zur Amygdala, weil die Amygdala die kürzeste und schnellste Nervenbahn ist, um die Reaktion auf den Stress auszulösen. In einem Notfall sind wir so gebaut, dass wir zuerst reagieren und dann nachdenken.

Unsere blitzschnelle Amygdala reagiert daher auf viel weniger Details, als unser langsameres, rationales Gehirn empfängt. Die Amygdala bekommt nur die Überschrift zu lesen: „Objekt raschelt im Gras – links." Sie springen nach rechts, Ihr Herz klopft, Sie halten den Atem an und Ihre Pupillen weiten sich. Den Bruchteil einer Sekunde später analysiert Ihr rationales Gehirn den Rest der Geschichte: „Vierfüßige Eidechse mit langem Schwanz huscht davon. Schon häufig getroffen. Harmlos." Das rationale Gehirn sendet diese Korrektur an die Amygdala, die die Stressreaktion abstellt. Ihre Erregung legt sich langsam wieder, während sich der Körper der noch zirkulierenden Stresshormone entledigt.

Was sich für den Dschungel großartig eignet, kann in Ihrem Liebesleben für Probleme sorgen. Stressreaktionen sind so alt wie Tiere und *glei-*

chen sich grob bei allen Säugetieren. Das bedeutet, dass Ihre Stressreaktionen uralt sind – sie wurden für die Bedrohungen geschaffen, die Tieren begegnen. Diese Stressoren waren hauptsächlicher körperlicher Art – wie z. B. vor einem Jäger davonzulaufen oder die nächste Mahlzeit zu besiegen. In den meisten Fällen war das Ereignis an sich schnell wieder vorbei und verlangte keine großartige emotionale Verarbeitung.

Für unsere Ahnen war der üblichste Stressor eine lange Phase ohne Nahrung und nicht etwa finanzielle Sorgen oder Beziehungsdramen. Ereignisse wie Dürre, lange Wanderungen und sich nach einer Verletzung vor möglicher Bedrohung zu verstecken, sind alles Dinge, die körperliche Belastung mit sich bringen, das Bedürfnis nach geistiger Wachsamkeit und geringer Nahrungsaufnahme.

Wenn Stress chronisch wird, dann wird Adrenalin zurückgefahren und das Hormon Cortisol hilft dem Tier, mit dauerhaftem physischem oder emotionalem Stress umzugehen – und das betrifft alle Körpersysteme. Es mobilisiert Energiereserven für das Gehirn, während weniger überlebenswichtige Aktivitäten, wie Fortpflanzung und Verdauung zurückgefahren werden. Es hält das Tier wach, hyperaufmerksam bis hin zu paranoid. Das ist hilfreich, wenn es darum geht, ein neues Territorium zu betreten oder sich vor Jägern zu verstecken. Auch heute leiden wir Menschen noch an hohem Cortisol – in Form von Angstzuständen, Schlaflosigkeit und Unruhe.

Wenn eine stressige Situation sich fortsetzt, bleibt der Cortisollevel erhöht. Wenn eine Bedrohung bestehen bleibt, nimmt der Körper an, dass er Gefahr läuft, zu verhungern. Um sicherzustellen, dass das Gehirn und andere lebenswichtige Organe genügend Nährstoffe erhalten, wird durch eine noch höhere Cortisolabgabe damit begonnen, *nicht überlebenswichtige Organe und Gewebe aufzulösen*, um den Blutzuckerspiegel aufrechtzuerhalten. Wie ein Dämon im Inneren fängt das Cortisol an, Knochen, Muskeln und Gelenke zu verdauen, um wichtige Nährstoffe für überlebenswichtige Organe zu gewinnen.

Das mag gut für ein verletztes Reh sein, das sich im Gebüsch versteckt. Nach ein paar Wochen ohne Nahrung hat das Reh auf dem Weg der Erholung ein funktionierendes Herz und Gehirn sowie intakte Nieren. Seine Knochen sind jedoch dünner geworden und es hat weniger Muskeln. Doch es lebt noch – was nicht der Fall wäre ohne den Wunderstoff Cortisol.

Heutzutage sind unsere größten Langzeitstressoren emotionaler und geistiger Natur, nicht physischer. Wir heutigen Menschen sind eigentlich so etwas wie ein neues wissenschaftliches Experiment. Die dauerhaften Bedrohungen, denen wir uns typischerweise ausgesetzt sehen, erweisen sich als Eheturbulenzen, möglicher Verlust des Arbeitsplatzes, ökonomische Probleme, der Druck, in starkem Straßenverkehr unterwegs sein zu müssen, und ein Medienbollwerk, das ständig Angst in uns erzeugt – und das alles möglicherweise an einem einzigen Tag. Anstatt uns jetzt und hier mit einer körperlichen Bedrohung auseinanderzusetzen, neigen wir dazu, Bedrohungen vorwegzunehmen und uns alle möglichen grauenvollen Ergebnisse vorzustellen. (Im Vergleich dazu sorgt unser Hund Spot sich allerhöchstens um den Verbleib seines Knabberknochens.)

Auch wenn dauerhafte Beziehungsspannungen keine physische Bedrohung darstellen, reagiert Ihr Körper darauf, als seien Sie ein verletztes Reh. Seine automatische Reaktion lautet: *„mehr Cortisol"*. Mit Cortisol werden Sie wachsam wie ein Schießhund, es macht sie reizbar und anfällig für Wutausbrüche. Im Laufe der Zeit können die Veränderungen in Ihrem Gehirn zu Depressionen oder Apathie führen. Cortisol wirkt sehr belastend auf Ihren Körper, wenn es lange auf einem hohen Level bleibt. Das scheinbar paradoxe Ergebnis davon ist, dass es Ihre natürliche Immunabwehr gegen Krankheit schwächt, was zu unzähligen Störungen führen kann. Es erhöht die Blutfette und den Blutzucker, was mit Diabetes, Herzkrankheiten und Schlaganfall in Verbindung gebracht wird.

Wie Dopamin, so ist auch Cortisol nicht „schlecht". Sie könnten ohne Cortisol keine Energie aus Ihrer Nahrung gewinnen. Und wenn es wirklich hart auf hart kommt, dann erhält Cortisol Sie am Leben – und erlaubt Ihnen, mehr zu schaffen, als Sie normalerweise könnten. Sie müssen dann nur höchstwahrscheinlich später dafür zahlen, so wie das Reh. Der Schaden wird sich dort zeigen, wo Sie am schwächsten sind, nicht in all Ihren Muskeln und Knochen. Oxytocin und die Verhaltensweisen, die es hervorrufen, sind Ihr bester Schutz gegen schädigenden unproduktiven Stress. Forschungsergebnisse zeigen, dass Oxytocin in der Tat die Wirkungen von Cortisol auf den Körper ausgleicht und den psychologischen Stress reduziert.[260] Sie fühlen sich optimistischer, entspannter und zufriedener.

Wir werden uns gleich ein paar interessante Fakten über die Macht von Oxytocin anschauen. Doch lassen Sie uns zunächst zur Rolle der Amygdala zurückkehren, die sie hat, um die Sicherheit in Ihren Beziehungen einzuschätzen, und uns anschauen, warum es gut sein könnte, die Amygdala zu beruhigen, wenn Sie Ihre Beziehung schützen möchten.

> *„Letztens sagt mir mein Freund, dass ich wirkungsvoller als Ritalin sei, um ihn zu beruhigen. Ich dachte: ‚Yippie! Ich kann nicht durch eine Pille ersetzt werden.'"*
>
> Janet

„Achtung – Amygdala aktiviert"

Wie wir gerade gesehen haben, ist die Amygdala unser innerer Wachtposten, der Torhüter. Als Schlüsselkomponente für unseren Belohnungskreislauf untersucht sie jede Erfahrung und färbt die Art und Weise ein, wie wir das Erfahrene betrachten. Sie hütet die Verbindungen zu Erinnerungen von dem, was sie als bedrohlich oder als lohnenswert wahrnimmt. Sie benutzen die Amygdala ständig, wenn Sie entscheiden, was gut oder schlecht ist. Ohne sie wäre Ihr Leben frei von persönlicher Bedeutung. Sie ist der Grund, warum Sie niemals wieder eine Heftklammer in eine Steckdose gesteckt haben. Und sie ist der Grund, warum Sie die großartigen Einkäufe beim Schlussverkauf im nächsten Jahr nicht verpassen (der Himmel möge es verhüten).

Doch die Amygdala hat Probleme damit, Feinheiten zu unterscheiden. Sie ist wie eine Waage, die sich immer in eine Richtung neigt, Angst oder Liebe – und Cortisol oder Oxytocin. Haben Sie heute einen „schlechte Laune-Tag"? Es könnte auch einfach nur ein „schlechter Amygdala-Tag" sein.

Warum sind die Vorgänge in der Amygdala wichtig für Ihre Beziehung? Weil *alles*, was in Ihrem Leben geschieht, für Ihre Amygdala bedeutsam ist. Sie hilft Ihnen dabei, zu entscheiden, ob Ihre Beziehung sicher oder gefährlich ist – und ihre Einschätzung unterliegt Veränderungen. Wenn Sie verliebt sind, wird sie deaktiviert, dank des guten alten Oxytocins.

Oxytocin schaltet die Amygdala ab, so dass Sie sich sicher genug fühlen, um sich mit jemandem zu verbinden. Andernfalls wären Sie immer auf der Hut, unfähig, sich mit irgendjemandem tiefer zu verbinden. Erinnern Sie sich noch an die vorübergehende schwindelerregende Flitterwochenneurochemie, über die wir sprachen? Eine ihrer Risiken ist, dass sie den Lautstärkeregler Ihrer Amygdala so stark herunterdreht, dass Sie an Ihrem Liebsten oder Ihrer Liebsten keinerlei Fehler entdecken können. Das ist auch der Grund dafür, warum es Ihrer Familie vielleicht nicht möglich ist, die Pracht der Körper-Piercings Ihres neuen Schatzes genauso wertzuschätzen, wie Sie das tun.

Die ganze Leidenschaft hängt mit der Amygdala zusammen, aber auch Tränen und Schluchzen. Wie können Sie dem Geschluchze von jemandem Einhalt gebieten? Indem Sie die aufgewühlte Amygdala mit Hilfe einer langen Umarmung beruhigen.[261]

„Sich zu lieben ist besser als Krieg zu führen. Oder machen Sie einfach beides – heiraten Sie!"

Dank Ihrer Amygdala ist Ihr Wachtposten entweder außer Dienst – oder Sie sind auf der Hut. Was passiert also, wenn der vorübergehende, den Geisteszustand verändernde Rausch der Flitterwochenneurochemie nachlässt? Nehmen wir einmal an, das Tief im Zyklus der Leidenschaft bewirkt, dass Sie Ihren Partner als unglaublich selbstsüchtig oder bedürftig sehen oder Sie beiden sich streiten. Wenn Ihre Amygdala eine Bedrohung wahrnimmt, aktiviert sie die Nebennieren und die Produktion von Cortisol. Ihr ist es egal, ob der Name der Bedrohung der gleiche ist wie der in dem herzförmigen Tattoo auf Ihrem Allerwertesten. Sie betrachtet Ihren Partner als *gefährlich* – selbst wenn er oder sie einfach nur einen schlechten Tag hat (oder sich gerade noch von einer besonders leidenschaftlichen Nacht erholt). Wenn Sie dem Cortisolniveau erlauben, hoch zu bleiben, anstatt einander mit Bindungssignalen zu beruhigen, leidet am Ende unter Umständen Ihre Gesundheit.

Kurz gesagt, Ihre Amygdala ist wie eine Zeitbombe in Ihrem Unbewussten. Sie wartet auf den Moment, in dem ein Zyklus der Leidenschaft Sie glauben macht, dass Ihr postorgastisches Unwohlsein kein Zufall ist, *sondern an Ihrem Partner liegt.* In dem Moment, in dem diese Projektion Ihres Unwohlseins Sie dazu bewegt, den grundsätzlichen Charakter Ihres

Partners als eine Bedrohung für Ihr Wohlergehen zu betrachten, kann es leicht passieren, dass Ihre Partnerschaft sich zu verschlechtern beginnt. Und ganz offensichtlich können wiederholte Beziehungsdramen Ihre Amygdala in Hyperalarm versetzen. Das ist einer der heimlichen Preise, die wir für sexuelle Übersättigung zahlen: zerbrechliche Beziehungen. Wir können (unbewusst) Angst vor den Verbindungen bekommen, die am besten für unsere Gesundheit sorgen könnten.

Positiv betrachtet leben Paare, die es schaffen, dass ihr Partner sich geliebt und umsorgt fühlt, länger als die, die einander keine emotionale Unterstützung zukommen lassen.[262] Darum wäre es weise, einander Fehler als „einfach nur menschlich“ oder „einfach nur tierisch“ zu vergeben, anstatt den Charakter des anderen jedes Mal zu analysieren, wenn Unwohlsein in uns aufkommt. Wir können unsere Amygdala darauf trainieren, auf der Hut zu sein – oder liebevoll zu sein. Eine Amygdala, die zu wenig Oxytocin hat, ist eine schlecht gelaunte Amygdala, die häufig Feinde sieht, wo gar keine sind. Selbst ein kurzes tägliches Kuscheln miteinander kann dabei helfen, diese Situation umzukehren, mit bedeutenden Auswirkungen auf eine bessere Gesundheit und dauerhafte Harmonie.

Es ist Pech für die Beziehungsharmonie, dass die Amygdala einen viel stärkeren Einfluss auf das rationale Gehirn hat als umgekehrt. Die Nervenbahnen im Gehirn, die von der Amygdala zum rationalen Gehirn laufen, sind wie optische Hochgeschwindigkeitskabel. Im Gegensatz dazu kommuniziert das rationale Gehirn mit der Amygdala mittels einer einfachen Einwählverbindung. Aus dem Grund können intensive Emotionen so schwer zu beherrschen sein. Wenn es auf ein Tauziehen hinausläuft, gewinnt immer die Amygdala. Wenn Sie jedoch bis zehn zählen, wenn Sie wütend werden, dann hat Ihr rationales Gehirn eine Chance, Ihre Reaktion zu beeinflussen – zumindest, solange Sie zählen.

Wenn die Zahnpastatube Sie dazu bringt, rot zu sehen, geschieht dies, bevor Sie überhaupt darüber nachdenken konnten. Und schlimmer noch, selbst darüber nachzudenken ist möglicherweise nur von geringem Nutzen, weil die Amygdala zuweilen Erinnerungen mit Ereignissen oder Situationen verbindet, an die sich Ihr rationales Gehirn nicht erinnern kann. Wenn Sie dann später sagen: „Ich weiß nicht, wieso ich derart überreagiert habe,“ sagen Sie die Wahrheit. Ihr rationales Gehirn hat möglicherweise *keine Ahnung*, warum Sie ausgeflippt sind. Das Skript Ihrer Amygdala könnte dann lauten: „Du hast mir etwas getan, auch wenn ich nicht genau weiß, was." Oder: „Du irritierst mich einfach, selbst wenn ich dir nicht genau sagen kann, warum." Oder: „Ich vertraue dir nicht wirklich." Die Waagschale enthält nur noch wenig Oxytocin und sehr viel Cortisol.

„Schatz, als wir noch zusammen waren, hast du immer gesagt, dass du für mich sterben würdest. Jetzt, wo wir geschieden sind, wäre es doch an der Zeit, dein Versprechen zu halten, meinst du nicht auch?"

Jetzt sehen Sie, wie es passieren kann, dass Sie Ihr Unbehagen während eines Zyklus der Leidenschaft auf Ihren Liebsten bzw. Ihre Liebste projizieren und ihn oder sie hoffnungslos nervend oder gar bedrohlich finden, ohne zu merken, dass Sie Ihren inneren Aufruhr auf Ihren armen Partner projizieren. Selbst wenn Sie bemerken, warum Sie überreagieren, kann es seine Zeit dauern, bis Sie sich beruhigen. Die Hochgeschwindigkeits-Alarmbotschaften der Amygdala sind im Allgemeinen wesentlich intensiver als die schwerfällige Beruhigung des rationalen Gehirns. Unter dem Strich hat Ihr rationales Gehirn nicht mehr die Kontrolle, wenn eine Kabbelei einmal Ihre Amygdala alarmiert hat. Denken Sie nur an einen Totschlag im Affekt.

Die Rettung – Oxytocin

Sie haben einen eingebauten Verteidigungsmechanismus, der Sie vor Entfremdung von Ihrem Partner schützt, auch wenn Sie womöglich Ihre Gewohnheiten ändern und viele von den Bindungssignalen aus Kapitel sieben einsetzen müssen, um ihn auf den Plan zu rufen. Der Schlüssel lautet Oxytocin – das Antidepressivum der Natur und das Antiangsthormon. Es bildet die Grundlage für eine entspannte Reaktion. Es setzt die Stressreaktion in der Amygdala außer Kraft. Es ruft Gefühle der Ruhe und Gefühle der Verbindung hervor, wodurch es Ihre Sichtweise auf die Welt und auf Ihren Liebsten oder Ihre Liebste filtert. Wenn Sie sich friedvoll fühlen, sieht die Welt einfach besser aus und Ihr Schatz ebenfalls. Oxytocin verbessert außerdem Ihre Gesundheit und Ihre Fähigkeit, sich von Stress zu erholen. Die Natur belohnt es, wenn wir Verbindungen eingehen – und zwar mit mehr Wohlbefinden.

Paare, die kürzlich an einem Experiment teilgenommen haben, – und den Effekt des Bindungsverhaltens verdoppelten, indem sie Oxytocin schnupperten, bevor sie diskutierten – hörten einander besser zu und lachten mehr als Paare, die kein Oxytocin zu riechen bekamen. (Letztere unterbrachen und kritisierten einander häufiger und machten einander nieder.) Bemerkenswert ist dabei, dass das Cortisolniveau von denen, die Oxytocin bekamen, nach dem Konflikt niedriger war. Laut der Schweizer Forscherin Beate Ditzen könnte Oxytocin erklären, „wie enge Beziehung – und insbesondere Paarbeziehungen – eine positive Wirkung auf unsere Gesundheit haben."[263] Sie können bei diesen Bemühungen auch Ihr rationales Gehirn zur Hilfe nehmen, indem Sie willens sind, Ihrem Partner oder Ihrer Partnerin „eine aufflackernde Amygdala" nachzusehen, wenn dies in Situationen geschieht, die tatsächlich nicht bedrohlich sind.

Ohne diese Gegenmaßnahmen kann jeder Streit eine defensive Reaktion verstärken, und Ihre Beziehung könnte beginnen, sich in ein Minenfeld voll chronischen Stresses zu verwandeln. Wenn der Stresslevel steigt, sobald Sie zusammen sind, dann sehen Sie Ihren Partner womöglich bald als Konkurrenten an oder, noch schlimmer, als Jäger auf der Suche nach Beute. Stressgefühle und eine überhitzte Amygdala können sich als Unfähigkeit zu vertrauen zeigen, als Selbstbezogenheit, Reizbarkeit, Ängstlichkeit, geringe Libido, darin, immer nur die eigenen Bedürfnisse zu sehen, als Depression, Abhängigkeit, eine „Wir-gegen-die-anderen"-Einstellung, als Paranoia, Schlafstörungen und Müdigkeit. Es kann sein, dass Sie sich bereits gestresst fühlen, wenn Sie diese Liste einfach nur *lesen*! Jedenfalls ist es schwer, den Preis für den „besten Ehemann" oder „die beste Ehefrau" des Jahres zu gewinnen, wenn man von solchen Gefühlen heimgesucht wird. Doch wenn unser Liebster für unsere alarmierte Amygdala plötzlich wie ein Totenkopf mit gekreuzten Knochen aussieht, sind die Gefühle nur allzu verständlich. Kennen Sie das?

Grundregel für eine Frau: Wenn es Reifen oder Hoden hat, gibt es Schwierigkeiten damit.

Und zu guter Letzt, als wären die Auswirkungen von Cortisol allein nicht genug, lässt Stress auch noch den Dopaminspiegel abfallen. Jetzt sieht Ihr Partner völlig reizlos aus. Kein Wunder, dass Sie sich verzweifelt nach etwas oder jemandem umschauen, der oder das Ihren Dopaminspiegel anheben könnte – am liebsten jemand, den Ihre Amygdala noch nicht mit unbewusster Angst assoziieren konnte. Die gute Nachricht lautet jedoch, dass eine glückliche, oxytocinreiche Amygdala dafür sorgt, dass Dopamin im Belohnungskreislauf bleibt – was Ihren Partner oder Ihre Partnerin gut aussehen lässt und Ihnen bessere Laune beschert.[264]

Wenn Sie also weniger reaktiv werden und eine harmonischere Beziehung genießen wollen, dann greifen Sie zu Oxytocin produzierendem Verhalten, um die Neurochemie Ihrer Amygdala zu verändern und den Lautstärkeregler herunterzudrehen. Diese Taktik kann Ihre verzerrte Wahrnehmung voneinander wiederherstellen. Doch Oxytocin macht noch mehr.

„O“ wie Orgasmus und Oxytocin?

Wenn Sie alle Zustände und Krankheiten auflisten würden, die mit Stress verbunden werden oder die durch Stress verschlimmert werden, dann hätten Sie eine Liste mit fast jedem bekannten Übel dieser Welt. Weniger Stress bedeutet gesteigerte Immunität und schnellere Erholung, daher hilft das beruhigende Oxytocin (Bindungsverhalten) dabei, alles zu heilen. Sie fühlen sich depressiv? Ängstlich? Überaktive Stressreaktionen und eine Aktivierung der Amygdala sind Schlüsselfaktoren bei Depression, und Oxytocin hilft bei beidem.[265] Wenn Sie sich friedlich fühlen, ist die Welt für Sie ein besserer Ort.

Ist es nicht schön, zu wissen, dass Sie die Vorteile von Oxytocin genießen und Ihr Wohlbefinden erhöhen können, ohne dass Sie dazu Pharmazeutika brauchen? Als Beispiel, nur zehn Minuten warme, unterstützende Berührung zwischen Partnern, die zusammenleben, ruft schon einen eindeutig gesteigerten Oxytocinspiegel im Blut hervor.[266] Je mehr Unterstützung diese Paare einander geben, umso höher sind die Blutwerte des Oxytocins. Massage und andere liebevolle und fürsorgliche Berührungen verringern Stresshormone und senken den Blutdruck, insbesondere bei jungen, verheirateten Männern, während gleichzeitig Oxytocin freigesetzt wird.[267] Sie möchten noch mehr Beweise für die Fähigkeit von Bindungsverhalten, Stress zu erleichtern? Wenn Sie eine Rede in der Öffentlichkeit halten müssen, vor der Sie sich fürchten, versuchen Sie es doch einmal mit Umarmen und dem Anschauen eines romantischen Films. Es senkt den Blutdruck und die Herzfrequenz besser, als einfach nur ruhig beisammenzusitzen.[268] Wer braucht schon Rhetorikkurse oder ein Redecoaching?

Unterstützende Berührung allein macht schon den Unterschied. „Darüber zu reden" ist oft nur von geringem Nutzen, wenn der Partner ängstlich oder unruhig ist. Sprache ist eine Sache des rationalen Gehirns, während Ihren Partner oder Ihre Partnerin einfach zu halten – am besten in Stille –, das „Problemkind", die Amygdala, selbst beruhigt. (Vor allem Männer werden das mit der Stille sehr zu schätzen wissen.) Zeit, darüber zu reden, ist später immer noch, wenn die normale Perspektive wiederhergestellt ist.

Seit Will und ich Bindungsverhalten bewusster in unserer Ehe einsetzen, haben wir festgestellt, dass Diskussionen darüber, wer irgendetwas nicht aufgeräumt hat oder den Müll nicht rausgebracht hat, viel seltener auftauchen, und selbst gefährlichere Diskussionen kein emotionales Kielwasser hinter sich herziehen. Und das Beste von allem, wir brauchen nicht mehr „unseren Raum" voneinander.

> Wir schlafen in getrennten Zimmern; wir essen getrennt zu Abend; wir gehen getrennt in Urlaub. Wir tun alles, was wir können, um unsere Ehe zusammenzuhalten."
>
> Rodney Dangerfield

Wenn wir schon über gute Gründe fürs Kuscheln sprechen – wussten Sie, dass Umarmungen die nächtlichen Attacken auf Eiscremetöpfe verringern können? Oxytocin scheint sowohl den Konsum von Süßigkeiten als auch den von Suchtmitteln zu verringern. Es reduziert auch Entzugssymptome.[269] Ihr Gehirn weiß, dass Sie die liebevolle Verbindung mit anderen bekommen, die die Natur vorsieht, und reagiert mit Befriedigung. (Sozial lebende Tiere bekamen ihr Oxytocin durch Interaktion, bevor Wissenschaftler auf den Gedanken kamen, es in ihr Gehirn zu pumpen.) Wenn Sie sich im Gegensatz dazu isolieren oder Abkürzungen zu guten Gefühlen nehmen, wie z. B., indem Sie Superstimulanzien einsetzen, dann bestraft Ihr System Sie damit, dass es nicht mehr funktioniert. Auf lange Sicht weiß es einfach, was echt ist.

Ganz offensichtlich steht Oxytocin aller Wahrscheinlichkeit nach hinter den Vorteilen *jeglichen* liebevollen Verkehrs, weil Berührung und Intimität diese „Kuschelchemikalie" produzieren. Und nicht nur das, Oxytocin steigt auch oft während des Orgasmus kurz an (zumindest im Blut) und fällt kurz darauf wieder ab. Das hat zu dem Mythos geführt, dass wir unsere Neigung, uns an einen Menschen zu gewöhnen, umgehen können, indem wir einfach mehr Orgasmen haben und so öfter für den kurzen Anstieg von Oxytocin sorgen.

Doch bevor Sie nun loslegen, um diesen „Beziehungsklebstoff" über Orgasmen zu erhalten, sollten Sie bedenken, dass das kurze Oxytocinhoch beim Orgasmus offenbar den postorgastischen Anstieg von Prolaktin signalisiert, das sexuelle Sättigungshormon, das wir in Kapitel fünf näher betrachtet haben.[270] Prolaktin unterdrückt, wie Sie sich erinnern werden, Dopamin (Begehren und Stimmung). Wir brauchen Dopamin, um uns verbunden zu fühlen, daher sollten wir uns Oxytocin besser auf eine Art und Weise holen, die *keinen* niedrigeren Dopaminspiegel zur Folge hat. Dieser Oxytocin-Prolaktin-Mechanismus könnte uns helfen, zu erklären, warum mehr orgastische Leidenschaft die Gewöhnung an einen Liebhaber oder eine Liebhaberin eher noch beschleunigt.

Jedenfalls, wenn Sie den Zyklus der Leidenschaft nicht abwarten und statt dessen heißen Sex dazu benutzen, um „die Gefühle zurückzuholen", während Ihr Dopamin unterdrückt ist, kann sich die darauffolgende Landung noch schlimmer anfühlen (weniger Dopamin) und Sie noch weiter voneinander wegtreiben. Belege für dieses Phänomen sehen wir, wenn wir die Zerbrechlichkeit von romantischen Beziehungen mit Freundschaften vergleichen – insbesondere, da der Kontrast zwischen Hoch und Tief noch deutlicher wird. Es ist nicht schwer, die Schlussfolgerung zu ziehen, dass „etwas einfach nicht stimmt," selbst wenn diese Verschlechterung ganz natürlich ist, und vieles davon vorübergehen würde, wenn die Liebenden einander Zeit gäben, sich zu erholen und sich derweil auf beruhigende, tägliche Zuneigungsbekundungen konzentrieren würden.

Wenn Sie bereit dazu sind, das Problem des Zyklus der Leidenschaft ganz zu umgehen, dann versuchen Sie es einmal mit bindungsorientiertem Sex. Er legt den Schwerpunkt auf Oxytocin produzierende zärtliche Berührung, *ohne* nachfolgende Gefühle von „genug" mit sich zu bringen. Erstaunlicherweise spielt Oxytocin sowohl eine Rolle für die sexuelle Empfänglichkeit bei Frauen [271] als auch für Erektionen bei Männern.[272] Anders gesagt, Oxytocin ist vielleicht einer der Hauptgründe dafür, warum bindungsorientierter Sex funktioniert. Es erregt uns *und* vermindert die Intensität unserer Begierden (sexuelle Frustration), und das alles gleichzeitig.

In *Love and Survival* schreibt Dean Ornish: „Wenn Liebe und Intimität als Pillen zu verschreiben wären, würden Ärzte, die diese Pille nicht verschreiben, sich eines Kunstfehlers schuldig machen."[273] (Wenn dafür mit allen Nebenwirkungen Werbung gemacht würde!) Hier noch ein Beispiel, was Partnerschaft und Berührung bewirken können: Glücklich verheiratete Frauen zeigen in einer bedrohlichen Situation Zeichen sofortiger Erleichterung, wenn sie die Hand ihres Mannes halten, das wurde in Gehirnscans dokumentiert.[274] Wie zuvor schon angemerkt, beschleunigt Partnerschaft auch die Wundheilung und wird direkt mit höherem Oxytocin in Verbindung gebracht.[275] Partnerschaft erhöht die Langlebigkeit. HIV-Patienten mit Partner leben länger und entwickeln AIDS viel langsamer.[276] Auch der Gebende profitiert, egal welchen Geschlechts. Sich um Ihren Liebsten oder Ihre Liebste mehr als vierzehn Stunden pro Woche zu kümmern, verringert Ihr Risiko zu sterben signifikant.[277] Geben aktiviert außerdem Ihren Belohnungszyklus.[278] Wenn Sie lernen, das Geben zum Fokus Ihrer Beziehungen zu machen, haben Sie eine exzellente Krankenversicherung. Und niemand kann sie Ihnen kündigen!

> *„Meine morgendlichen Zuckertestwerte fielen höher aus, als die meisten Ärzte es gern sehen … In den 150ern, 160ern. Meine A1C-Tests waren immer gut, 7,0 oder weniger. Meinen letzten Orgasmus hatte ich am 4. Juli. Im Juli waren meine morgendlichen Zuckerwerte immer noch in den hohen 140ern oder in den 150ern. In den letzten drei Wochen jedoch (seit wir die zweite Phase der Austauschübungen begonnen haben, mit Geschlechtsverkehr) hatte ich Werte im Bereich von 110 bis 130, wo sie für langfristig gute Gesundheit auch sein sollten. Es möge genügen, zu sagen, dass ich mit den Ergebnissen für mich selbst sehr zufrieden bin, und es ist wundervoll, die subtilen Veränderungen in meiner Beziehung zu meiner Frau zu erleben."*
>
> Calvin

Als mein Mann und ich mehr über die vielen Geschenke von Oxytocin lernten, mussten wir uns einfach die Frage stellen, ob es hinter all den

Vorteilen stand, die wir bei unseren Experimenten mit Karezza festgestellt hatten. Produzierten wir einen beständigeren Level von Oxytocin mit unserem großzügigen, nicht getriebenen Liebesspiel im Verlauf der Austauschübungen (am Ende des Buches)? Vielleicht stärkte der gestiegene Oxytocinspiegel mein Immunsystem und hielt Hefepilze und Infektionen des Urinaltraktes in Schach. Oxytocin konnte auch eine mögliche Erklärung dafür sein, dass Will seine langjährige Abhängigkeit und seine chronische Depression überwinden konnte. Kürzlich entdeckten Wissenschaftler Belege, die darauf hinweisen, dass Vasopressin, der neurochemische Bruder von Oxytocin, der für Männer eine zusätzliche Rolle bei der Paarbindung spielt, *auch* dabei hilft, Alkoholkonsum zu vermeiden.[279]

Vielleicht ist etwas dran an dem alten Sprichwort, das da sagt: „Je mehr man gibt, desto mehr bekommt man" – zumindest, wenn es um großzügiges Bindungsverhalten geht.

Oxytocin ist keine „Liebesdroge"

Sie fragen sich wahrscheinlich, wie Forscher die meisten Oxytocinexperimente in Bezug auf Bindung überhaupt durchgeführt haben. Sie haben es direkt in das Gehirn der Nager injiziert (oder auch Medikamente, die es neutralisieren) – und zwar auf Stellen nicht größer als ein Pfefferkorn. Wenn Sie es in das Gehirn Ihres wenig liebevollen Partners injizieren könnten, müssten Sie das allerdings jedes Mal tun, wenn Sie zusammen sind. Denn Bindung entsteht nur dann, wenn Oxytocin konstant *als Reaktion auf eine bestimmte Person* freigesetzt wird.

Beim nächsten Mal, wenn Sie über das Wunder von Oxytocin lesen, denken Sie daran, dass der einzig gangbare Weg, es in das Gehirn von jemandem zu transportieren, ein Nasenspray ist – und das ist keine gute Idee. Solche Sprays waren lange Zeit im Gebrauch, um den Milchfluss anzuregen, doch das Oxytocin landet letztlich überall im Gehirn und im Blut.

Im Gegensatz dazu liefert Ihr Körper die Neurochemikalien in genau der richtigen Menge an genau den Ort, wo sie gebraucht werden, für genau die Zeit, die sie gebraucht werden, und wird sie dann auch direkt wieder los. Eine weit verstreute Zufuhr kann unbeabsichtigte Folgen haben und das Gehirn selbst verändern. Ein Anstieg von Oxytocin in einem winzigen Teil des Gehirns einer Mutterratte führt zum Beispiel dazu, dass sie ihre Jungen vehement beschützt. Der gleiche Anstieg nur 25 mm weiter weg macht sie passiv.[280] Menschen mit Oxytocin zu manipulieren, ist außerdem heikel. Als Wissenschaftler versuchten, Symptome von obsessiv-zwanghaften Störungen mit Oxytocin-Nasenspray zu beheben, verursachte es schwere Erinnerungsstörungen, psychotische Symptome und eindeutige Veränderungen der Sodiumblutwerte.[281] Bei einem anderen Experiment erzeugte es hohe Blutzuckerwerte (Diabetes).[282]

Derzeit nutzen Forscher Oxytocin-Nasensprays nur für Kurzzeitexperimente – um etwas über die Verhaltensweisen zu lernen, auf die es Einfluss hat. Auf diese Art wurde offensichtlich, dass Oxytocin das Vertrauen erhöht – indem es die Amygdala beruhigt.[283] Es sich ins Gehirn zu sprühen, ist eine gute Taktik, wenn man jedem vertrauen möchte, inklusive allen Bankern, Gebrauchtwagenverkäufern und Politikern. In einem Experiment zum Beispiel investierten diejenigen, die ein Placebo einnahmen, nicht wieder bei einem Vermögensverwalter, der sie betrogen hatte, während diejenigen, die Oxytocin nahmen, ihm auch weiterhin vertrauten.[284]

Das Ergebnis? Oxytocin ist möglicherweise das Kernstück der Vorteile von Karezza, doch es funktioniert nicht als künstliche Liebesdroge, gleichgültig, welchen Slogan Sie diesbezüglich zu lesen bekommen – oder was die Werbung behauptet. (Genauso wenig wie die Hemmung von Oxytocin als harmloser „Anti-Liebesimpfstoff“ dienen kann, wie ein Journalist einmal vorschlug, offensichtlich, um zwanglos Sex haben zu können, ohne sich zu verlieben. Schon allein, weil Oxytocin die Erektion des Mannes erleichtert und die Frau für Sex empfänglich macht, Vorteile, auf die er möglicherweise nur ungern verzichten würde, selbst nicht, um emotionale Bindung zu verhindern.[285])

Eine langfristige Manipulation von Oxytocin über Nasenspray könnte recht gefährlich sein. Oxytocinspray kann keine Verbindung mit einer bestimmten Person herstellen. Außerdem garantieren höhere Blutwerte von Oxytocin allein noch nicht, dass wir auch von seinen Vorteilen profitieren. Als Forscher maßen, wie Oxytocin produzierendes Verhalten Frauen beeinflusst, waren sie überrascht, als sie entdeckten, dass die Frauen, die am meisten davon hatten, sich in festen Beziehungen befanden – auch wenn ihr Oxytocinlevel nicht so hoch war wie der von Frauen ohne Beziehung.[286] Ob Sie es nun mögen oder nicht, Sie müssen sich Ihren Weg von der Gewöhnung zur Harmonie schon erkuscheln (nicht ersprühen).

Die gute Nachricht lautet, dass wir kein künstliches Oxytocin brauchen. Es ist nicht nur einfach so, als würden uns Neurochemikalien beherrschen. Wir können unser Verhalten und unsere Gedanken wählen, die die neurochemischen Reaktionen hervorrufen, die wir uns wünschen. Wenn Sie das Gefühl haben, mehr Oxytocin könnte einen positiven Einfluss auf Ihr Leben haben, dann wählen Sie das Verhalten, wodurch es ganz *natürlich* in den Mengen und an dem Ort entsteht, wo es gebraucht wird, um die besten Ergebnisse zu erzielen. Geben und bekommen Sie viel liebevolle Berührung? Konzentrieren Sie sich darauf, jemand anderen zu beruhigen? Üben Sie spirituelle Hingabe? Singen Sie unter der Dusche?[287] Oder verbringen Sie Zeit mit vertrauten Gefährten?

„Wenn jemand dich liebt, dann spricht er deinen Namen anders aus. Du weißt dann, dass dein Name in seinem Mund sicher ist."

Billy, vier Jahre alt

Sie sind zu schüchtern, um damit anzufangen? Auch wenn Sie einen Hund streicheln oder eine Massage geben bzw. bekommen, wird Oxytocin freigesetzt und kann es Ihnen erleichtern, menschliche Gesellschaft zu suchen.[288]

Ist es Liebe, ist es Orgasmus oder ist es Geschlechtsverkehr?

Könnte der Kern von den Vorteilen, die augenblicklich dem Orgasmus zugeschrieben werden, in Wahrheit die Vorteile sein, die aus liebevollem Geschlechtsverkehr resultieren? Basierend auf einem wachsenden Verständnis von Oxytocins gesundheitsfördernden Eigenschaften scheint es vernünftig, diesen Aspekt näher zu untersuchen. Wissenschaftler können noch keine Studien für bindungsbasierten Sex durchführen, in dem der Orgasmus absichtlich vermieden wird, und zwar aus Gründen, die wir gleich erklären. Ein mutiger Psychologe hat jedoch schon aufgezeigt, dass der Geschlechtsverkehr einzigartige Vorteile bietet, wenn man ihn mit Orgasmen ohne Geschlechtsverkehr vergleicht. Sexuelle Aktivität in der Form von Masturbation und oralem Sex reduzierte beispielsweise den Stress nicht so effektiv wie Geschlechtsverkehr mit Kontakt von Penis zu Vagina. Die Natur behandelt uns besser, wenn wir diese beiden Reproduktionsorgane miteinander verbinden.

> „Seit der Zeit des Kinseyreports wurde die Ansicht vertreten, doch niemals wirklich belegt, dass jegliches sexuelle Verhalten gleichwertig ist. Das ist viel mehr die Behauptung einer Ideologie als ein Fakt."
>
> **Stuart Brody,** Psychologe

Freiwillige, die Geschlechtsverkehr, jedoch keine andere Art von Sex hatten, waren weniger gestresst, wenn sie in der Öffentlichkeit reden mussten, und ihr Blutdruck normalisierte sich schneller als bei denen, die nur masturbierten oder Sex ohne Koitus hatten. Die Effekte hielten eine Woche lang an. Lassen Sie dennoch nicht Ihr Karezza weg – oder zumindest nicht Ihr Bindungsverhalten! Diejenigen, die jegliche sexuelle Aktivität vermieden, hatten als Reaktion den höchsten Blutdruck auf Stress.[289]

Die Studie legt nahe, dass Geschlechtsverkehr ein gesünderes Bindungsverhalten ist als andere orgastische Aktivitäten. Es lässt auch die Möglichkeit offen, dass der Gesundheitsheitsgewinn aus dem Sex womöglich aus der nährenden Intimität des Geschlechtsverkehrs entsteht, und nicht aus dem Orgasmus. Enger Kontakt spielt eine wichtige Rolle. Bei Männern normalisiert sich ein niedriger Testosteronspiegel beispielsweise durch die Aufnahme von koitaler Aktivität – völlig unabhängig von der Therapiemethode, die für die Erektionsstörung eingesetzt wird.[290] Und andere Studien legen nahe, dass trotz der offensichtlichen Risiken Sex ohne Kondom für die *psychologische* Gesundheit von Frauen sorgt,[291] vielleicht aufgrund der größeren Intimität, des Vertrauens oder der Chance auf eine Schwangerschaft (glückliche Gene) – oder sogar der Neurochemikalien in Sexualflüssigkeiten.

Aufgrund mangelnder Fakten, woher die Vorteile des Sex eigentlich genau kommen, gab es eine Tendenz anzunehmen, dass sie vom Orgasmus oder Samen kommen, anstatt vom Geschlechtsverkehr oder der liebevollen Nähe. Man muss fairerweise sagen, dass die Entdeckungen über die lebensspendenden Eigenschaften von Oxytocin und seine Verbindung zu Berührung und Bindung sowie die Gesundheitsförderung durch eine unterstützende Beziehung noch sehr jung sind – daher war es einfach, sie als Faktoren zu übersehen.

Forschung in der Sackgasse

Es wäre wunderbar, wenn Studien durchgeführt worden wären, die enthüllen, welche Aspekte des Geschlechtsverkehrs den meisten Vorteil für Liebende haben. Doch leider begann im vergangenen Jahrhundert ein Trend, der Sexualforschern die Hände bindet. Die Wurzeln dafür werden wir im nächsten Kapitel kennenlernen. Eins der Ergebnisse dieses Trends ist es, dass heutige Forscher Karezza *nicht* untersuchen können, weil sie es als Paraphilie eingeordnet haben – wie Fesselungsfetischismus oder eine Vorliebe für Gummikleidung. (Wirklicher Fetischismus ist untersucht worden und die Aktivitäten sind mit außergewöhnlich hohem Dopaminspiegel verbunden.[292] Das wäre bei Karezza nicht der Fall.)

Mehr als ein Forscher sagte uns, dass es unethisch sei, Freiwillige zu untersuchen, die einige Wochen lang Geschlechtsverkehr ohne Orgasmus hätten, weil Sex ohne Orgasmus als eine sexuelle Störung definiert worden sei. Andererseits, und zu unserem Amüsement, stimmte ein ethisches Komitee bereitwillig ein, dass ein Experiment durchgeführt werden kann, bei dem elf Frauen eine mechanische Vorrichtung mittels chirurgischem Eingriff ins Rückgrat implantiert wurde, das mit Hilfe einer Fernbedienung Orgasmen produzieren kann.[293] (Stellen Sie sich mal vor, die Kinder nehmen es aus Versehen in die Hand, um die Fernsehkanäle durchzuschalten. „Oh, 'tschuldigung, Mami.")

Als Folge ihrer rigiden Definitionen können Forscher die Auswirkungen des Geschlechtsverkehrs nicht von denen des Orgasmus trennen. Sie können nicht bestimmen, in welchem Maße jedes für sich gut für die Gesundheit ist. Daher produziert die derzeitige Wissenschaft ein unvollständiges Bild. Es ist gut möglich, dass Menschen, die einen vertrauten Gefährten, einen ausgeglichenen Lebensstil und regelmäßigen intimen Kontakt haben, länger und gesünder leben, *obwohl* sie Orgasmen haben, anstatt weil sie welche haben. Wie mein Mann im Scherz sagte: „Wenn der Orgasmus die Wunderpille wäre, dann müssten Pornoabhängige die gesündesten Menschen auf der ganzen Welt sein.“

Derzeit untersuchen die meisten Sexualforscher den Orgasmus, indem die Probanden im Labor masturbieren – aufgrund der Annahme, dass Orgasmus gleich Orgasmus ist. Diese Annahme scheint uns Mängel aufzuweisen. Wir haben bereits gesehen, dass die Neurochemie des Orgasmus durch Geschlechtsverkehr sich von der Neurochemie des Orgasmus durch Masturbation unterscheidet. Ersteres produziert viermal soviel Prolaktin bei den Männern und weniger Stress bei beiden Partnern.

> „Die unterschiedlichen Stressreaktionen bei Sex mit Penetration und Masturbation legen nahe, dass die Biologie eines Menschen die des anderen beeinflusst.“
>
> **Simon Crowe,** Neuropsychologe

Nicht messbare Faktoren wie vertraute Gemeinschaft und großzügige Zuneigung sind bei sexuellen Beziehungen viel schwieriger zu untersuchen als Anzeigen sexueller Leistung (Orgasmen). Das Ergebnis davon ist, dass wir viel vom Letzteren zu hören bekommen, und dass das Erstere im Allgemeinen vom Radar nicht erfasst wird. Doch die Tatsache, dass uns die Wissenschaft über diese Faktoren nicht viel sagen kann, bedeutet nicht, dass die Auswirkungen zu vernachlässigen sind.

Was brauchen wir wirklich vom Sex?

Lassen Sie uns einmal einen Ausschnitt der Forschung anschauen, die so oft in den „Warum Sex gut für Sie ist“-Artikeln zitiert wird, die heutzutage so gern geschrieben werden. Die folgenden Punkte stehen am häufigsten auf solchen Listen:

- Sex löst Stress auf.
- Sex verbessert die Gesundheit von Herz und Kreislauf.
- Sex ist gut für das Selbstwertgefühl.
- Sex ist gut für das Immunsystem.
- Sex verbrennt Kalorien.
- Sex hilft gegen Schmerzen.

- Sex hilft, besser zu schlafen.
- Sex ist ein Sofortheilmittel gegen milde Depressionen.
- Sex ist das perfekte Schönheitsmittel.

„Wenn dem Geschlechtsverkehr nicht genügend Berührung vorangeht, ist er nur selten befriedigend, wenn überhaupt."

Bernhard Jensen, MD, Autor von *Love, Sex & Nutrition*

All diese Vorteile können durch Bindungsverhalten erreicht werden, durch liebevollen Geschlechtsverkehr, reduziertes Cortisol und einen beständigen Level von ineinander erzeugtem Oxytocin. Es ist sogar wahrscheinlich, dass Sie diese Vorteile mit bindungsorientiertem Geschlechtsverkehr besser erzielen als mit ein paar Minuten Reibung und einem Sekunden dauernden Orgasmus. Es stimmt, dass kräftige Reibung wahrscheinlich ein paar mehr Kalorien verbrennt (obwohl Liebende, die Karezza machen, meist länger Sex haben), doch wenn Sie einen Orgasmus brauchen, um sich keinen Rettungsring anzufuttern, sollten Sie vielleicht einfach darüber nachdenken, häufiger aus dem Bett zu kommen.

Wie steht es mit Unterstützung für die Behauptung, dass der Orgasmus selbst die Gesundheit verbessert? Die Caerphilly Cohort Studie wird dafür häufig zitiert.[294] Ihre Autoren betrachten es als bewiesen, dass häufigere Ejakulationen das Leben von Männern verlängern. In der Studie wird berichtet, dass Männer, die zweimal pro Woche Sex haben, ein nur halb so geringes Risiko laufen zu sterben, wie Männer, die nur einmal Sex im Monat haben. Dies war eine von vielen Fragen, die Männern (im Alter von fünfundvierzig bis neunundfünfzig) in einem Ort in Wales zwischen 1979 und 1983 gestellt wurden. (Die Durchführenden der Befragung mussten die Frage auf halber Strecke in ihrer Untersuchungsserie weglassen, weil die Männer Einwände dagegen erhoben.)

Doch war Ejakulation wirklich der entscheidende Faktor für ein längeres Leben? Wie ein anderer Forscher bemerkte:

> *„Es ist wahrscheinlich, dass die Männer, die in ihren späten mittleren Jahren regelmäßig sexuell aktiv waren, entweder verheiratet waren oder in einer langfristigen Beziehung lebten. Die höhere Lebensdauer von verheirateten im Vergleich zu unverheirateten Menschen ist schon*

mehrfach aufgezeigt worden, und dies könnte ein bedeutsamer Faktor sein, der hier zur Verwechslung beiträgt ... Wenn die Autoren hauptsächlich an den gesundheitlichen Auswirkungen des Orgasmus interessiert gewesen wären, als ein rein biologisches Phänomen, dann hätte Masturbation nicht außer Acht gelassen werden sollen. Drittens ist es unwahrscheinlich, dass Sexualverhalten wirklich statisch erfasst werden kann ... Sexuelle Aktivität wird vom Alter, von der Gesundheit und der Psychopathologie beeinflusst ... Dazu kommen Veränderungen in Beziehungen, der Verlust des Partners etc ... Bei all diesen Abstrichen hätten die Autoren vorsichtiger mit ihren Schlussfolgerungen sein müssen ... Hieraus neue Gesundheitsslogans und zahlreiche Handlungsratschläge abzuleiten, wäre voreilig und man sollte darauf besser verzichten."[295]

Mit anderen Worten, es kann gut sein, dass die Herren aus der Caerphilly-Studie mehr von Intimität mit vertrauten Partnern profitiert haben als von Orgasmen.

Und dennoch gibt es rund um den Sex eine Menge Behauptungen. Damit lassen sich tolle Titelzeilen machen, hier nur eine: „Viel Sex beugt erektiler Dysfunktion vor: Hier gilt ‚Ungenutzte Talente gehen verloren', so ein Experte."[296] Wir stimmen zu. Geschlechtsverkehr ist eine gute Körperübung für die Genitalien. Doch solche Titel sagen nicht mehr als: „Spazierengehen hilft Ihnen, besser zu gehen" oder „Atmen bringt die Lungen zum Einsatz." Solche Beobachtungen haben ihren Wert, allerdings in Grenzen.

Und doch erhält der Leser von solchen Titelzeilen den Eindruck, dass Männer sich in unbegrenztem Maß Orgasmen durch Geschlechtsverkehr oder Masturbation gönnen dürfen, ohne dass dies irgendeine andere Auswirkung als einen fitteren Penis und ein längeres Leben hat. Wenn wir Artikel über Sexualforschung lesen, versuchen wir, daran zu denken, dass die dort zitierten Ärzte häufig versuchen, Patienten mit sexuellen Dysfunktionen zu helfen. Ihr Rat ist daher nicht automatisch eine gesunde Lebensformel für jedermann. Und aufmerksamkeitsheischende Titelzeilen machen solche Unterscheidungen nicht.

Die oben beschriebene Caerphilly-Studie wird häufig gemeinsam mit einer anderen Studie genannt, die zeigt, dass Frauen mit einem zufriedenen Sexualleben gesünder sind.[297] Doch was stellt sie wirklich zufrieden?

Ist es gegenseitige Anziehung, vertraute Partnerschaft, harmonische Intimität, männliche Pheromone (chemische Botenstoffe, die über die Luft vermittelt werden und gesunde, physiologische Reaktionen in Frauen hervorrufen),[298] oder der reine Orgasmus? Und gewiss hätten Männer schon seit Jahrhunderten länger als Frauen gelebt und nicht umgekehrt, wenn die reine Häufigkeit von Orgasmen der entscheidende Faktor wäre.

> *„Ich hatte keine morgendlichen Depressionen nach dem Orgasmus während all der Jahrzehnte, in denen ich Orgasmen mit meinem Ehemann erlebte. Ich glaube mittlerweile, dass die ganze Zuneigung, die unser Liebesspiel erfüllte, die negativen Effekte des Orgasmus ausgeglichen hat, die er jetzt als Witwe auf mich zu haben scheint. Und ich glaube auch, dass es etwas ganz anderes ist, mit einem geliebten Menschen zum Höhepunkt zu kommen als mit leeren Lippen und leerer Vagina."*
>
> Lynn

Die Gesundheit der Prostata

Eine Stelle, an der es besonders hilfreich wäre, aussagekräftiges Forschungsmaterial über Karezza zu haben, ist der wichtige Bereich der Gesundheit der Prostata. Denn hier haben Wissenschaftler tatsächlich viele verschiedene Faktoren und ihr Verhältnis zu Prostatakrebs gemessen: Ejakulation, die Häufigkeit von Geschlechtsverkehr, Ehestatus, Anzahl sexueller Partner und Fälle von sexuell übermittelten Krankheiten. (Bindungsbasierter Sex selbst wurde natürlich nicht ausgewertet.)

Bislang widersprechen sich die Studienergebnisse bei beinahe jedem Faktor. Doch die populäre Presse hat viel Wind mit einzelnen Aspekten der Ergebnisse gemacht, die sich gut für die Titelzeilen eignen. Zum Beispiel hatten in einer Studie Männer, die sich daran erinnerten, in ihren zwanziger Jahren mehr ejakuliert zu haben, eine geringere Rate von Prostatakrebs.[299] Von der Presse – nicht von den Forschern – wird dies als Beweis dafür ausgelegt, dass „häufiges Masturbieren Prostatakrebs verhindert." Bevor Sie sich jedoch jetzt daran machen, Ihre Gesundheit zu verbessern, schauen Sie erst einmal, wie alt Sie sind. Dieser positive Zusammenhang wurde nämlich nur bei häufiger Masturbation im Alter zwischen zwanzig und dreißig festgestellt. Eine andere Studie aus dem gleichen Jahr (2003) stellte keinen Zusammenhang zwischen der Häufigkeit der Ejakulation und der Gesundheit der Prostata fest.[300]

Es scheint sehr wahrscheinlich, dass jede Praktik, die entweder liebevollen Geschlechtsverkehr unterlässt oder Druck auf die Prostatadrüse ausübt, unklug ist. Karezza ist jedoch eine sehr sanfte Form von Geschlechtsverkehr, im Gegensatz zu Tantra oder einigen taoistischen Praktiken, in denen häufig eine kraftvolle Atmung und Muskelkontraktionstechniken eingesetzt werden, um den Orgasmus abzuwenden. Sich so nah an der Grenze zum Orgasmus zu bewegen, ist aus mehreren Gründen riskant.

Ich fragte einmal einen Arzt – der jahrelang heilige Sexualtechniken praktiziert hat – nach Schwierigkeiten mit der Prostata und der Ejakulation. Er sagte: „Ich weiß von keiner Forschung dazu, doch ich habe den starken Eindruck, dass es eine wichtige Rolle spielt, ob es dabei ein Gefühl von Kontrolle / Frustration / Zurückhaltung gibt. Wenn man die Energie gut in Bewegung hält, dann kommt es nicht zu einem Stau [stagnierenden Blutfluss]." Bei Karezza neigen die Liebenden ohnehin dazu, sich länger zu lieben, und im Laufe der Zeit immer häufiger, ohne sich kontrollieren zu müssen oder dagegen ankämpfen zu müssen, zu nah in den Bereich intensiver Erregung zu kommen. Außerdem kommen und gehen die Erektionen, was den Blutfluss sanft durch die gesamte Prostataregion pumpt. Eine kürzlich durchgeführte Studie zur Gesundheit der Prostata legt nahe, dass ganzheitliche Veränderungen des Lebensstiles krankheitsfördernde Gene abschalten und gesundheitsfördernde aktivieren können. In dieser Studie reagierte die Gesundheit der Prostata (von Patienten *mit* Prostatakrebs) dramatisch auf Stress reduzierende Techniken (Teilnahme an einer wöchentlichen Austauschgruppe, yogabasiertes Stretching, Atemtechniken, Meditation und tägliche geführte Visualisierungen), einen dreißigminütigen Spaziergang pro Tag und Nahrungsergänzungsstoffe.

Nach drei Monaten wiederholten die Forscher eine Entnahme von normalem Gewebe in der Prostata der Probanden. Sie fanden heraus, dass Gene, die mit Krebs, Herzkrankheiten und Entzündung assoziiert werden, geringer geworden oder ganz „abgeschaltet" worden waren, während beschützende, krankheitsverhindernde Gene „angeschaltet" waren.[301] Die

Forscher nehmen an, dass ähnliche Veränderungen im Lebensstil allen Männern gut tun, da die Gewebeentnahme mit gesundem Gewebe erfolgte. Könnte beruhigendes bindungsbasiertes Liebesspiel sich eines Tages als eine ebensolche positive Veränderung des Lebensstils herausstellen?

Grenzenlose Bindung kontra grenzenlose Paarung

Im Großen und Ganzen ist das Beweismaterial dafür, dass der Orgasmus selbst eine wertvolle Lebensquelle ist, überraschend gering. Bei näherer Betrachtung könnte man entsprechend die Hypothese aufstellen, dass die Vorteile von Sex besser mit Begriffen wie Intimität, Berührung, Vertrauen, emotionaler Bindung *und* der Lösung von sexueller Spannung erklärt werden. Keines dieser Geschenke ist abhängig vom Orgasmus – wenn man Karezza beherrscht. Darüber hinaus riskieren es Paare, die Karezza machen, nicht, einander ständig unbewusst Signale ans Säugetiergehirn zu senden, die signalisieren: „Hier stimmt etwas nicht."

> *„Es stimmt, dass die Wahrnehmung eine tiefgreifende Veränderung nach dem Orgasmus erfährt, und ich bin sicher, dass sich dies so entwickelt hat, um uns Männer zu motivieren, nach weiteren Partnerinnen zu suchen. Trotzdem kann ich sagen, dass nichts mit dem verlängerten Liebesspiel ohne Ejakulation vergleichbar ist; die Gefühle, die dabei aufkommen können, sind jenseits der Fähigkeit, sie in Worte zu fassen. Zum ersten Mal weiß man wirklich, was es heißt, „in Liebe" zu sein, wenn ich es so nennen darf; man fängt an, dumme, romantische Sachen zur Partnerin zu sagen, weil man sich einfach so gut fühlt! Das Vergnügen, das ich aus dieser Art des Liebesspiels beziehe, ist einfach um Klassen größer als das, was ich erfahre, wenn ich einfach nur ‚Sex habe'."*
>
> Dirk

Aufgrund der allgemeinen mangelhaften Bereitschaft unserer Kultur (und Machtlosigkeit im Bereich professioneller Forschung), die Vorteile des Geschlechtsverkehrs getrennt vom Orgasmus zu betrachten, wachsen wir derzeit möglicherweise mit der Überzeugung auf, dass häufige Orgasmen, mit welcher Methode auch immer, essentiell für unser Glück seien. Wir bekommen auch häufig zu hören, dass jeder, der diese Annahme in Frage stellt, als „lustfeindlich" oder „sexfeindlich" betrachtet wird. Doch wenn Karezza länger anhaltende, wenn auch weniger intensive Freuden bietet als fortpflanzungsorientierter Sex, wer will dann sagen, was am meisten Lust bereitet? Und wenn der Fokus auf den Orgasmus den Drang intensiviert, nach immer neuer, immer stärkerer Stimulation zu suchen – und das die Partner auseinandertreibt oder in den privaten Rückzug und Pornokonsum –, ist das dann nicht auf eine bestimmte Art „sexfeindlich"? Konzentrieren wir uns auf die Bäume und sehen den Wald nicht mehr? Wenn ich ein junger Mann mit einem Computer oder eine junge Frau mit einem Vibrator wäre und die gängige Ansicht verträte, würde ich schlussfolgern, dass häufiges Masturbieren gut für mich ist. Und wenn ich Erleichterung von dem (nicht anerkannten) Dopamintief meines Zyklus der Leidenschaft brauchte, würde ich vielleicht zu dem Schluss kommen, dass Antidepressiva und Medikamente gegen meine Ängste meine einzigen Möglichkeiten sind. Doch sind sie das? Ich könnte auch meine Stimmungen regulieren und meinen Körper gesund erhalten, indem ich bindungsbasierten Sex und die stimmungssteigernden Geschenke liebevoller Zuneigung erkunde.

> „Elf Prozent aller Frauen und fünf Prozent aller Männer nehmen Antidepressiva. Vor einer oder zwei Generationen lag das Alter beginnender Depressionen laut Berichten im Schnitt bei vierunddreißig bis fünfunddreißig. Heute beträgt das Durchschnittsalter für den ersten Depressionsanfall vierzehn Jahre."[302]
>
> **Charles Barber,** Psychiater

Wir Paarbindungswesen haben unbegrenztes Bindungspotential – und viele gute Gründe, das Beste daraus zu machen. Wir können einfaches, beruhigendes Bindungsverhalten dazu einsetzen, unsere Attraktion füreinander aufrechtzuerhalten und die Vorteile des Oxytocins genießen. Darüber hinaus sind wir im Gegensatz zu anderen Säugetieren nicht auf Paarungszeiten beschränkt (Brunftzeiten). Wir können das Liebesspiel mit Karezza als Bindungsverhalten nutzen, so oft wir wollen.

Unglücklicherweise ist die Kapazität, uns in grenzenlosem *Bindungsverhalten* zu engagieren, nicht das Gleiche wie die Fähigkeit zu unbegrenztem *Paarungs- (Befruchtungs)verhalten.* Für das Letztere zahlen wir einen versteckten Preis. Es mag sein, dass eine Verwechslung von beidem den falschen Maßstab für „normale“ sexuelle Leistung gesetzt hat. Selbst Menschen, deren Libido sie ganz im Stich gelassen hat, können von Bindungsverhalten profitieren.

Verwechseln wir vielleicht hypersexuelles Verhalten, das aus der intensiven Jagd nach dem Orgasmus entsteht, mit normaler Libido? Ehemalige Pornosüchtige und andere Menschen entdecken, dass ihre natürliche Libido sich von der überreizten Libido, die sie hatten, als sie auf der Achterbahn des Zyklus der Leidenschaft gefangen waren, total unterscheidet. Vielleicht hat der Run auf risikobehaftete Mittelchen für erzwungene Erektionen und Orgasmen gar keine gesunde Berechtigung. Und nicht nur das, im Versuch, diesen dubiosen Maßstab zu erfüllen, bringen wir Paare sexuell womöglich völlig aus ihrer Übereinstimmung – und beschleunigen damit nur die Verschlechterung ihrer Beziehung. Es ist nicht ungewöhnlich, dass einige übersättigte Paare das dringende Bedürfnis nach mehr sexueller Stimulation haben, wenn ein verlockender Auslöserreiz das Dopamin aufflammen lässt, während andere eine wachsende Abneigung gegen den exklusiven Fokus auf sexuelle Stimulation verspüren. (Haben Sie auch schon festgestellt, dass sich Paare scheinbar immer aus je einem Vertreter dieser beiden Gruppen bilden?) Will und ich empfinden Geschlechtsverkehr als ein so nährendes Bindungsverhalten, dass wir es sehr hoch schätzen, sexuell aufeinander eingestimmt zu bleiben.

> „Es gibt eine Reihe von mechanischen Geräten, die die sexuelle Erregung erhöhen, insbesondere bei Frauen. Marktführer unter ihnen ist der Mercedes-Benz Cabrio.“
>
> P.J. O’ Rourke

> *„Nur wenn ich geil bin und unbedingt Sex mit meinem Mann will, fühle ich mich sexuell hungrig. Ich sehe das an der Art, in der ich Liebe mit ihm mache, die dann fortpflanzungsgetrieben ist. Es ist ein ganz anderes Erlebnis, als wenn ich nur in seinen Armen liege, das Gefühl habe, die Zeit hat angehalten, oder wenn wir einander in die Augen schauen und am liebsten eins wären. Dann fühle ich keinerlei sexuellen Hunger. Wir können stundenlang sexuell verbunden bleiben, mit so wenig Bewegung*

wie möglich. Es macht überhaupt keine Mühe, den Orgasmus zu vermeiden. Bei diesen Gelegenheiten ist alles von Anfang an ganz anders.“

Natalia

Im nächsten Kapitel werden wir uns den historischen Gründen für unsere derzeitigen kulturellen Überzeugungen zum Thema Sex zuwenden, während wir Überlegungen anstellen, wie man sich dem Experimentieren mit Karezza nähern kann. Wir werden uns auch anschauen, was es bedeutet, ein Säugetier mit Paarbindung zu sein, und warum unsere unerfüllten Sehnsüchte möglicherweise gesunde Signale sind, dass wir uns auf langfristige Partnerschaften zubewegen sollten.

Der Buddhismus

Kürzlich schockierten zwei bekannte buddhistische Lehrer, die in den USA leben, viele ihrer tibetischen Mitbuddhisten, indem sie die Tatsache veröffentlichten, dass sie als spirituelle Praktik zusammenleben. Einer ist ein Mönch, die andere eine Nonne, und beide betrachten einander als zölibatär. Ihre Beziehung ist physisch, doch sexuell keusch.[303] Sie sagen, dass sie sich für diese Praktik entschieden haben, weil sie das Gefühl hatten, wenn sich das Gedankengut des tibetischen Buddhismus weiter im Westen verbreiten soll, müsse es Frauen stärker als gleichwertig betrachten.

Diese Partnerschaft zwischen gleichwertigen Partnern ist dem Buddhismus fremd. Die Idee, dass eine kontrollierte sexuelle Vereinigung zwischen Mann und Frau eine spirituelle Praktik sein kann, liegt jedoch immer schon potentiell im *tibetischen* Buddhismus versteckt. Der berühmte weibliche Buddha Yeshe Tsogyal wurde beispielsweise vor mehr als Tausend Jahren durch rituelle sexuelle Einheit mit ihrem Guru erleuchtet.[304]

Heute kommen uns viele buddhistische Lehrer als das reine Bild zufriedenen Zölibats vor. Doch einige heilige Männer des tibetischen Buddhismus halten sich immer noch stillschweigend Gefährtinnen zum Zweck des ritualisierten Liebesspiels ohne Ejakulation. Der Dalai Lama selbst lehrt, dass „die beste Gelegenheit für weitere [spirituelle] Entwicklung im sexuellen Geschlechtsverkehr besteht", ohne dass ein Samenerguss geschieht:

> *„Gemeint ist hier die Erfahrung des Eintritts in die Vereinigung mit einem Gefährten des anderen Geschlechts, wodurch die Elemente an der Krone miteinander verschmelzen."*[305]

Er erläutert, dass der Penis verwendet wird, doch dass die Energiebewegung völlig kontrolliert und die Energie niemals herausgelassen wird. Sie wird schließlich an die anderen Körperteile zurückgegeben.[306] Das Prinzip der Beherrschung der Sexualenergie trifft auch auf Frauen zu.[307] Er bemerkt, dass es wegen der Vermeidung des Orgasmus „eine Art von besonderer Verbindung zum Zölibat gibt.“[308]

Einige der heutigen Tantralehrer, die durch den tibetischen Buddhismus inspiriert sind, schließen auch den Orgasmus in ihre Kurse mit ein, und zwar nach einem intensiven Aufbau von sexueller Energie, die einen drogenähnlichen Geisteszustand bewirkt. Doch der Dalai Lama lehrt, dass der Orgasmus nicht zur Erleuchtung führen kann. Er sagt, dieser Glaube sei eine „Übertretung der Wurzelgelübde“[309], eine fehlerhafte Praktik, die auf verzerrten, selbstsüchtigen Werten basiert. Er erklärt auch, dass es nicht auf den Geschlechtsverkehr, sondern auf den Geisteszustand ankommt.

> *„Reiner Geschlechtsverkehr hat nichts mit spiritueller Kultivierung zu tun. Doch wenn ein Mensch einen hohen Level von Praxis in Motivation und Weisheit erlangt hat, dann bringt ihn nicht einmal die Verbindung der beiden Sexualorgane bzw. der sogenannte Geschlechtsverkehr von der Bewahrung seines reinen Verhaltens ab.“*[310]

Lehren wie diese enthüllen eine unbehagliche Spannung zwischen Zölibat und Geschlechtsverkehr. Das ist vielleicht der Grund, warum einige buddhistische Heilige ihre sexuellen Stelldicheins nur hinter den Kulissen betreiben. Solche Vereinigungen finden nicht zwischen Gleichgestellten statt, wie eine junge Schottin herausfand, als sie dazu auserwählt wurde, Teil einer derartigen heimlichen Liaison zu sein.[311] Wie sie erläuterte, verhindert das *Tulku-System*, in dem ein Lama sich selbst symbolisch durch die Reinkarnation als ein anderer Mann neu gebiert, eine gleichrangige spirituelle Partnerschaft zwischen Männern und Frauen. Es ist außerdem hart gegen Jungen, die getrennt vom alltäglichen Kontakt mit liebevollen Frauen in einer rein männlichen Umgebung aufgezogen werden. Das Ergebnis dieser Praktik ist eine männliche, monastische Tradition, in der Frauen als potentielle Verschmutzerinnen und Hindernisse für die religiöse Praxis betrachtet werden, während sie gleichzeitig (während sexueller Rituale) als Göttinnen verehrt werden, die essentiell für die Erleuchtung eines Mannes sind.[312]

All das heißt, dass das eingangs erwähnte Paar eine ganz andere Praktik als die traditionelle ausübt, auch wenn ihr Zugang mit den höchsten buddhistischen Prinzipien völlig übereinstimmt. Das könnte auch der Grund dafür sein, warum der Dalai Lama ihnen gegenüber seine Missbilligung ausdrückte, indem er sagte, dass dieses „unkonventionelle Verhalten nicht in Übereinstimmung mit den Lehren und Praktiken Seiner Heiligkeit sei."

Die Spannung zwischen Zölibat und rituellem Sex im Buddhismus könnte schon so weit zurückgehen wie Gotama, der Buddha, selbst. Es heißt, er habe gelehrt, dass die Erleuchtung in den sexuellen Körperteilen von Frauen zu finden sei (*Buddhatvam Yosityonisamasritam*), eine beunruhigende Maxime für viele seiner zölibatären Schüler. Er drängte seine Schüler auch, den Zyklus des Leidens durch das Zeugen von Kindern nicht weiter fortzusetzen.[313] Beide Vorschläge stimmen mit der sexuellen Praktik ohne Ejakulation überein, doch nur wenige Buddhisten wählten diesen Pfad, trotz ihrer traditionellen Schwerpunkte auf Mitgefühl, Selbstbeherrschung und der Zurückhaltung des Samens.

Der Mythos aus dem tibetischen Buddhismus *The Legend of the Great Stupa Jarungkhasor*[314] wirft etwas Licht auf die Spannung zwischen zölibatärer Reinheit und Sex als spirituelle Praktik, weil er nahelegt, dass es tatsächlich drei Pfade zur Erleuchtung gibt (die einander natürlich auch gegenseitig unterstützen können). Alle drehen sich darum, dass die sexuelle Begierde die Macht hat, die spirituelle Wahrnehmung zu verzerren, weil diese Quelle der Verzerrung im Kern der schwierigsten Probleme der Menschheit (und spiritueller Verblendung) vermutet wird. Die ersten beiden Pfade sind *Mahayana* und *Hinayana*. Mahayana ist die Neutralisierung der Leidenschaft durch selbstloses Dienen und die Hingabe daran, alles Leben von den Fesseln emotionaler Verzerrung und begrenzter Sichtweise zu befreien. Es steht einer großen Vielzahl von Persönlichkeiten offen. Hinayana hingegen eignet sich nicht für alle Persönlichkeiten. Es verschreibt die völlige Zurückweisung von und den Verzicht auf Leidenschaft (Zölibat) und wird als sicher und langsam charakterisiert. Laut des Textes vom „Großen Stupa" hat man die beste Chance, sich aus dem Chaos des dunklen spirituellen Zeitalters der Menschen zu befreien, wenn man die Leidenschaft zähmt, indem man den dritten Pfad *kontrollierten Nachgebens* beschreitet, auch *Vajrayana* genannt, eine homöopathische Methode, in der man die sexuelle Begierde zwar nutzt, jedoch vorsichtig, indem man den Orgasmus vermeidet und die sexuelle Energie nach oben zieht. Vajrayana steht jedem offen und ist ein Mittel, das impulsive menschliche Naturell zu überkommen. „Wir steigen in der gleichen Art auf, in der wir gefallen sind" ist ein Sprichwort des tibetischen Buddhismus, welches bedeutet, wenn Sex und Emotionen die Menschheit zum Fall gebracht haben, sind sie auch die Mittel, durch die wir uns heilen und wiederherstellen können. Der Pfad der kontrollierten Nachgiebigkeit wird als der schnellste, wenn auch riskanteste dieser Pfade betrachtet. Interessanterweise sagt die Legende, dass der Pfad des Dienens und der Pfad der zölibatären Hingabe – obgleich es ausgezeichnete, wertvolle Disziplinen seien – der Aufgabe während des Chaos in der spirituellen dunklen Zeit der Menschheit nicht gewachsen seien.

Der kürzlich verstorbene Gelehrte Mircea Eliade erklärte, dass im tibetischen Buddhismus die Sexualität der Schlüssel zur Wiedererlangung des Lichts ist:

> *„Solange der Mensch den sexuellen Akt in instinktiver Blindheit verrichtet, wie irgendein anderes Tier, bleibt das Licht versteckt. Doch … durch das Einhalten des Samenergusses besiegt man den biologischen Sinn des sexuellen Aktes."*[315]

Kontrollierte Nachgiebigkeit ist also ein Mittel, sich auf die Androgynität eines göttlichen Zustandes zuzubewegen. Laut Eliade suchen einige Tantriker ein Erlebnis der Gnosis oder des nirvanischen Bewusstseins, während andere von Yogis sprechen, die die Unsterblichkeit im Körper verwirklichen. Gemäß der Tradition sterben sie nicht; sie verschwinden in den Himmel, in „Geistkörper" gekleidet, „göttliche Körper" oder „Körper aus reinem Licht."

Dieses Erlebnis der Androgynität mag in einigen Fällen der spirituellen Synergie beider Geschlechter bedürfen. Ein früherer Dalai Lama (der zwölfte) widerstand offenbar der Einsicht der Macht einer solchen Vereinigung, zu seinem eigenen Schaden. Er legte eine Vision schriftlich nieder, in der der berühmte männliche Guru von Yeshe Tsogyal (der oben erwähnte weibliche Buddha) die folgenden Worte sprach:

„Wenn du die Praktik des heiligen Mantras akzeptierst, indem du
Auf eine Dame der Weisheit vertraust [eine Frau, die er getroffen hatte, Rigma Tsomo],
Wird der Tibetische Buddhismus neu erblühen
Und werden die Beschützer des Dharma handeln.
Doch wenn du nicht auf
Die Siddhi [außergewöhnliche Kraft] des Karmamudra [sexuelles Yoga] vertraust,
Wirst du früh sterben."

Dieser Dalai Lama starb im Alter von zwanzig Jahren.[316]

Kapitel 9

Den Abgrund überbrücken

In dem Maße, in dem wir Menschen die Vorteile von Gemeinschaft verloren haben, die die perfekte „Stimmungsmedizin" für unser Säugetiergehirn ist, haben sich zunehmend Zwänge entwickelt. Oxytocinproduzierende Verhaltensweisen schaffen Erleichterung von diesen Zwängen.

Wir können Karezza dazu einsetzen, unserer Sehnsucht nach Paarbindung nachzukommen, sexuelle Frustration zu lösen, dem Gewöhnungseffekt entgegenzuwirken und die fehlende Stammesgemeinschaft auszugleichen.

Selbst ohne einen Partner können Sie den Orgasmuszyklus bei sich selbst beobachten.

Eine überreizte Libido beruht nicht auf einem physischen Überschuss im Körper. Sie ist häufig auf eine Übersensibilität gegenüber stimulierenden Auslösern zurückzuführen.

Unbewusst sucht der daran Leidende möglicherweise nach Erlösung von Entzugssymptomen und nach der Beruhigung durch Paarbindung.

An diesem Punkt sind Sie vielleicht bereit für einen Neustart. Sie sind jetzt mit einem neuen Verständnis dafür ausgestattet, dass das uns zugrunde liegende Säugetier-Paarungsprogramm mit einem Dauermandat ausgestattet ist, unsere sexuellen Beziehungen zu unterwandern, und die Erklärung dafür ergibt auch hoffentlich einen Sinn für Sie. Sie kennen nun auch die Macht unbewusster Bindungssignale und wissen, wie Sie Ihr unbewusstes Paarungsprogramm in Schach halten können. Alles in allem fühlen Sie möglicherweise, wie Ihr Optimismus in Bezug auf romantische Beziehungen steigt.

Andererseits könnte es auch sein, dass Sie sich jetzt ein bisschen einsam fühlen – so als ob Sie der oder die Einzige auf der Party wären, der das Halluzinogen eingenommen hat. Es ist sehr wahrscheinlich, dass in Ihrer Kultur die vorherrschende Meinung lautet, dass „es so etwas wie zu viele Orgasmen nicht geben kann," und dass „man den Orgasmus nicht auslassen kann, ohne zu riskieren, eine Angst vor Sex zu entwickeln, die sich schwächend auswirkt (sexuelle Hemmung)." Wenn Sie noch keinen Partner haben, wie um Himmels willen sollen Sie es schaffen, ein radikal neues Konzept zu erklären, wenn der entscheidende Moment dafür gekommen ist? Und wenn Sie einen Partner oder eine Partnerin haben, wie wird er oder sie auf so eine ungewohnte Idee reagieren, wie sich körperlich zu lieben, ohne den Orgasmus zum Ziel zu haben?

Obendrein ist es wahrscheinlich, dass Sie Beziehungen sehr wertschätzen, wenn Sie sich zu dem Gedankengut dieses Buches hingezogen fühlen, und ihren Partner ebenfalls sehr schätzen und, ganz generell, ihm oder ihr auch gern entgegenkommen möchten, wenn es möglich ist. Es kann Stress auslösen, wenn Sie feststellen, dass Entgegenkommen für Ihren Partner in diesem Fall bedeuten kann, am biologischen Skript festzuhalten. Sie spüren, dass das wahrscheinlich keine gesunde Strategie ist.

> *„Mein Freund und ich stehen einander nahe und unser Sex ist gut. Doch ich habe einen seltsamen Zyklus bemerkt, der losgeht, wenn wir beide zum Orgasmus kommen. Wir sind dann leichter verärgert, und umso mehr, je mehr Orgasmen wir haben. Es kommt dann für eine Weile eine komische „Distanz" zwischen uns auf. Und wenn wir dann eine Zeit lang keine Orgasmen haben oder einander auf entspanntere Art und Weise lieben, wird es zwischen uns wieder besser und ruhiger.*

Heutzutage trennen sich viele Paare. Wie er sagte: „Ich verstehe das nicht. Manche Leute haben es so gut und sind schon viel länger zusammen als wir. Und doch geht es einfach auseinander wegen zu häufiger Streite oder Affären." Wir wollen nicht, dass etwas zwischen uns gerät, insbesondere, wenn es vermieden werden kann. Doch traurigerweise haben wir unterschiedliche Ansichten, was man dagegen tun kann. Seine aktuelle Lösung besteht in aufregendem online „Gruppensex", bei dem man Avatare benutzt. Das fühlt sich für mich nicht richtig an."

Petra

Bevor wir nach konkreten Schritten Ausschau halten, wie man dieses Gedankengut jemand anderem vermitteln kann, lassen Sie uns noch einmal die Schlüsselfaktoren des Buches zusammenfassen, indem wir einen Teil der Geschichte untersuchen, die unser Verständnis von Sex, Bindung und Orgasmus vernebelt. Ohne diese Sichtweise könnten Sie zögern, einem Partner Karezza vorzuschlagen, weil Sie Angst haben, ihn oder sie damit zu bitten, sich selbst eine wichtige Zutat für sein Wohlbefinden zu versagen: den Orgasmus, wann immer der Wunsch danach auftaucht. Denn schließlich gibt es den weitverbreiteten Glauben, dass der Orgasmus einer der besten „Stimmungsaufheller" ist, die uns zur Verfügung stehen. Und es steht außer Zweifel, dass wir heutzutage Stimmungsaufheller brauchen – mehr denn je. Und es ist auch richtig, dass das Liebesspiel einer der besten Stimmungsaufheller sein kann.

Der Säugetierschmerz im Gehirn – ein Fall für Karezza

Um zu verstehen, warum großzügiges Bindungsverhalten und Karezza aller Wahrscheinlichkeit nach bessere Stimmungsaufheller als der Orgasmus sind, müssen wir einen Blick in unsere ferne Vergangenheit werfen. Achtung: Wir schauen uns sehr viel Geschichte in kurzer Zeit an. Doch ohne diese Geschichte ist es schwer, zu verstehen, warum eine Entscheidung für Karezza eine liebevolle Geste ist und man damit niemandem etwas wegnimmt.

Um es kurz zu rekapitulieren: Unser Gehirn entwickelte sich vor Millionen von Jahren. Einen Großteil dieser Zeit lebten wir in kleinen Primatenverbänden. Unser Überleben hing nicht nur von unserer Begeisterung für die Fortpflanzung ab, sondern auch von gegenseitiger Unterstützung und der Bereitschaft, uns in enge Gemeinschaft mit anderen zu begeben. Allein zu leben bedeutete den Tod (auch für unsere Gene). Unser Säugetiergehirn belohnt uns daher für Gemeinschaft – was soviel heißt, wie, es macht, *dass wir uns gut fühlen.* Das ist eine wichtige Information, weil unser Gehirn nicht genug Zeit hatte, sich in den letzten zehntausend Jahren besonders weiterzuentwickeln.

Was geschah vor ungefähr zehntausend Jahren? Es begann die Entwicklung weg von unserem Lebensstil als Jäger und Sammler, hin zur modernen Zivilisation. Doch trotz Mobiltelefonen, Büchern über Beziehung und Rollerblades hat die Zivilisation einen versteckten Preis. Einer ist z. B., dass unser Säugetiergehirn seinen idealen Lebensstil verloren hat. Wichtige Quellen angenehmer Gefühle sind weggebrochen und das hat unser Stress- und Angstniveau beständig ansteigen lassen. Das Wissen, dass „etwas fehlt“, macht die Suche nach Stimmungsaufhellern immer dringlicher. Einige von uns haben natürlicherweise den Orgasmus dazu benutzt, um dem Stress entgegenzuwirken (zusätzlich zu anderen stimmungsverändernden Aktivitäten und Stimulanzien).

Das Gehirn von Primaten ist so gebaut, dass sie liebevolle Berührung, persönliche Beziehungen und das Zusammensein mit anderen lohnenswert (Dopamin) und beruhigend (Oxytocin, Endorphine) finden. Warum? Engen Kontakt zu mögen, ist sowohl für das Überleben eines Stammes (oder einer Gruppe) als auch für das Überleben von Kleinkindern gut. Wenn die Buschleute Afrikas und die arktischen Eskimos uns Anhaltspunkte bieten, dann können wir daraus schließen, dass wir dieser Quelle von Stimmungsaufhellern viel Zeit am Tag gewidmet haben, und zwar die meiste Zeit unserer menschlichen Existenz über. Und tatsächlich verbringen auch die heutigen wilden Primaten immer noch einen Großteil ihrer Zeit damit, sich der Fellpflege zu widmen und, in den Fällen der Bonobos, ihre Genitalien aneinander zu reiben. Diese Handlungen werden wegen ihrer Fähigkeit, lebenswichtige soziale Bindungen aufrechtzuerhalten und Stress zu reduzieren, vom System belohnt. Beispielsweise verbringen Männchen niedrigen Ranges einen großen Teil mit der Fellpflege, um den Stress auszugleichen, dass sie von den großen Jungs gepiesackt werden.

Vielleicht erwiesen sich die Bindungen unserer Vorfahren an ihre Partner auch nur vorübergehend als erfüllend. Schließlich gab es damals wahrscheinlich keinen solchen Druck, eine lebenslange Wahl für eine Beziehung zu treffen, wegen des evolutionären Vorteils, Nachwuchs mit unterschiedlichen Partnern zu bekommen. Doch unseren Vorfahren stand ständig freundliche und lohnenswerte zwischenmenschliche Interaktion zur Verfügung. (Denken wir einmal an die gemeinsame Jagd, Jahre des Großziehens von Kindern, einander tätowieren, ausgefeilte Frisuren, Feierlichkeiten und Rituale.)

Vor zehntausend Jahren fielen diese gesundheitsfördernden Aspekte des täglichen Lebens allmählich weg. Die meisten wurden sesshaft und lebten ein Leben mit Ackerbau und Viehzucht, was zur Vereinzelung der Familien führte. Wir verloren unseren Stamm und mit ihm die gesunde emotionale Transparenz und die Konfliktlösungsfähigkeiten des Stammeslebens. Dann, vor drei oder vierhundert Jahren, zogen wir langsam in Städte. Wir wurden mobiler und immer mehr von uns verloren ihre weitere Familie und ihre Wurzeln (und damit das beruhigende Gefühl der Zugehörigkeit und Verbindung mit anderen).

„Wenn psychologisches Wohlbefinden damit verknüpft ist, über tiefe intime Kontakte zu verfügen, ein geschätztes Mitglied in einer beständigen sozialen Gruppierung zu sein und in ein Netz von erweiterter Sippschaft eingebunden zu sein, dann widersprechen die Bedingungen des modernen Lebens dem menschlichen Glück."

David M. Buss, Psychologe

Außerdem büßten wir täglich viele Stunden Kontakt mit unseren Kindern ein, die häufig selbst in Fabriken oder Internate gingen. Dies verringerte sowohl die Möglichkeit, sich in Bindungsverhalten mit gewohnten und vertrauten Familienmitgliedern zu üben als auch die Wahrscheinlichkeit, dass diese sich zukünftig in bindendem Verhalten engagieren würden. Affen, die als Kinder keine fürsorglichen Eltern hatten, werden später selbst fürchterliche Eltern.

Diese Entwicklung könnte erklären, wie Harlows Zeitgenossen dazu kamen, beruhigende Berührung so gering zu schätzen, und warum wir Schwierigkeiten damit haben, die Macht und Wichtigkeit von Bindungsverhalten in unseren heutigen Beziehungen anzuerkennen. Bindungsverhalten fällt uns nicht von Natur aus leicht, wenn wir es als Kinder nicht gelernt haben. Dieser bedauerliche Trend setzt sich heutzutage fort, in unseren zerbrechlichen Beziehungen, bei erwerbstätigen Müttern, alleinerziehenden Eltern und Kindern, die nicht genügend bindenden Kontakt erleben, um die Belastbarkeit aufzubauen, die sie brauchen, um später mit dem Stress im Leben umgehen zu können.

Neuer Lebensstil, neue Zwänge

Als wir uns von dem Agrarleben verabschiedeten, hat unser Gebrauch von stimmungsverändernden Stimulanzien gewaltig an Dynamik gewonnen – insbesondere in Richtung der *Eigen*stimulation. Damals wurden alte und neue Stimulanzien zum ersten Mal in der Geschichte in großem Maße verfügbar: Tabak, Schokolade, Rum, Glücksspiel, Einkaufen und finanzielle Spekulation. (Und all diese Dinge bekommen wir natürlich auch heute noch im Laden gleich um die Ecke.) Es ist möglicherweise bedeutsam, dass es in der englischen Sprache vor dieser Zeit keinen Begriff für „Sucht" gab.

Zur gleichen Zeit fingen wir an, unsere Stimmungen mit Pornografie, Romanen über leidenschaftliche Romanzen und mit häufiger Masturbation zu regeln. Natürlich war Masturbieren keine neue Idee, doch vor dem achtzehnten Jahrhundert kam niemand auf den Gedanken, dass es zu einer unangenehmen Abhängigkeit führen könnte, außer dann und wann ein gegen Sexualität eingestellter Geistlicher. Doch jetzt stellten die Menschen fest, dass immer mehr Menschen von allerlei Verhaltensweisen abhängig wurden, die ihnen nicht gut taten, inklusive der ausschließlichen Suche nach dem Orgasmus. Die daraus resultierenden Zwänge waren ungewohnt und beängstigend, weil es nicht einfach war, darüber hinwegzukommen. Damals gab es schließlich noch keine Zwölf-Schritte-Programme.

Es ist nützlich, im Sinn zu behalten, dass die Panikreaktion unserer Gesellschaft auf sexuelle Zwänge *nicht* entstand, weil man Sex und Masturbation als „sündig" betrachtete. Die Kirche mischte sich erst relativ spät in die Debatte ein. Sie entstand, weil die Menschen die ansteigende

Welle von gewohnheitsprägenden, schädlichen Exzessen wirklich in den Griff bekommen wollten.[317] Masturbation war natürlich nicht das Einzige, doch es war eine Gewohnheit, der Kinder am leichtesten zum Opfer fallen konnten. Daher die verständliche, wenn auch fehlgeleitete Ermahnung, dass Sex nur der Fortpflanzung diene. Wir müssen bedenken, dass es ohne ein klares Verständnis davon, wie der Orgasmus mit dem Gehirn interagiert, eigentlich auch gar keine verständliche Begründung gab, warum Mäßigung hier angebracht sein könnte.

Ängste über zwanghafte Masturbation wurden zum ersten Mal im Zusammenhang mit Kindern in Internaten veröffentlicht, von denen viele aufgrund des unnatürlichen Kontaktentzugs mit ihren Familien und Gleichaltrigen des anderen Geschlechts vor der Ehe ohnehin schon unter Ängsten litten. Eine Reaktion – mit wahrhaft tragischen Folgen – war ein heftiger Aufschrei gegen die „Selbstbeschmutzung".

Generationen von einsamen, abgeschobenen Kindern wurden großgezogen und gelehrt, ihre Suche nach Erleichterung von sexuellen Spannungen durch Masturbation als ein *moralisches* Versagen zu betrachten, anstatt als eine natürliche Aktivität, die es verdient, weise eingesetzt zu werden. Als diese Menschen dann Partner fanden, war die Assoziation zwischen sexuellem Begehren und „Laster" nicht einfach immer wie von Zauberhand verschwunden. Ein ungesundes Ergebnis war Angst vor der Sexualität selbst, was sexuelle Stimulans noch zwanghafter als normalerweise machen kann, wie wir bereits gesehen haben.

Von der Pfanne ins Feuer

Ein anderes unvorhergesehenes Ergebnis des selbstgerechten erhobenen Zeigefingers zum Thema Sexualität war die genauso extreme Gegenreaktion, die dies im vergangenen Jahrhundert zur Folge hatte. Anstelle einer entspannten Haltung gegenüber dem Orgasmus und der Masturbation, die dennoch Fragen stellt, sehen wir uns jetzt dem unhinterfragten Glaubenssatz gegenüber, dass wir beides unbedingt verfolgen müssen, gleichgültig mit welchen Mitteln, und das Ganze so oft wie möglich – weil wir ansonsten riskieren, unsere Sexualität auf ungesunde Art und Weise zu unterdrücken.

Es ist nicht sicher, ob diese zweifelhafte Argumentation unseren Kindern besser bekommt, als ihnen sexuelle Schuldgefühle zu vermitteln. Zum einen neigen beide Denkrichtungen (Sex als schlecht anzusehen bzw. zu ständigen Orgasmen zu ermuntern) dazu, die positiven Effekte von vertrauter Gemeinschaft und Bindungsverhalten *unabhängig vom Orgasmus* zu unterschätzen. Beide Extreme können Kinder davon abhalten, ausreichend förderlichen Kontakt zu Gleichaltrigen zu suchen, und können stattdessen die Suche nach dem Orgasmus in einen Superstimulus verwandeln. Beides kann das Risiko der Isolation und Zwanghaftigkeit erhöhen.

Unsere derzeitige geistige Haltung verschleiert wichtige Indizien, die unser Verständnis von Sexualität und Superstimuli wie Pornos und risikoreichem Verhalten vertiefen würden. Wir stellen immer nur die Frage: „Ist dieses Verhalten *normal ?*" Doch wie wir aus Sootys leidenschaftlicher Nacht ersehen konnten, ist gelegentlicher Exzess in der Tat normal. Die klügere Frage könnte daher lauten: „Ist dieses Verhalten befriedigend oder erhöht es nur meine Frustration insgesamt?" Oder sogar: „Ob nun jemand behauptet, es sei normal oder nicht, führt es mich dazu, mich so zu verhalten, wie jemand, der ich nicht wirklich bin?"

> *„Jugendlicher Forschungsdrang ist das eine. Sicherlich ist es natürlich, im Alter von fünfzehn Jahren zu masturbieren. Doch wenn man ein Vierzigjähriger ist, der täglich zu Internetpornos masturbiert, ist das weder „natürlich", noch ist es „gesund". Bei all der lächerlichen Pro-Masturbationspropaganda da draußen hat es Jahre gedauert, bis ich kapiert habe, dass ich ein Problem hatte, und Monate, um mir mein Leben wiederzuholen."*
>
> Luke

Fragen Sie sich jetzt, wie wir zu der heutigen Überzeugung gelangt sind, dass wir nicht auf die Bremse treten können, ohne Schlimmeres anzurichten? Lassen Sie uns einen kurzen Abstecher zu der Arbeit von zwei bahnbrechenden Köpfen in diesem Bereich machen: zu Freud und Kinsey.

Sigmund Freud nahm an, dass hinter fast jedem Übel ein unterdrücktes sexuelles Bedürfnis steht – keine unvernünftige Annahme in seinen Tagen. Doch er unterstützte seine Schlussfolgerungen mit nur sechs vollständigen Fallbeispielen, inklusive Patienten, die gar nicht seine waren. Nach seinem Ableben haben Wissenschaftler Briefe und Fallnotizen von damals ausgegraben, die zeigen, dass Freud nicht die dramatischen Heilungen in diesen Fällen herbeiführte, die er behauptete, bewirkt zu haben.[318]

Freud erlebte den Tod der Leidenschaft in seiner eigenen Ehe, obwohl er während seiner Verlobungszeit wohl kaum verliebter hätte sein können. (Es ist gut möglich, dass Kokain seinem Feuereifer nachgeholfen hat.) In seinen Vierzigern ließ er seine Frau wissen, dass sie von nun zölibatär leben würden, weil er seine Libido sublimieren müsse, um mehr kreative Energie zu haben. (Es gab immer Gerüchte, dass er seine sorgsam gehütete Energie in eine Affäre mit einer neuen Partnerin kanalisierte: seine Schwägerin.)[319] Schade für uns, dass er seinen brillanten Geist nicht der Frage zuwendete, warum Sex mit seiner Frau ihn energetisch erschöpfte oder warum sie sich sexuell voneinander entfremdet hatten.

Einige Jahrzehnte später behauptete Alfred C. Kinsey, dass „der Orgasmus ein reines Ventil sei." Er sprang mutig an Bord der Superstimulans-Achterbahn – und erlebte genau das, was ein tieferes Verständnis seines Belohnungskreislaufs ihm hätte vorhersagen können. Er verfolgte zwanghaft Orgasmen mit Partnern beiderlei Geschlechts und landete in immer extremerem Sadomasochismus. Tragischerweise bemerkte er nie, dass sexuelle Übersättigung nur die Anfangsphase eines längeren Zyklus ist, der die Macht hat, ihn zu steuern. Diese Wissenslücke führte dazu, dass er annahm, seine außer Kontrolle geratene Sexualität sei normal und gesund, eine Überzeugung, die er selbstbewusst auf die Gesellschaft als Ganzes projizierte.[320] Kinsey behauptete sogar, dass nicht gewaltsamer sexueller Kontakt zwischen Erwachsenen und Kindern harmloses Sexspiel sei.[321]

> „Kinsey nimmt in seinem Buch verschiedene sexuelle Verhaltensweisen aus ihrem zwischenmenschlichen Kontext heraus und reduziert sie auf einen simplen Akt der Elimination ... Es scheint auf das Gleiche hinauszulaufen, ob man nun eine Frau oder ein Schaf wählt."
>
> **Margaret Mead,** Anthropologin [322]

Als jemand, der mit dem Gedankengut Kinseys mehr oder weniger groß geworden ist und davon überzeugt war, war ich sehr erstaunt, zu erfahren, dass seine Beweisführung genauso schwach wie die von Freud war. Er behauptete zwar, dass seine Statistiken einen repräsentativen Querschnitt aus der US-Bevölkerung berücksichtigen, doch in Wahrheit waren Gefängnisinsassen, Homosexuelle, Studenten und offenbar auch Prostituierte signifikant überrepräsentiert.[323] Interessanterweise behauptete er in seinem Buch *Sexual Behavior of the Human Female* immer wieder, dass die Häufigkeit des Orgasmus für den Erfolg einer Ehe sehr wichtig sei und eng damit zusammenhänge. Seine Beispiele jedoch wiesen auf das Gegenteil hin. Die Frauen, die über die meisten Orgasmen berichteten, heirateten entweder gar nicht oder ließen sich scheiden.[324]

> *„Mein Vater sagte mir, dass es wichtig sei, dass meine Liebhaberinnen einen Orgasmus hätten, doch wenn ich so auf all die Jahre meines Beziehungslebens zurückblicke, dann waren die Frauen, mit denen ich „den besten Sex" hatte, auch zugleich die launischsten und die untreuesten. Ganz offenbar sprechen die meisten von ihnen nicht mal mehr mit mir, während die, mit denen ich aus unterschiedlichsten Gründen nie Sex oder nur wenig Sex hatte, gute Freundinnen von mir geworden sind, die mich immer noch mögen."*
>
> Doug

Seit Kinsey vor einem halben Jahrhundert die sexuelle Revolution lostrat, ist die Anzahl der Familien ohne Vater angestiegen. 1968 übernahmen die Vereinigten Staaten die Weltspitze im Bereich vaterloser Familien. Zwischen 1950 und 1996 stieg der Prozentsatz von Kindern, die nur mit ihrer Mutter zusammenleben von sechs auf siebenundzwanzig Prozent.[325] Der Prozentsatz von alleinerziehenden Vätern ist ebenfalls steigend. Dieser Trend spiegelt verschiedene Entwicklungen wieder, doch vielleicht sollten wir auch untersuchen, inwiefern er damit zusammenhängt, dass wir verstärkt den Schwerpunkt auf den Orgasmus und Superstimulation legen – jetzt, wo wir wissen, dass sexuelle Übersättigung den Gewöhnungsprozess an den Partner beschleunigt und die Anziehung von neuen Partnern fördert.

Es ist bewundernswert, dass Freud und Kinsey versuchten, der sexuellen Unterdrückung auf dem Grundgedanken von „moralischem Versagen" ein Ende zu setzen. Denn wie wir gesehen haben, kann schon solches Denken allein sexuelle Stimuli in supranormale Stimulation verwandeln. Ich bin auch dankbar dafür, dass sie uns im Westen dabei halfen, uns daran zu erinnern, dass sexuelle Freuden etwas Positives sind.

Und doch könnte es an der Zeit sein, ihre Schlussfolgerungen darüber, wo die größte Freude eigentlich liegt, anzupassen, jetzt, wo wir die Mittel haben, zu verstehen, wie der Orgasmus einen unwillkommenen Zyklus der Leidenschaft anstoßen und sogar unser Gehirn neu formen kann. Wir *müssen* uns nicht zwischen gefährlicher Unterdrückung und riskantem, ungehemmtem sexuellem Ausdruck entscheiden. Im Großen und Ganzen finden wir vielleicht viel mehr sexuelle Freude im Gleichgewicht, vertrauter Partnerschaft und einem Zugang wie Karezza, als in kurzen, geistesverändernden Hochs und gnadenlosen Tiefs der Superstimulans-Achterbahn.

> *„Einer Sache bin ich mir ganz sicher: Das Verhalten, das ich hinter mir habe, ist kein gesunder Sex. Und es ist keine „sexuelle Unterdrückung", zwanghaftes Sexualverhalten zu stoppen."*
>
> Martin

Karezza bietet übrigens einen effektiven Weg an, um eine Kinsey ähnliche Entwicklung in Richtung sexueller Zwänge umzukehren, weil es nicht zur Belohnung durch den Orgasmus führt. Ohne diese verstärkende Belohnung verlieren Nervenbahnen, die dieses Verhalten mit Belohnungsreizen verbinden, auf Dauer an Kraft. Man kann den Umformungsprozess zusätzlich beschleunigen, indem man das alte Verhalten durch ein neues, ungewohntes Verhalten ersetzt – wie z. B. durch sanften Geschlechtsverkehr mit viel entspannter Stille.

Sucht und Zivilisation

Im achtzehnten Jahrhundert, als Versuche der Selbstmedikation mit Substanzen und Aktivitäten ihren unheilvollen Anstieg verzeichneten, bezogen sich Beobachter auf Zwänge als „Zivilisationsstörungen". Auf sexuellem Gebiet wiesen sie auf den Unterschied zwischen Sex mit einem Menschen und Sex in der Phantasie hin. Die Beteiligung eines Partners schiebt von

Natur aus einen Riegel vor den Exzess, und zwar in Form von Verfügbarkeit eines Partners, in Form von familiären Anforderungen, finanziellen Gegebenheiten oder der Mühe, Verabredungen zu treffen. Do-it-yourself-Sex hingegen hat keine eingebauten Beschränkungen und kann daher leichter zwanghaft werden. Einige stellten fest, dass es eine Lösung sei, sich nicht bei der Natur einzumischen und den Schwerpunkt auf der partnerschaftlichen Verbindung zu belassen. Geschlechtsverkehr, der auf „natürlichem Bedürfnis" (und gegenseitigem Einverständnis) beruht, wurde für wohltuender gehalten als Geschlechtsverkehr oder Orgasmus, der allein in der Vorstellung oder mit anderweitiger Eigenstimulation stattfand.[326]

Kurz gesagt, unsere Annahme könnte falsch sein, dass Menschen Orgasmen generell als stimmungsändernde Erleichterung benutzt haben, und sich allein oder mit einem Partner glücklich von Höhepunkt zu Höhepunkt bis zum Punkt der Übersättigung gehangelt haben, wann immer die Erregung sie überkam, ohne an unangenehmen Auswirkungen zu leiden. Der Anthropologe A. Ernest Crawley hat aufgezeichnet, dass Stammeskulturen in der ganzen Welt glaubten, dass zeitweilige Abstinenz von sexueller Aktivität im Zusammenhang mit vielen Aktivitäten angebracht war. Dazu gehörten die Jagd, Kriegsgeschehen, Pflanzenanbau, Fischen, Ernteaktivitäten, Weinzubereitung, schamanische Aktivitäten, Pilgerreisen, die ersten Tage der Ehe, Schwangerschaft, Stillzeit, Menstruation usw. Man glaubte, dass solche Phasen die Fülle sowie die männliche Unbesiegbarkeit und Kraft förderten, daher war zeitweilige Abstinenz so weitverbreitet, dass Crawley gelegentliche Keuschheit als ein „unfehlbares Hausrezept für alle wichtigen Unternehmungen und kritischen Augenblicke" bezeichnete.[327]

Die moderne ständige Jagd auf den Orgasmus könnte ein Looping jüngeren Datums in einer Spirale sein, die wir gerade erst entdeckt haben. Der Neurohistoriker Daniel Lord Smail weist darauf hin, dass man die gesamte Geschichte der Zivilisation als eine beschleunigte Entwicklung in Richtung wachsenden Konsums von stimmungsverändernden (psychotropischen) Substanzen und Aktivitäten ansehen kann, inklusive von Einkaufsbummeln und der Völlerei von leeren Kalorien. Die Jagd nach häufigen Orgasmen ist nur eine Aktivität von vielen – wenn auch eine besonders verlockende.[328]

Smail merkt auch an, dass wir „den Mechanismen gegenüber, die unsere Stimmungen und Gefühle im Alltag stimulieren, taub werden."[329] Der

Knackpunkt ist, dass diese trostlose historische Entwicklung in Richtung Selbstmedikation mit Stimulanzien nicht einfach nur Pech ist. Sie entstand, als unsere beruhigenden Verbindungen mit anderen zerbrachen und wir das neurochemische Gleichgewicht verloren, das uns diese Verbindungen bescherten.

Die ideale Stimmungsmedizin

Den Belohnungskreislauf unseres Gehirns zu entführen, weil wir nach der verlorenen Geborgenheit suchen, ist für uns zu solch einer Gewohnheit geworden, dass wir den wahren Sinn dieses Kreislaufs völlig aus den Augen verloren haben. Er ist dazu da, um uns näher an den zutiefst befriedigenden Kontakt mit unseren Mitmenschen heranzutreiben. Denn wir sind keine Grizzlybären, die die Einsamkeit lieben. Die Forschung zeigt, dass zu wenig freundlicher mitmenschlicher Kontakt mit anderen unsere Anfälligkeit für Abhängigkeit erhöht.[330]

Positiv gesehen ist das Säugetiergehirn so gebaut, dass es *ohne* besondere Stimulation zufrieden funktioniert, wenn aus den Alltagsaktivitäten adäquate Belohnungen entstehen. Ratten, die sich viel bewegen, können zum Beispiel nicht dazu gebracht werden, sich für die Belohnung von Kokain sonderlich anzustrengen, während Ratten, die viel herumsitzen, sich darum bemühen, egal, wie viel Mühe es sie kostet.[331] Im Fall unserer Vorfahren gehörten zu den Belohnungen des Alltags wahrscheinlich nicht nur freundliche zwischenmenschliche Kontakte und das Gefühl von Unterstützung, sondern auch Bewegung, mehr Kontakt zur Natur und die Befriedigung, Fähigkeiten und Handwerkskünste zu beherrschen.

> *„Ich glaube, dass alles erotisch Aufgeladene die doppelte und dreifache Kraft in einer Kultur hat, die zunehmend von ihren Sinnen abgetrennt ist. Wenn ich mich sexuell hungrig fühle, dann habe ich im Grunde keinen Hunger nach Sex, sondern ich vermisse das Gefühl der Verbindung zur Welt durch all meine Sinne. Ich fühle mich amputiert. Ich könnte dann zwanghaft reagieren und mich auf ein sexuelles Abenteuer einlassen, doch ich weiß, dass mich das nicht wirklich sättigt. Meine Unruhe (die*

sich als sexuelle Frustration zeigt) ist eigentlich darauf zurückzuführen, dass ich mehr und mehr in einen Lebensstil gerate, der meine sinnliche Seite vernachlässigt.“

Charlene

Und schließlich brachten auch längerfristige Paarbindungen zwischen Mama und Papa unseren Vorfahren Gefühle der Belohnung. (Auch hier noch mal: Zwei hingebungsvolle Elternteile wurden zum Vorteil für das Überleben, als menschliche Babys „vorzeitig“ zur Welt kamen, damit ihre größeren Gehirne durch Mamas Becken passen.) Während natürlich alle Arten von heilsamen Aktivitäten, die einst den geistigen Zustand unserer Vorfahren verbesserten, zweifelsohne auch das Gleiche für uns tun, ist eine harmonische Paarbindung einer der entscheidendsten Faktoren für unser Glück.[332] Vertraute Partnerschaft trägt mehr zu unserem Wohlergehen bei als mehr Bewegung, eine bessere Ernährung, unsere individuelle genetische Blaupause, mit dem Rauchen aufzuhören oder uns Medikamente verschreiben zu lassen.[333] Im Gegensatz dazu wirft Einsamkeit den Körper und das Gehirn von sowohl Männern als auch Frauen aus dem Gleichgewicht. Nach den Autoren von *Loneliness*, John Cacioppo und William Patrick, kann diese zu einer Abwärtsspirale werden. Menschen mit wenig Bindungen an andere sterben beispielsweise mit höherer Wahrscheinlichkeit an eingeschränktem Blutfluss zum Herzen, Gehirn oder anderen Körperteilen. Einsamkeit ruft Veränderungen in unserer Genaktivierung hervor, die die Sensibilität unserer Zellen auf Cortisol verändert und unsere Fähigkeit mindert, Entzündungsreaktionen des Körpers abzustellen (eine Ursache für Herz-Kreislauf-Erkrankungen). Das heißt, der einsame Mensch ist weniger dazu in der Lage, Stress reduzierenden, positiven Nutzen aus der Geborgenheit und Intimität seiner mitmenschlichen Kontakte zu ziehen, wie andere es tun. Auch die Belastbarkeit und die Erholung leiden. Selbst wenn einsame Menschen *genauso viel* schlafen wie jemand, der nicht einsam ist, ist die *Qualität* ihres Schlafes doch deutlich vermindert.

Männer und Frauen mit wenig Bindungen an andere starben mit doppelt bis dreifach so hoher Wahrscheinlichkeit in den darauffolgenden neun Jahren wie die Menschen, die viel mehr Kontakte hatten. Sie starben nicht nur an Herz-Kreislauf-Erkrankungen, sondern an allen möglichen Todesursachen. Kurz gefasst, soziale Isolation ist gleichzusetzen mit hohem Blutdruck, Übergewicht, Bewegungsmangel oder Rauchen als Risikofaktoren für Krankheit und frühen Tod. [334] Haben Sie heute schon Ihre Umarmung bekommen oder Ihre Katze gestreichelt?

> *[Kommentare von zwei genesenden Pornoabhängigen:] „Tage, an denen ich viel Kommunikation mit anderen Menschen habe, sind gewöhnlich Tage, die ziemlich ruhig enden, wo ich keinen Porno brauche. An Tagen, an denen ich aus irgendeinem Grund nur wenig Kontakt habe, ist es schwieriger, der Pornografie zu widerstehen, so als könnte ich einen einsamen Tag damit wieder gutmachen, wenn ich einen Porno schaue oder mir schnell einen abwichse."*
>
> Kyle
>
> *„An Tagen, wo ich etwas Sinnvolles für andere tue, ist es weniger wahrscheinlich, dass ich einen Porno brauche. Deswegen wird mir jetzt klar, dass ich mich darauf konzentrieren sollte, an einer heilsamen Aktivität teilzunehmen, und nicht nur einfach versuchen, mich von Pornos fernzuhalten."*
>
> Adrian

In einem gewissen Sinne ist die Geschichte der Zivilisation die traurige Geschichte unseres Abstiegs von vertrauter Partnerschaft und sinnlicher Verbindung, die wir für unser Wohlergehen brauchen – in eine immer stärker eskalierende Suche nach Ersatz-Stimmungsmedizin.

> *„Als ich in einer Beziehung war, habe ich ohne große Mühe dreißig Pfund abgenommen. Seit diese vor zwei Jahren endete, habe ich fünfzehn davon wieder zugenommen, und es fällt mir sehr schwer, auch nur ein Pfund davon loszuwerden."*
>
> Chantal

Eine Ersatz-"Stimmungsmedizin" ist die Suche nach sorglosem Sex. Es ist leicht, den potentiellen Stress, der in kurzen Affären steckt, zu übersehen, weil sie vorübergehend eine stimmungsverändernde Erleichterung bieten.

Sie *fühlen* sich wie das Heilmittel gegen die Missstimmung an, weil sie in der Tat Schritte auf einem gesunden Weg sind. Doch Begegnungen allein für sexuelle Erleichterung zu nutzen, beschleunigt natürlich die Neigung, jede Verbindung zu gering zu schätzen und lieber eine neue zu beginnen.

Wenn Einsamkeit tödlich ist, dann tragen sexuelle Begegnungen, denen das unterstützende Bindungsverhalten fehlt – und die immer noch mit Zeiten stressiger Einsamkeit durchsetzt sind – wenig dazu bei, unser Gesamtbefinden zu verbessern.

58 Prozent der Frauen und 23 Prozent der Männer bedauerten ihre One-Night-Stands.[335]

Einsamkeit ist auch innerhalb von Beziehungen schädlich. So wurde beispielsweise eine Studie mit fast zehntausend verheirateten Männern durchgeführt, die unter Schmerzen in der Brust litten (Angina). Unter denen mit hohen Risikofaktoren – erhöhtes Cholesterin, hoher Blutdruck, Alter, Diabetes und unregelmäßiger Herzschlag – gab es fast doppelt so viel Angina in der Gruppe von Männern, die auf die Frage: „Zeigt Ihnen Ihre Frau ihre Liebe?“ mit „Nein“ antworteten.[336]

Auftrag zur Paarbindung

Frauen in stabilen Beziehungen, so eine in der Ausgabe Dezember 2008 veröffentlichte Studie in *Current Sexual Health Reports*, fühlen sich mit viel größerer Wahrscheinlichkeit mit ihrem natürlichen Aussehen unterhalb der Gürtellinie wohl als gleichaltrige Singles – und dieses Wohlgefühl zeigt sich auch darin, dass sie höhere Punktzahlen erreichen, was ihre Zufriedenheit im Bett angeht, und zwar in sechs unterschiedlichen Bereichen.

Time Magazine

Liebe ist ein Bedürfnis – zumindest für Wesen mit Paarbindung wie uns. Im Gegensatz dazu sind fünfundneunzig Prozent der Säugetierarten fröhlich promiskuitiv. Sie haben nichts davon, sich als Paare zusammenzufinden. Sie bekommen die gewöhnliche Dopamindosis aus der Paarung (und anderen Aktivitäten des Überlebens, wie Essen und Trinken). Sich gelegentlich zu paaren, hinterlässt ihn ihnen kein nagendes Gefühl, dass ihnen etwas fehlt. Wir hingegen komponieren Liebeslieder und stehen am Kino Schlange, um uns romantische Filme anzuschauen.

Selbst die zuverlässigste Solo-Orgasmusquelle der Welt stellt ein durchschnittliches menschliches Wesen nicht völlig zufrieden. Auch wenn jemand der festen Überzeugung ist, dass er keinen Partner *braucht*, und selbst wenn jemand glaubt, er sei so glücklich wie ein Fisch ohne Fahrrad, bleibt auf neurochemischer Ebene doch eine Lücke zurück. Unser Gehirn sendet unangenehme „Da fehlt etwas"-Signale. Für uns ist Paarung idealerweise eine *Paarbindungsübung*, weil dies die Chancen des Überlebens für unseren Nachwuchs verbessert. Wir sind so gebaut, alles andere ist gleich.

Eine große 2006 unter deutschsprachigen Schweizern durchgeführte Studie ergab beispielsweise, dass die meisten der Singles keinen Partner hatten, weil sie bislang keinen geeigneten gefunden hatten. Mehr als die Hälfte gab an, dass ihnen etwas fehlt, und fast zwei Drittel wünschten sich eine feste Beziehung.[337] Grob Dreiviertel lebten bereits in einer festen Beziehung, obwohl die Dauer der Partnerschaften mit jeder Generation kürzer wurde. Kürzere und lockerere Beziehungen sind jedoch kein gesunder Trend für Säugetiere mit Paarbindung wie uns – wegen der unvermeidlichen Kluft zwischen den Partnern.

Kürzlich veröffentlichte Forschungsergebnisse legen nahe, dass Säugetierarten mit Paarbindung anfälliger für Depressionen[338] und Süchte[339] sind als promiskuitive Spezies. Der gleiche neurale Kreislauf, der für die Paarbindung zuständig ist, ist auch für die Anfälligkeit für diese Störungen zuständig, und Paarbindungswesen scheinen eine *sensiblere* Version davon zu haben als die meisten anderen Säugetiere. Wissenschaftler entdeckten dies vor Kurzem, als sie die Auswirkungen von Amphetaminen auf zwei Arten von Wühlmäusen miteinander verglichen: die sich als Paar bindenden Präriewühlmäuse und die promiskuitiven Bergwühlmäuse. Das Dopamin stieg als Reaktion auf die Drogenzufuhr bei den Paarbindungswühlmäusen signifikant stärker an als bei den Wühlmäusen, die nicht nach einem langfristigen Partner suchen. Die monogamen Wühlmäuse hatten also eine stärkere Neigung, bestimmte dopaminbasierte Belohnungen *lohnenswerter* zu finden als ihre promiskuitiven Verwandten.

Das legt den Verdacht nahe, dass einsame Paarbindungswesen ein größeres Risiko laufen, abhängig zu werden, als Säugetiere, denen der Drang zur Paarbindung nicht gegeben ist. Die weiter oben beschriebene „neurochemische Lücke" scheint also sehr real zu sein.

Der neurale Mechanismus, der sowohl der Bindung als auch der Sucht zugrunde liegt, entwickelte sich nicht, damit wir abhängig werden; es gibt ihn um der Liebe willen.

„Es scheint wahrscheinlich, dass sich diese Nervenbahnen und Gene nicht für den Drogenmissbrauch entwickelten, sondern um die motivationalen Aspekte sozialer Interaktion zu vermitteln, inklusive der Paarbindung."

Thomas R. Insel, MD, Verhaltensneurowissenschaftler

Leider interpretieren wir Menschen dieses Verlangen nicht unbedingt als Signal für „Gehet hin und verbindet euch." Im Gegensatz zu anderen Säugetieren mit Paarbindung machen wir größtenteils Umwege und suchen uns einen Ersatz, sei der nun gesund oder ungesund. Einige von uns finden einen Ersatz in vielen Freunden. Andere in therapeutischer Massage oder Tangounterricht. Mutter Teresa hatte ihre eigene Art. Doch wir alle müssen uns irgendwie um dieses „kleine Loch" kümmern. Die Natur hasst es, wenn jemand Herzschmerz hat.

Die Lage ist riskant, weil unser Belohnungskreislauf einen grundlegenden Weg beschreitet, uns zu motivieren: durch Dopaminanstieg. Es ist daher leicht für uns, zu schlussfolgern, dass wir umso mehr Geborgenheit gefunden haben, je mehr unser erwählter Ersatz unseren Belohnungskreislauf stimuliert. Wir kommen dann schnell in die Versuchung, Alkohol, Drogen und emotional leere sexuelle Stimulanzien zu wählen – insbesondere, wenn wir gelernt haben, Intimität mit Schmerz zu assoziieren oder noch nicht wissen, wie beruhigend Bindungsverhalten sein kann.

Wäre das vielleicht eine Erklärung, warum alleinstehende Männer dreimal so häufig an Leberzirrhose sterben wie verheiratete Männer, und warum siebzig Prozent aller chronischen Trinker entweder geschieden sind oder getrennt leben?[340] Umgekehrt helfen emotionale Bindungen dabei, die Begierde nach Suchtmitteln und Suchtverhalten abzuwenden. In einer sieben Jahre andauernden Studie von 800 jungen Erwachsenen nahmen Depressionen und Alkoholmissbrauch bei denjenigen deutlich ab, die in dieser Zeit heirateten.[341] Auch diejenigen, die zusammenleben, haben unter geringerem psychologischen Stress zu leiden als Menschen ohne Partner oder mit einem Partner, der nicht in ihrem Haushalt lebt.[342]

Unter dem Strich kommt heraus, dass unsere Zwänge nicht nur aus unserem Paarungsprogramm entstehen (dem Drang zur Befruchtung), sondern auch aus unserer uns innewohnenden Sehnsucht nach Paarbindung. Es ist eine Ironie des Schicksals: Wären wir *wirklich* eine promiskuitive Spezies und keine Paarbindungswesen, die ab und an mal fremdgehen – wir wären weniger anfällig für Süchte. Wir hätten nicht diese zusätzliche Leere, die gefüllt werden muss. (Wir hätten wahrscheinlich immer noch Gehirne, die klein genug sind, es einem Elternteil zu ermöglichen, ein gesundes Kind ohne Nachteile allein aufzuziehen. Denn schließlich entwickelte sich die Paarbindung, weil sie einen evolutionären Vorteil in Form von größeren Gehirnen beim Nachwuchs bietet.)

Der wichtige Punkte dabei ist, dass die Mehrheit von uns sich unwohl fühlen *soll*, wenn wir ohne Partner sind. Genau so, wie wir Hunger oder Durst haben sollen, wenn wir essen oder trinken müssen. Nur wenige von uns sind wirklich für ein Leben der Isolation oder der One-Night-Stands gebaut, wie gelegen uns das auch immer kommen mag. Unser eingebautes Unwohlsein ist ein Signal, dass wir potentielle Gefährten nicht nur suchen, weil sie verlockende Möglichkeiten für unsere Gene bieten – sondern weil sie „gute Medizin“ sind, wenn wir daraus vertraute, langfristige Begleiter werden lassen. Wenn wir uns nicht verbinden, riskieren wir, uns von anderen Stimulationsquellen mächtig angezogen zu fühlen.

> *„Gestern sagte mein Freund, dass er immer weniger Bedürfnis nach Masturbation verspüre, wenn er in einer Beziehung ist. Er meinte: ‚Obwohl man denken könnte, dass das Bedürfnis danach auf eine Art auch größer sein könnte.‘ Ich meinte: ‚Nein, mir geht es genauso.‘“*
>
> Suzie

In den vergangenen Jahrzehnten haben viele von uns versucht, die Sehnsucht nach Liebe durch reinen Sex zu erfüllen, oder sogar durch reinen Orgasmus. Doch leider erfüllt weder das eine noch das andere unser unbewusstes Bedürfnis nach Paarbindung. Es bringt uns sogar ganz leicht noch weiter von nährender Verbindung mit einem Partner weg, weil es den Gewöhnungseffekt beschleunigt. (Natürlich haben viele von uns es auch ganz richtig gemacht und sind eine sinnliche, liebevolle Beziehung eingegangen, nur um dann bestürzt zusehen zu müssen, wie unser unbewusstes

Paarungsprogramm am Ende die Quelle des Wohlbefindens zerstört hat, trotz aller Versuche, sie zu bewahren.)

Die effektivste Lösung könnte direkt vor unserer Nase liegen: Bindungsverhalten, das *keinen* Gewöhnungseffekt und keinen Wunsch nach einem neuen Partner auslöst. Zufriedene Verbindung, in der Karezza eingesetzt wird, könnte der verlässlichste Weg sein, um sowohl unser eingebautes „Ich brauche Sex"-Signal als auch unser eingebautes „Ich brauche eine verlässliche Partnerschaft"-Signal zufriedenzustellen.

Karezza und Monogamie

Einsamkeit ist stressig und, wie wir gesehen haben: Ein unglückliches Säugetiergehirn sendet Stresssignale aus, die lauter sind als die Gedanken des rationalen Gehirns. Glücklicherweise können wir den Schmerz unseres Säugetiergehirns erleichtern und ein größeres inneres Gleichgewicht fördern, indem wir uns unsere intimen Beziehungen zunutze machen – wenn auch auf eine ungewohnte Art und Weise.

Karezza ist genau das Richtige für Paarbindungswesen wie uns. Es verwandelt das *Paarungsverhalten* (Geschlechtsverkehr) in ein *Bindungsverhalten* und spricht so unsere uns innewohnende neurochemische Sehnsucht nach Bindung an. Zur gleichen Zeit erhält es die Aspekte des Geschlechtsverkehrs aufrecht, die unser Wohlbefinden fördern (intime, fürsorgliche Verbindung mit einem anderen Menschen). Karezza-Liebende ohne ihren Stamm ersetzen im Grunde einige der lohnenswerten Aktivitäten, die ihre Vorfahren einst teilweise aus reichlichen nicht sexuellen Kontakten im Alltag bezogen, durch Bindungsverhalten *innerhalb von sexuellen Beziehungen.* Karezza hilft Liebenden außerdem dabei, die biologische Unterströmung zu umschiffen, die so häufig bewirkt, dass die Partner ihren Glanz füreinander verlieren.

Können Menschen diesen Übergang gut bewältigen? Obwohl wir Paarbindungswesen uns auch fröhlich in der Polygamie versuchen, dank unseres eingebauten „Noch-ein-Partner-Programms", leben die meisten von uns doch in irgendeiner Form von Monogamie. Das gilt auch für achtzig Prozent aller Menschen in polygamen Gesellschaften. Wir sind flexible

Wesen und können uns sicherlich an harmonische Monogamie *anpassen*, ohne uns Schaden dabei zuzufügen. Jedenfalls, wie Barash und Lipton in ihrem Buch *The Myth of Monogamy* hinweisen: „Die Biologie ist weder überheblich, noch ist sie eine wertvolle Führung … Es gibt kaum eine Verbindung, wenn überhaupt, zwischen dem, was natürlich oder leicht ist, und dem, was gut ist."[343]

> „Es gibt keinen moralischen Imperativ für den Menschen, der Evolution gehorchen zu müssen."
>
> **Julian Savulescu** und **Anders Sandberg,** Ethiker

Karezza bietet einen Weg, die Begeisterung für Monogamie authentisch zu machen – von innen. Wenn Bindung zutiefst befriedigend ist, dann geschieht eine Transformation. Unangenehmer, fordernder sexueller Drang, der normalerweise zu Übersättigung und Gewöhnung sowie zu einem mächtigen Verlangen nach Abwechslung führen würde, verwandelt sich in warme Bereitschaft. Dann können wir Liebe machen, wann immer die Gelegenheit natürlicherweise entsteht, und uns in der restlichen Zeit friedlich und liebevoll fühlen. Vielleicht ist dies so, weil andere Arten von Kontakt befriedigender geworden sind. Interessanterweise ist „sexuelles Verhalten" bei anderen Säugetieren mit Paarbindung „weder besonders häufig noch besonders heftig." Viele Interaktionen zwischen den Partnern nehmen die Form an, sich miteinander auszuruhen, einander das Fell zu pflegen und einfach nur zusammen „abzuhängen".[344] Ist unser Hang zu häufigem orgastischem Sex eine Suche nach einer tieferen Befriedigung, die nur verlässliches, großzügiges Bindungsverhalten liefern kann?

> „Als Individuen und als Gesellschaft haben wir alles zu gewinnen und alles zu verlieren, je nachdem, wie schlecht wir mit unserem Bedürfnis nach menschlicher Verbindung umgehen."
>
> **Cacioppo** und **Patrick,** Autoren von *Loneliness*

All diese Ausführungen dienen nur dazu, zu sagen, dass Liebende, die mit Karezza experimentieren, einander nicht verweigern, was sie zum Wohlbefinden brauchen, weil sie den Orgasmus vermeiden. Im Gegenteil, weil Gefühle von Ganzheit und Befriedigung gefördert werden, versorgen sie einander mit der besten Stimmungsmedizin, die verfügbar ist – außer einer Sippe und einem Vorrat an willigen, vertrauten Langzeitpartnern, denen es egal ist, wenn sie gegen ein neueres Modell eingetauscht werden.

Was ist zu tun?

Wenn Sie den Zugang mit Karezza selbst ausprobieren möchten, brauchen Sie ganz offensichtlich einen Partner. Vielleicht haben Sie sogar das Glück, einen Partner zu haben, der dieses Buch gelesen hat und offen genug dafür ist, die Ideen auszutesten. Wenn dem so sein sollte, dann haben Sie einige Optionen. Sie könnten Ihr eigenes Programm entwickeln, aufbauend auf allem, was sie gelernt haben, vor allem auf den Tipps und Bindungssignalen in Kapitel sieben. Hier die Lösung eines Paares, nachdem einige Kompromisse fehlgeschlagen waren:

> *„Ende letzten Jahres entschieden wir uns dafür, an jedem Monatsersten und zu einigen besonderen Gelegenheiten Orgasmen zu haben. Jetzt sind wir jedoch in unserem dritten Monat orgasmusfreier Liebe, „weil wir etwas so Gutes nicht ruinieren wollen.“ Zu unserem Vorspiel gehört eine halbe Stunde Herzzentrierung oder Atemübungen. Wir planen unsere Zeiten für das Liebesspiel, so können wir uns beide auf eine besondere Zeit zusammen freuen. Wir enden immer mit einer Meditation, die in die Traumzeit hineinreicht.*
> *Wir sagen einander täglich, wie süß wir uns finden. Wir sind in unseren Fünfzigern und der liebevolle Fluss ist … ist … jenseits von allem, was im Kino oder der Literatur dargestellt wird. Er ist ruhig und juwelenumsäumt, mit einer tiefen Basis. Ich bin in den letzten achtzehn Jahren immer wieder in Versuchung geraten, untreu zu werden, doch jetzt ist meine Einstellung, dass nichts jemals an das heranreichen könnte, was wir in unserer Ehe erleben. Ich mag es einfach, wie attraktiv wir füreinander geworden sind. Bleiben Sie dran, bis Sie da sind. Dann hält es Sie ganz von allein in Gang.“*
>
> Alan

Sie können auch mit einem dreiwöchigen Programm von Austauschübungen beginnen, die Sie am Ende des Buches finden. Sie sind für Paare gedacht, die jede Nacht (oder fast jede Nacht) miteinander verbringen können, und sie können dabei helfen, ihr Thermostat sanft neu einzustellen. Das endgültige Ziel ist es, Ihnen einen Geschmack davon zu vermitteln, wie das Leben in der dritten Woche mit regelmäßigem Bindungsverhalten ist, ohne den Einfluss des Zyklus der Leidenschaft. Das wird Sie in die Lage versetzen, gewöhnlichen Sex mit Karezza zu vergleichen.

> *„Als wir mit den Übungen anfingen, war es zunächst schwierig für mich, ohne Ejakulation aufzuhören, wenn auch nicht so sehr aus einer körperlichen Perspektive. Es gab keinen Stau in meinen Lenden, keine blauen Eier, da ich die Sexualenergie hoch in mein Herz zog. Doch die geistige Gewohnheit, eine Ejakulation während des Geschlechtsverkehrs zu erwarten, war nicht so leicht zu brechen. Mir hilft es, wenn meine Frau und ich mit einem kurzen Dankbarkeitsritual aufhören."*
>
> Richard

Seien Sie sich darüber bewusst, dass halbherzige Methoden – etwa wie Ihren Partner zu bitten, zwischen Liebesspiel mit und ohne Orgasmus abzuwechseln – Ihnen leider nicht das wahre Potential von Karezza offenbaren wird. Und zwar aus dem Grund, weil Sie dann nicht den neurochemischen Fluktuationen Ihres eingebauten zweiwöchigen Zyklus der Leidenschaft entkommen, mit den Hochs und Tiefs in der veränderten Wahrnehmung. Selbst wenn Sie eine gute Erfahrung machen, stellen Sie vielleicht fest, dass die Erinnerung daran mit dem nächsten Orgasmus komplett verschwindet. (Die Biologie hat eine hohe Überzeugungskraft!) Jedenfalls brauchen Sie tägliche nicht zielorientierte Zuneigung, während Sie *über* den Zyklus hinaustreten.

Wenn Sie in einer festen Beziehung sind (jenseits des Hochs der Flitterwochen), *könnte es auch sein*, dass Sie die Einleitungstechnik dieses Mannes hilfreich zum Ausprobieren finden. Seine Ansicht:

> *„Ein Programm wie die Austauschübungen ist am Anfang nicht gerade verlockend. Ich kann mir vorstellen, wie eine Frau sagt: ‚Schatz, lass uns mal dieses Programm ausprobieren, bei dem wir uns zwei Wochen lang nicht lieben …' (in dem Moment hat der Mann das Gefühl, der Raum fängt an, sich zu drehen und greift nach einem Stuhl, an dem er sich festhalten kann) ‚und danach können wir wieder miteinander schlafen, aber ohne Orgasmus' (in dem Moment wird der Mann taub*

und katatonisch). Das Ganze könnte statt dessen mit dem Vorschlag beginnen, dass das Paar sich morgens ohne Orgasmus liebt (oder ohne nahe an den Orgasmus heranzukommen), damit er sehen kann, wie er sich tagsüber fühlt. (Wenn er das am Morgen ausprobiert, wird er sich keine Sorgen darüber machen, ob er dann überhaupt einschlafen kann.)

Ich wette, dass die meisten Männer die gleiche überraschende, aber angenehme Entdeckung machen, die einige von uns anderen Entdeckern gemacht haben. Ich fühlte mich eine oder zwei Minuten nach dem Aufstehen überraschend normal. Da war weder ein Gefühl, unbedingt einen Orgasmus zu wollen, noch fühlte ich mich sonderlich geil an dem Tag. Stattdessen fühlte ich mich gut. Ich hatte den ganzen Tag über ein schönes Gefühl des Nachglühens. Wenn ein Mann das einmal selbst erlebt, wird er wahrscheinlich eine größere Bereitschaft verspüren, die Austauschübungen auszuprobieren."

Wenn Sie ein solches Experiment wagen, achten Sie darauf, dass Ihr Liebesspiel sehr entspannt ist. Mit heftigem Sex auf den Abgrund des Orgasmus zuzurasen und dann plötzlich auf die Bremse zu treten, kann Unwohlsein, Frust, und wenn Sie ein Mann sind, auch Prostatabeschwerden hervorrufen. Das empfehlen wir *auf gar keinen Fall.*

„Vergangene Nacht hatte ich zum ersten Mal Sex und – ich hatte es so gewollt – ejakulierte nicht. Alles in allem war es leichter, als ich dachte. Die geistige Einstellung und Haltung hat offenbar mehr Macht über animalische Instinkte und Begierden. Aus vorherigen nicht freiwilligen sexuellen Erfahrungen ohne Ejakulation erwartete ich, danach extrem geil und nervös zu sein, doch dem war gar nicht so. Und es stellte sich auch nicht die übliche Schläfrigkeit nach dem Orgasmus ein. Im Gegenteil, ich fühlte mich ziemlich gut. Und aus der Sicht meiner Freundin wurde der weniger stimulierende Geschlechtsverkehr dadurch ausgeglichen, dass ich mehr Bereitschaft hatte, danach liebevoll zu kuscheln, deswegen scheint auch sie die Erfahrung schön gefunden zu haben!"

Björn

Seien Sie ehrlich

Ein Ziel der Praktik von Karezza ist es, dabei zu helfen, das Vertrauen zwischen den Geschlechtern wiederherzustellen. Es ist nicht sonderlich klug, einen Partner mit konventionellem Sex zu verführen, in der Hoffnung, dass er oder sie später vielleicht die Richtung ändern möchte. Das ist ungefähr so, wie jemanden aufgrund der gemeinsamen Liebe zu Schokolade zu heiraten, und dann einseitig zu entscheiden, dass es keine Schokolade mehr im Haus geben sollte.

Es ist viel besser, einen potentiellen Partner zu bitten, etwas über dieses Gedankengut zu lesen und Ihnen dann seine Meinung zu sagen. Dieses Buch ist eine Möglichkeit, Lesematerial bereitzustellen, doch vielleicht zieht Ihr Partner ein Buch von einem Mann vor, wie z. B. J. William Lloyds Buch *The Karezza Method*, das es kostenlos online gibt.[345] Es ist besser, *nicht* zu versuchen, Ihrem Partner oder Ihrer Partnerin die Konzepte direkt zu erklären, weil der anfängliche Widerstand gegen diese Gedanken sehr stark sein kann. (Denken Sie immer daran, das primitive Gehirn handelt viel schneller als das rationale Gehirn!) Ihr Partner braucht Zeit, über die Ideen und vergangene Beziehungserfahrungen nachdenken zu können, und das ohne Druck.

> *„Wenn ich auf eure Website gestoßen wäre, bevor ich aus diesem blöden Masturbations-/Belohnungskreislauf ausgestiegen bin, hätte ich mich über euch lustig gemacht. Auf jeden, der meine Sichtweise (Orgasmus bedeutet Glückseligkeit) auch nur annähernd in Frage gestellt hätte, wäre ich lebenslang sauer gewesen.“*
>
> Alexandros

Wenn Sie bereits in einer Partnerschaft sind, die auf konventionellem Sex basiert, versichern Sie Ihrem Partner bzw. Ihrer Partnerin, dass Ihre Beziehung und Ihr Sexualleben großartig sind, und dass Sie einzig und allein besorgt sind, ob Ihre Gene auf subtile Art und Weise versuchen, die Harmonie zwischen Ihnen beiden zu unterwandern. Üben Sie niemals Druck aus oder manipulieren Sie gar Ihren zweifelnden Partner, diese Ideen auszuprobieren. Ein Partner, der mit gemischten Gefühlen an das Experiment herangeht und es nur macht, um Ihnen einen Gefallen zu tun, wird am Ende nicht von dem Wert der Methode überzeugt sein, selbst wenn es für Sie ganz offensichtlich ist.

Nach fünfzehn Jahren Ehe erlangten sie endlich sexuelle Kompatibilität. Sie hatten beide Kopfweh.

Jeder beginnt diese Reise an einem anderen Punkt im romantischen Zyklus, was bedeuten kann, dass die allgemeinen Hinweise in diesem Kapitel nicht für Ihre spezifischen Fragen geeignet sind. Wenn dem so sein sollte, besuchen Sie einfach das *Habit to Harmony Forum*,[346] wo Sie Antworten auf typische Fragen finden und Miterkunder um Input bitten können. Wenn Sie Fragen zur Praktik von Karezza haben, lesen Sie Kapitel zehn, wo die Methode zusammengefasst wird.

Erkenne dich selbst, befreit vom Zyklus der Leidenschaft

Es ist klar, dass Sie Karezza ohne Partner nicht erleben können. Denn schließlich geht es bei Karezza nicht allein darum, den Orgasmus zu vermeiden. Es geht auch um den nährenden Austausch von Bindungsverhalten. Wir haben auch festgestellt, dass der Orgasmus von einem der beiden Partner in einem gewissen Maße beide Partner betrifft, auch wenn noch unklar ist, wie dies genau geschieht.

Und dennoch, wenn Sie derzeit keinen Partner haben oder Ihr Partner von dem Gedankengut noch nicht begeistert ist, können Sie Ihre Zeit trotzdem dazu nutzen, Ihr eigenes Verständnis zu vertiefen. Auf diese Art und Weise können Sie von Ihren eigenen Erfahrungen berichten, wenn das Gespräch auf das Thema Orgasmusvermeidung zu sprechen kommen sollte. Fangen Sie mit einem Soloxperiment an. (Dies setzt voraus, dass Orgasmus bislang ein Teil Ihres Lebens war. Falls dies nicht der Fall ist, sind Sie dem Rest der Welt wahrscheinlich einen Schritt voraus. Ihr Gehirn ist dann nämlich frei von der viel befahrenen „Orgasmus-Nervenbahn". Lesen Sie diese Abschnitte trotzdem. Sie könnten helfen, Sie zu beruhigen, dass Sie keinen Orgasmus brauchen, um glücklich zu sein.)

Verzichten Sie mindestens drei Wochen auf einen Orgasmus, und schauen Sie mal, was Sie feststellen. Wenn Sie einen Partner haben, sagen Sie ihm auf jeden Fall, was Sie vorhaben. Erklären Sie ihm oder ihr, dass Sie dieses Experiment unternehmen, um herauszufinden, ob Ihr Säugetierpaarungsprogramm Ihre Stimmungen negativ beeinflusst. Nutzen Sie die in Kapitel sieben vorgeschlagenen Bindungssignale, um Sie beide zu nähren. Lassen Sie Ihren Partner einfach das tun, was er immer tut, und machen Sie ihm keine Vorwürfe.

Zeichnen Sie Ihre Erfahrungen in einem Tagebuch auf, selbst wenn Sie es ganz einfach halten. Denken Sie daran, dass es sein kann, dass das größte Unbehagen in Woche zwei aufkommt. Hier die Erkenntnisse einer Frau:

„Morgen wird es einen Monat her sein, dass ich meinen letzten Orgasmus hatte. Ich denke, das ist lange genug, um mein Experiment als beendet zu erklären, obwohl ich zu diesem Zeitpunkt wenig Lust habe, meine früheren Gewohnheiten wieder aufzunehmen.

Ich glaube, die Ergebnisse bei dieser Art von Experiment hängen stark davon ab, wie man da rangeht. Ich habe versucht, es als eine Möglichkeit zu betrachten, die ganze Idee des Kanalisierens sexueller Energie zu erkunden, und aus dieser Sicht war es sehr interessant. Als zwei Wochen vorbei waren, fiel es mir überhaupt nicht mehr schwer. Mein Niveau sexueller Frustration liegt jetzt sogar scheinbar etwas unterhalb meines persönlichen Durchschnitts.

Ich glaube, es hätte schwierig für mich werden können, wenn ich einfach nur versucht hätte, „den Deckel“ auf meine Sexualität zu stülpen. Ich habe mir statt dessen erlaubt, Freude und Erregung zu erfahren, ohne zu versuchen, irgendetwas damit zu tun. Ich habe viel getanzt, gesungen, gelacht, gejoggt usw., und ich glaube, all das hat mir geholfen. Das Einzige, was ich unbedingt zu vermeiden gesucht habe, ist jeder Geisteszustand, der sich anfühlte, als käme er aus einem Zustand der Gier. Ich habe mir erlaubt, mir ein wenig Vergnügen zu bereiten, was sich genauso befriedigend anfühlte wie einen Orgasmus zu haben.

Ich glaube, das Wichtigste, das ich aus diesem Experiment gelernt habe, ist der Umgang mit „Energie“ ganz allgemein. Wir denken immer, es sei gut, viel Energie zu haben, doch wenn man genauer hinschaut, dann ist unsere erste Reaktion, wenn wir über viel konzentrierte Energie verfügen (sexuelle, physische, emotionale etc.), der Versuch, diese so schnell wie möglich wieder loszuwerden („Katharsis"). Das entspricht im Grunde einem physikalischen Prinzip. Potentiell hohe Energiezustände werden als „instabil" betrachtet, weil sie die Neigung haben, sich plötzlich in einen Niedrigenergiezustand zu verwandeln, wobei dann viel Wärme freigesetzt wird. Die Energie ist jedoch mehr von Nutzen, wenn sie auf eine kontrolliertere Art und Weise umgewandelt werden kann.

Ich glaube, dass ich lernen muss, mit hohen Energiezuständen mitzufließen, anstatt vor ihnen zu flüchten, wenn ich meine Energie wirklich gut nutzen möchte. Ich kann lernen, auf dem Hochseil zu balancieren, oder ich kann immer wieder herunterfallen."

Hier die Erfahrung eines Mannes, der ein ähnliches Experiment unternahm:

„Hier meine Vorgehensweise, wie ich mein Experiment mit der Abstinenz anging und Gefühle der Schuld oder des Versagens vermied. (Ich glaube, die Predigten von religiösen Führern, die ihre Anhänger ermahnen, nicht zu masturbieren, und ihnen einen großen Berg von Schuld aufladen, wenn sie es tun, ist grausam, haarsträubend und unzumutbar.)

Sehr wichtig: Mein Ziel oder mein Grund, es zu versuchen, war einfach nur, herauszufinden, wie eine längere Zeit der Abstinenz sein würde – wie würde ich mich fühlen, körperlich und stimmungsmäßig, etc.? Würde ich Schlafschwierigkeiten haben? Würde ich mich überwältigt fühlen vor Geilheit und Verlangen nach einem Orgasmus? Ein spezifischeres Ziel war es, eine Vorstellung davon zu bekommen, wie es möglicherweise wäre, für eine längere Zeit Karezza zu praktizieren.

Ich habe meinem Experiment keine bestimmte Zeitdauer gesetzt. Ich hatte einfach nur geplant, es so lange fortzusetzen, wie mir danach war – solange ich es „interessant" fand. Wenn ich „Ausrutscher" hatte, dann sehr bewusst. Ich brachte das Experiment in ganz neue

Frage: „Was veranlasst Menschen, Partnern hinterherzujagen, die sie gar nicht heiraten wollen?"
Antwort: „Der gleiche Trieb, der Hunde dazu bringt, Autos zu jagen, die sie gar nicht fahren wollen."

Phasen, indem ich zum Beispiel masturbierte, ohne einen Orgasmus zu bekommen (manchmal über mehrere Wochen hinweg), oder masturbierte und viele Mini-Orgasmen hatte (meine Güte, ich bin multiorgastisch – bis zu 30 Mal an einem Tag! – doch da bestand die Tendenz, dass es eher zwanghaft wurde). Das waren alles Gelegenheiten, zu sehen, wie ich mich fühle, zu vergleichen, wie ich mich gefühlt habe, als ich völlig abstinent war, und zu beobachten, wie schwer oder leicht es war, zurück in die Abstinenz zu kommen.

Abstinenz ist immer noch „interessant". Es gab ein paar Gelegenheiten, wo ich versucht war, vom Kurs abzukommen, und manchmal habe ich mich dazu entschieden, den Kurs zu halten. Mein Grund dafür ist, dass ich es mag, die Kontrolle zu haben – ich möchte nicht, dass mein primitives Gehirn mich auf Wege führt, die ich nicht beschreiten möchte und mit denen ich im Grunde nur meine Zeit vergeude!"

Wenn Sie dieses Experiment nicht durchführen können, weil sie den Orgasmus aufgrund von einem Übermaß an sexueller Energie einfach nicht für zwei Wochen vermeiden *können*, lesen Sie „Was mache ich mit dem Überschuss?" nach dem nächsten Abschnitt.

Erkenne dich selbst im Zyklus der Leidenschaft

Wenn Sie Ihre Erfahrungen während der Phase ohne Orgasmus aufgezeichnet haben, wird es Zeit, mal wieder einen zu haben! (Falls Sie eine Pornografieabhängigkeit haben, sollten Sie möglichst noch drei weitere Wochen warten und dann ohne den Einsatz von Pornobildern zum Höhepunkt kommen.) Genießen Sie einen Orgasmus mit allem Drum und Dran. Und zeichnen Sie dann in den beiden folgenden Wochen ebenfalls Ihre Erfahrungen auf. Dieser Teil des Experiments hat seine Tücken, denn wenn unser neurochemisches Wetter stürmisch wird, ist es sehr leicht, unsere Unruhe woanders hinzuprojizieren. Die meisten von uns glauben, dass wir die Welt genauso klar sehen *wie vor dem Orgasmus*, und dass jedwede Unpässlichkeit, die wir erleben, auf die Ungerechtigkeit des Lebens oder die Handlungen und Einstellungen eines anderen Menschen zurückzuführen ist. Trauen Sie Ihren Wahrnehmungen in dieser Zeit nicht. Sie werden die Wahrheit am besten erkennen, wenn Sie mehrere Experimente im Abstand von drei Wochen machen.

Die Erfahrung dieser Frau ist hilfreich, da sie praktische Vorschläge macht, wie man mit dem Zyklus der Leidenschaft umgehen kann:

„Zunächst notiere ich den Tag in meinem Tagebuch, und dann mache ich zwei Wochen lang Notizen für mich. Während die Tage so vergehen, stelle ich fest, dass ich mich nie so ganz an dem erfreuen kann, was passiert, gleichgültig, wie gut die äußeren Umstände sind. Ich fühle mich übermäßig isoliert, einsam und reizbar. Alle anderen scheinen mit ihrem Leben besser klarzukommen, treffen die besseren Entscheidungen, haben bessere Beziehungen, und es bieten sich ihnen bessere Gelegenheiten. Ich hingegen bin die Verliererin und alle nutzen mich aus. Und das alles geht in mir vor, obwohl ganz offensichtlich zur gleichen Zeit viele gute Dinge in meinem Leben passieren.

Ich fühle mich dann schnell rachsüchtig, meist auf so eine kleinliche Art und Weise. Die Wahrscheinlichkeit ist höher, dass ich etwas tue oder sage, was meine Alltagsbeziehungen negativ beeinflusst. Wenn ich klar denke, sehe ich die gemischte Realität von jeder Situation. Wenn ich jedoch so vernebelt bin, habe ich so eine „Wir gegen sie“ oder „Die Welt gegen mich“-Sichtweise.

Ich habe definitiv weniger Willenskraft und laufe eher Gefahr, etwas zu essen oder zu trinken, wovon ich weiß, dass es mein System irritiert, eine allergische Reaktion hervorruft oder mir ein paar Extragramm an Gewicht bringt. Wenn ich dabei übertreibe, versuche ich, mich dafür nicht fertigzumachen. Ich weiß, dass ich es wiedergutmachen kann, sobald ich mein Gleichgewicht wiedergefunden habe.

Ich nutze ein paar Techniken, die mir dabei helfen, mit meinem vorübergehenden, milden Irrsinn umzugehen. Ich meditiere, wenn möglich, jeden Tag fünfzehn bis zwanzig Minuten. Selbst wenn es so scheint, als würde nichts passieren, hilft Meditation irgendwie. Ich gehe auch spazieren, um mein Gehirn mit frischem Sauerstoff zu versorgen. Das hilft mir bei Depression und Ängsten. Diese kleinen Maßnahmen geben mir das Gefühl, dass ich etwas Kontrolle über mein Leben habe und etwas Konstruktives tue.

Heutzutage schreibe ich mir meinen Ärger im Tagebuch von der Seele, anstatt meinen Freunden etwas vorzujammern oder lange, erbärmliche E-Mails zu schreiben. Häufig sehe ich auch, wie unsinnig meine Gedanken sind, oder ich stelle fest, dass ich mich zu Recht ärgere – und denke dann daran, dass die Person, die sich schlecht benimmt, möglicherweise an dem gleichen postorgastischen Kater leidet. So oder so, ich kann es leichter gehen lassen.

Wenn die Dinge nach zwei Wochen ganz natürlich wieder normal werden, dann ist das fast wie Zauberei, als sei ein Bann gebrochen. Von einem Tag auf den anderen fühle ich mich wieder viel besser. Meistens bin ich froh, dass ich die ganzen üblen Sachen nicht ausgesprochen habe, die ich über andere gedacht habe, und die jetzt durch meine geklärte Brille auch völlig unschuldig aussehen. Meine Willenskraft kehrt zurück. Ich fühle mich mehr als Herrin meiner Zeit und Aufmerksamkeit und bin produktiver in meiner Arbeit. Manchmal habe ich in den Tagen darauf wieder ein kleines Tief, doch das ist wesentlich milder als vorher und ich bin im Handumdrehen wieder im Lot.

Wenn mir dieser Zyklus nicht bewusst wäre, würde ich mit Sicherheit mehr Wein trinken, um meine Sorgen zu ersäufen, zum Arzt rennen, um mir Antidepressiva verschreiben zu lassen, oder zur Therapie gehen, um die Schuld auf meine Familie zu schieben usw. So wie es ist, kann ich das Licht am Ende des Tunnels erkennen und mich die meiste Zeit über von künstlichen Stimulanzien fernhalten. Ich weiß, wann ich mich wirklich gut fühle, und nicht nur als Ergebnis von chemisch herbeigeführter Erleichterung scheinbar fit bin. Das Leben bekommt mehr Bedeutung.“

Frage: „Warum wollen Frauen eigentlich Orgasmen?“
Antwort: „Dann haben Sie mal etwas anderes, worüber sie stöhnen können.“

Hier die Beobachtungen eines Mannes und wie er damit zurechtkommt:

„Ich fühle mich lethargisch, die ersten fünf Tage lang weniger energetisch. Leichte Depression. Ein bisschen gehirntot. Die Geilheit steigt ungefähr zwei Wochen lang. Ich habe definitiv den Eindruck, dass meine Partnerin viel mehr begrapscht werden muss, doch ich fühle keine so nahe emotionale Verbindung. Ich fühle mich weniger kooperativ und habe weniger Geduld für alles, außer für das, was ich erledigen muss.

Ich bemerke außerdem beunruhigende Schwankungen, bis ich wieder im Gleichgewicht bin. Einige der schlimmsten ‚Tiefpunkte' können sich sogar nach beeindruckenden Aufschwüngen in meiner Stimmung und meiner Sichtweise einstellen. Das ist sehr befremdlich für meinen linearen Geist. Ich musste verschiedene Experimente machen, um die Ursache und Wirkung klar wahrzunehmen.

Den postorgastischen Zyklus zu kennen, macht es nicht leichter, die Auswirkungen zu ignorieren, doch ich beobachte meine verstörten Gedanken so objektiv ich kann. Es herrscht definitiv mehr ‚Ich Armer'-Denken vor, und ich reagiere viel stärker auf die eher direkte Art der Kommunikation meiner Partnerin. Ich versuche, einmal tief durchzuatmen, bevor ich zurückblaffe, und wenn doch die Funken fliegen, versuche ich es als das einzuordnen, was es wirklich ist – wenn ich mich daran erinnere. ‚Donnerwetter! Ich hatte vergessen, dass ich in Woche zwei bin. Streich die böse Bemerkung oder diese unsinnige Meinungsverschiedenheit einfach.'"

Wenn Sie einmal selbst erfahren haben, worüber Sie reden, werden Sie in der Lage sein, Ihrem Partner Ihre eigene Erfahrung zu schildern. Und Erfahrung ist wesentlich überzeugender als Theorie. Ihre Entdeckungen inspirieren Ihren Partner oder potentiellen Partner vielleicht dazu, ein ähnliches Experiment zu wagen. (Machen Sie diesen Vorschlag nicht direkt selbst, es sei denn, Sie wissen, dass Ihr Partner offen dafür ist.)

> *„Viele von uns sind frustriert, wenn wir häufiger Sex wollen als unsere Partner, und fühlen uns daher häufig unangenehm geil, einsam, sauer etc. Ich glaube, eins der besten Dinge an Karezza ist, dass die Häufigkeit und Intensität von unangenehmer Geilheit reduziert wird. Es hat einige Wochen gedauert, in denen ich auf jeglichen Orgasmus verzichten*

musste, bevor ich es wirklich gemerkt habe: „Hey, das unbedingte Wollen ist weg!" Jetzt habe ich kein quälendes Verlangen mehr wie in der Zeit, als ich noch im Orgasmuszyklus gefangen war, gleichgültig, wie häufig meine Frau Lust auf Sex hat – und doch bin ich immer noch jedes Mal leicht zu begeistern!"

Len

„Was mache ich mit dem Überschuss?"

Ein Grund, warum Menschen häufig glauben, dass der Orgasmus ein rein positives Ventil ist, ist, dass er das Problem von *zu viel* sexueller Energie zu lösen scheint – oder vielleicht von zu viel Samen, wenn Sie ein Mann sind. Dieser Eindruck scheint unumstößlich zu sein, teilweise, weil feuchte Träume ein natürliches Phänomen in der Jugend sind. Es ist logisch, anzunehmen, dass der Drang zur Ejakulation ein Beweis dafür ist, dass der Körper überschüssigen Samen produziert, der sonst nirgends hin kann. Doch wie Dr. Lloyd aufzeigte (siehe den Weisheits-Abschnitt zwischen Kapitel sechs und sieben), verursacht Samen, der von seinem natürlichen Ausfluss abgeschnitten wird, keine Schwellung.

„Ich hatte lange Zeit eine Vorliebe für einen ‚Orgasmus-Schlummertrunk' wegen meiner Schlaflosigkeit (wenn meine Frau keinen Sex wollte). Was glauben Sie, wie es mir nach zwei Wochen ohne Orgasmus geht? Ich schlafe wunderbar! Ich bin immer weniger dazu geneigt, meinen geliebten Orgasmus als das wunderbare Stresserleichterungselixir zu betrachten, als das ich ihn einst sah."

Marc

Frauen (kein Samen) erleben auch Traumorgasmen. Das alles lässt vermuten, dass an Traumorgasmen mehr dran ist als einfach nur die Ausscheidung von zu viel Flüssigkeit. Vielleicht sind solche Träume bei beiden Geschlechtern eher „Kostümproben", die auf natürliche Art und Weise die Libido steigern – aufgrund von postorgastischen Begierden in Form von gesteigerter sexueller Spannung. Schließlich möchten unsere Gene uns bereit für Aktion sehen. Vielleicht sind es auch Signale, dass wir eine zutiefst befriedigende Paarbindung finden sollten.

Die gängige Überzeugung, dass der Orgasmus ein reines Ventil ist, birgt versteckte Risiken in sich. Sie ermutigt uns nämlich, das Dilemma des vermeintlichen Überschusses durch absichtliches Masturbieren zu lösen. Ohne es zu bemerken, können wir jedoch durch häufigen Orgasmus eine sehr beherrschende Nervenbahn im Gehirn überstimulieren. Wie wir in Kapitel sechs gesehen haben, kann dies zu einem unangenehmen Zyklus eines immer fordernderen Verlangens führen, selbst wenn es kurzzeitig den Druck herausnimmt. (Wenn Sie zu diesen Menschen gehören, seien Sie sich bewusst, dass es sein kann, dass Sie sich nicht genügend um Bindungsverhalten gekümmert haben. Es wird Ihnen höchstwahrscheinlich helfen, jemanden zu berühren ... jemand anderen.)

Übermäßige Libido spielt sich mehr im *Kopf* als im *Körper* ab. Geilheit fühlt sich an, als säßen wir ganz oben in der Achterbahn ungemütlich fest. Hinter dieser Unruhe steht jedoch das ehrliche Bedürfnis, die sexuelle Spannung *durch intimen Kontakt* zu lösen. Nährender, nicht zielorientierter Kontakt vermindert die Spannung und wirkt ganz natürlich gegen Ängste und Stress. Das bedeutet, dass liebevoller Kontakt, und nicht notwendigerweise ein Orgasmus, am meisten hilft, wenn das Ziel in länger andauernder Zufriedenheit besteht. Die nächstbeste Möglichkeit der Beruhigung ist freundliche, weniger intime Interaktion mit anderen Menschen.

> *„Isolation ist eine der Hauptursachen für Sucht. Ich gehe zwar zu keinen Selbsthilfegruppen, doch ich gehe zu vielen sozialen Ereignissen in meiner Schule, und ich habe auch einen Kreis von Freunden, was ich früher nie hatte. Ich habe also jetzt zum ersten Mal eine Gruppe von Menschen, von denen ich weiß, dass ich Ihnen tatsächlich am Herzen liege. Jetzt merke ich, dass ich endlich bereit bin, den letzten negativen sexuellen Rest aus meinem Kopf zu entfernen. Ich habe meinen Geschmack an Pornos und scheußlichen Phantasien völlig verloren. Zu meiner Überraschung bin ich jetzt seit fünfeinhalb Wochen „clean“, und das hoffentlich für den Rest meines Lebens.“*
>
> Nick

Um es noch einmal zu rekapitulieren: Das Gefühl von Überschuss entsteht häufig aus einer überaktivierten Nervenbahn im Gehirn, die unser Dopaminniveau aus der Bahn wirft, wie es in Kapitel fünf und sechs erklärt wird. Das ist wie eine kaputte Tastatur, die sich verklemmt, wenn man sie berührt und immer den gleichen Buchstaben tippt. Denken Sie einmal an Ihre ersten Orgasmen zurück. Sie geschahen möglicherweise einfach so. Sie haben ihren eigenen natürlichen Rhythmus.

Die überaktivierte Nervenbahn ist höchstwahrscheinlich *Ihr* Werk. (Gute Arbeit!) Wie auch immer es dazu kommt, wenn Sie einmal damit anfangen, Orgasmen mit hochgradig stimulierenden Aktivitäten zu erzwingen, stärken Sie eine Nervenbahn im Gehirn, die automatisch immer wieder nach der gleichen (oder noch stimulierenderen) Erleichterung sucht. Wenn Sie sich in dieser Lage befinden, können Sie sich des vermeintlichen Überschusses nicht durch weitere Orgasmen entledigen. Trotz der kurzfristigen Erleichterung (wenn Ihr hoher Dopaminlevel nach dem Höhepunkt abfällt), bleiben Sie bei dieser Strategie während des restlichen Zyklus der Leidenschaft umso verletzlicher zurück. Sie reagieren dann auf jeden Gedanken oder visuellen Auslöser, den Ihr Gehirn mit Erregung oder Zerstreuung assoziiert. Und wahrscheinlich hilft Ihnen Ihr Gehirn auch noch mit Erinnerungsbildern auf die Sprünge, wenn Sie sich gerade an einem Tiefpunkt im Zyklus befinden. Das ist Hilfe, die Sie nun wirklich nicht brauchen. Denn dann steigt Ihr Dopaminlevel in Sekundenschnelle von seinem unangenehmen *Tiefstand* in schwindelerregende *Höhen*. Jetzt fühlen Sie sich, als hätten Sie einen Wahnsinnsüberschuss an Libido und/oder Samen und keine andere Wahl, als auf dem schnellsten Wege Erleichterung zu finden. Das heißt, eine übermenschliche Libido, häufige feuchte Träume und leicht ausgelöste Orgasmen *können* Anzeichen für eine sexuelle Erschöpfung sein (also neurochemisches Geschehen) – selbst wenn es wie ein Anzeichen für einen Überschuss *aussieht*. Die chinesischen Taoisten entdeckten dieses Paradoxon und seine überraschende Lösung (häufige Orgasmen zu vermeiden) bereits vor vielen Jahren.

„Vor einem Jahr (bevor ich Pornos benutzte) konnte ich meine Masturbationshäufigkeit und damit den Orgasmus leicht auf, sagen wir mal, einmal pro Woche regulieren, und in Zeiten von besonderem spirituellem

Bemühen ging es sogar einen Monat lang ohne. Jetzt fühle ich mich wie ein wilder Bulle – mehrere Male am Tag! Ich verstehe nicht, wie ich das bislang übersehen konnte; es ist einfach unnatürlich."

Ross

Die Lösung ist nicht einfach und mag etwas dauern, je nachdem, wie intensiv Sie aus ganz logischen Gründen versucht haben, Ihr Unwohlsein mit mehr Orgasmen zu lösen. Die letztendliche Lösung liegt in Ihrem Gehirn. Tun Sie Ihr Bestes, keinen Orgasmus hervorzurufen (obwohl unabsichtlich immer mal wieder einer vorkommen kann, während Ihr Gehirn in sein Gleichgewicht zurückkehrt). Drei Wochen dürften genügen, um Ihr Gleichgewicht wiederherzustellen, doch es kann sein, dass Sie bis zu acht Wochen dafür brauchen, je nach dem Grad der Veränderungen in Ihrem Gehirn. Wenn Sie Ihr Gleichgewicht wiedergefunden haben, wird das Verlangen wesentlich weniger intensiv sein. Schauen Sie in Kapitel sechs nach Tipps, wie Sie Ihre Aufmerksamkeit ausrichten können, wenn der Drang aufkommt. Indem Sie den Drang, einen Orgasmus hervorzurufen, neu kanalisieren, stärken Sie den Kreislauf in Ihrem Gehirn nicht länger, der die ganze Zeit diese falschen „Überschuss"-Warnungen von sich gibt.

„Ein erfreulicher Nebeneffekt der Abstinenz von Pornos und Wichsen ist das willkommene Wiederauftauchen von elektrischer Energie zwischen mir und realen, dreidimensionalen, lebendigen und atmenden Frauen. Du weißt schon, die Gattung, die dir in die Augen schaut und dich anlächelt … Es ist harmloses, subtiles Flirten, doch es fühlt sich gut an."

Brian

Erleichtern Sie gleichzeitig die Macht Ihres Verlangens! Vermeiden Sie das stressige Gefühl von Entzug (Dopamintief) in dem Ausmaß, wie Sie es können, indem Sie Oxytocin produzierende Aktivitäten einsetzen. Ihr liebstes Bindungsverhalten mit Ihrem Schatz zu teilen, ist für diesen Zweck ideal, doch auch andere Aktivitäten produzieren beruhigendes Oxytocin. Hier ist eine Liste beruhigender Aktivitäten, die aus der Oxytocinforschung stammt.[347] Eine vollständige Liste wäre zweifellos noch länger.

- Freiwillige Bewegung
- Harmonischer Austausch mit anderen
- Selbsthilfegruppen
- Sich um Tiere zu kümmern
- Freiwillige Großzügigkeit
- Inspirierende Landschaften
- Angenehme Gerüche (Kiefernwald, Brot backen)
- Beruhigende Musik, Gesang
- Warme und unterstützende Berührung, therapeutische Massage
- Begleitung
- Yoga und Meditation

All diese Erlebnisse sind lohnend, doch nicht überstimulierend. Erstellen Sie Ihre eigene Liste von Dingen, die Ihnen Freude machen; nehmen Sie Dinge auf, die Sie nicht in einen Abhängigkeitszyklus bringen. (Anders gesagt, passen Sie auf bei Dingen wie raffiniertem Zucker, Alkohol, Glücksspiel, Videospielen usw.) Ziehen Sie Ihre Liste zurate, wenn Ihr Säugetiergehirn versucht, Sie zu einem weiteren Zyklus der „Erleichterung" zu verlocken.

> *„Ich glaube, wenn ich einen Freund hätte, der unter irgendeiner Art von Zwang leidet, ich würde ihn zu einem gemeinschaftlichen Leben ermutigen."*
>
> John

Die Heilung für eine entzündete Libido ist die gleiche wie die Heilung für eine Hautreizung durch Giftefeu: „Nicht kratzen, viel beruhigende Lotion einreiben (Oxytocin produzierendes Verhalten) und die intensive Aufmerksamkeit auf etwas anderes richten, während die Heilung ihren Lauf nimmt."

> *[Nach dem neunten Tag des Experiments:] „Ich bin emotional stärker. Ich erlebe weniger Augenblicke, wo ich irgendetwas an mir oder jemand an derem ablehne. Ich kann mich länger konzentrieren. Ich habe heute ein sechsseitiges Referat in einem Zug geschrieben, und es hat nur drei Stunden*

gedauert. Wunderbar! Außerdem war es eins der besten Referate, die ich bislang geschrieben habe. Ich liebe diese Selbstentdeckung. Ich fasse es zusammen als: weniger launisch und selbstversunken, aktiver und lebensfroher.“

Clark

Wertschätzen Sie Ihren Partner, ermutigen Sie Ihre Freunde, urteilen Sie nicht so schnell

Wie Sie aus dem Obenstehenden erkennen können, ob Ihr Partner nun dazu bereit ist, Karezza auszuprobieren oder nicht, allein die Anwesenheit von Ihnen im Leben des anderen ist gesundheitsfördernd und ein hervorragendes Mittel gegen schlechte Laune. Wenn möglich, zeigen Sie dem anderen Ihre Wertschätzung durch Bindungsverhalten aus Kapitel sieben.

Wenn Sie alleinstehende Freunde haben, schenken Sie ihnen Geborgenheit durch mehr soziales Miteinander. Stellen Sie sie möglichen Partnern vor, ohne sich darüber Gedanken zu machen, was schiefgehen könnte. Wenn etwas schiefgeht, ist es zu erwarten. Denn schließlich gewinnen unsere durchtriebenen Gene die meisten Runden im Paarungsspiel. Doch zumindest verbessern Sie die Chancen Ihrer Freunde, nährende Weggefährten zu finden.

Wenn Sie selbst noch keinen Partner haben, können Sie Ihr eigenes Leben und das Ihrer Freunde dennoch bereichern, indem Sie das Maß an wohltuender Interaktion miteinander erhöhen. Treten Sie einer Gruppe bei, regen Sie zu spontanen Treffen an und gehen Sie zu bestimmten Ereignissen mit anderen zusammen anstatt alleine.

Bleiben Sie nicht zu Hause sitzen und warten Sie nicht auf „den Richtigen oder die Richtige“. Tun Sie Ihr Bestes, um so viele Menschen wie möglich mit ermutigendem, freundlichem Kontakt zu unterstützen. Ihre wohlmeinende Bemerkung oder Ihr ehrliches Lächeln könnte genau die Stimmungsmedizin sein, die jemand braucht, um sich später am Tag einem potentiellen Partner zuzuwenden. Warum sollten wir einander im Glauben lassen, dass Eigenstimulation die einzige Möglichkeit für gute Gefühle ist, jetzt, wo wir wissen, dass soziale Verbindungen die bessere Medizin sind?

Bieten Sie so viel mitfühlende Freundlichkeit an, wie Sie können, doch setzen Sie Ihre Grenzen. Betrachten Sie sich selbst dabei als einen Ersatzbruder oder eine Ersatzschwester. Sie versuchen nicht, jemanden zu verführen oder zu beeindrucken. Manchmal ist es hilfreich, jede neue Bekanntschaft eher als „den Menschen, der mir meinen nächsten Partner vorstellen könnte“ zu betrachten, anstatt als den potentiellen Partner selbst. Dies hält Ihre Konzentration darauf, wie Sie jemanden unterstützen können, anstatt ihn manipulieren zu wollen.

In diesem Geisteszustand sehen Sie auch viel klarer, wer Ihre neue Bekanntschaft ist. Wenn er oder sie sich selbst mit Substanzen oder Aktivitäten selbst medikamentiert, und nicht bereit dazu ist, diese Verhaltensweisen loszulassen, ist er oder sie möglicherweise noch nicht reif für Karezza. Wenn Sie sich dazu entscheiden, eine Beziehung zu jemandem zu pflegen, der in diesen vertrauten Strukturen festhängt, begrenzen Sie Ihren Kontakt auf Aktivitäten, während denen der oder die Betreffende nicht die Substanzen oder Auslöser in der Umgebung hat, die mit seiner bzw. ihrer Abhängigkeit in Verbindung stehen. Schlagen Sie beispielsweise eher einen Spaziergang vor, als sich in der Kneipe zu treffen. Wenn Sie in Beziehung zu jemandem sind, der in einer Abhängigkeit feststeckt, kann es sein, dass Sie eine schmerzhafte Wahl treffen müssen.

> *„Es war die schwierigste Entscheidung, die ich je in meinem Leben treffen musste. Mich dazu durchzuringen, mich von Peter zu trennen, nachdem wir zweieinhalb Jahre zusammengelebt hatten, brach mir fast das Herz, und tut mir auch jetzt, achtzehn Monate später, immer noch weh. Doch ich wusste, ich konnte seinen Alkoholismus nicht für ihn in den Griff bekommen, und er war nicht bereit dazu, ihn gehen zu lassen und Karezza wirklich ernsthaft auszuprobieren. Ich habe ihn so sehr geliebt, wie es nur menschenmöglich ist. Ich musste ihn gehen lassen und mit meinem Leben weitermachen.“*
>
> Rebecca

Schauen Sie hinter das Frosch-Kostüm

Warten Sie damit, das Thema Karezza bei einer neuen Bekanntschaft anzusprechen, bis Sie ihn oder sie gut genug kennen. Zu früh über Sex zu sprechen, ist ein Auslöser für *Paarungsverhalten*, nicht für *Bindungsverhalten.* Halten Sie sich außerdem an weniger intime Bindungssignale. Bieten Sie beispielsweise eine Handmassage an, keine Ganzkörpermassage. Wenn ein potentieller Partner Interesse an bindungsbasiertem Sex bekundet, weil das Thema schließlich von alleine aufkommt, teilen Sie ein paar Informationen mit Ihrem Gegenüber und warten Sie ab. Wenn sich jemand ernsthaft zu diesem Gedankengut hingezogen fühlt, ist es an der Zeit, diesen Menschen als Partner sorgfältig in Betracht zu ziehen. Eine Gelegenheit, einander sicher zu nähren, könnte für Ihr Wohlergehen und Ihr Lebenswerk entscheidender sein als die Punkte auf Ihrer „Idealpartnerliste“ – inklusive seines oder ihres finanziellen Status.

Seien Sie mitfühlend, wenn sich jemand bedürftig verhält (wie zum Beispiel zu jammern oder auf Brüste zu starren). Behandeln Sie andere so mitfühlend, wie Sie selbst behandelt werden wollen. Denken Sie immer daran, dass bedürftiges, forderndes Verhalten häufig aus einer gesunden, natürlichen Sehnsucht nach tiefer Verbindung entsteht, von der die Menschheit ihr Wohlergehen beziehen soll. Es ist besonders schwer, bedürftiges Verhalten zu tolerieren, wenn Sie allein sind und sich selbst ein bisschen bedürftig fühlen. Denn schließlich sind zwei schwarze Energielöcher keine wirklich gute Kombination.

Doch denken Sie daran, dass Sie beide die Medizin dafür in der Hand halten, die der andere am meisten braucht, um sich wieder gut zu fühlen. Bedürftigkeit ist kein hoffnungsloser Charakterfehler, es ist ein kurzfristiger Zustand eines Mangels an Verbindung. Mit der richtigen Stimmungsmedizin aus liebevoller Interaktion wird er oder sie völlig anders *aussehen* und sich völlig anders *fühlen.* (Außerdem wird sie aufhören herumzujammern oder so zu drängeln

> „Männer und Frauen sind morgens ganz anders. Wir Männer wachen auf und sind erregt. Wir können nichts dagegen tun. Wir wachen einfach auf und wollen euch. Und die Frauen denken: ‚Wie kann er mich wollen, so wie ich morgens aussehe?‘ Der Grund dafür ist, dass wir euch nicht sehen können. Nichts in entferntester Nähe von unserem Sehnerv ist durchblutet.“
>
> **Andy Rooney**

bzw. er wird aufhören, so hungrig auf Ihre Brüste zu starren.) Sie werden erstaunt sein, was dieser Mensch zu bieten hat, wenn er mit der richtigen Stimmungsmedizin versorgt wird.

Die welke Pflanze, die Sie so hart als „übermäßig bedürftig" verurteilen, könnte in Wahrheit Ihr idealer Partner sein, der sich vorübergehend in einem grünen Froschkostüm aus Gummi versteckt. Alle von uns waren einmal mitgenommen von dem isolierenden Verhalten, mit dem wir versucht haben, unsere Sehnsucht zu stillen. In vielen Fällen trifft es die liebevollsten und freundlichsten Menschen am meisten. Denn sie sind diejenigen, die am stärksten fühlen, dass etwas fehlt, wenn sie ohne Partner sind.

Während wir alle mit unseren Genitalien denken, lassen wir unser Säugetiergehirn unsere Partner auswählen. Ein Säugetiergehirn beginnt angesichts von Alphamännchen und fruchtbaren jungen Weibchen zu leuchten – denn das sind die besten Exemplare für zukünftigen genetischen Erfolg. Doch es gibt eine Menge Menschen, die eher hervorragende Partner wären als ideale Genmaschinen. Wenn Sie kein Baby wollen, erweitern Sie die Kriterien für Ihre Partnerwahl – und denken Sie daran, dass liebevoller Kontakt (Oxytocin) die Macht hat, die ästhetische Wahrnehmung zu verändern.

Wenn Sie sich ein Baby wünschen, dann tun Sie dies mit äußerster Integrität. Versichern Sie sich, dass Ihr Partner dieses Ziel teilt und Ihnen dabei helfen möchte, ein Kind großzuziehen. Die Menschen, die unter dem biologischen Zauberbann stehen, sind darauf programmiert, das Wohlergehen anderer zu ignorieren. Es kommen mir zwei Freunde in den Sinn, die beide völlig pleitegingen, weil ihre Freundinnen schwanger wurden und das Kind gegen den Rat der Männer unbedingt haben wollten. Die Beziehungen waren von Anfang an nicht stabil und alle Beteiligten hatten mit wirtschaftlichen Schwierigkeiten und/oder gesundheitlichen Problemen zu kämpfen. Eine der Frauen hatte ihrem langjährigen Partner versichert, dass ein Kondom unnötig sei, weil sie glaubte, nicht schwanger werden zu können. Beide Frauen waren vorher dafür, dass jeder die Wahl haben sollte – bis ihre Schwangerschaftshormone das Ruder übernahmen. Männer in die Vaterschaft zu drängen, selbst wenn sie großartige Väter wären, ist wie sexuelle Aggression – das Ergebnis biologischer Hypnose. Tragen Sie Ihren Teil dazu bei, eine skeptische Einstellung zwischen den Geschlechtern zu vermeiden.

Versuchen Sie, vorübergehende Bedürftigkeit als ein Anzeichen für eine starke Bereitschaft zu einer Partnerschaft zu betrachten. Ein starkes Bedürfnis nach Berührung und Gesellschaft sind gute Eigenschaften bei einem potentiellen Karezza-Liebenden. Schließen Sie die Menschen nicht aus, die einstmals im Exzess gefangen waren – mit einer Abhängigkeit von Pornografie, Alkohol oder was auch immer. Ein ehemaliger Abhängiger, der die Werte enger Verbundenheit mit anderen gegenüber anderen stimmungsaufhellenden Mitteln zu schätzen gelernt hat, ist häufig ein weiserer, glücklicherer Mensch als jemand, der niemals gezwungen war, klare Prioritäten zu setzen.

Wenn Sie sich selbst bedürftig fühlen, tun Sie Ihr Bestes, um Ihre Sehnsucht in eine kreative, gesunde oder inspirierende Aktivität zu kanalisieren. Schauen Sie mal wieder auf die Liste von Oxytocin produzierenden Aktivitäten in dem Abschnitt zum Thema „Überschuss" weiter oben.

Weniger ist mehr

Intensive Sehnsüchte werden häufig schwächer, während Sie Fortschritte darin machen, dem zwanghaften Zyklus der Masturbation zu entkommen – und gesünderen zwischenmenschlichen Kontakt suchen. Der „Drang zu verschmelzen" kann ein starker Magnet sein. Menschen berichten häufig darüber, dass sie potentielle Partner anziehen, sobald sie weniger masturbieren. Mit einem ausgeglicheneren Dopaminspiegel fühlen sich viele auch sozial fähiger, was es ihrem natürlichen Charme erlaubt, zutage zu treten.

Ihre Bereitschaft, weniger „selbstgenügsam" zu sein, ist ein gesunder Schritt für Sie und Ihren zukünftigen Partner. Wie die deutsche Schriftstellerin Ariadne von Schirach bemerkte, bringt die Suche nach Selbstgenügsamkeit mit Hilfe von Masturbation uns nicht in die richtige Verfassung für liebevolle Romantik.

> *Die typische Reaktion auf Pornografie ist Masturbation. Wenn wir in einer pornografischen Gesellschaft leben, hieße das auch, dass wir in einer Masturbationsgesellschaft leben. Wer nur noch mit herunterge-*

lassenen Hosen oder hochgezogenem Rock vor dem Rechner sitzt, hat kein Interesse mehr an Partnerschaft … 90 Prozent der Männer und 86 Prozent aller Frauen machen es regelmäßig. Der Anteil weiblicher Onanisten schnellte in den vergangenen 30 Jahren um 50 Prozent in die Höhe … Frauen sind die grausameren Männer und ungehalten über mangelnde sexuelle Bereitschaft. Die Männer sind verunsichert und flüchten ins Internet. Beide Parteien nähern sich einem narzisstischen Wahn, und Solidarität scheint nur noch unter Freunden möglich. [348]

Masturbation völlig aufzugeben, ist womöglich unrealistisch, wenn Sie Single sind. Doch etwas zurückzuschrauben, könnte Sie nicht nur aus Zwängen befreien, sondern auch andere überraschende Vorteile bereithalten.

„Meine Abstinenz dauert immer noch an (sogar ohne nächtlichen Samenverlust, was mich erstaunt). Was ich jetzt vermisse, viel mehr als wilden Sex, sind zärtliche Momente mit einer Frau. Doch ich brauche keinen Zärtlichkeitsreparaturservice, weil Zärtlichkeit und Intimität nicht süchtig machen wie Orgasmen. Und man will ja schließlich auch nicht mit irgendjemandem Zärtlichkeiten austauschen, weil man dazu einen Menschen braucht, der sich richtig anfühlt. Und so fühle ich mich jetzt, nach ein paar Wochen heftiger Entzugserscheinungen, endlich geheilt. Zum ersten Mal in meinem Leben kann ich warten. Ob das vielleicht erklärt, was auf der Party gestern Abend passiert ist? Zwei Frauen bestanden darauf, mir ihre Telefonnummer zu geben! In der Vergangenheit musste ich immer danach fragen."

Arturo

Innere Arbeit

Suchen Sie sich professionelle Hilfe, wenn Sie sich hoffnungslos oder entmutigt fühlen. Es ist offensichtlich, warum viele von uns es so schwierig finden, sich für ihr Wohlergehen aufeinander zu verlassen. Die Belohnung der Selbstmedikation zugunsten der Belohnung von zwischenmenschlicher Aktivität aufzugeben, kann anfänglich für Ängste sorgen. Denn schließlich schreitet die Erosion so wichtiger emotionaler Bande schon seit Jahrhunderten voran. Unsere Eltern und deren Eltern haben aller Wahrscheinlichkeit nach auch schon darunter gelitten. Als Ergebnis davon sind unsere Kindheitserinnerungen an Intimität zuweilen durchsetzt mit niederschmetternden Enttäuschungen (und zu wenig selbstlosem Bindungsverhalten).

> „Lernen Sie aus den Fehlern anderer. Sie leben möglicherweise nicht lange genug, um sie alle selbst zu machen."

Es mag etwas Zeit, dauerhafte Großzügigkeit und möglicherweise auch weisen Rat aus einer vertrauenswürdigen Quelle brauchen, um Ihren inneren Wachtposten (Amygdala) soweit zu beruhigen, dass ein Experiment mit Karezza interessant erscheint.

Eine neue Beziehungsbedürftigkeit

Wenn Ihr Partner damit einverstanden ist, einen alternativen Zugang zur Sexualität auszuprobieren, dann machen Sie sich für eine ungewohnte Übergangsphase bereit. Während eine Beziehung, die auf konventionellem Sex basiert, häufig mit ruhiger See beginnt – weil beide Partner sich im Hoch der Flitterwochenneurochemie befinden und ganz der Leidenschaft verfallen sind – ist eine neue Beziehung, die auf Karezza basiert, ganz anders. Großzügige Intimität erlaubt es dem Menschen, sich zu öffnen, und am Anfang kann das dazu führen, dass man sehr anhänglich und vernarrt ist – oder dass man noch mehr Angst hat, dem anderen näher zu kommen.

Wenn Sie jedoch eine solide Verbindung mit täglichem, nicht fordernden Bindungsverhalten zueinander aufbauen und dann die Hochs und Tiefs des Zyklus der Leidenschaft weitestmöglich vermeiden, geht diese Phase vorüber. Wir haben die Fähigkeit, in den Armen des anderen Heilung zu finden. Bedenken Sie mal dies: Eine Therapie mit ausgedehnter Umarmung macht die negativen Auswirkungen von Kindheitsstress sogar bei achtzehnjährigen Teenagern rückgängig.[349] Eine andere Studie hat gezeigt, dass sensibles, fürsorgliches Verhalten einen genügend starken Einfluss hatte, um die gegenteiligen Auswirkungen genetischer Einflüsse bei Kindern auszugleichen.[350] Auch Erwachsene können positive Ergebnisse durch einen Schwerpunkt auf Bindungsverhalten erzielen. Die Freude an der Verbindung und dem gemeinsamen Erlebnis lindert Stress und Ängste. Wir sind darauf programmiert, enge Gemeinschaft – und nicht nur Sex – wertvoll zu finden.

Die beste Art und Weise, einem bedürftigen Partner zu helfen, schnell durch diese Phase hindurchzukommen, ist, für ihn oder sie da zu sein, ohne zweideutige Signale zu senden. Das bedeutet nicht, dass man jede Minute miteinander verbringen muss; es bedeutet nur, ganz anwesend und so großzügig wie möglich zu sein, wenn Sie zusammen sind (mindestens einmal am Tag). Sobald sich Ihr Partner sicher fühlt, wird er oder sie sich entspannen und mehr zu bieten haben. Das Schlimmste, was Sie tun können, ist, zu versuchen, Ihren Partner dazu zu bringen, weniger bedürftig zu sein, indem Sie Gleichgültigkeit oder Logik einsetzen. Eine solche Strategie ist nur eine andere Version des fehlerhaften Denkens, das Harlows Zeitgenossen behaupten ließ, Zuneigung würde Kinder zu sehr verwöhnen. Im Gegenteil, Kinder mit einem starken Gefühl von Zugehörigkeit sind unabhängiger und zuversichtlicher. Wenn Sie also einen stabilen, zuversichtlichen Partner wollen, sorgen Sie so früh wie möglich für ein verlässliches, beidseitig verankertes Band. Der Grundstein hierfür kann in ein paar Wochen gelegt werden, vorausgesetzt, Sie lassen einander täglich Ihre Verbindung in hoher Qualität spüren. Doch auch im Laufe der darauffolgenden Monate werden Sie noch Fortschritte erkennen.

Ein starkes, festes Zentrum entsteht aus der Erfahrung vertrauter Gemeinschaft, nicht aus einem Versprechen ewiger Liebe (oder intensiver Leidenschaft). Die Erfahrung von gesunder Bindung kann einem Menschen dabei helfen, alles mit viel mehr Ruhe zu meistern, inklusive Veränderungen in der Beziehung. Ein heilsamer Geschmack von ehrlicher, selbstloser Zuneigung ist ein lebenslanges Geschenk, und wir haben die Macht, sie einander zu geben, selbst wenn uns das Leben dann doch in verschiedene Richtungen trägt.

Denken Sie groß

Unerschrocken durch düstere Ehestatistiken haben Menschen um die zwanzig offenbar eine überschwänglichere Vorstellung von der Ehe als die jahrhundertealten (doch einstmals revolutionären) Ideale der Freundschaft in der Ehe. Vor ein paar Jahren kam bei einer Umfrage des Meinungsforschungsinstituts Gallup unter mehr als Tausend jungen Leuten heraus, dass die überwältigende Mehrheit nach einer Ehe sucht, die eine spirituelle Seeleneinheit bildet, und auch erwartet, eine solche Ehe zu finden. (Nur sechzehn Prozent gaben an, dass der Sinn der Ehe für sie sei, Kinder zu haben.)

Dreiviertel der Befragten bestätigten auch, dass sie Sex gern aufschieben würden, bis man einander wirklich gut kennt, wenn sie jemanden träfen, mit dem sie sich eine langfristige Beziehung vorstellen könnten.[351] Leider schützt ein reiner Aufschub sie auch nicht vor dem Gift an Amors Pfeil in Form der negativen Auswirkungen nach sexueller Übersättigung. Amor hat mit Eheversprechen nichts am Hut. Hohe Ideale sind hilfreich, aber genauso hilfreich sind Veränderungen von Gewohnheiten.

Die Tradition der Regenbogenschlange

Die Praktiken der Nagual-Schamanen in Mexiko und umliegenden Regionen weisen auch auf ein verstecktes Potential in der Vereinigung hin, die auf sorgsam kontrollierter und geläuterter Sexualenergie beruht. Doch wie auch der rechte Pfad des hinduistischen Tantra empfehlen die Lehren auch die individuelle Kultivierung der sexuellen Energie der Einzelperson.

Männern wird empfohlen, den Ausstoß sexueller Energie, „nur um Druck loszuwerden", zu vermeiden, da dies die Schlange, die Sexualenergie, erzürnt. Gemäß der schamanischen Tradition ist Selbstbeherrschung ein Garant für Langlebigkeit und Weisheit und befähigt Männer, den Geschlechtsakt so häufig auszuüben, wie sie möchten, und anschließend immer energetisiert zu bleiben.

Frauen wird ebenfalls beigebracht, den konventionellen Orgasmus zu vermeiden, der sie schwächt, um statt dessen den wahren Orgasmus zu erfahren, eine ekstatische Energieerfahrung, die unabhängig von physischer Stimulation ist. Wie den Männern wird auch ihnen empfohlen, die Energie nach oben zu ziehen und sie durch den Körper zirkulieren zu lassen. Die aufsteigende Schlangenenergie wird als regenerierend betrachtet. Sie unterstützt die Heilarbeit und kann der Tradition zufolge spirituelle Offenbarungen ermöglichen, wenn sie ausreichend geläutert wird. Wenn die Energie hingegen im Sexualzentrum verbleibt, ruft sie Erschöpfung und Ungleichgewicht hervor.

Der schamanischen Überlieferung zufolge erhöht nicht geläuterter konventioneller Sex nur die sexuelle Lust, nicht aber die Energie.

Wenn die Partner ihre sexuelle Energie genügend geläutert haben, können sie lernen, miteinander rein energetischen Verkehr zu haben, bei dem Penetration möglich, aber nicht zwingend ist. Hier eine Beschreibung des energetischen Verkehrs, in dem die Partner einander nur an der Stirn berühren:

> *„In dem Augenblick empfand ich das unglaublichste, unbeschreibliche Gefühl von Frieden und Liebe, jenseits von allem, was ich je gefühlt habe. Alles verschwand, und hinter meinen geschlossenen Lidern waren wir und alles um uns herum eins und erfüllt von einem weißgoldenen Licht.“*[352]

Laut denen, die diese Tradition bewahrt haben, entzündet die sexuelle Energie, wenn sie geläutert wurde, eine zentrale Säule im Körper, die sowohl männliche als auch weibliche Energien umfasst. Diese aufsteigende Energie, die die Schwingung von Reinheit, Wahrheit, Liebe, Schönheit, Stärke und Weisheit enthält, ist notwendig, damit die höchste spirituelle Offenbarung stattfinden kann. Sie bewirkt sowohl Dienst an anderen als auch Demut. Einer der faszinierendsten Aspekte der Praktik des inneren Feuers bzw. der Regenbogenschlange ist die Möglichkeit, dass sie von einer prätibetischen und sibirischen schamanischen Tradition abstammen, die mehr als 40.000 Jahre alt ist. Wo immer diese Tradition entstand, Spuren von ihr können sowohl in Australien als auch in Asien und Amerika gefunden werden.

> *„Wissen aus dem Feuer der Regenbogenschlange findet sich zum Teil in der Tradition des Kundalini-Yoga wieder, in der tibetischen Entwicklung des Regenbogenkörpers, im Taoismus als der unsterbliche Körper und bei den Sioux und anderen indianischen Volksstämmen als der Geist der Regenbogenwelt. Die australischen Aborigines bezeichnen die Regenbogenschlange ganz offen als die ursprüngliche Lebensenergie und viele ihrer alten Felsmalereien repräsentieren diese Energie.“*[353]

Heutige Liebende machen ganz ähnliche Erfahrungen. Vielleicht beschreiben die alten Traditionen eine Realität, die uns allen offensteht, wenn wir bereit sind, ihre Bedingungen zu erfüllen.

> *„Jedes Mal, wenn wir uns liebten, hatte ich ein außerkörperliches Erlebnis. Es war so, als bewegte ich mich mit Überlichtgeschwindigkeit durch einen Tunnel, durch den Raum, vorbei an Sternen und Planeten, bis ich im Zentrum des Kosmos zu sein schien. Das Universum eröffnete sich mir … Zuweilen durchfluteten mich all die wunderbaren Farben des Regenbogens … Ich erlebte die ganze Zeit über eine solche Liebe, war voller Ehrfurcht und Tränen der Liebe strömten über mein Gesicht, während wir uns liebten. Meine Liebe umfasste alles, von dem mikroskopisch Kleinsten bis zu den gigantischsten Galaxien.“*[354]

Kapitel 10

Der Weg der Harmonie

Karezza macht es leichter, anderen und uns selbst für vergangenen Beziehungswahnsinn zu vergeben. Es ruft außerdem Optimismus hervor.

Karezza basiert auf Entspannung und großzügigem Bindungsverhalten. Es verlangt weder, den Orgasmus zu unterdrücken, noch sexuelle Leistung zu erbringen.

Karezza lässt die Sensibilität für subtile Freude wachsen; auf diese Art wird sowohl das Leben als auch sanfter Geschlechtsverkehr immer schöner.

Die ekstatischen Austauschübungen sind ein Weg, die Gewohnheit hinter sich zu lassen, Sex als stimmungsveränderndes Mittel bis zur Übersättigung einzusetzen, und sich auf den angenehmen Zustand der Harmonie zu konzentrieren.

Mein Mann und ich haben viele Geschenke von unserem andauernden Karezza-Experiment erhalten. Das Wertvollste von allen ist die klare Sicht, wie anders unsere Einstellung ist, wenn wir konsistent in der Anwendung bleiben, verglichen damit, wenn wir es nicht sind (aufgrund eines unabsichtlichen Orgasmus).

Der Unterschied erinnert mich an Wildwasser-Rafting. Wenn wir bei Karezza bleiben, dann ist das Leben so energetisierend und befriedigend wie einen schnellen Strom flussabwärts zu paddeln. Wir nehmen die Herausforderungen wie geübte Rafter an, lachen viel mehr und fühlen uns gut mit dem, was wir erreichen. Und es gibt Zeiten, in denen wir es genießen, einfach nur vom Strom getragen zu werden, uns zu entspannen und uns über die Wunder des Lebens zu freuen.

„Die Macht, Liebe zu machen, über die allein der Mensch verfügt, … unterscheidet ihn vom Rest der Säugetierspezies. Wenn er dieses einzigartige, kreative Geschenk jedoch missbraucht, … geht er zurück in seine animalische Vergangenheit, in den mechanischen, tierischen Trieb, und masturbiert oder paart sich ohne Liebe. Dann ist er unglücklich."

Barry Long, Tantralehrer

Während des Zyklus der Leidenschaft haben wir jedoch allgemein eher das Gefühl, dass unser Floß an unsichtbaren Steinen und Baumwurzeln hängen bleibt, und dass wir immer wieder aus dem Hauptstrom ins stehende Wasser geraten oder sogar über Stromschnellen dahinpreschen, gleichgültig, wie hart wir dagegen anpaddeln. Und ereignislose Phasen fühlen sich eher wie eine Flaute an anstatt wie eine Gelegenheit zur Erholung.

Es kommt uns dabei nie so vor, als hätte dieser unterschiedliche Eindruck etwas mit unserem Sexualleben zu tun, doch nach Jahren des Experimentierens ist der Zusammenhang offensichtlich. Vor langer Zeit schrieb Laotse, dass die Praktik des sorgsamen Liebesspiels ein Weg zu größerer Harmonie sei, nicht nur mit dem eigenen Partner, sondern mit dem ganzen Leben. Es scheint, als hätte er gewusst, worüber er spricht.

„Ich fühle mich so gut und zutiefst verankert … so viel mehr ich selbst, so viel mehr zu Hause in meiner eigenen Seele, dass ich einfach weiß, dass dieser friedvolle Weg das ist, was für mich von jetzt an richtig ist."

James

Unschuldige Fehler

Jetzt, wo wir wissen, wie anders es ist, innerhalb – oder außerhalb – des Zyklus der Leidenschaft zu sein, sehen wir das Verhalten von jedem Menschen aus einer neuen Perspektive. Es ist dann beispielsweise eher schwer, an Verletzungen aus alten Partnerschaften festzuhalten. Denn schließlich ist Beziehungswahnsinn das normale Ergebnis – dank des Zusammenstoßes des menschlichen Paarungs- und Bindungsprogramms. Unsere Vergangenheit hätte ganz anders ausgesehen, wenn wir und unsere Liebsten gewusst hätten, wie wir mit unserem Säugetiergehirn besser umgehen können.

> *„Mein Partner und ich praktizieren jetzt seit einigen Monaten bindungsbasierten Sex. Es war eine neue Beziehung, das heißt, wir hatten nie gewöhnlichen Sex miteinander. Ihn auf diese neue Art und Weise kennenzulernen, war die schönste und intimste Gemeinschaft von Dauer, die ich je mit einem Mann erlebt habe.“*
>
> Ingrid

Wir können jetzt auch auf unsere eigenen, weniger noblen Manöver zurückblicken und uns selbst dafür vergeben. Woher sollten *wir* wissen, dass das Stillen unserer sexuellen Begierde auf normale Art und Weise das Signal für Gewöhnung und die Suche nach noch mehr Stimulation bedeutet? Oder dass es einen Liebenden untypisch anhänglich, reizbar, fordernd oder launisch macht? Wir wussten einfach nicht, dass der Kater nach dem Orgasmus uns noch weiter von dem beruhigenden Bindungsverhalten entfernt – von genau den Gesten, die unsere Verbindung hätten *stärken* können.

Kein Wunder, dass wir Schwierigkeiten hatten, unseren höchsten Idealen treu zu bleiben! Ich höre häufig folgenden Kommentar von Menschen, wenn sie aufgehört haben, den Orgasmus zwanghaft als Stimmungsdroge zu benutzen: „Ich fühle mich viel mehr als ich selbst.“ Schlechte Träume aus der Vergangenheit verlieren sich allmählich. Es wird natürlich, andere liebevoll zu unterstützen und zu beschützen. Und, wenn dann doch ein Orgasmus vorkommt, kann man die schlechten Gefühle und Überreaktionen in den folgenden Wochen leichter übersehen, weil man sie als die Wolken erkennt, die sie sind.

Will und ich haben jetzt auch mehr Wertschätzung für die Anstrengungen unserer Eltern. Denn schließlich haben sie mit dem gleichen stressigen Paarungsdruck gekämpft, von dem wir *wissen*, dass er uns ein schlechtes Gefühl macht. Ihre Fehler waren verständlich. Und wenn man näher drüber nachdenkt, dann haben sie es sogar besser hingekriegt, als wir dachten.

Die einzige Tragödie, die ich jetzt noch sehe, ist die Unwissenheit der Menschen. Warum hat uns niemand gesagt, dass wir den Liebestrank, der unsere Romanzen beschützen und erneuern kann, in solch greifbarer Nähe haben? Oh, richtig, man hat es uns gesagt. Wir Säugetiere tun uns nur etwas schwer, eben diese Botschaft zu hören.

„Menschliche Wesen, die die nahezu einzigartige Fähigkeit haben, aus der Erfahrung von anderen zu lernen, haben auch die bemerkenswerte Neigung, dies nicht zu wollen.“

Douglas Adams, Autor

„Heute ist die achte oder neunte Austauschübung dran. Ich bin sehr, sehr glücklich, zu sagen, dass wir uns auf eine so süße Art miteinander verbinden, dass meine Füße tagsüber fast nicht mehr den Boden berühren. Aus meiner Sicht erfahren wir Liebe und Intimität. Es ist wunderschön, zauberhaft, reizvoll, lecker! Es ist so ein riesiger Unterschied zu der Zeit, als wir es eher angingen wie Kaninchen.“

Tim

Kein Wunder, dass die Welt verrückt spielt

Ein schöner Nebeneffekt von unserem Karezza-Experiment ist, dass uns einleuchtet, woher die derzeitige Reibung zwischen den Geschlechtern rührt. Und es ist nicht nur verständlich, es ist auch reparabel. Ich betrachte es mit Mitgefühl und sogar einer Prise Humor.

Natürlich sind sexuelle Beziehungen derzeit so chaotisch. Wir haben die Gefahren der sexuellen Unterdrückung hinter uns, doch auf dem Weg dorthin haben wir uns selbst beigebracht, Sex als einen stimmungsverändernden Superstimulus zu benutzen, der es leicht macht, den Wert der Paarbindung zu unterschätzen. Die resultierende Zerbrechlichkeit von Beziehungen hat Liebe und Angst miteinander vermischt. Liebe erscheint uns als etwas Trügerisches, und es ist nur natürlich, einander zu benutzen und zu misstrauen, auszuschimpfen, Linderung in der Isolation zu suchen oder einen Großteil der Zeit unglücklich zu sein. Die Menschen werden immer gewagter in ihrer Suche nach Stimulation, doch haben häufig Angst vor den langfristigen Beziehungen, die ihr Wohlergehen am besten gewährleisten könnten.

Die Begeisterung unserer Kultur für den Orgasmus ohne Grenzen erinnert an ein Kind, das gerade seine Genitalien entdeckt. Die Freude eines Babys an seinem Potential für unbegrenzte sexuelle Erregung (ohne die Einmischung des rationalen Gehirns) ist zwar verständlich, doch nicht realistisch. Unsere Körper (und Gehirne) sind möglicherweise einfach nicht für so viel außergewöhnliche, machtvolle, sexuelle Stimulation geschaffen. Zur gleichen Zeit hinterlassen die sexuellen Versprechen der Medien, verbunden mit der Beziehungsstagnation, die Amors Gift häufig verursacht, in vielen von uns das Gefühl, wir würden etwas Wesentliches verpassen, wenn wir nicht ganz bewusst den Orgasmus verfolgen.

Ob wir nun Orgasmen hinterherjagen oder in unserem Ärger vor uns hinkochen und uns als krank betrachten, weil wir nicht häufig und spontan Orgasmen haben, wir haben uns der Manipulation durch machtvolle Pharmazeutika geöffnet, die uns von unseren „Dysfunktionen" mit dem Risiko von nicht zu unterschätzenden Nebenwirkungen „heilen" würden. Viagra ist beispielsweise immer noch auf dem Markt, obwohl es genügend Beweise dafür gibt, dass es plötzliche, unwiderrufliche Erblindung hervorrufen kann.[355] Bereits 2001 hatte man es im Verdacht, weltweit für Hunderte von Todesfällen zuständig zu sein. Viagraähnliche Medikamente beeinflussen nur die Blutzirkulation und die Erektion, nicht das Belohnungszentrum direkt. Doch es sind schon andere Mittel erhältlich, die die Lust in die Höhe treiben sollen, indem sie am Dopaminlevel im Gehirn herumpfuschen.[356]

„Weil im Laufe der vergangenen Jahre mehr Geld für Brustimplantate und Viagra ausgegeben wurde als für die Erforschung von Alzheimer, glaubt man, dass bis zum Jahr 2030 eine enorme Anzahl von Menschen mit riesigen Brüsten und Erektionen herumläuft ..., die sich nicht mehr daran erinnern können, was man damit macht."

Andy Rooney

Weil insbesondere Frauen nicht zu der Art von Orgasmen neigen, wie Sexualforscher es als normal definiert haben,[357] arbeiten Forscher fieberhaft daran, eine „Orgasmuspille" zu entwickeln. Solch eine Pille wäre unglaublich profitträchtig. Sie würde außerdem sehr abhängig machen, wenn sie ihren eigenen Zyklus der Leidenschaft kreiert. Darüber hinaus macht uns der neurale Kreislauf, der die Paarbindung beherrscht, besonders anfällig für Abhängigkeiten, wie wir gesehen haben.[358] Das heißt, dass es äußerst kniffelig wäre, Medikamente zu entwickeln, die auf eine sichere Art und Weise sexuelle Liebe fördern. Eine Möglichkeit, ein Nasenspray[359], das schnell ins Gehirn geht, wurde letztlich nicht freigegeben, weil es eine gefährliche Nebenwirkung hat (erhöhten Blutdruck). Wäre es wie erwartet freigegeben worden, hatten die Entwickler bereits im Sinn, es mit Viagra zu einem Superwirkstoff zu kombinieren.[360] Unterdessen verschreiben verzweifelte Ärzte Frauen mit geringer Libido Viagra und sogar Ritalin für den zulassungsüberschreitenden Einsatz.[361]

> *„Wenn Menschen das Recht haben, versucht zu werden – und darum geht es schließlich beim freien Willen –, dann reagiert der Markt darauf, indem er so viel Versuchung liefert, wie verkauft werden kann. Die Anreizsysteme auf dem Markt gehen weit über den Punkt hinaus, wo ein Superstimulans Kollateralschäden beim Verbraucher anrichtet."*
>
> Eliezer Yudkowsky

Sind erzwungene Orgasmen und sexuelle Leistung wirklich die beste Lösung? Könnten weniger von Auslösern abhängige Liebende nicht besser mit einem sanfteren Zugang fahren, der auf die Belohnungen von Bindungsverhalten und inniger Gemeinschaft vertraut, um Freude und Befriedigung zu erzielen? Können wir ineinander nicht mehr Behaglichkeit, Sinnlichkeit und Erfüllung hervorrufen, indem wir einfach nur verändern, wie wir das Säugetiergehirn des anderen beruhigen?[***][362]

Während wir hier darauf warten, dass jeder die Botschaft mitbekommt, wie wichtig Paarbindung und ein alternativer Zugang zur Sexualität sind,

*** Könnten wir nicht auch mit der Beschneidung von Jungen aufhören? Die Beschneidung wurde vor Jahrzehnten in den USA populär, um die Sensibilität für sexuelle Erregung zu reduzieren – und theoretisch das Bedürfnis nach Masturbation. Es ist eine brutale Praktik, mal abgesehen davon, dass es nicht funktioniert.

müssen wir jedoch aufpassen! Die Erfahrung in den USA mit Zigaretten und Fast Food[363] ist ein Hinweis darauf, dass Menschen sehr gut darin sind, das zu erforschen und auszunutzen, was den Belohnungskreislauf ihrer Mitmenschen in Fahrt bringt – und sehr schlecht darin, die Störungen zuzugeben, die aus dem resultierenden Exzess entstehen. Wie es in den Dokumentarfilmen *Super Size Me* und *Adult Entertainment: Disrobing an American Idol* dargestellt wurde, dürfen wir mit großer Vermarktung von und einer ebenso großen Lobby für Abhängigkeit und alles Ungesunde rechnen, wenn das große Geschäft sich um die profitträchtigen Begierden des Säugetiergehirns kümmert.

„Sex ist wie Feuer oder Wasser. Feuer und Wasser können einem Menschen helfen … oder ihn umbringen."
Taoistisches Sprichwort

Karezza, nochmals aufgegriffen

Jetzt, wo Sie einen weiten Überblick darüber haben, wo wir mit unseren derzeitigen Paarungs- und Bindungsprioritäten gelandet sind, und warum wir vielleicht einen zweiten Weg beherrschen sollten, einander körperlich zu lieben, wenn Fortpflanzung nicht das Ziel ist, lassen Sie uns die Schlüsselprinzipien von Karezza nochmals aufgreifen. Zunächst einmal funktioniert es, weil Bindungsverhalten funktioniert. Karezza ist im Grunde selbst ein köstliches, intimes, beruhigendes Bindungsverhalten. Daran ist rein gar nichts Mysteriöses, auch wenn die Effektivität, mit der es sexuelle Spannung löst, Ihnen bemerkenswert erscheinen mag, wenn Sie es beherrschen.

„Da war ein warmer Glanz in der Gegend zwischen unseren Bauchnabeln und der Schamhaargrenze, der einfach danach rief, dass wir bewegungslos beieinanderlagen, um die sanfte Wärme zu fühlen, die er ausstrahlte. Dies ging zwanzig bis dreißig „zeitlose" Minuten so. Dann bewegten wir uns langsam aufeinander zu, bis wir uns im Genitalbereich zart berührten. Ganz langsam gingen wir dazu über, auf der Seite liegend Geschlechtsverkehr zu haben, und es war erstaunlich – viel Feuchtigkeit, die es einfach

machte, und viel Kontrolle, so dass keiner von uns in den Rausch geriet. Wir waren beide voller Staunen und so liebevoll in der Stille. Es ist ein wirklich unglaubliches Erlebnis. R. ist begeistert und freut sich so, dass er nicht das Bedürfnis hatte, zu kommen, was seine größte Sorge war. Es war so ein kraftvolles, liebevolles Erlebnis."

Gina

Bei bindungsbasierter sexueller Liebe liegt der Schwerpunkt auf Behaglichkeit, nicht auf Hunger. Anstatt in das Wasser zu springen und aufeinander zuzuschwimmen wie zwei wilde Hechte, halten die Liebenden einander an der Hand und spazieren gemächlich zusammen ins Meer. Sie lassen die Belohnungen der tiefen Verbindung zu, die die sexuelle Spannung auflöst. In seinem Buch *The Karezza Method* schreibt Lloyd, dass Karezza zu vollständiger Auflösung von Staus führt, zur kompletten Entladung nervösen Überschusses, zu vollständiger Erleichterung von sexueller Spannung und zu größerer Befriedigung als ein Orgasmus. Er stellte es orgastischem Sex gegenüber, der dazu neigt, einen lokalen Stau zu erzeugen, der dann entweder seine Erleichterung im Orgasmus finden muss oder für Stress sorgt.[364]

Liebende stellen fest, dass sie mit Karezzas sanftem Geschlechtsverkehr einander so lange körperlich lieben können, wie sie es brauchen, bis jegliche sexuelle Anspannung völlig dahingeschmolzen ist – solange sie nicht in hungriges Verhalten zurückfallen. Während des Aktes liegt der Schwerpunkt auf Stille und herzzentriertem Gefühl. Wenn die Energie sich in Richtung zielorientierter Empfindung aufbaut, dann entspannen sich die Liebenden einfach wieder in die Stille. Die Gefühle während dieser ruhigen Phasen können besonders tief sein, wenn das Paar in einen zeitlosen Kokon von wonniger Zufriedenheit eingesponnen ist.

„Ich habe gelernt, meine sexuelle Energie freizugeben, ohne sie durch Ejakulation zu verlieren, indem ich unseren Liebesakt mit einer langen Umarmung beende, anstatt auf die ‚Fortpflanzungsart'. Ich hatte während dieser Phasen der Stille Empfindungen, die ich als ‚emotionale Erlösung' bezeichne. Sie fühlten sich gut an und ließen mich energetisiert zurück, doch sie waren immer noch eine Version des Orgasmus zur

Fortpflanzung. Ich zog dabei die orgastische Energie bewusst nach oben (anstatt sie durch die Ejakulation freizusetzen) und blieb auch anschließend noch etwas geil.
Jetzt erlebe ich etwas, das ich einen ‚Seelenorgasmus' nenne. Er hat mit Fortpflanzungssex gar nichts mehr zu tun. Er kann auch ohne Sex hervorgerufen werden, obwohl Sex ein wunderbarer Weg dazu ist. Während wir uns sanft lieben, stelle ich mir uns beide in einer schimmernden Kugel aus Licht vor. Ich fühle mich, als ob unsere Geiste sich vereint hätten. Noch Stunden nach dieser Art von sexueller Erfahrung lässt mich der Gedanke an meine Frau von dem Gefühl tiefer Liebe erfüllt sein, so, als wäre ich wieder im Bett und hätte Sex mit ihr."

Todd

Sie mögen vielleicht glauben, dass ein hohes Maß an natürlicher Prozeptivität (Geilheit) Karezza *weniger gut* praktikabel für Sie macht. Dem ist nicht so. Diejenigen mit der größten Prozeptivität erleben auch eher ekstatische Zustände während der wellenähnlichen Phasen der Stille.

Nehmen Sie es leicht

Bei Karezza wird niemals ein Orgasmus unterdrückt. Man erlaubt sich statt dessen, so oft zu entspannen, wie es nötig ist. Wenn irgendein Aspekt des Liebesspiels zu stimulierend wird, geht man in eine weniger stimulierende Position oder Bewegung über – selbst wenn das bedeutet, den Geschlechtsverkehr vorübergehend zu beenden. (Ein taoistisches Handbuch empfiehlt sogar die extreme Maßnahme, eine Schüssel mit Eiswasser am Bett stehen zu haben, in die der Mann seinen Penis eintauchen kann. Dies empfehlen wir nicht!) Die befriedigendsten Gefühle entstehen während der Entspannungsphase – *nicht* nahe dem Orgasmus. Intensive Erregung erzeugt nur Frustration. Die Tatsache, dass in der Stille tiefe Befriedigung gefunden werden kann, bedeutet, dass sexuelle Leistung irrelevant ist. Und, wie mein Mann sagt, es gibt keinen Grund, sich mit Vergleichen zu früheren Partnern zu belasten, weil Karezza-Liebende sich auf einem völlig anderen Spielfeld bewegen. Selbst

Geschlechtsverkehr ist nur eine Möglichkeit. Paare haben tiefe Gefühle bei ekstatischer Berührung empfunden oder dabei, einander nur in die Augen zu schauen.

Während des Geschlechtsverkehrs mit Karezza gibt es keinen guten Grund, sich auf den Abgrund des Orgasmus zuzubewegen. Es gibt stattdessen gute Gründe, dies besser *nicht* zu tun. Mit der „Gratwanderung" zu flirten ist eine Rückkehr zu der Angewohnheit, die Freude der geteilten Erfahrung durch eine geistesverändernde Aufregung zu ersetzen. Es kann die Frustration erhöhen, selbst wenn keiner zum Höhepunkt kommt. Frustration wird mit hohem Dopamin gleichgesetzt, und wenn das Dopamin zu sehr ansteigt, dann kann das zu Spannung, Verärgerung und nachfolgenden Begierden führen. Sich zu nah an den Orgasmus heranzuwagen, kann auch einen Stau in den Genitalien aufbauen, der unter Umständen heftige Schmerzen verursacht. Wenn Sie mit sich selbst kämpfen müssen, dann sind Sie zu nah am Orgasmus. Wenn Sie ein Mann sind, dann üben Sie außerdem Stress auf Ihre Prostata aus, was gar nicht gesund ist. Entspannung ist angesagt!

Eine gute Art und Weise, sich zu entspannen, ist es, tiefe, volle Atemzüge zu nehmen und die Aufmerksamkeit auf den Partner zu richten. Das hilft dabei, die Falle zu vermeiden, die Begegnung als eine Hetzjagd der Selbststimulation zu betrachten, und erhöht die Produktion von beruhigender Stimmungsmedizin.

Ihr Säugetiergehirn sagt Ihnen vielleicht, dass Sie sich frustrierter fühlen, je länger Sie den Orgasmus vermeiden. Doch wenn Sie sorgsam experimentieren und viel Bindungsverhalten einsetzen, finden Sie höchstwahrscheinlich heraus, dass das nicht stimmt.

> *„Ich habe großartige und langanhaltende Gefühle des Wohlbefindens nach nicht orgastischem Sex erlebt. Der Kontakt mit dem Menschen wird der Orgasmus, der sexuelle Kontakt wird der Orgasmus, und dann besteht kein Bedarf mehr nach einem Orgasmus."*
>
> Mike

Was unterstützt Karezza am besten? Liebevolle Gefühle. Wie Lloyd vor mehr als siebzig Jahren beobachtete:

> *„Karezza ist einfach und in dem Maße erfolgreich, wie die Fülle an gegenseitiger Liebe es erlaubt – hart und schwierig in dem Maße, wie rein sexuelle Begierden die Liebe dominieren. Wenn eine Frau ihren Partner so sehr liebt, dass seine reine Anwesenheit, seine Stimme, seine Berührung ein Himmel voller Freude für sie sind, so sehr, dass die sexuelle Beziehung nur eine Beigabe ist, und sie auch glücklich wäre, wenn es diese gar nicht gäbe, dann genießt sie es paradoxerweise nicht nur doppelt so sehr wie ihre rein sexuell begierige Schwester, sondern kann es auch zu jeder Zeit problemlos loslassen. Genauso gilt für den Mann, je mehr er in vorzüglicher Perfektionierung romantischer Liebe über den rein sexuellen Hunger hinauswächst, umso einfacher, natürlicher und müheloser wird die Kontrolle bei Karezza, und umso weniger wahrscheinlich ist es, dass er [ejakuliert].“*[365]

Seien Sie bereit, mit Ihrem Partner zwischen den Phasen sanften Liebesspiels in Tagträumerei zu versinken. Verlegen Sie sich vom *Tun* aufs *Lieben*, und schauen Sie, was Sie fühlen. Erektionen kommen und gehen, was völlig okay ist. Schließlich kommen Sie womöglich an den Punkt, wo Ihre Aufmerksamkeit sich über Ihren Körper hinausbewegt, oder wo Sie eine zeitlose, glückselige Empfindung erfahren, die als „dynamische Stille“ beschrieben wird, oder ein Gefühl, dass Ihre Körper sich auflösen, schmelzen.

> *„Wir lagen eng beisammen, völlig entspannt, und schwelgten in dem Körperkontakt. Und dann, nach etwa einer halben Stunde, begann etwas Unbeschreibliches in uns einzufließen, was uns das Gefühl gab, dass jede einzelne Zelle unserer Haut lebendig und voller Freude war. Dies erzeugte in mir eine Wonne und ein Entzücken, wie ich es niemals zuvor erlebt habe … Ich hatte den Eindruck, dass eine Million von Quellen der Freude sich zu einer einzigen vereinigten und in die Haut der Teile meines Körpers strömten, die mit ihrem in Kontakt waren. Mein Körper schien sich aufzulösen; Raum und Zeit verschwanden; und alle Gedanken verblassten, so verzehrt wurde ich von einer schwelgenden Glückseligkeit, für die*

ich keine Worte finden konnte. Ihre Worte dafür waren ‚übermenschlich', ‚göttlich'. Wir verloren beide in diesem Moment alle Angst vor dem Tod. Das, so fühlten wir, musste ein Ausblick auf das Leben nach dem Tod sein; wir waren schon auf der Brücke zwischen der materiellen Welt und dem spirituellen Universum. Wir hatten den Himmel gekostet."

Rudolf

Subtile Harmonie

Wenn Sie in einen harmonischeren Fluss mit dem Leben kommen, können sich auch Ihre Rhythmen für die sexuelle Liebe verändern. Liebende entdecken zuweilen, dass sich ihre wahre Libido von der früheren orgasmusjagenden Libido um einiges unterscheidet. Eine Frau sagte, dass sie ihr Selbstbild loslassen konnte, „immer bereit für Sex zu sein", das sie gepflegt und an dem sie bis dahin festgehalten hatte. Anderen, deren Libido zurückgegangen war, machte der Liebesakt wieder Freude und er wurde daher wieder häufiger.

Es kann ein Gefühl aufkommen, das eigene Gleichgewicht wiederzufinden und sich in der goldenen Mitte zu bewegen. Liebenden kann es so ergehen, dass beide „wissen", wann es an der Zeit für sexuelle Liebe ist, und dass in den Zeiten dazwischen keiner von beiden eine nagende Sehnsucht nach Sex verspürt. Ihr Leben bewegt sich auch in anderer Hinsicht mehr in einem harmonischen Fluss. Jeder Mensch erlebt dieses Phänomen anders. Vielleicht entwirren sich Probleme, für die es keine Lösung zu geben schien, mit mysteriöser Leichtigkeit. Vielleicht gibt es eine willkommene Wahrnehmungsveränderung, die es erlaubt, etwas mit Mitgefühl zu sehen, was man vorher mit einem Schwarz-Weiß-Denken betrachtet hat. Berufliche Möglichkeiten ergeben sich völlig unerwartet. Fülle kommt ins Leben oder finanzielle Anforderungen nehmen ab.

„Wenn ich mich dafür entscheide, auf den Orgasmus zu verzichten, dann, weil ich es so viel lieber mag. Ich fühle mich gesünder, liebevoller und Gott näher. Für mich ist das keine Frage der universellen Wahrheit oder, ob dies die beste Methode für jedermann ist. Für mich bedeutet die Vermeidung

des Orgasmus nicht, ‚Nein' zu den aufregenden Freuden meines Körpers zu sagen. Es ist vielmehr eine Art, ‚Ja' zu einer erfüllenderen Freude zu sagen, eine die tiefer reicht, aufregender und viel harmonischer ist."

Raúl

"Sex ist einer von neun Gründen für Reinkarnation. Die anderen acht sind unwichtig."

Henry Miller

Das Beste an dem Phänomen, im „Fluss" zu sein, ist, dass die Liebenden nichts tun müssen, um dorthin zu gelangen – außer es zu vermeiden, Gefühle von Mangel, Erschöpfung und Bedürftigkeit auszulösen, während sie von der Zuneigung füreinander profitieren. Wenn Partner sich in die ruhige Harmonie miteinander fallen lassen, entdecken sie häufig, dass eine kreative, spielerische, ekstatische, heilsame Energie sich in ihrem Leben auszubreiten beginnt. Ob real oder eingebildet, dieses Empfinden steigert den Optimismus, die Bereitschaft, konstruktiv zu handeln und das Bewusstsein für unsere gemeinsame Menschlichkeit. Wenn das Gleichgewicht zurückkehrt, verschwindet sowohl der Zynismus als auch die Beschäftigung mit Schlechtem. Derzeit kann Sex uns in dem Gefühl zurücklassen, uns voneinander sehr stark zu unterscheiden: entmutigt und defensiv oder umsorgt und ganz. Vielleicht werden Menschen eines Tages keine „Beweise" mehr für derart widersprüchliche metaphysische „Realitäten" sehen. Die Projektion bestimmt die Wahrnehmung.

Ob nun ein Gefühl von Ausrichtung an einer höheren Macht entsteht oder nicht, Karezza hält für Liebende auch noch andere Geschenke bereit. Einige berichten, dass sie anfangen, einander anders zu *sehen.* Wenn man jemanden bedingungslos liebt (nicht als Mittel für eigene Zwecke), dann verändert das unsere Wahrnehmung von diesem Menschen. Diese liebevolle Wahrnehmung scheint starke Auswirkungen auf die Wohlfühlneurochemie von Oxytocin, Endorphinen und dem idealen Level von Dopamin zu haben.[366] Wenn wir uns in diesem liebevollen Zustand befinden, ist es leicht, in einem anderen die Widerspiegelung des eigenen offenen Herzens zu sehen. (Der gleiche Zustand könnte erklären, warum Anhänger einen göttlichen Glanz um ihren spirituellen Lehrer wahrnehmen). Wenn unbewusste Unruhe aus dem Liebesakt herausgehalten wird, fangen die Liebenden an, einen Glanz im Anderen wahrzunehmen.

> *„Mir scheint, dass meine Sichtweise selbst sich substantiell verändert hat, weil ich das Göttliche in meinem Partner regelmäßig zu sehen scheine. Ich glaube (ich weiß) sogar, dass ich das Göttliche in jedem sehen könnte, wenn ich ‚Augen dafür hätte'. Ich frage mich, ob Liebende wissen, dass sie, wenn sie sich auf diese Praktik einlassen, auch gleichzeitig ihre spirituelle Entwicklung vorantreiben. Mir scheint, je länger ich praktiziere (Zen und was auch immer), umso weniger Orte gibt es, an denen ich mich verstecken kann. Das große Mysterium kriecht überall herein und starrt mir ins Gesicht."*
>
> Leia

Karezza-Liebende mögen außerdem feststellen, dass sie über mehr Energie verfügen, um anderen zu helfen. Alice B. Stockham, die den Begriff *Karezza* geprägt hat, bezog sich auf diese Entwicklung als „die höhere Fortpflanzung zum Wohle der Welt."[367] Sie betrachtete dieses Phänomen als eine tiefe Transmutation, um Édourd René de Laboulaye zu zitieren (der Mann hinter Frankreichs Geschenk der Freiheitsstatue an die Vereinigten Staaten):

> *„Die Leidenschaften nehmen einen Platz in der Seele ein, den der Wille nicht besetzt, und es mag noch einen Prozess zu entdecken geben, durch den Leidenschaft in intellektuellen Stoff transmutiert werden kann. Das ist dann die letzte und höchste Möglichkeit der menschlichen Kultur."*[368]

Und zu guter Letzt wird Karezza für einige Liebende zu einem spirituellen Pfad, der auf Erfahrung und nicht auf einer Glaubenslehre beruht. Andere berichten, dass es sich nahtlos in ihre gewählte spirituelle Tradition einfügt, weil es ihnen einen einfachen Weg bietet, im Frieden mit ihrer Sexualität zu sein.

> „Sex ist ein heiliges Privileg – sowohl Grund für den Fall des Menschen als auch ein Mittel zur Reinigung und Einheit."
>
> **Edgar Cayce**, Heiler

Eine Freundin bemerkte, dass für sie jede Form von Sex ohne das spirituelle Element nur ein weiteres Konzept wäre. Sie hat sich dem koscheren Sex verpflichtet (der es von den Partnern verlangt, jeden physischen Kontakt für ungefähr zwei Wochen innerhalb von jedem

Menstruationszyklus zu vermeiden). Sie und ihr Mann beachten dieses Ritual, „weil Gott es so gesagt hat." Ihr ist es ungeheuer viel wert, dass ihre sexuelle Liebe Teil einer größeren Hingabe ist, einer Bereitschaft, sich an Gottes Willen auszurichten. Sie ist der Ansicht, dass das Glück in ihrem Liebesleben kein „persönliches Glück" ist; es hat die Aura des Heiligen.

Höchste Freuden

Als ich einmal zu Karezza übergegangen war, brauchte ich weniger Stimulation, um jeden Aspekt meines Lebens zu genießen. Indem ich die intensiven Hochs des Orgasmus vermied, erhöhte ich meine Sensibilität. Einfache Freuden sind überall um mich herum, so wie die Schönheit eines Sonnenuntergangs, der Spaß daran, Hunde beim Spielen zu beobachten, die Befriedigung, eine Blume oder ein Gemüse anzupflanzen oder die bewegenden Harmonien eines Chorgesanges.

Die Praktik ließ meine tägliche *Freude* sogar noch weiter steigen, selbst während sich die Intensität meines sexuellen Tuns verringerte. Dieses Ergebnis kann man sich nur schwer vorstellen, wenn man noch am Orgasmus hängt (oder irgendeinem anderen Stimulans). Diese ganzen Höhepunkte zu verpassen, kommt einem zunächst als ein viel zu großes Opfer vor, das man bringen soll. Doch wenn das Ziel insgesamt mehr Vergnügen bedeutet, dann ist es doch eine gesunde Strategie, die Ursache für sexuelle Übersättigung mit ihren Katern und desensibilisierenden Auswirkungen loszulassen.

> *„Meine Partnerin und ich machen weiter mit den Austauschübungen, jetzt in der zweiten Phase, und es war einfach wunderbar, im engsten Sinne des Wortes. Wir hatten Freitagabend Geschlechtsverkehr, und es war für uns beide ein goldener Augenblick. Wir waren mindestens sechs Stunden sexuell miteinander vereint, mal mehr, mal weniger, und keiner von uns hatte einen Orgasmus … obgleich veränderte Zustände sich einer nach dem anderen abwechselten."*
>
> Brad

Schließlich stellte ich fest, dass sich nicht nur meine Technik verändert hatte. *Ich hatte mich verändert.* Ich war mehr im Gleichgewicht, und daher sensibler für jede Nuance des Vergnügens. Ich war außerdem toleranter (und konnte zugleich viel mehr gemäß meinen Überzeugungen handeln), unbeschwerter, großzügiger und robuster gegenüber Stress. Und das Beste von allem war, dass Karezza nicht von mir verlangte, gegen mein sexuelles Verlangen anzukämpfen oder vor sexuellem Frust an meinen Nägeln zu kauen. Es verlangte überhaupt keine Willenskraft von mir (außer mich an ein Programm wie die Austauschübungen für die ersten drei Wochen zu halten). Unserer Erfahrung nach gab es überraschend wenig inneren Konflikt beim Erlernen von Karezza, solange mein Mann und ich es langsam angingen und daran dachten, uns genüsslich in den beruhigenden Freuden von Berührung und Verbindung zu aalen.

> *„Ich bin am ganzen Körper extrem sensibel geworden. Ich fühle mich nicht geiler, das ist es nicht. Es ist, als würden sich alle Empfindungen, die ich früher in den Orgasmus kanalisiert habe, jetzt gleichmäßig über mein ganzes Nervensystem verteilen."*
>
> Emily

Insgesamt habe ich als Karezza-Liebende mehr Freude erfahren als konventionelle Liebende – vielleicht weil Bindungsverhalten meine Sensibilität gesteigert hat, während meine früheren intensiven Orgasmen dazu neigten, mich im Laufe der Zeit zu desensibilisieren. Ich habe mit Sicherheit viel mehr gekichert und viel mehr Harmonie genossen. Will sagt, dass der bemerkenswerteste Effekt von Karezza für ihn der ist, dass er vierundzwanzig Stunden am Tag, sieben Tage die Woche mit mir zusammen sein kann, ohne das brennende Verlangen zu spüren, endlich wegzukommen, das er in vergangenen Beziehungen erlebte. Und er fügt hinzu: „Im Gegensatz zu dem, was man erwarten würde, gibt es keinen sexuellen Frust oder das Gefühl, es würde etwas fehlen. Ganz im Gegenteil. Wir

> „Spirituell gesehen ist die Lehre von [Karezza] klar und ergibt großen Sinn: Um den höchsten Zustand von Glück und Erfüllung erfahren zu können, ist es notwendig, jemand anderem ebenfalls dazu zu verhelfen."
>
> **Bernard Jensen,** Doktor der Medizin, Autor von *Love, Sex & Nutrition*

lieben uns häufig. Mein Leben ist um ein Vielfaches besser, als Ergebnis davon, verliebt zu sein und verliebt zu bleiben."

Ich bin froh, endlich zu wissen, warum meine Beziehungen einst so zerbrechlich waren. Die Lernkurve war lang, doch die Einsichten waren der Mühe wert. Es mag vielleicht keine Abkürzungen geben, doch Liebende *können* sich in „Schwäne" verwandeln, wenn sie die Bereitschaft haben, ihr Gleichgewicht mit großzügiger Zuneigung wiederherzustellen.

Fliegen im Glas

Ich habe mal gelesen, dass Fliegen, die man in ein Glas mit Deckel steckt, versuchen, aus dem Glas herauszuspringen. Doch nachdem sie ein paar Mal an den Deckel gestoßen sind, passen sie die Höhe ihrer Sprünge so an, dass sie den Deckel gerade nicht mehr berühren. Wenn man dann den Deckel abschraubt, springen sie weiterhin nur bis knapp zu dem Punkt, wo vorher der Deckel war. Mit anderen Worten, sie entkommen nicht, obwohl sie jetzt frei sind, wegzufliegen.

Unser Gene haben uns erfolgreich davon überzeugt, dass wir Fliegen in einem Glas sind. Fortpflanzungsgetriebener Sex bewirkt, dass wir uns immer wieder schmerzhaft den Kopf am Deckel der Gewöhnung zwischen Liebenden anstoßen. Es ist kein Wunder, dass wir genau solche Entscheidungen treffen wie die Fliegen und unsere Hoffnungen ersticken lassen. Vielleicht ziehen wir uns von Beziehungen ganz zurück und ersetzen sie durch andere Stimulanzien oder wir rennen ständig dem Höhepunkt, dem Zwang und neuen Partnern hinterher oder bleiben in uns abstumpfenden, doch weniger erschöpfenden Partnerschaften.

Indem wir es unseren berechnenden Genen gestatten, uns mit unseren Paarungsimpulsen an der Nase herumzuführen, arbeiten wir unwissentlich mit ihnen zusammen und erschaffen die Illusion eines Gefängnisses. Moderne Bemühungen, aus der Falle zu entkommen, indem wir Sex als ein Superstimulans einsetzen, haben Beziehungen noch zerbrechlicher werden lassen. Ohne unsere ideale Stimmungsmedizin in Form von harmonischer Paarbindung mit vertrauten Begleitern sind viele von uns unnatürlich verzagt und zynisch geworden. Doch indem wir lernen, unsere Verbindungen zu bewahren und zu stärken, können wir unser Wohlergehen unterstützen und unseren benötigten Enthusiasmus, unsere Kreativität und unsere Fürsorge für die Welt wiederherstellen.

Und während wir schon dabei sind, können wir auch gleich herausfinden, ob an den Weisheitsgerüchten eines transzendenten Weges der Beziehung etwas dran ist. Mit Sicherheit kann liebevolle Intimität ein machtvoller Beitrag zur Heilung und eine Hilfe für psychologisches Wohlergehen sein. Kombiniert mit Karezza könnte es auch die Chancen für andauernde Harmonie erhöhen und uns die Angst der Moderne nehmen, „niemals genug" zu bekommen. Ein wachsendes unbewusstes Gefühl von Vollständigkeit könnte bedeutende Auswirkungen auf die Zufriedenheit des Menschen haben. Welches andere Potential mag wohl noch in bindungsbasiertem Sex stecken?

Warum also nicht einfach einen Partner, der dazu bereit ist, an die Hand nehmen und mit ihm oder ihr so hoch springen, wie Sie können? Im schlimmsten Fall können Ihnen Ihre Bemühungen helfen, das Gift an Amors Pfeil zu vermeiden. Und, wer weiß? Vielleicht *ist* gar kein Deckel auf dem Glas.

> *Um den Verstand, Körper oder Geist zu kultivieren, gleiche einfach die Gegensätze aus. Wenn die Menschen dies verstünden, würden daraus ganz natürlich Weltfrieden und universelle Harmonie erwachsen.*
>
> LAOTSE

Transorgastischer Sex

Transorgastischer Sex ist keine Tradition. Es ist ein Model, das der chilenische Psychologe Franciso Moreno Téllez entwickelt hat. Ich nehme seine Erläuterungen hier mit dazu, weil er uns einen modernen Zugang für ein immer breiter werdendes Verständnis von Sexualität bietet.

> „Transorgastischer Sex basiert auf der Thermodynamik und wird stark von den Werken C.G. Jungs beeinflusst. Ich benutze den Begriff ‚irreversible Expansion' (zum Beispiel eine Atomexplosion) für die orgastische Erfahrung und ‚reversible Expansion' (zum Beispiel ein Nuklearreaktor) für die transorgastische Erfahrung.
>
> Transorgastisches Bewusstsein gab es in allen Kulturen. Es gehört nicht ausschließlich zur Sexualität. Im Sport und bei anderen physischen oder ästhetischen Disziplinen finden wir auch Erfahrungen des ‚Flows', die dem transorgastischen Erleben ähneln.
>
> Beim transorgastischen Sex gibt es einen großen Unterschied zur gewöhnlichen Art und Weise der körperlichen Liebe. Der Unterschied wird im Körper gefühlt, und zwar mit allen Sinnen. Es wird auch auf der Ebene der emotionalen und geistigen Gesundheit empfunden. Nach dem Liebesspiel, wenn Sie neben Ihrem oder Ihrer Liebsten liegen, fühlen Sie sich gleichzeitig energetisiert und entspannt; Sie fühlen sich liebevoll; Ihr Geist ist klar, still. Sie fühlen keinen Schmerz oder Angst. Sie schauen Ihren Partner an und fühlen Magnetismus, Anziehung. Wenn diese Art des Liebesspiels

eine Gewohnheit wird, beginnt dieses harmonische Gefühl der Kraft und des Lichts, Sie über den ganzen Tag hinweg zu begleiten.

Das transorgastische Erleben ist so anders als regulärer Sex, weil die Liebenden sich der Freude des Liebemachens hingeben, doch dabei ihre sexuelle Energie bewahren. Es ist ein transzendenter und alchemistischer Prozess der Transmutation. Wir können ein neues Bewusstsein erschaffen; wir können Energie und Einsichten aus dem unbewussten Körper beziehen. Man fühlt sich besser und lebendiger. Das ist keine Theorie."

Wenn das Ego die Spannung nicht aushalten kann, wird diese Energie entladen. Sie kehrt zum Unbewussten zurück, ohne integriert zu werden. Die Kluft zwischen Bewusstem und Unbewusstem wird größer. Der Einzelne verfügt über weniger Energie und mehr Verwirrung. Süchte, zwanghafte Verhaltensweisen und andere sinnlose Aktivitäten sind Beispiele dafür.

Meine Erfahrung ist, dass Sex ohne Orgasmus immer wieder dem gleichen Muster folgt. Natürlich gibt es unterschiedliche Grade, weil Paare auch emotionale Ressourcen haben, und diese dabei helfen, die Auswirkungen des Verlusts durch die Entladung abzumildern. „Liebe ist alles, was zählt" ist daher zum Teil wahr.

Unsere derzeitigen Vorbilder von sexueller Reaktion begrenzen das, was wir wahrnehmen. Zum Beispiel besagt das Modell von Masters & Johnson, dass *alle* sexuellen Erfahrungen in ein Vierphasen-Modell von Erregung, Plateauphase, Orgasmus und Erlösung fallen. Es besagt, dass Masturbation und Geschlechtsverkehr das Gleiche sind, und dass sexuelle Reaktion immer eine flache Atmung und starke Muskelanspannung mit sich bringt, und dass dies schon immer so war.

Dieses Modell lässt die Menschen im Glauben, Sex sei ein *Abführungsmechanismus* für den Körper, und keine Quelle gegenseitiger energetischer Nahrung. Sie bleiben in einer einseitigen Sichtweise der Sexualität gefangen, die sich auf den Orgasmus als das *sine qua non* jeder sexuellen Begegnung konzentriert. Dies macht die Menschen blind für eine breitere Erfahrungsspanne. Wenn jemand Petroleum nur abbrennt, damit es warm wird, weil er glaubt, dass dies der einzige Nutzen sei, erkennt er die anderen Nutzungsmöglichkeiten möglicherweise nie.

Transorgastischer Sex hilft uns, die wahre Verbindung zwischen Sex und spirituellem Weg zu verstehen. Spirituelle Praktiken sind auch energetische Praktiken. Ihr Ziel ist es, uns zu helfen, unsere Energie in den Dienst der persönlichen Entwicklung zu stellen. Sex kann dieses Ziel unterstützen, wenn die Liebenden ihn auf eine Art und Weise einsetzen, die sie nicht mit dem Gefühl zurücklässt, dass sie ihre Energie vergeudet haben. Die alten Weisen kultivierten, kanalisierten und harmonisierten ihre sexuellen Energien, um ihre kognitiven Fähigkeiten zu stärken und ihre emotionalen Zustände zu verbessern. Spirituelle Erfahrung ist kein Widerspruch zu sexueller Erfahrung; sie ist lediglich ein Widerspruch zum *orgastischen* Erleben.

Freud und Reich nahmen an, dass die Energie nicht erhalten werden könne, ohne sie „zu unterdrücken". Das ist ein Missverständnis. Auch hier vergleiche ich transorgastischen Sex wieder mit der Aktivität eines Nuklearreaktors, der viele Mini-Reaktionen erzeugt, die zu einer erweiterten, und emotional viel exquisiteren Freude führen. Anstatt den Höhepunkt auf einmal und auf unwiderrufliche Art zu erreichen, kann das Paar viele, weniger intensive Empfindungen genießen, die zusammengenommen grenzenlose Freude bereiten. Diese Reaktion geschieht nicht auf explosive Art und Weise, sondern eher auf implosive Art. Das heißt, es gibt ein Gefühl innerer Befreiung, ohne Ejakulation oder brachiale Energieentladung.

Der Prozess ist zentripetal, nicht zentrifugal. Die Energie bewegt sich innen und nährt die Liebenden. Der Unterschied findet nicht nur auf geistiger Ebene statt. Transorgastischer Sex ist Erfahrungssache, praktisch und zutiefst transformierend. Er beeinflusst unser Bewusstsein und die Biologie unserer Beziehungen. Er katalysiert vitale emotionale und kognitive Prozesse. Wenn wir lernen, Sex unterstützender und kreativer zu nutzen, fühlen wir uns lichter und inspirierter und haben mehr Energie, Vitalität und Liebe zu unserem Partner. Auf diese Art kann erotische Liebe mit religiöser Hingabe oder künstlerischem Schaffen verglichen werden.

Das transorgastische Modell ist ein neues Mittel, einen alten, bereichernden, alternativen Zugang zum Sex zu erkunden. Ich hoffe, es wird Paaren helfen, die einen neuen Sinn in ihren Beziehungen finden möchten.[369]

„Wie erkläre ich dieses Buch meinen Freunden?“

Eine Zusammenfassung der wichtigsten Gedanken

Unsere beiden Säugetierprogramme, *Paarung* und *Bindung*, sind wie zwei Pedale, die unsere intimen Partnerschaften antreiben. Das Paarungsprogramm (der Drang uns selbst sexuell so oft wie möglich zu erschöpfen) ist das „Gewöhnungspedal“, weil es Partner so häufig dazu bringt, die Nase voneinander voll zu haben (Gewöhnungseffekt). Das Bindungsprogramm hingegen ist das „Harmoniepedal“, weil es für das innere Gleichgewicht sorgt und das Zusammensein befriedigender macht. Mit diesem einfachen Wissen können wir ganz bewusst das Ergebnis ansteuern, das wir auswählen.

Paarung – Das „Gewöhnungspedal“

- Unser Paarungsverhalten wird von einem sehr alten Teil des Gehirns angetrieben, das wir mit allen Säugetieren gemeinsam haben.
- Im Gegensatz zum rationalen Teil unseres Gehirns kann das Säugetiergehirn nicht „denken“; es funktioniert durch Impulse.

- Es ist der Sitz unseres Belohnungskreislaufs, der Mechanismus, der unsere Triebe und Emotionen steuert. Hier verlieben und entlieben wir uns.
- Uns zu verlieben, verursacht neurochemische Veränderungen in unserem Belohnungskreislauf. Aufregende Flitterwochen-Neurochemikalien halten uns normalerweise bis zu zwei Jahre lang in einer leichten Sucht nach unserem / unserer Liebsten – obwohl dies auch viel früher aufhören kann. Im Schnitt dauert es gerade so lange, dass sichergestellt ist, dass unsere Kinder zwei Personen haben, die sich um sie kümmern.
- Kein Säugetier ist hundert Prozent monogam, und nur sehr wenige bilden Paare fürs Leben. Neue Partner hinzuzufügen, verbessert die Chancen unserer Gene, sich selbst für die Zukunft zu reproduzieren. Das, und nicht unser Glück, ist ihre höchste Priorität.
- Sexuelle Übersättigung (das Gefühl „Ich habe genug!") ist ein Mechanismus, um des Partners überdrüssig zu werden. Wenn die Flitterwochen-Neurochemie langsam nachlässt, wird der emotional distanzierende Effekt des erschöpfenden sexuellen Verlangens sichtbarer.
- Nach dem Orgasmus kommt es im Belohnungskreislauf zu neurochemischen Fluktuationen. Diese können dafür sorgen, dass der Partner nicht mehr „lohnenswert" für uns aussieht, und dass wir uns entlieben – auf der Ebene des Bauchgefühls (Gewöhnung).
- Zur gleichen Zeit mögen uns neue Partner sehr attraktiv erscheinen, weil wir einen neurochemischen Stoß erhalten, wenn wir ihnen unsere Aufmerksamkeit zuwenden. Dieses Phänomen – eines Partners überdrüssig zu werden, mit dem man sich sexuell übersättigt hat, neue Partner jedoch attraktiv zu finden – wurde sowohl bei männlichen als auch weiblichen Säugetieren beobachtet.

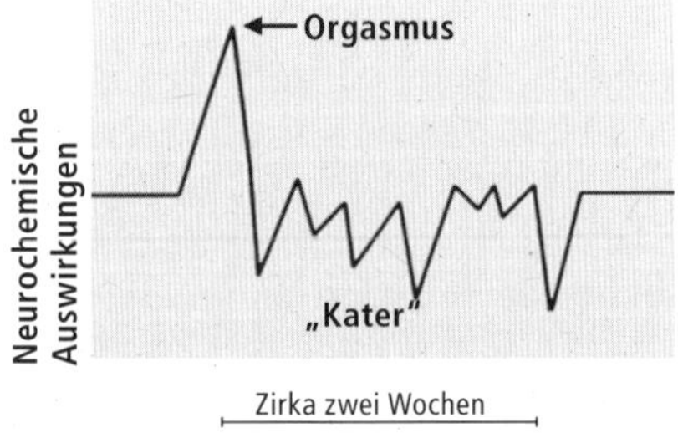

- Die neurochemischen Fluktuationen, die auf sexuelle Übersättigung folgen, dauern ungefähr zwei Wochen an. Sie können Veränderungen in unseren Gefühlen für unseren Partner bewirken.
- Dieser zweiwöchige *Zyklus der Leidenschaft* ist zuweilen sehr subtil, doch er kann die Liebenden von Zeit zu Zeit ungewöhnlich bedürftig, ängstlich, erschöpft oder reizbar machen.
- Aufgrund wiederkehrenden Unwohlseins während des Zyklus der Leidenschaft kann es sein, dass wir beginnen, unseren Partner – oder die intime Beziehung selbst – als eine Stressquelle zu betrachten. Der Orgasmus wird uns jedoch immer noch erstrebenswert vorkommen.
- Im Fall einer Superstimulierung, wie z. B. Pornografie, riskanter Sex, Kindesmissbrauch oder verbotener Sex können die Tiefpunkte im Zyklus der Leidenschaft so unangenehm sein, dass sie den Betreffenden dazu bringen, einen weiteren Orgasmus zur Selbstmedikation zu suchen.
- Wenn wiederholte Stimulation wiederholte Tiefpunkte verursacht, kann die Suche nach Linderung durch einen Orgasmus zur Gewohnheit werden, was zu einer Übersensibilität für sexuelle Auslöserreize und zu zwanghaftem Verhalten führt.
- Diesen Prozess umzukehren und das Gleichgewicht wiederherzustellen, kann bis zu acht Wochen Abstinenz von sexueller Stimulation und Orgasmen erfordern, weil es durch ein Protein namens -FosB zu halbpermanenten Veränderungen im Belohnungskreislauf gekommen ist.
- Dinge wie Bindungsverhalten, Kontakt zu anderen Menschen, Visualisierungstechniken, Bewegung und Meditation helfen dabei, wieder ins Gleichgewicht zu kommen.

Bindung – Das „Harmoniepedal“

- Das Säugetiergehirn ist auch für emotionale Bindung zuständig. Ohne Veränderungen in einem bestimmten Teil unseres Belohnungskreislaufs könnten uns nicht verlieben.
- Dieser Mechanismus ist nicht geschlechtsspezifisch. Er hat sich entwickelt, um uns an unsere Eltern und unsere Kinder zu binden.

- Der Bindungsmechanismus funktioniert mittels bestimmten Verhaltens, dazu gehört z. B. Augenkontakt, Hautkontakt, beruhigende Berührung, aufmerksames Zuhören und so weiter. Jeder kann diese Auslöser zu jeder Zeit in seinem Leben einsetzen (am besten täglich), um emotionale Bande zu stärken.
- Wenn dieses Verhalten abnimmt, wird die Bindung im Allgemeinen schwächer.
- Menschen verlassen sich auf eine Abwandlung dieses Eltern-Kind-Bindungsmechanismus, um romantische Beziehungen zu bilden und zu erhalten (Paarbindung).
- Paarbindung ist einer der wichtigsten Faktoren für das Glück des Menschen.
- Die Gefühle, die auf sexuelle Übersättigung folgen, haben oft zur Folge, dass wir weniger Begeisterung für Paarbindungsverhalten übrig haben. In der Konsequenz werden die romantischen Bindungen im Laufe der Zeit immer schwächer, so dass wir neue Partner attraktiv finden.
- Bindungsverhalten wird mit einer Neurochemikalie namens Oxytocin assoziiert.
- Oxytocin wirkt auf natürliche Art und Weise gegen Stress, Depression und defensives Verhalten. Es beruhigt außerdem starkes Verlangen. Es ist aller Wahrscheinlichkeit nach der Grund dafür, warum enge, vertraute – und insbesondere harmonische – Partnerschaft mit einem längeren Leben, schnellerer Heilung und einer niedrigeren Krankheitsrate, weniger Depression und Abhängigkeit in Verbindung gebracht wird.
- Wir können unser Paarungsprogramm kontrollieren, unsere Bindung vor einer Schwächung schützen und mehr Vorteil aus Oxytocin ziehen, wenn wir zwei Dinge beachten: (1) Bewusst Bindungssignale zu benutzen, um unser unbewusstes Bindungsprogramm aktiviert zu halten, und (2) sexuelle Übersättigung so oft wie möglich zu vermeiden, indem wir eine andere Art der körperlichen Liebe erlernen, *Karezza* oder bindungsorientierten Sex.
- Zu Karezza oder bindungsorientiertem Sex gehört sanfter Geschlechtsverkehr, durchsetzt mit Phasen der Stille und viel großzügiger Zuneigungsbezeugung – doch kein Orgasmus.

- Karezza verwandelt *Paarungsverhalten* (Geschlechtsverkehr) in *Bindungsverhalten.* Dies erlaubt es Liebenden, damit aufzuhören, einander „Ich habe genug"-Signale zu senden, die die Gewöhnung auslösen, hingegen jedoch die Signale zu verstärken, die ihr emotionales Band kräftigen.
- Liebende nutzen den Orgasmus (oder andere süchtig machende Verhaltensweisen und/oder Substanzen) häufig, um sich selbst zu medikamentieren und sich von den unangenehmen Auswirkungen des modernen Lebens zu befreien, das uns immer weniger nahe Gemeinschaft und befriedigende Intimität bietet. Bindungsverhalten, inklusive Karezza, wäre hingegen eine bessere Stimmungsmedizin.
- Eine gute Art, etwas über bindungsorientierten Sex zu lernen, ist es, damit für mindestens drei Wochen zu experimentieren (vielleicht, indem man dazu die ekstatischen Austauschübungen nutzt, die im nächsten Abschnitt des Buches folgen), und dann zu Sex mit Orgasmus zurückzukehren, um die Auswirkungen des Zyklus der Leidenschaft über die folgenden drei Wochen zu beobachten. Solche Experimente helfen den Liebenden, das ideale Gleichgewicht zwischen Paarungs- und Bindungsverhalten für sich zu finden.
- Variationen von bindungsorientiertem Sex werden seit Tausenden von Jahren in den verschiedensten spirituellen und anderen Traditionen übermittelt. Die daraus entstehenden Vorteile sind weniger Verlangen, eine verbesserte Gesundheit und eine größere Harmonie zwischen Liebespartnern.

Die ekstatischen Austauschübungen

Die einundzwanzig Austauschübungen dienen dem Aufbau von Intimität und sprechen direkt zu dem einzigen Teil des menschlichen Gehirns, der sich verlieben und verliebt *bleiben* kann. Sowohl bei Männern und als auch bei Frauen findet dieser primitive Teil des Gehirns Berührung, Augenkontakt und Aufmerksamkeit viel förderlicher für Bindung als Gespräche oder gar Leidenschaft.

Häufig bauen wir Menschen unsere Intimität darauf auf, für uns selbst Stimulation zu suchen. Die Austauschübungen sind eine Gelegenheit, zu erkennen, was entsteht, wenn Sie und Ihr Schatz diese Gewohnheit für ein paar Wochen hinter sich lassen und Ihre Intimität statt dessen darauf aufbauen, einander großzügig zu verwöhnen. Sie erschaffen einen nährenden Kokon aus Behaglichkeit und Sicherheit, so dass Sie die Vorteile von bindungsorientiertem Sex einmal kosten können.

Diese Aktivitäten sind für Partner gedacht, die jede Nacht zusammen schlafen können. Dabei eine oder zwei Nächte zu verpassen, ist kein Problem, doch lange Lücken begünstigen den Aufbau von sexueller Frustration und vermindern die Effektivität von Bindungsverhalten. Wenn Sie und Ihr Schatz nicht für drei Wochen zusammen sein können, dann heben Sie sich die Austauschübungen für die Zeit auf, wenn das möglich ist. So werden sie frisch und neu für Sie sein, wenn Sie die Struktur eines dreiwöchigen Programms haben wollen. In der Zwischenzeit schauen Sie sich einfach noch mal die Liste von Bindungsverhalten in Kapitel sieben an und benutzen Sie es, um Ihre Intimität zu vertiefen.[370] Wenn Sie sich bereits in einer festen Beziehung befinden, können Sie auch das Einführungsexperiment ausprobieren, das in Kapitel neun beschrieben ist.

> *„Ich finde den Gedanken an die Austauschübungen etwas überwältigend, aber ich kann das Bindungsverhalten nur wärmstens empfehlen. Es ist so ähnlich wie eine rosa Brille aufzusetzen, doch es geht allmählich und nicht auf einmal. Das Schwierigste daran ist wahrscheinlich, sich auf den Bedarf nach Handlung zu einigen. Wenn die Dinge einmal ins Rollen geraten sind, entwickelt sich alles von ganz alleine."*
>
> Gordon

Sie können im Onlineforum *Habit to Harmony* auch Fragen stellen.[371] Wenn Sie nach Dingen suchen, die Sie mit Ihrem Schatz machen können, surfen Sie auch mal durch einige der Aktivitäten unter „Exchange of the Day".

Struktur

Bitte lesen Sie das Buch ganz durch, bevor Sie die Austauschübungen ausprobieren. Es ist sehr hilfreich, zu wissen, warum Sie etwas so Ungewohntes ausprobieren. Wenn Sie nicht wissen, warum, dann zieht Ihr unbewusstes Paarungsprogramm weiter an den Fäden, die Sie steuern.

Jede Austauschübung beginnt mit einigen ermunternden Worten, denen dann eine „Yin"- und eine „Yang"-Übung folgen. Beide Partner machen beide Übungen gemeinsam. Yin-Übungen beruhen auf Bindungsverhalten, Yang-Übungen sind etwas aktiver und verspielter. Außer, wenn es extra gesagt wird, ist es gleichgültig, ob Sie die Yin- oder die Yang-Übung zuerst machen.

Selbst wenn Sie müde sein sollten oder nicht genug Zeit haben, um beide Übungen zu machen, machen Sie auf jeden Fall die Yin-Aktivität von diesem Tag, damit Sie sich täglich in Bindungsverhalten üben. Das können Sie kurz vor dem Einschlafen machen – oder meist sogar noch, *während* Sie einschlafen. Überspringen Sie in dem Fall einfach die Yang-Aktivität oder finden Sie einen anderen Zeitpunkt, um diese zu machen.

Die ersten vierzehn Austauschübungen enthalten keinen Geschlechtsverkehr. Kleiden Sie sich in bequeme „Keuschheitsgürtel" – in Form von Shorts und T-Shirts oder schlichter Unterwäsche. Experimentieren Sie damit, auch wenn Sie seit Jahren nackt miteinander schlafen, da es hilft, eine Aura des Liebeswerbens herzustellen. Tangaslips oder Boxershorts, die den Blick zu sehr auf sich ziehen, oder überstimulierte Genitalien widersprechen dem Sinn und Zweck, sich zu bedecken. Wenn es zu warm ist, kann er sein T-Shirt auch ausziehen.

Einige der späteren Austauschübungen schließen Geschlechtsverkehr als Option mit ein; wenn Sie sich also um Verhütung oder medizinische Tests kümmern müssen, dann ist jetzt der richtige Zeitpunkt dafür.

Zum Beginn einer jeden Austauschübung wird ein „Hüter" oder eine „Hüterin" bestimmt. Ihre bzw. seine Rolle ist es, eine Pause vorzuschlagen, wenn einer von Ihnen beiden beginnen sollte, die Begegnung dazu zu benutzen, sich selbst zu stimulieren, anstatt sich auf großzügige Berührung zu konzentrieren.

Wenn es Zeit ist, nach einer Austauschübung einzuschlafen, entspannen Sie sich in den Armen des anderen. Probieren Sie auch die Löffel-Stellung aus, bei der derjenige, der am liebsten gehalten werden möchte, die innere Position einnimmt. Der außen Liegende beruhigt den innen Liegenden. Wenn er sich beispielsweise überstimuliert fühlt, kann sie ihn halten und ihre Hand liebevoll auf seinem Penis ruhen lassen, selbst über der Kleidung, ohne ihn zu stimulieren. Das ist überraschend beruhigend und befriedigend und kann ihm helfen, liebevollen Kontakt schätzen zu lernen, selbst wenn er keine Erektion hat.

Details

Sie müssen nicht alle Austauschübungen ganz durchlesen, bevor Sie anfangen, doch während Sie zusammen fortschreiten, lesen Sie einander jede neue Austauschübung laut vor. Einige erfordern Massageöl. Traubenkernöl ist eine gute Wahl für diejenigen, die keine parfümierten Öle mögen.

Die Austauschübungen brauchen den Geist der Unschuld, der nur in vollständiger und ungestörter Privatsphäre erblüht. Welche Tageszeit auch immer Sie sich dafür auswählen, stellen Sie sicher, dass Kinder, Piepser, Haustiere, Telefone und Besucher nicht dazu führen, Sie abzulenken. Bereiten Sie abwechselnd die Umgebung mit sanfter Musik, angenehmen Gerüchen, extra Kissen und nichtalkoholischen natürlichen Getränken vor. Natürliches Licht, wie Kerzen oder ein offenes Feuer, bereichern die Erfahrung am Abend.

Wenn Sie es gewohnt sind, etwas Alkohol zu trinken oder Marihuana zu rauchen, versuchen Sie, dies einzuschränken oder ganz zu lassen. Wie wir erklärt haben, hat sich der gleiche Gehirnkreislauf, den Sie die ganze Zeit mit Substanzen aktivieren, eigentlich dafür entwickelt, den nährenden Kontakt mit Ihren Mitmenschen lohnenswert zu finden. Dies ist eine seltene Gelegenheit, herauszufinden, was Bindungsverhalten ausrichten kann. Und Substanzen, die die Klarheit verändern, können die besten Absichten sabotieren, verlangsamen also den Fortschritt.

Was, wenn Sie sich danach fühlen, miteinander zu kuscheln, wenn Sie gerade nicht offiziell eine Austauschübung machen? Genießen Sie es! Vermeiden Sie einfach nur, sich auszuziehen oder vor der Zeit Genitalkontakt zu haben. Widerstehen Sie auch der Versuchung, Ihre Genitalien kräftig an Ihrem Partner zu reiben oder unter seine bzw. ihre Kleidung zu langen. Solche Rauschgefühle zu nähren, wird Sie nur noch hungriger zurücklassen. Selbst auf Ihrem Partner zu liegen, kann anfänglich die Frustration erhöhen. Wenn Sie sich stattdessen auf Ihre Dankbarkeit konzentrieren, dass Ihr Partner in Ihren Armen liegt und Sie einander ehrlich verwöhnen, dann ist es wahrscheinlich, dass Sie Ihren Kontakt als überraschend erfüllend empfinden.

Orgasmen

Masturbieren Sie nicht, bevor Sie mit den Austauschübungen beginnen. Es ist logisch, doch ein Irrtum, anzunehmen, dass Sie während der Austauschübungen gelassener bleiben können, wenn Sie Ihre sexuelle Spannung mit einem Orgasmus lösen. Probieren Sie stattdessen das Bindungsverhalten in den Austauschübungen ein paar Tage lang aus. Schauen Sie, ob dies Ihre sexuelle Frustration lindert.

Was, wenn einer von Ihnen beiden einen Orgasmus während der Zeit hat, wenn Sie mit den Austauschübungen experimentieren? Genießen Sie ihn und vertrauen Sie darauf, dass es Teil Ihrer Lernkurve ist. Gratulieren Sie sich selbst für die Zeit, in der Sie es geschafft haben, mit den Austauschübungen zu experimentieren. Teilen Sie Ihre Erkenntnisse miteinander, die Sie aus der Erfahrung gewonnen haben.

Entscheiden Sie sich dann, was Sie als Nächstes tun wollen. Denken Sie daran, dass Sie sich aller Wahrscheinlichkeit nach in den nächsten zwei Wochen eher mal ab und an aus dem Tritt fühlen können, weil der postorgastische Zyklus der Leidenschaft am Werk ist. Bindungsverhalten fühlt sich während dieser Zeit möglicherweise auch weniger erfüllend an. Eine Möglichkeit ist es, mit den Austauschübungen zunächst auszusetzen und zu Sex mit Orgasmus (konventionellem Sex) zurückzukehren, bis Sie beide sich wieder inspiriert genug fühlen, die Übungen erneut zu probieren.

Eine andere Möglichkeit ist, dieses Ereignis als Signal dafür zu nehmen, dass Sie es langsamer angehen sollten. Bleiben Sie während der nächsten zwei Wochen bei dem Bindungsverhalten aus Kapitel sieben, während Sie den Zyklus der Leidenschaft abwarten. Beginnen Sie dann erneut mit den Austauschübungen oder – wenn Sie das tägliche Bindungsverhalten gewissenhaft wahrgenommen haben – nehmen Sie die Austauschübungen an der Stelle wieder auf, wo Sie aufgehört haben. Es ist nicht ratsam, den Orgasmus zu ignorieren und die Austauschübungen einfach weiterzumachen. Der zweiwöchige Zyklus der Leidenschaft macht es sehr schwierig, die Vorteile von bindungsorientiertem Sex mit konventionellem Sex zu vergleichen. Sie versuchen schließlich nicht, „irgendetwas zu erreichen", wenn Sie die Austauschübungen machen. Sie sind einzig und allein ein Mittel, um drei Wochen bindungsorientiertes Liebesspiel mit konventionellem Sex zu vergleichen.

Wenn Sie und Ihr Partner sich nicht entscheiden können, ob Sie die Austauschübungen zunächst beiseitelassen oder sie wieder aufnehmen wollen, werfen Sie einfach eine Münze. Beide Wege haben Vorteile, seien Sie also einfach wertschätzend und großzügig zueinander, welchen Weg auch immer Sie einschlagen. Achten Sie darauf, niemals einen zweifelnden Partner zu zwingen, mit Ihnen wieder die Austauschübungen zu machen. Diese wirken nur, wenn beide Beteiligten die Begeisterung dafür mitbringen, mit ihnen zu experimentieren. Wenn Sie große Lust haben, die Austauschübungen auszuprobieren und Ihr Partner nicht, behandeln Sie ihn genau so mitfühlend, wie Sie es sich wünschen würden, wenn Sie derjenige wären, der Zweifel an der Vorgehensweise hat.

Lernen ist Lernen, auf welche Art auch immer es geschieht

Vertrauen Sie dem Fluss der Ereignisse und seien Sie geduldig. Manchmal benötigen Menschen Monate großzügiger Zuneigung und Reflexion, um in der Lage zu sein, das Experiment abzuschließen. Denn schließlich kann die Nervenbahn des Gehirns, die den Orgasmus herbeiführen möchte, ziemlich unnachgiebig sein, und es mag eine Weile dauern, bis eine alternative Nervenbahn aufgebaut ist. Diese Zeit ist keinesfalls verschwendet, insbesondere nicht, wenn Sie sich unterdessen soviel wie möglich in Bindungsverhalten aus Kapitel sieben ergehen.

Andere lernen mehr dadurch, frontal auf eine Wand zuzufahren (so wie ich). Hier ist die Erfahrung einer Freundin:

> *„Mein erster Versuch, diese Art des Liebens zu erlernen, endete abrupt nach verschiedenen Fehlstarts. Mein Partner Costas machte zwar Liebe ohne Orgasmus und war über seine wachsende Beherrschung ganz begeistert (er sagte, er sei früher häufig zu früh gekommen). Doch er schrieb sein zunehmendes Wohlbefinden nie unserem unkonventionellen Liebesspiel zu und seine Bemühungen blieben sporadisch.*
>
> *Der finale Crash kam, als er während meines Urlaubs im Ausland zu mir kam. Er bestand darauf, dass ich auf seine Kosten das teuerste Hotel buchen sollte (gegen meinen Rat). Er hatte mir versprochen, dass er diese Reise nicht unternehmen würde, wenn er unsere Vereinbarung, den Orgasmus zu vermeiden, nicht ernst nähme. Dann entschloss er sich, in unserer ersten gemeinsamen Nacht zu ejakulieren, aufgrund der Theorie, dass „wir es mal so machen sollten, wie er es wollte, und mal so, wie ich es wollte." An dem Punkt rastete ich aus und dachte:*

„Fein! Du willst heißen Sex? Den sollst du haben." Ich laugte ihn völlig aus. Ich glaube, wir liebten uns vier Mal. Am nächsten Morgen verlangte ich mehr.

Als wir aus dem Bett stiegen, war er ein Zombie. Nach einem kurzen Versuch, eine Tour durch die Stadt zu machen, zog er sich in die Cocktaillounge vom Hotel zurück und beklagte sich darüber, wie teuer das Hotel sei, und verbrachte den Tag dort damit, zu trinken. Unser Stadtführer gestand, dass er niemals einen unangenehmeren Menschen getroffen hätte als Costas. Als ich vom Sightseeing zurückkam, bat Costas mich, die Hälfte der Hotelkosten zu übernehmen.

Wir gingen bis zu unserem Heimflug getrennter Wege. Um mich zu trösten, stürzte ich mich in Kreditkartenschulden, für die ich zwei Jahre brauchte, um sie zurückzuzahlen. Stell dir meine Verwunderung vor, als ich einige Monate später zufällig höre, wie er anderen auf einer Party erklärt, was die Vorteile davon sind, während des Sex die Ejakulation zu vermeiden … Das Leben ist witzig, oder? Ich habe auch etwas gelernt. Ich gehe es jetzt sehr vorsichtig und langsam an, wenn ich von meinem Partner getrennt war."

Vorschläge

Machen Sie Ihren Partner zum primären Fokus Ihrer nährenden Gesten. Sie helfen einander, Ihre Herzen zu öffnen. Es ist zum Beispiel nahezu unmöglich, einen Raum von gesunder Verletzlichkeit zu eröffnen, wenn einer von Ihnen regelmäßig am Telefon mit einem Ex-Schatz quatscht. Was auch immer die Zukunft bereithalten mag, widmen Sie die Austauschübungen dem Ziel, füreinander Sicherheit und Behaglichkeit zu schaffen. Selbst wenn Sie nicht die letzten Partner füreinander sein sollten, kann Ihre Zeit miteinander Sie stärker und offener für den Lohn zukünftiger Intimität zurücklassen.

Wenn Sie sich gestritten haben, versuchen Sie mal, wortlos beieinanderzuliegen, in Löffelstellung, und gemeinsam eine Zeit lang tief zu atmen, bevor Sie sich anschicken, Ihr Problem zu lösen. Machen Sie das so bald wie möglich, selbst wenn es nur für ein paar Minuten ist. Wer immer von

Ihnen als Erster daran denkt, sollte den anderen einladen, sich hinzulegen, egal wie recht der Möchtegernfriedensstifter haben sollte. Wechseln Sie einander möglichst ab bei dieser Art von Einladungen. Gleichgültig, wie selbstgerecht oder entmutigt Sie sich fühlen mögen, schauen Sie, was Bindungsverhalten ausrichten kann.

Intimität baut sich schnell auf, wenn man die Austauschübungen macht, doch es besteht kein Grund, jede Minute miteinander zu verbringen. Warum nutzen Sie die guten Gefühle, die Sie erschaffen, nicht stattdessen dazu, etwas zu erledigen, was Sie die ganze Zeit vor sich hergeschoben haben? Drücken Sie Ihre Kreativität aus, heitern Sie einen kranken Freund auf, machen Sie Ihre Arbeit hervorragend, studieren Sie mit intensiver Konzentration oder misten Sie einen Schrank aus. Ihre wachsende Inspiration und Effizienz wird Sie möglicherweise überraschen.

AUSTAUSCHÜBUNG 1

Sich neu ausrichten

In den ersten Nächten der Austauschübungen müssen Liebende häufig besondere Vorsicht walten lassen. Diejenigen, die eine Weile ohne Partner waren, können auf intimen Kontakt intensiv reagieren. Wie ein Mann über die Austauschübungen sagte: „Ich werde nicht in der Lage sein, neben einer Frau zu schlafen; ich werde die ganze Nacht wachliegen." Und das könnte tatsächlich der Fall sein. Doch wenn Sie beide bei diesem beruhigenden Zugang bleiben, dann wird solche Unruhe innerhalb weniger Tage verschwinden.

Bei einigen Menschen schlägt das Pendel in die entgegengesetzte Richtung aus. Bevor sie einen ausgeglichenen Zustand des Wohlbefindens erreichen können, muss sich ihre Haupttriebfeder zunächst entspannen. Sie schlafen möglicherweise während der Anfangsphase mehr als sonst.

Selbst Menschen, die allein schlecht schlafen konnten (oder mit einem Partner schlecht schlafen konnten), stellen oft fest, dass sie wesentlich besser mit einem Partner zusammen schlafen können, wenn sie diesen Zugang zur Beziehung wählen – sobald sie einmal ihr Gleichgewicht wiedergefunden haben. Das heißt, wer von beiden sich auch immer mehr zentriert fühlt, sollte seine Bedürfnisse für ein paar Tage freiwillig zurückstellen. Auch wenn es Ihnen nicht so vorkommen mag, während Sie an Schlafmangel leiden, Ihr größtes Bedürfnis besteht darin, einen zentrierten Partner zu haben. Geben Sie ihm oder ihr alles an fürsorglicher, nicht-erotischer Aufmerksamkeit, was Sie können, indem Sie das Bindungsverhalten aus Kapitel sieben einsetzen. Ihre Großzügigkeit wird in Form eines stabileren, energetischeren und aufmerksameren Partners zu Ihnen zurückkehren.

Yin-Vergnügen

Entscheiden Sie, wer den anderen am Ende der Übung antippt (und als Hüter für diese Übung fungiert). Legen Sie sich nebeneinander auf den Rücken, allerdings in umgekehrter Richtung, entweder auf dem Boden oder diagonal auf dem Bett. (Ihr Kopf liegt neben den Fußgelenken Ihres Partners und umgekehrt.) Legen Sie Ihre Hand auf das Herz (oder den Nabel) Ihres Partners; legen Sie Ihre Ellbogen bequem ab und atmen Sie tief, während Sie einander einige Augenblicke lang liebevolle Energie senden.

Yang-Erkundung

Sobald Sie erkennen, dass es zwei Arten von Berührung gibt – Geben und Bekommen – halten Sie den Schlüssel für Ihr bindungsorientiertes Liebesspiel in der Hand. Ihre Absicht zählt wesentlich mehr als die Tatsache, was Sie berühren oder wie intim die Berührung ist.

Setzen Sie sich neben Ihrem Partner aufs Bett, wo er oder sie liegt. Still und langsam streicheln oder drücken Sie die Muskeln Ihres Partners zart von Kopf bis Fuß, ohne ihn oder sie absichtlich sexuell zu stimulieren. Stellen Sie sich vor, dass Ihre Hände vor selbstloser, heilsamer Energie glühen und dass Sie die Fähigkeit Ihres Partners, sich zu entspannen und zu heilen, mit Ihrer Berührung aktivieren können. Stellen Sie sich vor, dass der Körper Ihres Partners von einem gesunden Glanz erleuchtet wird, während Sie dies tun. Wenn Sie fertig sind, nehmen Sie für mindestens fünf Minuten zärtlich seinen Kopf oder seine Füße in Ihre Hände. Tauschen Sie dann die Rollen.

AUSTAUSCHÜBUNG 2

Von der Gewohnheit zum Gleichgewicht

Als ich anfing, die Austauschübungen zu sammeln, war mir noch nicht klar, dass sie ein Rezept gegen unsere uralte Gewohnheit sind, unsere Gehirnchemie mit Substanzen und Aktivitäten überzustimulieren. Mit einer solchen geistigen Ausrichtung konzentrieren wir uns nämlich, ohne es zu wissen, selbstsüchtig nur auf uns selbst.

Drei solche Gewohnheiten sind, uns durch Vorspiel zu erregen, der Kick, unseren Partner intensiv zu erregen und der Drang nach dem eigenen Orgasmus. Diese Gewohnheiten sind so eingefahren, dass es zuweilen schwer ist, sich Intimität ohne sie vorzustellen.

Finden Sie heraus, wie es ist, großzügige Geschenke der Berührung von jemand anderem zu erhalten (anstelle von Berührungen, die auf einen Orgasmus abzielen). Ein Teil Ihres Säugetiergehirns wird nämlich auf diese selbstlose Berührung sehr positiv reagieren. Anstatt diese Übungen also als eine Gelegenheit zu betrachten, „an die Leckerei zu kommen", lassen Sie Ihren Partner Ihnen „die Leckerei" einfach schenken und umgekehrt.

Wenn Ihr Partner sich in der letzten Zeit besonders ausgelaugt oder entmutigt gefühlt hat, kann es eine Weile dauern, bis er oder sie sich wieder „voll" fühlt. Bis dahin mag es sein, dass Sie beide sich vorkommen, als würden Sie einfach nur Bewegungen machen. Seien Sie geduldig. Versuchen Sie, Ihre Aufmerksamkeit darauf zu richten, Ihren Partner zu nähren. Schauen Sie, ob Sie sich damit besser fühlen.

Bevor Sie anfangen, sprechen Sie darüber, was Sie nach der vorherigen Austauschübung erlebt haben.

- Hatten Sie Schwierigkeiten damit, zusammen zu schlafen? Falls ja, die Erfahrung hat gezeigt, dass es am besten ist, dem Drang, getrennt zu schlafen, nicht nachzugeben. Genießen Sie einfach Ihre Nächte miteinander und versuchen Sie, zu einer anderen Zeit etwas zu schlafen. Am Ende wird Ihr Körper sich Ihrer neuen Absicht anpassen, nichts zwischen sich selbst und gesunder Intimität stehen zu lassen.

- Sind Sie glücklich? Falls dem so ist, erzählen Sie Ihrem Partner, warum. Kommen andere Gefühle auf? Möchten Sie diese mitteilen?
- Stimulieren Sie absichtlich die Genitalien Ihres Partners oder reiben Ihre eigenen Genitalien an Ihrem Partner? Falls dem so sein sollte, nehmen Sie Ihr Säugetiergehirn an die Leine!

Yin-Vergnügen

Entscheiden Sie, wer die Hand des anderen am Ende einige Momente lang drückt und als Hüter für diese Übung fungiert. Setzen Sie sich bequem hin, einander gegenüber. Tun Sie so, als hätten Sie alle Zeit der Welt. Dann atmen Sie tief, lassen Sie alle anderen Gedanken los, halten Sie einander an den Händen und schauen Sie sich für einige Augenblicke in die Augen. Können Sie Ihr linkes Auge auf das linke Auge Ihres Partners fokussieren? Wenn Ihnen die Idee gefällt, stellen Sie sich vor, dass Sie durch Ihr Herz ein- und ausatmen.

Yang-Erkundung

Üben Sie die folgende Technik abwechselnd, um die Dinge abzukühlen, wenn Sie in der Rolle des Hüters sind.

- Kratzen oder reiben Sie die Kopfhaut Ihres Partners kräftig.
- Berühren Sie die Gegend über dem Herzen des anderen und schicken Sie ihm Wellen der Ruhe.
- Machen Sie einen Witz, kitzeln Sie Ihren Partner (wenn es ihm oder ihr nichts ausmacht) oder denken Sie sich ein lustiges Lied aus, um den Schwung etwas zu bremsen.

AUSTAUSCHÜBUNG 3

Wo ist Ihre Aufmerksamkeit?

Hier ist die Erfahrung einer Freundin:

„Ich habe soeben entdeckt, wie wichtig und wirksam meine Einstellung während der Austauschübungen ist. Als wir mit der ersten anfingen, waren da eine ganze Reihe von Emotionen und Urteilen: Langeweile, Akzeptanz, Vermeidung, Vorsicht, Liebe, Sturheit. Sein Gesicht sah kindlich aus, was ich nicht attraktiv fand. Dann fing ich an, mich zu fragen, wie wichtig meine Einstellung zu ihm wohl ist. Ich hörte auf, an mich selbst zu denken und entschloss mich, ihn mit Wertschätzung und als MANN zu betrachten. Fast sofort richtete er sich weiter auf und atmete tiefer ein, wurde zuversichtlicher.
Mein Bewusstsein bewegte sich zu uns beiden als eine Einheit, als ein Energiestrom. Es ging nicht mehr länger um ihn und mich, um meine Bewertungen oder Ängste. Für ein paar flüchtige Sekunden fanden wir einen Riss im Bewusstsein, in dem wir uns unbelastet aalen konnten. Ich merkte, dass meine Einstellung bestimmt, wie weit mein Bewusstsein reicht. Wenn mein Fokus auf mir selbst liegt, dann haben wir selbst dann getrennte Erfahrungen, wenn wir uns an den Händen halten. Wenn ich mein Bewusstsein erweitere, dann kann ich nicht nur fühlen, wie meine Energie fließt, sondern auch seine, und für den Bruchteil einer Sekunde können Begriffe wie „ich“ und „er“ sich auflösen und dem Strom der Energie erlauben, frei zu fließen.“

Bevor Sie anfangen, sprechen Sie darüber, wie es Ihnen nach den vorherigen Austauschübungen ergangen ist.

- Können Sie den anderen um eine beruhigende Umarmung bitten, ohne in Vorspiel und „Begrapschen“ zu verfallen? Können Sie Ihren Partner schlafen lassen?
- Nehmen Sie sich jetzt einen Augenblick Zeit und denken Sie an etwas, was *Sie* gern tun und was Sie mit Ihrem Partner innerhalb der nächsten vierundzwanzig Stunden teilen könnten. Wie wäre es mit einem Snack, den Sie beide gern essen? Oder einem Blick in die Sterne auf Ihre Lieblingskonstellation?

- Greift einer von Ihnen beiden dem anderen unter die Wäsche beim Kuscheln? (Falls ja, halten Sie sich damit zurück.)

Yin-Vergnügen

Entscheiden Sie sich, wer diese Übung beendet und der Hüter sein wird. Setzen Sie sich einander gegenüber und nehmen Sie sich ein paar Minuten Zeit, um Ihre Energie zirkulieren zu lassen. Schließen Sie Ihre Augen und spannen Sie die Muskeln Ihres Beckenbodens an. Stellen Sie sich vor, dass Sie die Energie beim Einatmen am Rückgrat bis zum Scheitel Ihres Kopfes hochziehen. (Das ist die Energiezirkulation.) Ziehen Sie die Energie dann an der Vorderseite Ihres Körpers durch Ihr Herz nach unten und lagern Sie sie im Bauchnabel. Fühlen Sie ein Prickeln? Nach ein paar von diesen tiefen Atemzügen fassen Sie einander kurz an den Händen und lächeln Sie sich an.

Yang-Erkundung

Währen Sie eine der folgenden Aktivitäten aus. Werfen Sie eine Münze, wenn Sie sich nicht einigen können.

Schaukeln

Lassen Sie Ihren Partner neben sich auf dem Bett oder auf einer Decke am Boden liegen, mit dem Gesicht nach unten, und lassen Sie ihn sich mit langsamen, tiefen Atemzügen völlig entspannen. Stellen Sie sich vor, dass Ihre Hände vor Energie glühen. Sie sitzen oder knien, was für Sie bequemer ist. Fangen Sie nun an der Außenseite einer Wade Ihres Partners an und benutzen Sie Ihre Handflächen dazu, seinen Unterschenkel sanft hin und her zu schaukeln, mit einer langsamen, sanften Bewegung. Bewegen Sie sich allmählich an der Seite Ihres Partners bis zu seiner Schulter hoch und den Arm hinunter. Gehen Sie dann zur anderen Seite und machen Sie dort das Gleiche. Lassen Sie Ihren Partner sich dann umdrehen und wiederholen Sie das Ganze. Atmen Sie Ihre Energie in Ihren Partner, während Sie arbeiten. Tauschen Sie die Rollen.

Frieden tönen

Setzen Sie sich einander gegenüber hin, halten Sie sich bei den Händen und summen oder tönen Sie miteinander. Machen Sie damit weiter, bis Sie eine kraftvolle Schwingung in Ihrem Kopf fühlen. Lassen Sie diese sich in Ihrem Körper ausbreiten. Machen Sie das für mindestens eine ganze Minute. Sprechen Sie anschließend darüber, wie Sie sich fühlen.

AUSTAUSCHÜBUNG 4

Faule Kompromisse

Ich habe *sehr viel* Erfahrung mit den Austauschübungen gesammelt, weil ich sehr gut darin war, „harmlose" Abweichungen davon vor mir selbst zu rechtfertigen. Häufig tat ich das, um meinem Partner einen Gefallen zu tun. Ich dachte dann: „Ich kann fühlen, dass wir hier nicht in der Spur bleiben, doch vielleicht, wenn ich dieses Mal besonders entgegenkommend bin, wird er das nächste Mal genauso großzügig sein und von ganzem Herzen versuchen, diesen Zugang mit mir auszuprobieren."

Falsch. Ich half meinem Partner nicht dabei, eine neue Gewohnheit anzunehmen, indem ich dafür sorgte, dass er eine Belohnung bekommt (bzw. noch schlimmer, eine halbe Belohnung, wenn er es schaffte, den Orgasmus zu vermeiden), wenn er sich auf seine frühere Gewohnheit der Selbststimulation zubewegt. Denn der Frust vergrößerte nur seine Suche nach weiterer Stimulation. Es hätte mich nicht überraschen sollen, dass er dann ärgerlich und emotional flach wurde, wenn wir einen Rückzieher machen mussten. Am Ende mussten wir dann eine zweite, sehr unangenehme Runde des Rückzugs durchmachen, bevor wir weitere Fortschritte machen konnten.

Es ist wahrscheinlich nicht möglich, den Übergang zu diesem neuen Zugang zu schaffen, wenn man dabei immer noch viele der Belohnungen des gewöhnlichen Vorspiels während des Liebesaktes auslöst. Denn schließlich ist unser Säugetiergehirn immer wach und hat seine eigenen Pläne. Wir werden ihm niemals ein anderes Lied beibringen können. Wir können nur uns selbst dazu bringen, (allmählich) mehr auf den Bindungs-Song zu achten als auf den Paarungs-Song.

Bevor Sie anfangen, sprechen Sie darüber, was Sie nach der letzten Austauschübung erlebt haben.

- Haben Sie daran gedacht, eine Aktivität auszuwählen, die Sie mit Ihrem Partner teilen können? Falls nicht, holen Sie das vor der nächsten Austauschübung nach.
- Fühlen Sie sich gut? Was würde bewirken, dass Sie sich noch besser fühlen?
- Seien Sie besonders vorsichtig mit den morgendlichen Erektionen. Sie sind meist nicht herzzentriert. Wenn Sie am Morgen miteinander kuscheln, synchronisieren Sie zunächst still Ihren Atemrhythmus.

Yin-Vergnügen

Wer war beim letzten Mal der Hüter? Der andere Partner sucht ein Bindungsverhalten aus der folgenden Liste aus und fungiert als Hüter. Wenn es passt, wechseln Sie sich damit ab.

- Einige Augenblicke synchronisierten Atmens
- Den Kopf und Oberkörper Ihres Partners mindestens fünf Minuten lang wiegen oder zart schaukeln (funktioniert gut auf einer Couch oder mit vielen Kissen)
- Einander einige Augenblicke in die Augen schauen
- Den anderen einige Minuten lang umarmen mit der Absicht, ihn zu beruhigen
- Einander in Stille halten oder Löffelchen liegen, mindestens zwanzig Minuten bis zu einer halben Stunde
- Den anderen einige Minuten lang streicheln mit der Absicht, ihn zu beruhigen
- Mit dem Ohr auf dem Herzen des Partners liegen und seinem Herzklopfen für einige Augenblicke lauschen

Yang-Erkundung

Wechseln Sie sich damit ab, die folgende Technik zu üben, um die Lage zu entschärfen, wenn Sie der Hüter sind.

- Setzen Sie sich neben Ihren Partner, der sich zurücklehnt, und streicheln Sie seinen Oberkörper, seine Arme und Beine ganz leicht; vermeiden Sie den Genitalbereich.
- Sagen Sie ganz ruhig „einatmen" und setzen Sie sich dann aufrecht hin oder liegen Sie einander in den Armen, wo Sie tief und ruhig atmen. Lassen Sie die Energie zirkulieren, indem Sie die Muskeln Ihres Beckenbodens anspannen und die Energie hoch bis zu Ihrem Scheitel und hinab bis in Ihren Nabel ziehen. Wiederholen Sie dies, bis Sie beide ruhig und zentriert sind.
- Halten Sie Ihren Partner in der Löffelchen-Position und lassen Sie Ihre Hand liebevoll auf seinem Penis oder über ihrem Herzen ruhen, bis die Lage sich wieder beruhigt.

AUSTAUSCHÜBUNG 5

Entspannung

Die Biologie treibt uns in bestimmte Rollen, die ein Mann folgendermaßen zusammengefasst hat: „Wir sind das Gas, die Frauen sind die Bremse." Der Mann wird dazu gedrängt, jede mögliche Gelegenheit zur Zeugung wahrzunehmen und „nein" nicht direkt als Antwort zu akzeptieren. Die Frau wird in die Rolle des Gesetzeshüters gedrängt. Sie muss alles dafür tun, um den Mann zu bremsen, wenn sie keinen Geschlechtsverkehr mit ihm will.

Diese „Schnüffel solange an ihr rum, bis sie aufhört, zu knurren"-Dynamik mag perfekt für sich paarende Hunde sein, doch es sorgt nicht gerade für Sicherheit und Vertrauen, die unsere Amygdala beruhigt (den inneren Wachtposten) und tiefe, nährende Verbindung ermöglicht.

Die Taoisten empfahlen verschiedene Rollen, in denen „die Frau das Boot und der Mann der Bootslenker ist." Die Frau entspannt sich allmählich in völlige Aufnahmebereitschaft, die sie ganz offensichtlich nicht einnehmen kann, wenn sie ihren Liebhaber kontrollieren muss. Der Mann hält eine galante Aufmerksamkeit oder Beschützerhaltung aufrecht, die es seiner Partnerin gestattet, empfänglicher zu werden und die dabei hilft, beide Partner zu beruhigen. Das kann er wiederum nicht, wenn er blind vor impulsivem Verhalten ist. Idealerweise rudert er nicht, sondern steuert nur das Boot.

Der Schlüssel dafür, dass ein Mann ein guter Bootslenker wird, liegt bei seiner Partnerin. Wenn sie offen und liebevoll ist (und nicht verführerisch), ist die Selbstkontrolle für ihn leichter. Genauso hält der Mann den Schlüssel zu der Empfänglichkeit der Frau in seiner Hand. Wenn Sie weiß, dass sie sich in den sicheren Händen eines guten Bootsführers befindet, der seinen Fuß vom Gas genommen hat, kann sie damit aufhören, immer auf der Bremse zu stehen und sich stattdessen in einen entspannten, geradezu ekstatischen Zustand fallen lassen, dem er sich dann anschließen kann.

Wenn einer von beiden misstrauisch ist, muss er sich Zeit nehmen können, um sich in seine ideale Rolle hinein zu entspannen. Großzügiges, nicht forderndes Bindungsverhalten erleichtert diesen Prozess, doch er entfaltet sich in seinem eigenen Tempo. Haben Sie Geduld.

Bevor Sie anfangen, sprechen Sie darüber, was Sie im Anschluss an die vorherige Austauschübung erlebt haben.

- Haben Sie irgendwelche Veränderungen in der Art und Weise festgestellt, wie Sie füreinander empfinden, seit Sie die Austauschübungen machen?
- Haben Sie morgens versucht, Ihre Atmung zu synchronisieren, bevor Sie zu anderen Arten der Berührung übergegangen sind?
- Nehmen Sie sich jetzt einen Augenblick Zeit, sich etwas auszudenken, was Ihrem Partner Freude machen würde, was Sie für ihn in den nächsten vierundzwanzig Stunden tun können. Überraschen Sie einander.

Yin-Vergnügen

Wer von Ihnen war letztes Mal der Hüter? Der andere Partner sucht ein Bindungsverhalten aus der folgenden Liste aus und übernimmt die Rolle des Hüters. Wenn es passt, wechseln Sie sich ab:

- Lippen- und Zungenküsse
- Einige Augenblicke synchronisierten Atmens
- Den Kopf und Oberkörper Ihres Partners mindestens fünf Minuten lang wiegen oder zart schaukeln (funktioniert gut auf einer Couch oder mit vielen Kissen)
- Einander einige Augenblicke in die Augen schauen
- Den anderen einige Minuten lang umarmen mit der Absicht, ihn zu beruhigen
- Einander in Stille halten oder Löffelchen liegen, mindestens zwanzig Minuten bis zu einer halben Stunde
- Den anderen einige Minuten lang streicheln mit der Absicht, ihn zu beruhigen

Yang-Erkundung

Welche Art nährende, nicht sexuelle Berührung hat der heutige Hüter besonders gern? Zeigen Sie es Ihrem Partner fünf Minuten lang. Erlauben Sie ihm oder ihr dann, es für Sie zu tun.

AUSTAUSCHÜBUNG 6

Alles geben, um alles zu bekommen

Bevor ich mit den Austauschübungen experimentiert habe, kam es mir so vor, als hingen meine Fitness, mein berufliches Vorankommen und meine spirituellen Ziele von der Zeit ab, die ich mit ihnen auf Kosten anderer Aktivitäten verbringe. Seit ich bindungsorientiert liebe, habe ich das Gefühl von Mangel, auf dem solche Konflikte beruhen, hinter mir lassen können. Es hat sich so angefühlt, als hätte ich eine viel effektivere Quelle für mein Gleichgewicht, mein Wohlergehen und die Fülle in meinem Leben angezapft. Es beruht darauf, zu geben.

Immer wenn ich mich auf das Geben konzentriere, fühlt sich das so an, als würde ich mein Unbewusstes auf Fülle programmieren. Ich überzeuge mich selbst davon, dass ich genug Energie (und Zeit) habe, um großzügig zu sein, und ich beginne, entsprechend zu reagieren. Ich musste ein paar lieb gewordene Routinen unterbrechen, um meinem Partner entgegenzukommen, doch das war es wert.

Ich merkte, dass alle Handlungen zählen, sowohl innerhalb als auch außerhalb des Schlafzimmers. Es zahlt sich nicht aus, Zuneigung in „Ich liebe dichs", Freudentränen oder Stunden im Bett zu messen.

Bevor Sie anfangen, sprechen Sie wieder darüber, wie es Ihnen im Anschluss an die letzte Austauschübung ergangen ist.

- Merken Sie, dass Ihr brennender Wunsch nach einem Höhepunkt kleiner ist, als Sie dachten?
- Sind Sie dankbar? Wenn ja, erzählen Sie Ihrem Partner, warum.
- Sind Sie auf Ihren Partner gekrabbelt und haben ihn leidenschaftlich geküsst, um sich selbst heiß zu machen? Falls dem so sein sollte, lassen Sie es.
- Haben Sie daran gedacht, etwas für Ihren Partner zu tun, was ihm Spaß bereiten würde? Falls nicht, holen Sie es morgen nach.

Yin-Vergnügen

Wer war letzte Nacht der Hüter? Der andere Partner wählt ein Bindungsverhalten aus der nachfolgenden Liste und ist diesmal der Hüter. Wenn es passt, wechseln Sie sich dabei ab.

- Lippen- und Zungenküsse

- Einige Augenblicke synchronisierten Atmens
- Den Kopf und Oberkörper Ihres Partners mindestens fünf Minuten lang wiegen oder zart schaukeln (funktioniert gut auf einer Couch oder mit vielen Kissen)
- Einander einige Augenblicke in die Augen schauen
- Einander in Stille halten oder Löffelchen liegen, mindestens zwanzig Minuten bis zu einer halben Stunde
- Den anderen einige Minuten lang streicheln mit der Absicht, ihn zu beruhigen
- Den anderen einige Minuten lang umarmen mit der Absicht, ihn zu beruhigen

Yang-Erkundung

Wählen Sie eine der folgenden Aktivitäten. Wenn Sie sich nicht einigen können, werfen Sie eine Münze.

Kopfmassage

Lassen Sie Ihren Partner mit dem Gesicht nach oben vor sich liegen, so dass Sie seinen bzw. ihren Kopf auf einem Kissen in Ihrem Schoß halten können. Halten Sie seinen Kopf zunächst nur in Ihren Händen, ohne sich zu bewegen. Dann massieren Sie seine bzw. ihre Kopfhaut, Stirn und Schläfen mit festen, doch zarten, kreisenden Bewegungen. Spielen Sie nicht nur einfach mit seinem oder ihrem Haar; bewegen Sie die Haut über dem Schädel. Wenn Sie massieren, stellen Sie sich vor, dass ein Strahlen um Ihr Herz sich nach allen Seiten ausdehnt. Erlauben Sie dieser Energie, durch Ihre Finger zu strömen und Ihren Partner zu nähren. Wenn Sie damit fertig sind, halten Sie den Kopf Ihres Partners mindestens fünf Minuten lang still. Tauschen Sie dann die Rollen.

Freude

Setzen Sie sich einander gegenüber und halten Sie sich an den Händen. Schließen Sie die Augen, nehmen Sie einen tiefen Atemzug, lassen Sie den Atem langsam ausströmen und schauen Sie, ob Sie irgendwo in Ihrem Körper ein Gefühl der Freude lokalisieren können. Konzentrieren Sie sich einige Minuten lang auf dieses Gefühl. Erlauben Sie ihm, sich mit tiefen Atemzügen weiter auszubreiten. Der Hüter beendet diese Übung. Beschreiben Sie einander, was Sie gefühlt haben.

AUSTAUSCHÜBUNG 7

Regeln brechen

Normalerweise, wenn Will und ich auf unserem Weg durch die Austauschübungen die Regeln gebrochen haben, dann geschah das, weil einer von uns unbewusst versucht hat, seine *eigene* Gehirnchemie anzupassen.
Ich neigte leicht zu Verführung, Will eher zu „Gegrapsche". Wir ertappten uns dabei, dies folgendermaßen zu rechtfertigen:

- Ich glaube nicht, dass es ein Problem ist, wenn ich mein T-Shirt etwas vorzeitig ausziehe.
- Ich kann nichts dafür – ich bin ein Mann.
- Okay, ich versuche das mit der Stille, doch ich muss dir trotzdem an den Hintern fassen.
- Ich werde dir die Macht des Weiblichen mit diesem Satin-Negligé zeigen oder mit diesen verführerischen kleinen Hüftbewegungen.

Wenn Sie entdecken sollten, dass Sie in ähnliche Richtungen abdriften, dann tun Sie Ihr Bestes, um zu den Belohnungen zurückzukehren, die daraus entstehen, dass Sie Ihren Partner selbstlos und ein bisschen beschützend nähren. Bevor Sie anfangen, sprechen Sie über Ihre Erfahrungen nach der letzten Austauschübung.

- Wenn Sie ein neues Paar sind, wie fühlen Sie sich damit, jede Nacht zusammen zu verbringen? Was ist gut, was ist unangenehm?
- Stellen Sie fest, dass Sie offener, freundlicher anderen Menschen gegenüber sind? Wenn ja, was ist anders?

Yin-Vergnügen

Bestimmen Sie einen Hüter, der diese Übung beendet. Dann halten Sie einander bequem umarmt, im Sitzen, wenn möglich. Während Sie tief einatmen, stellen Sie sich still vor, wie die elektromagnetischen Felder um Ihre Herzen immer größer und zusammenhängender werden. Fühlen Sie, wie Ihres schlägt. Stellen Sie sich vor, wie es sich mit dem Rhythmus des Herzfeldes Ihres Partners synchronisiert.

Fühlen Sie, wie Ihr Körper die Neurochemikalien produziert, die Ihnen dabei helfen, sich tief miteinander zu verbinden.

Ein entspannter, gesunder Herzschlag (Herzschlagkohärenz) ist ein Anzeichen für inneres Gleichgewicht. Es bedeutet, dass unsere Körpersysteme besonders gut zusammenarbeiten. Ein kohärentes elektromagnetisches Herzfeld könnte der Schlüssel zu wirklich bemerkenswerten Zuständen der Einheit sein. Wenn wir jemanden in einem liebevollen, kohärenten Zustand berühren, wird unser Herzschlag sogar unter Umständen in den Gehirnwellen des anderen sichtbar.[372]

Yang-Erkundung

Anderer Partner, was ist *Ihre* Lieblingsform von nährender, nicht sexueller Berührung? Zeigen Sie es Ihrem Partner mindestens fünf Minuten lang. Dann erlauben Sie Ihrem Partner, das Gleiche für Sie zu tun.

AUSTAUSCHÜBUNG 8

Sichtweise

Wenn Sie einen anderen Menschen von einem Blickwinkel der Fürsorge, der Wertschätzung und Bewunderung anschauen oder aus dem Wunsch heraus, ihn zu nähren, dann sehen Sie eine Widerspiegelung Ihres eigenen offenen Herzens. Das verleiht dem Objekt Ihrer Zuneigung einen Glanz, der denen zu fehlen scheint, die Ihnen nicht in dieser Form am Herzen liegen. Kurz gefasst, das Maß Ihrer Offenherzigkeit bestimmt, ob Sie jemanden als bezaubernd betrachten. Wohl oder übel reservieren wir diese großzügige Sichtweise für diejenigen, bei denen wir uns sicher mit unserer Liebe fühlen (normalerweise also für ein Kind, einen Verwandten, ein Haustier oder einen spirituellen Lehrer). Indem wir unsere Gewohnheiten ändern, können wir aber auch aus unserer romantischen Liebe die unbewusste Angst herausnehmen.

„Da ist ein Riesenunterschied zwischen deinen Umarmungen und seinen. Wenn du mich umarmst, dann habe ich das Gefühl, du umarmst mich um meinetwillen. Du möchtest mich trösten und mir das Gefühl vermitteln, dass ich geliebt werde und liebenswert bin. Wenn er mich umarmt, dann fühle ich mich, als würde er mich um seinetwillen umarmen. Er hat seine Hände überall an meinem Körper, weil es ihn anmacht."

Eliza

Bevor Sie anfangen, sprechen Sie darüber, was Sie nach den letzten Austauschübungen erlebt haben.

- Fassen Sie Ihrem Partner unter die Kleidung, um Ihre eigene Gehirnchemie anzuregen? Falls dem so sein sollte, lassen Sie das vorerst.
- Können Sie glauben, dass es ganz sicher ist, Ihren sexuellen Partner zu lieben? Falls nicht, was würde es leichter machen?
- Können Sie schon den Glanz Ihres Partners sehen?

Yin-Vergnügen

Bestimmen Sie, wer diese Übung beendet und der Hüter sein soll. Setzen Sie sich Ihrem Partner gegenüber und konzentrieren Sie sich auf die Gegend zwischen seinen Augenbrauen. Lassen Sie nun Ihren Blick weich werden und verschwimmen. Können Sie sich Strahlen um Ihren Partner herum vorstellen? Empfinden Sie irgendwelche besonderen Gefühle dabei? Erzählen Sie einander, was Sie gesehen oder gefühlt haben.

Yang-Erkundung

Suchen Sie sich eine der folgenden Aktivitäten aus:

Fußmassage

Halten Sie Massageöl und Handtücher bereit. Füllen Sie die Badewanne oder eine Schüssel mit warmem, ganz leicht seifigem Wasser. Wenn möglich, lassen Sie Ihre Füße gemeinsam in der Wanne oder Schüssel einweichen. Wenn das nicht geht, dann tun Sie es abwechselnd. Nach zehn Minuten trocknen Sie einander zärtlich und gründlich die Füße ab und geben Sie jedem Fuß einen Kuss. Geben Sie einander jetzt eine Fußmassage. Die Füße des Empfängers sollten sich idealerweise in Höhe Ihrer Brust befinden, die Beine entspannt und bequem unterstützt liegen können. Energetisieren Sie jetzt Ihre Hände, indem Sie sie zehn Sekunden aneinanderklatschen oder reiben und sie dann für einen Augenblick mit den Handflächen nach oben liegen lassen. Fühlen Sie die Wärme oder das Prickeln.

Legen Sie die Füße Ihres Partners auf ein Handtuch und reiben Sie sie zärtlich mit Massageöl ein. Erlauben Sie Ihrer Liebe, durch Ihre Hände zu fließen, während Sie seine bzw. ihre Füße schweigend massieren. Benutzen Sie Ihre Daumen, um so fest und tief zu drücken wie möglich, ohne Ihrem Partner dabei wehzutun. Kneten Sie jedes bisschen der Oberfläche der Sohle durch, so dass es bis weit unter die Haut geht. Setzen Sie dann Kreisbewegungen des Daumens und Zeigefingers ein und schenken Sie folgenden Punkten besondere Aufmerksamkeit:

- Dem Stimulationspunkt für die Hypophyse in der Mitte des Ballens von jedem großen Zeh
- Dem Stimulationspunkt für die Zirbeldrüse, etwas höher als der vorherige Punkt und weiter auf der Innenseite des Zehs

- Den sexuellen Balancepunkten (der Ferse, der Gegend kurz unter dem Fußgelenk auf beiden Seiten des Fußes und der Achillessehne, kurz über der Ferse).

Tauschen Sie die Rollen.

Geschenke der Liebe

Wechseln Sie sich ab und fragen Sie einander: „Welche von den Dingen, die ich für dich tue, geben dir am meisten das Gefühl, geliebt zu werden?" Wenn es passt, tun Sie direkt jeder eines davon für den anderen.

AUSTAUSCHÜBUNG 9

„Harmlose" Aktivitäten

„Ich bin ein sehr oraler Mensch ... und ich spreche hier nicht vom Reden," sagte einmal ein Freund. Sorry, Tiger. Jahre der Erfahrung und der Frustration haben mir eine unwillkommene, doch einfache Wahrheit enthüllt: Wie klar unsere Absichten auch immer sein mögen, wenn wir einander in die Arme kriechen – sobald wir uns in bestimmten Aktivitäten ergehen, übernimmt unser Autopilot.

Die meisten von uns betrachten Aktivitäten wie sich in Spitzenunterwäsche zu kleiden, nackt über dem Partner herumzuklettern, nackt zu posieren, wilde Küsse, die Genitalien am Partner zu reiben, oralen Sex, Pornos anzuschauen usw. als harmlos. Auch ich dachte immer, dass solche Vergnügungen sich irgendwie in das Bild von bindungsorientiertem Sex einfügen müssten.

Doch das taten sie nicht. Zumindest nicht für uns. So unschuldig und vergnüglich diese Handlungen sein mögen, sie zogen all unsere Aufmerksamkeit ganz rasch wieder auf die physische Befriedigung genau des Dranges, den sie in unserem Säugetiergehirn erwecken. Meiner Erfahrung nach können Frauen am stärksten dazu geneigt sein, die stimmungsverändernden Fähigkeiten ihrer inneren Verführerin zeigen zu wollen. Denken Sie immer daran, dass eine umwerfende Show ein ebenso leistungsorientiertes Verhalten bei Ihrem Partner hervorrufen wird. Und Leistung ist nicht Entspannung und wird daher vom Körper nicht als Bindungssignal wahrgenommen.

Bevor Sie anfangen, tauschen Sie sich wieder über Ihre Erfahrungen nach der vorherigen Austauschübung aus.

- Bereitet Ihnen einfacher, sinnlicher Kontakt mehr Freude, seit Sie mit den Austauschübungen begonnen haben? Falls ja, teilen Sie Ihre Erfahrung mit. Falls nein, was würde es Ihnen erleichtern, größere Freude aus den Geschenken der Zuneigung Ihres Partner zu beziehen? Manchmal ist weniger ja auch mehr.
- Sind Sie glücklich? Wenn ja, sagen Sie Ihrem Partner, warum. Kommen andere Gefühle hoch? Möchten Sie sie mitteilen?
- Sind Sie auf Ihren Partner gekrabbelt und haben Sie ihn leidenschaftlich geküsst? Falls dem so ist, halten Sie sich damit zurück.

Yin-Vergnügen

Wer war letzte Nacht der Hüter? Der andere Partner sucht sich ein Bindungsverhalten aus der folgenden Liste aus und übernimmt die Rolle des Hüters. Wenn es passt, wechseln Sie sich ab.

- Lippen- und Zungenküsse
- Einige Augenblicke synchronisierten Atmens
- Den Kopf und Oberkörper Ihres Partners mindesten fünf Minuten lang wiegen oder zart schaukeln (funktioniert gut auf einer Couch oder mit vielen Kissen)
- Einander einige Augenblicke in die Augen schauen
- Einander in Stille halten oder Löffelchen liegen, mindestens zwanzig Minuten bis zu einer halben Stunde
- Den anderen einige Minuten lang streicheln mit der Absicht, ihn zu beruhigen
- Den anderen einige Minuten lang umarmen mit der Absicht, ihn zu beruhigen

Yang-Erkundung

Wählen Sie eine der folgenden Aktivitäten.

Wertschätzung

Diese Aktivität erfordert Stift und Papier. Nehmen Sie sich ein paar Minuten Zeit, um mindestens drei Dinge aufzuschreiben, die Sie an Ihrem Partner schätzen. Lesen Sie dem anderen Ihre Liste vor. Drücken Sie Ihrem Partner gegenüber Ihre Dankbarkeit aus, indem Sie ihm auf die gute, altmodische Art den Rücken kratzen, genau nach seiner Anweisung. Tauschen Sie dann die Rollen.

Schultern schaukeln

Lassen Sie Ihren Partner bzw. Ihre Partnerin sich hinlegen, mit dem Gesicht nach oben und sich entspannen. Fangen Sie bei seinem bzw. ihrem Kopf an, mit Ihren Händen auf seinen bzw. ihren Schultern. Stützen Sie sich ganz leicht auf die Schultern Ihres Partners und verlagern Sie mit einer Schaukelbewegung Ihr Gewicht von einer Schulter zur anderen. Gehen Sie dabei mit den Händen langsam an den Oberarmen Ihres Partners herab und wieder zurück zum Nacken. Gehen Sie dann mit Ihren Händen auf die Muskeln im Schultergürtel (neben den Schultern), immer noch mit der gleichen langsamen Schaukelbewegung. Machen Sie dies einige Minuten lang. Wenn ihr Partner durch und durch entspannt ist, legen Sie Ihre Hände über sein Herz und verweilen Sie so mindestens eine Minute in Ruhe. Tauschen Sie die Rollen.

AUSTAUSCHÜBUNG 10

Die Biologie hat das Sagen

Erfolg ist nicht linear. Wenn Sie Widerstand fühlen, dann sollten Sie wissen, dass hier Ihre cleveren Gene und Ihre alte Gewohnheit, Ihre Gehirnchemie selbst zu verändern, am Werk sind. Hier sind einige der Gedanken, die uns damals zurückhielten:

- Ich bin zu müde.
- Was soll die Eile?
- Ich kann das nicht – es ist zu schwer.
- Ich bin spirituell noch nicht weit genug entwickelt dafür.
- Woher sollen wir wissen, dass wir nicht einem Gespenst hinterherjagen?
- Warum kann ich es nicht einfach so machen wie immer, bis ich davon genug habe?
- Ich bin, wer ich bin, und das kann ich nicht ändern.
- Vielleicht wäre ich besser dran mit jemand anderem.

Diese Gedanken waren wie Ketten – und sie hatten genau die Stärke, die wir ihnen zugestanden haben. Hätten wir ihnen nachgegeben, wir hätten schon bald darauf zu viel Angst vor Intimität gehabt und wären zu entmutigt gewesen, um es weiter zu versuchen.

Wir lernten allmählich, unseren Kurs zu halten und darauf zu warten, dass sich die Ergebnisse einstellen. Die volle Ernte von bindungsorientierter Liebe stellte sich erst ein, als unsere inneren Wachtposten sich entspannten. Sie hatten ihren eigenen, mysteriösen Zeitplan, doch der Fortschritt war eindeutig.

Bevor Sie anfangen, sprechen Sie über Ihre Erfahrungen nach der letzten Austauschübung.

- Verfügen Sie über mehr Energie? Falls dem so ist, gewöhnen Sie sich bereits daran, öfter „angeschaltet“ zu sein?
- Fühlen Sie sich sicher? Falls ja, sagen Sie Ihrem Partner, warum. Falls nicht, was würde Ihnen ein größeres Gefühl der Sicherheit verschaffen?

- Wenn Sie ein Mann sind: Haben Sie mehr Selbstvertrauen? Wenn Sie eine Frau sind: Können Sie sich schon besser in die Rolle des „Bootes" entspannen (und es Ihrem Partner überlassen, Sie sicher zu steuern)? Falls nicht, warum nicht?

Yin-Vergnügen

Wer war zuletzt der Hüter? Der andere Partner sucht ein Bindungsverhalten aus der folgenden Liste aus und fungiert als Hüter. Wenn es passt, wechseln Sie sich ab.

- Lippen- und Zungenküsse
- Einige Augenblicke synchronisierten Atmens
- Den Kopf und Oberkörper Ihres Partners mindestens fünf Minuten lang wiegen oder zart schaukeln (funktioniert gut auf einer Couch oder mit vielen Kissen)
- Einander einige Augenblicke in die Augen schauen
- Einander in Stille halten oder Löffelchen liegen, mindestens zwanzig Minuten bis zu einer halben Stunde
- Den anderen einige Minuten lang streicheln mit der Absicht, ihn zu beruhigen
- Den anderen einige Minuten lang umarmen mit der Absicht, ihn zu beruhigen

Yang-Erkundung

Suchen Sie sich eine von den folgenden Aktivitäten aus.

Die 8

Legen Sie sich beide auf den Rücken und legen Sie die Ihrem bzw. Ihrer Liebsten am nächsten liegende Hand über seine bzw. ihre Genitalien. Ohne die Hand zu bewegen, senden Sie Ihrem Partner jetzt bei jedem Ausatmen liebevolle Energie durch Ihre Hand. Stellen Sie sich bei jedem Einatmen vor, dass Sie die Energie durch die Hand Ihres Partners zurückerhalten. Machen Sie dies so lange, bis Sie beide völlig entspannt sind.

Klärung

Suchen Sie sich eines der unten stehenden Themen aus und sprechen Sie über Ihre diesbezüglichen Gefühle, bis Sie alles gesagt haben. Erlauben Sie Ihrem Partner, Ihre Hand zu massieren, während Sie sprechen. Bitten Sie nicht um Feedback. Reden Sie einfach. Und denken Sie immer daran, tief zu atmen.

- Ihre am wenigsten noble Tat in Bezug auf das andere Geschlecht. War es Untreue, emotionale Erpressung, haben Sie gegen den Willen Ihres Partners darauf bestanden, ein Kind zu bekommen, haben Sie etwas verschwiegen, das Ihr Partner hätte wissen sollen, haben Sie jemanden verlassen oder waren Sie aggressiv? (Es ist völlig gleichgültig, was die Handlung ausgelöst hat.)
- Alles, was Sie sich gern mal vom Herzen reden möchten (Abhängigkeiten, Herpes, Antidepressiva, die Sie einnehmen, oder was auch immer).

Wenn der erste Partner aufhört zu reden, sollte der andere ihm oder ihr in die Augen schauen und mit eigenen Worten das Folgende sagen: „Das sind Symptome und Wunden von Jahren auf einem Planeten, auf dem schmerzhafte Trennung herrschte. Es gibt keine Schuld. Die Vergangenheit ist vorbei. Wir können am besten heilen, wenn wir einander stärken." Halten Sie einander dann in Stille, solange Sie mögen. Tauschen Sie dann die Rollen.

Alles, was hier mitgeteilt wird, darf unter keinen Umständen später nochmals aufgenommen werden, außer, wenn derjenige, der es angesprochen hat, dies selbst wünscht.

AUSTAUSCHÜBUNG 11

Es ist nicht leicht, noch grün zu sein

Gleichgültig, wie froschähnlich Sie oder Ihr Partner bisweilen aussehen mögen, Sie sind in Wirklichkeit ein verkappter Prinz bzw. eine Prinzessin. Will beispielsweise erstaunte mich über alle Maßen. Jahre der Sklaverei in Bezug auf seine stimmungsändernden Gewohnheiten hatten ihn mit der tiefen Überzeugung ausgestattet, dass er in Wirklichkeit ein Frosch sei. Er hatte die Dimension seines Aquariums recht gut akzeptiert, es mit ein paar stofflichen Abhängigkeiten ausgepolstert und sich für die restliche Zeit in die Ecke gekauert. Wenn es auch unbequem war, so war es doch ein Zuhause. Trotz seines äußerlichen Enthusiasmus, die Austauschübungen auszuprobieren, war er skeptisch, sein vertrautes Territorium für ein Luftschloss zu verlassen.

Doch als wir an unserem bindungsorientierten Liebesspiel festhielten, verwandelte er sich langsam aber sicher von einem entmutigten Abhängigen in einen warmherzigen, einsichtsvollen, geheilten Gefährten, der immer noch mein Lieblingslehrer ist. Diese Verwandlung brauchte Zeit, doch mein Glaube an seine Kraft, sich selbst zu transformieren, war auch ein Faktor. Heute streicht er mir meisterhaft über mein gesträubtes Federkleid oder bringt mich zum Lachen, wenn ich mich zu ernst nehme. Wir fühlen uns beide sehr gesegnet.

Bevor Sie anfangen, sprechen Sie über Ihre Erfahrungen im Anschluss an die vorherige Austauschübung.

- Fühlen Sie sich geschätzt? Falls ja, sagen Sie Ihrem Partner, warum. Falls nein, was würde Ihnen mehr das Gefühl geben, geschätzt zu werden?
- Sind Sie in der Lage, die Zuneigungsbezeugungen Ihres Partners zu genießen oder sehen Sie zu, dass Sie „mitnehmen, was Sie kriegen können?" Versuchen Sie, Ihren eigenen Stimmungen danach, etwas Bestimmtes bekommen zu wollen, zu widerstehen. Schauen Sie, wie es sich anfühlt, entspannt zu sein, zu bekommen und zu geben.

Yin-Vergnügen

Wer war beim letzten Mal der Hüter? Der andere Partner wählt ein Bindungsverhalten aus der folgenden Liste und fungiert diesmal als Hüter. Wenn es passt, wechseln Sie sich ab.

- Lippen- und Zungenküsse
- Einige Augenblicke synchronisierten Atmens
- Den Kopf und Oberkörper Ihres Partners mindestens fünf Minuten lang wiegen oder zart schaukeln (funktioniert gut auf einer Couch oder mit vielen Kissen)
- Einander einige Augenblicke in die Augen schauen
- Einander in Stille halten oder Löffelchen liegen, mindestens zwanzig Minuten bis zu einer halben Stunde
- Den anderen einige Minuten lang streicheln mit der Absicht, ihn zu beruhigen
- Den anderen einige Minuten lang umarmen mit der Absicht, ihn zu beruhigen

Yang-Erkundung

Suchen Sie sich eine der folgenden Aktivitäten aus.

Musikalisches Zwischenspiel

Wer soll hier der Hüter sein? Suchen Sie sich nun beide ein langsames, romantisches Musikstück aus. (Sie können auch zum Aufwärmen mit einem schnellen Lied beginnen, einfach nur, um zu lachen und sich zu bewegen). Wenn Sie fertig sind, spielen Sie das erste romantische Stück und tanzen Sie in den Armen des Partners. Sich einfach nur hin und her zur Musik zu bewegen, reicht völlig aus, falls Sie keine Tanzschritte in Ihrem Repertoire haben. Stellen Sie sich vor, dass Sie mit Ihrem Partner im Tanz verschmelzen, doch stimulieren Sie keinesfalls direkt die Genitalien des anderen. Küssen ist erlaubt.

Spielen Sie nun das andere Stück. Denken Sie daran, dass Sie Ihre Hüften bewegen sollten, ohne zu drücken. Er führt, sie folgt. Wenn Sie spielerisch drauf sind, stellen Sie sich Rücken an Rücken zueinander. Lassen Sie Ihre Hinterteile sich berühren, während Sie Ihre Knie leicht beugen und ein paar Mal mit den Hüften kreisen. Wechseln Sie dann die Richtung. Experimentieren Sie mit langsameren Kreisen. Probieren Sie kleinere Kreise aus. Versuchen Sie Hüftkreise, bei denen Sie einander anschauen. Versuchen Sie, einander an den Hüften zu halten, während Ihre Hüften kreisen.

Glückliche Berührung

Verbringen Sie mindestens fünf Minuten damit, Ihren Partner mit seiner liebsten nicht erotischen Berührung zu verwöhnen. Tauschen Sie die Rollen, damit auch Sie *Ihre* Lieblingsberührung erhalten können.

AUSTAUSCHÜBUNG 12

In aller Ruhe

Die Erfahrung, die Sie jetzt suchen, hat nichts mehr mit sexueller Leistung zu tun. Zugegeben, das ist eine radikale Veränderung aus Sicht Ihrer Gene davon, womit die Zeit im Bett verbracht werden sollte. Beim bindungsorientierten Liebesakt kommen und gehen Erektionen, doch der beglückende Austausch von Zuneigung, auf dem die Belohnungen bei diesem Zugang beruhen, ist davon nicht betroffen. Ein machtvolles Gefühl von Verbundenheit fließt bereits zwischen Ihnen, dank Ihrer zunehmenden Entspannung und Ihrem Gefühl von Wohlbefinden in der Gegenwart des anderen.

> „Sex im Alter von neunzig ist so wie beim Poolbillard mit einem Seil zu spielen."
>
> **George Burns**

Jetzt, wo Sie sich langsam auf den Geschlechtsverkehr zubewegen (in einer späteren Austauschübung), sollten Sie wissen, dass der Geschlechtsverkehr eine Widerspiegelung eines tiefen Verschmelzungswunsches ist, doch dieser Wunsch wird nicht von den Genitalien verursacht – oder durch sie befriedigt. Sondern der Wunsch nach wirklicher Intimität erreicht ideale Höhe, wenn erst einmal die ganze Angst bezüglich tiefer Einheit verschwunden ist. Der australische Lehrer für heilige Sexualität, Barry Long, lehrte, dass eine Zeit sexueller Nichtansprechbarkeit natürlich ist, während wir uns zurück in unser Herz bewegen. Sie geht vorüber, wenn wir alle Herz-Genitalien-Trennungen der Vergangenheit geheilt haben. Also lassen Sie Ihre Genitalien Ihnen zeigen, wann die Trennung geheilt ist.

Wenn Sie darauf warten, dass Ihr Partner bereit ist, haben Sie Geduld. Wenn Sie ihm oder ihr zu verstehen geben, dass Sie *jetzt* Geschlechtsverkehr haben möchten, wird er oder sie zwar sein bzw. ihr Bestes geben, um Ihnen den Gefallen zu tun, selbst wenn er oder sie noch nicht wirklich dazu bereit ist, und könnte dann wieder dahin geraten, Leistung durch Phantasie oder kräftige Stimulierung zu erzwingen. Das ist kontraproduktiv; es ruft Stress hervor und weckt die Angst, dem anderen näherzukommen. Berühren Sie dann einfach statt dessen die Genitalien des anderen (mögliche Positionen finden Sie weiter hinten abgebildet) und stellen Sie sich den Energiefluss zwischeneinander vor.

Will hat einmal vorgeschlagen, dieses Buch *Kein Viagra, kein Gleitmittel* zu nennen, weil sexuelle Erregung damit mühelos wird. Der Grund dafür ist, dass man niemals etwas erzwingt. Niemals. Selbst wenn Ihr Partner letztes Mal sehr erregt war. Selbst wenn Ihr Partner schnell auf absichtliche Stimulation reagieren würde. Warten Sie einfach auf eine andere Gelegenheit und versichern Sie einander Ihrer liebevollen Zuneigung. Es ist besser, sich die drei Wochen der Austauschübungen an nicht leistungsorientierten, liebevollen Kontakt zu halten, als vorwärtszupreschen. Konventionelles Vorspiel, Viagra, Vibratoren und alles andere, das die sexuelle Leistungsfähigkeit künstlich stimuliert, verlangsamt wirkliche Einheit.

Wenn Ihr Körper sich noch im Entscheidungsprozess befindet, ob Geschlechtsverkehr sich gut anfühlt, richten Sie Ihre Aufmerksamkeit auf das Wohlergehen und Glück Ihres Partners. Sie werden vielleicht entdecken, dass Leistung *nicht notwendig* ist, um Intimität zu erzeugen.

Bevor Sie anfangen, sprechen Sie darüber, was Sie nach der vorherigen Austauschübung erlebt haben.

- Haben Sie sich selbst gestattet, sich nach dem romantischen Tanz zu beruhigen?
- Haben Sie das Gefühl, genährt zu werden? Was würde Ihnen noch mehr das Gefühl geben, genährt zu werden?
- Falls Sie zwischendurch mal einen Streit hatten, haben Sie es ausprobiert, sich wortlos in die Löffelchenposition zu legen und eine Weile tief miteinander zu atmen, bevor Sie weiter nach einer Lösung für Ihr Problem gesucht haben?

Yin-Vergnügen

Bestimmen Sie einen Hüter, der die Übung auch beendet. Setzen Sie sich mit dem Gesicht zueinander, jeder mit einem Kissen auf den Knien, um die Ellbogen zu unterstützen. Schließen Sie die Augen, berühren Sie sich mit der Stirn und halten Sie einander an den Ellbogen fest. Verweilen Sie so einige Momente schweigend und senden Sie Ihrem Partner bei jedem Ausatmen liebevolle Energie. Was fühlen Sie?

Yang-Erkundung

Suchen Sie sich eine von den folgenden Aktivitäten aus.

Gesichtsmassage

Legen Sie etwas Massageöl und ein kleines Handtuch bereit. Partner A ist der Massagetherapeut, B der Empfänger. B, legen Sie sich bequem mit Ihrem Gesicht nach oben auf ein Handtuch und ein Kissen in den Schoß von A. Ihre Füße zeigen von A weg.

A, bevor Sie anfangen, energetisieren Sie Ihre Hände, indem Sie sie auseinander bewegen und dann langsam wieder zusammenführen, bis sie sich fast berühren. Wiederholen Sie diese Bewegung. Können Sie fühlen, wie sich die Energie zwischen Ihren Händen aufbaut? Inzwischen beißen Sie, B, Ihre Zähne zusammen und ziehen Sie Ihr Gesicht in Richtung Ihrer Nasenspitze zu einem festen Ball zusammen. Halten Sie diese Position für mindestens zehn Sekunden, bevor Sie sich völlig entspannen.

A, geben Sie einen Tropfen Massageöl auf Ihre Hände. Reiben Sie Bs Wangen, Nase und Stirn zärtlich damit ein, auf Sie selbst zu und auch nach außen. Setzen Sie Bewegungen ein, die sich auch für Sie gut anfühlen würden. Erlauben Sie Ihrer Liebe zu B, durch Ihre Hände zu fließen. B, stellen Sie sich vor, wie Ihre Maske dahinschmilzt und Ihr wahres, geliebtes Selbst zum Vorschein kommt.

Nun reiben Sie, A, Bs Schläfen mit einer zarten, kreisenden Bewegung ein. Dann streichen Sie zart um Bs Mund. Machen Sie kleine Kreise auf den Muskeln unter Bs Wangenknochen. Kneten Sie Bs Kopfhaut und seine bzw. ihre Schädelbasis. Beenden Sie die Massage, indem Sie drei Sekunden lang zart aber fest auf die Spitze von Bs Schädel drücken. Fragen Sie B, ob er bzw. sie sich noch etwas wünscht. Tauschen Sie dann die Rollen.

Eine Lieblingsübung aussuchen

Der Hüter wählt eine Übung aus, die er besonders gern mag, oder eine, die ausgelassen wurde.

Achtung: Für die nächste Austauschübung brauchen Sie zwei leichte, bequeme Augenbinden oder Schals.

AUSTAUSCHÜBUNG 13

Saboteure

Seien Sie gewarnt. Es ist ziemlich wahrscheinlich, dass Ihr Haupthindernis für Intimität – ob es nun Flucht ist, harte Kritik, eine stoffliche Abhängigkeit oder die zwanghafte Beschäftigung mit Ihrer Arbeit oder der Kindererziehung – mit allem, was es zu bieten hat, aufwarten wird, um die eine oder andere hässliche Krise zu erzeugen. Es kann während der Austauschübungen passieren oder auch kurz danach. Die Aufgabe dieses Verteidigungsmechanismus ist es, Sie vor Intimität zu „bewahren".

Als unsere Krise aufkam, taten Will und ich unser Bestes, um den Trennungsmechanismus als das zu betrachten, was er war. Das verlangte zuweilen sowohl eine Abkühlungszeit als auch neue Einsichten von uns. Still beisammen zu liegen und einander zu halten, war sehr hilfreich – wenn wir es geschafft haben.

Es war eine ziemliche Veränderung, zu sehen, dass meine Beurteilung von Will genau so ein Produkt *meines* Trennungsprogramms war, wie seine Sucht ein Teil *seines* Trennungsprogrammes war. Als wir die Herausforderung einmal richtig analysiert und einander an die Vorteile unserer Verbindung erinnert hatten, kehrten wir wieder zu großzügiger Zuneigung zurück – wohl wissend, dass das die beste Stimmungsmedizin ist, die wir haben. Und als sich unser innerer Wachtposten, die Amygdala, wieder beruhigt hatte, und unsere Gehirnchemie wieder ausgeglichener wurde, heilte auch unsere Wahrnehmung voneinander wieder. Am Ende gewann unbeschwerte Harmonie erneut die Oberhand.

Bevor Sie anfangen, sprechen Sie darüber, wie es Ihnen nach der letzten Austauschübung ergangen ist.

- Was gefällt Ihnen am meisten an der gemeinsamen Zeit?
- Haben Sie das Gefühl, dass Ihr Partner wirklich an Ihrem Wohl interessiert ist? Was würde Ihnen noch mehr das Gefühl geben, dass er es ist?
- Haben Sie sich auf eine Verhütungsmethode geeinigt, falls nötig? Wenn nicht, schauen Sie, ob Sie es jetzt können.
- Sowohl für den Yin- als auch für den Yang-Teil von dieser Austauschübung brauchen Sie zwei leichte, bequeme Augenbinden oder Schals.

Yang-Erkundung

Dieses Mal beginnen Sie mit der Yang-Erkundung. Sie ist die Hüterin für diese Austauschübung. Wenn Sie bereit sind, dann verbinden Sie einander vorsichtig die Augen. Stellen Sie sich vor, dass Sie noch niemals den Körper eines Mannes bzw. einer Frau erkundet haben. Reiben Sie Ihre Hände einen Moment aneinander und lassen Sie sie mit den Handflächen nach oben liegen. Können Sie das Prickeln der Energie fühlen? Entkleiden Sie einander nun langsam im Wechsel, bis auf die Unterwäsche. Berühren Sie Ihren Partner so sensibel wie möglich und nehmen Sie die Details dessen wahr, was Sie fühlen. Versuchen Sie auch, Ihrem Partner zu vermitteln, wie sehr Sie ihn schätzen. Senden Sie ihm bzw. ihr liebevolle Energie über Ihre Hände. Fühlen Sie, wie die Liebe und Wärme Ihres Partners zu Ihnen zurückfließt. Wenn Sie möchten, behalten Sie die Augenbinden solange auf, bis Sie die Übung mit Kuscheln beenden.

Yin-Vergnügen

Wenn Sie es mögen, schlafen Sie ohne T-Shirts. Nehmen Sie sich Zeit, Ihren Partner zu liebkosten, anstatt ihn zu verschlingen. Sorgen Sie dafür, dass alle Berührungen großzügig und andächtig sind. Wenn sie zu irgendeiner Zeit, jetzt oder in der Zukunft, das Gefühl hat, dass sie visuell verschlungen wird, sollte sie ihr T-Shirt wieder anziehen.
Achtung: Die nächste Austauschübung bringt zeitaufwendige Massagen mit sich. Wenn Sie keine Zeit haben, beide am gleichen Tag zu machen, können Sie die zweite auch während der darauffolgenden Austauschübung machen.

AUSTAUSCHÜBUNG 14

Absichten

Willenskraft ist auf dieser Reise von begrenztem Nutzen. Und genau das Gleiche gilt für gute, aber schwache Absichten. Solange meine Absicht, mich von einem alten neurologischen Belohnungssystem zu den Belohnungen von Bindungsverhalten zu bewegen, nicht ausgereift war und meine volle Aufmerksamkeit bekam, blieb ich unbewusst mit dem Status Quo verbunden.

Einige spirituelle Quellen sprechen in Begriffen von zwei inneren Stimmen, von denen wir Anweisungen entgegennehmen. Es hilft mir, mir diese Stimmen als zwei verschiedene Belohnungssysteme vorzustellen. Die eine belohnt Großzügigkeit, Ruhe und mehr Verbundenheit. Die andere belohnt Intensität und Fortpflanzungsbemühungen. Es hat eine Weile gedauert, doch am Ende war ich entschlossen, nur noch die erste Stimme zu hören, wenn ich jemanden körperlich liebe.

Wenn Sie zu irgendeiner Zeit fühlen, dass Ihr Partner auf die „Stimme der Fortpflanzung oder der Angst" lauscht, dann sagen Sie das. Es ist richtig zu sagen: „Du sagst zwar, dass du dich mit diesem Zugang wirklich befriedigt fühlst, doch jetzt drängst du oder windest dich verführerisch. Hast du deine Meinung geändert?" Oder: „Du sagst zwar, dass du in der Stimmung bist, Sex zu haben, doch dein Körper sagt etwas anderes. Was hältst du davon, mich eine Weile einfach nur zu halten, und wir sehen später, wie wir uns fühlen?"

Bevor Sie anfangen, sprechen Sie darüber, was Sie im Anschluss an die vorherige Austauschübung erlebt haben.

- Ist Ihr Bedürfnis nach „Raum" weniger, als Sie dachten, dass es sein würde? Oder haben Sie sich zuweilen unruhig gefühlt? (Ganz normal.) So oder so, sprechen Sie darüber, womit es Ihnen besser gehen würde.
- Falls Sie ohne T-Shirt geschlafen haben, ist einer von Ihnen in das klassische berauschende Vorspiel verfallen? Falls Sie auf diese Frage unterschiedlich antworten sollten, teilen Sie einander Ihre Gründe mit. Kann der Partner, der in den Rausch geraten ist (oder der ungerechtfertigterweise so gesehen wird) versuchen, den Körper des anderen so zu berühren, als wären alle Körperteile gleich kostbar?

Yin-Vergnügen

Bestimmen Sie, wer die Rolle des Hüters übernimmt und die Übung beendet. Dann ziehen Sie einander zärtlich und liebevoll mit vielen Küssen aus, bis zu dem Punkt, der Ihnen angenehm ist. Liegen Sie dann still beieinander, Haut an Haut, mindestens fünf Minuten lang.

Yang-Erkundung

Stellen Sie etwas Massageöl und Handtücher bereit. Geben Sie einander nun je eine Rückenmassage. Richten Sie dabei Ihre volle Aufmerksamkeit darauf, Ihrem Partner zu helfen, seinen Rücken, Kopf und seine Nackenmuskeln zu entspannen. Es geht nicht darum, dass es Sie anmacht. Der Partner mit der meisten Massageerfahrung sollte die erste Massage geben.
Falls Sie auf dem Boden arbeiten und es machbar ist, setzen Sie sich auf den Rücken Ihres Partners. Nehmen Sie zusammen ein paar tiefe Atemzüge, während der Partner in der Therapeutenrolle es erlaubt, dass Liebesenergie seine bzw. ihre Hände auflädt. Benutzen Sie etwas Massageöl und massieren Sie ihn oder sie so, wie Sie selbst gern massiert werden möchten. Ihr Liebster bzw. Ihre Liebste kann Ihnen mit wortlosen Geräuschen entspannten Wohlbefindens Feedback geben, was ihm bzw. ihr am besten gefällt. Sprechen Sie jedoch nicht. Legen Sie Ihr Gewicht auf den Körper Ihres Partners (sensibel, ohne Überanstrengungen), anstatt zu versuchen, stärker zu drücken und dabei Kraft aufzuwenden. Vermeiden Sie jedoch Druck auf die Wirbelsäule selbst. Beenden Sie die Massage mit einer Kopfmassage und einigen Küssen auf den Nacken.

Hier ein paar wichtige Faktoren für eine gute Massage:

- Machen Sie langsame und starke Bewegungen *oder* federleichte, aber nichts dazwischen.
- Bleiben Sie sich dessen bewusst, was Sie tun und wie Sie glauben, dass sich Ihre Bewegungen für Ihren Partner anfühlen.

Tauschen Sie die Rollen (oder planen Sie es für nach der nächsten Austauschübung).

AUSTAUSCHÜBUNG 15

Noch nicht

Ich musste schließlich akzeptieren, dass in Anbetracht meines neuen Ziels nichts von meinem erlernten Wissen oder von meinen großartigen Liebeskünsten von irgendeinem Nutzen war. Ich wusste viel darüber, wie man einen Partner heiß macht und wie ich um das bitte, was ich will, aber praktisch nichts über stille Formen gemeinsamer Ekstase oder bewussten Nährens. Ich fühlte mich wie eine Elektrobassspielerin, der man gerade eine Harfe in die Hand gedrückt hatte. Es war komisch, und am Anfang war ich auch nicht gerade begeistert von den Geräuschen, die da rauskamen. Dann und wann war ich frustriert, griff meinen Bass und wurde erneut schockierend daran erinnert, dass es Zeit dafür war, eine neue Fähigkeit zu erlernen.

Langsam lernte ich, dass Berührung, die auf Geben beruht, das Herz in tiefer Erfüllung öffnet und dass ekstatische, *geteilte* Stille tatsächlich existiert. Und was am besten war, ich lernte, dass Erfüllung mit Geschlechtsverkehr kombiniert werden kann. Doch ich gelangte erst auf dieses neue Territorium, als ich meine vertrauten Gewohnheiten völlig hinter mir ließ und diese neuen Aktivitäten für eine längere Zeit zu meinem einzigen Fokus machte. Bindungsorientierte Einheit ist völlig anders. Sie fühlt sich anders an. Ihre Belohnungen sind anders. Und ich musste willens sein, meinem Nervensystem Zeit für eine Neuorientierung zu geben, bevor ich wirklich beurteilen konnte, welche Form der körperlichen Liebe die befriedigendere war.

Mein Partner und ich lernten, dass wir unseren Geisteszustand einschätzen konnten, wenn wir unsere Gedanken beobachteten. Wenn einer von uns so etwas sagte oder dachte wie: „Ich könnte dich auffressen,“ dann wussten wir, dass wir einander erschöpfen und uns neu ausrichten mussten. Wenn hingegen Gedanken wie „Ich bin so dankbar dafür, dich in meinem Leben zu haben“ und „Wie kann ich dir dabei helfen, damit du dich geliebt fühlst?“ vorherrschten, dann bedeutete das, dass wir richtig lagen.

Bevor Sie beginnen, sprechen Sie über Ihre Erfahrungen nach der letzten Austauschübung.

- Sind Sie während der Massage in das Standardvorspiel zurückgefallen? Falls ja, richten Sie Ihren Fokus wieder darauf aus, Ihren Partner mit fürsorglicher Aufmerksamkeit zu bedenken. Versuchen Sie nicht, sich selbst direkt oder indirekt zu erregen. Erlauben Sie sich statt dessen, verwöhnt zu werden.
- Fühlt sich Ihre intime gemeinsame Zeit wie Ein- und Ausatmen an, also wie Erregung, auf die leichte Entspannung folgt? Falls nicht, was könnten Sie anders machen, damit diese Erfahrung wahrscheinlicher wird?

Yang-Erkundung

Machen Sie die Yang-Übung zuerst. Wählen Sie einen Hüter. Wechseln Sie sich dabei ab, einander in neue Positionen zu führen, wobei Sie nur leichte Berührung und keine Worte verwenden. Suchen Sie sich dann gemeinsam Handzeichen für Folgendes aus:

- Ihren Partner bitten, sofort in der Bewegung innezuhalten und einzuatmen, um zu entspannen (das kann unerwünschte Ergebnisse vermeiden und erlaubt Ihnen auch, gemeinsam die Stille zu genießen, wenn Sie sich in einem entspannten, liebevollen Raum befinden)
- Ihren Partner bitten, Sie in einer bequemen Position zu halten (nützlich mitten in der Nacht, wenn Ihnen nicht nach Sprechen zumute ist)
- Ihrem Partner wortlos zu sagen, wie glücklich Sie sind, dass er bzw. sie in Ihrem Leben ist (immer nützlich)

Müssen Sie die vorherige Austauschübung noch beenden und eine weitere Rückenmassage machen?

Yin-Vergnügen

Küssen und Kuscheln Sie, so viel Sie mögen. Wenn Sie beide angemessen entspannt sind, oder wenn es Abend ist und Sie gleich einschlafen möchten, dann legen Sie sich in die Scherenposition

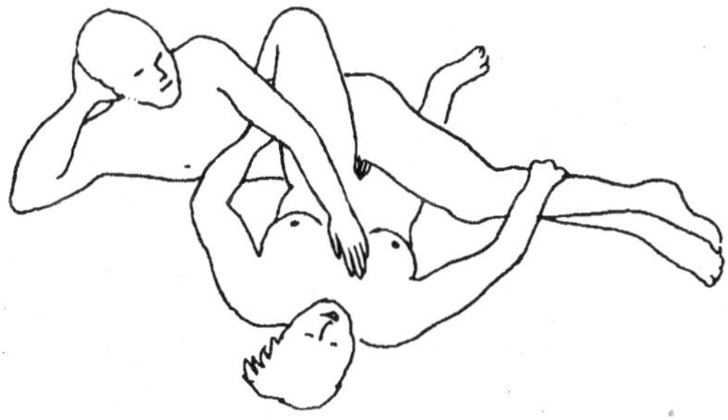

Scherenposition

Ziehen Sie Ihre Kleidung aus und liegen Sie in Form eines „X" auf dem Bett, Ihre Beine miteinander verschränkt. Er liegt auf der Seite und sie auf dem Rücken. Es ist in Ordnung, wenn Sie nicht erregt sind. Und wenn Sie erregt sind, genießen Sie es einfach. Wenn Sie unangenehm erregt sind, machen Sie eine Energiezirkulation (diese finden Sie bei Austauschübung drei, falls Sie sich nicht mehr daran erinnern), bis Sie beide entspannt sind.

Drücken Sie lediglich Ihre Genitalien aneinander, ohne Geschlechtsverkehr, während Sie in der Scherenposition liegen. Wenn Sie möchten, lassen Sie die Sexualenergie zwischen sich zirkulieren, indem Sie sich vorstellen, wie die Energie in einer Kreisbewegung in ihre Genitalien fließt und an ihrem Herzen hinaus und dann in sein Herz hinein bis hinunter in seine Genitalien. Versuchen Sie, die Position mindestens fünfzehn Minuten zu halten und sich nicht zu bewegen, außer, um bequemer zu liegen. Wenn Sie die Übung beenden, schlafen Sie ein oder ziehen Sie sich an und machen weiter mit Ihrem Tagesablauf. Heizen Sie einander nicht mit klassischem Vorspiel an. Wenn Sie in der Nacht erwachen und unangenehm erregt sind, legen Sie sich nochmals mit Ihrem Liebsten in die Scherenposition. Sie wird Sie nähren und es Ihnen zugleich erlauben, sich tief zu entspannen.

Sollten Sie jemals an Schmerzen in den Genitalien leiden, dann wissen Sie, dass Sie zu viel physische Stimulation einsetzen. Der Schmerz ist harmlos und vergeht normalerweise in den nächsten vierundzwanzig Stunden wieder; es kann auch etwas länger dauern. Sie brauchen keinen Orgasmus, damit es vorbeigeht. Warten Sie einfach geduldig und akzeptieren Sie, dass Sie ein klares Zeichen bekommen haben, dass Sie sich entspannen und darauf warten müssen, dass gute Gefühle von allein entstehen, statt diese zu produzieren. In der Zwischenzeit achten Sie einfach darauf, dass Sie nicht die Genitalien Ihres Partners stimulieren.

AUSTAUSCHÜBUNG 16

Klarheit (Geschlechtsverkehr)

Als ich mich zum ersten Mal für bindungsorientiertes Liebesspiel interessierte, dachte ich, es ginge dabei um Willenskraft. Ich lernte jedoch, dass es um Wissen geht. Als ich einmal verstanden hatte, dass ich keinen Fortschritt beim Lernen machen konnte, wenn ich immer noch mein altes neurochemisches Belohnungssystem auslöse, begann sich mir ein altes Mysterium in modernen, leicht verständlichen Begriffen zu enthüllen.

Von diesem neuen Gesichtspunkt aus gesehen sind visuelle Stimulierung, leidenschaftliche Küsse, traditionelles Vorspiel und kraftvoller Geschlechtsverkehr nicht wertloser. Sie sind einfach nur besonders … fruchtbar.

Das heißt, im Laufe der Jahrtausende haben diejenigen, die sich diesen Beschäftigungen zuwandten, mehr Babys produziert – die wiederum ähnliche Neigungen hatten. Also haben wir heute dank all des Spaßes, den unsere Vorfahren hatten (und dank all der heutigen frei verfügbaren erotischen Stimulierung) Gehirne, die uns sofort dafür belohnen, wenn wir über solche Aktivitäten nur nachdenken. Noch herausfordernder ist die Tatsache, dass wir von Natur aus mehr und mehr Stimulation wollen, wenn wir einmal stimuliert sind, und uns benachteiligt fühlen, wenn wir nicht nach der Pfeife unseres Paarungsprogramms tanzen.

Zum Glück bietet uns Bindungsverhalten, Karezza eingeschlossen, einen Weg, um diesen Mechanismus zu umgehen. Wenn Sie fühlen, wie Ihre Sexualenergie aufsteigt, widerstehen Sie dem Drang, Selbststimulierung zu suchen. Beruhigen Sie Ihr Nervensystem, indem Sie Ihre Energie bewusst in Dankbarkeit und selbstlose Zuneigung für Ihren Partner kanalisieren. Legen Sie außerdem häufig Pausen ein und seien Sie still miteinander. Können Sie die Freude in der Stille spüren, während Sie einander berühren?

Bevor Sie anfangen, sprechen Sie darüber, wie es Ihnen nach der vorherigen Austauschübung ergangen ist.

- Hat sich die Scherenposition für Sie wie eine andächtige Handlung, wie ein Gebet, eine Bitte um Verbindung angefühlt? Warum? Warum nicht?
- Konnten Sie den bewussten Energiefluss zwischen einander wahrnehmen? Oder sind Sie einfach nur trotzig eingeschlafen, weil Sie sich nicht an Ihrem Partner reiben durften? (oder haben Sie sich an Ihrem Partner gerieben?)

Konzentrieren Sie sich für diese Austauschübung auf den subtilen Energiefluss. Er könnte Sie überraschen.

Yin-Vergnügen

Wer war beim letzten Mal der Hüter? Der andere Partner sucht ein Bindungsverhalten aus der folgenden Liste aus und fungiert dieses Mal als Hüter. Wenn es passt, wechseln Sie sich ab.

- Die Brustwarzen und/oder Brüste des Partners berühren und daran saugen
- Einige Augenblicke von Brust-an-Brust-, Haut-an-Haut-Kontakt
- Sanft Ihre Innenhandfläche über die Genitalien Ihres Liebsten legen, mit der Absicht, ihn zu beruhigen
- Einige Augenblicke synchronisierten Atmens
- Den Kopf und Oberkörper Ihres Partners mindestens fünf Minuten lang wiegen oder zart schaukeln (funktioniert gut auf einer Couch oder mit vielen Kissen)
- Einander einige Augenblicke in die Augen schauen
- Einander in Stille halten oder Löffelchen liegen, mindestens zwanzig Minuten bis zu einer halben Stunde
- Den anderen einige Minuten lang streicheln mit der Absicht, ihn zu beruhigen
- Den anderen einige Minuten lang umarmen mit der Absicht, ihn zu beruhigen

Yang-Erkundung

Suchen Sie eine von den folgenden Aktivitäten aus, wenn Sie sich beide einig werden können. Wenn Sie sich nicht einigen können, wählen Sie die erste.

Ohrmassage

Legen Sie den Kopf Ihres Partners auf ein Kissen in Ihren Schoß. Geben Sie ihm einige Minuten lang eine langsame, sinnliche Ohrmassage. Denken Sie auch daran, zart an den Ohrläppchen zu ziehen. Tauschen Sie die Rollen.

Geschlechtsverkehr

Gehen Sie nur dann zum Geschlechtsverkehr über, wenn Sie beide durch sanfte Küsse und Berührungen angemessen erregt sind, ohne sich absichtlich körperlich, durch sexuelle Phantasien oder sexuelle Stimulation zu erregen. Seine Erektion muss nicht besonders stark sein, doch sie muss gut feucht sein (oder zumindest begeistert bei der Sache sein, falls ihre Gesundheit oder ihr Alter eine natürliche Feuchtigkeit verhindert). Fühlen Sie sich frei, einfach nur die Genitalien zu berühren und stillzuliegen, wenn Geschlechtsverkehr noch nicht die richtige Alternative für Sie beide zu sein scheint.

Küssen und kuscheln Sie miteinander, solange Sie können. Wenn Sie sich entscheiden, dass Sie beide entspannt genug sind, oder wenn es Abend ist und Sie danach einschlafen möchten, legen Sie sich entweder in die Scheren- oder die Brückenposition (Abbildung). Vereinen Sie Ihre Genitalien, während Sie in dieser andächtigen Haltung liegen.

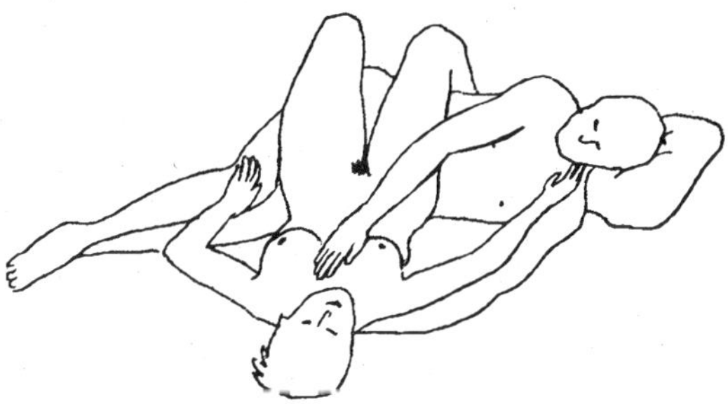

Brückenposition

Versuchen Sie nicht, sich zu küssen, während Sie in der Scheren- oder in der Brückenposition liegen. Stellen Sie sich die Sexualenergie vor, die zwischen Ihnen aus dem Herzen Ihres Partners durch Ihre Genitalien in Ihr Herz und zurück durch Ihre Genitalien zum Herzen Ihres Partners fließt. Versuchen Sie, die Position mindestens fünfzehn Minuten zu halten und sich nicht zu bewegen, außer, um bequemer zu liegen (vielleicht müssten Sie mal die Seiten wechseln oder sogar eine andere Position wählen, bei der Sie auf der Seite liegen.) Drücken Sie Ihre

Liebe über Ihre Hände aus, die das Herz Ihres Partners berühren oder über der Hand Ihres Partners liegen. Entspannen Sie sich völlig.

Verbinden Sie sich in diesen Positionen so oft, wie Sie möchten. Wenn Sie übermäßig erregt sind, dann gehen Sie sanft auseinander, setzen Sie sich aufrecht hin und lassen Sie die Energie gemeinsam zirkulieren – oder setzen Sie eine andere „Lieblingsabkühltechnik" ein, die Sie schon praktiziert haben. Wenn Sie einmal einschlafen oder aufstehen, sollten Sie keinen weiteren Geschlechtsverkehr miteinander haben, bevor es nicht in den Austauschübungen steht.

AUSTAUSCHÜBUNG 17

Jungfräulichkeit

In heiligen Texten liest man zuweilen etwas über die Wichtigkeit der „Jungfräulichkeit“, wenn man den freien Fluss der Energieströme zwischen Liebenden gestatten will. Einige sind der Überzeugung, dass diese Energieströme eine magnetische Ladung zwischen den Partnern aufbauen, die es erlaubt, tiefere Erlebnisse des Verschmelzens zu erfahren oder das Gefühl, dass die physischen Grenzen zwischen Partnern eine Illusion sind.

Worum es dabei geht, ist nicht *Jungfräulichkeit* im eigentlichen Sinne, sondern eine *jungfräuliche Einstellung*. Das hat zwei Aspekte. Der erste besteht darin, die Fähigkeit zu haben, über jeglichen exzessiven sexuellen Hunger, den Sie entwickelt haben mögen, hinauszuwachsen, das heißt, über die Gewohnheit hinauszugehen, Ihre sexuelle Erregung durch einen Orgasmus kurzzuschließen. Erlauben Sie Ihrer Energie stattdessen, durch Ihren gesamten Körper zu strahlen (und schließlich auch durch den Ihres Liebsten), bis zu dem Grad, in dem es möglich ist.

Der zweite Aspekt einer jungfräulichen Einstellung ist eine emotionale Offenheit, frei von Groll und Abwehrhaltungen der Vergangenheit. Selbst wenn Sie immer noch verärgert sein sollten, behalten Sie das Ziel im Auge, diesen Ärger aufzulösen, so dass Ihre Energie frei fließen kann.

Bevor Sie anfangen, sprechen Sie über Ihre Erfahrungen im Anschluss an die letzte Austauschübung.

- Haben Sie es vermieden, kräftig zu stoßen? Falls nicht, warum nicht?
- Haben Sie während des Geschlechtsverkehrs nichts gespürt und sind einfach direkt eingeschlafen? Falls nicht, was haben Sie gefühlt? Falls doch, warum?
- Haben Sie sich anschließend befriedigt gefühlt? Falls nicht, warum nicht?
- Hatten Sie während oder nach den Austauschübungen das Bedürfnis „Ich liebe dich“ mit Worten oder über Berührungen zu sagen?
- Kamen Ihnen während oder nach der Austauschübung erotische Bilder von konventionellem Sex oder Vorspiel in den Sinn? (Diese Nervenbahn im Gehirn kann sehr machtvoll sein. Versuchen Sie, Ihre ganze Aufmerksamkeit daher auf ein Bild von Verbindung zu legen, das Sie inspirierend finden.)

- Haben Sie sich völlig sicher gefühlt? Falls nicht, was würde Ihnen das Gefühl von größerer Sicherheit geben?
- Hatten Sie anschließend im Schlaf einen Orgasmus? Falls dies der Fall ist, klopfen Sie sich selbst auf die Schulter und lesen Sie nochmals die Einführung zu den Austauschübungen. Es ist Zeit, einen Gang zurückzuschalten.

Yin-Vergnügen

Wer war das letzte Mal der Hüter? Der andere Partner sucht sich ein Bindungsverhalten aus, das er mag, und fungiert als Hüter.

Yang-Erkundung

Wählen Sie eine der folgenden Aktivitäten.

Zusammen baden

Wenn Sie eine Dusche oder eine Badewanne haben, probieren Sie dort eine stille, lange Umarmung aus. Baden Sie Ihren Liebsten bzw. Ihre Liebste, nicht sich selbst. Erlauben Sie ihm oder ihr, Sie zu waschen. Wenn Sie sich einschamponieren, machen Sie das auch gegenseitig.

Beruhigungstechniken

Wechseln Sie sich ab, diese Techniken zu üben, um die Lage abzukühlen, wenn Sie der Hüter sind:

- Meditieren Sie einen Augenblick zusammen oder beten Sie gemeinsam für inneren Frieden.
- Lassen Sie Ihren Partner sich vor Sie hinlegen, das Gesicht nach oben, während Sie seinen bzw. ihren Kopf in Ihren Händen halten, ohne sich zu bewegen.
- Halten Sie in der Bewegung inne. Schauen Sie sich einen Moment lang in die Augen.

AUSTAUSCHÜBUNG 18

Konsequenz

Als ich meinen Hund erzogen habe, war Konsequenz das Wichtigste überhaupt. Sonst nahm er einfach an, dass die Befehle nur Vorschläge waren. Und so war es auch mit meinem Gehirn. Ich versuchte, eine neue Gewohnheit zu etablieren. Und ich entdeckte, je konsequenter ich war, umso schneller kam ich durch die unangenehmen Phasen der Hyperwachsamkeit hindurch und umso schneller konnte ich mich wieder entspannen und die Belohnungen genießen.

Außerdem machten mein Partner und ich einiges auch ganz richtig. Wir schliefen treu jede Nacht im gleichen Bett, auch wenn wir mal an einem stressigen Trennungskater litten. Und wir hatten nie absichtlich einen Höhepunkt oder versuchten, den anderen dazu zu bringen.

Bevor Sie anfangen, sprechen Sie darüber, wie es Ihnen nach der vorherigen Austauschübung ergangen ist.

- Hatten Sie das Gefühl, verwöhnt zu werden? Was würde Ihnen noch mehr das Gefühl geben, verwöhnt zu werden?
- Wie geht es Ihnen mit dem bewegungslosen Kuscheln, wo sich nur die Energie bewegt? Vertrauen Sie darauf, dass etwas passiert, auch wenn es nur subtil ist.
- Haben Sie die Zeichen eingesetzt, die Sie sich ausgedacht haben, um jegliche Bewegung zu stoppen, sich in die Löffelposition zu legen und Ihren Partner wissen zu lassen, wie sehr Sie ihn bzw. sie lieben? Falls nicht, nehmen Sie diese Zeichen in Ihr Kuscheln mit auf.

Yin-Vergnügen

Wer war das letzte Mal der Hüter? Der andere Partner sucht sich ein Bindungsverhalten aus, das er mag, und übernimmt auch die Rolle des Hüters.

- Die Brustwarzen und/oder Brüste des Partners berühren und daran saugen
- Einige Augenblicke von Brust-an-Brust-, Haut-an-Haut-Kontakt
- Sanft Ihre Innenhandfläche über die Genitalien Ihres Liebsten legen, mit der Absicht, ihn zu beruhigen

- Einige Augenblicke synchronisierten Atmens
- Den Kopf und Oberkörper Ihres Partners mindestens fünf Minuten lang wiegen oder zart schaukeln (funktioniert gut auf einer Couch oder mit vielen Kissen)
- Einander einige Augenblicke in die Augen schauen
- Einander in Stille halten oder Löffelchen liegen, mindestens zwanzig Minuten bis zu einer halben Stunde
- Den anderen einige Minuten lang streicheln mit der Absicht, ihn zu beruhigen
- Den anderen einige Minuten lang umarmen mit der Absicht, ihn zu beruhigen

Yang-Erkundung

Entfaltung

Partner A liegt auf einer Decke am Boden, in der Position, in der er bzw. sie sich gewöhnlich zusammenrollt, wenn er sich allein gelassen, ungeliebt oder betrogen fühlt. Partner B kniet an ihrem bzw. seinem Kopf und hält ihn einen Augenblick zärtlich fest, die Augen geschlossen.

Dann nimmt sich Partner B mindestens fünf Minuten Zeit, Partner A sanft, mit vielen Küssen, Gliedmaße für Gliedmaße aus der Position herauszulösen, bis er bzw. sie bequem auf seinem bzw. ihrem Rücken liegt, die Handflächen nach oben, Arme und Beine gestreckt, doch entspannt. Partner B sollte den bewussten Versuch unternehmen, Partner A Heilenergie zu senden, um alle alten Programmierungen in Bezug auf Isolation und Abwehr aufzulösen.

Wenn Partner B fertig ist, dankt Partner A Partner B, indem er ihn bzw. sie eine Weile im Arm hält. Tauschen Sie dann die Rollen.

AUSTAUSCHÜBUNG 19

Fragen (Geschlechtsverkehr)

Im Anschluss an die Austauschübungen möchten Sie möglicherweise zu konventionellem Sex zurückkehren, um den Vergleich zu ermöglichen. Doch zuweilen fragen Paare: „Wenn wir auch nach den Austauschübungen bei Karezza bleiben wollen, wie oft haben wir dann Geschlechtsverkehr oder einen Orgasmus?“ Wir fanden es hilfreich, *nicht* jeden Tag Geschlechtsverkehr zu haben. Wir schoben zumindest immer einen Tag, häufig mehrere, zwischen die Gelegenheiten zum Geschlechtsverkehr ein. In diesen anderen Nächten sind wir jedoch immer sehr um Bindungsverhalten bemüht – zumindest für ein paar Momente – so wie Küssen, einander im Arm halten, sich bemühen, zur gleichen Zeit ins Bett zu gehen und morgens zu kuscheln, wenn wir beide wach sind. Dieses Verhalten hilft uns, weniger zielorientiert zu bleiben.

Wenn Sie und Ihr Partner nach den Austauschübungen zu Sex mit Orgasmus zurückkehren, werden Sie ein klares Bild davon bekommen, wie der Zyklus der Leidenschaft bei Ihnen beiden aussieht. Das sollte Ihnen dabei helfen, zu bestimmen, wie oft Sie das erleben möchten.

Es ist auch möglich, dass Sie sich dabei abwechseln möchten, zu entscheiden, mit welcher liebevollen Aktivität Sie gern bei Ihrer *nächsten* intimen Gelegenheit anfangen möchten. Wenn einer von Ihnen beiden nämlich Sehnsucht nach einem bestimmten Verhalten hat, inklusive Geschlechtsverkehr, kann sein bzw. ihr Wunsch auf diese Art und Weise mit geringer Verzögerung erfüllt werden. Geplanter Geschlechtsverkehr kann beruhigender sein als spontaner. Sie haben dann beide etwas, worauf Sie sich freuen können, und das hilft, Frust zu verhindern. Sich nämlich immer fragen zu müssen, wann wohl bald mal wieder eine Gelegenheit da sein wird, sich körperlich zu lieben, kann sehr leicht Frust hervorrufen oder dazu führen, dass Sie die Absichten Ihres Partners falsch verstehen.

„Uns abzuwechseln, hat unglaublich viel Druck rausgenommen und ein paar ganz überraschende Ergebnisse zutage befördert. Am überraschendsten ist wahrscheinlich, dass ich mich manchmal für fünf Minuten Kuscheln auf dem Sofa entscheide, komplett angezogen – und meine Frau mich zu nacktem Geschmuse im Mondlicht einlädt.“

Pierce

Bevor Sie anfangen, sprechen Sie darüber, was Sie nach der letzten Austauschübung erlebt haben.

- Fühlen Sie den größeren Sinn in dem, was Sie gemeinsam tun? Falls dem so ist, wie würden Sie es beschreiben?
- Gibt es glückliche Zufälle oder unerwartete Geschenke, die aus Ihrer gemeinsamen Zeit entstanden sind? Falls dem so ist, zeigen Sie Ihre Dankbarkeit, indem Sie Ihren Partner besonders umhegen?

Yin-Vergnügen

Wer war letztes Mal der Hüter? Der andere Partner sucht sich ein Bindungsverhalten aus und fungiert als Hüter.

- Die Brustwarzen und/oder Brüste des Partners berühren und daran saugen
- Einige Augenblicke von Brust-an-Brust-, Haut-an-Haut-Kontakt
- Sanft Ihre Innenhandfläche über die Genitalien Ihres Liebsten legen, mit der Absicht, ihn zu beruhigen
- Einige Augenblicke synchronisierten Atmens
- Den Kopf und Oberkörper Ihres Partners mindestens fünf Minuten lang wiegen oder zart schaukeln (funktioniert gut auf einer Couch oder mit vielen Kissen)
- Einander einige Augenblicke in die Augen schauen
- Einander in Stille halten oder Löffelchen liegen, mindestens zwanzig Minuten bis zu einer halben Stunde
- Den anderen einige Minuten lang streicheln mit der Absicht, ihn zu beruhigen
- Den anderen einige Minuten lang umarmen mit der Absicht, ihn zu beruhigen

Yang-Erkundung

Wählen Sie eine der folgenden Aktivitäten, wenn Sie sich beide einigen können. Wenn nicht, machen Sie die erste.

Prickelndes Rückgrat

Ihr Partner legt sich auf den Bauch aufs Bett. Streichen Sie ihm nun langsam vom Steißbein aufwärts bis in den Nacken, und setzen Sie dabei Hand-über-Hand-Bewegungen ein. Machen Sie das mindestens drei Mal, oder öfter, wenn Sie mögen. Legen Sie dann eine Hand auf das Sakrum (Kreuzbein) und die andere Hand ganz oben an die Wirbelsäule und lassen Sie Ihre Hände einige Augenblicke dort liegen. Können Sie fühlen, wie die Energie zwischen Ihren Händen fließt? Was fühlt Ihr Partner? Tauschen Sie die Rollen.

Geschlechtsverkehr

Der Bootsführer setzt Küsse, Berührungen und zarte Bewegungen seines Körpers neben ihrem ein, damit sie sich geliebt fühlt. Begrenzen Sie direkte genitale Stimulierung auf die flüchtigste aller Bewegungen und machen Sie eine liebevolle Geste daraus. Konzentrieren Sie sich mehr auf den Rest ihres Körpers. Erlauben Sie, dass die Reaktionen im Genitalbereich ganz natürlich als Teil der Entspannungsreaktion entstehen, die sexuelle Erregung fördert. Vermeiden Sie (natürlich) oralen Sex. Ihre einzige Aufgabe besteht darin, sich zu entspannen und seine kreativen Berührungen und liebevolle Großzügigkeit zu genießen. Sie sollte nicht versuchen, sich selbst oder ihn in irgendeiner Form zu erregen, wobei sie ihn natürlich gern liebevoll und fürsorglich berühren darf.

Wenn einer der beiden Partner übermäßig erregt wird, liegen Sie einfach still nebeneinander, synchronisieren Ihre Atmung und lassen Ihre Hand leicht auf dem Genitalbereich des Partners ruhen, bis Sie beide wieder ruhig sind. Sorgen Sie dafür, dass Ihre Berührung zart und andächtig ist. Vermitteln Sie einander Ihre Verehrung füreinander.

Dies ist eine Austauschübung mit Geschlechtsverkehr, wenn Sie also beide soweit sind, verbinden Sie Ihre Genitalien und liegen ganz still. Wählen Sie die Scheren-, Brücken- oder eine andere Position, bei der Sie auf der Seite liegen, Yab-Yum (die Frau sitzt auf dem Schoß des Mannes und schaut ihn an) oder die Frau in der oben liegenden Position (wenn sie dabei ganz ruhig bleibt).

Haben Sie Geschlechtsverkehr, sooft Sie wollen, aber machen Sie nur ganz zarte Bewegungen und vermeiden Sie tiefe und kräftige Stöße. *Halten Sie häufig inne*, um die Stille und die subtileren Energien zu genießen, die dabei fließen. Hören

Sie auf, wenn die Energie bei einem von Ihnen beiden aufhört, zu fließen. Geben Sie sich keine Mühe, einander anzuheizen. Entspannen Sie sich stattdessen. Gleichgültig, wer der Hüter ist, wenn einer von Ihnen beiden fühlt, dass Ihr Partner zu erregt wird, sich anspannt oder den Atem anhält, hören Sie auf Ihre Intuition! Halten Sie inne und schlagen Sie vor, tief zu atmen. Machen Sie gemeinsam eine Energiezirkulation (Austauschübung drei), bis die Lage sich wieder beruhigt. Sie tun gut daran, die ehrlich gemeinten und überzeugenden Versicherungen Ihres Partners, dass er oder sie alles unter Kontrolle hat, zu ignorieren. Ihre Intuition ist unter solchen Umständen höchstwahrscheinlich verlässlicher als die Einschätzung Ihres Partners.

Vermeiden Sie Geschlechtsverkehr zwischen den Austauschübungen. Sie können jedoch Ihr Kuscheln immer mit der Scheren- oder Brückenposition oder einer anderen bequemen Position beenden, ohne Geschlechtsverkehr zu haben.

AUSTAUSCHÜBUNG 20

Selbstbeobachtung

Als ich noch die ganze Zeit über Höhepunkte hatte, litt ich unter so vielen Stimmungsschwankungen (Euphorie, Angst, Ärger, Wunschdenken, Anspruchshaltung) und damit verbundenen Selbstzweifeln, dass meine Wahrnehmung nicht verlässlich war. Ich fand es außerdem schwierig, die Hauptgefühle auszumachen, die zu meinen zerstörerischen und selbstzerstörerischen Mustern gehörten, die ich loslassen musste.
Je weniger Zyklen der Leidenschaft ich auslöse, umso leichter ist es, selbstsabotierende Gedanken auszumachen – und umso leichter ist es, zu sehen, dass sie so grundlos wie schlechte Träume sind, die sich am Morgen auflösen. Warum? Weil ich mich die restliche Zeit über ausgeglichen und geliebt fühle, und nicht beklommen. Wellen intensiven Gefühls nach einem Orgasmus sind die Ausnahme, nicht die Regel. Sie können hilfreich sein, weil sie mir aufzeigen, was mich noch von tieferer Intimität abhält. Sie zeigen mir, welche falschen Glaubenssätze mir immer noch im Weg stehen. Der Klärungsprozess läuft ganz natürlich ab, doch Therapeuten und energetische Heilung können ihn unterstützen.
Vielleicht kehren Sie schon bald zu konventionellem Sex zurück. Wenn Sie das tun, schreiben Sie sich Ihre Gefühle in den ersten beiden Wochen auf. Hier sind die Notizen von zwei Paaren, die ähnliche Experimente gemacht haben. (Lassen Sie sich nicht den Spaß verderben …)

„Ich fand es immer schlimm, zu wissen, dass mein Mann glaubt, der Orgasmus sei natürlich und gar kein Problem, darum sagte ich neulich zu ihm: ‚Okay, lass es uns mal einen Monat mit Orgasmen versuchen, nur um zu sehen, wie es ist.' Ich dachte, es wäre gut für mich, meine Angst vor Orgasmen loszulassen, die die Samael Aun Weor-Kurse in mir hervorgerufen hatten, wo der Orgasmus verteufelt wird.
Also hatten wir zweimal absichtlich einen Orgasmus und danach sagte er: ‚Das reicht. Können wir bitte wieder zurückkehren zu dem, was wir vorher gemacht haben?' Er sagte das, obwohl ich eigentlich ganz glücklich damit war, das Experiment fortzusetzen. Unser Sex ohne Orgasmus ist für ihn ‚Liebe machen', während das, was gerade passiert war, ‚einfach nur Sex' war.
Für mich war dieses Experiment auch eine Erinnerung daran, dass Orgasmen

das schöne, magische Gefühl vertreiben, das während des Geschlechtsverkehrs aufgebaut wird. Außerdem machen sie süchtig; am nächsten Tag kam immer wieder das störende Gefühl in mir auf, Lust auf mehr zu haben, und unterbrach meine Gedanken. Sex ohne Orgasmus hinterlässt eine langanhaltende Befriedung im Vergleich zu Sex ohne Orgasmus, was schon fast ironisch ist."

Jane

„Meine Frau und ich haben versucht, auf eine Schwangerschaft hinzuwirken, deswegen wechseln wir ständig hin und her. Jeder Kater ist schlimmer als der letzte. Wobei ich nicht ganz sicher bin, ob das wirklich stimmt. Vielleicht sorgt die Tatsache, dass wir in jeder Phase zwischen den Katern so viel tiefer kommen, einander so viel näher kommen und klarer werden, einfach nur dafür, dass der Kater uns schlimmer als vorher vorkommt. Ich habe keine Ahnung, wie ich vorher ohne dieses Wissen überhaupt klarkommen konnte."

Terry

Bevor Sie anfangen, sprechen Sie miteinander über Ihre Erlebnisse nach der letzten Austauschübung.

- Was von den Dingen, die Ihr Partner während des Liebesspiels getan hat, mochten Sie am meisten? Hat irgendetwas Sie überrascht?
- Haben Sie sich geliebt gefühlt? Haben Sie sich heute befriedigt gefühlt? Wie würden Sie Ihre Gefühle beschreiben?
- Haben Sie sich Phasen der Stille erlaubt, um zu sehen, ob Sie subtile oder freudige Energiebewegungen spüren konnten? Haben Sie mit dem Liebesspiel aufgehört, als der Energiefluss aufhörte, oder versucht, einander in ein weiteres Hoch zu stimulieren? Versuchen Sie aufzuhören, wenn die Energie aufhört.

Yin-Vergnügen

Wer war beim letzten Mal der Hüter? Der andere Partner sucht sich ein Bindungsverhalten aus und übernimmt die Rolle des Hüters.

- Die Brustwarzen und/oder Brüste des Partners berühren und daran saugen
- Einige Augenblicke von Brust-an-Brust-, Haut-an-Haut-Kontakt
- Sanft Ihre Innenhandfläche über die Genitalien Ihres Liebsten legen, mit der Absicht, ihn zu beruhigen
- Einige Augenblicke synchronisierten Atmens
- Den Kopf und Oberkörper Ihres Partners mindestens fünf Minuten lang wiegen oder zart schaukeln (funktioniert gut auf einer Couch oder mit vielen Kissen)
- Einander einige Augenblicke in die Augen schauen
- Einander in Stille halten oder Löffelchen liegen, mindestens zwanzig Minuten bis zu einer halben Stunde
- Den anderen einige Minuten lang streicheln mit der Absicht, ihn zu beruhigen
- Den anderen einige Minuten lang umarmen mit der Absicht, ihn zu beruhigen

Yang-Erkundung

Experimentieren Sie mit verschiedenen Stellungen, die für den Geschlechtsverkehr möglich sind, *ohne dabei Geschlechtsverkehr zu haben.* Sagen Sie einander bei jeder Stellung, was Sie gut finden, was nicht so gut. Legen Sie den Schwerpunkt auf die Bequemlichkeit, damit Sie in der Lage sind, lange Zeit Geschlechtsverkehr haben zu können, wo immer wieder Phasen der Stille enthalten sind. Vielleicht wollen Sie einmal ausprobieren, beide auf der Seite zu liegen, mit den Beinen der Frau um die des Mannes gewickelt (und mit Kissen zur Unterstützung). Seien Sie kreativ.

Wählen Sie die bequemste Position aus, die Sie finden können, und liegen Sie in ihr mindestes fünfzehn Minuten still. Entspannen Sie sich komplett. *Konzentrieren Sie sich darauf, was Sie dort fühlen, wo Ihre Haut die Haut Ihres Liebsten bzw. Ihrer Liebsten berührt.* Beschränken Sie Ihre Intimität zwischen dieser und der nächsten Austauschübung auf zärtliche Küsse und Berührungen, ohne Geschlechtsverkehr.

AUSTAUSCHÜBUNG 21

Bravo!

Dies ist die letzte Austauschübung. Gleichgültig, ob Sie sich dafür entscheiden, nach den Austauschübungen zu orgastischem Sex zurückzukehren oder nicht, wird es Ihnen so oder so manchmal passieren, dass Sie einen Orgasmus erleben. Das wird Ihnen die Gelegenheit geben, die Auswirkungen fortpflanzungsorientierten Sexes mit bindungsorientiertem Sex zu vergleichen.

Der Orgasmus kann ein erzieherisches Geschenk sein, vor allem, nachdem Sie die Vorteile von bindungsorientiertem Liebesspiel kennengelernt haben. Seien Sie für zwei Wochen nach einem Orgasmus ein Wissenschaftler. Machen Sie sich Notizen in einem Kalender, wenn möglich.

Stellen Sie anfallsartige Reibung oder Ärger in Ihrer Beziehung zu Ihren Kindern oder Kollegen fest? Schwankungen Ihres Energiepegels? Schwankungen in Ihrem Optimismus? In Ihrem Selbstvertrauen? Ihrer Klarheit? Der Tiefe in Ihren spirituellen Übungen? In Ihrer Liebe zu Ihrem Partner?

Kommt Ihnen Ihr Partner anders vor? Verändert sich Ihr Wunsch nach Bindungsverhalten? Fühlt sich das Verhalten für einen von Ihnen anders an? Wie ist es mit Ihrem Maß an sexueller Frustration? Seien Sie nicht überrascht, wenn Sie beide Auswirkungen an sich feststellen, auch wenn nur einer von Ihnen einen Höhepunkt hat. Und seien Sie gleichfalls nicht überrascht, wenn die Auswirkungen häufig so subtil sind, dass Sie an Ihrer Wahrnehmung zweifeln. Verfolgen Sie sie dennoch, damit Sie sehen können, ob es ein Muster gibt.

Seien Sie mit den Gefühlen des anderen so vorsichtig wie eben möglich, und versuchen Sie, Stimmungsschwankungen nicht zu ernst zu nehmen. (In Kapitel neun gibt es ein paar nützliche Vorschläge für den Umgang mit dem Zyklus der Leidenschaft.)

Bevor Sie anfangen, sprechen Sie darüber, was Sie nach der letzten Austauschübung erlebt haben.

- Was haben Sie dort gefühlt, wo die Haut Ihres Liebsten Ihre Haut berührt hat?
- Fühlen Sie sich Ihrem Partner gegenüber dankbar? Warum?

- Sagen Sie Ihrem Partner so ehrlich wie möglich, was Sie über bindungsorientierten Sex denken. (Vielleicht wollen Sie auf diese Frage noch mal zurückkommen, zwei Wochen, nachdem Sie wieder zu fortpflanzungsorientiertem Sex zurückgekehrt sind. Die rückwärtige Betrachtung ist manchmal klarer.)
- Gibt es sonst noch Fragen, die Sie einander in Bezug auf Ihre Erfahrung stellen möchten?

Yin-Vergnügen

Wer war beim letzten Mal der Hüter? Der andere Partner sucht sich ein Bindungsverhalten aus und übernimmt die Rolle des Hüters.

- Die Brustwarzen und/oder Brüste des Partners berühren und daran saugen
- Einige Augenblicke von Brust-an-Brust-, Haut-an-Haut-Kontakt
- Sanft Ihre Innenhandfläche über die Genitalien Ihres Liebsten legen, mit der Absicht, ihn zu beruhigen
- Einige Augenblicke synchronisierten Atmens
- Den Kopf und Oberkörper Ihres Partners mindestens fünf Minuten lang wiegen oder zart schaukeln (funktioniert gut auf einer Couch oder mit vielen Kissen)
- Einander einige Augenblicke in die Augen schauen
- Einander in Stille halten oder Löffelchen liegen, mindestens zwanzig Minuten bis zu einer halben Stunde
- Den anderen einige Minuten lang streicheln mit der Absicht, ihn zu beruhigen
- Den anderen einige Minuten lang umarmen mit der Absicht, ihn zu beruhigen

Yang-Erkundung

Prüfen Sie mal nur zum Spaß Ihren Geisteszustand nach drei Wochen Austauschübungen. Der Harmonie-Index ist ein Weg, Ihren Fortschritt zu messen.

Harmonie-Index

Er	Sie	Welche der folgenden Aussagen trifft auf Sie zu?
____	____	Ich schlafe besser.
____	____	Ich kann mich entspannen und es erlauben, verwöhnt zu werden.
____	____	Ich habe den Einsatz eines bestimmten Stimulans zurückgeschraubt oder ganz damit aufgehört.
____	____	Meine Gesundheit hat sich in irgendeiner Hinsicht merklich verbessert.
____	____	Ich kann klarer denken.
____	____	Ich habe weniger Schmerzen.
____	____	Ich habe das Gefühl, „im Flow" zu sein.
____	____	Ich lächle oder lache öfter.
____	____	Ich bin weniger besorgt.
____	____	Ich bin produktiver und gehe mit schwierigen Problemen effektiver um.
____	____	Die Kinder benehmen sich besser.
____	____	Ich streite mich weniger mit meinem Partner, meinen Schwiegereltern oder blöden Bürokraten.
____	____	Ich fühle mich mehr geliebt.
____	____	Ich vergeude weniger Zeit.
____	____	Ich habe das Gefühl, wir werden immer Freunde bleiben, egal, was passiert.
____	____	Bestimmte Aspekte unserer Beziehung sind geheilt.
____	____	Ich fühle mich seltener kaputt, erschöpft und/oder gehetzt.
____	____	Ich mache bessere Fortschritte mit einem Projekt.
____	____	Meine Angst vor Intimität ist weniger geworden.
____	____	Mein Partner nörgelt weniger an mir herum.
____	____	Ich fühle mich besser unterstützt.
____	____	Ich kann besser um Hilfe bitten, wenn ich sie brauche.
____	____	Ich bin geselliger.
____	____	Ich bin großzügiger.

Ich habe weniger Scherereien an der Arbeit oder ich kann besser mit dem

____ ____ Stress an der Arbeit umgehen.

____ ____ Ich nehme vieles lockerer.

____ ____ Ich bin besser gelaunt und seltener depressiv.

____ ____ Ich fühle mich jugendlicher.

____ ____ Ich habe den Eindruck, meine Intuition ist besser geworden.

____ ____ Ich habe ein optimistisches Gefühl für die Zukunft.

Wie sähe Ihre Beziehung aus, wenn Sie sich dazu entscheiden würden, nur noch bindungsorientierten Sex zu haben, außer, wenn Sie sich ein Kind wünschen? Würde es Ihren ehrlichen Wunsch, zusammenzubleiben, verstärken?
Danken Sie Ihrem Partner bzw. Ihrer Partnerin dafür, dass er bzw. sie die Austauschübungen mit Ihnen ausprobiert hat. Genießen Sie Ihre zukünftigen Erkundungen![****]

**** Vielleicht gefallen Ihnen auch die Vorschläge auf der Website: http://www.reuniting.info/resources/exchange_of_the_day.

Wichtiger Hinweis

Die Ratschläge zur Selbstbehandlung in diesem Buch sind von der Autorin und vom Verlag sorgfältig erwogen und geprüft worden. Dennoch kann eine Garantie nicht übernommen werden. Bei ernsthafteren oder länger anhaltenden Beschwerden sollten Sie auf jeden Fall einen Arzt oder einen Heilpraktiker Ihres Vertrauens zu Rate ziehen. Eine Haftung der Autorin oder des Verlages für Personen-, Sach-, und Vermögensschäden ist ausgeschlossen.

In Dankbarkeit

Dieses Buch hätte im Laufe von fünfzehn Jahren nicht ohne die Großzügigkeit und hingebungsvolle Mühe vieler Menschen geschrieben oder veröffentlicht werden können. Aus bestimmten Gründen möchten die meisten von ihnen lieber anonym blieben. Dennoch gibt es ein paar mutige Menschen, denen ich gern namentlich danken möchte. Mary Sharpe hat mir viele Jahre lang zahlreiche Erkenntnisse, relevante Forschungsergebnisse und praktische Vorschläge zukommen lassen. Sie ging sogar nochmals nach Cambridge an die Uni zurück, um einen zweiten akademischen Grad im Bereich Religion zu erwerben, um Sexualität und das Heilige zu studieren und darüber zu schreiben. Ihre Arbeit führte zu vielen faszinierenden Entdeckungen, von denen sich einige hier in diesem Buch wiederfinden. Steve Coffin und Jay Moller haben beide viele Stunden ihrer kostbaren Zeit darauf verwendet, das Buch kritisch zu lesen und mir sowohl schlaue als auch heikle Fragen zu stellen, die dem Text sehr gut getan haben. Mari Petersens loyale Ermutigung und ihre Einsichten zum Thema Bindung waren von unschätzbarem Wert. Augustin Masquilier hat in großzügiger Weise Stunden damit verbracht, meine Website neu zu strukturieren und mir beizubringen, wie ich sie pflege, was letztlich die Tore für eine unglaubliche Blog-Community geöffnet hat. Ihre Bereitschaft, mit den Konzepten dieses Buches zu experimentieren und dort ihre persönlichen Geschichten mitzuteilen, sind kostbare Geschenke – sowie ein freudvolles Experiment im Einssein.

Ich bin außerdem mit einigen wunderbaren männlichen und weiblichen Mentoren gesegnet, in Form von Professoren, Chefs und nahen Verwandten. Ihr starkes Gravitationszentrum, ihre gesunden Grenzen und ihr intelligentes Verständnis des menschlichen Naturells haben mich unterstützt und aufrecht erhalten, wenn der Weg mir sehr steil erschien.

Und schließlich hat mein Ehemann Gary Wilson die Stunden sorgfältigen Studiums und die verwandten Erkenntnisse dazu beigetragen, die die Kernaussage dieses Materials dem wissenschaftsdurchdrungenen Westen erst zugänglich machen. Er trug auch die liebevolle Yang-Energie bei, die den Schreibprozess energetisiert hat.

Ich stehe in tiefer Schuld einer langen Kette von Enthusiasten, geliebten Menschen und Betreuern, die sich um den gesamten Globus erstreckt, mit besonderen Bindegliedern in Österreich, Belgien, Chile, England, Deutschland, Italien, Schweden, Taiwan und den USA.

Über die Autorin

Marnia Robinson war Juristin, bevor Sie Ihre Berufslaufbahn aufgab, um sich der Forschung zu widmen, wie die Vorschriften aus alten Büchern über heiligen Sex Disharmonie in intimen Beziehungen heilen können. Sie und ihr Ehemann Gary Wilson, Lehrer für Naturwissenschaften, halten weltweit Vorträge über die unwillkommenen Effekte der Evolutionsbiologie auf intime Beziehungen und die auffälligen Parallelen zwischen jüngsten wissenschaftlichen Entdeckungen und traditionellen Texten über heilige Sexualität. Sie unterhalten die Website *Reuniting: Healing with Sexual Relationships* (www.reuniting.info) und haben Artikel für verschiedenste Bücher und Magazine geschrieben. Sie leben in Ashland, Oregon, in den USA.

Endnoten

Vorwort

1 Sam Roberts, „The Shelf Life of Bliss," New York Times, 1. Juli 2007.

2 Euripides, Iphigenie in Aulis, Reclam, 2001: 22

Kapitel 1: Die Biologie hat Pläne für Ihr Liebesleben

3 Die Biologie hat Pläne für Ihr Liebesleben
Fisher, Helen, Anatomy of Love: A Natural History of Mating, Marriage, and Why We Stray (New York: Ballantine Books, 1995).

4 Jody Van Laningham, David R. Johnson, und Paul R. Amato, „Marital Happiness, Marital Duration, and the U-Shaped Curve: Evidence from a Five-Wave Panel Study," Social Forces, 79(4), Juni 2001: 1313–1341.

5 K. S. Birditt und T. C. Antonucci, „Relationship Quality Profiles and Well-Being Among Married Adults," J. Fam. Psychol., 21(4), Dezember 2007: 595–604.

6 D. F. Fiorino, A. Coury und A. G. Phillips, „Dynamic Changes in Nucleus Accumbens Dopamine Efflux During the Coolidge Effect in Male Rats," J. Neurosci., 17(12), Juni 1997: 4849–4855.

7 „Promiscuity Breeds Better Babies, Study Shows" Mercury, 2. November 2006, http://www.news.com.au/mercury/story/0,22884,20687497–921,00.html.

8 G. L. Lester und B. B. Gorzalka, „Effect of Novel and Familiar Mating Partners on the Duration of Sexual Receptivity in the Female Hamster," Behav. Neural. Biol., 49(3), Mai 1988: 398–405.

9 R. P. Michael und D. Zumpe, „Potency in Male Rhesus Monkeys: Effects of Continuously Receptive Females," Science, 28, 200(4340), April 1978: 451–453.

10 D. Klusmann, „Sexual Motivation and the Duration of Partnership," Arch. Sex Behav., 31(3), Juni 2002: 275–287.

11 James N. Powell, Energy and Eros: Teachings on the Art of Love, (New York: William Morrow and Company, Inc., 1985): 182.
12 A. B. Emiliano et al., „The Interface of Oxytocin-Labeled Cells and Serotonin Transporter-Containing Fibers in the Primate Hypothalamus: A Substrate for SSRIs' Therapeutic Effects?" Neuropsychopharmacology, 32(5), Mai 2007: 977–988.
13 G. L. Kovács, Z. Sarnyai und G. Szabó, „Oxytocin and Addiction: A Review," Psychoneuroendocrinology, 23(8), November 1998: 945–962.
14 Jim Young et al., „Stable Partnership and Progression to AIDS or Death in HIV Infected Patients Receiving Highly Active Antiretroviral Therapy: Swiss HIV Cohort Study," BMJ, 328(7430), Januar 2004: 15.
15 C. E. Detilliona et al., „Social Facilitation of Wound Healing," Psychoneuroendocrinology, 29(8), September 2004: 1004–1011.
16 „Parent that Takes Care of Offspring Tends to Outlive the Other Parent, Study Shows," CalTech Press Releases (Monday, June 8, 1998), http://mr.caltech.edu/media/lead/060898JA.html.
17 G. Holstege et al., „Brain Activation During Human Male Ejaculation," J. Neurosci., 23(27), Oktober 2003: 9185–9193.
18 „The Orgasmic Brain," Samstag, 9. Juli 2005, All in the Mind, Radio National (Australia), http://www.abc.net.au/rn/science/mind/stories/s1407052.htm.
19 Julian Savulescu und Anders Sandberg, „Neuroenhancement of Love and Marriage: The Chemicals Between Us," Neuroethics, 1(1), März 2008: 31–44.
20 VanLaningham, Johnson und Amato, „Marital Happiness": 1335.
21 Alexei Barrionuevo, „In Tangle of Young Lips, a Sex Rebellion in Chile," New York Times, 12. September 2008, http://www.nytimes.com/2008/09/13/world/americas/13chile.html.

Alte Weisheiten: Der Taoismus

22 Brian Walker, trans., Hua Hu Ching: The Unknown Teachings of Lao Tzu (San Francisco: HarperSanFrancisco, 1992).
23 Ebenda: 83.
24 Ebenda.
25 Ebenda: 84.
26 Ebenda.
27 Ebenda: 85.

28 Ebenda.

29 Douglas Wile, The Art of the Bedchamber (New York: State University of New York Press, 1992): 45, 48.

30 Ebenda: 8, 50.

31 Ebenda: 70.

Kapitel 2: Elefanten im Wohnzimmer

32 Mantak Chia und Michael Winn, Taoist Secrets of Love: Cultivating Male Sexual Energy (New York: Aurora Press, 1984).

33 Mantak Chia und Manewan Chia, Healing Love Through the Tao (Huntington, N.Y.: Healing Tao Books, 1986): 291.

34 Wile, Bedchamber: 10.

35 John Lee, The Flying Boy (Deerfield Beach, Fla.: Health Communications, Inc., 1989): 10.

36 John Humphrey Noyes, Male Continence (Oneida, N.Y.: Oneida Community, 1872), http://www.sacred-texts.com/sex/mc/index.htm.

37 Publius Ovidius Naso, Remedia Amoris (The Cure for Love), veröffentlicht 5 v.Chr., Teil IX, (adaptiert von der Übersetzung von A. S. Kline: http://www.tonykline.co.uk/PITBR/Latin/CuresforLove.htm#_Toc523020782).

38 Louis Untermeyer, ed., A Treasury of Ribaldry (Garden City, N.Y.: Hanover House, 1956): 7.

39 Chia, Taoist Secrets: 44.

40 Herb Goldberg, What Men Really Want (New York: New American Library, 1991): 112.

41 Ebenda: 77.

42 Swami Satyananda Saraswati, Kundalini Tantra (Bihar: Bihar School of Yoga, 1992).

43 Nicole Christine, Temple of the Living Earth (Sedona, Ariz.: Earth Song Publications, 1995): 18, 19.

44 Leonard Shlain, Sex, Time and Power (New York: Penguin Group, 2003): 158.

45 Chia, Taoist Secrets: 3.

46 Keith Dowman, Sky Dancer: The Secret Life and Songs of the Lady Yeshe Tsogyel (London: Routledge and Kegan Paul, 1984): 248.

Alte Weisheiten: Das Christentum

47 Elaine Pagels, Beyond Belief: The Secret Gospel of Thomas (New York: Random House, 2003): 174.

48 Wenn nicht anders angemerkt, habe ich die folgende Übersetzung verwendet: Jean-Yves Leloup, The Gospel of Philip: Jesus, Mary Magdalene, and the Gnosis of Sacred Union (Rochester, Vt.: Inner Traditions, 2004): 157.

49 Ebenda: 87.

50 R. McL. Wilson, The Gospel of Philip (New York: Harper & Row, 1962).

51 James M. Robinson, ed., The Nag Hammadi Library, überarbeitete Ausgabe (San Francisco: HarperCollins, 1990).

52 Leloup, Gospel of Philip: 109.

53 Leloup, Gospel of Philip: 107.

54 Leloup, Gospel of Philip: 111.

55 Leloup, Gospel of Philip: 105.

56 Leloup, Gospel of Philip: 109.

57 Leloup, Gospel of Philip: 91.

58 James M. Robinson, Hrsg., „The Exegesis on the Soul," The Nag Hammadi Library in English, third edition (New York: Harper & Row, 1988): 195.

59 Wile, Bedchamber: 8, 50.

60 Robert J. Miller, Hrsg., „Gospel of Thomas," The Complete Gospels: Annotated Scholars Version (Santa Rosa, Calif.: Polebridge Press, 1992, 1994).

61 Leloup, Gospel of Philip: 83. Das Fragment ist nicht ganz lesbar, doch dies ist die allgemeine, von Wissenschaftlern verwandte Übersetzung.

62 Dennis Ronald MacDonald, There Is No Male and Female: The Fate of a Dominical Saying in Paul and Gnosticism (Philadelphia: Fortress Press, 1987).

63 Elaine Pagels, The Gnostic Gospels (New York: Vintage, 1989). xvii.

64 Elaine Pagels, Beyond Belief: The Secret Gospel of Thomas (London: Pan Macmillan, 2005): 34.

65 Michael A. Williams, Rethinking „Gnosticism" (Princeton, N.J.: Princeton University Press, 1999): 174–175.

66 Margaret Farley, Just Love: A Framework for Christian Sexual Ethics (New York: The Continuum International Publishing Group, Inc., 2006): 254–255.

67 Peter Brown, The Body and Society: Men, Women, and Sexual Renunciation in Early Christianity (New York: Columbia University Press, 1988).

68 Elizabeth A. Clark, Bd. Hrsg., Jerome, Chrysostom and Friends, Studies in Women and Religion, Bd. 2, (Lewiston, N. Y.: The Edwin Mellen Press, 1979): 165–166.
69 Charles Williams, Descent of the Dove: A Short History of the Holy Spirit in the Church (Grand Rapids, Mich.: William B. Eerdmans, 1939): 13–14.
70 Farley, Just Love: 257.

Kapitel 3: Die Spitze des Eisbergs

71 Siehe auch Christina Ferrare, OK, So I Don't Have a Headache (New York: St. Martin's Press, 1999); und Judith Reichman, I'm Not in the Mood (New York: Harper Paperbacks, 1999).
72 Jennifer Berman und Laura Berman, For Women Only: What You Need to Know about the Inner Lives of Men (New York: Henry Holt and Company, LLC, 2001).
73 Rose M. Kreider und Jason M. Fields, „Number, Timing, and Duration of Marriages and Divorces: 1996," Current Populations Reports, Februar 2002, http://www.census.gov/prod/2002pubs/p70–80.pdf.
74 Willard F. Harley, Jr., Love Busters (Grand Rapids, Mich.: Baker Book House Company, 2002): 35, 37.
75 Janice Kiecolt-Glaser et al., „Marital Stress: Immunological, Endocrinological, and Health Consequences," The Psychoneuroimmunology (PNI) Research Program in the Institute for Behavioral Medicine Research at The Ohio State University, 2001, http://pni.psychiatry.ohio-state.edu/jkg/marital.html.
76 Wile, Bedchamber: 7.
77 Walker, Hua Hu Ching: 85.
78 Wile, Bedchamber: 6.
79 Lisa Diamond, Sexual Fluidity (Cambridge, Mass.: Harvard University Press, 2008).
80 Ebenda: 11.
81 Ebenda: 218–227.

Alte Weisheiten: Der Hinduismus

82 Powell, Energy and Eros: 109.
83 Ebenda: 108–109.

84 Paramhansa Yogananda, Autobiography of a Yogi (Los Angeles: Self-Realization Fellowship, 1979).

85 Georg Feuerstein, „Traditional Tantra and Contemporary Neo-Tantrism," http://www.traditionalyogastudies.com/articles_tantra-kundalini_neo.html.

Kapitel 4: Im Herzen des Trennungsvirus

86 Georg Feuerstein, Sacred Sexuality (Los Angeles: J. P. Tarcher, 1992).

87 Richard Dawkins, The Selfish Gene (Oxford: Oxford University Press, 1976): 22.

88 Alison Motluk, „Scent of a Man," New Scientist, 10. Februar 2001, http://www.skyaid.org/Skyaid%20Org/Medical/scent_of_a_man.htm; und Christine E. Garver-Apgar et al., „Major Histocompatibility Complex Alleles, Sexual Responsivity, and Unfaithfulness in Romantic Couples," Psychological Science, 17(10), November 2006: 830–835.

89 Paul MacLean, zitiert in „The Triune Brain," http://www.kheper.net/topics/intelligence/MacLean.htm

90 Geoffrey Miller, The Mating Mind: How Sexual Choice Shaped the Evolution of Human Nature (London: William Heinemann, 2000).

91 M. Daly und M. Wilson, „Evolutionary Social Psychology and Family Homicide," Science, 242(4878), Oktober 1988: 519–524.

92 Marjorie Shostak und Nisa, Nisa: The Life and Words of a!Kung Woman (Cambridge, Mass.: Harvard University Press, 2000): 243.

93 Meryl Hyman Harris, „Designer Genes: Women May Stray When Ovulation Peaks," SexualHealth.com, http://sexualhealth.e-healthsource.com/?p=-news1&id=530053.

94 G. K. Mak, „Male Pheromone-Stimulated Neurogenesis in the Adult Female Brain: Possible Role In Mating Behavior," Nat. Neurosci., 10(8), August 2007: 1003–1011.

95 Robin Baker, Sperm Wars: Infidelity, Sexual Conflict and Other Bedroom Battles (New York: Basic Books/HarperCollins, 1996).

96 Geoffrey Miller, Joshua M. Tybur und Brent D. Jordan, „Ovulatory Cycle Effects on Tip Earnings by Lap Dancers: Economic Evidence for Human Estrus?" Evolution and Human Behavior, 28 (6), November 2007: 375–381.

97 Jeffrey Kluger, „The Science of Romance: Why We Love," Time, 17. Januar 2008; und M. G. Haselton und S. W. Gangestad, „Conditional Expression of Women's Desires and Men's Mate Guarding Across the Ovulatory Cycle," Horm. Behav., 49(4), April 2006: 509–518.

98 Leo Tolstoy, The Kreutzer Sonata, http://etext.lib.virginia.edu/toc/modeng/public/TolKreu.html: Chapter 2.

99 V. Griskevicius et al., „Blatant Benevolence and Conspicuous Consumption: When Romantic Motives Elicit Strategic Costly Signals," J. Pers. Soc. Psychol., 93(1), July 2007: 85–102

100 Doron und Sarah Tikvah Kornbluth, Jewish Women Speak about Jewish Matters (Southfield, Mich.: Targum Press, Inc., 2000): 69–71.

101 D. Marazziti und G. B. Cassano, „The Neurobiology of Attraction," J. Endocrinol. Invest., 26(3 Suppl.), 2003: 58–60, http://www.ncbi.nlm.nih.gov/pubmed/12834023?dopt=Abstract.

102 D. Marazziti et al., „Alteration of the Platelet Serotonin Transporter in Romantic Love," Psychol. Med., 29(3), May 1999: 741–745.

103 E. Emanuele et al., „Raised Plasma Nerve Growth Factor Levels Associated with Early-Stage Romantic Love," Psychoneuroendocrinology, 31(3), April 2006: 288–294.

104 Van Laningham, Johnson und Amato, „Marital Happiness;" und Birditt und Antonucci, „Relationship Quality Profiles."

105 Roberts, „The Shelf Life of Bliss."

106 Robert Lee Hotz, „Get Out of Your Own Way: Studies Show the Value of Not Overthinking a Decision," Wall Street Journal, 27. Juni 2008: A9.

107 J. Olds und P. Milner, „Positive Reinforcement Produced by Electrical Stimulation of the Septal Area and Other Regions of Rat Brain," J. Comp. Physiol. Psychol., 47(6), Dezember 1954: 419–427.

108 Kent Berridge, „Simple Pleasures," APA Online, 18(11), Nov. 2004, http://www.apa.org/science/psa/sb-berridge.html.

109 B. R. Komisaruk, B. Whipple und C. Beyer, „Orgasm," The Psychologist, 21(2), Februar 2008: 100–103; and Fiorino, Coury, and Phillips, „Coolidge Effect in Male Rats."

110 H. Fisher, A. Aron und L. L. Brown, „Romantic Love: An FMRI Study of a Neural Mechanism for Mate Choice," J. Comp. Neurol., 493(1), Dezember 2005: 58–62.

111 Andreas Bartels und Semir Zeki, „The Neural Correlates of Maternal and Romantic Love," Neuroimage, 21(3), März 2004: 1155–1166.

Alte Weisheiten: Cortezia

112 Tobias Churton, The Gnostics (London: Weidenfeld and Nicolson, 1987): 75.

113 Jean-Luc Aubarbier und Michel Binet, Le Pays Cathare (Luçon: Editions Ouest-France, 2001): 31.

114 Jean Markale, Courtly Love: The Path of Sexual Initiation, Übers. Jon Graham, (Rochester, Vt.: Inner Traditions, 2001): 100.

115 Tobias Churton, Gnostic Philosophy (Rochester, Vt.: Inner Traditions, 2005): 185–186.

116 Ebenda: 184.

117 Markale, Courtly Love: 209–210.

118 Ebenda: 100.

119 Ebenda: 27–28.

120 Moshe Idel, „Sexual Metaphors and Practice in the Kabbalah," in The Jewish Family: Metaphor and Memory (Oxford: Oxford University Press, 1989): 205–206.

121 Moshe Idel, „Sexual Metaphors and Practice in the Kabbalah," in The Jewish Family: Metaphor and Memory (Oxford: Oxford University Press, 1989): 205–206.

122 Marsha Keith Schuchard, Why Mrs. Blake Cried: Swedenborg, Blake, and the Sexual Basis of Spiritual Vision (London: Century, 2006).

Kapitel 5: Der Zykus der Leidenschaft

123 Siehe den Thread „post orgasmic illness syndrome" (POIS) im Forum Naked Scientist: http://www.thenakedscientists.com/forum/index.php?topic=6576.0.

124 Holstege et al., „Brain Activation."

125 W. J. Jenkins und J. B. Becker, „Dynamic Increases in Dopamine During Paced Copulation in the Female Rat," Eur. J. Neurosci., 18(7), Oktober 2003: 1997–2001.

126 Komisaruk, Whipple und Beyer, „Orgasm."

127 „Parkinson's Medication Appears to Trigger Excessive Gambling: Mayo Clinic Findings Strengthen Uncommon But Reversible Link Between Dopamine Agonist Drugs and Pathological Gambling," Mayo Clinic, 11. Juli 2005, http://www.mayoclinic.org/news2005-rst/2925.html.

128 Vicki Brower, „Loosening Addiction's Deadly Grip: Recent Research Paints a Picture of Addiction as a Progressive, Chronic Neurological Disease that Wreaks Havoc with Brain Chemistry," EMBO reports, 7(2), 2006: 140–142, http://www.nature.com/embor/journal/v7/n2/full/7400635.html.

129 S. Hood et al., „Dopaminergic Challenges in Social Anxiety Disorder: Evidence for Dopamine D3 Desensitisation Following Successful Treatment with Serotonergic Antidepressants," J. Psychopharmacol., 8. Oktober 2008, [Epub ahead of print] http://www.ncbi.nlm.nih.gov/pubmed/18838500.

130 L. de Haan et al., „Subjective Experiences During Dopamine Depletion," Am. J. Psychiatry, 162(9), September 2005: 1755.

131 P. Willner, A. S. Hale und S. Argyropoulos, „Dopaminergic Mechanism of Antidepressant Action in Depressed Patients," J. Affect. Disord., 86(1), Mai 2005: 37–45

132 „Suicide risk dims hope for anti-addiction pills," Associated Press, 23. April 2008, http://www.msnbc.msn.com/id/24277263/.

133 Serge Sevy et al., „Emotion-Based Decision-Making in Healthy Subjects: Short-Term Effects of Reducing Dopamine Levels," Psychopharmacology (Berl), 188(2), Oktober 2006: 228–235.

134 Constance Holden, „‚Behavioral' Addictions: Do They Exist?," Science, 294(5544), November 2001: 981.

135 John J. Medina, „Of Stress and Alcoholism, Of Mice and Men," Psychiatric Times, (25)8, 1. Juli 2008, http://www.psychiatrictimes.com/display/article/10168/1167009.

136 T. Kruger et al., "Specificity of the Neuroendocrine Response to Orgasm During Sexual Arousal in Men," Psychoneuroendocrinology, 23(4), Mai 1998: 401–411; and M. S. Exton, et al., "Cardiovascular and Endocrine Alterations After Masturbation-Induced Orgasm in Women," Psychosom. Med., 61(3), Mai–Juni 1999: 280–289.

137 S. Brody und T. H. Krüger, „The Post-Orgasmicic Prolactin Increase Following Intercourse Is Greater Than Following Masturbation and Suggests Greater Satiety," Biol. Psychol., 71(3), März 2006: 312–315.

138 Simon W. Townsend, Tobias Deschner und Klaus Zuberbühler, „Female Chimpanzees Use Copulation Calls Flexibly to Prevent Social Competition," PLoS One, 3(6), 2008, e2431 DOI: 10.1371/journal.pone.0002431.

139 A. H. Harcourt, A. Purvis und L. Liles, „Sperm Competition: Mating System, Not Breeding Season, Affects Testes Size of Primates,“ Functional Ecology, 9(3), 1995: 468–476.

140 P. Haake et al., „Absence of Orgasm-Induced Prolactin Secretion in a Healthy Multi-Orgasmic Male Subject,“ Int. J. Impot. Res., 14(2), April 2002: 133–135.

141 M. S. Erskine, „Prolactin Release After Mating and Genitosensory Stimulation in Females,“ Endocrine Reviews, Ausg. 16, 1995: 508–528, http://edrv.endojournals.org/cgi/content/abstract/16/4/508.

142 U. Hess et al., „Sexual Activity Is Inversely Related to Women's Perceptions of the Facial Attractiveness of Unknown Men,“ Personality and Individual Differences, 43(8), Dezember 2007: 1991–1997.

143 Jill Cyranowski, „Lifetime Depression History and Sexual Function in Women at Midlife,“ Archives of Sexual Behavior, 33(6), Dezember 2004: 539–548.

144 A. Reavley et al., „Psychological Distress in Patients with Hyperprolactinaemia,“ Clin. Endocrinol. (Oxf), 47(3), September 1997: 343–348.

145 Mbaruk A. Suleman et al., „Physiologic Manifestations of Stress from Capture and Restraint of Free-Ranging Male African Green Monkeys (Cercopithecus Aethiops),“ J. of Zoo and Wildlife Medicine, 35(1), März 2004: 20–24.

146 J. Bancroft, „The Endocrinology of Sexual Arousal,“ J. of Endocrinology, Ausg. 186, 2005: 411–427, http://joe.endocrinology-journals.org/cgi/content/full/186/3/411.

147 S. K. Putnam et al., „Testosterone Restoration of Copulatory Behavior Correlates with Medial Preoptic Dopamine Release in Castrated Male Rats,“ Horm. Behav., 39(3), Mai 2001: 216–224.

148 B. E. King, M. G. Packard und G. M. Alexander, „Affective Properties of Intra-Medial Preoptic Area Injections of Testosterone in Male Rats,“ Neurosci. Lett., 269(3), July 1999: 149–152.

149 Ray Moynihan, „FDA Panel Rejects Testosterone Patch for Women on Safety Grounds,“ BMJ, 329(7479), Dezember 2004: 1363.

150 A. Fernández-Guasti und G. Rodríguez-Manzo, „Pharmacological and Physiological Aspects of Sexual Exhaustion in Male Rats,“ Scand. J. Psychol., 44(3), Juli 2003: 257–263.

151 G. Rodríguez-Manzo, M. Asai und A. Fernández-Guasti, „Evidence for Changes in Brain Enkephalin Contents Associated to Male Rat Sexual Activity,“ Behavioural Brain Research, 131(1), April 2002: 47–55.

152 S. P. Yang, Y. Lee und J. L. Voogt, „Involvement of Endogenous Opioidergic Neurons in Modulation of Prolactin Secretion in Response to Mating in the Female Rat," Neuroendocrinology, 72(1), Juli 2000: 20–28.

153 Richard A. Friedman, „Sex and Depression: In the Brain, if Not the Mind," New York Times, 20. Januar 2009, http://www.nytimes.com/2009/01/20/health/views/20mind.html.

154 M. Jiang et al., „A Research on the Relationship Between Ejaculation and Serum Testosterone Level in Men," J. Zhejiang Univ. Sci., 4(2), März–April 2003: 236–240.

155 Helena C. Kraemer et al., „Orgasmic Frequency and Plasma Testosterone Levels in Normal Human Males," Archives of Sexual Behavior, 5(2), März 1976: 125–132; und M. S. Exton et al., „Endocrine Response to Masturbation-Induced Orgasm in Healthy Men Following a 3-Week Sexual Abstinence," World J. Urol., 19(5), November 2001: 377–382.

156 Daniel Goleman, Emotional Intelligence (New York: Bantam Books, 1995): 17.

Alte Weisheiten: Zurückhaltung des Mannes

157 Noyes, Male Continence.

Kapitel 6: Die Straße zum Exzess

158 Fernández-Guasti und Rodríguez-Manzo, „Sexual Exhaustion in Male Rats."

159 „Romeo Guinea Pig Causes Baby Boom," BBC News, 30. November 2000, http://news.bbc.co.uk/2/hi/uk_news/wales/1048327.stm.

160 Terry Burnham und Jay Phelan, Mean Genes: From Sex to Money to Food—Taming Our Primal Instincts (New York: Penguin Putnam Inc., 2000): 35–36.

161 Jennifer Viegas, „Brain Study: Why Desire Drives Us Wild," Discovery News, 9. März 2007, http://dsc.discovery.com/news/2007/03/09/desire_hum.html?category=human&guid=20070309133000.

162 Robert M. Sapolsky, Why Zebras Don't Get Ulcers, third edition (New York: Henry Holt and Company, 2004): 133.

163 „The Misfits: The Genetic Legacy of Nomadism May Be an Inability to Settle," Economist.com, 12. Juni 2008, http://www.economist.com/science/displaystory.cfm?story_id=11529402.

164 J. G. de Jong et al., „A Single Social Defeat Induces Short Lasting Behavioral Sensitization to Amphetamine," Physiol. Behav., 83(5), Januar 2005: 805–811; M. Kabbaj und C. Isgor, „Effects of Chronic Environmental and Social Stimuli during Adolescence on Mesolimbic Dopaminergic Circuitry Markers," Neurosci. Lett., 422(1), Juli 2007: 7–12; und I. Weiss, „Early Social Isolation, But Not Maternal Separation, Affects Behavioral Sensitization to Amphetamine in Male and Female Adult Rats," Pharmacology, Biochemistry and Behavior, 70(2–3), Oktober–November 2001: 397–409.

165 G. L. Wang, N. D. Volkow und J. s Fowler, „The Role of Dopamine in Motivation for Food in Humans: Implications for Obesity," Expert. Opin. Ther. Targets, 6(5), Oktober 2002: 601–609.

166 „Sugar Can Be Addictive: Animal Studies Show Sugar Dependence," ScienceDaily, 11. Dezember 2008, http://www.sciencedaily.com/releases/2008/12/081210090819.htm.

167 C. Colantuoni et al., „Evidence that Intermittent, Excessive Sugar Intake Causes Endogenous Opioid Dependence," Obes. Res., 10(6), Juni 2002: 478–488.

168 Angela Pirisi, „A Real Sugar High," Psychology Today, Januar/Februa 2003, http://www.psychologytoday.com/articles/index.php?term=pto-2556.html&fromMod=popular_addiction.

169 Sandy Chase, „Diet Food Backfire," ScienCentralNews, 4. July 2008, http://www.sciencentral.com/articles/view.php3?type=article&article_id=218393129.

170 Robert Roy Britt, „Monkeys Pay to See Female Monkey Bottoms," LiveScience, 28. Januar 2005.

171 D. Martindale, „Fast Food May Be Addictive," The Canadian, 2006, http://www.agoracosmopolitan.com/home/Health/2006/03/06/01123.html.

172 Freund, M., „Effect of Frequency of Emission on Semen Output and an Estimate of Daily Sperm Production in Man," J. Reprod. Fertil., Bd. 6, Oktober. 1963: 269–285.

173 Sapolsky, Zebras: 351–352.

174 Cynthia Kuhn und Scott Swartzwelder, Buzzed: The Straight Facts About the Most Used and Abused Drugs from Alcohol to Ecstasy (New York: W. W. Norton & Company, 1998).

175 Jennifer Viegas, „Sexy Strangers Sway How Men See Mates," Discovery News, 12. März 2007, http://dsc.discovery.com/news/2007/03/12/mateselection_hum.html?category=human&guid=20070312140030. Frauen stuften ihre eigenen

Beziehungen nach der Konfrontation mit stark dominanten (aufregenden?) Männern geringer ein. Douglas T. Kenrick et al., „Evolution and Social Cognition: Contrast Effects as a Function of Sex, Dominance, and Physical Attractiveness," Personality and Social Psychology Bulletin, 20(2), April 1994: 210–217, http://psp.sagepub.com/cgi/content/abstract/20/2/210.

176 Um einen informativen, unterhaltsamen und schnellen Überblick darüber zu bekommen, wie Pornos die Wahrnehmung von Männern verändern, schauen Sie sich den Dokumentarfilm Adult Entertainment: Disrobing an American Idol von Lance Tracy an, http://www.1726entertainment.com/.

177 Patrick Carnes, Out of the Shadows: Understanding Sexual Addiction (City Center, Minn.: Hazelden, 1992): 18–19.

178 „Sexually Active Friends and Dating Practices Can Signal Increase in a Teen's Substance Abuse Risk," Columbia National Center on Addiction and Substance Abuse at Columbia University, press release, 19. August 2004, http://www.casacolumbia.org/absolutenm/templates/PressReleases.aspx?articleid=366&zoneid=61.

179 K. C. Bradley und R. L. Meisel, „Sexual Behavior Induction of c-Fos in the Nucleus Accumbens and Amphetamine-Stimulated Locomotor Activity Are Sensitized by Previous Sexual Experience in Female Syrian Hamsters," J. Neurosci., 21(6), März 2001: 2123–2130.

180 K. C. Bradley et al., „Changes in Gene Expression Within the Nucleus Accumbens and Striatum Following Sexual Experience," Genes Brain Behav., 4(1), 2005: 31–44.

181 J. G. Kohlert und R.l Meisel, „Sexual Experience Sensitizes Mating-Related Nucleus Accumbens Dopamine Responses of Female Syrian Hamsters," Behav Brain Res., 99(1), 1999: 45–52.

182 K. E. d'Anci, R. B. Kanarek und R. Marks-Kaufman, „Duration of Sucrose Availability Differentially Alters Morphine-Induced Analgesia in Rats," Pharmacol. Biochem. Behav., 54(4), August 1996: 693–697.

183 P. Radaa, N. M. Avena und B. G. Hoebel, „Daily Bingeing on Sugar Repeatedly Releases Dopamine in the Accumbens Shell," Neuroscience, 134(3), 2005: 737–744; and „Sugar Can Be Addictive."

184 Sigmund Freud, Letter from Freud to Fliess, 22. Dezember 1897, http://www.pep-web.org/document.php?id=ZBK.042.0287A.

185 „Addiction Largely Determined By Our Genes—Annual Meeting of the Royal College of Psychiatrists," Medical News Today, 5. Juli 2008, http://www.medicalnewstoday.com/articles/114044.php.

186 Alan I. Leshner, „Addiction Is a Brain Disease, and It Matters," Science, 278(5335), Oktober 1997: 45–47.

187 David Belin et al., „High Impulsivity Predicts the Switch to Compulsive Cocaine-Taking," Science, 320(5881), Juni 2008: 1352–1355; Nanci Hellmich, „Obesity Linked to Fewer 'Pleasure' Receptors," USA Today, 17. Oktober 17, 2007; Nora D. Volkow et al., „Low Level of Brain Dopamine D2 Receptors in Methamphetamine Abusers: Association with Metabolism in the Orbitofrontal Cortex," Am. J. Psychiatry., 158(12), Dezember 2001: 2015–2021: und Jens. C. Pruessner et al., „ Dopamine Release in Response to a Psychological Stress in Humans and Its Relationship to Early Life Maternal Care," J. of Neuroscience, 24(11), März 2004: 2825–2831.

188 „Risk Takers, Drug Abusers Driven By Decreased Ability to Process Dopamine," ScienceDaily, 31. Dezember 2008, http://www.sciencedaily.com/releases/2008/12/081230072240.htm.

189 Klaus Grawe, Neuropsychotherapy: How the Neurosciences Inform Effective Psychotherapy (Hillsdale, N.J.: Lawrence Erlbaum Associates, 2006): 270.

190 Graham Tearse, „Parkinson's Drugs 'Made Me Gambler, Thief and Gay Sex Fiend,'" The Observer, 9. Dezember 2007.

191 David E. Riley, „Reversible Transvestic Fetishism in a Man with Parkinson's Disease Treated with Selegiline," Clinical Neuropharmacology, 25(4), 2002: 234–237; und Renato P. Munhoz,et al., „Increased Frequency and Range of Sexual Behavior in a Patient with Parkinson's Disease After Use of Pramipexole: A Case Report," J. of Sexual Medicine, 6. Mai 2008, http://www3.interscience.wiley.com/journal/120126347/abstract.

192 Susan Milius, „Courting Both Ways: Doped-Up Male Fruit Flies Fancy Other Males," Science News, 20. Mai 2008, http://www.sciencenews.org/view/generic/id/32367/title/Courting_both_ways.

193 James Hannaham, „Why Bathroom Sex Is Hot," Salon.com, 31. August 2007, http://www.salon.com/mwt/feature/2007/08/31/bathroom_sex/.

194 „HIV Rates Rise in Gay New Yorkers under 30," Gay.com, 12. September 2007, http://www.gay.com/news/article.html?2007/09/12/3.

195 Brian W. Vaszily, „Check Out All the Violence Here! Or How I Jolt You into Submission to Get Your Money," http://www.sixwise.com/newsletters/06/04/19/check_out_all_the_violence_here_or_how_i_jolt_you_into_submission_to_get_your_money.htm.

196 Daniela Fenker und Hartmut Schütze, „Learning by Surprise," Scientific American Mind, Dezenber–Januar 2008–2009: 47.

197 Norman Doidge, The Brain that Changes Itself (New York: Penguin Group, 2007): 100, 103.

198 Patrick Carnes, Don't Call It Love (New York: Bantam, 1992), as reported in Gail Johnson, „Sex Addiction Has Devastating Effects," Georgia Straight, 20. November 2008.

199 „Dopamine May Play New Role in Depression," WebMD, 28. Juli 2005, http://www.webmd.com/depression/news/20050728/dopamine-may-play-new-role-in-depression.

200 N. M. Avena et al., „After Daily Bingeing on a Sucrose Solution, Food Deprivation Induces Anxiety and Accumbens Dopamine Acetylcholine Imbalance," Physiol. Behav., 94(3), Jun 2008: 309–315.

201 J. M. Bostwick und J. A. Bucci, „Internet Sex Addiction Treated with Naltrexone," Mayo Clin. Proc., 83(2), Februar 2008: 226–230.

202 Laura Helmuth, „Addiction. Beyond the Pleasure Principle," Science, 294(5544), November 2001: 983–984.

203 Martin Werme et al., „Delta FosB Regulates Wheel Running," J. of Neuroscience, 22(18), September 2002: 8133–8138.

204 Jeffrey M. Schwartz, The Mind and the Brain, (New York: ReganBooks, 2002): 83–86.

205 Doidge, The Brain that Changes Itself: 107.

206 Richard Dawkins, A Devil's Chaplain (New York: Houghton Mifflin, 2003): 103.

207 „The Orgasmic Brain," All In the Mind, 9. Juli 2005.

208 Angela Pirisi, „A Real Sugar High," Psychology Today, Januar/Februar 2003.

Alte Weisheiten: Karezza

209 Alice B. Stockham, Tokology: A Book for Every Woman (New York: R. F. Fenno & Company, 1893), http://www.archive.org/stream/tokologybookfore00stocrich.

210 Alice B. Stockham, Karezza: Ethics of Marriage (Chicago: Alice B. Stockham & Co., 1896).

211 Alice B. Stockham, Karezza: Ethics of Marriage, second edition (Chicago: Alice B. Stockham & Co., 1903): 23–24, 96, http://www.sacred-texts.com/sex/eom/index.htm.

212 Ebenda: 13.

213 Ebenda: 23.

214 Ebenda: 25–26.

215 Ebenda: 49–50.

216 Ebenda: 30.

217 „Woman and the Larger Love“ (1933); „A Brief Definition of the Larger Love“ (1929) und „New Ideals in Love“ (1926), ein Vortrag, der vor dem Arbeiterforum von Los Angeles, California, gehalten wurde. Alle Artikel sind in der Labadie-Sammlung an der University of Michigan in Ann Arbor erhältlich.

218 J. William Lloyd, The Karezza Method, or Magnetation: The Art of Connubial Love (Roscoe, Calif.: Lloyd, 1931), http://www.sacred-texts.com/sex/krz/index.htm: 60–61.

219 Ebenda: 60–64.

220 Ebenda: 13.

221 Ebenda: 52.

222 Ebenda: 31.

223 Ebenda: 39–40.

224 Ebenda: 48, 32.

Kapitel 7: Steuern lernen

225 Louis Cozolino, The Neuroscience of Human Relationships (New York: W. W. Norton & Company, 2006): 119.

226 Terry M. Levy und Michael Orlans, Attachment, Trauma and Healing (Washington, D.C.: CWLA Press, 1998): 14.

227 Laura Sanders, „Still Crazy (In Love) after All These Years,“ ScienceNews, 17. November 2008.

228 Kerstin Uvnäs Moberg, The Oxytocin Factor (Cambridge, Mass.: Da Capo Press, 2003): 60–61.

229 Doidge, The Brain that Changes Itself: 113, 120.

230 Ashley Montagu, Touching: The Human Significance of the Skin (New York: Harper & Row, 1986): 174, 14.

231 Levy und Orlans, Attachment, Trauma and Healing: 1–2.

232 „Love Is a Battlefield," This American Life, 31. August 2007, http://www.thisamericanlife.org/Radio_Episode.aspx?episode=317.

233 David Derbyshire, „A Baby's Smile is Just the Tonic to Give Mothers a Natural High," Mail Online, 7. Juli 2008, http://www.dailymail.co.uk/health/article-1032599/A-babys-smile-just-tonic-mothers-natural-high.html.

234 G. A. Coria-Avila et al., „Conditioned Preferences Induced by Sex and Drugs: A Comparison of the Neural Bases," Rev. Neurol., 46(4), Februa 2008: 213–218; and T. R. Insel, „Is Social Attachment an Addictive Disorder?" Physiol. Behav., 79(3), August 2003: 351–357.

235 Montagu, Touching: 198.

236 Doidge, The Brain that Changes Itself: 116.

237 Deborah Blum, Love at Goon Park: Harry Harlow and the Science of Affection (Cambridge, Mass.: Perseus Books Group, 2002).

238 Diamond, Sexual Fluidity: 208.

239 Herbert Benson, The Relaxation Response (New York: HarperTorch, 1976).

240 Rebecca Skloot, „Why Is It So Damn Hard to Change?" O: The Oprah Magazine, Januar 2007.

241 Ebenda.

242 Shmuley Boteach, Kosher Adultery: Seduce and Sin with Your Spouse (Cincinnati: Adams Media Corporation, 2002).

Alte Weisheiten: Von Urbantschitsch, Reich

243 Dr. med. Rudolf Urban von Urbantschitsch, Sexuelle Perfektion, Vollkommenes Geschlechtsleben und glückliche Ehe, Verlag Rudolf Cerny, Wien: 108

244 Ebenda: 117

245 Wilhelm Reich, Die Entdeckung des Organs, Die Funktion des Orgasmus, Kiepenheuer & Witsch, Köln, 1969: 81–83

246 Ebenda: 85

247 Ebenda: 81

248 Ebenda: 85

Kapitel 8: Bindendes Wissen

249 Larry J. Young und Zuoxin Wang, „The Neurobiology of Pair Bonding,“ Nature Neuroscience, Ausg. 7, 2004: 1048–1054.

250 J. R. Williams, C. S. Carter und T. Insel, „Partner Preference Development in Female Prairie Voles is Facilitated by Mating or the Central Infusion of Oxytocin,“ Ann. N. Y. Acad. Sci., Ausg. 652, Juni 1992: 487–489.

251 Marla V. Broadfoot, „High on Fidelity,“ American Scientist, Mai–Juni 2002.

252 O. J. Bosch et al., „Brain Oxytocin Correlates with Maternal Aggression: Link to Anxiety,“ J. Neurosci., 25(29), Juli 2005: 6807–6815.

253 K. L. Bales et al., „Neural Correlates of Pairbonding in a Monogamous Primate,“ Brain Res., Ausg. 1184, Dezember 2007: 245–253.

254 A. Bartels und S. Zeki, „The Neural Basis of Romantic Love,“ Neuroreport., 11(17), November 2000: 3829–3834; und Bartels und Zeki, „Correlates of Maternal und Romantic Love.“

255 D. Marazziti und M. Catena Dell'osso, „The Role of Oxytocin in Neuropsychiatric Disorders,“ Curr. Med. Chem., 15(7), 2008: 698–704.

256 M. R. Melis et al., „Oxytocin Injected into the Ventral Tegmental Area Induces Penile Erection and Increases Extracellular Dopamine in the Nucleus Accumbens and Paraventricular Nucleus of the Hypothalamus of Male Rats,“ Eur. J. Neurosci., 26(4), Aug. 2007: 1026–1035; und J. L. Cameron et al., „Dopaminergic Stimulation of Oxytocin Concentrations in the Plasma of Male and Female Monkeys by Apomorphine and a D2 Receptor Agonist,“ J. Clin. Endocrinol. Metab., 75(3), September 1992: 855–860.

257 Fiorino, Coury und Phillips, „Coolidge Effect in Male Rats.“

258 Doidge, The Brain that Changes Itself: 114.

259 Lloyd, Karezza Method: 29.

260 J. J. Legros, „Oxytocin: A Natural Means of Treating Psychological Stress,“ Bull. Mem. Acad. R. Med. Belg., 157(7–9), 2002: 383–389.

261 Joseph LeDoux, Center for Neural Science at NYU, quoted in Goleman, Emotional Intelligence, http://thinman.com/spiritual_darwinism/Emotional_Intelligen.html.

262 S. L. Brown et al., „Providing Social Support May Be More Beneficial Than Receiving It: Results from a Prospective Study of Mortality,“ Psychol. Sci., 14(4), Juli 2003: 320–327.

263 „Hormone Oxytocin Calms Arguing Couples,“ News-Medical.Net, Dec. 8, 2008, http://www.news-medical.net/?id=43843.

264 E. A. Murray, „The Amygdala, Reward and Emotion,“ Trends Cogn. Sci., 11(11), Nov. 2007: 489–497; und comment in Trends Cogn. Sci., 12(5), Mai 2008: 171–172.

265 I. D. Neumann, „Brain Oxytocin a Key Regulator of Emotional and Social Behaviours in Both Females and Males,“ J. Neuroendocrinol., 20(6), Juni 2008: 858–865.

266 K. M. Grewen, „Effects of Partner Support on Resting Oxytocin, Cortisol, Norepinephrine, and Blood Pressure Before and After Warm Partner Contact,“ Psychosom. Med., 67(4), Juli–August 2005: 531–538.

267 J. Holt-Lunstad, W. A. Birmingham und K. C. Light, „Influence of a 'Warm Touch' Support Enhancement Intervention Among Married Couples on Ambulatory Blood Pressure, Oxytocin, Alpha Amylase, and Cortisol,“ Psychosom. Med., 8. Oktober 2008, published online before print 10.1097/PSY.0b013e-318187aef7.

268 K. M. Grewen et al., „Warm Partner Contact Is Related to Lower Cardiovascular Reactivity,“ Behav. Med., 29(3), Herbst 2003: 123–130.

269 G. L. Kovács, Z. Sarnyai und G. Szabó, „Oxytocin and Addiction: A Review,“ Psychoneuroendocrinology, 23(8), November 1998: 945–962.

270 M. Egli, „Prolactin Secretory Rhythm of Mated Rats Induced by a Single Injection of Oxytocin,“ Am. J. Physiol. Endocrinol. Metab., 290(3), März 2006: E566–572, http://www.ncbi.nlm.nih.gov/pubmed/16467487?ordinalpos=&i-tool=EntrezSystem2.PEntrez.Pubmed.Pubmed_ResultsPanel.SmartSearch&lo-g$=citationsensor

271 C. A. Pedersen und M. L. Boccia, „Oxytocin Maintains as Well as Initiates Female Sexual Behavior: Effects of a Highly Selective Oxytocin Antagonist,“ Horm. Behav., 41(2), März 2002: 170–177.

272 C. Caquineau, „Effects of -Melanocyte-Stimulating Hormone on Magnocellular Oxytocin Neurones and their Activation at Intromission in Male Rats,“ J. Neuroendocrinol., 18(9), September 2006: 685–691.

273 Dean Ornish, Love and Survival: The Scientific Basis for the Healing Power of Intimacy (New York: HarperCollins Publishers, 1998): 2, 3.

274 James A. Coan, Hillary S. Schaefer und Richard J. Davidson, „Lending a Hand: Social Regulation of the Neural Response to Threat,“ Psych. Sci., 17(12), Dezember 2006: 1032–1039.

275 Detilliona et al., „Wound Healing.“

276 Young et al., „Stable Partnership and Progression to AIDS.“

277 „Caregiving May Lengthen Life,“ Forbes.com, 19. Dezember 2008, http://www.forbes.com/forbeslife/health/feeds/hscout/2008/12/19/hscout621946.html.

278 Mark D. Lange, „Giving Can Change Your Mind,“ San Francisco Chronicle, 25. Dezember 2008, http://sfgate.com/cgi-bin/article.cgi?f=/c/a/2008/12/25/EDS-014SODB.DTL.

279 A. Sanbe et al., „Alcohol Preference in Mice Lacking the Avpr1a Vasopressin Receptor,“ Am. J. Physiol. Regul. Integr. Comp. Physiol., 294(5), Mai 2008: R1482–1490.

280 Bosch et al., „Maternal Aggression.“

281 M. Ansseau et al., „Intranasal Oxytocin in Obsessive-Compulsive Disorder,“ Psychoneuroendocrinology, 12(3), 1987: 231–236.

282 G. Paolisso et al., „Pharmacological Doses of Oxytocin Affect Plasma Hormone Levels Modulating Glucose Homeostasis in Normal Man,“ Horm. Res., 30(1), 1988: 10–16, http://www.ncbi.nlm.nih.gov/pubmed/3065208.

283 M. Kosfeld et al., „Oxytocin Increases Trust in Humans,“ Nature, 435(7042), Juni 2005: 673–676.

284 M. R. Delgado, „Fool Me Once, Shame on You; Fool Me Twice, Shame on Oxytocin,“ Neuron., 58(4), Mai 2008: 470–471.

285 John Tierney, „Anti-Love Drug May Be Ticket to Bliss,“ New York Times, 13. Januar 2009, http://www.nytimes.com/2009/01/13/science/13tier.html?_r=2&ref=science.

286 R. A. Turner et al., „Preliminary Research on Plasma Oxytocin in Normal Cycling Women: Investigating Emotion and Interpersonal Distress,“ Psychiatry, 62(2), Sommer 1999: 97–113.

287 C. Grape et al., „Does Singing Promote Well-Being? An Empirical Study of Professional and Amateur Singers During a Singing Lesson,“ Integr. Physiol. Behav. Sci., 38(1), Januar–März 2003: 65–74.

288 Paul J. Zak, „The Oxytocin Cure,“ 10. November 2008, The Moral Molecule (blog), http://blogs.psychologytoday.com/blog/the-moral-molecule/200811/the-oxytocin-cure.

289 S. Brody, „Blood Pressure Reactivity to Stress Is Better for People Who Recently Had Penile-Vaginal Intercourse than for People Who Had Other or No Sexual Activity,“ Biol. Psychol., 71(2), Februar 2006: 214–222; und S. Brody, „Penile-Vaginal Intercourse Is Better: Evidence Trumps Ideology,“ Sexual and Relationship Therapy, 21(4), November 2006: 393–403

290 E. A. Jannini et al., „Lack of Sexual Activity from Erectile Dysfunction is Associated with a Reversible Reduction in Serum Testosterone,“ Intl. J. Androl., 22(6), Dezember 1999: 385–392.

291 Gordon G. Gallup, Jr., Rebecca L. Burch und Steven M. Platek, „Does Semen Have Antidepressant Properties?“ Archives of Sexual Behavior, 31(3), Juni 2002: 289–293. Gallup führt dieses Ergebnis auf die nicht aus Sperma bestehenden Inhaltsstoffe im Samen zurück, von denen wahrscheinlich viele auch bei ungeschütztem nichtorgastischem Sex vorhanden sind. Bis heute weiß niemand genau, worauf das Phänomen eigentlich beruht. Interessanterweise reagieren einige Frauen auf Samen allergisch.

292 B. M. Kogan et al., „Monoamine Metabolism in Different Forms of Paraphilia,“ Zh. Nevrol. Psikhiatr. Im. S. S. Korsakova, 95(6), 1995: 52–56.

293 „Doctor Discovers the 'Orgasmatron': Physician Working with Pain Relief Device Stumbles Upon Delightful Side Effect,“ ABC News, 9. November 2004, http://abcnews.go.com/GMA/Living/story?id=235788&.

294 George Davey Smith, Stephen Frankel und John Yarnell, „Sex and Death: Are They Related? Findings from the Caerphilly Cohort Study,“ BMJ, 315(7123), Dezember 1997: 1641–1644.

295 David Batty, „Are Sex and Death Related? Study Failed to Adjust for an Important Confounder,“ BMJ, 316(7145), Mai 1998: 167

296 Steven Reinberg, „Lots of Sex May Prevent Erectile Dysfunction: It's the 'Use It or Lose It' Principle at Work, One Expert Says,“ US News & World Report, 3. Juli 2008.

297 E. B. Palrnore, „Predictors of the Longevity Difference: A 25-year Follow-Up,“ Gerontologist, 22(6), Dezember 1982: 513–518; und L. A. Abramov, „Sexual Life and Frigidity Among Women Developing Acute Myocardial Infarction,“ Psychosom. Med., 38(6) November–Dezember 1976: 418–425.

298 Winnifred B. Cutler, „Women's Responses to Genital Stimulation: Evidence for the Functional Role of Timing," Presented at INABIS '98—5th Internet World Congress on Biomedical Sciences at McMaster University, Canada (1998), http://www.athenainstitute.com/inabis98.html.

299 G. G. Giles et al., „Sexual Factors and Prostate Cancer," BJU International, 92(3), Juli 2003: 211–216; und M. D. Leitzmann, „Ejaculation Frequency and Subsequent Risk of Prostate Cancer," JAMA, 291(13), April 2004: 1578–1586.

300 S. J. Jacobsen et al., „Frequency of Sexual Activity and Prostatic Health: Fact or Fairy Tale?" Urology, 61(2), Februar 2003: 348–353.

301 Dean Ornish, „Changing Your Lifestyle Can Change Your Genes," Newsweek, 17. Juni, 2008, http://www.newsweek.com/id/141984.

302 Charles Barber, „The Medicated Americans," Scientific American MIND, Februar–März 2008: 49.

Alte Weisheiten: Der Buddhismus

303 Leslie Kaufman, „Making Their Own Limits in a Spiritual Partnership," New York Times, 15. Mai, 2008, http://www.reuniting.info/download/pdf/Spiritual%20Partnership.pdf.

304 Dowman, Sky Dancer.

305 His Holiness the Dalai Lama, A Survey of the Paths of Tibetan Buddhism (1988) http://lamayeshe.com/otherteachers/hhdl/survey.shtml.

306 H. H. the Dalai Lama, „The Good Heart," http://sacred-sex.org/buddhism/14th-dalai-lama-and-sex.

307 H. H. the Dalai Lama, The Berzin Archives, http://www.berzinarchives.com/web/en/archives/advanced/kalachakra/attending_kalachakra_initiation/question_sessions_hh/question_hh_initiation_04.html.

308 H. H. the Dalai Lama, „The Good Heart."

309 H. H. the Dalai Lama, The Berzin Archives.

310 H. H. the Dalai Lama, How to Practice: The Way to a Meaningful Life, trans. Jeffrey Hopkins (New York: Simon and Schuster, 2002).

311 June Campbell, Traveler in Space: In Search of Female Identity in Tibetan Buddhism, (New York: George Braziller, 1996).

312 „The Emperor's Tantric Robes," Tricycle, Winter 1996, http://www.anandainfo.com/tantric_robes.html.

313 Thich Nhat Hanh, Being Peace (Berkeley, Calif.: Parallax Press, 1987): 251.

314 The Legend of the Great Stupa Jarungkhasor, http://www.sacred-texts.com/bud/tib/stupa.htm.

315 Mircea Eliade, The Two and the One, trans. J. M. Cohen (London: Harrill Press, 1965): 43.

316 Glenn H. Mullin, The Fourteen Dalai Lamas (Santa Fe, N.M.: Clear Light, 2001): 373–374.

Kapitel 9: Den Abgrund überbrücken

317 Thomas W. Laqueur, Solitary Sex: A Cultural History of Masturbation (New York: Zone Books, 2004): 277.

318 Frederick C. Crews, Unauthorized Freud: Doubters Confront a Legend (New York: Viking Press, 1998).

319 Simply Freud (website), http://www.simplyfreud.com/about-freud.htm.

320 James H. Jones, Alfred C. Kinsey (New York: W. W. Norton & Company, 1997): 511–522; und Judson Landis, „The Women Kinsey Studied," Social Problems, in Jerome Himelhoch und Sylvia F. Fava, Hrsg., Sexual Behavior in American Society (New York: W. W. Norton & Co., 1955): 112.

321 Jones, Alfred C. Kinsey: 512.

322 James H. Jones, „Dr. Yes," The New Yorker, 25. August und 11. September 1997: 110.

323 James H. Jones, Alfred C. Kinsey: 511–522; und Judson Landis, „The Women Kinsey Studied": 112.

324 Landis, „The Women Kinsey Studied": 112.

325 Terry M. Levy und Michael Orlans, Attachment, Trauma and Healing (Washington, DC: CWLA Press, 1998): 163.

326 Laqueur, Solitary Sex: 281.

327 Ernest Crawley, Studies of Savages and Sex, ed. Theodore Besterman (New York: E. P. Dutton and Company Inc., 1960): 19–21.

328 Daniel Lord Smail, On Deep History and the Brain (Berkeley und Los Angeles: University of California Press, 2008).

329 Ebenda: 188.

330 Kabbaj und Isgor, „Effects of Chronic Environmental and Social Stimuli"; and Weiss, „Early Social Isolation."

331 Mark A. Smith und Megan A. Lyle, „Chronic Exercise Decreases Sensitivity to mu Opioids in Female Rats: Correlation with Exercise Output," Pharmacology Biochemistry and Behavior, 85(1), September 2006: 12–22.

332 Savulescu und Sandberg, „Neuroenhancement of Love and Marriage."

333 Ornish, Love and Survival: 2, 3.

334 John Cacioppo und William Patrick, Loneliness (New York: W. W. Norton, 2008): 93, 105–108.

335 A. Campbell, „The Morning after the Night Before: Affective Reactions to One-Night Stands among Mated and Unmated Women and Men," Human Nature, 19, 2008: 157–173.

336 J. H. Medalie et al., „Angina Pectoris among 10,000 Men," Am. J. Med., 55(5), November 1973: 583–594.

337 Dania Schiftan, „Sexual Behavior in German-Speaking Switzerland," University of Bern, Oktober 2006, http://www2.hu-berlin.de/sexology/BIB/sch/behswit.htm.

338 O. J. Bosch et al., „The CRF System Mediates Increased Passive Stress-Coping Behavior Following the Loss of a Bonded Partner in a Monogamous Rodent," Neuropsychopharmacology, Oktober 2008, http://www.ncbi.nlm.nih.gov/pubmed/18923404?dopt=AbstractPlus.

339 J. Thomas Curtis und Zuoxin Wang, „Amphetamine Effects in Microtine Rodents: A Comparative Study Using Monogamous and Promiscuous Vole Species," Neuroscience, 148(4), September 2007: 857–866.

340 Robert H. Coombs, „Marital Status and Personal Well-Being: A Literature Review," Family Relations, 40(1), Januar 1991: 97–102.

341 Helene Raskin White, Allan V. Horwitz und Sandra Howell-White, „Becoming Married and Mental Health: A Longitudinal Study of a Cohort of Young Adults," J. of Marriage and the Family, 58(4), 1996: 895–907, http://www.faqs.org/abstracts/Family-and-marriage/Becoming-married-and-mental-health-a-longitudinal-study-of-a-cohort-of-young-adults.html.

342 Catherine E. Ross, „Reconceptualizing Marital Status as a Continuum of Social Attachment," J. of Marriage and the Family, 57(1), 1995: 129–140.

343 David P. Barash und Judith Eve Lipton, The Myth of Monogamy (New York: W. H. Freeman and Company, 2001): 153–154, 190–191.

344 Ebenda: 161.

345 Lloyds Buch The Karezza Method ist kostenlos online verfügbar unter http://www.reuniting.info/karezza_method_lloyd.

346 www.reuniting.info.

347 Moberg, Oxytocin Factor.

348 Ariadne von Schirach, „Der Tanz um die Lust," Der Spiegel, 42/2005, 17. Oktober 2005: 194, http://wissen.spiegel.de/wissen/dokument/dokument.html?id=42736566

349 M. G. Welch et al., „Outcomes of Prolonged Parent-Child Embrace Therapy among 102 Children with Behavioral Disorders," Complement. Ther. Clin. Pract., 12(1), Februar 2006: 3–12.

350 C. Propper et al., „Gene-Environment Contributions to the Development of Infant Vagal Reactivity: The Interaction of Dopamine and Maternal Sensitivity," Child Dev., 79(5), September–Oktober 2008: 1377–1394.

351 Barbara Dafoe Whitehead und David Popenoe, „The State of Our Unions: The Social Health of Marriage in America 2001, Who Wants To Marry a Soul Mate?: New Survey Findings on Young Adults' Attitudes about Love and Marriage," The National Marriage Project, Rutgers University, 2001, http://marriage.rutgers.edu/Publications/Print/PrintSOOU2001.htm.

Alte Weisheiten: Die Tradition der Regenbogenschlange

352 Merilyn Tunneshende, Don Juan and the Art of Sexual Energy (Rochester, Vt.: Bear & Company, 2001): 176.

353 Ebenda: xv.

354 Feuerstein, Sacred Sexuality.

Kapitel 10: Der Weg der Harmonie

355 Marc Kaufman, „FDA Investigates Blindness in Viagra Users," Washington Post, 28. Mai 2005: A08, http://www.washingtonpost.com/wp-dyn/content/article/2005/05/27/AR2005052701246.html.

356 Apomorphine HCL, or Uprima.

357 Amanda Gardner, „Almost Half of Women Have Sexual Problems," Washington Post, 31. Oktober 2008, http://www.washingtonpost.com/wp-dyn/content/article/2008/10/31/AR2008103101138.html.

358 Curtis und Wang, „Monogamous and Promiscuous Vole Species."

359 Bremelanotide, or PT-141.

360 Sarah-Kate Templeton, "Viagra Plus Passion: The New Lust Drug,“ Sunday Times, 22. Februar 2004, http://www.timesonline.co.uk/tol/news/uk/article1026381.ece.

361 Mary Roach, Bonk: The Curious Coupling of Science and Sex (New York: W. W. Norton, Inc., 2008): 250.

362 Meryn Callander, „Intact! Protecting Our Boys from Circumcision,“ Kindred Magazine, Ausg. 10, Juni–August 2004: 16–25, http://www.kindredmedia.com.au/library_page1/intact_protecting_our_boys_from_circumcision/84/1.

363 Gary Ruskin und Juliet Schor, „Junk Food Nation,“ The Nation, 11. August 2005, http://www.commondreams.org/views05/0812–25.htm.

364 Lloyd, Karezza Method: 62.

365 Ebenda: 41.

366 Cozolino, Neuroscience of Human Relationships: 119.

367 Stockham, Karezza.

368 Zitiert in Stockham, Karezza: 104.

369 Für weitere Informationen siehe Francisco Moreno Téllez, „Sexualidad Transorgásmica,“ ein zweiteiliger Artikel in Spanisch: Teil 1—http://www.ecovisiones.cl/taller/stransorgasmica.htm; Teil 2—http://www.ecovisiones.cl/taller/sex_transorgasmica_II.htm.

370 Wenn Sie nach Ideen für Aktivitäten mit Ihrem Liebsten oder Ihrer Liebsten suchen, dann stöbern Sie doch mal in den Vorschlägen auf unserer Website: http://www.reuniting.info/resources/exchange_of_the_day.

371 www.reuniting.info.

372 Doc Lew Childre and Howard Martin, The Heartmath Solution (San Francisco: HarperSanFrancisco, 1999): 267.518

Weitere Literatur aus dem Arbor Verlag

John Welwood

Vollkommene Liebe

(und wie sie vielleicht sogar in einer Beziehung gefunden werden kann)

Die Schönheit und Großartigkeit der Liebe ist grenzenlos. Wie kommt es aber, dass es uns in Liebesbeziehungen meist nicht gelingt, dieses unermessliche Potential voll auszuschöpfen?

Sensibel und poetisch schildert John Welwood den Grund unseres Scheiterns: Die meisten Menschen leiden unter einer tiefsitzenden emotionalen Verletzung, die all unsere Beziehungen sabotiert. Viele von uns können nicht wirklich glauben, dass sie, so wie sie sind, liebenswert sind.
John Welwood hilft den Lesern, diese „Wunde des Herzens" zu verstehen und zu sehen, wie sie unsere Beziehungen formt. Dabei geht es keineswegs nur um die Beziehung zu unserem Lebenspartner, sondern auch um unser Verhältnis zu Familienmitgliedern, Freunden und Bekannten. Vollkommene Liebe zeigt uns, wie wir unser verwundetes Herz heilen können – um so unsere Innenwelt und damit auch die kriegerische Außenwelt in in heilsame Bahnen zu lenken.

Dr. John Welwood ist klinischer Psychologe, Psychotherapeut, Lehrer und Autor. In seiner innovativen Arbeit verbindet er kontemplative Lehren aus dem Osten mit dem therapeutischen Verständnis und der therapeutischen Praxis des Westens.

ISBN 978-3-936855-49-4

Jack Zimmerman & Jaquelyn McCandless

Die Hochzeit von Körper & Seele

Das Mysterium intimer Partnerschaften

Wir haben einen suchenden, dynamischen Geist: geprägt von unserer Kultur und unseren Lebenserfahrungen. Wir haben einen lebendigen Körper: ein Wunderwerk der Natur mit Bedürfnissen und Eigenheiten. Beides zusammen macht uns aus.

Aber noch immer fällt es unserer Kultur schwer, die essentielle Einheit unserer spirituellen Entwicklung und unserer – auch geschlechtlichen – Körperlichkeit anzuerkennen. Doch besteht eine erfüllende, dynamische Paarbeziehung immer aus beidem: Zwei Seelen, die miteinander schwingen, und zwei Körpern, die sich berühren.

Die beiden Autoren laden uns am Beispiel ihres eigenen Weges zu zweit ein, unsere ganz eigene Variante einer glücklichen, ganzheitlichen Beziehung zu finden.

Wie nur wenigen Büchern gelingt *Die Hochzeit von Körper und Seele* die Verbindung von hohem fachlichen Anspruch und lebensnaher, einladender Ansprache. Endlich liegt dieses wichtige Werk in deutscher Sprache vor.

ISBN 978-3-86781-137-8

Jon Kabat-Zinn

Bei sich selbst zuhause sein

Jon Kabat-Zinn wendet sich in den hier vorgelegten Meditationen der Weisheit unserer Sinne zu. Praxisnah und leicht anwendbar sind wir eingeladen, im Hier und Jetzt zu verweilen und dem Leben im Alltag Raum zu geben. Zudem lädt uns Jon Kabat-Zinn hier erstmals zu einer ausführlichen Metta-Meditation ein. Dieses Juwel der Achtsamkeitspraxis stellt die Herzensqualität der liebenden Güte in den Mittelpunkt und erlaubt uns, die Kraft des Herzens in uns selbst und im Kontakt mit anderen in einer tiefen Weise zu neuem Leben zu erwecken.
Gemeinsam mit der bereits erschienenen Doppel-CD „Achtsamkeit & Meditation im täglichen Leben" liegt nun erstmals das komplette Set der Meditationen vor, das Jon Kabat-Zinn in seinem aktuellen Standardwerk „Zur Besinnung kommen" vorstellt. Seit vielen Jahren wird diese Praxis erfolgreich an der Stress Reduction Clinic im Rahmen der Mindfulness Based Stress Reduction (MBSR) eingesetzt. Zehntausende von Patienten mit Herzbeschwerden, chronischen Schmerzen, Krebs oder anderen schweren, oft unheilbaren Krankheiten profitieren bereits von der heilenden Kraft der Achtsamkeit.
Der deutsche Text wird von Heike Born gesprochen.

ISBN 978-3-936855-59-3

Arbor Verlagsprogramm

Umfangreiche Informationen zu unseren Themen, ausführliche Leseproben aller unserer Bücher, einen versandkostenfreien Bestellservice und unseren kostenlosen Newsletter. All das und mehr finden Sie auf unserer Website.

www.arbor-verlag.de

Mehr von Marnia Robinson

www.arbor-verlag.de/marnia-robinson

Arbor Seminare

Die gemeinnützige *Arbor-Seminare gGmbH* organisiert regelmäßig Seminare und Weiterbildungen mit führenden VertreterInnen achtsamkeitsbasierter Verfahren. Zudem informiert sie über aktuelle Entwicklungen in diesem Bereich und trägt Achtsamkeit auf diese Weise nachhaltig in die Gesellschaft. Nähere Informationen finden Sie unter:

www.arbor-seminare.de

Arbor Online-Center

Mit dieser Plattform hat Arbor einen virtuellen Ort der Inspiration und des Lernens rund um das Thema Achtsamkeit geschaffen. Lernen Sie die AutorInnen unserer Bücher und die ReferentInnen unserer Veranstaltungen kennen: in Interviews, Vorträgen, Meditationsübungen, Webinaren, Podcasts sowie Online-Kursen und zahlreichen weiteren Ressourcen.

www.arbor-online-center.de